입문자와 초보 개발자를 위한

안드로이드 프로그래밍

김은옥 지음

(주) 삼양미디어

2010년 안드로이드 폰이 처음 출시된 후 지금까지 많은 사람들이 안드로이드 폰을 사용하고 있습니다. 안드로이드 폰의 장점은 다양한 애플리케이션(이하 앱)을 제공하는 플레이 스토어에서 언제든지 앱을 다운로드하여 설치할 수 있고, 설치된 앱들에 따라 안드로이드 폰을 원하는 형태로 세팅할 수 있다는 점입니다. 또한 다양한 위젯을 사용하여 앱의 접근도 쉽고 편하게 할 수 있습니다.

안드로이드 앱은 기존의 데스크톱 또는 웹 애플리케이션에 비해 개발하기 쉽고 규모도 크지 않아 혼자서도 개발할 수 있고, 개발한 앱을 구글 플레이 스토어에 올리면 유료 앱인 경우 다운로드로, 무료 앱인 경우 광고 수입으로 수익을 창출할 수 있습니다. 이러한 특징 때문에 안드로이드 앱을 많이 사용해 본 사용자들일수록 자신이 사용하는 앱을 개발해 직접 폰에 넣어서 사용하거나 플레이 스토어에 올려서 배포하고 싶다는 생각을 합니다.

이 책은 이렇게 막연하게나마 앱을 개발하고 싶다는 생각을 가진 개발 입문자와 초보 개발자를 위한 기본 및 활용서입니다. '입문자를 위한 책 치고는 내용이 너무 많은 것이 아닌가? 라는 생각도 드실 것입니다만, 안드로이드 앱의 분야가 굉장히 방대해서 각 분야를 최소한 맛이라도 볼 수 있게 다루다 보니 내용이 많아졌습니다. 아직 개발에 익숙하지 않은 상태에서 한 분야를 너무 깊게 다루면 받아들이기 어려워 안드로이드 앱 개발에 흥미를 잃게 되어 결국에는 개발을 포기하게 될 수도 있습니다. 그러한 점에서 이 책은 개발 입문자와 개발 초보자들이 반드시 알아야 하는 부분을 다양하게 다루었습니다.

앱 개발에 필요한 프로그램이나 기본적인 기능을 다루는 부분에서는 안드로이드 앱을 개발하기 위한 개발 환경 설정부터 사용자 인터페이스를 설계하는 레이아웃, 뷰, 위젯을 사용한 앱의 화면 설계, 사용자와의 상호작용을 위한 대화상자 및 이벤트 처리 등을 다루었습니다.

안드로이드 데이터 저장 기법에서는 파일, 데이터베이스, 프레퍼런스를 사용하는 방법을 담았으며, 안드로이드 애플리케이션 컴포넌트 부분에서는 액티비티, 인텐트, 서비스, 노티피케이션, 브로드캐스트 리시버, 콘텐트 프로바이더 및 안드로이드 폰의 홈 화면에 배치하는 앱 위젯에 대해서 다루었습니다.

멀티미디어 부분에서는 오디오 및 비디오 재생, 음성인식, 텍스트 투 스피치를 설명했으며, 통신 및 위치 정보에서는 HTTP, Socket, GPS를 사용한 위치 정보를 설명했습니다. 마지막으로 하드웨어 제어에서는 카메라와 센서를 제어하는 방법을 다루었습니다.

안드로이드 앱은 좋은 아이디어를 갖고 있으면 개발하여 판매하기가 쉽습니다. 앱 개발에 도전해서 로또 1등 안 부러운 좋은 앱을 만드시기 바랍니다.

마지막으로 이 책이 출간 될 수 있도록 도와주신 삼양미디어 여러분들께 감사의 글을 올립니다.

저자

Contents

Chapter 03

처음 작성하는 안드로이드 애플리케이션 – TestAndroid

Chapter 04

사용자 인터페이스

Contents

Chapter 05 · 대화상자(Dialog)

Chapter 06 이벤트 처리

Chapter 07 안드로이드의 데이터 저장 기법

Contents

Chapter 08 · 안드로이드 애플리케이션 컴포넌트

Chapter 09 · 멀티미디어

Chapter 10 통신과 위치 정보

Chapter 11 하드웨어 제어

부록CD 설명

이 책의 소스는 JDK7, 안드로이드 4.3 젤리빈 기반의 이클립스 4.3에서 테스트 되었습니다. 다른 환경에서 사용할 경우 결과가 다르게 나올 수 있습니다.

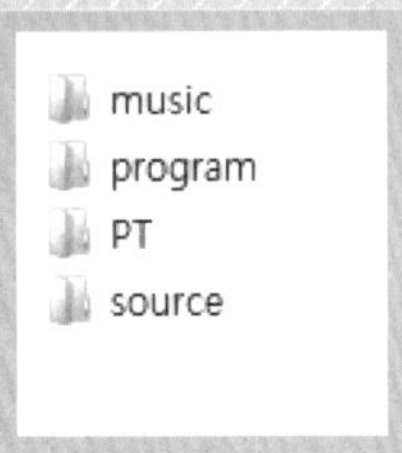

[music] 폴더

이 폴더에는 "9장 멀티미디어"의 "Section 01. 오디오 재생"의 [AudioTest] 애플리케이션에서 사용할 mp3 파일이 있습니다.

[program] 폴더

이 폴더에는 개발 환경 구축을 위한 JDK, Android SDK, Eclipse 및 SQLite를 위한 sqlitebrowser, 네이버 지도 API 라이브러리인 NMapViewerLib_android_v2.0.8_OpenLib 가 있습니다.

[PT] 폴더

이 폴더에는 각 장의 내용을 파워포인트로 작성한 강의용 PPT 파일이 있습니다.

[source] 폴더

이 폴더에는 이 책에서 학습할 모든 예제의 소스 파일들이 있습니다.

[source] 폴더의 프로젝트를 가져오기하여 학습할 경우

각 프로젝트를 직접 작성하지 않고 [import]를 사용하여 워크스페이스 내로 가져올 수 있습니다.

① 이클립스의 [Project Explorer] 뷰에서 마우스 오른쪽 버튼을 눌러 [import…] 또는 [import]–[import…] 메뉴를 선택하고 [General]–[Existing Project into Workspace]를 선택한 후 [Next] 버튼을 클릭합니다.

② [Import] 창의 [Select root directory] 항목에서 [Browse] 버튼을 눌러 부록 CD의 [source] 폴더를 선택하고 [Options] 항목에서 [Copy project into workspace] 항목을 체크한 후 [Finish] 버튼을 클릭합니다.

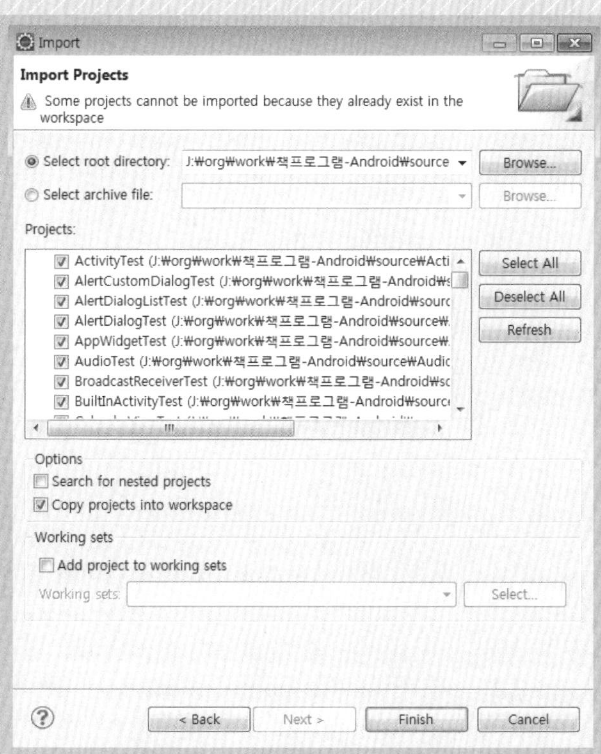

Chapter

1

안드로이드(Android)의 개요

모바일(Mobile) 프로그램을 개발하기 위한 환경인 모바일 플랫폼(Mobile Platform)의 개요와 종류에 대해 알아보고, 이 책에서 다룰 모바일 플랫폼의 한 종류인 개방형 모바일 플랫폼 안드로이드(Android)가 무엇인지 알아본다.

모바일 플랫폼(Mobile Platform)의 개요 및 종류

여기서는 모바일 플랫폼의 기본적인 내용과 종류들에 대해 설명한다.

01.1 개요

모바일 프로그래밍은 프로그래머가 3D 업종으로 분류되고 더 이상 컴퓨터공학(전산학) 전공자들이 빌게이츠를 꿈꾸지 않는 시대가 된 요즘, 안드로이드는 암흑의 IT시대에 새로운 빛을 밝혀주는 새로운 기회가 되었다.

모바일 플랫폼이 안드로이드냐 iOS냐 보다는 개발자들의 마음에 와 닿은 것은 앱 스토어(App Store)라는 개념이다. 구글에서는 안드로이드 마켓(Android Market, 현재는 플레이 스토어(Play Store)로 이름이 변경됨)이라는 이름으로 사용된다.

> **Tip**
>
> **앱 스토어(App Store)** : 애플(Apple)이 운영하고 있는 아이폰 및 아이팟 터치용의 애플리케이션 소프트웨어 다운로드 서비스로, 2007년 7월 10일부터 제공되고 있다. 구입한 앱의 모든 환불처리는 애플에서 한다.
>
> 자세한 사항은 「http://www.apple.com/iphone/apps-for-iphone/」 혹은 「http://developer.apple.com/iphone/program/」을 참조
>
> **플레이 스토어(Play Store)** : 구글이 운영하고 있는 구글 안드로이드용 애플리케이션을 다운로드할 수 있게 해주는 서비스로, 애플의 앱 스토어와는 달리 사용자가 구입한지 15분 이내에 다운로드한 애플리케이션의 환불을 요청하면 전액을 바로 환불, 15분이 지나면 개발자가 환불 처리를 해 주어야 하는 시스템을 채택하고 있다. 자세한 사항은 「http://www.android.com/market/」을 참조

개발자가 아무리 뛰어난 프로그램을 개발하더라도 판로(물건의 판매처)를 개척하지 못해서 개발한 프로그램을 판매하지 못하면 사실 아무런 의미가 없다. 대부분의 개발자들은 경영과 이러한 영업부분의 능력이 결여되어 있어 잘 개발된 프로그램이 사장되거나 대기업

에 흡수되는 안타까운 현실을 여러 번 봐왔다. 애플의 앱 스토어와 구글의 플레이 스토어는 영업력이 약한 개발자들을 위한 새로운 기회이다. 개발자는 프로그램만 개발해서 애플의 앱 스토어와 구글의 플레이 스토어에 올리면 판매는 이들이 알아서 해주고 수익은 정책에 따라 배분하면 된다.

애플리케이션의 판매금액에 대한 [애플 앱 스토어, 구글 플레이 스토어 : 개발자]의 배분은 [3:7]이다. 즉, 판매처를 담당하는 애플과 구글이 수익금 중 3을, 개발자가 수익금의 7을 갖는 구조이다. 이것은 상당히 파격적인 구조이다. 씁슬한 현실이나 그전까지 우리나라의 이런 스마트폰용 앱의 수익배분은 판매처인 통신사가 8~9를 갖고 개발자들에게는 1~2 정도 밖에 주지 않았기 때문이다. 이것을 애플과 구글이 배분을 개발자 위주로 책정하면서 우리나라 통신사의 자체 스마트폰 앱 판매처도 배분 형식을 애플과 같은 방식으로 바뀌게 되어 개발자들이 개발을 해서 이익을 남길 수 있게 되었다.

구글 플레이 스토어나 애플 앱 스토어의 앱은 우리나라에서만 판매되는 것이 아니라, 전 세계를 대상으로 판매가 이루어진다. 시장의 크기가 광대하다. 프로그램을 좋은 아이템으로 잘 개발하면 수익을 기대할 수 있고, 1인 기업으로 자신이 개발하고 싶은 프로그램을 자유롭게 개발하고 돈도 벌 수 있는 프로그래머들을 위한 꿈과도 같은 현실이 지금 제공되고 있다.

2010년 1월 애플 앱 스토어에 올린 프로그램으로 전 세계를 대상으로 8억원 가량의 다운로드를 얻어낸 프로그램을 개발한 개발자의 인터뷰 기사를 보았다. 이 개발자도 1년여 간 어떤 것을 개발할 것인가를 고심해서 개발했다고 한다. 20대 후반의 이 개발자는 자신의 노력으로 원하는 바를 얻어낸 것이다. 20대의 경우 취업이 안 되거나, 대기업에 취업해도 30대 후반이나 잘 버텨야 40대 초반이면 회사에서 잘리는 (프로그래머의 경우 좀 더 빠르지만) 현실에서 이러한 앱 스토어나 구글 플레이 스토어는 새로운 대안을 제시하는 것이라 생각한다.

안드로이드 애플리케이션이나 iOS 애플리케이션은 모두 모바일 프로그램(Mobile Program, 말하자면 무선통신 기반의 프로그램)이다. 자바 기반의 프로그래밍을 학습하거나 개발하고 있는 개발자들은 모두 조금씩은 모바일 프로그램에 대해서 대략적으로 알고 있을 것이다. 자바에서는 JAVA ME 등을 제공하기 때문이다. 이제부터 설명할 모바일 플랫폼(Mobile Platform)은 단순히 JAVA ME 등과 같은 프로그래밍의 차원을 넘어선 모바일의 개발 환경을 위한 것이다.

우리가 윈도 기반에서 프로그램을 개발하거나 UNIX 기반에서 프로그램을 개발하는 것을 윈도 플랫폼에서 개발한다거나 UNIX 플랫폼에서 개발한다고 한다. 개발 환경이 다르면 프로그래밍도 달라진다(물론 JAVA와 같은 플랫폼에 독립적인 프로그램은 예외이지만). 당

연히 모바일 프로그램을 개발하려면 어떤 환경에서 개발할 것인가를 결정해야 한다. 애플 아이폰이 먼저 나온 이유로 애플리케이션이 iOS가 더 많았으나, 현재는 안드로이드 애플리 케이션이 더 많이 개발되어 시장이 완전히 활성화되었다. 이러한 모바일 애플리케이션(이하 앱(App))에 대해서는 "공급 과잉인 시장에 더 이상 공급해봤자 가치가 하락한다."와 "이미 많은 사용자가 있으니 잘 만들면 대박이다."라는 두 가지 생각이 존재하는 상황이다.

01.2　종류

　현재 모바일 플랫폼에는 노키아의 Symbian(심비안), 애플의 iOS, 구글의 Android(안드 로이드), MS의 Windows Mobile(윈도 모바일), RIM의 BlackBerry OS(블랙베리 OS) 등 이 있다. 현재 안드로이드와 iOS를 빼고는 다 망했다는 표현이 적합할 정도로 점유율은 현 재 안드로이드와 iOS만을 고려할 정도이다. 현재 거의 애플의 iOS와 구글의 Android가 상 당히 높은 점유율이나 MS의 Window Mobile도 서서히 두각을 나타내는 이른바 모바일계 의 춘추전국시대이다. 영원한 강자는 없으니 모바일 디바이스 사용자들이나 개발자들은 새 로운 기술을 즐기면 된다.

　'모바일 플랫폼 중 무엇을 기반으로 개발하는 것이 좋을까?'라는 문제에 봉착할 수 있다. 현재는 애플의 iOS가 앱의 수도 많고 개발하기도 편하다. 다만, 맥PC의 가격이 비싸서 초기 투자비용이 많이 든다. 구글의 안드로이드는 그냥 쓰던 PC에 자바와 안드로이드 SDK, 이 클립스를 깔아서 개발하면 된다. 개발 시 초기 투자비용이 거의 안 든다. 무엇보다도 안드로 이드의 가장 큰 특징인 개방성으로 운영체제도 리눅스 커널(Linux Kernel) 기반으로 안드 로이드 기반의 앱 개발 시 OS의 비용을 지불할 필요가 없다는 점은 개발자 및 개발업체의 입장에서는 반가울 뿐이다. 다만 오라클사가 달빅 가상머신을 사용하고 있는 자바를 견제하 고 있어서 향후 안드로이드 폰의 가격이 몇 달러 정도 상승할 가능성은 있다.

　현재 안드로이드 OS 버전은 2013년 10월을 기준으로 4.3 Jelly Bean(젤리빈)이 출시되어 있다. 안드로이드는 개방성 때문에 새로운 기술을 탑재한 신 버전이 비교적 빨리 출시되고 있기 때문에 앞으로 좀 더 발전된 형태의 안드로이드 폰은 계속 나올 가능성이 있다. 따라서 그런 기술을 응용하는 프로그래머의 입장에서도 빠른 기술을 습득할 수 있다는 장점이 있다.

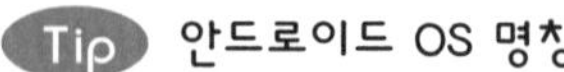 

Tip　안드로이드 OS 명칭

안드로이드 4.2, 4.2, 4.3은 모두 젤리빈(Jelly Bean)이라 불린다.

안드로이드 SDK(Android Standard Development Kit)의 개요

안드로이드 앱을 개발하려면 안드로이드 SDK(Android Standard Development Kit)가 필요하다.

02.1 안드로이드란?

안드로이드는 구글이 중심이 되어 개발한 OS(운영체제), 미들웨어(Middleware), 그리고 핵심 애플리케이션이 포함된 모바일 디바이스들을 위한 소프트웨어 스택이다.

> **Tip** 소프트웨어 스택 
>
> 소프트웨어의 내부구조를 계층으로 분리해 복잡성을 줄이고 계층간의 융합을 통해 안정적인 소프트웨어를 구축하기 위한 구조이다. 19페이지의 〈안드로이드의 구조〉가 안드로이드 소프트웨어 스택이다.

즉, 안드로이드는 휴대폰으로 대표되는 모바일 장치를 위한 개방적이고 자유로운 소프트웨어 플랫폼이다. '소프트웨어 플랫폼'이란 모바일 장치의 소프트웨어 개발 키트(Development Kit : 개발 도구 세트)로, "Android SDK"에 추가되어 OS나 미들웨어 등을 포함한 소프트웨어 집합체 등을 일컫는다.

안드로이드 개발을 하기 위해서는 [Android SDK]가 필요한데, 「http://developer. android.com/sdk/index.html」에서는 안드로이드 플랫폼 기반에서 자바 프로그래밍 언어를 사용해서 애플리케이션을 개발할 수 있도록 필요한 툴과 API들을 제공한다.

[Android SDK]는 안드로이드 플랫폼에서 동작되는 애플리케이션을 개발하기 위한 라이브러리(Library), 에뮬레이터(Emulator : 컴퓨터 호환성을 위한 장치나 소프트웨어 등을 지칭), 샘플 소스(Sample source), 그리고 디버거(Debugger) 등이 개발 도구에 세트되어 제공된다. 안드로이드 개발 라이브러리는 자바의 라이브러리로써 제공되고 있으며, 이 라이브러리를 사용해서 자바 언어로 안드로이드 애플리케이션을 개발할 수 있게 되어 있다.

안드로이드는 오픈 핸드셋 얼라이언스(Open Handset Alliance : http://www.open-handsetalliance.com)에서 제공하고 있다. 오픈 핸드셋 얼라이언스는 구글이 세운 휴대전화의 공통 소프트웨어의 개발 및 보급을 촉진하기 위한 단체로 Google, Intel, Qualcomm, ASUS, NTT 등의 세계유수의 기업들이 참여하고 있으며 우리나라에서는 삼성, LG 등이 참여하고 있다. 이외에 참여하고 있는 기업은 「http://www.openhandsetalliance.com/oha_members.html」에서 확인할 수 있다.

02.2 안드로이드 SDK가 제공하는 기능의 개요

(1) 안드로이드 애플리케이션의 특징

안드로이드는 자체적으로 제공하는 애플리케이션과 사용자 혹은 개발 회사 등에서 자체 개발한 애플리케이션을 차별하지 않는 중립적인 성격을 띠는 애플리케이션으로 다음과 같은 특징을 가지고 있다.

- 애플리케이션 프레임워크의 재사용 가능(enabling reuse)과 컴포넌트들의 대체(replacement of components) 가능
- 모바일 디바이스를 위한 최적화된 달빅 가상머신(Dalvik Virtual Machine) 사용
- WebKit 엔진 기반의 통합된 오픈소스 브라우저
- 최적화된 2D 그래픽 갤러리 및 OpenGL ES 1.0 기반의 3D 그래픽 제공
- 구조화된 데이터 저장소인 SQLite 데이터베이스 지원
- 다양한 오디오, 비디오, 이미지 포맷을 위한 미디어 지원—MPEG4, H.264, MP3, AAC, AMR, JPG, PNG, GIF 등의 포맷 지원
- 모바일 네트워크를 통한 전화 및 데이터 송수신을 위한 GSM, 블루투스(Bluetooth), EDGE, 3G, 그리고 WiFi 지원(기기에 따라 지원)
- 카메라, GPS, 나침반, 그리고 가속도계 지원(기기에 따라 지원)
- 디바이스 에뮬레이터를 포함한 풍부한 개발환경, 디버깅을 위한 툴들, 그리고 메모리와 프로파일링 성능과 Eclipse IDE를 위한 플러그인의 제공

(2) 안드로이드의 구조(Architecture)

안드로이드 애플리케이션은 자바 기반으로 프로그래밍이 되지만 일반적인 자바 가상머신(Java Virtual Machine)이 아닌 달빅 가상머신(Dalvik Virtual Machine)을 사용한다.

달빅 가상머신(Dalvik Virtual Machine)은 구글의 댄 본스타인(Dan Bornstein)이 설계/구현한 것으로, 안드로이드 애플리케이션의 실행에 사용된다. 달빅(Dalvik)이란 이름은 아이슬란드의 작은 어촌의 이름으로 댄 본스타인(Dan Bornstein)이 자신의 조상이 살았던 곳의 이름을 따서 명명하였다.

달빅 가상머신은 적은 메모리 요구 사양에 최적화되어 설계된 것으로 프로세스 아이솔레이션(process isolation : 구글 크롬과 IE 9.0의 브라우저 탭이 이것을 구현한 예), 메모리 관리, 쓰레딩 지원 등 운영체제의 지원에 의존하나, 여러 개의 달빅 가상머신 인스턴스가 동시에 수행될 수 있다. 달빅 가상머신에서 수행되는 바이트코드는 자바 바이트코드와는 다르며 안드로이드 SDK에서 제공하는 "dx"툴(windows용에서는 dx.bat)을 사용해서 자바 클래스 파일들을 .dex 포맷으로 변경할 수 있다. 이클립스로 개발하면 이 부분을 알아서 처리해 신경 쓰지 않아도 된다.

안드로이드(Android) SDK는 애플리케이션 개발을 위한 개발 도구 모음으로 모바일 디바이스를 작동시키기 위한 OS, 미들웨어 및 개발 작업을 원활하게 수행하기 위한 도구들이 포함되어 있다. 안드로이드의 구조는 다음과 같다.

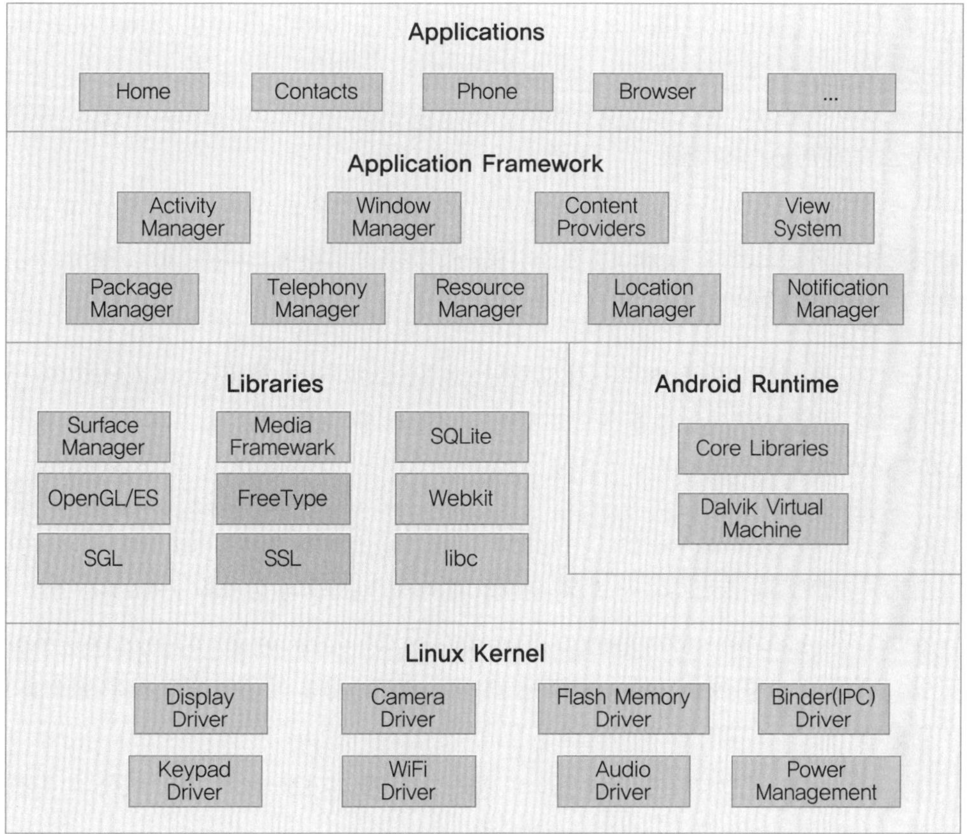

▲ 안드로이드의 구조(Architecture)

안드로이드의 구조는 크게 4개의 계층으로 나뉘며 5개의 영역으로 분리되어 있다. 가장 위쪽의 계층인 [애플리케이션(Application)] 계층은 사용자와의 인터페이스가 이루어지는 계층이며, 가장 아래쪽의 [리눅스 커널(Linux Kernel)] 계층은 운영체제(OS)로서 기계적인 제어에 중점을 두는 계층이다. 설명은 가장 아래쪽에 있는 핵심적이며 기계적인 제어를 하는 [리눅스 커널(Linux Kernel)] 계층부터 알아본다. 원문은 「http://developer.android.com/guide/basics/what-is-android.html」을 참조한다.

■ 리눅스 커널(Linux Kernel) 계층

안드로이드 계층 구조(소프트웨어 스택)의 가장 아래에 있는 계층인 [리눅스 커널(Linux Kernel)] 계층은 리눅스 2.6 커널을 기반으로 모바일 디바이스(장치)를 제어하기 위한 기능이 추가되어 있다. 즉, 보안(security), 메모리 관리(memory management), 프로세스 관리(process management), 네트워크 스택(network stack), 드라이버 모델(driver model)과 같은 코어 시스템 서비스를 제공한다. 또한 리눅스 커널은 하드웨어와 소프트웨어 스택(안드로이드 구조의 계층)의 나머지 부분들 사이에서 추상 계층으로써 수행된다. 즉, 리눅스 커널 계층은 기반이 되는 계층으로 다른 3개의 계층은 이 리눅스 커널 계층의 기반 위에서 수행된다.

■ 라이브러리(Libraries) 계층

안드로이드는 시스템의 여러 가지의 컴포넌트로부터 사용되는 라이브러리를 제공하고 있다. [리눅스 커널(Linux Kernel)] 계층의 위에 제공되는 [라이브러리(Libraries)] 계층의 라이브러리에 대한 것이다.

안드로이드는 안드로이드 시스템의 다양한 컴포넌트에 의해 사용되는 C/C++라이브러리를 포함하고 있으며, 이 기능들은 안드로이드 애플리케이션 프레임워크를 통해서 표시된다. 제공되는 코어 라이브러리는 다음과 같다.

- 시스템 C 라이브러리(System C library) : libc(the standard C system library)의 BSD-파생(BSD-derived) 구현 및 임베드된 리눅스 기반의 장치를 조정한다.
- 서피스 매니저(Surface Manager) : 디스플레이 서브시스템(display subsystem)의 접근을 관리하고 다중 애플리케이션으로부터 2D, 3D 그래픽 계층의 매끄러운 합성을 관리한다.
- LibWebCore : 안드로이드 브라우저와 임베드된 웹 뷰 모두에서 동작 가능한 최신의 웹 브라우저 엔진을 위한 기능을 제공한다.
- 미디어 라이브러리(Media Libraries) : MPEG4, H.264, MP3, AAC, AMR, JPG, PNG

등의 오디오, 비디오, 이미지 등의 재생을 위한 기능을 제공한다.

- SGL : 기본적인 2D 그래픽 엔진을 위한 기능을 제공한다.
- 3D 라이브러리(3D Libraries) : OpenGL ES 1.0 APIs 기반 하에서 하드웨어 3D가속기 혹은 고속 최적화 3D 소프트웨어 레스터라이저를 사용하는 라이브러리들을 구현한다.
- FreeType : 비트맵과 백터 폰트의 랜더링을 제공한다.
- SQLite : 강력하고 가벼운 관계형 데이터베이스 엔진을 모든 애플리케이션에서 사용할 수 있도록 제공한다.

위의 설명과 상당히 겹치는 부분은 많으나 앞의 그림 〈안드로이드의 구조(Architecture)〉에서 [라이브러리(Libraries)] 계층에서 제공하는 서비스 요소에 맞춰 설명한 것은 다음과 같다.

- Surface Manager : 디스플레이 서브시스템을 관리하고 복수의 애플리케이션 간에 2D/3D 그래픽 레이어를 합성한다.
- Media Framework : 일반적인 오디오나 비디오의 재생과 기록을 지원한다.
- SQLite : 실행시 부하가 적고 사용방법이 간단한 관계형 데이터베이스이다.
- OpenGL | ES : OpenGL ES 1.0 APIs 기반의 실행으로 하드웨어 3D 가속기 및 고속 3D 소프트웨어 레스터라이저를 사용한다.
- FreeType : 비트맵과 벡터 폰트의 랜더링을 수행한다.
- WebKit : 브라우저에 표시를 하기 위한 HTML 랜더링 에뮬레이터로 구글 크롬(Google Chrome)이나 사파리(Safari) 등에서 채용하고 있다.
- SGL : 기본적인 2D 그래픽 엔진
- SSL : Secure Socket Layer의 약자로 네트워크 레이어의 암호화 방식으로 HTTP, NNTP, FTP 등에서 널리 사용된다.
- libc : 표준적인 C 라이브러리를 안드로이드를 위해 최적화 시킨 것이다.

■ 안드로이드 런타임(Android Runtime) 계층

[라이브러리(Libraries)] 계층과 같은 레벨의 기능으로 [안드로이드 런타임(Android Runtime)] 계층이 있다. [안드로이드 런타임(Android Runtime)] 계층은 자바 프로그래밍 언어의 핵심라이브러리의 기능을 대부분을 사용할 수 있도록 제공된 코어 라이브러리(Core Libraries)와 안드로이드 애플리케이션을 실행하는 달빅 가상머신(Dalvik Virtual Machine)으로 구성되어 있다.

■ 애플리케이션 프레임워크(Application Framework) 계층

[라이브러리(Libraries)] 계층의 위에 [애플리케이션 프레임워크(Application Framework)] 계층이 위치하고 있다. 개방적 개발 플랫폼의 제공으로 인해 안드로이드는 개발자들이 많은 기능을 가진 획기적인 애플리케이션을 만드는 능력을 제공하고 있다. 개발자들은 하드웨어 장치의 이점, 위치 정보 접근, 백그라운드 서비스 수행, 알람(alarm)의 사용, 상태표시줄에 알림(notification)의 추가 등의 기능을 자유롭게 사용할 수 있다.

개발자들은 코어 애플리케이션을 사용한 것과 같은 프레임워크 API를 완전히(전부) 접근할 수 있다. 이 애플리케이션 구조는 간단하게 컴포넌트들을 재사용될 수 있도록 설계되었다. 같은 방법으로 사용자에 의해 컴포넌트가 대체될 수 있도록 되어 있다.

[애플리케이션 프레임워크(Application Framework)] 계층에 포함되어 있는 서비스 요소들에 대한 설명은 다음과 같다.

아래의 애플리케이션 서비스는 모든 안드로이드 애플리케이션의 근본이 되는 것으로, 애플리케이션의 작성에 프레임워크를 제공한다.

- 액티비티 매니저(Activity Manager, 액티비티 관리자) : 애플리케이션의 라이프사이클을 관리하고, 네비게이션용의 이력정보를 제공한다.
- 콘텐트 프로바이더(Content Provider, 콘텐트 공급자) : 애플리케이션 간에 공유하고 있는 데이터를 관리한다.
- 뷰(View) : 리스트(lists), 그리드(grids), 텍스트 박스(text boxes), 버튼(buttons), 웹 브라우저(web browser) 등을 포함한 애플리케이션 구축에 사용하는 위젯(widget)의 모임이다.

Tip 위젯(widget)

> 애플리케이션 프로그램을 실행시키고 그 결과를 화면에 표시하는 작은 GUI(그래픽 사용자 인터페이스) 도구이다. 이 위젯 기능을 사용하면 인터넷 등으로부터 어떤 정보를 전달받아 화면에 작은 사이즈의 창을 표시해서 메모장, 검색, 사전, 지도, 뉴스, 시계, 달력 등의 웹 브라우저에서 제공하는 많은 기능들을 웹 브라우저를 열지 않고도 사용하는 것이 가능하다.

- 노티피케이션 매니저(Notification Manager, 알림 관리자) : 이벤트가 발생한 것을 상태표시줄(status bar)에 표시하거나 LED, 백라이트를 사용해서 알리는 기능을 제공한다.
- 패키지 매니저(Package Manager, 패키지 관리자) : 설치(install) 등을 포함한 애플리케이션의 관리를 한다.

- 리소스 매니저(Resource Manager, 자원 관리자) : 지역 문자열(localized strings), 그래 픽(graphics), 레이아웃 파일(layout files) 등의 코드 이외의 자원에 접근을 제공한다.

■ 애플리케이션(Application) 계층

가장 최상층에 위치한 [애플리케이션(Application)] 계층은 SDK에 의한 전화나 웹 브라우저 등의 실행가능 애플리케이션이 미리 포함되어 있다. 또한 애플리케이션 개발자가 직접 작성한 애플리케이션도 이곳에 위치한다.

(3) 애플리케이션 개발자의 입장에서 본 안드로이드의 특징

지금까지 안드로이드의 구조를 살펴보았다. 이 구조로부터 애플리케이션의 개발자의 입장에서 보자면 몇 가지 특징을 알 수 있다.

■ 자바 프로그래밍 언어를 사용해서 안드로이드 애플리케이션을 작성한다.

자바는 최근 가장 많이 사용되고 있는 언어로써, 안드로이드 애플리케이션에서도 자바 기반의 프로그래밍을 하도록 되어 있다. 모바일 디바이스를 위한 애플리케이션과 기업 등에서 사용되는 서버 애플리케이션은 서로 고려할 점이 다르다. 사실 C/C++ 등을 사용해서 모바일 디바이스용 프로그램을 개발한다는 것은 매우 힘든 작업이다. 같은 작업을 자바로 개발하면 훨씬 쉽고 편하다. "2장 안드로이드 개발 환경 설정"에서 하게 되겠지만, 자바 언어로 개발하는 경우 개발 툴로 이클립스(Eclipse)를 주로 사용한다. 이 이클립스에 안드로이드용의 플러그인을 결합해서 안드로이드 개발 환경을 설정한다.

■ 서버 애플리케이션 개발에서 사용되는 것과 비슷한 애플리케이션 프레임워크가 제공되고 있다.

웹 애플리케이션을 구축할 때 사용되는 MVC 패턴의 요소(Model, View, Controller)를 안드로이드 애플리케이션의 구성 요소에 대응시키는 것이 가능하다. 또한 데이터의 공유를 위해 제공되는 컨텐트 프로바이더(Content Provider) 및 웹 애플리케이션 구축 시 자주 사용되는 DAO 패턴도 같은 형태로 위치시키는 것이 가능하다. 이것을 위해 모바일 디바이스 애플리케이션 개발에 친숙하지 않은 서버 애플리케이션 개발자들도 애플리케이션의 작성 결과가 어떤 식으로 될 것인가에 대해 쉽게 예측할 수 있다.

■ 자바와 다른 프로그래밍 언어의 사용이 구분되어 있다.

라이브러리 계층에는 모바일 디바이스에 포함되어 있는 하드웨어를 제어하기 위한 소프트웨어로 C/C++ 등의 언어가 기술되어 있다. C/C++는 자바와 비교하면 실행 속도나 타이밍 제어, 메모리 관리 등에 적합함을 알 수 있다. 즉, 이런 부분에 C/C++을 사용하고 애플리케이션의 개발에 자바를 쓰는 형태로 사용을 구분하고 있다.

(4) 안드로이드 SDK가 제공하고 있는 개발 도구들(tools)

안드로이드 SDK는 안드로이드 플랫폼상에서 모바일 애플리케이션 개발을 위한 다양한 사용자 도구를 제공하고 있다. 이 도구 중 가장 중요한 것은 안드로이드 에뮬레이터(Android Emulator)와 이클립스를 위한 안드로이드 개발 툴 플러그인(Android Development Tools plugin for Eclipse)이다. 이들뿐만 아니라 SDK에서는 디버깅(debugging), 패키징(packaging) 및 에뮬레이터상에 애플리케이션을 설치(installing)하는 다양한 도구들을 제공한다.

■ **Android Development Tools Plugin(for the Eclipse IDE)** : ADP 플러그인(Android Development Tools Plugin)은 이클립스에서 안드로이드 애플리케이션을 쉽고 빠르게 생성하고 디버깅할 수 있는 강력한 통합 환경을 제공한다. ADT 플러그인은 이클립스를 사용해서 안드로이드 애플리케이션을 개발하는 데 반드시 필요한 도구이다.

■ **Android Emulator** : QEMU 기반의 디바이스 애뮬레이션(테스트 등을 목적으로 하는 가상장치) 도구로 실제의 안드로이드 런타임 환경에서 디자인, 디버그, 테스트하는 것과 같은 기능을 제공한다.

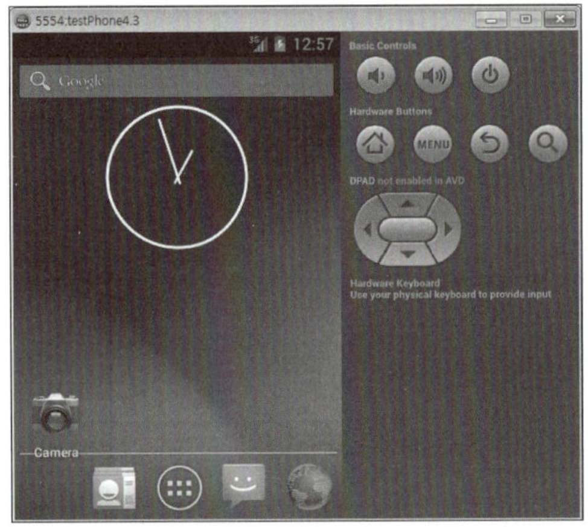

▲ 안드로이드 에뮬레이터 – 4.3 Jelly Bean(젤리빈)

 **QEMU**

가상화 소프트웨어 중 하나로 페브릭 빌러드(Fabrice Bellard)가 만들었으며, x86 이외의 기종을 위해 만들어진 소프트웨어 스택 전체를 가상머신(VM) 상에서 실행할 수 있다는 특징을 가지고 있다.

■ **Android Virtual Devices(AVDs)** : 안드로이드 에뮬레이터상에서 장치 특유의 가상장치 구성들(Virtual device configurations)을 만들 수 있다. 각 구성은 안드로이드 플

랫폼상에서 실행하기위한 설정, 하드웨어 옵션들 그리고 사용한 에뮬레이터 스킨을 설
정할 수 있다.

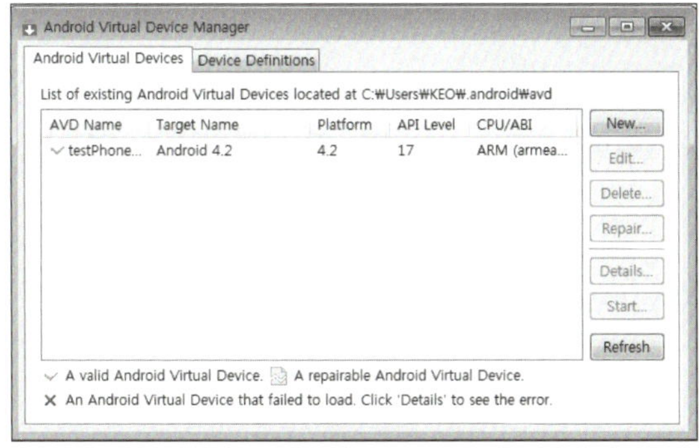

◀ 이클립스의 AVD Manager

- **Hierarchy Viewer** : 계층 뷰어(Hierarchy Viewer)는 뷰들의 계층구조의 비주얼한 구현과 화면 레이아웃과 레이아웃을 정확히 보기 위해 현재의 디스플레이에 포함된 픽셀 그리드를 부각시키는 기능을 제공한다.

- **layoutopt** : 이 도구는 효과적인 애플리케이션 레이아웃을 빠르게 분석할 수 있도록 해준다.

- **Draw 9-patch** : 사이즈 때문에 표시 내용이 깨지지 않도록 하기 위해 위지윅 에디터(WYSIWYG editor)를 사용한 나인퍼치(NinePatch) 그래픽을 쉽게 생성할 수 있도록 해준다.

- **Dalvik Debug Monitor Service(ddms)** : 안드로이드 플랫폼의 가상머신과 통합된 안드로이드 에뮬레이터상에서 프로세스 관리 , 디버그 처리, (에러 등의 처리를 위한)추적 데이터(trace data) 생성, 힙(heap) 보기, 쓰레드 정보 보기 등의 기능을 제공한다.

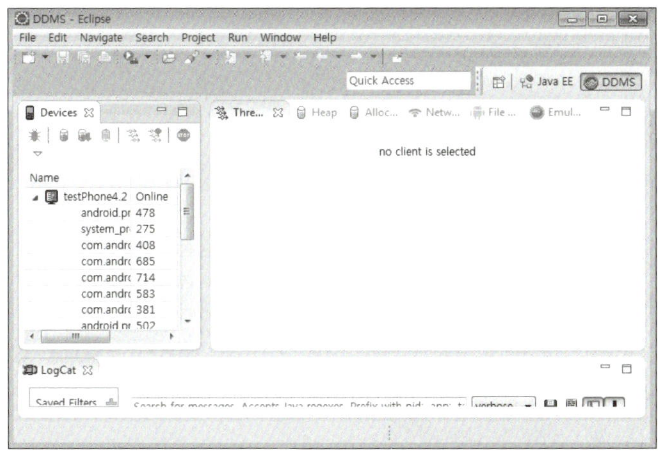

▲ 이클립스에서의 안드로이드 ddms 퍼스팩티브

- **Android Debug Bridge(adb)** : adb(Android Debug Bridge) 도구는 애플리케이션 파일(.apk 파일)의 설치나 커맨드 라인부터 에뮬레이터 혹은 디바이스에 접근할 수 있는 기능을 제공한다.

- **Android Asset Packaging Tool(aapt)** : aapt(Android Asset Packaging Tool) 도구는 안드로이드 애플리케이션의 바이너리(binaries)와 리소스(resources)에 연관된 .apk 파일의 생성을 제공한다.

- **Android Interface Description Language(aidl)** : 프로세스 간의 인터페이스를 위한 코드의 생성을 제공한다.

- **sqlite3** : 안드로이드 애플리케이션에서 SQLite 데이터 파일을 생성 및 사용을 할 수 있도록 접근을 허용한다.

- **Traceview** : 안드로이드 애플리케이션이 출력하는 추적 로그(trace log)를 그래픽적으로 분석해서 보는 것을 제공한다.

- **mksdcard** : 에뮬레이터가 사용하는 가상적인 외부기억카드인 SD카드 등의 이미지 파일을 작성하는 기능을 제공한다.

- **dx** : .class 자바 바이트코드를 .dex 안드로이드 바이트코드로 재작성하는 기능을 제공한다.

- **UI/Application Exerciser Monkey** : 에뮬레이터나 디바이스상에서 랜덤하게 이벤트 정보를 작성한다든가 스트레스-테스트(stress-test)를 수행하는 것을 제공한다.

- **android** : AVDs 파일을 관리하거나 안드로이드 애플리케이션을 컴파일하기 위해 Ant 빌드 파일을 생성하는 것을 제공한다.

- **zipalign** : 중요한 .apk 최적화 도구로 모든 압축되지 않은 데이터를 파일의 시작 부분과 연관된 특정 맞춤으로 시작하게 해서 최적화시키는 도구이다.

02.3 안드로이드 애플리케이션 개발 순서

안드로이드 플랫폼상에서 동작하는 애플리케이션을 개발하기 위한 순서를 알아보자. 이 책에서는 안드로이드 애플리케이션의 작성을 이클립스에서 ADT 플러그인을 얹어서 개발 환경을 설정할 것이다. 물론 실제적으로 세팅하는 것은 "2장. 안드로이드 개발 환경 설정" 부분에서 설명한다. 여기서는 애플리케이션을 개발하기 위해 순차적으로 수행할 작업을 실제 세팅을 하기 전에 개발 시 해야 할 작업과 맞추어서 한번 개괄적으로 설명한다.

안드로이드 애플리케이션을 개발하기 위한 작업 내용을 크게 3가지로 구분하면 다음과
같다.

① 프로젝트의 작성
② 소스코드의 작성
③ 작성한 애플리케이션의 실행

▲ 안드로이드 애플리케이션의 개발 순서

(1) 프로젝트의 작성

일반적으로 이클립스 기반에서의 안드로이드 애플리케이션의 작성은 안드로이드 프로젝
트를 작성해서 한다. 이때 작성되는 안드로이드 프로젝트는 애플리케이션당 1개씩이라고
생각하면 된다. 즉, 작성하는 애플리케이션 하나당 안드로이드 프로젝트가 하나씩 매칭된다.

프로젝트의 작성은 이클립스의 기능을 사용해서 새로운 프로젝트를 사용해서 원하는 형
태의 프로젝트를 작성해서 이클립스상에서 실행할 수도 있다. 이렇게 이클립스상에서 안드
로이드 프로젝트를 인식시키려면 프로그램을 설치하거나 환경 설정 등의 작업이 먼저 선행
되어야 한다.

(2) 소스코드의 작성

안드로이드 프로젝트를 새로 작성할 경우 프로젝트의 안에 [HelloWorld]가 표시된다.
즉, 이클립스에서 작성된 프로젝트는 기본적으로 화면에 결과를 표시하는 타입의 애플리케
이션이라는 것이다. 그러나 Service와 같이 화면에 결과를 표시하지 않고 백그라운드의 작
업을 하는 등의 프로젝트를 작성할 때는 그런 상황에 맞춰 작성할 필요가 있다.

소스코드 작성 시 필요한 기능 및 정보들에 대한 설명은 뒤에서 한다.

(3) 작성한 애플리케이션의 실행

애플리케이션이 완성되면 안드로이드 에뮬레이터상에서 작성한 애플리케이션을 이클립
스의 [Run]-[Run Configuration...] 또는 [Run]-[Run As]-[Android Application] 메뉴
를 통해 실행할 수 있다.

이 메뉴가 실행되면 자바 컴파일, 자바 바이트코드를 안드로이드 바이트코드로 변환, 안드로이드 애플리케이션을 패키징(packaging : apk 파일의 생성), 안드로이드 에뮬레이터 기동, 애플리케이션을 에뮬레이터에 인스톨하기, 애플리케이션을 에뮬레이터상에서 실행시키기 등의 작업이 순차적으로 모두 수행된다. 이 작업들이 모두 정상적으로 완료되면, 안드로이드 에뮬레이터상에 애플리케이션이 실행된다.

02.4 안드로이드 애플리케이션을 구성하는 주요 컴포넌트

여기서는 안드로이드 애플리케이션을 작성시 프로그래밍상 필요한 주요한 요소들에 대해 살펴본다. 안드로이드에서는 클래스로써 제공되는 컴포넌트 요소들을 개발자가 조합해서 하나의 애플리케이션을 작성한다. 이 클래스들에는 2가지 타입이 있는데, 하나가 안드로이드 애플리케이션으로써 동작하기 위해 필요한 클래스이고 다른 하나가 안드로이드 애플리케이션의 기능을 제공하는 클래스이다. 애플리케이션 동작에 필요한 클래스는 Activity 클래스이며, 그 외의 클래스는 기능을 제공한다.

안드로이드의 실행환경은 시스템상의 애플리케이션이 필요한 클래스에 연결해 프로세스를 만들어서 클래스의 호출을 통해 애플리케이션의 실행을 제어한다. 이러한 특별한 역할을 수행하는 클래스에는 다음 4가지가 있다.

- 액티비티(Activity) : 액티비티는 라이프사이클을 가지고, 사용자가 화면으로부터 처리를 실행하는 것을 목적으로 사용된다.
- 인텐트(Intent) : 인텐트는 애플리케이션이 무엇을 수행하는가를 표시하기 위해 사용된다.
- 서비스(Service) : 서비스는 백그라운드에서 처리를 실행하기 위해 사용된다. 이때 서비스는 단독의 프로세스로써 실행하는 것도, 애플리케이션 내에 일부로써 실행하는 것도 가능하다.
- 콘텐트 프로바이더(Content Provider) : 컨텐트 프로바이더(제공자)는 디바이스상에 존재하는 애플리케이션 공통의 데이터영역에 접근하는 기능을 제공한다.

이들 액티비티(Activity), 인텐트(Intent), 서비스(Service), 콘텐트 프로바이더(Content Provider)에 대한 상세한 설명은 "8장. 안드로이드 애플리케이션 컴포넌트"에서 자세히 설명한다.

01 모바일 플랫폼(Mobile Platform)의 개요 및 종류

- 안드로이드 애플리케이션이나 iOS 애플리케이션은 모두 모바일 프로그램이다.
- 모바일 플랫폼에는 노키아의 Simbian(심비안), 애플의 iOS, 구글의 Android(안드로이드), MS의 Window Mobile(윈도 모바일), RIM의 BlackBerry OS(블랙베리 OS) 등이 있다.
- 안드로이드는 개방성 때문에 새로운 기술을 탑재한 신 버전이 비교적 빨리 출시되고 있다.

02 안드로이드 SDK(Android Standard Development Kit)의 개요

- 안드로이드는 구글이 중심이 되어 개발한 OS(운영체제), 미들웨어(Middleware) 그리고 핵심 애플리케이션이 포함된 모바일 디바이스들을 위한 소프트웨어 스택이다.
- 안드로이드 애플리케이션은 자바 기반으로 프로그래밍 되지만, 일반적인 자바 가상머신(Java Virtual Machine)이 아닌 달빅 가상머신(Dalvik Virtual Machine)을 사용한다.
- 안드로이드(Android) SDK는 애플리케이션 개발을 위한 개발 도구 모음으로, 모바일 디바이스를 작동시키기 위한 OS, 미들웨어 및 개발 작업을 원활하게 수행하기 위한 도구들이 포함되어 있다.
- 안드로이드 애플리케이션을 작성하기 위한 순서는 프로젝트 작성 → 소스코드 작성 → 작성한 애플리케이션 실행 순이다.

2

안드로이드 개발 환경 설정

안드로이드 애플리케이션을 작성하기 위한 개발 환경을 설정한다. 자바 기반에서 프로그래밍을 하기 때문에 자바 SDK부터 설치하는 일련의 작업을 수행해야 한다. 또한 개발 툴로는 이클립스를 사용한다.

안드로이드 프로젝트를 개발하기 위한 준비 사항

Android Programming

안드로이드 애플리케이션을 개발하기 위해서는 그에 맞는 개발 환경을 설정해야 한다. 먼저 시스템의 요구사항을 확인한다. 시스템 요구사항에 대한 자세한 설명은 「http://developer.android.com/sdk/index.html」에서 [System requirements] 항목을 선택하면 화면에 표시된다.

■ 지원되는 운영체제(OS)
- Windows XP(32-bit) , Vista(32 or 64-bit), Windows 7(32 or 64-bit)
- Mac OS X 10.5.8 이상(x86 only)
- Linux – Ubuntu Linux 8.04 이상, GNU C Library 2.7 이상

■ 지원되는 개발 환경
① Eclipse IDE
- Eclipse 3.5(Galileo) 이상

  권장되는 Eclipse IDE 패키지들(이들 중 하나를 설치)
  - Eclipse IDE for Java Developers
  - Eclipse Classic(3.5.1 이상)
  - Eclipse IDE for Java EE Developers
- JDK 6(JRE만을 단독으로 설치하는 것은 안됨)
- Android Development Tools plugin (권장 사항)

② 다른 개발환경 또는 IDEs
- JDK 5 or JDK 6(JRE만을 단독으로 설치하는 것은 안됨)
- Apache Ant 1.8 이후 버전

■ 하드웨어 요구 사항
안드로이드 SDK 패키지를 전부 설치하기 위해서는 버전에 따라 다르나, 젤리빈의 경우에는 하드디스크상에 최소한 6GB 이상의 공간이 필요하다.

자바 SE(JDK) 다운로드 및 설치

Android Programming

안드로이드 애플리케이션은 자바 기반에서 프로그래밍 해야 한다. 따라서 J2SE를 「http://www.oracle.com/technetwork/java/javase/downloads/index.html」 사이트에서 다운받아서 설치한다. (썬마이크로시스템즈가 오라클에 인수되었으며 MySql도 인수되었음)

02.1 자바 SE(JDK) 다운로드

01 웹 브라우저에 「http://www.oracle.com/technetwork/java/javase/downloads/index.html」를 입력해서 [Java SE Downloads] 화면으로 이동한다.

02 [Java SE Downloads] 화면으로 이동하면 [Java Platform, Standard Edition] 항목에서 현재 시점의 가장 최신의 Java SE를 다운받을 수 있는데, 여기서는 [Java SE 7] 항목의 [JDK]의 [Download] 버튼을 클릭한다.

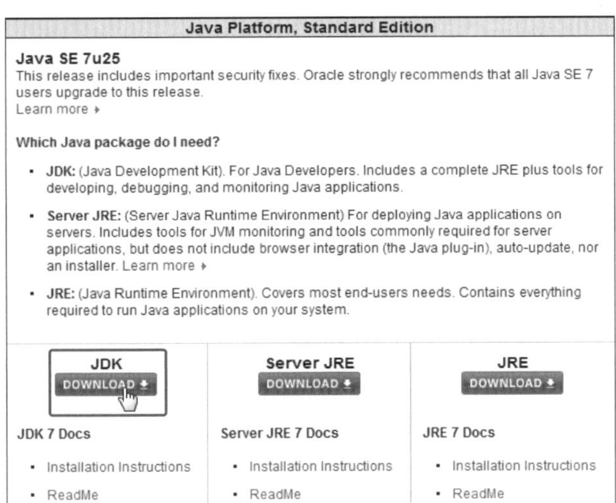

▲ 자바 SE 다운로드 1

03 [Java SE Development Kit 7 Downloads] 화면으로 이동하면 스크롤을 내려 [Java SE Development Kit 7] 항목에서 라이선스에 대한 동의를 표시하는 [Accept License Agreement] 항목을 선택해 파일을 다운로드 받을 수 있도록 한다.

Java SE Development Kit 7u25

You must accept the Oracle Binary Code License Agreement for Java SE to download this software.

○ Accept License Agreement   ⊙ Decline License Agreement

Product / File Description	File Size	Download
Linux x86	80.38 MB	jdk-7u25-linux-i586.rpm
Linux x86	93.12 MB	jdk-7u25-linux-i586.tar.gz
Linux x64	81.46 MB	jdk-7u25-linux-x64.rpm
Linux x64	91.85 MB	jdk-7u25-linux-x64.tar.gz
Mac OS X x64	144.43 MB	jdk-7u25-macosx-x64.dmg
Solaris x86 (SVR4 package)	136.02 MB	jdk-7u25-solaris-i586.tar.Z
Solaris x86	92.22 MB	jdk-7u25-solaris-i586.tar.gz
Solaris x64 (SVR4 package)	22.77 MB	jdk-7u25-solaris-x64.tar.Z
Solaris x64	15.09 MB	jdk-7u25-solaris-x64.tar.gz
Solaris SPARC (SVR4 package)	136.16 MB	jdk-7u25-solaris-sparc.tar.Z
Solaris SPARC	95.5 MB	jdk-7u25-solaris-sparc.tar.gz
Solaris SPARC 64-bit (SVR4 package)	23.05 MB	jdk-7u25-solaris-sparcv9.tar.Z
Solaris SPARC 64-bit	17.67 MB	jdk-7u25-solaris-sparcv9.tar.gz
Windows x86	89.09 MB	jdk-7u25-windows-i586.exe

▲ 자바 SE 다운로드 2

04 현재 자신의 PC의 운영체제가 Windows 32bit(XP, Vista, Window 7 32bit)인 경우 [Windows x86] 항목의 [jdk-7u업데이트버전-windows-i586.exe]을 클릭하고, Windows 64bit(Vista 64bit 또는 Window 7 64bit)인 경우에는 [jdk-7u업데이트버전-windows-x64.exe]을 클릭해 다운로드 받는다. 여러분의 다운로드 시점에서 최신파일이 다운로드 될 것이다. 필자의 경우 [jdk-7u25-windows-i586.exe] 또는 [jdk-7u25-windows-x64.exe]를 다운로드 했다.

Java SE Development Kit 7u25

You must accept the Oracle Binary Code License Agreement for Java SE to download this software.

Thank you for accepting the Oracle Binary Code License Agreement for Java SE; you may now download this software.

Product / File Description	File Size	Download
Linux x86	80.38 MB	jdk-7u25-linux-i586.rpm
Linux x86	93.12 MB	jdk-7u25-linux-i586.tar.gz
Linux x64	81.46 MB	jdk-7u25-linux-x64.rpm
Linux x64	91.85 MB	jdk-7u25-linux-x64.tar.gz
Mac OS X x64	144.43 MB	jdk-7u25-macosx-x64.dmg
Solaris x86 (SVR4 package)	136.02 MB	jdk-7u25-solaris-i586.tar.Z
Solaris x86	92.22 MB	jdk-7u25-solaris-i586.tar.gz
Solaris x64 (SVR4 package)	22.77 MB	jdk-7u25-solaris-x64.tar.Z
Solaris x64	15.09 MB	jdk-7u25-solaris-x64.tar.gz
Solaris SPARC (SVR4 package)	136.16 MB	jdk-7u25-solaris-sparc.tar.Z
Solaris SPARC	95.5 MB	jdk-7u25-solaris-sparc.tar.gz
Solaris SPARC 64-bit (SVR4 package)	23.05 MB	jdk-7u25-solaris-sparcv9.tar.Z
Solaris SPARC 64-bit	17.67 MB	jdk-7u25-solaris-sparcv9.tar.gz
Windows x86	89.09 MB	jdk-7u25-windows-i586.exe
Windows x64	90.66 MB	jdk-7u25-windows-x64.exe

▲ 자바 SE 다운로드 4

만일 다운로드가 되지 않고 웹브라우저의 상단에 노란색의 긴 박스가 표시되면, 노란 박스를 클릭해서 [파일 다운로드(D)...] 메뉴를 선택하면 파일이 다운로드 된다.

01 파일이 다운로드 되면(jdk-7u업데이트버전-windows-i586.exe 혹은 jdk-7u업데이트버전-windows-x64.exe) 기존에 열려 있는 웹 브라우저를 닫고 다운로드 받은 파일을 더블클릭해서 적당한 위치에 설치한다. 설치하는 방법에 대한 그림은 [jdk-7u25-windows-x64.exe]를 설치하는 경우를 예시로 했다.

Windows XP의 경우 보안경고가 표시되면 [실행] 버튼을 클릭하고, Window 7의 경우 권한 부여에 대한 창이 표시되면 [예] 버튼을 클릭해서 설치를 시작한다.

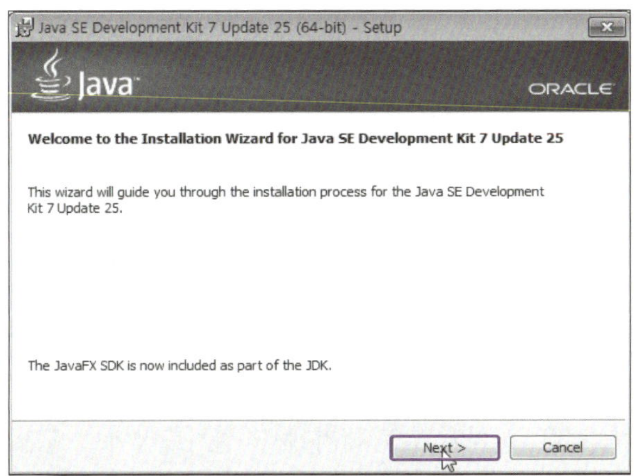

▲ 자바 SE 설치 1

02 기본 드라이브인 C에 설치할 경우에는 그냥 [Next] 버튼을 클릭하고, 설치 드라이브를 변경하려면 [Change...] 버튼을 클릭해서 변경한 후 [Next] 버튼을 클릭한다.

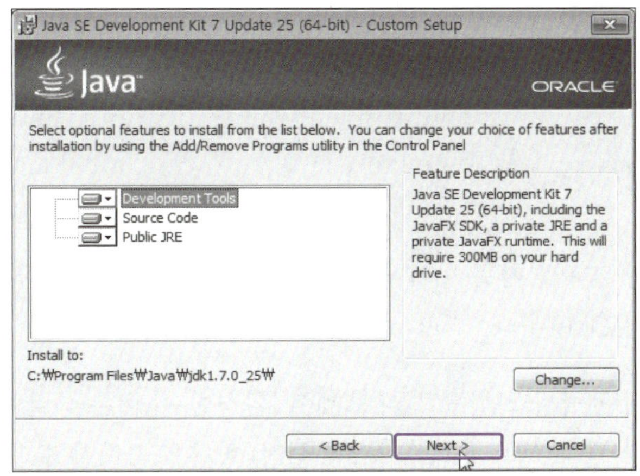

▲ 자바 SE 설치 2

03 라이선스에 동의하는 항목이 표시되면 동의를 하고 대화상자의 타이틀 바가 설치 완료를 표시하는 [Java(TM) SE Decelopment Kit 7 - Complete]로 변경되는 창이 나올 때까지 [Next] 버튼을 눌러가며 끈기 있게 설치한다. [Java(TM) SE Development Kit 7 - Complete]이 표시되면 [Close] 버튼을 눌러 설치를 끝낸다.

▲ 자바 SE 설치3

04 설치가 끝나면 웹 브라우저가 열리면서 [Java Development Kit (JDK) 7 Registration] 화면이 표시된다. 계정을 만들어서 등록해도 되나, 브라우저를 닫고 무시해도 된다. 설치 폴더를 변경하지 않았을 경우, 설치된 후 탐색기에서 「설치드라이브:\Program Files\Java」 폴더로 이동하면 다음과 같이 설치된 것을 확인할 수 있다.

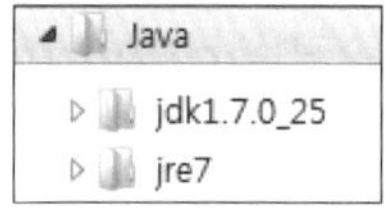

▲ 자바 SE 설치 후 탐색기에서 확인한 결과

02.3 환경변수 세팅

자바를 설치하고 나면 환경변수를 세팅하는 것이 좋다. 세팅해야 하는 세 개의 환경변수는 PATH, CLASSPATH, JAVA_HOME이다.

01 Windows XP의 경우 [제어판]-[시스템]-[고급] 탭에서 [환경변수] 버튼을 클릭하고, Windows 7의 경우 [제어판]-[시스템]-[고급 시스템 설정] 항목을 클릭한 후 [시스템 속성] 창의 [고급] 탭에서 [환경변수] 버튼을 클릭한다.

02 PATH 설정 : [시스템 변수] 항목에서 [편집] 버튼을 클릭해서 작성한다. 오라클의 JDK와의 우선권 문제를 해결하기 위해 가장 먼저 기술한다. 작성한 후 [확인] 버튼을 클릭한다.

변수 이름	PATH
변수 값	;C:\Program Files\Java\jdk1.7.0_25\bin;

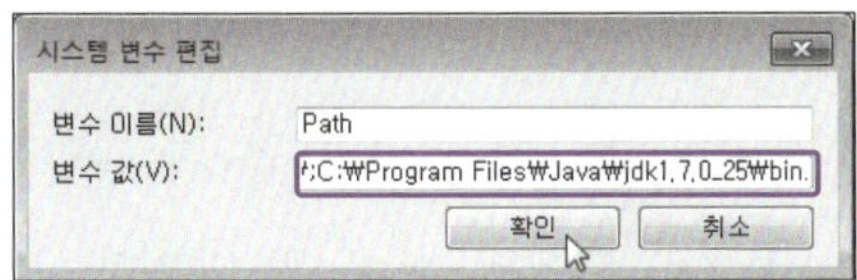

▲ PATH 설정, 자바가 C 드라이브에 설치된 경우 예시

03 CLASSPATH 설정 : [시스템 변수] 항목에서 CLASSPATH가 없는 경우, [새로 만들기] 버튼을 클릭해서 작성한 후 [확인] 버튼을 클릭한다.

변수 이름	CLASSPATH
변수 값	.;C:\Program Files\Java\jdk1.7.0_25\lib\tools.jar;

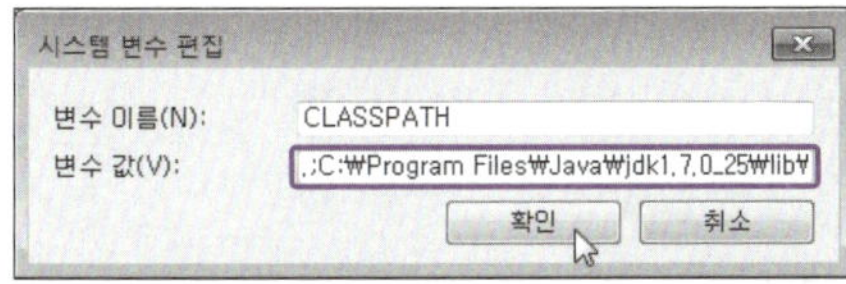

▲ CLASSPATH 설정, 자바가 C 드라이브에 설치된 경우 예시

04 JAVA_HOME 설정 : [시스템 변수] 항목에서 JAVA_HOME가 없는 경우, [새로 만들기] 버튼을 클릭해서 작성한 후 [확인] 버튼을 클릭한다.

변수 이름	JAVA_HOME
변수 값	C:\Program Files\Java\jdk1.7.0_25

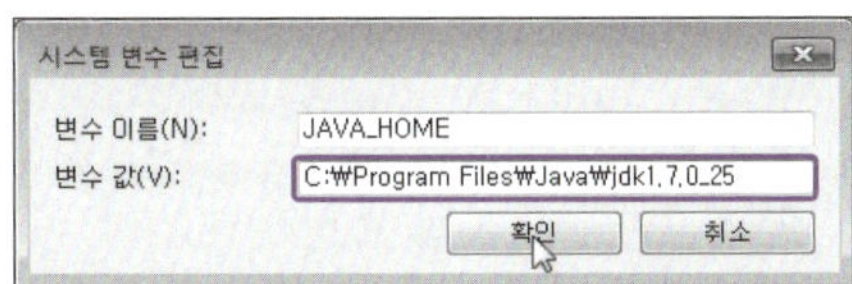

▲ JAVA_HOME 설정, 자바가 C 드라이브에 설치된 경우 예시

05 [확인] 버튼을 계속 클릭해서 설정을 저장한다.

03 안드로이드 SDK 스타터 패키지 (starter package) 다운로드 및 설치

Android Programming

안드로이드 애플리케이션을 개발하려면 안드로이드 SDK가 필요한데, 이것은 「http://developer.android.com/sdk/index.html」 사이트에서 다운로드 받는다.

03.1 안드로이드 SDK 스타터 패키지(starter package) 다운로드

01 웹 브라우저에 「http://developer.android.com/sdk/index.html」을 입력, [Android Developer] 사이트의 안드로이드 SDK 다운로드를 받는 곳으로 이동한다. 화면에 [Get the Android SDK]가 표시되면 [Download for Other Platforms] 항목을 선택한다.

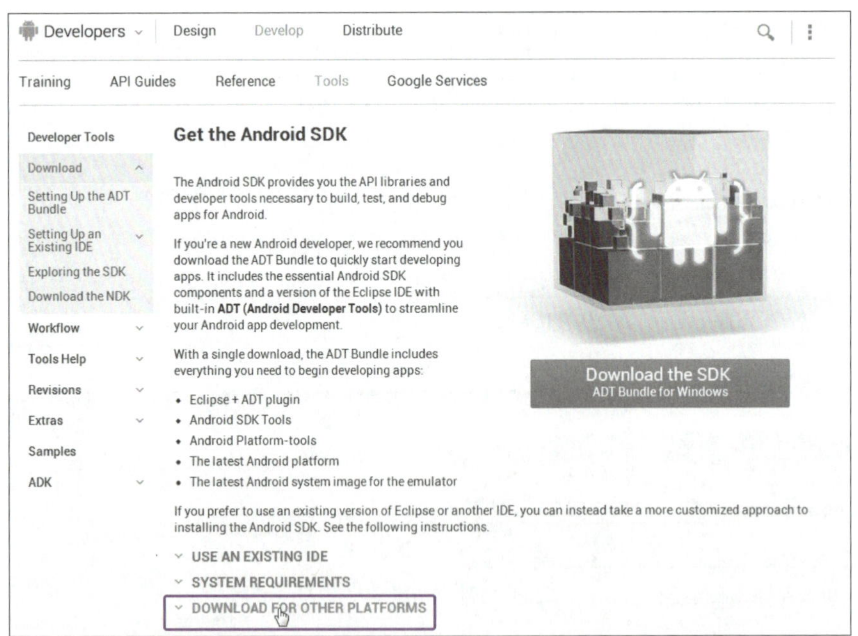

▲ 안드로이드 SDK 다운로드 1

02 [SDK Tools Only] 항목에서 플랫폼이 윈도인 경우 [Windows] 항목에 있는 최신 버전을 클릭하면 다운로드 된다. 필자가 다운로드 받은 시점에서 [android-sdk_r22.0.5-windows.zip]이 가장 최신의 파일이므로 이것이 다운로드 된다. 여러 분이 다운로드를 받는 시점에서는 더 최신 파일이 화면에 표시될 수 있으므로 그것을 다운로드 받는다. exe 파일보다 zip 파일을 받는 것이 여러 버전에서 테스트할 경우 더 좋다.

SDK Tools Only			
Platform	Package	Size	MD5 Checksum
Windows 32 & 64-bit	android-sdk_r22.0.5-windows.zip	113510621 bytes	30695dffc41e0d7cf9ff948ab0c48920
	installer_r22.0.5-windows.exe (Recommended)	93505782 bytes	940849be19ac6151e3e35c8706c81d86
Mac OS X 32 & 64-bit	android-sdk_r22.0.5-macosx.zip	77225724 bytes	94f3cbe896c332b94ee0408ae610a4b8
Linux 32 & 64-bit	android-sdk_r22.0.5-linux.tgz	105641005 bytes	8201b10c21510f082c54f58a9bb082c8

▲ 안드로이드 SDK 다운로드 2

> ADT Bundle 버전의 경우 Eclipse, ADT plugin, 최신 버전의 platform-tools가 내장되어 설치하기 편하다. 그러나 platform-tools가 최신 버전 하나만 제공된다는 단점이 있다. 실무에서 개발할 때는 최소 버전(Minimum SDK)과 최신 버전(Target SDK)이 필요하기 때문에 어차피 다른 버전의 platform-tools를 추가 설치해야 한다.

03 라이선스 동의를 묻는 화면으로 이동하면 [I have read and agree with the above terms and conditions] 항목을 체크한 후 [Download ~] 버튼을 클릭한다.

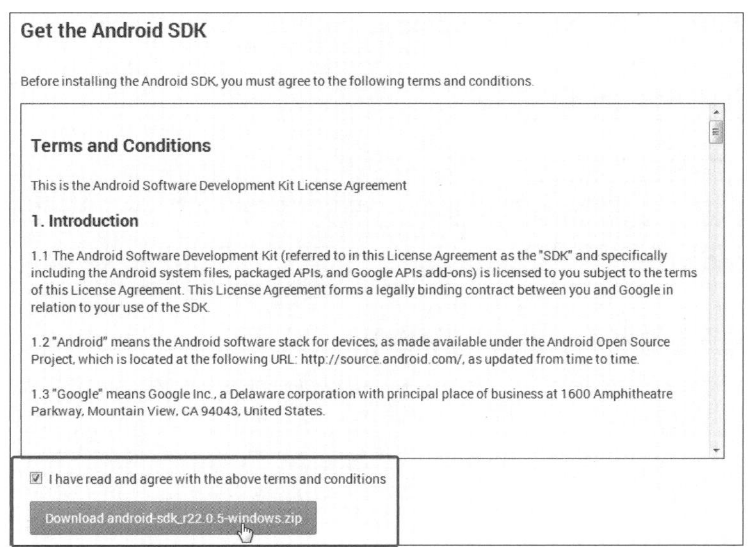

▲ 안드로이드 SDK 다운로드 3

01 다운로드 받은 [android-sdk_r패키지버전-windows.zip] 파일은 압축을 해제하면 설치가 되는 구조로 적당한 위치(C:₩ 또는 D:₩의 루트 디렉터리)에 해제한다. 필자 의 경우에는 [android-sdk_r22.0.5-windows.zip] 파일의 압축을 해제했다.

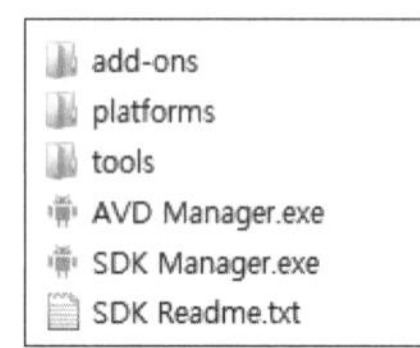

▲ 안드로이드 SDK 압축해제 후 탐색기에서 확인

02 파일의 압축을 해제한 후에는 시스템에 설치한 안드로이드의 위치를 시스템에 알리 기 위해 [ANDROID_HOME] 환경변수를 추가한다. 없어도 실행하는데 지장이 없으 나 여러 버전의 안드로이드 SDK를 설치한 경우에는 해 두는 것이 좋다. [제어판]-[시스템]-[고급] 탭에서 (또는 [제어판]-[시스템]-[고급 시스템 설정] 항목 을 사용해서) [환경변수] 버튼을 클릭한다.

03 ANDROID_HOME 설정 : [시스템 변수] 항목에서 [새로 만들기] 버튼을 클릭해서 다음 의 경로를 추가한 후 [확인] 버튼을 클릭한다.

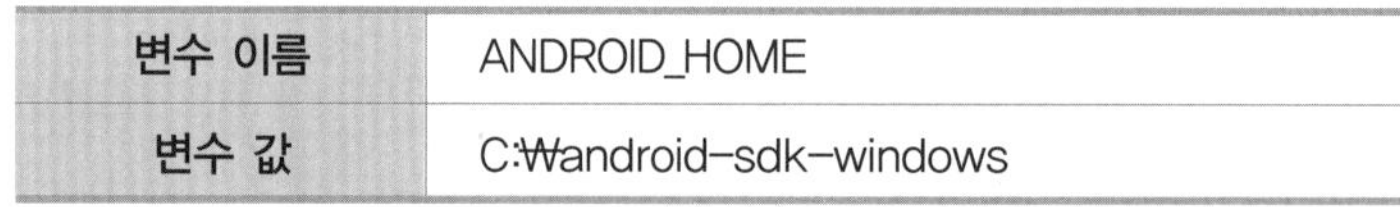

변수 이름	ANDROID_HOME
변수 값	C:₩android-sdk-windows

▲ ANDROID_HOME 환경변수에 추가

04 [확인] 버튼을 계속 클릭해서 설정을 저장한다.

이클립스 다운로드 및 설치

개발 도구로 이클립스를 사용하려면 「http://www.eclipse.org/」 사이트로 이동해서 필요한 파일을 다운로드 받아야 한다. 이클립스는 Eclipse IDE 패키지가 필요하기 때문에 [Eclipse IDE for Java Developers] 또는 [Eclipse IDE for Java EE Developers]를 다운로드 받는 것이 좋다. 요즘에는 모바일 웹 사이트 개발도 같이 할 수 있는 [Eclipse IDE for Java EE Developers]를 다운 받아 개발환경을 설정하는 것을 선호한다. 기존에 이클립스가 설치되어 있더라도 안드로이드용으로 따로 설치하는 것이 좋다.

04.1　이클립스 다운로드

01 「http://www.eclipse.org/」 사이트로 이동해 [Downloads] 메뉴를 클릭한다.

02 [Eclipse IDE for Java EE Developers] 항목에서 Window XP, Window 7 32bit의 경우 [Windows 32 bit] 항목을 선택하고 Vista 64bit 또는 Windows 64bit의 경우 [Windows 64 bit]를 클릭한다. Mac 또는 Linux 운영체제의 경우 [Eclipse IDE for Java EE Developers] 항목를 클릭하면 다른 운영체제를 받을 수 있는 항목이 표시된다.

▲ 이클립스 다운로드 1

03 [Eclipse downloads – mirror selection]에서 [Korea, Republic Of]~로 시작하는
항목을 클릭해서 파일을 다운로드 받는다.

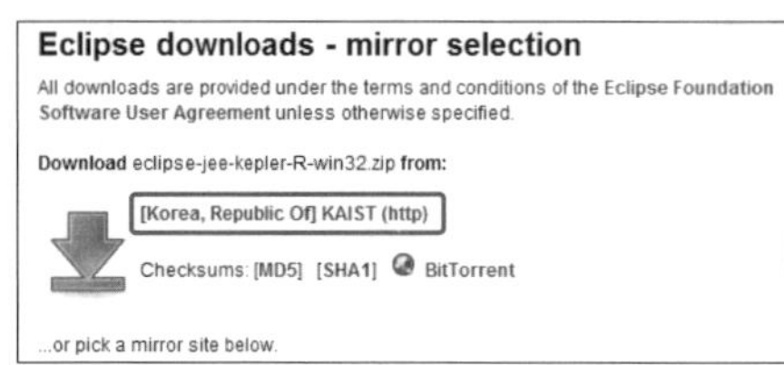

▲ 이클립스 다운로드 3

 ## 이클립스 설치 및 실행

이클립스도 특별한 설치가 필요 없고, 압축해제를 통해서 설치가 이루어지는 시스템이다.

01 다운로드 받은 파일을 적당한 위치(C:\ 또는 D:\)에 압축 해제한다.(필자의 경우
eclipse-jee-kepler-R-win32.zip 또는 eclipse-jee-kepler-R-win32-
x86_64.zip 파일을 사용)

02 압축을 해제하면 생성되는 [eclipse] 폴더 안에 있는 [eclipse.exe] 파일을 더블클릭
해서 이클립스를 실행한다.

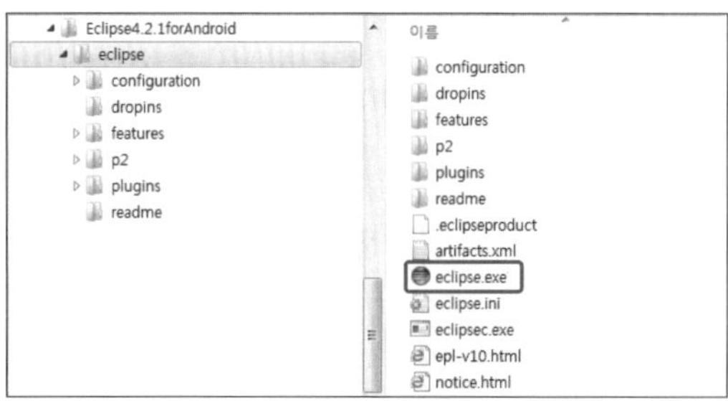

▲ 이클립스 실행 1

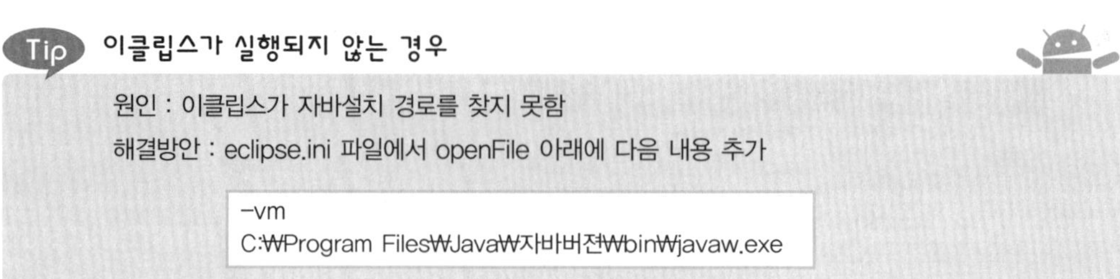

03 이클립스가 기동되면서 이클립스 프로젝트가 저장되는 워크스페이스를 지정하는 [Workspace Launcher] 창이 표시된다. 워크스페이스를 입력하고 [OK] 버튼을 클릭한다. 기존에 존재하지 않는 폴더명을 워크스페이스로 입력하면, 해당 폴더를 자동으로 생성해준다.

[Use this as the default and do not ask again] 항목은 [Workspace Launcher] 창을 다음에도 표시할 것인지 여부를 결정하는 것으로 다시 표시하지 않으려면 이 항목을 선택하면 된다. 그러나 워크스페이스를 전환해야 할 경우가 종종 있으므로, 이클립스 기동 시 귀찮더라도 이 창을 표시하는 것이 워크스페이스를 전환할 때 좀 더 편하다.

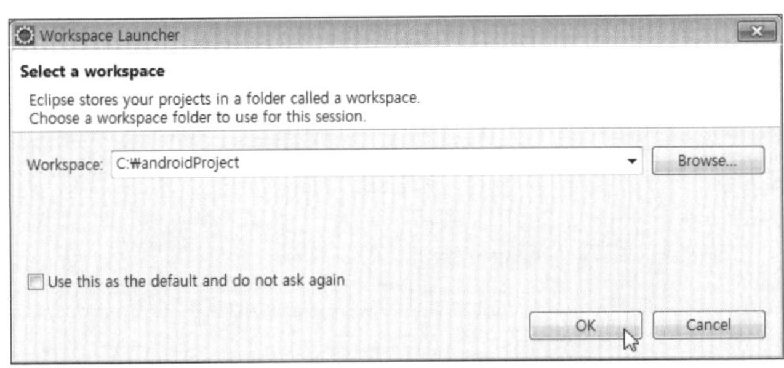

▲ 이클립스 실행 2

04 이클립스를 설치하고 처음으로 기동하면 [Welcome] 탭이 표시되는데, 이클립스에서 애플리케이션을 개발하려면 [Workbench] 아이콘을 클릭한다.

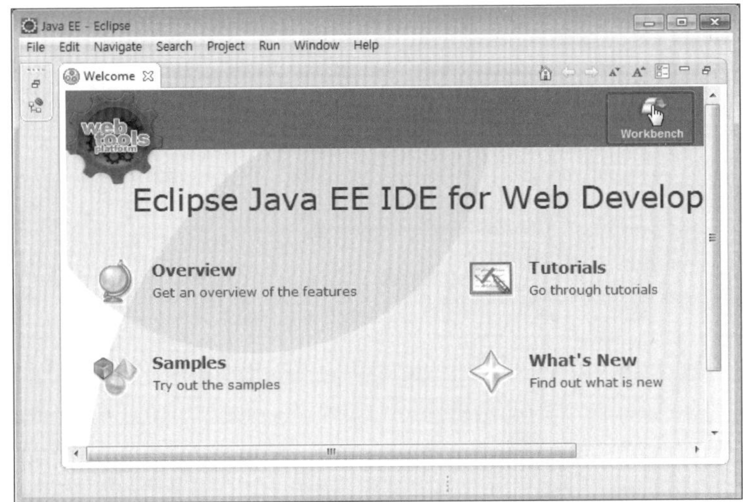

▲ 이클립스 실행 3

 그러면 다음과 같이 자바 EE 프로젝트를 개발할 수 있는 [Java EE] 퍼스팩티브가 화
면에 표시된다.

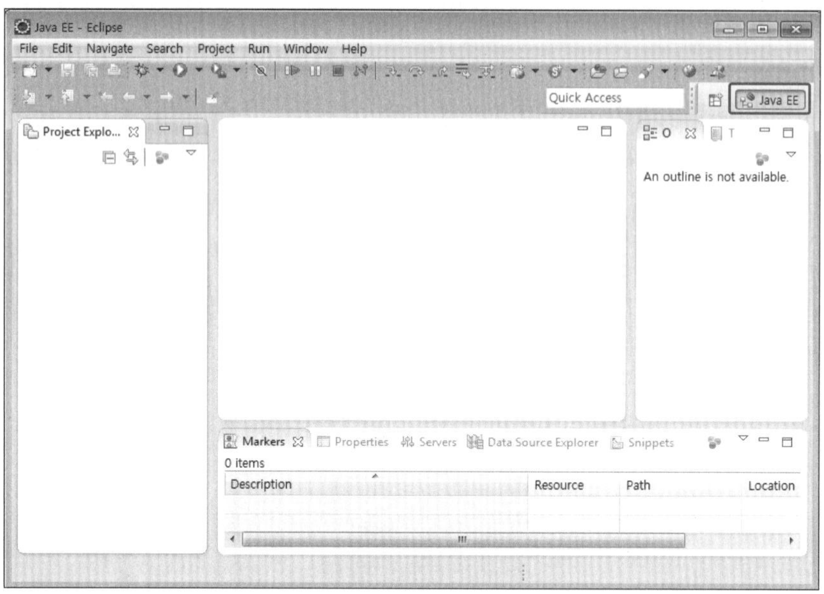

▲ 이클립스 실행 4

이어서 ADT 플러그인을 설치해야 하기 때문에 이클립스는 그대로 열어둔다.

이클립스에서 안드로이드를 연동하기 위한 ADT 플러그인 설치

Android Programming

이클립스에서 안드로이드 애플리케이션을 개발하기 위해서는 반드시 ADT 플러그인을 설치해야 한다.

01 이클립스에서 [Help]–[Install New Software] 메뉴를 선택한다.

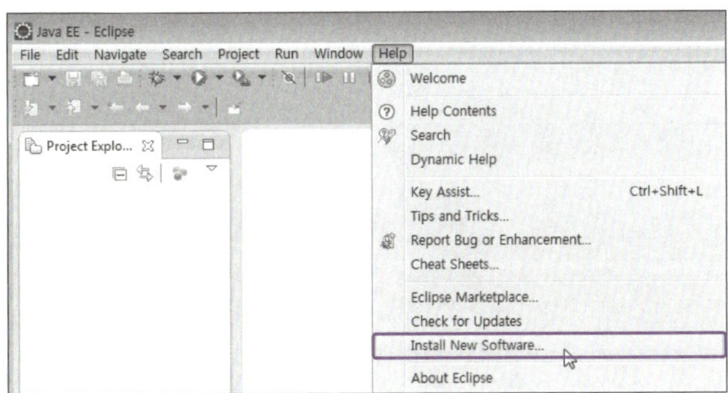

▲ ADT 플러그인 설치 1

02 [Install] 창에서 [Add..] 버튼을 클릭한다.

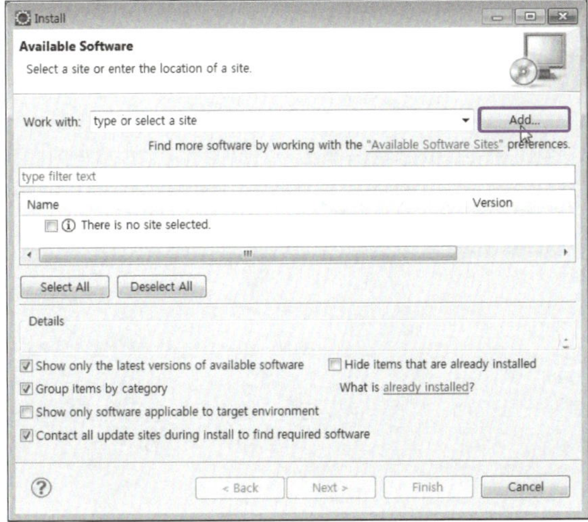

▲ ADT 플러그인 설치 2

 [Add Repository] 창이 표시되면, [Name] 항목에 「ADT plugin」을 입력하고 [Location]
항목에 「https://dl-ssl.google.com/android/eclipse/」를 입력한 후 [OK] 버튼을 클릭
한다.

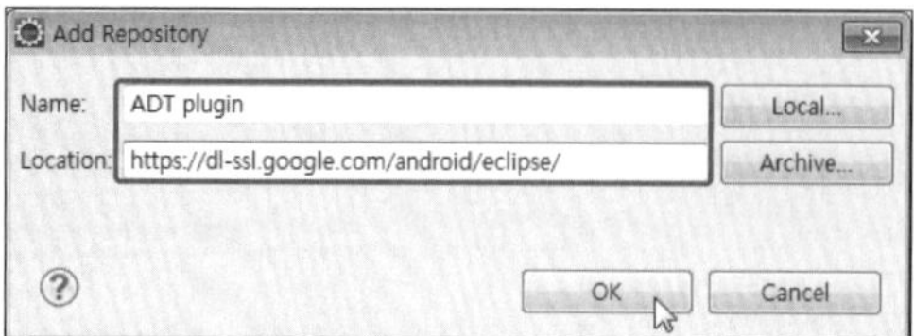

▲ ADT 플러그인 설치 3

 네트워크의 상황에 따라 응답속도가 다르나 [Pending...] 항목이 [Developer Tools]
의 항목으로 바뀔 때까지 기다린다. ADT 플러그인의 하위 항목을 받아오는데 서버
의 네트워크의 상황에 따라 응답시간이 다르다. [Developer Tools]의 모든 항목을 선
택하고 [Next] 버튼을 클릭한다.

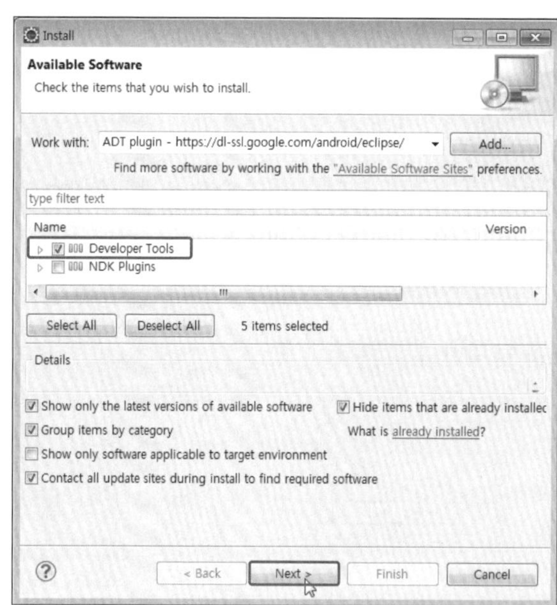

▲ ADT 플러그인 설치 4

 NDK

C/C++와 같은 네이티브 코드를 사용해서 안드로이드 애플리케이션을 개발할 수 있도록 제공되는 개발
도구

05 설치되는 항목을 계산하는 작업이 끝나면 [Next] 버튼을 클릭한다.

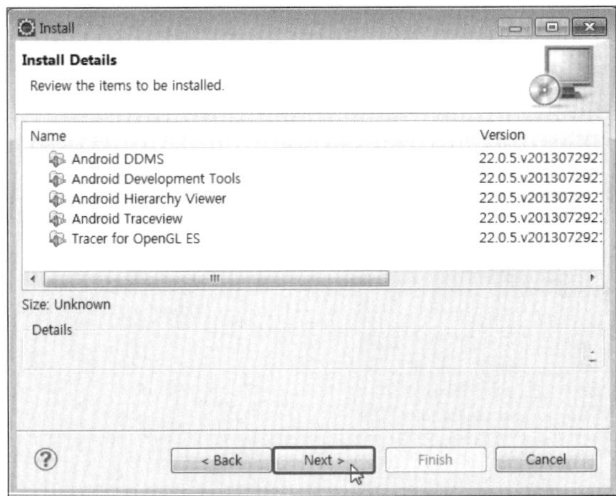

▲ ADT 플러그인 설치 5

06 라이선스에 동의를 하는 부분으로 이동하면 [I accept the terms of the license agreements] 항목을 선택하고 [Finish] 버튼을 클릭한다.

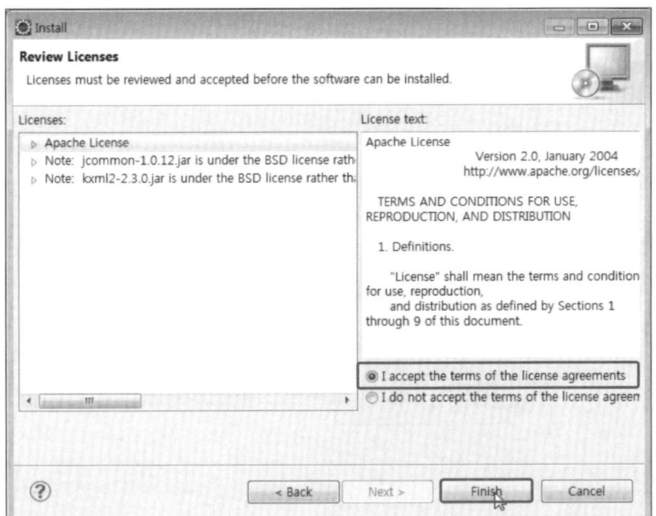

▲ ADT 플러그인 설치 6

07 화면에 인스톨 과정이 표시되지 않을 경우, 백그라운드에서 인스톨이 되는 것을 확인할 수 있다. 시스템의 상황이나 다운로드하는 사이트의 상황에 따라 인스톨하는 시간이 많이 걸릴 수 있다. 만일 포 그라운드에서 인스톨이 되는 경우 백 그라운드에서 인스톨되도록 설정한다.

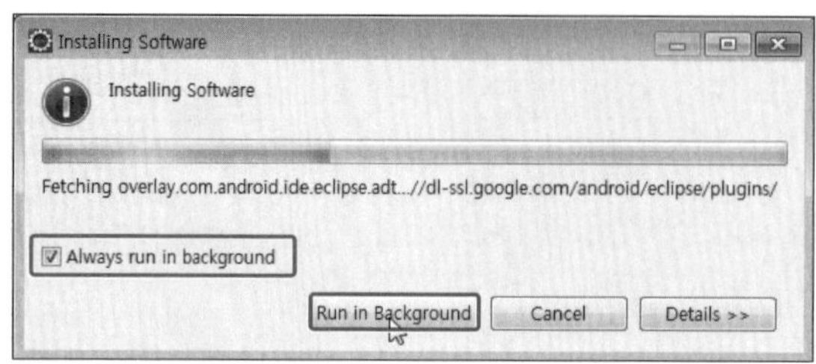

▲ ADT 플러그인 설치 7

08 만일 다음과 같은 [Security Warning] 메시지 창이 표시되면 [OK] 버튼을 클릭해서 계속 진행한다.

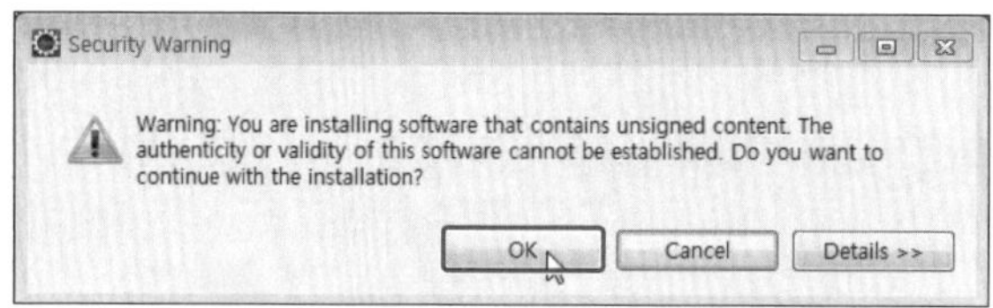

09 인스톨이 완료되면 이클립스를 다시 시작할 것인지를 묻는 다음과 같은 메시지 창이 표시된다. 이때 [Yes] 버튼을 클릭해서 이클립스를 다시 시작한다.

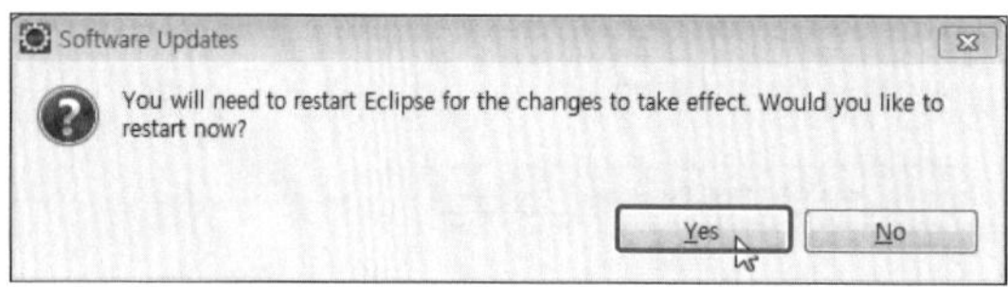

안드로이드 에뮬레이터(AVD)의 작성

Android Programming

06.1 Platform Tools 설치

이클립스가 다시 시작되면서 안드로이드 에뮬레이터를 작성할 수 있는 Platform Tools 설치 화면이 시작된다. 바로 이어서 마저 설치한다.

01 이클립스가 재기동되면서 워크스페이스를 선택하는 창이 표시되면 [OK] 버튼을 클릭한다. 안드로이드 SDK의 Platform Tools를 설치하라는 메시지가 표시되면 [Open SDK Manager] 버튼을 클릭한다.

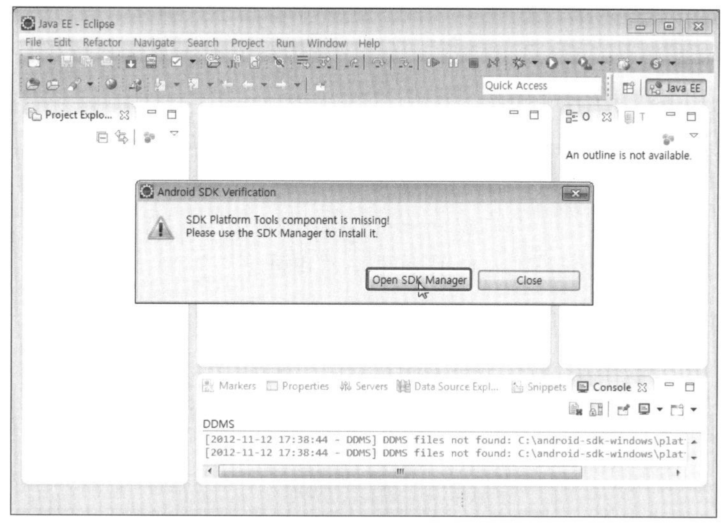

▲ Platform Tools 설치 1

Tip Android SDK Verification 창 표시

만일 [Android SDK Verification] 창이 바로 표시되지 않으면 [Window]–[Preferences] 메뉴를 선택해서 [Android] 항목의 [SDK Location] 항목에 설치된 안드로이드 SDK의 경로를 지정한 후 [OK] 버튼을 클릭한다.

02 [Packages]의 모든 항목을 선택한 후 [Install 선택 항목 수 packages...] 버튼을 클릭해 설치한다.

만일 버전을 선택해서 설치할 경우 [Tools]와 최신 버전, 그 바로 직전 버전(필자의 경우 Android4.2.2, Android4.1.2), Android2.3.3, Android2.2 그리고 [Extras]를 체크한 후 설치한다. 필자가 설치한 [android-sdk_r22.0.5-windows.zip] 파일의 경우 모든 버전을 체크하면 [Install] 버튼이 활성화되지 않아서 필요한 버전만 설치했다.

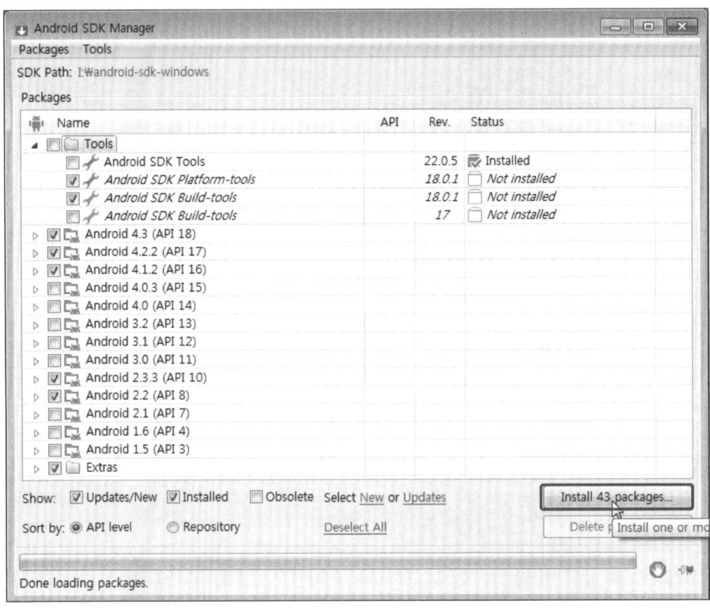

▲ Platform Tools 설치 2

03 [Accept All] 항목을 선택한 후 [Install] 버튼을 클릭한다.

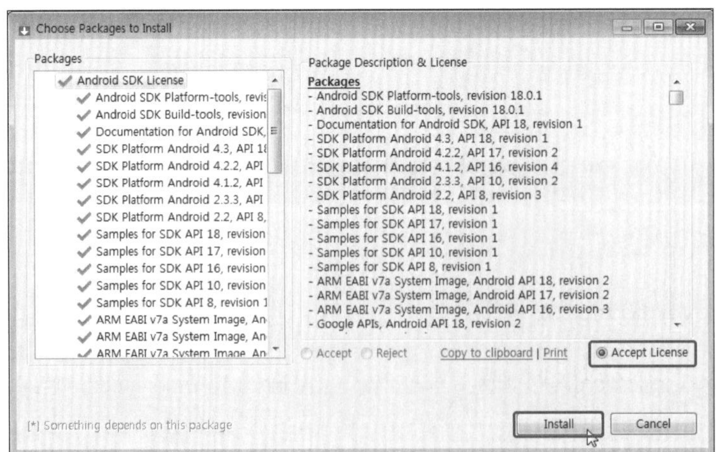

▲ Platform Tools 설치 3

04 환경 설정 중 가장 지루한 설치가 시작된다. 설치는 네트워크나 시스템의 상황에 따라 시간이 오래 소요(2~8시간 정도)될 수 있다.

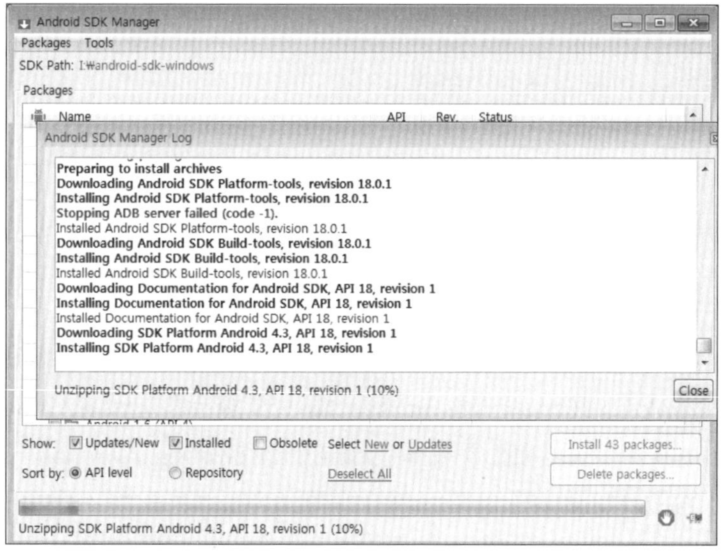

▲ Platform Tools 설치 4

05 기존에 안드로이드 SDK가 설치되어 ADB가 동작 중일 경우 다음과 같은 ADB를 재실행할 것인지를 묻는 메시지가 표시되며 이때 [Yes] 버튼을 클릭한다. 처음 설치할 때는 표시되지 않는다.

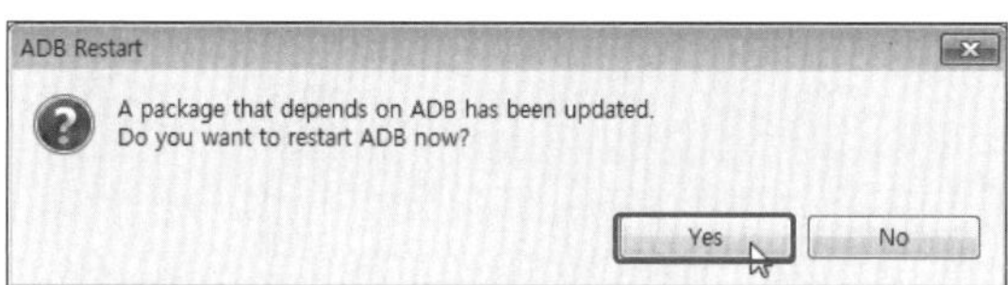

▲ ADB 재실행

06 설치가 완료되면 [Close] 버튼을 클릭한다.

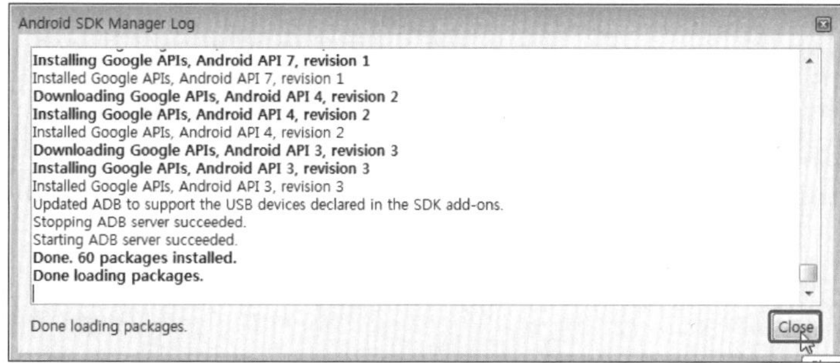

▲ Platform Tools 설치 5

07 AVD가 설치되면 [Android SDK Manager] 아이콘과 [Android Virtual Device Manager] 아이콘이 표시된다.

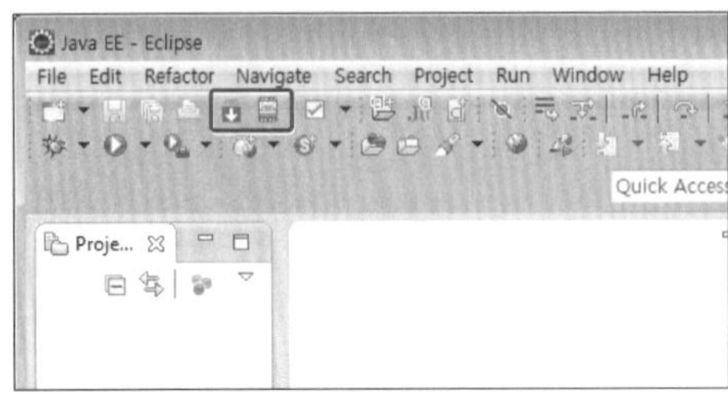

▲ Platform Tools설치 6

만일 [Android SDK Manager] 아이콘과 [Android Virtual Device Manager] 아이콘이 표시되지 않을 경우 [Window]-[Customize Perspective...] 메뉴를 선택해서 표시되는 [Customize Perspective - Java EE] 창에서 [Command Groups Availability] 탭의 [Android SDK and AVD Manager] 항목을 체크한 후 [OK] 버튼을 클릭한다. 그러면 [Android SDK Manager] 아이콘과 [Android Virtual Device Manager] 아이콘이 표시된다.

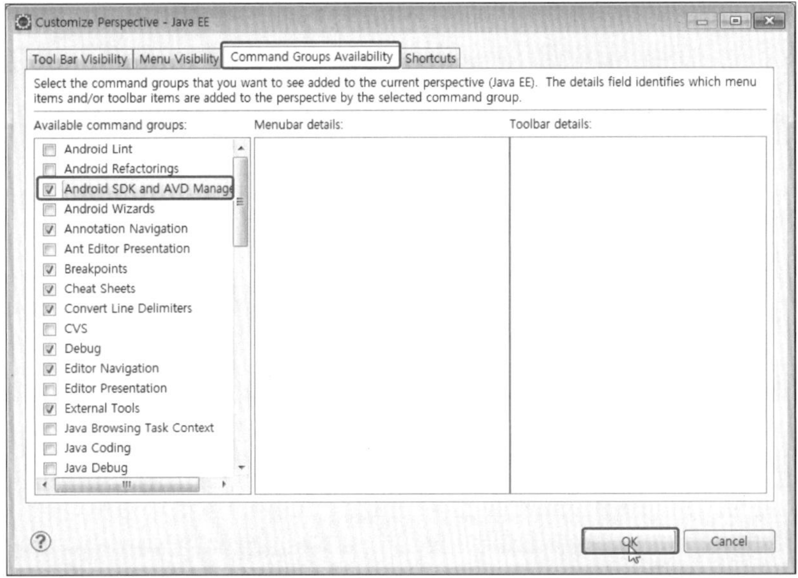

▲ [Android SDK Manager] 아이콘과 [Android Virtual Device Manager] 아이콘 표시

안드로이드 SDK의 개발 버전(SDK 21)은 자주 업데이트 되는 편이다. 하물며 개발 마이너 버전(SDK 21.0.1)은 말할 것도 없다. 이런 경우 일일이 안드로이드 SDK를 새로 설치하는 것은 아주 힘들고 귀찮은 일이다. 개발 버전을 새로 처음부터 세팅하는 것과 같은 일이기 때문이다. 이런 경우 안드로이드 SDK Manager를 사용해서 업데이트된 사항만 추가 설치하면 된다.

안드로이드 SDK Manager를 이클립스에서 [Window]-[Android SDK Manage]를 사용해서 실행할 수도 있지만, 이런 경우 "Failed to rename directory C:\android-sdk-windows\platform-tools to C:\android-sdk-windows\temp\ToolPackage.old01"에러가 발생할 수 있다.

따라서 기존의 이클립스를 닫고 탐색기에서 안드로이드SDK 설치 폴더(필자의 경우 C:\android-sdk-windows)에 있는 [SDK Manager.exe]를 더블클릭해서 업데이트 한다.

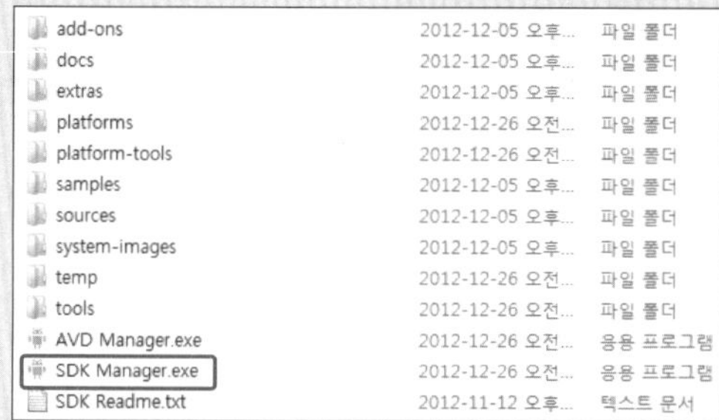

▲ 안드로이드 SDK Manager를 사용한 개발 버전 업데이트 1

업데이트할 항목을 선택한 후 [Install xx packages...] 버튼을 클릭한다.

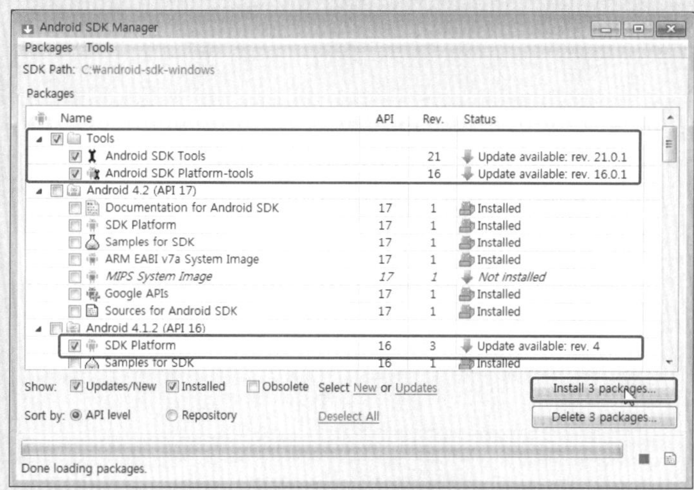

▲ 안드로이드 SDK Manager를 사용한 개발 버전 업데이트 2

업데이트가 끝나면 이클립스를 실행시킨 다음 [Help]-[Check for Updates] 메뉴를 선택해 이클립스 업데이트도 해야 할 경우 해 둔다.

AVD 설치 확인과 안드로이드 앱을 작성하기 위한 몇 가지 환경 설정을 수행한다.

01 [Window]-[Preferences] 메뉴를 선택한다.

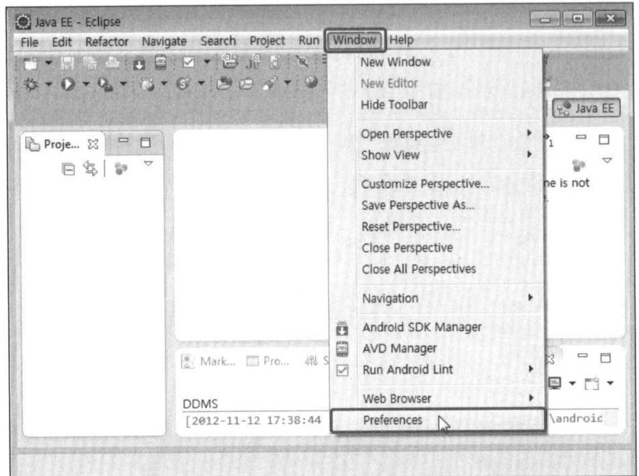

◀ 안드로이드 프로젝트를 위한
환경 설정 1

02 [Android] 항목을 선택하면 오른쪽 항목에 설치된 SDK의 목록이 표시된다. 만일 목록이 표시되지 않으면 이클립스를 닫았다가 다시 실행시킨다. 그래도 목록이 표시되지 않는 경우에는 [SDK Location]의 경로가 맞는지를 확인한다.

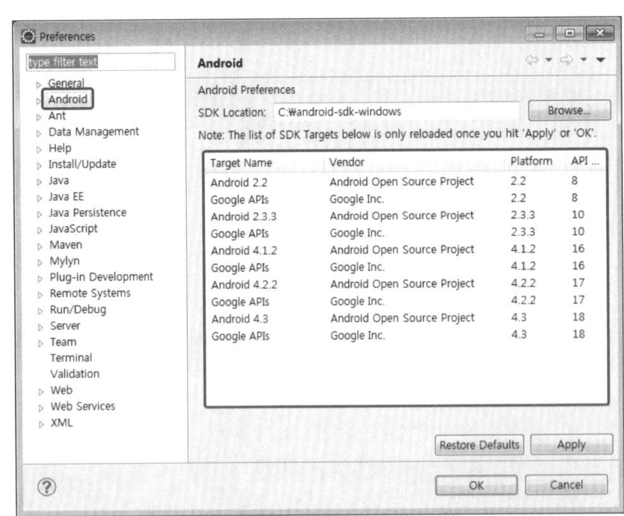

◀ 안드로이드 프로젝트를 위한
환경 설정 2

03 모바일 애플리케이션을 작성할 때는 인코딩을 UTF-8로 설정하는 것이 좋다. 이때 개별적으로 프로젝트의 인코딩을 지정하기 보다는 워크스페이스 자체의 인코딩을

지정하는 것이 좋다. 워크스페이스의 인코딩을 지정하기 위해서는 [General]-[Workspace]를 선택한 후 [Text file encoding]의 [Other] 항목의 값을 "UTF-8"로 지정한 후 [Apply] 버튼을 클릭한다.

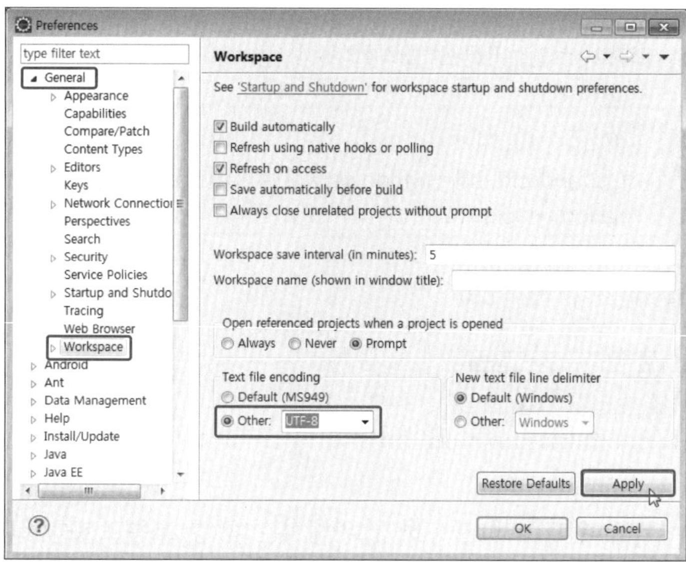

▲ 안드로이드 프로젝트를 위한 환경 설정 3

04 또한 에디터에 라인 번호를 추가할 경우, [General]-[Editors]-[Text Editors]를 선택한 후 [Show line numbers] 항목을 체크하고 [OK] 버튼을 클릭한다.

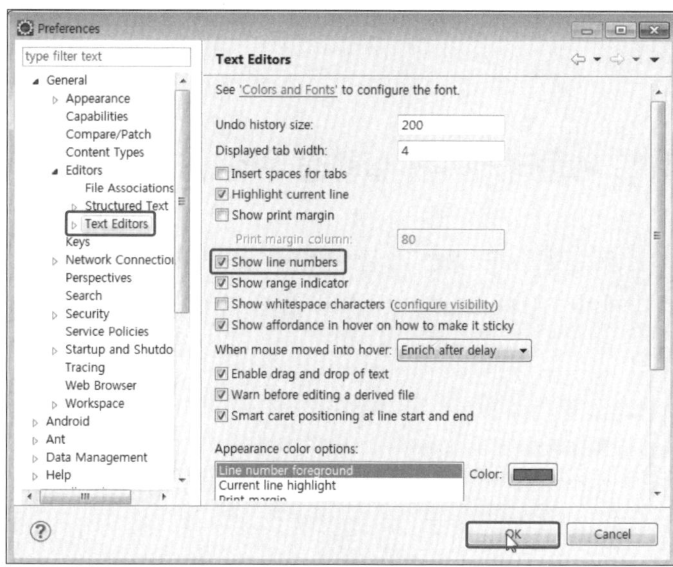

▲ 안드로이드 프로젝트를 위한 환경 설정 4

05 안드로이드 SDK를 커맨드라인에서 사용할 수 있도록 경로를 설정하기 위해 PATH 환경변수에 안드로이드 SDK의 [tools] 폴더와 [platform-tools] 폴더의 경로도 추가 해야 한다.

PATH 설정 : [시스템 변수] 항목에서 [PATH] 항목을 선택한 후 [편집] 버튼을 클릭해 서 다음 경로를 추가하고 [확인] 버튼을 클릭한다.

변수 이름	PATH
변수 값	;C:₩android-sdk-windows₩tools;C:₩android-sdk-windows₩platform-tools

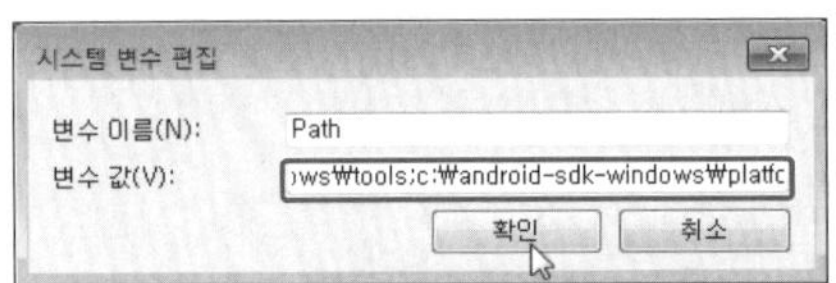

▲ 안드로이드 SDK의 [tools]와 [platform-tools] 경로 추가

디버그용의 adb 명령어를 윈도에서 사용하기 위해서는 명령 프롬프트를 실행해서 [adb.exe] 명령어를 실행한다. 그런데 실행할 때마다 「드라이브명:₩android-sdk-windows₩platform-tools₩adb」와 같이 경로명을 포함한 명령어를 입력해야 하기 때문에 불편하다. 이런 문제를 해결하기 위해 PATH 환경변수에 「드라이브명:₩android-sdk-windows₩tools」와 「드라이브명:₩android-sdk-windows₩platform-tools」를 추가해서 처리한 것이다.

06.3   안드로이드 애플리케이션 실행을 위한 AVD 작성

안드로이드 애플리케이션을 실행할 수 있는 가상 디바이스인 에뮬레이터(AVD)를 작성 한다. 이것이 있어야 애플리케이션을 테스트할 수 있다. 실제 디바이스로 애플리케이션을 테스트하기 전에 사용한다.

01 [Windows]–[Android Virtual Device Manager] 메뉴를 선택한다.

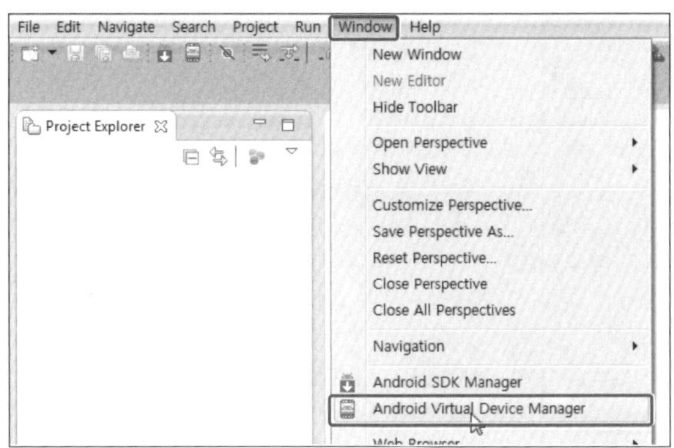

▲ AVD의 작성 1

02 [Android Virtual Device Manager] 창이 표시된다.

[Android Virtual Devices] 탭은 사용자가 직접 모든 항목을 선택해서 에뮬레이터를 작성하는 것이고, [Device Definition]은 몇 가지 디바이스에 미리 정의된 항목을 제공해 쉽게 에뮬레이터를 작성할 수 있게 해준다.

여기서는 정석대로 에뮬레이터를 작성하는 방법을 학습하기 위해 [Android Virtual Devices] 탭에서 [New] 버튼을 클릭한다.

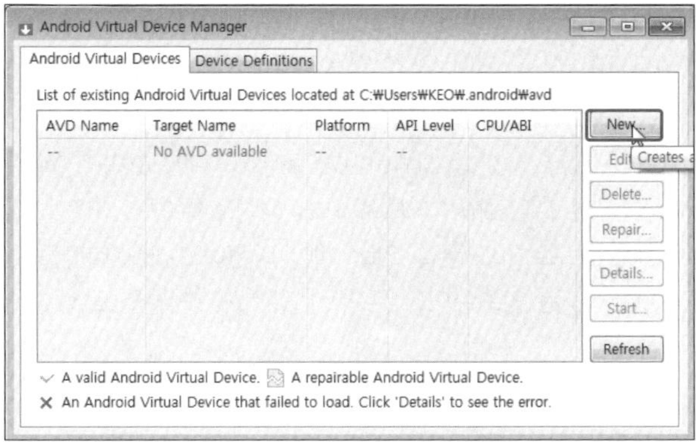

▲ AVD의 작성 2

03 [AVD Name] 항목에 "testPhone4.2"를 입력하고 [Device] 항목의 콤보상자를 클릭해서 [3.2″ HVGA~]를 선택한다. 계속해서 [Target] 항목의 콤보상자를 클릭해서 [Android 4.2 – API Level 17]을 선택하고, [SD Card:] 항목의 [Size]에 가상 SD카드의 크기를 "64"로 입력한 후, [OK] 버튼을 클릭한다.

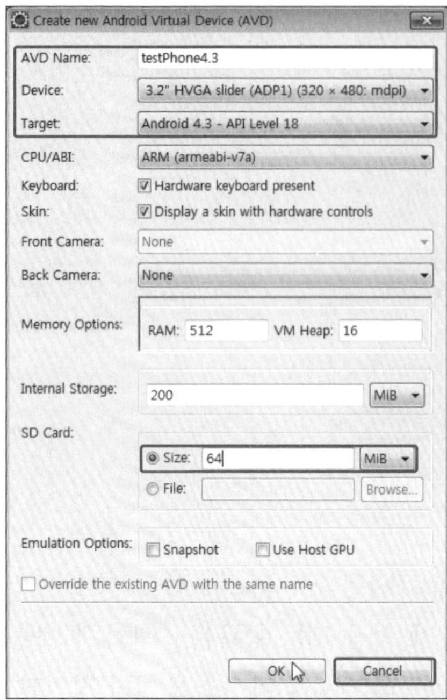

▲ AVD의 작성 3

- [Device] 항목은 개발하고자 하는 에뮬레이터의 화면크기를 지정하는 것으로, 여기서는 HVGA를 선택했다. HVGA에 맞춘 이유는 전자정부 모바일 서비스 지침안에 따라 애플리케이션 개발 시 3.5인치 폰에 해당하는 HVGA에 맞추도록 되어 있기 때문이다. 3.5인치 폰에 맞춰 개발된 애플리케이션은 이것보다 큰 사이즈의 폰에는 모두 표시되기 때문이다.

- [Target] 항목의 안드로이드 SDK 버전으로 자신이 개발하고자 하는 버전에 따라 선택하면 된다. 또한 안드로이드 가상 디바이스(AVD)도 필요에 따라 여러 개 생성해서 각각 버전을 설정해서 사용할 수 있다. 참고로 2.x 버전은 안드로이드 폰을 위한 개발 버전이고, 3.x 버전을 안드로이드 태블릿PC를 위한 개발 버전이다. 4.x는 안드로이드 폰과 태블릿 PC 개발을 같이 할 수 있는 버전이다.

- 이 항목에 아무것도 표시되지 않으면, 이클립스를 닫았다가 다시 실행한다. 그러면 [Target] 항목 설치된 안드로이드 버전들이 표시된다.

- [SD Card] 항목의 [Size] 값을 기술하지 않아도 되나 안드로이드 버전 2.2부터 애플리케이션을 SD카드에 설치하는 기능이 추가되어 게임 같은 고용량 애플리케이션을 SD카드에 설치할 수 있다. 이런 기능을 사용하기 위해서는 에뮬레이터에도 가상의 SD카드를 장착해 테스트해야 하기 때문에 사용하는 것이 좋다. 너무 값이 크면 로딩에 많은 시간이 걸리니 64M 정도가 적당하다.

04 [List of existing Android Virtual Devices] 항목에 [testPhone4.3]가 추가된 것을 확인할 수 있다. 에뮬레이터를 실행시키기 위해 [testPhone4.3]를 선택한 후 [Start...] 버튼을 클릭한다.

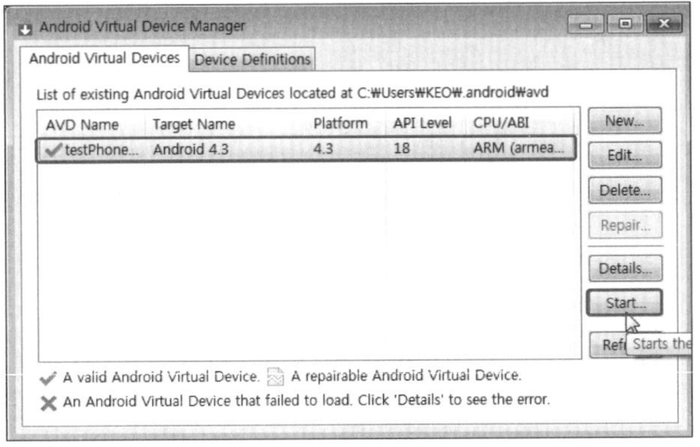

▲ AVD의 실행 1

05 [Launch Options] 창이 표시되면 [Launch] 버튼을 클릭해서 에뮬레이터를 실행한다. [Android Virtual Device Manager] 창은 더는 필요 없으므로 닫는다.

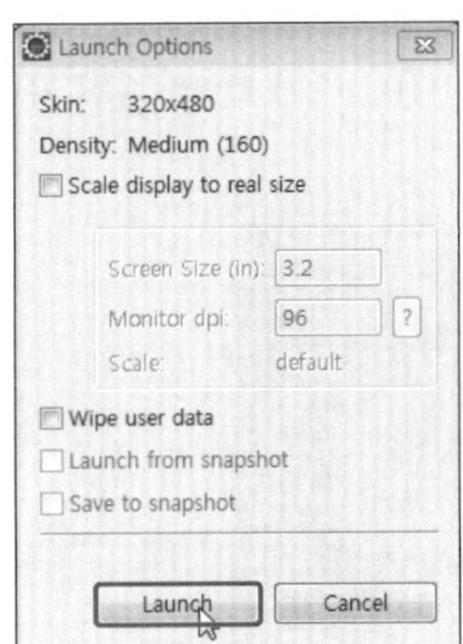

▲ AVD의 실행 2

06 안드로이드 에뮬레이터가 기동되면 [OK] 버튼을 클릭해 사용 가능한 상태로 만든다. 이때 시스템의 상황 및 성능에 따라 로딩의 시간이 달라진다. 안드로이드 버전에 따라 기본 화면이 다르다.

• 다음 그림은 안드로이드 SDK 4.3 기반의 안드로이드 4.2의 에뮬레이터 표시 화면
  이다. 에뮬레이터가 최초로 기동한 경우 [OK] 버튼을 클릭한 후 사용한다.

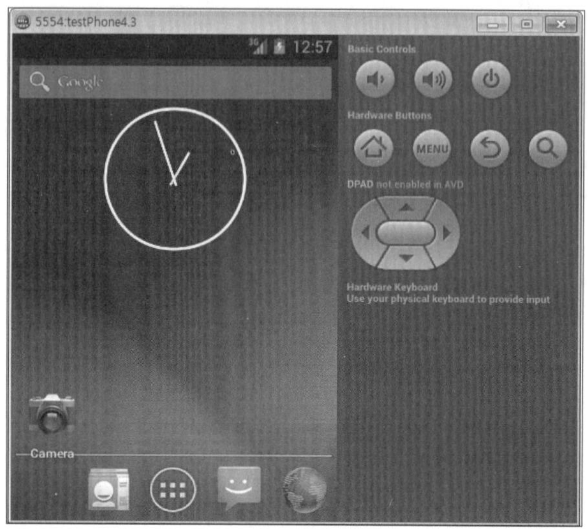

▲ AVD의 실행 3

• ⌐Ctrl⌐ + ⌐F11⌐ 또는 ⌐Ctrl⌐ + ⌐F12⌐를 사용해서 화면의 표시 방향을 가로로 전환할 수
  도 있다. 이 키를 누를 때마다 화면의 표시 방향이 가로 또는 세로로 변환된다.

• 에뮬레이터는 버전에 따라 여러 개를 만들어 놓는 것이 편하다. 실제 애플리케이
  션을 작성한 후 안드로이드의 여러 버전에 따라 테스트하는 것이 좋기 때문이다.
  또한 새로운 버전이 막 출시된 경우, 약간 불안정한 경우를 대비해 바로 전 버전의
  에뮬레이터를 만들어 놓는 것이 좋다. 특히 언어 표시의 경우 버전에 따라 특정 언
  어가 깨져서 표시되는 경우도 있다.

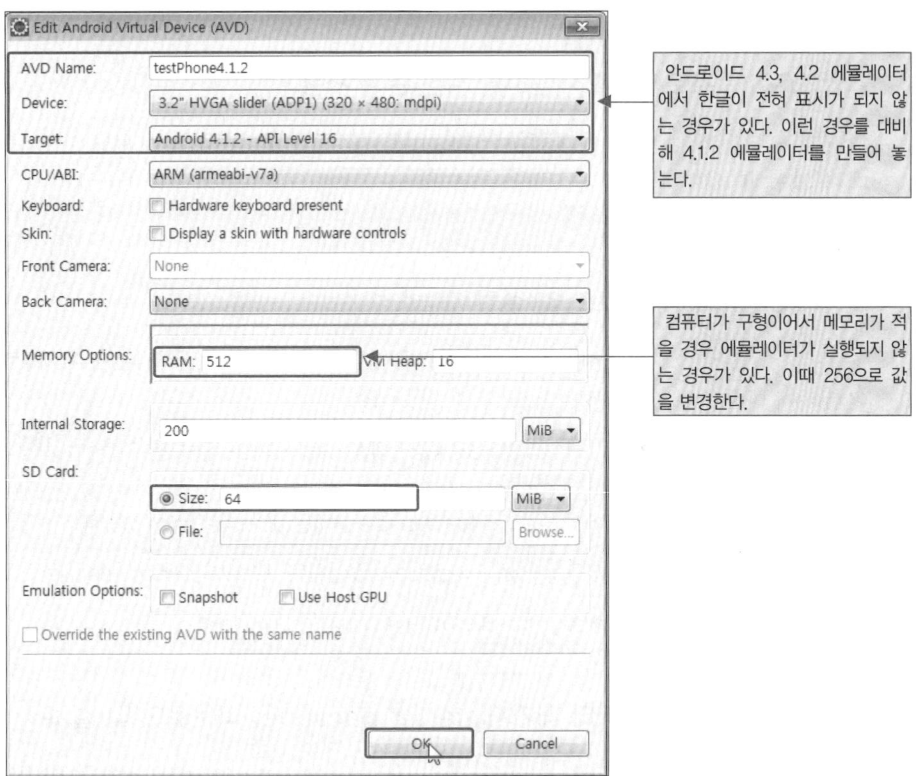

▲ Android 4.1.2 에뮬레이터

작업 환경 설정이 모두 끝났으니 이제부터 안드로이드 프로젝트를 작성해서 에뮬레이터에서 애플리케이션이 실행되는 일련의 과정을 살펴보도록 하자.

01 안드로이드 프로젝트를 개발하기 위한 준비 사항

- 시스템 요구사항에 대한 자세한 설명을 「http://developer.android.com/sdk/index.html」에서 확인 후 설치한다.

02 자바 SE(JDK) 다운로드 및 설치

- J2SE를 「http://www.oracle.com/technetwork/java/javase/downloads/index.html」 사이트에서 다운받아 설치한다.
- 자바를 설치하고 나면 PATH, CLASSPATH, JAVA_HOME 환경변수를 세팅한다.

PATH	;C:₩Program Files₩Java₩설치된 JDK 버전₩bin;
CLASSPATH	.;C:₩Program Files₩Java₩설치된 JDK 버전₩lib₩tools.jar;
JAVA_HOME	C:₩Program Files₩Java₩설치된 JDK 버전

03 안드로이드 SDK 스타터 패키지(starter package) 다운로드 및 설치

- 안드로이드 애플리케이션을 개발하려면 「http://developer.android.com/sdk/index.html」 사이트에서 안드로이드 SDK를 다운로드 받아 설치한다.
- 안드로이드 SDK를 다운로드 받아 설치한 후에는 ANDROID_HOME 환경변수를 세팅한다.

ANDROID_HOME	C:₩android-sdk-windows

04 이클립스 다운로드 및 설치

- 이클립스를 사용하려면 「http://www.eclipse.org/」 사이트에서 [Eclipse IDE for Java EE Developers]를 다운로드 받아 설치한다.

05 이클립스에서 안드로이드를 연동하기 위한 ADT 플러그인 설치

- 이클립스에서 [Help]-[Install New Software] 메뉴를 선택해 이클립스와 안드로이드를 연동하는 ADT 플러그인을 설치한다.

06 안드로이드 에뮬레이터(AVD) 작성

- 안드로이드 SDK의 Platform Tools를 설치하라는 메시지 상자가 표시되면 [Open SDK Manager] 버튼을 클릭한다.
- [Packages]의 모든 항목을 선택 후 [Install 선택 항목 수 packages...] 버튼을 클릭해 설치한다.
- 안드로이드 프로젝트를 위해서 [Window]-[Preferences] 메뉴를 선택해 워크스페이스의 인코딩을 UTF-8로 지정한다.
- 안드로이드 SDK를 커맨드라인에서 사용할 수 있도록 경로를 설정하기 위해 PATH 환경변수에 안드로이드 SDK의 [tools] 폴더 와 [platform-tools] 폴더의 경로도 추가한다.

PATH	;C:₩android-sdk-windows₩tools;C:₩android-sdk-windows₩platform-tools

- [Windows]-[Android Virtual Device Manager] 메뉴를 선택해 에뮬레이터를 작성한다.

3

처음 작성하는
안드로이드 애플리케이션
– TestAndroid

2장에서 설정한 안드로이드 개발 환경을 토대로 안드로이드 애플리케이션을 작성하고, 애플리케이션을 에뮬레이터에서 실행하는 방법도 알아본다. 또한 1장에서 언급한 개발 도구들에 대해 좀 더 상세히 살펴본다.

안드로이드 애플리케이션 작성 및 실행

01.1 안드로이드 애플리케이션 작성

안드로이드 애플리케이션은 이클립스의 안드로이드 프로젝트와 매칭된다. 즉, 안드로이드 프로젝트 하나가 안드로이드 애플리케이션 하나가 된다. 따라서 안드로이드 프로젝트를 작성하는 것은 안드로이드 애플리케이션을 작성하는 것과 같다.

자, 그럼 첫 번째 안드로이드 애플리케이션을 작성해 보자.

01 [File]-[New]-[Other] 메뉴를 선택하면 [New] 창이 표시된다. 여기서 [Android]-[Android Application Project] 항목을 선택하고 [Next] 버튼을 클릭한다.

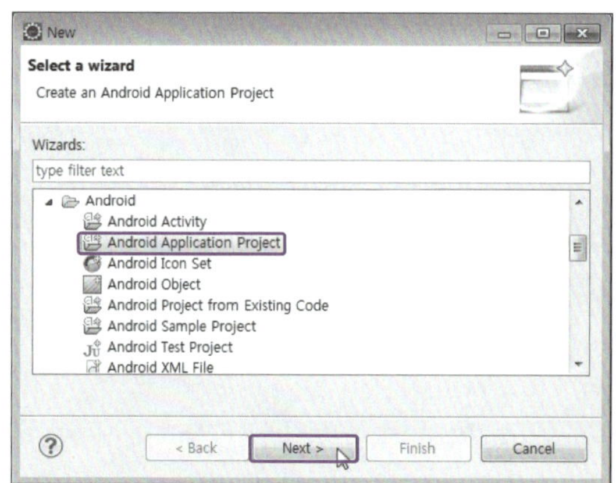

▲ 안드로이드 프로젝트 작성 1

위의 그림과 같이 [Android] 항목의 모든 하위 항목이 표시되어야 하는데, 그렇지 않은 경우 [Window]-[Customize Perspective...] 메뉴를 선택해서 표시되는 [Customize Perspective – Java EE] 창에서 [Shortcuts] 탭의 [Android] 항목을 체크해 모든 하위 항목이 체크된 것을 확인한 후 [OK] 버튼을 클릭한다. 그러면 [Android] 항목의 모든 하위 항목이 표시된다.

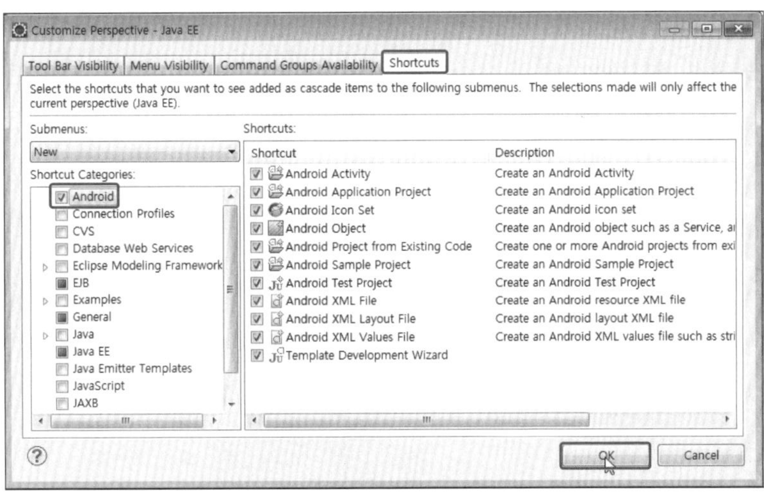

02 [New Android Application] 창이 표시되면 해당 항목의 값을 다음과 같이 선택한 후 [Next] 버튼을 클릭한다. 그 외의 값은 기본 값을 그대로 사용한다.

항목	입력 및 선택 값
Application Name	TestAndroid 입력
Project Name	TestAndroid 자동 입력됨
Package Name	work.test.testandroid 입력
Minimum Required SDK	API 8 : Android 2.2 (Froyo) 기본 값 사용
Target SDK	API 18 : Android 4.3 기본 값 사용 기본 값이 아닐 경우 선택
Compile With	API 18 : Android 4.3 기본 값 사용

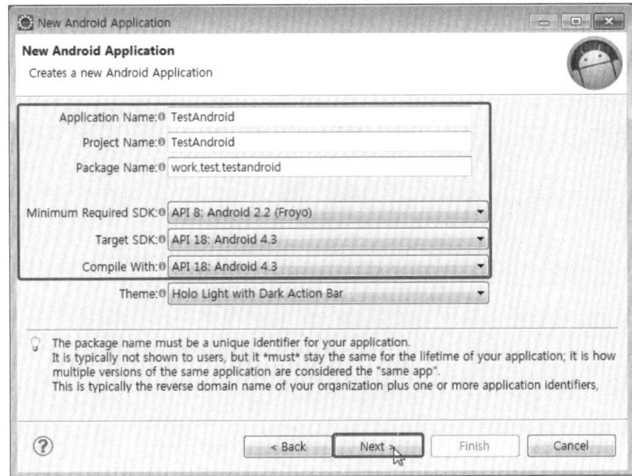

▲ 안드로이드 프로젝트 작성 2

03 [Configure Project] 화면은 액티비티의 생성 여부와 프로젝트의 생성 위치 등을 선택하는 화면으로, 여기서는 기본 값을 그대로 사용하고 [Next] 버튼을 클릭한다.

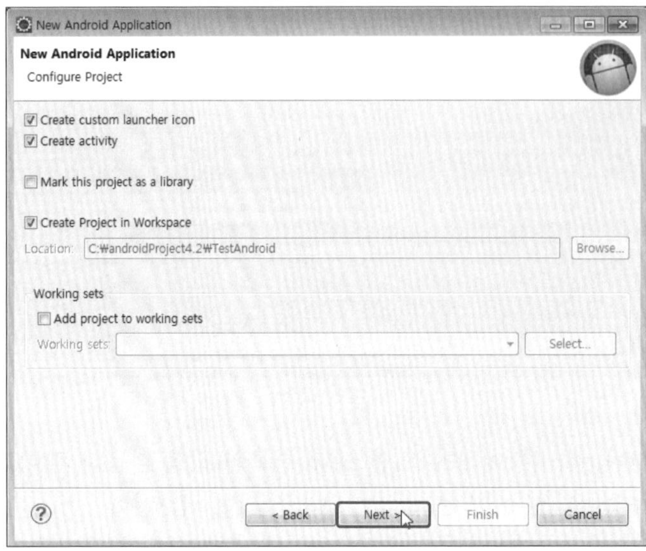

▲ 안드로이드 프로젝트 작성 3

04 [Configure Launcher Icon] 화면은 애플리케이션 아이콘의 선택 및 모양을 설정하는 것으로, 특별히 변경할 것이 없으면 [Next] 버튼을 클릭한다.

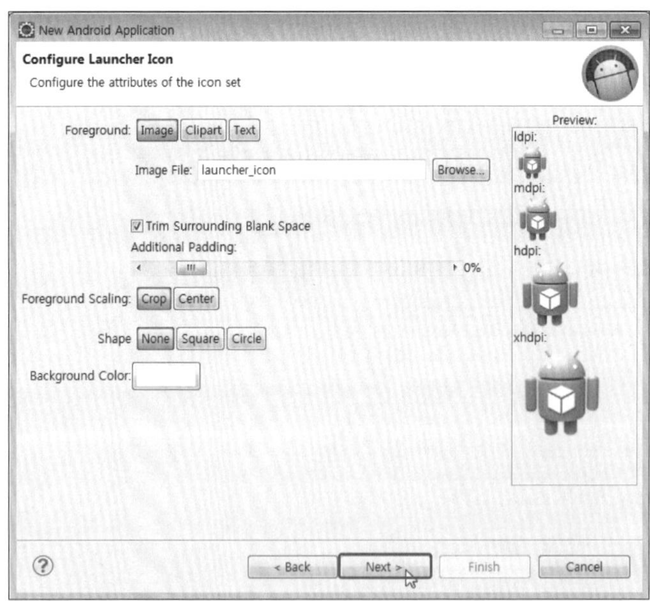

▲ 안드로이드 프로젝트 작성 4

05 [Create Activity] 화면은 액티비티의 종류에 따라 화면의 모양을 지정하는 화면으로, 기본 값을 그대로 사용하고 [Next] 버튼을 클릭한다.

▲ 안드로이드 프로젝트 작성 5

06 [Activity Name]을 "TestAndroidMainActivity"로 변경하면 [Layout Name] 항목의 값은 그에 따라 변경된다. 변경을 확인한 후 [Finish] 버튼을 클릭한다.

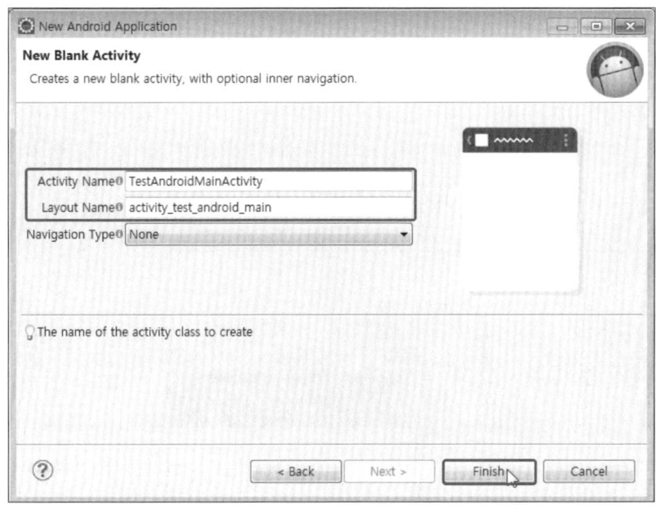

▲ 안드로이드 프로젝트 작성 6

07 [TestAndroid] 프로젝트가 생성되는 것을 확인할 수 있다. 만일 프로젝트 이름 앞에 빨간색의 X표가 표시되는 경우 빌드가 아직 끝나지 않아서 표시된 것으로 시간이 조금 지나면 사라진다.

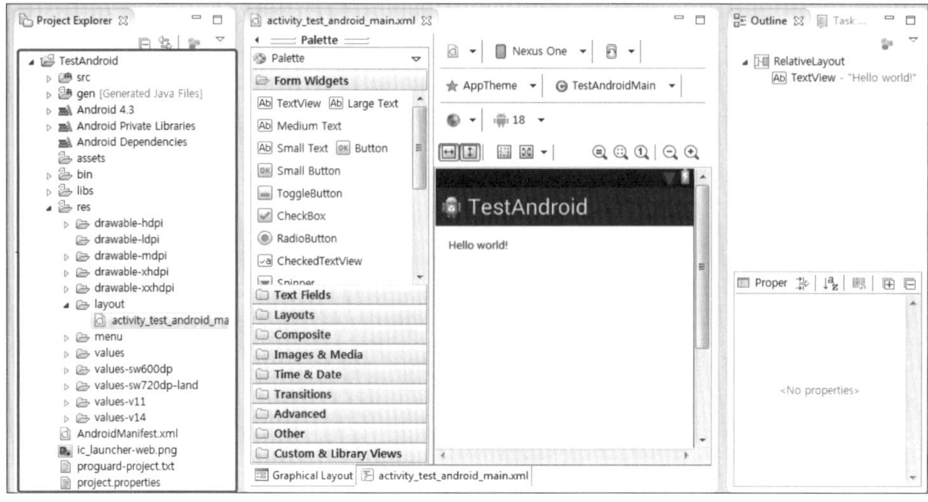

▲ 안드로이드 프로젝트 작성 7

 ## 안드로이드 애플리케이션 실행

안드로이드 프로젝트를 만들었으면 이것을 안드로이드 애플리케이션으로써 에뮬레이터
에 실행시켜야 한다. 안드로이드 애플리케이션은 실제 단말기나 에뮬레이터로만 실행시킬
수 있기 때문이다.

01 [Project Explorer] 뷰에 있는 [TestAndroid] 프로젝트를 선택한 후 마우스 오른쪽
버튼을 눌러 [Run As]-[Android Application] 메뉴를 선택한다.

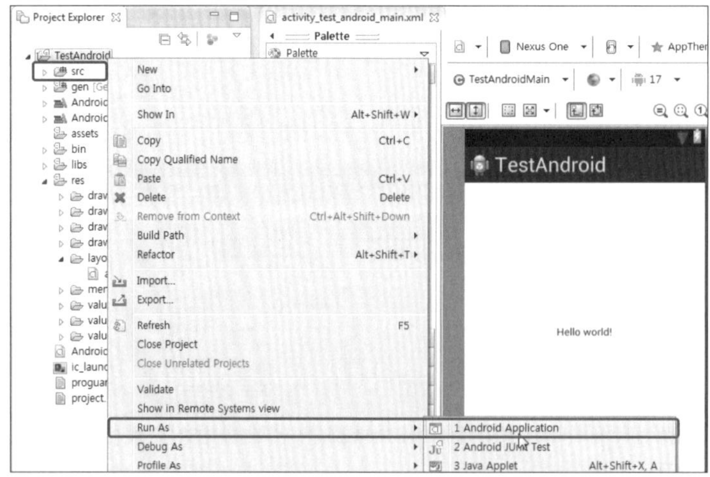

▲ 안드로이드 애플리케이션 실행 1

02 [Logcat] 뷰에 애플리케이션 실행에 관한 로그를 자동으로 표시할지 여부를 묻는 것으로 [Yes, monitor logcat and display logcat~] 항목을 선택한 후 [OK] 버튼을 클릭한다.

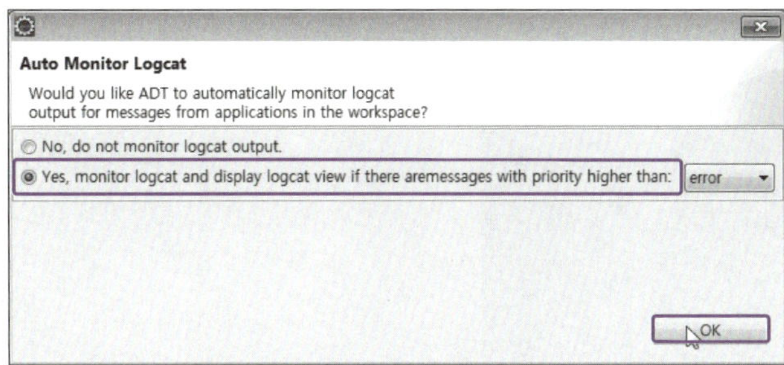

▲ 안드로이드 애플리케이션 실행 2

03 에뮬레이터에 실행된 결과는 다음과 같다. 안드로이드 에뮬레이터는 리소스를 많이 사용하기 때문에 결과가 나오기까지 시스템의 상황에 따라 시간이 많이 걸릴 수 있다. 이는 컴퓨터의 성능에 따라 다르므로 안드로이드 앱을 테스트하려면 최소한 CPU 2개(듀얼코어) 이상을 사용해야 한다.

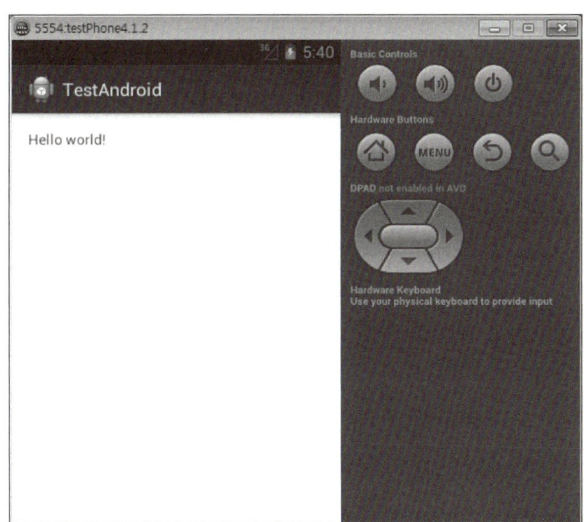

▲ 안드로이드 애플리케이션 실행 3

Tip 에뮬레이터 실행 버전

안드로이드 4.2.2, 4.3 버전의 에뮬레이터에서 한글이 전혀 표시되지 않기 때문에 안전한 실행을 위해 실행은 모두 안드로이드 4.1.2 에뮬레이터에서 한다. 최소 실행 버전이 2.2이기 때문에 4.3~2.2 에뮬레이터까지 제대로 실행된다.

아래의 화면은 락(lock)이 설정된 상태로 애플리케이션을 실행해도 화면에 표시되지 않는다. 이런 경우 자물쇠 그림에 마우스 포인터를 위치한 후 바깥쪽으로 드래그하거나 에뮬레이터의 ▣(Menu) 버튼을 클릭해서 락(lock)을 해제한다. 만일 오류 메시지 상자가 표시되면 [force] 강제 종료 버튼을 누른다.

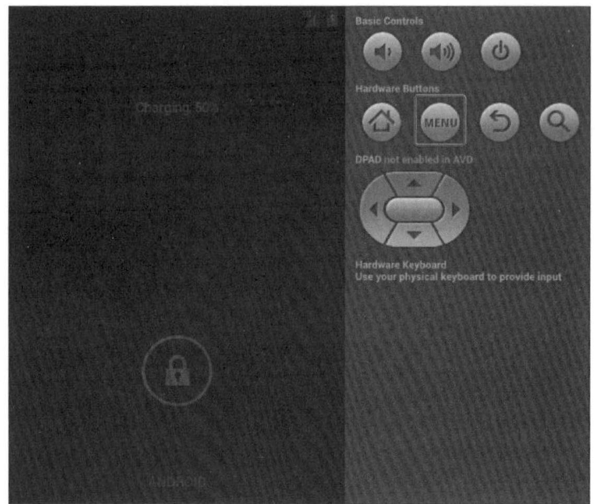

▲ [Menu] 버튼을 클릭해서 락(lock)을 해제

참고로 컴퓨터의 계정명이 한글로 되어 있는 경우 에뮬레이터가 실행되지 않는다. 계정명이 한글로 되어 있는지의 여부는 [Window]–[AVD Manger] 메뉴를 실행해 [Android Virtual Devices] 탭에 표시된 경로 상태로 확인할 수 있는데, 한글이 존재하면 깨져서 표시된다. Windows 7의 경우 「C:\Users\[계정명]\.android\avd」 폴더 내에 생성한 에뮬레이터가 존재한다. 따라서 [계정명]이 한글인 경우 새로운 영문 계정을 생성한다.

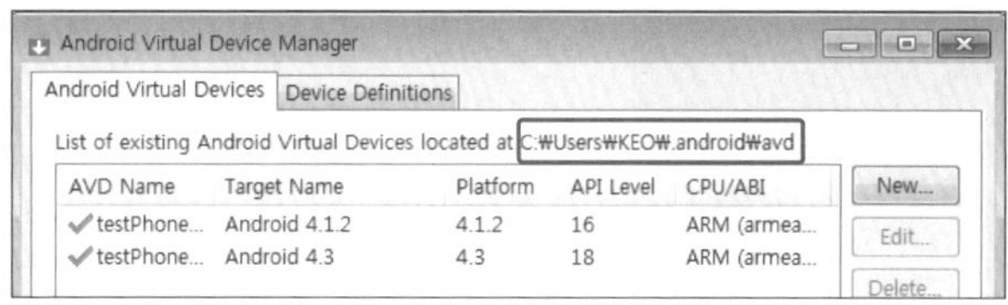

안드로이드 애플리케이션 구조 및 단말기에서 애플리케이션 실행

02.1 TestAndroid 애플리케이션의 구조

안드로이드 프로젝트는 크게 리소스 폴더인 [res], 소스 코드가 있는 로직 폴더인 [src], 그리고 리소스를 관리하는 [gen] 폴더로 이루어져 있다. 즉, [src] 폴더에 있는 로직에서 [res] 폴더에 있는 리소스를 참조할 수 있도록 [gen] 폴더가 중간에서 연결해 주는 구조로 이루어져 있다.

▲ [res], [gen], [src] 폴더 간의 관계

(1) [TestAndroid] 프로젝트의 구조

우리가 작성한 애플리케이션의 구조를 파악하고 애플리케이션을 수정하기 위해 [TestAndroid] 프로젝트의 구조부터 살펴보자.

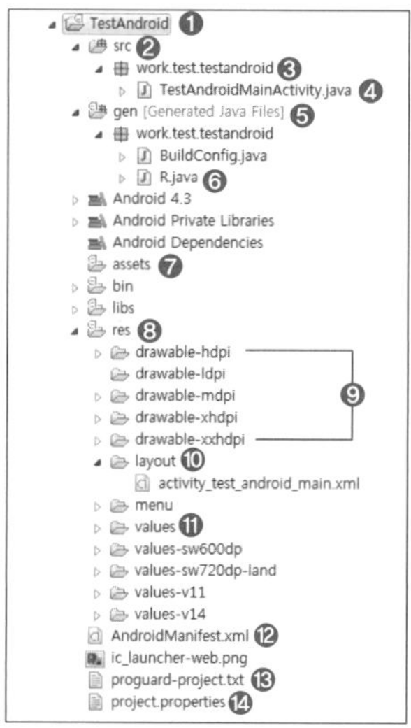

◀ [TestAndroid] 프로젝트의 구조

프로젝트의 각 구성 요소에 대한 설명은 다음과 같다.

❶ [TestAndroid] : 프로젝트명으로, 안드로이드의 애플리케이션이다. 즉, 프로젝트 하나가 하나의 안드로이드 애플리케이션이 된다.

❷ [src] : 직접 편집하는 소스 폴더로, [.java] 파일을 저장하는 곳이다. [.java] 파일은 로직 코드로 애플리케이션이 처리해야 하는 작업, 이벤트 처리 등을 작성한다.

❸ [work.test.testandroid] : 패키지로서 프로젝트 작성 시 [New Android Project] 창의 [Package name] 항목에 입력한 이름이다. 안드로이드 애플리케이션은 이 패키지 단위로 인식된다. 패키지는 반드시 [aaa.bbb]와 같이 최소 2개 이상의 폴더 구조를 가져야 한다.

❹ [TestAndroidMainActivity.java] : 프로젝트 작성시 [New Android Project] 창의 [Activity name] 항목에 자동으로 생성되는 이름으로, Activity 클래스로부터 상속받아 작성한다. ㉖ public class TestAndroidMainActivity extends Activity
Activity 클래스는 GUI 프로그램의 컨테이너(폼)와 같은 기능을 제공하는 클래스로, 화면에 배치된 뷰를 표시하는 역할을 담당한다.

❺ [gen] : 안드로이드 SDK에 의해 자동 생성되는 소스 폴더로, 이 폴더의 내용은 직접 편집할 수 없다.

❻ [R.java] : 리소스를 참조하기 위한 자바의 클래스로, 리소스에 대응되어서 자동 생성된다. 리소스란 [res] 폴더 내에 있는 모든 파일 및 그 파일이 갖고 있는 자원을 말한다.

❼ [assets] : 애싯은 크기가 큰 리소스를 저장하는 폴더로 주로 동영상 파일, 폰트 파일(ttf) 및 HTML 파일들을 위치시킨다. 또한 미리 작성한 Sqlite DB 및 이미지 파일을 이곳에 넣어 DB를 참조하거나 여러 이미지 파일을 참조하는 애플리케이션을 작성할 수도 있다.

❽ [res] : 각종 리소스 파일들이 저장되는 폴더로 이미지, 레이아웃 및 그밖의 리소스 파일을 위치시킨다.

❾ [drawable] : drawable로 시작되는 폴더들의 모임으로, 화면에 표시될 아이콘을 저장하는 폴더들이다. icon.png는 애플리케이션의 아이콘의 이미지 파일이다. 실행 시 단말기의 해상도에 따라 적절한 폴더가 자동으로 선택되어진다.

❿ [layout] : 애플리케이션을 실행할 때 표시되는 화면을 만드는 XML 레이아웃 파일을 저장하는 폴더로, 화면마다의 레이아웃 파일을 만들 수 있다. [activity_main.xml] 파일은 기본적으로 표시되는 메인화면의 모양(뷰의 배치 등)을 만드는 파일이다.

⓫ [values] : 문자열, 색상코드, 스타일/테마, 리스트 목록 등의 XML 리소스 파일을 저장하는 폴더로, [strings.xml]은 프로그램에서 사용되는 문자열을 정의한 파일이다. 필요한 파일을 생성해서 추가하면 된다.

⓬ [AndroidManifest.xml] : 매니페스트 파일로 기본 설정, 권한 설정 등의 애플리케이션의 프로퍼티을 정의한 XML 파일이다.

⓭ [proguard-project.txt] : 프로젝트에서 프로가드를 사용할 수 있도록 한다. 프로가드는

코드를 읽기 어렵게 만들어 애플리케이션을 불법적인 공격으로부터 안전하게 보호하고 프로그램의 크기를 줄여주는 역할을 하는 파일이다.

⓮ [project.properties] : 프로젝트 작성 시 [New Android Project] 창의 [Build Target]에서 지정한 항목에 대한 빌드설정 파일로 일반적으로 편집하지 않는다. 즉, 개발 환경 설정 파일이다.

> • 이벤트 처리 : 키 입력이나 버튼을 누르는 것과 같은 동작인 이벤트 발생 시 그에 따른 작업을 수행하는 것
> • 패키지 : 관련된 작업을 수행하는 클래스를 묶어 관리하는 것. 폴더와 비슷한 개념
> • 컨테이너 : 엑셀이나 한글과 같이 화면 구조를 갖는 프로그램을 GUI 프로그램이라 한다. 이런 GUI프로그램의 화면을 만들기 위해서는 버튼, 메뉴 등이 필요한데, 이런 버튼과 메뉴는 컨테이너에 실어야 화면에 표시될 수 있다.
> • 리소스 : 이미지, 문자열, 소리, 동영상, 화면 등은 안드로이드 프로그래밍에서는 모두 리소스(자원)이다.
> • 매니페스트 파일 : 일종의 환경 설정 파일로 작성한 애플리케이션이 어떤 환경에서 어떻게 동작하는지 명시한 파일

(2) [TestAndroid] 프로젝트의 파일들

[TestAndroid] 프로젝트의 구조를 살펴보고 각 요소들이 하는 일에 대해서도 개략적으로 살펴보았다. 이제부터는 애플리케이션이 수행되기 위해 각 파일들이 어떠한 역할을 하는지에 대해 알아본다.

안드로이드 애플리케이션의 주요 파일과 각 파일 간의 관계는 다음과 같다.

주요 파일	구체적인 파일명 ([TestAndroid] 애플리케이션을 예시로 사용한 경우)	하는 일
리소스 파일(문자열, 이미지 등)	문자열 리소스 strings.xml 위치 : [프로젝트]–[res]–[values]	사용할 문자열을 정의(생성)
레이아웃 리소스 파일	activity_test_android_main.xml 위치 : [프로젝트]–[res]–[layout]	화면의 구조 및 내용을 설계
액티비티 클래스 파일	TestAndroidMainActivity.java 위치 : [프로젝트]–[src]–[패키지명]	화면을 표시하고 이벤트 등을 처리하는 안드로이드 애플리케이션의 로직
매니페스트 파일	AndroidManifest.xml 위치 : [프로젝트]	애플리케이션의 기본 설정 및 권한 설정 등을 기술

▲ 안드로이드 애플리케이션의 주요 파일

각 리소스 폴더에 위치시킬 파일의 종류는 다음과 같으며, 기본적으로 제공되지 않는 파일 또는 폴더는 직접 생성한다.

리소스 폴더	설명	
[assets]	동영상, 폰트(ttf), html, js, css, xml, json 미리 생성한 SQLite db(db를 읽어 들일 때 사용), 이미지 파일(이미지 파일이 지정되지 않아 리소스를 할당받기 어려운 경우)	
[res]-[drawable] : png 파일 권장, 파일명은 반드시 소문자와 숫자만 가능	[res]-[drwable-ldpi] [res]-[drwable-mdpi] [res]-[drwable-hdpi]	120dpi 정도의 저화질용 이미지 160dpi 정도의 중간 화질용 이미지 240dpi 정도의 고화질용 이미지
[res]-[layout]	main.xml과 같은 XML 레이아웃 리소스 파일	
[res]-[values]	strings.xml colors.xml styles.xml arrays.xml dimens.xml	문자열 색상 스타일/테마 목록 크기 정보(치수)
[res]-[anm]	애니메이션의 방식을 기술하는 XML 파일	
[res]-[raw]	음악 파일(.mp3), 동영상 파일(.mp4)	
[res]-[xml]	프로그램의 실행 중에 사용되는 XML 파일	

■ 안드로이드 애플리케이션의 주요 파일 간 관계

문자열 및 이미지 등의 리소스 파일은 레이아웃 리소스 파일, 액티비티 클래스 및 매니페스트 파일에서 참조해서 사용한다. 화면의 내용을 갖는 레이아웃 리소스는 액티비티 클래스에서 참조해서 화면에 표시한다. 만일 레이아웃 리소스를 자바의 클래스로 작성한 경우 해당 자바클래스의 객체를 생성해서 화면에 표시한다. 매니페스트 파일에는 애플리케이션의 액티비티를 등록하고 앱의 권한을 추가한다.

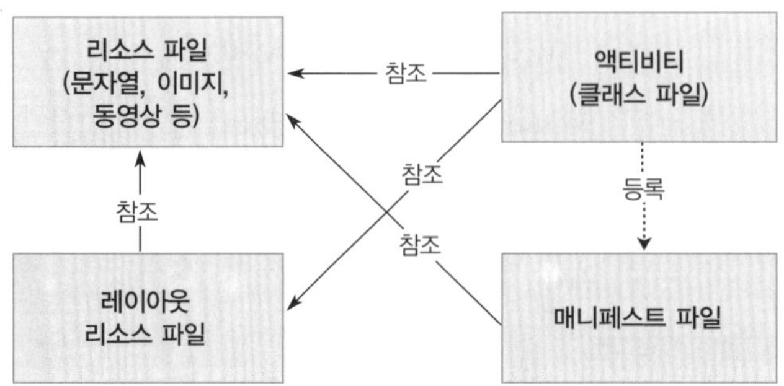

■ 안드로이드 애플리케이션의 주요 파일 작성 순서

안드로이드 프로젝트가 만들어지면 [res] 폴더에 필요한 리소스 파일을 생성 및 배치한 후 이것을 참조해 화면의 내용을 생성하는 레이아웃 리소스 파일을 작성한다. 레이아웃 리소스를 작성한 후에는 애플리케이션의 로직인 액티비티 클래스를 작성한다. 액티비티를 작성한 후에는 애플리케이션의 이름, 아이콘, 권한 설정 등을 매니페스트 파일에 추가할 수 있다. 또한 애플리케이션 내에 액티비티가 여러 개인 경우 이 액티비티들을 매니페스트 파일에 등록한다. 자동 생성되는 메인 액티비티는 애플리케이션 생성 시 자동으로 등록된다. 즉, 액티비티가 1개인 경우에는 등록할 필요가 없다.

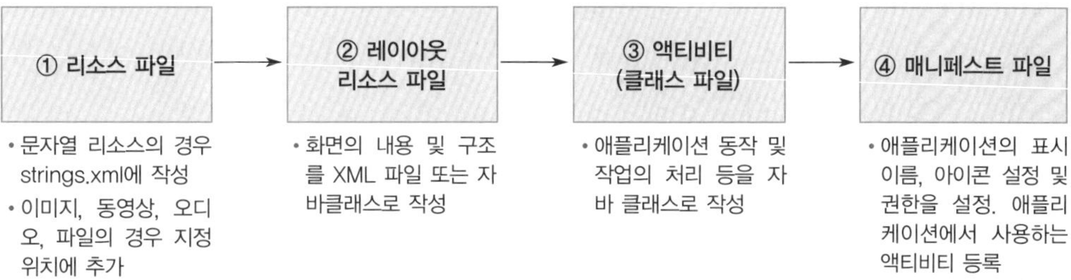

❶ TestAndroidMainActivity.java 파일 − 메인 액티비티

메인 화면을 제공하는 액티비티인 TestAndroidMainActivity.java 파일은 [src] 폴더 안에 있는 [work.test.testandroid] 패키지 내에 위치한다.

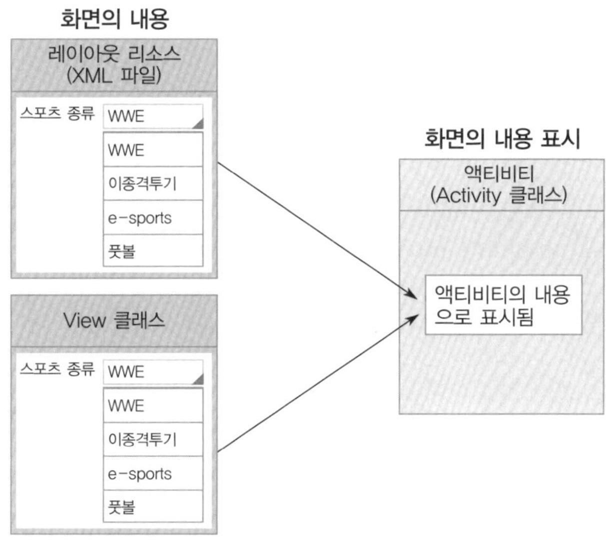

▲ 안드로이드 애플리케이션의 주요 파일 간 관계

TestAndroidMainActivity 클래스는 Activity(액티비티) 클래스로부터 상속받아 작성된다. Activity 클래스는 일반적인 GUI 기반의 프로그램에서 폼(Form), 자바 기반에서는 컨테이너(Container)와 같은 역할을 한다. 컨테이너는 컴포넌트를 생성 및 배치시키고 이벤트를 등록하는 작업을 수행하는데, 안드로이드에서는 컴포넌트의 생성 및 배치는 XML 레이아웃 파일(레이아웃 리소스)이나 View 클래스에서 한다.

컨테이너는 일종의 윈도로 배치된 컴포넌트들을 보여주고, 컴포넌트를 누르거나 하는 동작을 수행하면 그에 따른 처리를 한다. 즉, 액티비티는 화면을 단말기에 표시하는 역할을 한다. 안드로이드에서는 Activity 클래스로부터 상속받은 TestAndroidMainActivity 클래스도 컨테이너의 역할을 하는데, 화면의 내용을 갖는 XML 레이아웃 파일 또는 View 클래스와 연결 및 이벤트의 등록 등의 작업을 수행한다. 컴포넌트들은 안드로이드에서는 뷰(View) 또는 위젯(Widget)이라고 한다.

```java
package work.test.testandroid; //❶

import android.os.Bundle;
import android.app.Activity;
import android.view.Menu;

public class TestAndroidMainActivity extends Activity { //❷

    @Override
    protected void onCreate(Bundle savedInstanceState) { //❸
        super.onCreate(savedInstanceState);
        setContentView(R.layout.activity_test_android_main);
    }

    @Override
    public boolean onCreateOptionsMenu(Menu menu) {
        // Inflate the menu; this adds items to the action bar if it is present.
        getMenuInflater( ).inflate(R.menu.activity_test_android_main, menu);
        return true;
    }
}
```

protected void onCreate(Bundle savedInstanceState)
액티비티가 처음 생성될 때 호출되는 메소드로, 액티비티 생성 시 자동으로 실행된다.

public boolean onCreateOptionsMenu(Menu menu)
액티비티의 표준 옵션 메뉴의 내용을 초기하는 메소드로, 옵션 메뉴 생성 시 자동으로 실행된다. 옵션 메뉴를 쉽게 생성할 수 있도록 메인 액티비티 생성 시 이 메소드를 기본적으로 생성해준다, 참고로 옵션 메뉴는 안드로이드 단말기 또는 에뮬레이터에서 [menu] 버튼을 누르면 표시되는 메뉴를 말한다.

public MenuInflater getMenuInflater( )
현재 액티비티의 MenuInflater 객체를 리턴한다.

Bundle 클래스

액티비티가 다른 액티비티를 호출 시 넘겨지는 데이터 정보를 갖고 있는 클래스이다. 액티비티 간에 정보를 전달하는 경우에 사용된다.

MenuInflater 클래스

메뉴 XML 파일을 Menu 객체로 만들 때 사용한다.

public void inflate (int menuRes, Menu menu)
메뉴 XML파일 menuRes를 Menu 인터페이스의 내용으로 넣어 화면에 실제 메뉴의 목록이 표시되도록 해준다.

Menu 인터페이스

메뉴의 메뉴 아이템들을 관리하기 위해 제공되는 인터페이스이다.

> **참고** 인터페이스(interface) : 가지고 있는 메소드가 모두 추상 메소드인 특수한 클래스
> 추상 메소드(abstract method) : 내용을 구현하지 않고, 메소드의 정의만을 갖는 메소드로 사용하는 쪽에서 재정의해서 사용한다.

액티비티인 TestAndroidMainActivity의 소스 구조 설명은 다음과 같다.

❶ package문과 import문

package문은 TestAndroidMainActivity 클래스가 위치한 패키지명을 기술한다.

```
package work.test.testandroid;
```

여기서는 물리적 위치상 [src] 안에 [work]-[test]-[testandroid] 폴더에 [TestAndroidMainActivity.java] 파일이 위치된다. 또한 실제 실행 시 사용되는 [TestAndroidMainActivity.class] 파일은 버전에 따라 이클립스의 안드로이드 프로젝트에서 직접 확인할 수도 있고, 그렇지 않을 수도 있다. 책에서 사용하는 버전에서는 [bin] 안에 [work]-[test]-[testandroid] 폴더를 직접 확인할 수 없다. 다만 탐색기의 [워크스페이스]-[프로젝트명]-

[bin]-[classes] 폴더 안에 있는 것을 확인할 수 있다. 이렇게 [.class] 파일은 이클립스가 자동으로 컴파일 해주기 때문에 신경 쓸 필요가 없다.

import문은 TestAndroidMainActivity 클래스를 생성하기 위해 필요한 외부의 클래스(다른 패키지에 있는 클래스)를 참조하기 위한 구문이다.

```java
import android.os.Bundle;
import android.app.Activity;
import android.view.Menu;
```

android.app.Activity 클래스는 TestAndroidMainActivity 클래스가 Activity 클래스를 상속받아서 생성되어야 하기 때문에 import했다. android.os.Bundle 클래스는 onCreate( ) 메소드의 파라미터가 Bundle 클래스 타입이기 때문에, 이 타입을 사용할 수 있도록 하기 위해서 import했다. android.view.Menu 클래스는 옵션 메뉴([menu] 버튼을 클릭하면 표시되는 메뉴)를 생성하는 onCreateOptionsMenu( ) 메소드의 파라미터가 Menu 클래스 타입이어서 이것을 사용하기 위해 import했다.

❷ 클래스 선언

TestAndroidMainActivity 클래스의 선언(정의) 형식은 다음과 같다.

```java
public class TestAndroidMainActivity extends Activity{
  //클래스의 내용 기술
}
```

TestAndroidMainActivity 클래스는 Activity 클래스로부터 상속받아 public 클래스로 작성했다. 일반적으로 클래스의 접근제어자(access modifier)는 public으로 선언한다. 특히 웹 기반이나 모바일 기반에서 불특정다수의 접근을 허용할 경우에는 반드시 public으로 선언한다. extends는 상속의 키워드로 이 구문을 중심으로 왼쪽에 있는 클래스가 상속받는 클래스(서브 클래스, 자식 클래스, 파생 클래스로 지칭), 오른쪽에 있는 클래스가 상속을 해주는 클래스(슈퍼 클래스, 부모 클래스, 베이스 클래스로 지칭)이다.

❸ 메소드 선언

클래스에서 실제로 작업을 처리하는 것은 메소드로 안드로이드 애플리케이션에서는 onCreate( ) 메소드가 반드시 정의되어 있어야 한다. onCreate(Bundle savedInstanceState) 메소드는 이 액티비티가 처음 생성될 때 호출된다. 이때 파라미터 savedInstanceState에는 호출시 넘겨받을 데이터가 저장된다. (자세한 사항은 뒤에 나올 액티비티에서 살펴본다.)

```
protected void onCreate(Bundle savedInstanceState) {
   //메소드의 내용 기술
}
```

이 메소드에서 하는 작업은 먼저, [super.onCreate(savedInstanceState);]를 실행해 슈퍼 클래스인 Activity 클래스의 onCreate( ) 메소드를 호출하고, 사용자 인터페이스를 배치하는 데 사용되는 setContentView(R.layout.activity_test_android_main) 메소드를 호출한다. R.layout.activity_test_android_main은 화면에 표시될 사용자의 인터페이스를 갖는 XML 레이아웃 리소르 파일로, [res]-[layout] 폴더 내에 있는 [activity_test_ android_main.xml] 파일을 지칭한다. setContentView( ) 메소드의 프로토 타입은 다음과 같다.

void setContentView(View view)

기능 : 실제 화면에 표시할 레이아웃(뷰)을 지정
파라미터 : XML 레이아웃 파일 또는 View 클래스의 객체

뷰를 추가하고 이벤트를 등록할 경우에는 [setContentView(activity_test_android_main);] 코드 다음 줄부터 차례로 기술한다.

 Tip 메소드를 정의하는 형식 

```
접근제어자 리턴타입 메소드명(파라미터1, 파라미터2,..){
   //처리할 작업 기술
   return 리턴할 값;
}
```

접근제어자에는 public, protected, default(접근제어자 생략 시), private가 있다. 뒤로 갈수록 제어의 강도가 높아진다. 실무에서는 메소드의 접근제어자로 주로 public을 많이 사용한다. 리턴타입은 메소드의 실행결과 값을 리턴(반환)하지 않는 void와 void 이외의 타입이 있다. 리턴타입이 void이면 return문을 기술하지 않고, void 이외의 타입이면 반드시 return문을 기술해야 한다. 그렇지 않으면 에러가 발생한다.

■ 주석(comment)과 어노테이션(annotation)
onCreate( ) 메소드의 내용을 보면 /**로 시작해서 */로 끝나는 문장을 볼 수 있다. 이것은 주석(주석은 프로그램의 실행과는 무관하게 코드에 설명을 추가할 경우 사용)으로 자바의 주석에는 한 줄만 주석으로 처리하는 //과 여러 줄에 걸쳐 주석을 기술하는 /* */ 이 있다.
어노테이션도 주석의 일종이다. 일반적인 주석보다는 좀 더 발전한 형태의 주석으로, 경우에 따라서는 사용자뿐만 아니라 시스템을 위한 주석도 기술할 수 있다. 어노테이션은 @Override과 같이 @(at) 기호를 사용한다. 여기에서 onCreate( ) 메소드 위에 있는 @Override는 현재의 클래스인 TestAndroid 클래스의 부모 클래스인 Activity의 onCreate( ) 메소드를 오버라이드(재정의)했다는 것으로, 여기서는 이 메소드를 재정의하지 않으면 에러가 발생한다. 따라서 어노테이션은 반드시 해야 할 작업을 경고함으로써 실수를 방지하는 데 주로 사용된다.

❷ R.java-리소스 관리

안드로이드에서는 프로그램에서 사용되는 문자열, 이미지, 화면의 레이아웃 등의 정보를 갖는 리소스 파일을 [R.java]의 리소스로 지정해 사용하는 것이 일반적이다. [res] 폴더 내에 이러한 리소스 폴더나 파일들이 위치되며, 이것들을 프로젝트에서 참조하기 위해서는 각각의 프로젝트 내의 [gen] 폴더 안에 있는 [work.test.testandroid] 패키지 내에 있는 [R.java] 파일에 기술된 정수 값을 사용한다. 자동 생성되는 파일이므로 여기에 기술된 값을 절대로 수정하면 안 된다.

```java
/* AUTO-GENERATED FILE.  DO NOT MODIFY.
 *
 * This class was automatically generated by the
 * aapt tool from the resource data it found.  It
 * should not be modified by hand.
 */

package work.test.testandroid;

public final class R {
    public static final class attr {
    }
    public static final class dimen {
        /** Default screen margins, per the Android Design guidelines.

        Customize dimensions originally defined in res/values/dimens.xml (such as
        screen margins) for sw720dp devices (e.g. 10" tablets) in landscape here.

        */
        public static final int activity_horizontal_margin=0x7f040000;
        public static final int activity_vertical_margin=0x7f040001;
    }
    public static final class drawable {
        public static final int ic_launcher=0x7f020000;
    }
    public static final class id {
        public static final int action_settings=0x7f080000;
    }
    public static final class layout {
        public static final int activity_test_android_main=0x7f030000;
```

```java
    }
    public static final class menu {
        public static final int test_android_main=0x7f070000;
    }
    public static final class string {
        public static final int action_settings=0x7f050001;
        public static final int app_name=0x7f050000;
        public static final int hello_world=0x7f050002;
    }
    public static final class style {
        /**
        Base application theme, dependent on API level. This theme is replaced
        by AppBaseTheme from res/values-vXX/styles.xml on newer devices.


            Theme customizations available in newer API levels can go in
            res/values-vXX/styles.xml, while customizations related to
            backward-compatibility can go here.


        Base application theme for API 11+. This theme completely replaces
        AppBaseTheme from res/values/styles.xml on API 11+ devices.

API 11 theme customizations can go here.

        Base application theme for API 14+. This theme completely replaces
        AppBaseTheme from BOTH res/values/styles.xml and
        res/values-v11/styles.xml on API 14+ devices.

API 14 theme customizations can go here.
        */
        public static final int AppBaseTheme=0x7f060000;
        /** Application theme.
All customizations that are NOT specific to a particular API-level can go here.
        */
        public static final int AppTheme=0x7f060001;
    }
}
```

이 R 클래스의 내부에 기술된 R.layout.main은 아래의 코드 중 진하게 기술된 코드를 의미한다. 여기서 'R' 은 바깥쪽에 있는 외부 클래스명, 'layout' 은 내부 클래스명, 'activity_test_android_main' 은 클래스 상수이다.

```java
public final class R {
    public static final class attr {
    }
    public static final class dimen {

        public static final int activity_horizontal_margin=0x7f040000;
        public static final int activity_vertical_margin=0x7f040001;
    }
    public static final class drawable {        ← [drawable] 폴더
        public static final int ic_launcher=0x7f020000;        ← [drawable] 폴더의 [ic_launcher.png] 파일
    }
    public static final class id {
        public static final int action_settings=0x7f080000;
    }                                           [layout] 폴더
    public static final class layout {                  [layout] 폴더의 XML 레이아웃 리소스 파일
        public static final int activity_test_android_main=0x7f030000;
    }
    public static final class menu {        ← [menu] 폴더의 [menus.xml] 파일
        public static final int test_android_main=0x7f070000;
    }
    public static final class string {      ← [values] 폴더의 [strings.xml] 파일
        public static final int action_settings=0x7f050001;
        public static final int app_name=0x7f050000;        문자열 리소스
        public static final int hello_world=0x7f050002;
    }
    public static final class style {       ← [values] 폴더의 [styles.xml] 파일
… 생략 …
```

예를 들어 R 클래스 외부의 클래스인 TestAndroidMainActivity 클래스에서 이 main 클래스 상수에 접근하려면 R.layout.activity_test_android_main과 같은 방법으로 접근해야 한다. 이 R.layout.activity_test_android_main은 액티비티인 TestAndroidMainActivity

클래스의 onCreate( ) 메소드에서 [setContentView(R.layout.activity_test_android_main);]와 같이 기술해서 접근한다.

❸ activity_test_android_main.xml-메인 레이아웃 리소스

안드로이드 애플리케이션에서 화면의 내용은 XML 파일인 레이아웃 리소스에 기술하거나 View 클래스를 생성해서 한다. 정형적인 틀을 갖는 구조일 경우 화면의 내용으로 레이아웃 리소스를 사용하며, 게임과 같은 비정형적인 구조를 갖는 화면 및 픽셀 단위의 세밀한 레이아웃 설계를 할때는 View 클래스가 화면의 내용이 된다.

메인화면의 XML 레이아웃 파일은 [res]-[layout]-[activity_test_android_main.xml]이다. 다음은 XML 레이아웃인 [activity_test_android_main.xml]의 소스코드이다.

```xml
<RelativeLayout xmlns:android="http://schemas.android.com/apk/res/android"
    xmlns:tools="http://schemas.android.com/tools"
    android:layout_width="match_parent"
    android:layout_height="match_parent"
    android:paddingBottom="@dimen/activity_vertical_margin"
    android:paddingLeft="@dimen/activity_horizontal_margin"
    android:paddingRight="@dimen/activity_horizontal_margin"
    android:paddingTop="@dimen/activity_vertical_margin"
    tools:context=".TestAndroidMainActivity" >

<TextView
    android:layout_width="wrap_content"
    android:layout_height="wrap_content"
    android:text="@string/hello_world" />

</RelativeLayout>
```

안드로이드 버전 4.1과 4.3은 젤리빈(Jelly Bean)이라 부른다

안드로이드 버전 4.0(아이스크림 샌드위치)까지는 기본 최상위 레이아웃이 〈Linear Layout〉이었다. 그러나 안드로이드 버전 4.1(젤리빈)부터는 레이아웃 리소스의 기본 최상위 레이아웃이 〈RelativeLayout〉으로 변경되었다. 〈RelativeLayout〉은 뷰의 배치를 상대적인 위치로 지정하는 것으로, 자세한 설명은 "4장. 사용자 인터페이스"에서 하기로 한다. 〈TextView〉의 문자열로 화면에 표시하는 레이블과 같은 역할을 하는 것으로, 여기서는 표시할 문자열을 지정하는 [android:text] 프로퍼티의 값으로 "@string/ hello_world"라는 값을 지정했다. 이 값은 XML 리소스 파일인 [strings.xml]에서 지정한 "hello_world"라는 이름을 갖는 문자열 변수의 값을 표시하라는 의미이다. [res]-[values] 폴더 내의 [strings.xml]에서 다음과 같은 코드를 확인할 수 있다. 여기서 "hello_world"라는 이름을 갖는 문자열의 변수 값은 "Hello World!"이다.

```
<string name="hello_world">Hello world!</strings>
```

실제로 XML 레이아웃 [activity_test_android_main..xml]의 소스코드는 직접 코딩하지 않는다. 이클립스에서 제공하는 [Graphical Layout] 탭을 사용해서 뷰를 드래그 앤 드롭으로 추가하고 프로퍼티(property)들의 값을 지정하는 방법이 더 쉽고 오류의 발생이 적기 때문이다.

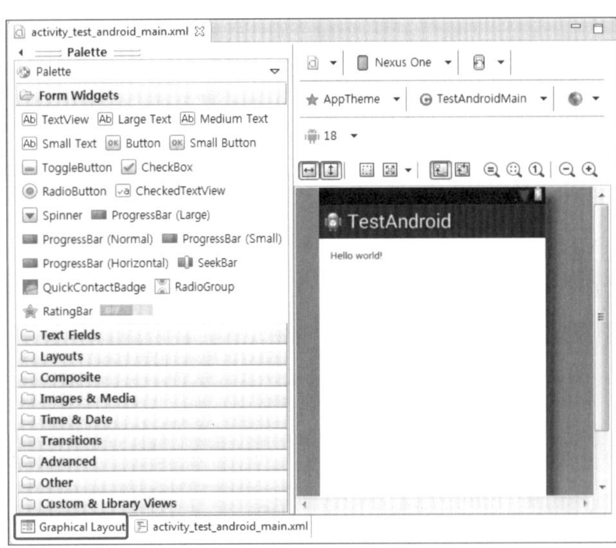

▲ XML 레이아웃 리소스 [activity_test_android_main..xml]의 [Graphical Layout] 탭

❹ strings.xml-문자열 리소스

화면에 표시되는 문자열은 프로그램 내에서 직접 작성하지 않고, XML 문자열 리소스 파일인 [res]-[values]-[strings.xml]에 기술한다. 다음은 [strings.xml]의 소스코드이다.

```
<?xml version="1.0" encoding="utf-8"?>
<resources>
    <string name="app_name">TestAndroid</string>
    <string name="action_settings">Settings</string>
    <string name="hello_world">Hello world!</string>
</resources>
```

여기에서는 XML 레이아웃 리소스인 [main.xml]의 〈TextView〉에서 참조하는 문자열 변수 "hello_world"와 홈 화면의 아이콘 아래, 메인 액티비티 화면의 타이틀에 표시되는 문자열 변수 "app_name" 등을 정의하고 있다. 만일 앱의 아이콘과 메인 액티비티에 표시할 문자열을 변경하고 싶은 경우 "app_name" 변수의 값을 변경한다.

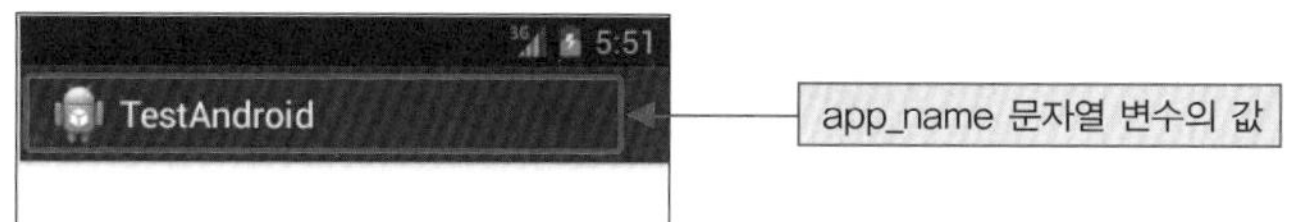

▲ 에뮬레이터에 표시되는 "app_name" 변수의 값

[strings.xml] 문자열 리소스의 소스코드도 직접 코딩하지 않고 이클립스에서 제공하는 [Resources] 탭을 사용해서 문자열을 추가하거나 삭제한다.

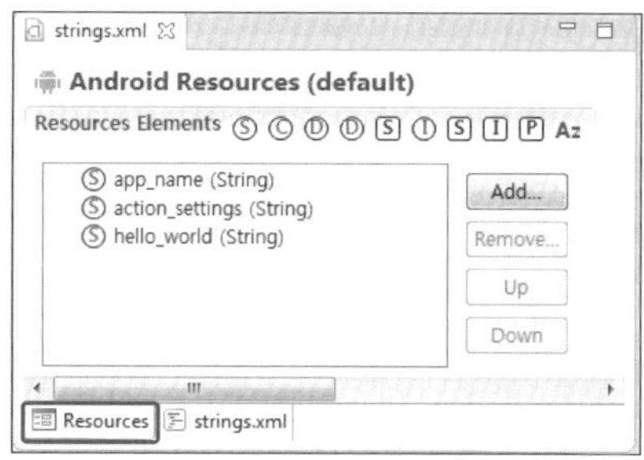

▲ [strings.xml] 문자열 리소스의 [Resources] 탭

5 AndroidManifest.xml – 애플리케이션 실행에 필요한 정보

manifest(매니페스트) 파일은 애플리케이션을 실행시키기 위해 필요한 애플리케이션의 정보를 갖는 파일이다. 홈 화면에 표시할 아이콘이나 애플리케이션의 이름은 매니페스트(manifest)라는 이름이 붙은 [AndroidManifest.xml] 파일에 기술한다.

[AndroidManifest.xml] 파일의 소스코드는 다음과 같다. 안드로이드 버전 4.3(젤리빈)의 경우 안드로이드 프로젝트 생성 시 자동으로 생성되는 [Android Manifest.xml] 파일이다.

```xml
<?xml version="1.0" encoding="utf-8"?>
<manifest xmlns:android="http://schemas.android.com/apk/res/android"
    package="work.test.testandroid"
    android:versionCode="1"
    android:versionName="1.0" >

    <uses-sdk
        android:minSdkVersion="8"
        android:targetSdkVersion="18" />

    <application
        android:allowBackup="true"
        android:icon="@drawable/ic_launcher"
        android:label="@string/app_name"
        android:theme="@style/AppTheme" >
        <activity
            android:name="work.test.testandroid.TestAndroidMainActivity"
            android:label="@string/app_name" >
            <intent-filter>
                <action android:name="android.intent.action.MAIN" />

                <category android:name="android.intent.category.LAUNCHER" />
            </intent-filter>
        </activity>
    </application>

</manifest>
```

[<manifest xmlns:android="http://schemas.android.com/apk/res/android">]에서 [xmlns:android]은 네임스페이스를 지정하는 부분으로 "http://schemas.android.com/apk/res/android" 대신 디폴트 네임스페이스로 android라는 별명을 사용한다.

<uses-sdk android:minSdkVersion="8" android:targetSdkVersion="18"/>은 이 애플리케이션이 실행될 단말기 또는 에뮬레이터의 안드로이드 SDK 버전이 최소 8 이상(2.2 버전 이상)이고 실행 대상이 되는 버전이 18(4.3 버전)이다. 이것은 이 안드로이드 애플리케이션은 단말기 또는 에뮬레이터에 설치된 안드로이드 버전 2.2부터 이후 모든 버전에서 실행된다는 의미이다.

〈application〉 엘리먼트는 단 한 번만 나오는 것으로 애플리케이션의 실행에 필요한 정보를 설정한다.

〈activity〉 엘리먼트는 액티비티당 1개가 나오며 이 애플리케이션에서는 액티비티가 하나여서 이 엘리먼트도 한 번만 나온다. 액티비티명, 인텐트필터 등을 기술한다.

manifest 파일을 편집할 경우에는 마찬가지로 직접 코딩하지 않고 아래의 탭들을 활용한다.

▲ [AndroidManifest.xml] 파일을 편집하기 위한 탭들

ⓐ [Manifest] 탭은 [AndroidManifest.xml] 파일의 일반적인 정보를 지정하는 탭으로 패키지, 버전, 애플리케이션의 설치 위치 등을 지정한다.

ⓑ [Application] 탭은 일반적인 애플리케이션 프로퍼티들과 마찬가지로 패키지 안에 위치한 application-level 컴포넌트의 정보를 포함하는 것으로 추가되는 액티비티, 서비스, 인텐트, 브로드캐스트 리시버, 콘텐트 프로바이더의 정보를 기술한다.

ⓒ [Permissions] 탭은 애플리케이션에 대한 접근 제한 등의 권한을 지정한다.

ⓓ [Instrumentation] 탭은 액티비티와 서비스를 테스트하기 위한 프레임워크를 제공하는 탭이다.

ⓔ [AndroidManifest.xml] 탭은 [Manifest], [Application], [Permissions], [Instrumentation] 탭 등에 설정한 정보를 XML 코드로 제공하는 탭이다.

지금까지 안드로이드 프로젝트내의 파일들이 어떤 일을 하는지 개략적으로 살펴보았다. 이제, 이것들을 사용해서 작성한 프로젝트를 수정해 보자.

(3) [TestAndroid] 프로젝트의 수정 – 애플리케이션을 닫는 [Done] 버튼 추가

[File]-[New]-[Other] 메뉴를 사용해서 안드로이드 프로젝트를 작성하면 언제나 앞에서 만든 [TestAndroid] 프로젝트와 똑같은 내용과 구조를 갖는 파일들이 만들어진다. 물론 액티비티, 패키지, 애플리케이션 등의 이름은 다르지만 구조나 안에 포함된 뷰들이 항상 같다는 것이다. 이것은 이클립스가 자체 내장된 기능으로 프로젝트의 기본 형태를 만들어주기 때문이다. 따라서 내가 원하는 형태의 애플리케이션을 작성하려면 앞에서 언급한 파일들에 내가 원하는 형태로 추가 및 수정을 해야 한다는 것이다.

아직 기능을 모두 배우지 않아서 제대로 만들기는 어렵지만 안드로이드 프로젝트의 구조를 이해해서 안드로이드 애플리케이션을 어떻게 만드는가의 개략적인 방법을 알기 위해 프로젝트를 수정해보자. 간단하게 애플리케이션의 화면에 애플리케이션을 종료하는 [Done] 버튼을 추가한다.

Exercise [TestAndroid] 프로젝트에 [done] 버튼 추가

01 먼저 [res]-[values]-[strings.xml]에 문자열을 추가한다.

❶ [strings.xml] 파일을 더블클릭해서 [편집기] 뷰에 표시한다. 이때 [Resources] 탭이 선택되게 한다.

❷ [Android Resources(default)] 화면에서 [Add..] 버튼을 누르고 엘리먼트 추가 창이 화면에 표시되면 [String] 항목을 선택하고 [OK] 버튼을 클릭한다.

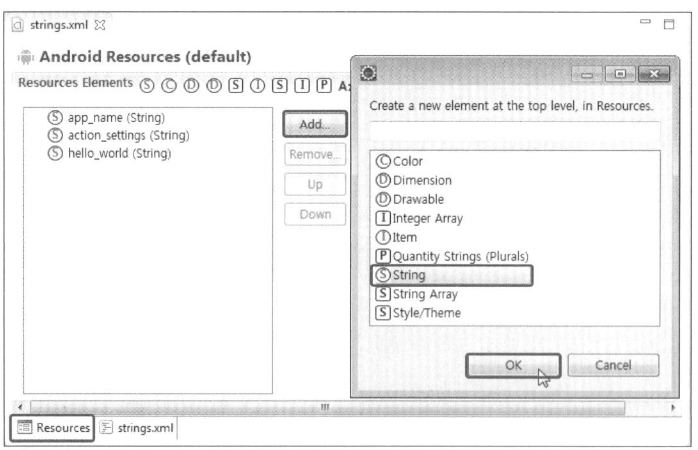

▲ [strings.xml]에 문자열 추가 1

❸ [Attribute for String] 구역의 [Name] 항목과 [Value] 항목에 값을 입력한 후 저장한다. 입력할 값은 다음과 같다.

Name	doneLabel
Value	done

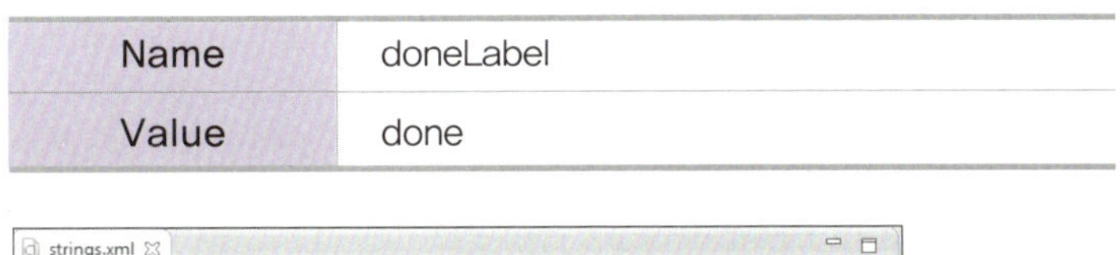

▲ [strings.xml]에 문자열 추가 2

02 XML 레이아웃 리소스인 [activity_test_android_main.xml]에 [Button] 위젯을 추가한다.

❶ [activity_test_android_main.xml] 파일을 더블클릭해서 [편집기] 뷰에 표시한다.

❷ 왼쪽의 [Palette]에서 [Form Widgets] 항목의 [Button] 위젯을 드래그 앤 드롭(끌어서 던지기)해서 XML 레이아웃 리소스에 버튼을 추가한다.

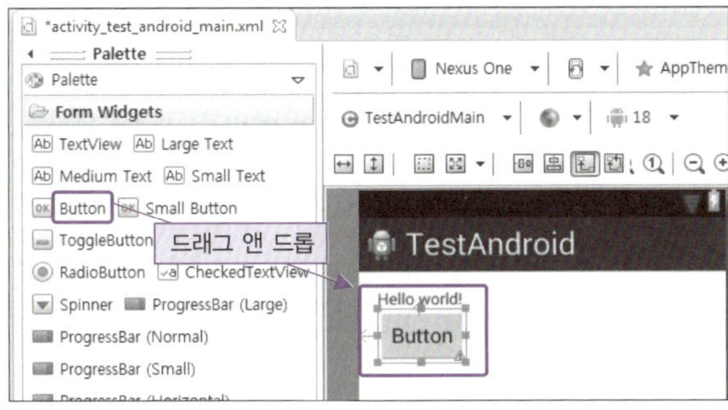

▲ [activity_test_android_main.xml]에 [Button] 위젯 추가 1

❸ 새로 추가된 [Button] 위젯을 클릭해서 선택하면 [Outline] 뷰 아래에 표시된 [Properties]의 내용이 [Button] 위젯의 내용으로 변경된다. 이때 [Properties] 탭의 [Id] 프로퍼티의 값을 다음과 같이 수정한다. [Id] 프로퍼티의 값을 직접 입력한다.

Id	@+id/endBtn

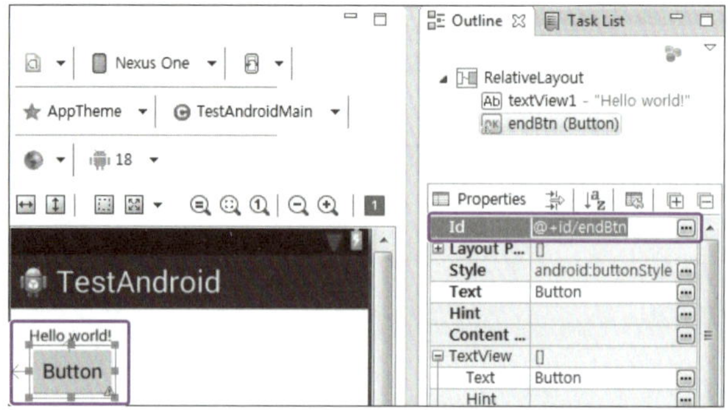

▲ [activity_test_android_main.xml]에 [Button] 위젯 추가 2

id값은 레이아웃 리소스에서 위젯을 구분하기 위해 지정하는데 [@+id/id명]과 같은 형태로 사용한다. 즉, @+id는 id를 부여하겠다는 의미이다.

⑩ @+id/endBtn : 해당 위젯에 endBtn이라는 id명을 지정한다.

로직 클래스(액티비티 등)에서 정의된 이 위젯 객체를 참조를 할 목적으로 id를 지정한다.

❹ [Text] 프로퍼티의 값도 다음과 같이 수정한다.

Text	@string/doneLabel

[Text] 프로퍼티에 값을 직접 입력하지 말고, [Text] 프로퍼티의 오른쪽 끝에 있는 [...] 버튼을 클릭해서 표시되는 [Resource Chooser] 대화상자에서 [doneLabel]을 선택한 후 [OK] 버튼을 클릭하면 자동적으로 값이 "@string/doneLabel (Done)"로 변경된다.

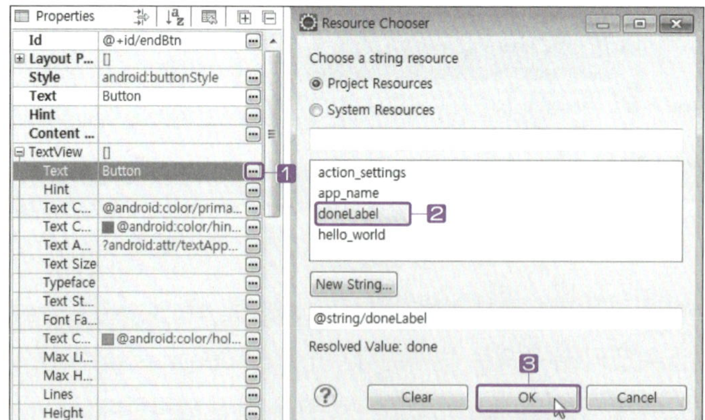

▲ [activity_test_android_main.xml]에 [Button] 위젯 추가 3

❺ [Text] 프로퍼티의 값은 다음과 같이 변경된다.

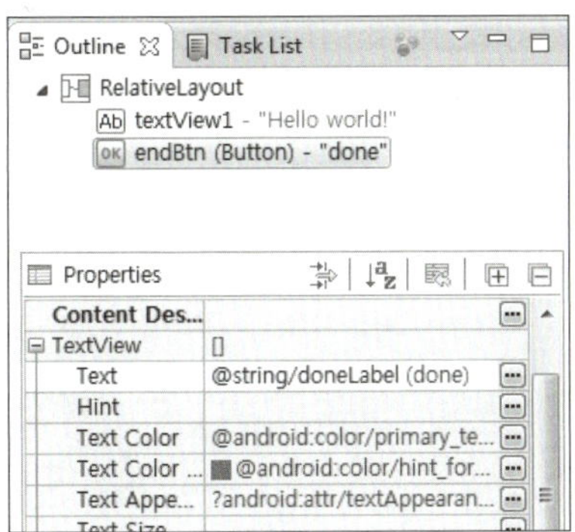

◀ [activity_test_android_main.xml]에 [Button] 위젯 추가 4

문자열, 이미지 등의 리소스를 XML 파일(레이아웃 리소스 또는 AndroidManifest.xml)에서 참조할 때는 [@리소스 종류/리소스명]과 같은 형태로 사용한다. 예를 들어 리소스 종류가 문자열이면 @string으로 시작하고, 이미지 파일이면 @drawable로 시작한다.

예 @string/doneLabel : 문자열 리소스 doneLabel을 참조한다.

예 @drawable/p1 : 이미지 파일인 p1을 참조한다. 이미지 파일은 참조 시 확장자를 쓰지 않으며, 안드로이드에서는 png 확장자를 권장한다.

❻ [activity_test_android_main.xml] 파일을 저장하고 나면, 버튼의 레이블이 다음과 같이 변경된다.

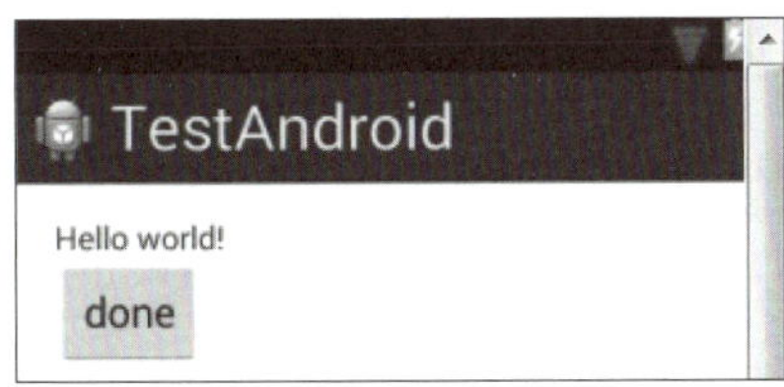

▲ [activity_test_android_main.xml]에 [Button] 위젯 추가 5

03 [src] 폴더 안에 있는 [work.test.testandroid] 패키지 내에 있는 [TestAndroidMain
Activity.java] 파일의 TestAndroidMainActivity 클래스에 [Done] 버튼을 클릭시
애플리케이션을 종료하는 작업을 추가한다.

[TestAndroidMainActivity.java] 파일에 다음의 굵게 표시된 내용을 추가(06, 07,
16~25라인)하고 저장한다.

```java
01    package work.test.testandroid;
02
03    import android.os.Bundle;
04    import android.app.Activity;
05    import android.view.Menu;
06    import android.view.View;
07    import android.widget.Button;
08
09    public class TestAndroidMainActivity extends Activity {
10
11        @Override
12        protected void onCreate(Bundle savedInstanceState) {
13            super.onCreate(savedInstanceState);
14            setContentView(R.layout.activity_test_android_main);
15
16            final Button doneButton = (Button)findViewById(R.id.endBtn);
17            doneButton.setOnClickListener(new View.OnClickListener( ) {
18
19                @Override
20                public void onClick(View v) {//[Done] 버튼 클릭시 자동실행
21                        // TODO Auto-generated method stub
22                        if( v == doneButton)
23                                finish( );//액티비티 종료
24                    }
25            });
26        }
27
28        @Override
29        public boolean onCreateOptionsMenu(Menu menu) {
30            // Inflate the menu; this adds items to the action bar if it is present.
31            getMenuInflater( ).inflate(R.menu.activity_test_android_main, menu);
32            return true;
33        }
34
35    }
```

06   17라인에서 View 클래스를 사용하기 때문에 import했다.

07   16라인에서 Button 클래스를 사용하기 때문에 import했다.

16   final Button doneButton = (Button)findViewById(R.id.endBtn);에서 R.id.endBtn은 XML 레이아웃 리소스 activity_test_android_main.xml에 생성한 버튼 객체 endBtn을 참조하는 구문이다. XML레이아웃 리소스, 문자열 리소스 strings.xml 등 리소스 위치([res]폴더)에서 정의한 리소스를 액티비티 등의 자바 파일에서 참조할 경우 R로 시작한다. 문자열 리소스를 참조할 경우 R.string.리소소명과 같이 사용한다. 레이아웃 리소스의 위젯객체에 접근할 때는 R.id.id명과 같은 형태로 사용한다. R.id.endBtn는 리소스의 id 속성의 값이 endBtn인 객체를 의미한다.

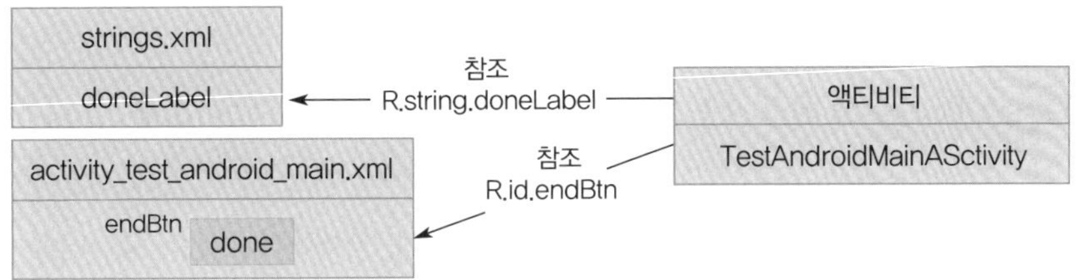

이 endBtn이라는 위젯 객체 리소스를 로직 클래스에서 찾아 쓰기 위해서는, findViewById() 메소드 안에 찾는 리소스를 findViewById(R.id.endBtn)과 같이 기술해서 한다. 또한 findViewById() 메소드의 리턴 타입이 View 객체 타입이기 때문에 실제 찾고자하는 객체 타입으로 형변환(casting)해서 사용한다. 여기서는 Button 객체를 찾기 때문에 (Button)findViewById(R.id.endBtn)과 같이 기술했다.

즉 final Button doneButton = (Button)findViewById(R.id.endBtn); 문장은 activity_test_android_main.xml에서 생성한 [done] 버튼을 로직 클래스인 액티비티에서 제어하기 위해 버튼의 정보를 넘겨주는 문장이다.

또한 final Button doneButton = (Button)findViewById(R.id.endBtn);에서 final 키워드가 붙은 이유는 무명 내부 클래스(anonymous inner class)의 onClick() 메소드 내 22라인에서 바깥 클래스(Outer class)에서 정의한 doneButton 변수에 접근하기 때문이다. 이것은 자바 문법으로 지역 내부 클래스 또는 무명 내부 클래스에서 바깥 클래스에서 정의한 지역변수에 접근 시 해당 지역 변수는 반드시 final로 선언되어야 하기 때문이다.

17~25   [done] 버튼을 클릭 시 처리할 이벤트와 리스너 및 이벤트 처리 메소드가 기술되어 있다.

```
17        doneButton.setOnClickListener(new View.OnClickListener( ) {
18
19            @Override
20            public void onClick(View v) {//[Done] 버튼 클릭시 자동실행
21                // TODO Auto-generated method stub
22                if(v == doneButton)
23                    finish( );//액티비티 종료
24            }
25        });
```

17 [doneButton.setOnClickListener(new View.OnClickListener( ) {]은 [done] 버튼에 리스너를 등록하는 문장으로, 여기서는 클릭 리스너를 등록했다. 클릭 리스너를 등록시 안드로이드에서 setOnClickListener를 사용한다. 즉, 「set리스너명」으로 구성된다. OnClickListener를 사용할 경우 반드시 이벤트 처리 메소드인 public void onClick(View v) { } 메소드를 오버라이딩(재정의)해야 한다. 즉, 이 메소드에는 [done] 버튼을 클릭시 할 작업을 기술한다.

22~23 if(v == doneButton)는 이벤트가 발생한 컴포넌트(위젯)가 doneButton인가를 묻는 구문이고, doneButton인 경우 finish( ) 메소드를 실행한다. finish( ) 메소드는 현재의 액티비티를 종료하는 구문으로, 여기서는 액티비티가 하나밖에 없어서 애플리케이션이 종료한다.

04 [TestAndroid] 프로젝트를 실행한다. 에뮬레이터는 닫고 다시 열면 항상 시간이 많이 걸리므로 테스트시 가급적이면 닫지 말고 놔둔다.

❶ [TestAndroid] 프로젝트를 선택한 후 마우스 오른쪽 버튼을 눌러 [Run As..]-[Android Application] 메뉴를 선택해 실행한다.

❷ 애플리케이션이 실행된다. 애플리케이션이 실행되면 [Done] 버튼을 클릭해서 [TestAndroid] 애플리케이션을 종료한다. 애플리케이션이 종료되면 애플리케이션이 설치된 메인화면으로 복귀된다.

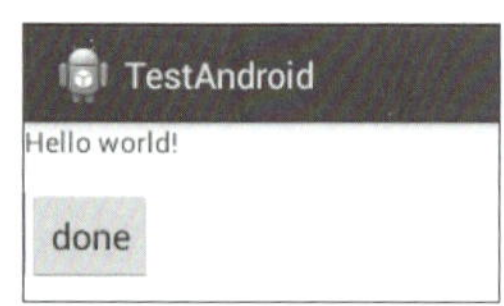

◀ 에뮬레이터에서 [TestAndroid] 애플리케이션이 실행된 결과

Tip 에뮬레이터에서 애플리케이션이 설치된 메인화면에서 화면 이동 

안드로이드 4.1/4.2/4.3 에뮬레이터의 경우 애플리케이션이 설치된 메인화면에서 화면 이동을 할 경우 마우스 포인트를 화면의 하단에 위치시킨 후 마우스 오른쪽 버튼을 눌러 오른쪽 혹은 왼쪽으로 드래그한다.

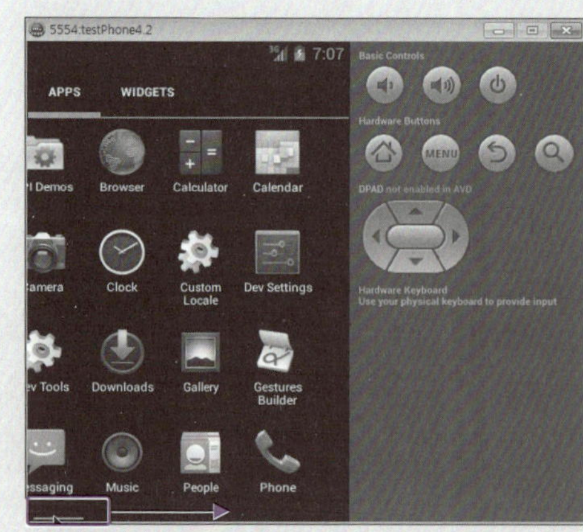
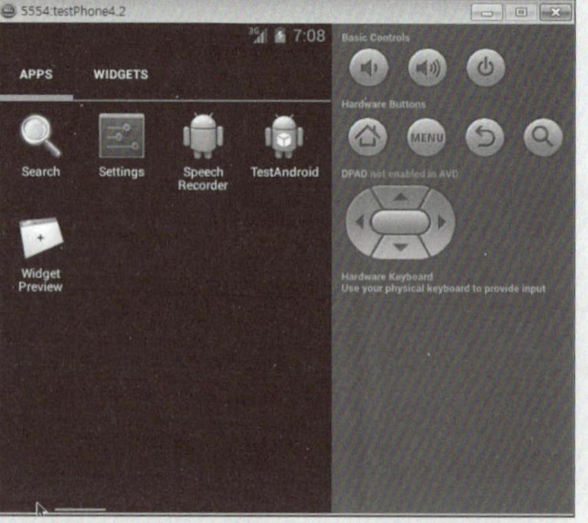

▲ 애플케이션 메인화면에서 화면 이동

지금까지 안드로이드 애플리케이션을 수정해서 수정한 내용을 에뮬레이터에서 재실행하는 것을 해보았다. 이번엔 작성한 애플리케이션을 실제 단말기인 안드로이드 폰에서 실행하는 것에 대해 알아본다.

02.2 실제 단말기(안드로이드 폰)에서 작성한 애플리케이션 실행

작성한 애플리케이션을 안드로이드 단말기에서 실행하는 방법에는 다음 세 가지 방법이 있다.

- USB를 사용해서 디버그(테스트)판 애플리케이션을 실행하는 방법
- USB를 사용해서 릴리즈(배포)판 애플리케이션을 실행하는 방법
- 구글 플레이 스토어(Google Play Store)을 통한 릴리즈판 애플리케이션 실행 방법

디버그판 애플리케이션은 디버그용의 서명이 자동적으로 붙어 동작되나 구글 플레이에는 공개(배포)할 수 없다. 구글 플레이에 배포되는 릴리즈판에는 직접 서명을 붙여야 한다. 서명은 필수가 아니며 다만 자신을 증명하는 것으로 사용될 수 있다. 개발은 디버그판 애플리케이션에서 수행되어 배포되기 전에 릴리즈판 애플리케이션으로 테스트 후에 구글 플레이에 공개해서 정식 애플리케이션으로 배포된다.

(1) 안드로이드 단말기에 작성한 애플리케이션을 실행하기 위한 선수 작업

컴퓨터에서 개발한 애플리케이션을 안드로이드 단말기에 실행하기 위해서는 몇 가지 먼저 해야 할 작업이 필요하며, 이 작업들이 모두 수행되어야 작성한 애플리케이션을 단말기에서 테스트할 수 있다.

01 안드로이드 단말기에서 [설정]을 선택한 후 [응용프로그램]-[개발] 항목을 선택한다. 단, 안드로이드 4.0 이상에서는 [시스템 설정]-[개발자 옵션] 항목을 선택한다.

02 [USB 디버깅(USB debugging)]을 선택(체크)하고, [USB 디버깅을 허용하시겠습니까?]라는 메시지 상자가 표시되면 [확인] 버튼을 누른다.

03 컴퓨터가 Windows 운영체제를 사용하는 경우 단말기를 인식하기 위한 제조사가 배포하는 드라이버를 다운받아 설치한다. 단, 개발시 Mac PC를 사용할 경우 드라이버를 설치하지 않아도 자동으로 인식한다.

04 안드로이드 단말기를 USB케이블을 사용해서 컴퓨터와 연결한다.

05 [명령 프롬프트] 창에서 "adb devices" 명령어를 입력해 컴퓨터와 접속 중인 안드로 이드 단말기를 확인할 수 있다.

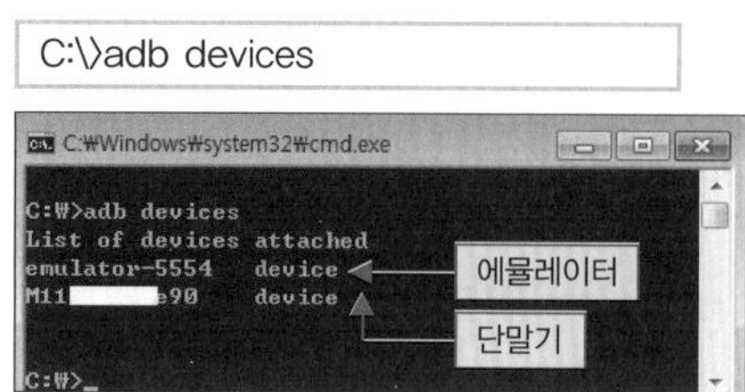

(2) USB 케이블을 사용해 디버그판 애플리케이션 실행

아직 개발이 완료되지 않은 테스트판인 디버그판 애플리케이션은 컴퓨터와 안드로이드 단말기의 USB 접속이 확인되면 다음과 같은 순서를 사용해 실행한다.

01 이클립스의 메뉴에서 [Run]-[Run Configurations] 메뉴를 선택한다.

02 [Android Application] 항목에 있는 [TestAndroid] 애플리케이션이 선택되어 있지 않으면 선택하고, [Target] 탭을 선택해 [Deployment Target Selection Mode] 항목에서 [Always prompt to pick device] 항목으로 선택한 후 [Run] 버튼을 클릭한다. 단, 안드로이드 SDK 버전이 2.3.3 이하 버전에서는 [Manual] 항목을 선택한 후 [Run] 버튼을 클릭한다.

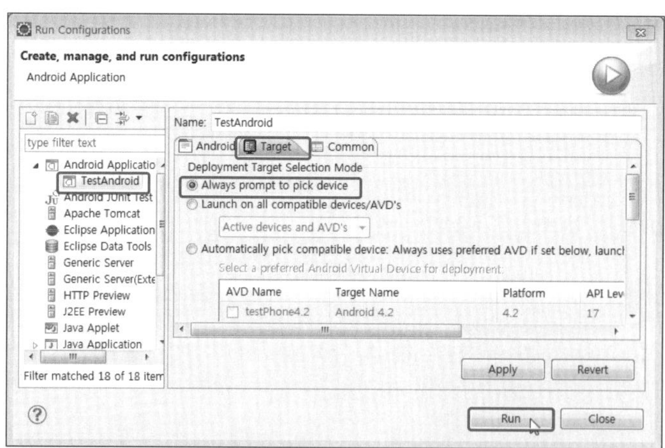

▲ 안드로이드 단말기에서 [TestAndroid] 애플리케이션 실행하기 1

03 [Android Device Chooser] 창이 표시되면 [Choose a running Android device] 항목에서 실행할 단말기를 선택하고 [OK] 버튼을 클릭한다.

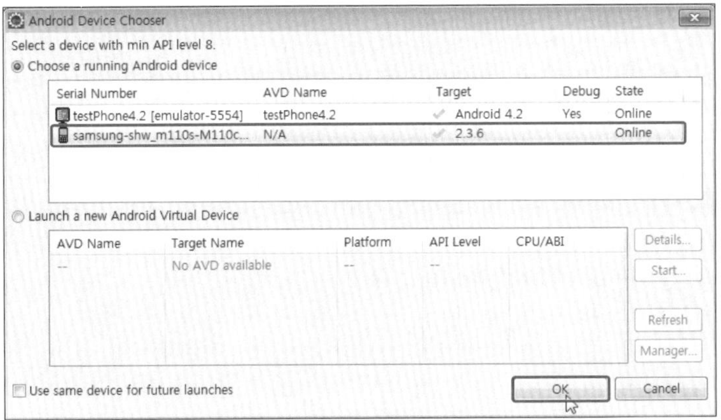

▲ 안드로이드 단말기에서 [TestAndroid] 애플리케이션 실행하기 2

경우에 따라 단말기에 빨간 X표시가 붙을 수 있는데 이것은 드라이브가 인식되지 않은 경우 또는 드라이브는 인식되었는데 단말기의 OS가 실행 버전보다 낮아서 표시된 경우이다. 드라이브는 인식되었는데 단말기의 OS가 실행 버전 보다 낮아서 표시된 경우에는 애플리케이션 개발 시 최소 실행 버전인 Minimum Required SDK를 8(안드로이드 2.2)로 지정했기 때문에 2.2 이상의 버전에서 실행시 문제없이 실행된다.

04 안드로이드 단말기에서 선택한 애플리케이션에 실행되는 것을 확인할 수 있다. 아래의 애플리케이션은 [Done] 버튼을 클릭하면 애플리케이션이 종료된다. 또한 응용프로그램에 자신이 실행한 애플리케이션이 설치(인스톨)된 것을 확인할 수 있다. 필자의 경우에는 [TestAndroid] 애플리케이션이 응용프로그램의 목록에 설치되어 있다.

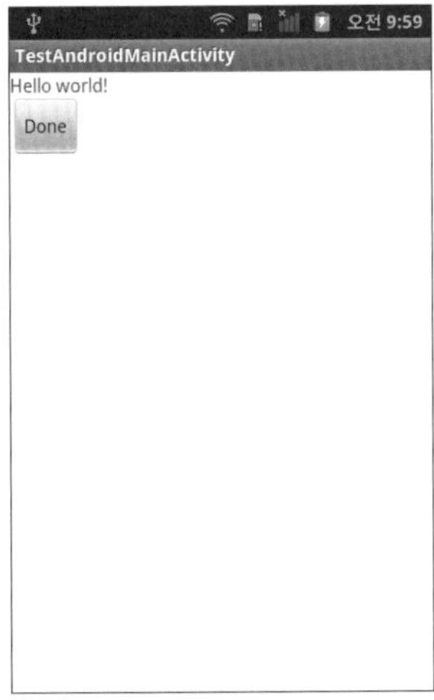

▲ 안드로이드 단말기에서 [Test Android] 애플리케이션이 실행된 결과

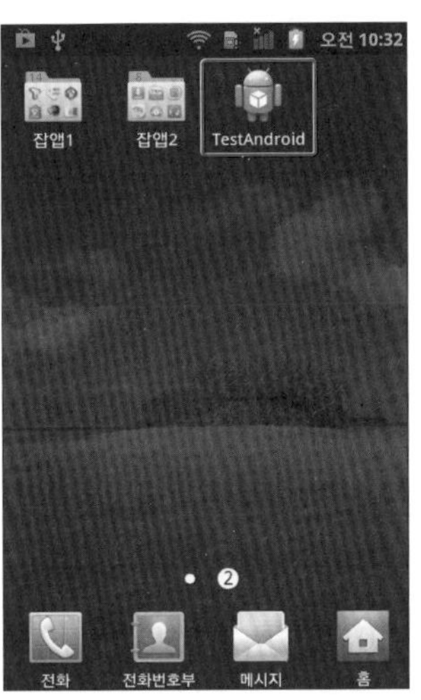

▲ 안드로이드 단말기 응용 프로그램에 [TestAndroid] 애플리케이션이 설치된 결과

안드로이드 단말기의 화면을 캡쳐하는 경우 단말기의 종류에 따라 특정키가 설정되어 있는 경우도 있지만, 그렇지 않은 단말기도 있다. 갖고 있는 안드로이드 단말기가 화면 캡쳐의 기능이 없는 경우, 별도의 애플리케이션을 설치하거나 이클립스에서 제공하는 [DDMS] 퍼스팩티브를 사용한다. [DDMS] 퍼스팩티브를 사용해서 화면 캡쳐를 할 경우, 단말기와 컴퓨터가 USB케이블을 사용해 연결되어 있어야 한다. [DDMS] 퍼스팩티브로 전환하려면 [Window]–[Open Perspective]–[Other] 메뉴를 선택하면 표시되는 [Open Perspective] 창에서 [DDMS] 메뉴를 선택해서 퍼스팩티브를 전환한다.

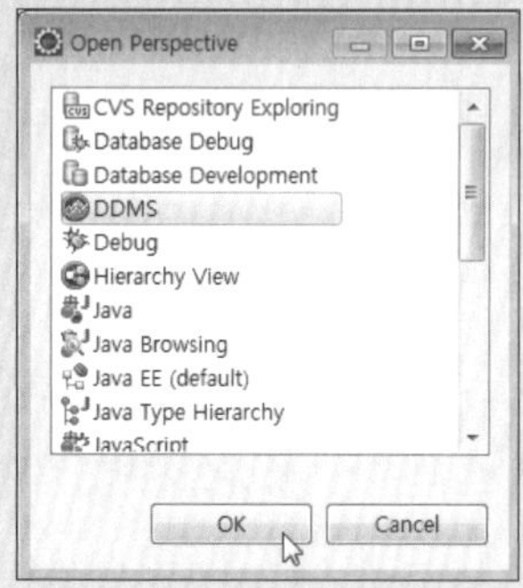

▲ 이클립스에서 퍼스팩티브 전환

[DDMS] 퍼스팩티브가 표시되면 [Devices] 뷰에서 화면 캡쳐할 단말기를 선택한 후 [Screen Capture] 아이콘을 클릭하면, 해당 단말기의 현재 화면이 캡쳐된다.

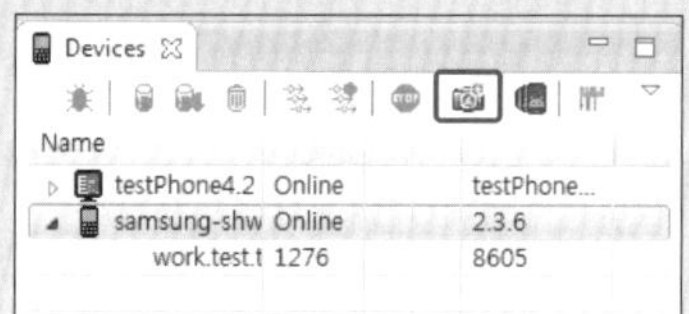

▲ [DDMS] 퍼스팩티브를 사용한 안드로이드 단말기 화면 캡쳐

DDMS는 원래 안드로이드 애플리케이션의 디버그나 모니터를 하기 위한 것이나 단말기의 화면 캡쳐도 할 수 있다. DDMS에 대한 자세한 설명은 이 장의 "3. 개발 도구들(Development Tools)의 (3) DDMS 퍼스팩티브"에서 한다.

(3) USB 케이블을 사용해 릴리즈(배포)판 애플리케이션 실행

작성한 안드로이드 애플리케이션을 배포하려면 apk 파일을 생성해서 한다. 개발이 완료되면 구글 플레이 스토어에 올리기 전에 릴리즈(배포)판 애플리케이션을 작성해 최종적으로 확인 작업을 수행해야 한다. 구글 플레이 스토어에 올릴 애플리케이션은 apk 파일로 작성해서 업로드 해야 한다. 이클립스에서는 이 파일을 작성하는 방법을 제공하고 있으며, 작성 방법과 작성한 apk 파일을 안드로이드 단말기에서 실행하기 위해 설치하는 방법에 대해 살펴보자.

주의 릴리즈판과 같은 애플리케이션의 디버그판을 이미 안드로이드 단말기에 설치한 경우 릴리즈판 설치 시 오류가 난다. 따라서 먼저 설치한 디버그판을 제거한 후 릴리즈판을 설치한다. 여기서는 단말기에 설치한 [TestAndroid] 애플리케이션을 제거한다.

Tip 단말기에서 애플리케이션 제거

❶ 단말기에서 [설정(환경설정)]−[응용 프로그램]−[응용 프로그램 관리] 메뉴 또는 [시스템 설정]−[Apps] 메뉴를 선택한 후 제거할 애플리케이션을 선택한다. 애플리케이션이 표시되면 [제거] 버튼을 클릭한다.

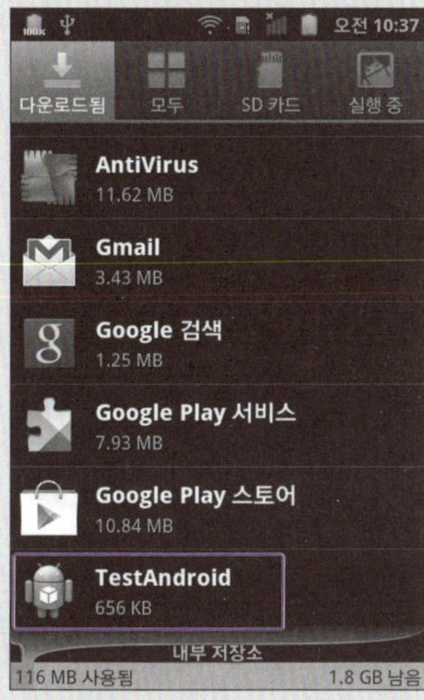

▲ 단말기에서 애플리케이션 제거 1

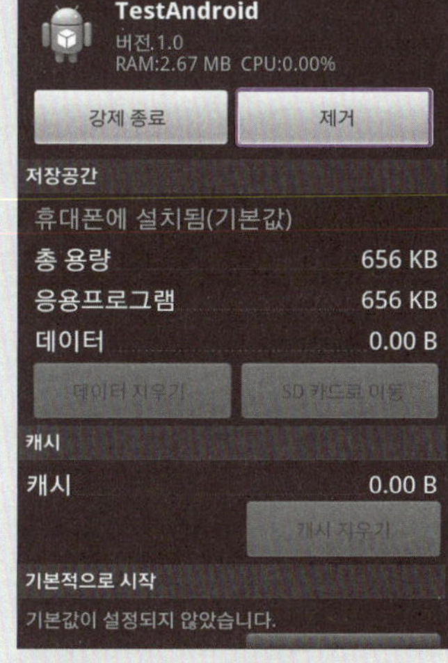

▲ 단말기에서 애플리케이션 제거 2

❷ [응용 프로그램을 제거하시겠습니까?] 화면으로 이동하면 [확인] 버튼을 클릭한다. [제거가 완료되었습니다.] 화면이 표시되면 [확인] 버튼을 클릭해서 제거를 완료한다.

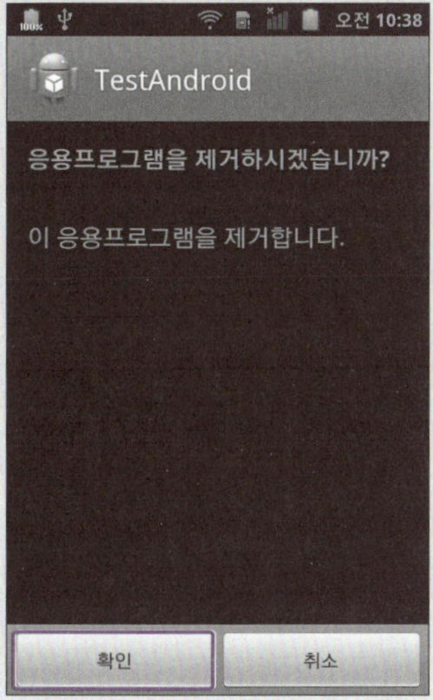

▲ 단말기에서 애플리케이션 제거 3

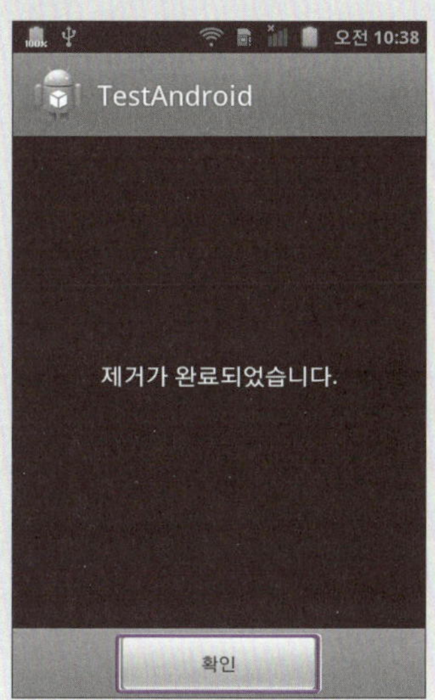

▲ 단말기에서 애플리케이션 제거 4

■ 이클립스에서 apk 파일 작성

01 먼저 탐색기를 사용해 C드라이브에 [keystore] 폴더를 생성한다.

02 이클립스의 [Project Explorer] 뷰에서 apk 파일로 작성할 프로젝트를 선택한 후 (여기서는 [TestAndroid] 프로젝트) 마우스 오른쪽 버튼을 눌러 [Android Tools]-[Export Signed Application Package..] 메뉴를 선택한다.

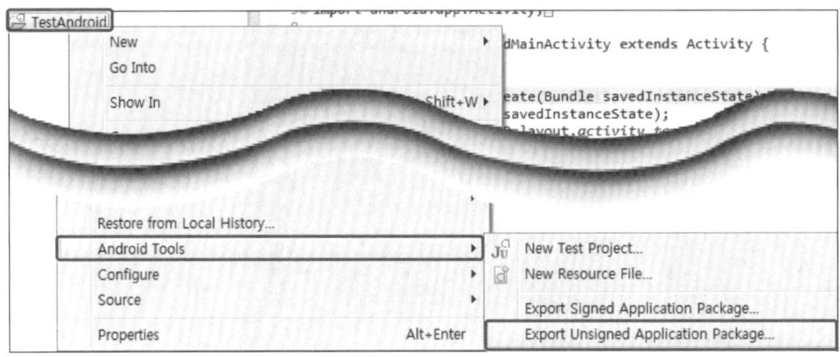

▲ 이클립스에서 apk 파일 작성하기 1

03 [Export Android Application] 창이 표시되면 프로젝트를 선택한 후 [Next] 버튼을 클릭한다.

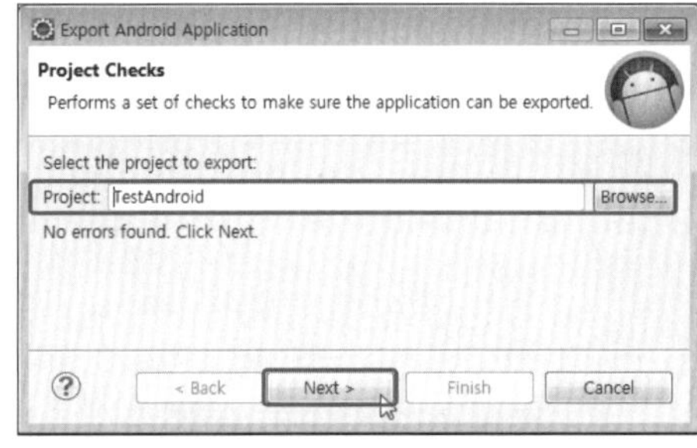

이클립스에서 apk 파일 작성하기 2 ▶

04 [Keystore selection] 화면으로 진행하면 [Create new Keystore] 항목을 선택한 후, 키(증명서 key)의 저장 위치를 포함한 파일명을 [Location] 항목에 입력한다. 비밀번호를 [Password] 항목에 입력한 후 [Password] 항목에 입력한 비밀번호를 한 번 더 [Confirm] 항목에 입력하고 [Next] 버튼을 클릭한다. 필자의 경우에는 다음과 같이 입력 후 [Next] 버튼을 클릭했다.

Location	C:\keystore\TestAndroid.keystore (필자의 경우 먼저 keystore 폴더를 생성한 후 [Browse] 버튼을 클릭, 저장 위치로 [keystore]를 지정한 후 파일명에 "TestAndroid.keystore"를 입력했다.)
Password	임의로 지정, 6자 이상으로 지정
Confirm	임의로 지정한 비밀번호 다시 입력

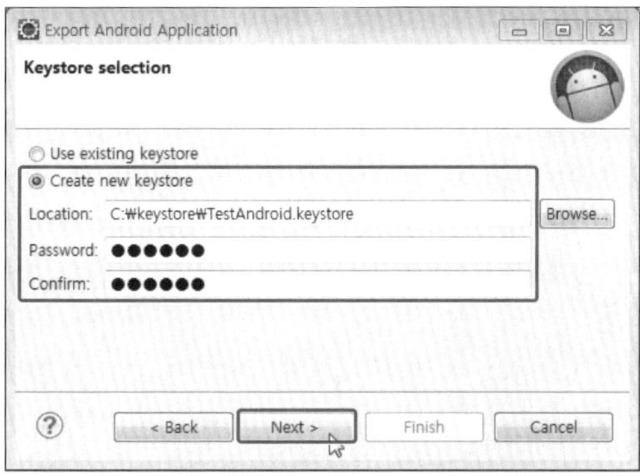

▲ 이클립스에서 apk 파일 작성하기 3

05 [Key Creation] 화면에서는 키의 정보를 입력한 후 [Next] 버튼을 클릭한다.

Alias	키의 별칭을 지정하는 것으로 프로젝트 이름을 사용해도 된다. "TestAndroid"라 입력한 경우 apk 파일의 생성이 끝나면 [TestAndroid.apk] 파일이 생성되는 것을 확인할 수 있다. 예) TestAndroid
Password	비밀번호 입력, 앞에서 지정한 비밀번호를 그대로 다시 입력했다.
Confirm	지정한 비밀번호 다시 입력
Validate(year)	사용기한을 연단위로 입력한다. 최소 25년 이상으로 지정한다. 예) 25
First and Last Name	작성자의 이름을 입력한다. 예) Jane Doe
Organizational Unit	조직 단위로 부서명을 입력한다. 예) Customer Service
Organization	회사명을 입력한다. 예) Good Company
City or Locality	도시명 또는 지역명을 입력한다. 예) Seoul
State or Province	주명 또는 지방명을 입력한다. 도시명보다 큰 단위로 우리나라로 치면 도명을 입력한다. 예) Seoul
Country Code(XX)	국가코드를 입력하는 것으로, 한국의 경우 kr이다. 예) kr

▲ 이클립스에서 apk 파일 작성하기 4

06 [Destination and Key/certification checks] 화면에서는 앞에서 입력했던 키의 저장 위치를 포함한 파일명을 [Browse] 버튼을 사용해 선택한 후 [Finish] 버튼을 클릭한다.

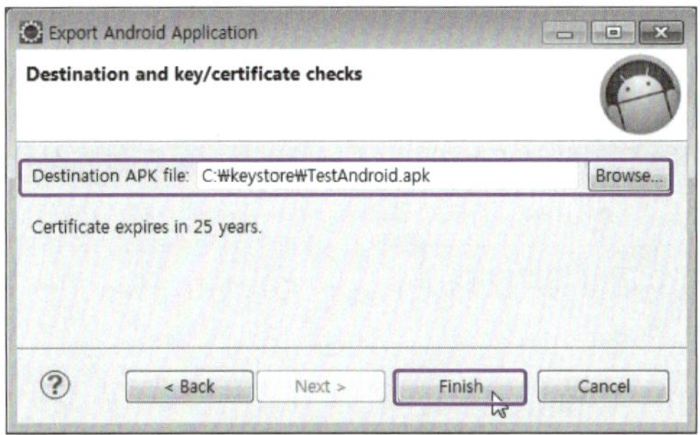

▲ 이클립스에서 apk 파일 작성하기 5

07 그러면 키 저장 위치로 지정한 경로에 apk 파일이 생성되는 것을 확인할 수 있다.

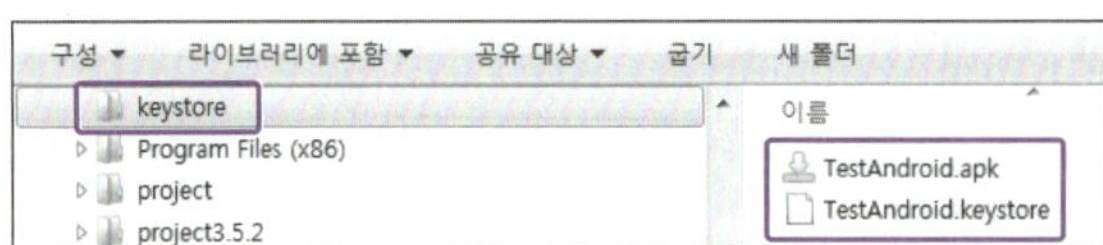

▲ 이클립스에서 apk 파일 작성하기 6

❷ 작성한 apk 파일을 안드로이드 단말기에 설치

이번에는 작성한 apk 파일을 구글 플레이 스토어에 업로드하기 전에 잘 실행되는가를 테스트하기 위해 안드로이드 단말기에 설치하는 방법에 대해 알아보자.

apk 파일 설치는 명령 프롬프트에서 adb 명령어를 사용해서 하며 기본 문법은 다음과 같다. 컴퓨터와 연동되는 단말기ID는 adb devices 명령어를 사용해서 얻어낼 수 있다. 또한 이 명령어는 키 저장 경로로 이동한 후 하는 것이 좀 더 편하다.

> **문법**　apk 파일 저장 경로)adb -s 단말기ID install apk 파일명

> **예**　C:\keystore)adb -s M110c0048e90 install TestAndroid.apk

01　[명령 프롬프트] 창을 불러낸(윈도에서는 [시작] 버튼을 눌러 [보조프로그램]에서 찾는다.) 후 adb 명령어를 입력한 후 ⌷Enter⌷ 키를 누른다. 성공 시에는 Success가 표시된다.

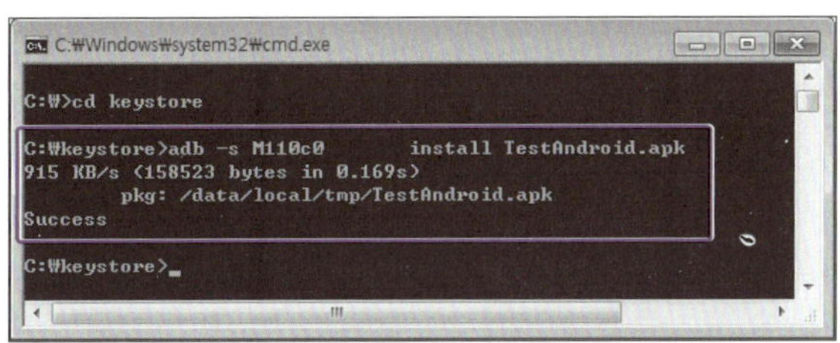

▲ 릴리즈판인 apk 파일을 안드로이드 단말기에 설치하기 1

> **Tip**　apk 파일을 안드로이드 단말기에 설치 시 실패하는 경우 
>
> 아래의 그림은 디버그판을 제거하지 않고 릴리즈판을 안드로이드 단말기에 설치한 경우에 발생되는 것으로 다음과 같은 에러 메시지가 표시되면 안드로이드 단말기에서 디버그판을 제거한 후 다시 adb 명령어를 사용해서 설치한다.
>
> 
>
>
> ▲ 릴리즈판인 apk 파일을 안드로이드 단말기에 설치할 때 실패한 경우

02 안드로이드 단말기에 릴리즈판이 설치된 것을 확인할 수 있다.

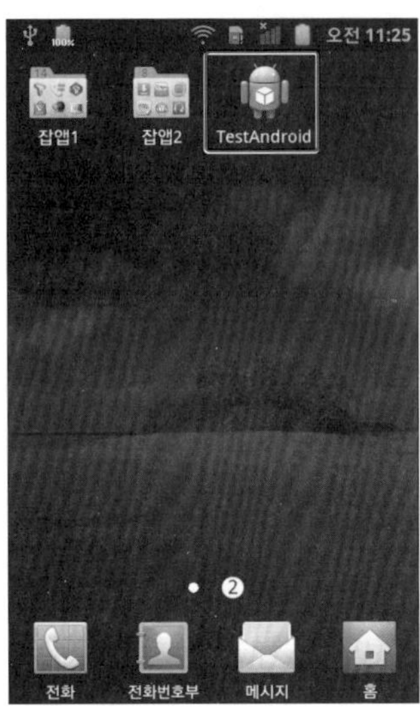

▲ 릴리즈판인 apk 파일을 안드로이드 단말기에 설치하기 2

(4) 구글 플레이(Google Play) 스토어를 통한 릴리즈판 애플리케이션 실행

구글 플레이 스토어에 배포 버전인 릴리즈판을 올리기 위해서는 먼저 개발자 등록을 한 후 배포할 애플리케이션을 등록한다.

■ 개발자 등록

개발이 완료된 릴리즈판(apk 파일)을 안드로이드 단말기에 설치 후 제대로 동작되면 구글 플레이에 공개할 수 있다. 구글 플레이에 개발자 등록을 해야만 애플리케이션을 올릴 수 있는데 등록비가 $25이다. 신용카드로 결제되며 국제결제가 되는 VISA 카드 등을 사용해야한다. 2010년 10월 1일부터 우리나라 개발자도 유료 앱을 구글 플레이에 게시(등록)할 수 있게 되었다.

지금 우리가 작성한 애플리케이션은 구글 플레이에 올리기에는 너무도 단순한 것이다. 다만 여기서는 올리는 방법만을 살펴본다. 후에 비장의 애플리케이션을 작성한 후에는 아래와 같은 방법으로 구글 플레이에 업로드한다.

01 처음 개발자를 등록할 때 구글 계정이 없을 경우 구글 계정을 생성한다. 구글 계정은 기존에 사용하고 있는 메일을 계정으로 사용하면 된다. Gmail 계정의 경우 바로 구글 계정으로 사용할 수 있으나, 그 이외의 메일은 구글 계정을 등록해야 한다.

02 「https://play.google.com/apps/publish」 사이트로 이동해 로그인 한 후 개발자 등록을 한다.

03 개발자 등록을 하기 위해서는 먼저 개발자 계약을 수락 후 결제 페이지로 이동한다.

04 등록수수료를 결제한다. 신용카드는 국제 결제가 되는 카드를 사용해야 한다. 카드 승인은 시간이 조금 경과한 후에 $25가 승인되었다는 것을 확인할 수 있다. 이때 신용카드가 사용되는 카드인지를 확인하기 위해 먼저 $1가 결제되는데, 이것은 확인만 하는 것으로 나중에 실제로 청구되지 않는다.

05 계정 세부정보 작성에서 개발자 정보를 입력 후 저장한다.

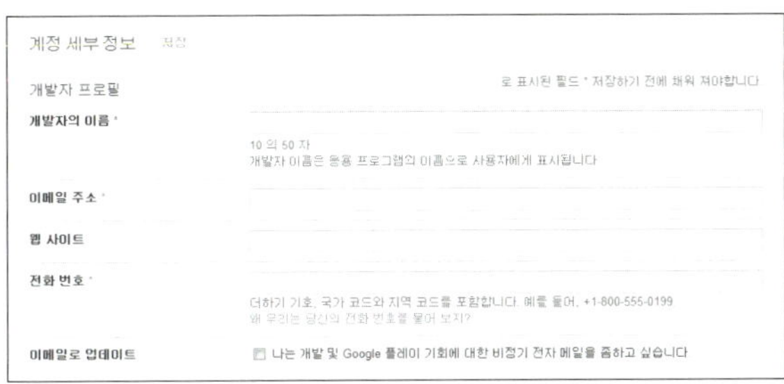

▲ 안드로이드 개발자 등록 화면

2 앱 등록

01 개발자를 등록한 경우 구글 플레이 https://play.google.com/apps/publish에서 로그인(Sign in) 하면 자신의 구글 플레이의 홈(Home)이 표시된다.

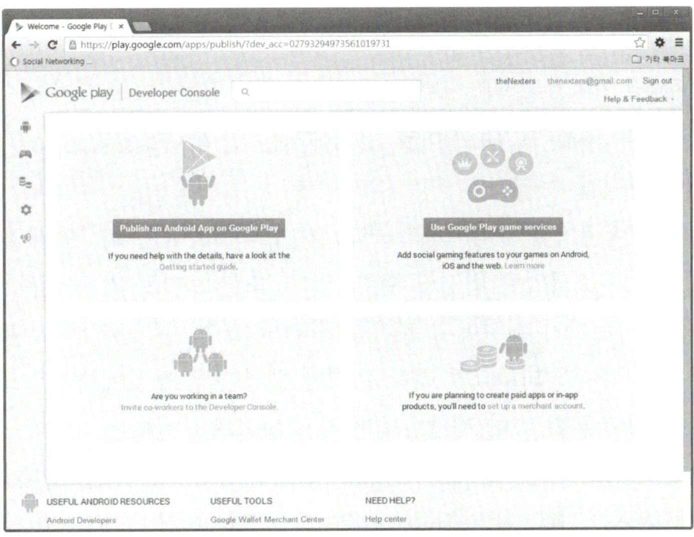

앱 등록 시 [Publish an Android App on Google Play] 버튼을 눌러서 등록한다.

애플리케이션을 구글 플레이에 게시하면 이제 안드로이드 단말기에서 구글 플레이에 접속해 해당 애플리케이션을 다운로드해 실행할 수 있게 된다.

이렇게 애플리케이션을 등록 후 유료 애플리케이션의 경우 개발자와 구글은 수익 금액을 7:3의 비율로 나누며, 무료 애플리케이션의 경우 개발자는 광고 수익 전체를 가진다. 유료 앱 이든 무료 앱 이든 잘만 개발하면 언제든지 수익을 창출할 수 있다.

3 안드로이드 애플리케이션 유지 보수

앱을 개발 후 마켓에 등록을 하고 나면 모든 일이 끝나는 것이 아니다. 진짜 문제는 이제부터 발생한다. 유지보수를 해야 한다. 유지보수는 각종 스마트 기기에서 버그가 발생하는 경우, 안드로이드의 새로운 버전이 출시되었을 경우, 기능을 추가할 경우에 해야 한다.

01 스마트 기기에서 버그가 발생하는 경우

스마트 기기에서 앱을 다운 받을 때, 앱의 다운로드 횟수, 정보, 그리고 사용자 평가를 확인한다. 사용자 평가에 "왜 내 스마트 기기에서는 안 되나요?"라는 등의 글이 종종 올라오는 것을 확인할 수 있다.

안드로이드는 오픈 플랫폼이어서 사용해 스마트 기기를 개발하는 회사에서 자유롭게 쓸 수 있고, 자신들의 스타일로 변경할 수 도 있다. 또한 스마트 기기에 사용하는 하드웨어 부품도 스마트 기기 회사에서 자유롭게 선택해 쓸 수 있다. 이것 때문에 "왜 내 스마트 기기에서는 안 되나요?" 라는 문제가 발생한다. 현업에서 안드로이드 앱을 개발할 때는 여러 종류를 스마트 기기를 가지고 테스트를 한다.

하지만 스마트 기기의 종류가 한 두 개도 아니고, 정말 많기 때문에 일일이 테스트하기 어렵다. 따라서 주요한 기종 몇 가지를 가지고 테스트를 한다. 여러 종류의 테스트가 어려운 경우, 이 앱은 어떤 스마트 기기 또는 기종에 최적화되어 있다는 설명을 앱 설명에 추가하기도 한다.

주요한 스마트 기종에서 버그가 발생한 경우, 버그를 수정하는 업그레이드를 하고, 무슨 버그가 나서 업그레이드 했다는 간단한 설명을 첨부해 업그레이드한 애플리케이션을 다시 마켓에 등록한다.

02 안드로이드의 새로운 버전이 출시되었을 경우

안드로이드의 신 버전이 출시된 경우, 신 버전 개발환경을 구축한 후 기존의 앱을 신 버전에서 테스트해 문제점이 발생하는 지를 확인하고, 문제점이 발생하면 수정한다. 문제는 신 버전의 UI가 대대적으로 교체된 경우, 그것에 맞춰서 기존 앱을 새로 재생성한다. 이때 재생성된 앱이 구 버전에서 제대로 실행되는 지도 반드시 테스트해야 한다. 제대로 실행되지 않으면 문제점을 해결하기 위해 애플리케이션을 수정한다.

이렇게 수정한 애플리케이션은 안드로이드 버전의 업그레이드에 따라 업그레이드한 것이라는 설명을 첨부해 다시 마켓에 등록한다.

03 기능을 추가한 경우

한번 만든 앱은 영원히 가지 않는다. 사용자의 요구 반영 및 스마트 기기의 성능 향상에 따라 항상 기능을 추가하거나 기능을 변경하는 등의 작업을 수행한다. "애플리케이션 개발 계획서"의 향후 계획으로 제시한 내용들이 이 경우에 해당된다. 한 번에 기능을 추가하기 어려운 경우 단계적으로라도 꾸준히 기능을 개선하고 추가해 애플리케이션을 업그레이드해야 한다. 이 경우 업그레이드한 애플리케이션은 기능개선 및 기능 추가의 내용을 설명을 덧붙여 다시 마켓에 등록한다.

간단한 안드로이드 애플리케이션을 작성해 디버그판, 릴리즈판을 안드로이드 단말기로 전송해 실행하는 것과 완성된 릴리즈판 apk 파일을 구글 플레이에 게시하는 방법도 살펴보았다.

이제 막 시작하는 안드로이드 애플리케이션이라 매우 간단하고 아직 구글 플레이에 올리기에는 부족하다. 이제 부터 좀 더 멋진 기능은 차차 학습하면서 나름대로 갈고 닦은 필살의 애플리케이션을 구글 플레이에 올릴 수 있도록 반드시 알고 있어야 할 필수 사항들을 학습한다.

개발 도구들
(Development Tools)

Android Programming

지금까지 안드로이드 애플리케이션의 환경을 설정한 후 환경 설정을 테스트하기 위해 애플리케이션을 작성하면서, 알아두어야 할 안드로이드 SDK 폴더의 구조나 개발 도구들에 대해서는 설명을 하지 않았다. 일단 애플리케이션을 작성해서 실행하는 일련의 과정을 해봐야 한다는 생각에서였다.

초보자들이 어떠한 프로그래밍을 받아들일 때 가장 중요한 것은 일단 해봐서 이런 것이구나라는 것을 마음으로 느껴야 프로그래밍 하기 쉽다. 마찬가지로 설명도 일단 실행 결과를 보거나, 이렇게 하는 것이라는 전반적인 과정을 개략적으로 봐야 설명을 이해하기 쉬워진다.

여기서는 애플리케이션 개발 시 알아두어야 할 SDK의 구조, 안드로이드 에뮬레이터의 도구, 그리고 DDMS 퍼스팩티브의 각 뷰들에 대해 살펴보자.

03.1 안드로이드 SDK의 구성

안드로이드 SDK에는 전화(음성통화), 메일, SMS, GPS 등의 휴대전화가 가지고 있는 기능을 안드로이드 애플리케이션상에서 동작되기 위해 필요한 라이브러리가 포함되어 있다. 또한 이러한 기능의 사용 방법을 이해할 수 있도록 문서들과 샘플 소스 등도 포함되어 있다.

다음은 안드로이드 SDK 폴더 안에 포함되어 있는 하위 항목에 대한 간략한 설명이다. 이들은 안드로이드 SDK 4.2을 기준으로 [android-sdk-windows] 폴더 안에 하위 폴더 혹은 파일의 형태를 이룬다. 좀 더 자세한 사항은 「http://developer.android.com/sdk/exploring.html」을 참조한다.

폴더 또는 파일명	설명
add-ons/ (android-sdk-windows₩add-ons)	이 폴더는 어떤 디바이스상에서 동작 가능한 외부 라이브러리를 개발해야 할 경우를 위해서 추가된 안드로이드 SDK 개발환경을 가지고 있다.
docs/ (android-sdk-windows ₩docs)	개발자 가이드, API 레퍼런스 및 그외의 정보들을 포함한 HTML 형식의 문서 전체를 가지고 있다. 이 문서들의 내용을 보려면 [android-sdk-windows₩ docs₩offline.html] 파일을 더블클릭한다. 그러면 웹브라우저에 이 문서가 로딩되어 내용이 표시된다.
platforms/ (android-sdk-windows₩platforms)	안드로이드 플랫폼 버전들의 세트를 가지고 있다. 안드로이드 플랫폼 버전이 여러 개가 설치된 경우, 각각의 버전에 기반을 둔 애플리케이션을 개발할 수 있다.
〈platform〉/	[platforms] 폴더의 하위 폴더로 플랫폼이 여러 개 설치된 경우, 여러 개의 플랫폼 폴더를 볼 수 있다. 플랫폼 버전들의 폴더로서, 각 플랫폼 버전마다 그에 따른 필요한 파일 및 하위 폴더를 가지고 있다. 안드로이드 4.3 플랫폼의 경우 [android-18] 폴더(android-sdk-windows₩platforms₩android-18)가 존재하고 그 안에 안드로이드 버전 4.3 플랫폼에 필요한 하위 폴더와 파일들이 있다.
data/	기본 폰트들과 리소스 저장소이다. 안드로이드 4.3의 경우 경로가 [android-sdk-windows₩platforms₩android-18₩data]이다.
skins/	플랫폼의 버전에서 사용가능한 에뮬레이터 스킨셋들이 있다. 각 스킨들은 지정된 스크린 해상도에 맞춰서 디자인된다. 안드로이드 4.3의 경우 경로가 [android-sdk-windows₩platforms₩ android-18₩skins]이다.
templates/	안드로이드 SDK 개발 도구에 의해 사용되는 파일 템플릿을 위한 저장소이다. 안드로이드 4.3의 경우 경로가 [android-sdk-windows₩platforms ₩android-18₩templates]이다.
android.jar	안드로이드 SDK에서 제공하는 라이브러리이다. 안드로이드의 4.3의 경우, 경로가 [android-sdk-windows₩platforms₩ android-18₩android.jar]이다.
system-images/	기본 디스크 이미지를 위한 저장소로 안드로이드의 시스템 이미지, 사용자 데이터 이미지, 램 디스크 이미지가 저장된다. 이 이미지들은 에뮬레이터 세션에서 사용된다. 안드로이드 4.3의 경우, 경로가 [android-sdk-windows ₩system-images₩android-18]이다. 버전에 따라 [android-sdk-windows ₩platforms₩android-10₩images]로 존재하는 경우도 있다.
samples/	안드로이드가 제공하는 샘플 애플리케이션이다. 샘플들은 사용자의 개발 환경 내에 프로젝트로써 로딩해서 에뮬레이터상에서 실행할 수 있다. 안드로이드4.3의 경우, 경로가 [android-sdk-windows₩samples₩android-18₩]이다.
platfom-tools/	지정된 플랫폼 버전에 따른 개발 도구들이 있다. 안드로이드 4.3의 경우, 경로가 [android-sdk-windows₩platfom-tools]이다.
tools/	에뮬레이터나 adb(버전에 따라 platform-tools 폴더에 있음), ddms 등의 안드로이드 애플리케이션 개발에 필요한 개발 도구들과 연관된 폴더이다.

SDK Readme.txt	안드로이드 SDK 및 AVD 관리도구의 실행 방법 등의 사용자의 SDK 최초 설정을 어떻게 수행할 것인가에 대한 설명 파일이다.
SDK Manger.exe	윈도 플랫폼의 안드로이드 SDK만을 위한 것으로 안드로이드 SDK와 AVD 관리 도구를 실행하는 단축 아이콘이다.

▲ [android-sdk-windows] 폴더의 구조

이외에도 안드로이드 SDK는 실제 모바일 디바이스에 안드로이드 애플리케이션을 테스트하기 위한 USB 드라이브나 안드로이드 애플리케이션의 개발시 유용한 도구들을 많이 가지고 있다. 이클립스와 ADT 플러그인을 사용해서 안드로이드 애플리케이션을 개발하는 경우, 직접적으로 에뮬레이터와 ADT 플러그인의 DDMS(Dalvik Debug Monitor Service) 퍼스팩티브를 사용하는 기회가 많아진다. 따라서 이번 절의 다음 항부터 [안드로이드 에뮬레이터]와 [DDMS 퍼스팩티브], [adb(Android Debug Bridge)]에 대해 살펴본다.

03.2 안드로이드 에뮬레이터

안드로이드 SDK의 tools 폴더(android-sdk-windowsWtools)에는 [emulator.exe] 파일이 포함되어 있는데, 이 파일이 지금까지 우리가 사용해온 에뮬레이터의 실행 파일이다. 에뮬레이터를 기동하면 안드로이드의 가상 단말기(Virtual Device)가 표시되어 애플리케이션을 실행된다. 여기에는 브라우저, 전화(음성통화), SMS, GPS 등의 휴대전화 기능이 제공되어 일반적인 기능이나 동작들이 가상 단말기 내에 수행한다. 따라서 간단한 디바이스 실행뿐만 아니라, 애플리케이션의 실행에 전화나 SMS 메시지를 받는 기능의 작동 테스트 등에도 사용될 수 있다. 예를 들어 거대한 네트워크 환경이나 해외의 위치 좌표 등을 실제의 단말기에서 테스트하는 것이 어려운 동작 테스트 등에 에뮬레이터의 기능이 도움이 된다.

(1) 에뮬레이터의 실행 설정

ADT 플러그인으로 안드로이드 애플리케이션을 실행할 때 에뮬레이터가 기동된다. 안드로이드 애플리케이션의 실행은 일반적인 자바 애플리케이션의 실행과 같이 [Run]-[Run Configurations..] 메뉴를 선택하거나, [Project Explorer] 뷰에 있는 안드로이드 프로젝트를 선택한 후 마우스 오른쪽 버튼을 누르면 표시되는 메뉴에서 [Run As]-[Run Configurations..] 메뉴를 선택하면 된다.

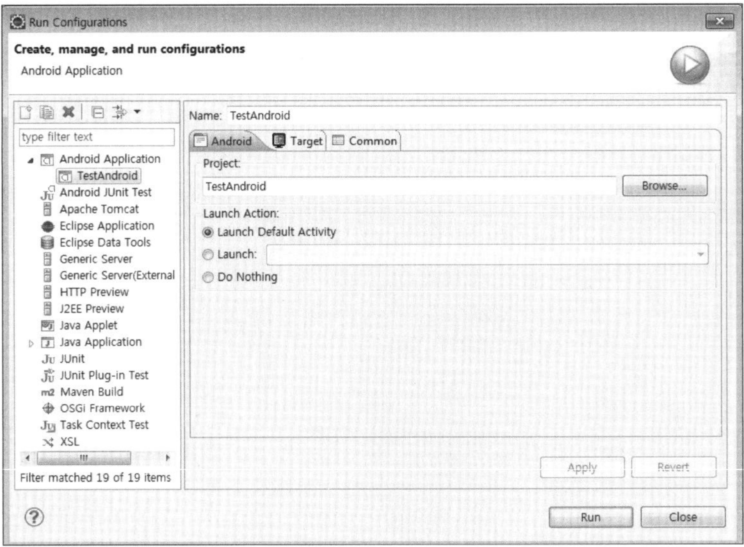

▲ [Run Configurations]의 실행

[Run Configurations] 창에서 중요한 것은 [Target] 탭으로, 여기서는 안드로이드 애플리케이션의 배포 대상을 선택(Deployment Target Selection Mode)하거나 에뮬레이터의 실행시 필요한 파라미터들(Emulator launch parameters)을 지정할 수 있기 때문이다.

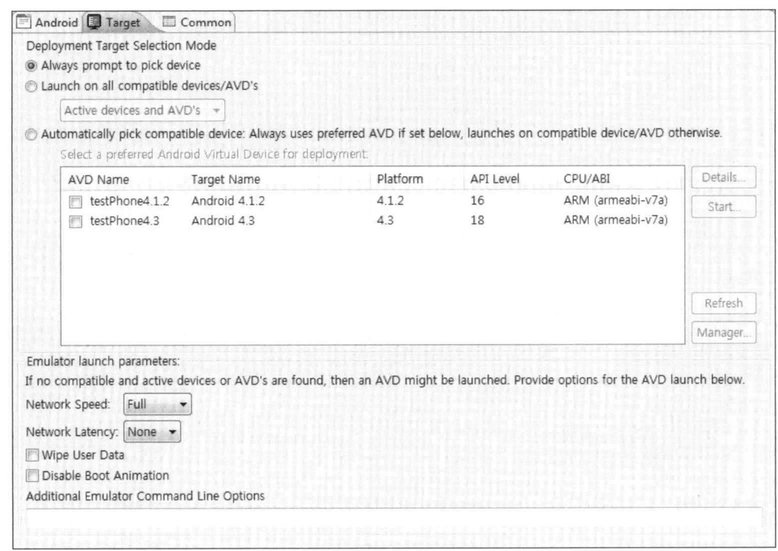

▲ [Run Configurations] 창의 [Target] 탭

안드로이드 애플리케이션 배포 대상을 선택(Deployment Target Selection Mode)할 때는 [Always prompt to pick device] 또는 [Automatically ~] 항목을 선택한다.

• [Always prompt to pick device] 항목을 선택한 경우 안드로이드 애플리케이션이 실행될 때 [Android Device Chooser] 대화상자가 화면에 표시된다. 여기서 안드로이드 디바이스(실제 단말기)와 가상 디바이스(에뮬레이터) 중 선택해서 애플리케이션을 실행할 수 있다.

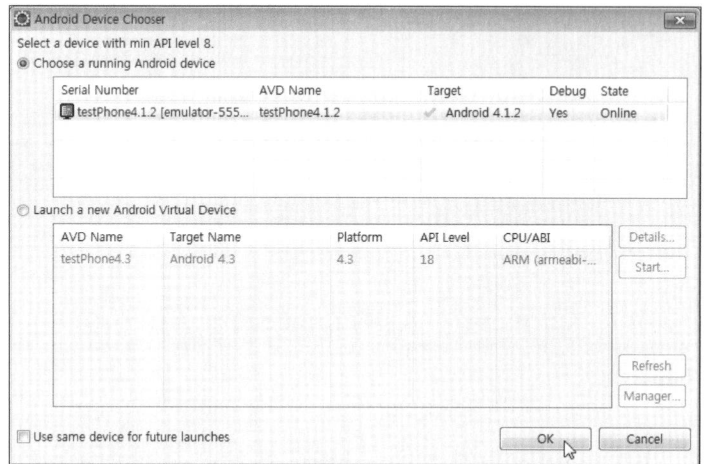

▲ [Android Device Chooser] 대화상자

• [Automatically ~] 항목을 선택한 경우에는 ADT 라이브러리가 실제 단말기의 접속 상황이나 에뮬레이터의 기동상황을 확인해서 안드로이드 애플리케이션의 배포 대상으로 적절한 것을 자동적으로 선택해준다. 또한 특정한 AVD를 선택해서 배포하는 것도 가능하다.

• 에뮬레이터의 시동 파라미터들(Emulator launch parameters)을 지정에서는 통신 품질을 설정할 수 있는데, 대역속도 및 지연 등에 대한 것은 [Network Speed] 콤보상자와 [Network Latency] 콤보상자에서 지정한다.
[Network Speed] 콤보상자에서 설정할 수 있는 값은 다음과 같다.

설정 값	설명	업로드 속도(kbps)	다운로드 속도(kbps)
full	속도 제한 없음		
GMS	GSM/CSD에 해당하는 속도	14.4	14.4
HSCSD	HSCSD에 해당하는 속도	14.4	43.2
GPRS	GPRS에 해당하는 속도	40.0	80.0
EDGE	EDGE/EGPRS에 해당하는 속도	118.4	236.8
UMTS	UMTS/3G에 해당하는 속도	128.0	1920.0
HSPDA	HSDPA에 해당하는 속도	348.0	14400.0

▲ [Network Speed] 콤보상자에서 설정할 수 있는 값

[Network Latency] 콤보상자에서 설정할 수 있는 값은 다음과 같다.

설정 값	설명	지연속도의 범위
NONE	지연속도 값이 없음	0ms
GPRS	GPRS에 해당하는 지연속도	150~550ms
EDGE	EDGE/EGPRS에 해당하는 지연속도	80~400ms
UMTS	EDGE/3G에 해당하는 지연속도	35~200ms

▲ [Network Latency] 콤보상자에서 설정할 수 있는 값

• [Wipe User Data] 항목을 선택할 경우 에뮬레이터를 실행할 때 사용자 데이터를 초기화한다. 매번 초기상태의 사용자 데이터로 디버그를 실행할 경우 이 항목을 선택한다. 이것 외에도 많은 옵션이 있다.

지금까지 설명한 것 이외에 에뮬레이터 실행 옵션을 설정하고 싶을 경우에는 [Additional Emulator Command Line Options] 항목을 사용한다. 이 항목의 텍스트 상자에는 옵션 항목을 기술해서 커맨드 라인으로부터 지정한 옵션에 따라 에뮬레이터를 실행시킬 수 있다. 예를 들어 모니터의 크기가 작아 에뮬레이터가 화면에 모두 표시되지 않는 경우 "-scale 0.7"과 같이 입력할 수 있다.

(2) 에뮬레이터의 사용 방법

마우스 버튼을 클릭하거나 키보드의 키를 누른 것에 의해 에뮬레이터에 키 이벤트가 발생되며, 키 이벤트 이외에도 네트워크의 사용 가능 여부를 변환하거나 검색을 실행하는 등의 에뮬레이터 조작을 키보드로부터 실행할 때도 발생된다. 다음은 에뮬레이터가 제공하는 키 버튼들이다.

〈에뮬레이터〉

키 버튼의 이미지	설명
	Audio volume up button : 음량을 크게 하는 버튼
	Audio volume down button : 음량을 작게 하는 버튼
	Power button : 전원 버튼으로 전원을 on/off
	Dpad left/center/right/up/down button : 현재 단말기에서는 제공되지 않아 에뮬레이터에서도 거의 쓸 일이 없다.
	Home button : 홈 버튼

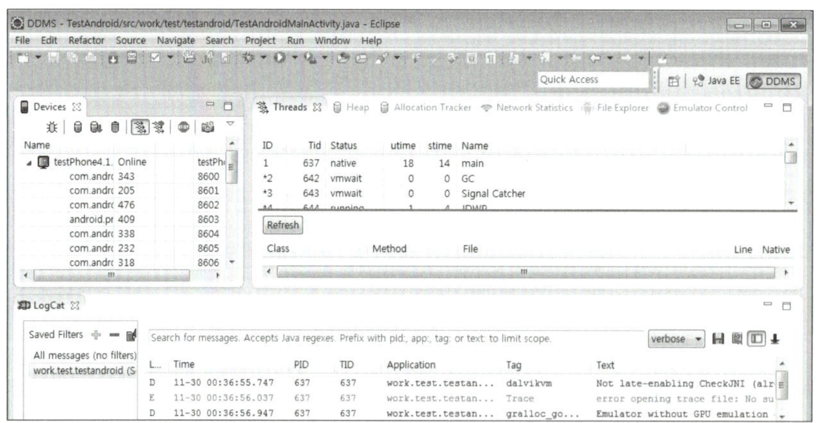	Menu button : 메뉴 버튼
	Back button : 백 버튼(취소 버튼)으로 이전 화면 혹은 메뉴의 전단계로 이동하는 버튼
	Search button : 검색버튼으로 검색어를 입력 후 검색할 때 사용한다.

▲ 안드로이드 에뮬레이터에서 제공하는 키 버튼들(안드로이드 4.3(API 18) 에뮬레이터 기준)

현재의 안드로이드 에뮬레이터에는 몇 가지 제한 사항이 있다. 에뮬레이터상에서 전화를 받을 수 없고, USB 접속도 지원되지 않는다. 또한 블루투스(Bluetooth) 기능, 카메라 디바이스나 센서 디바이스 기능 등이 지원되지 않는다. 그리고 통신 상태나 전원 상태 등도 설정할 수 없다. 이러한 문제 때문에 카메라나 센서의 기능이 필요한 애플리케이션을 개발할 경우에는 실제 안드로이드 폰이 필요하다. 따라서 개발자는 실제 애플리케이션을 배포하기 전에 안드로이드 폰에서 테스트를 하는 것이 좋다.

03.3　DDMS 퍼스팩티브

안드로이드 SDK는 달빅 디버그 모니터 서비스(Dalvik Debug Monitor Service : DDMS)라고 불리는 비주얼한 디버거가 제공된다. ADT 플러그인에는 DDMS를 사용해서 안드로이드 애플리케이션의 디버그나 모니터를 하기 위한 [DDMS] 퍼스팩티브가 포함되어 있다.

▲ [DDMS] 퍼스팩티브

Tip　DDMS 퍼스팩티브로 전환

[Window]–[Open Perspective]–[Other] 메뉴를 선택한 후 [Open Perspective] 창에서 [DDMS] 항목을 선택하고 [OK] 버튼을 클릭한다.

[DDMS] 퍼스펙티브에는 DDMS의 각종 도구가 이클립스의 뷰로써 제공된다. 이들 제공되는 뷰들에 대해 살펴보자. 먼저 [DDMS] 퍼스펙티브로 전환해야 하는데 [Window]-[Open Perspective]-[Other]-[DDMS] 메뉴를 선택해서 한다.

(1) [Devices] 뷰

[Devices] 뷰는 실행 중인 에뮬레이터 및 단말기의 프로세스 목록을 표시한다.

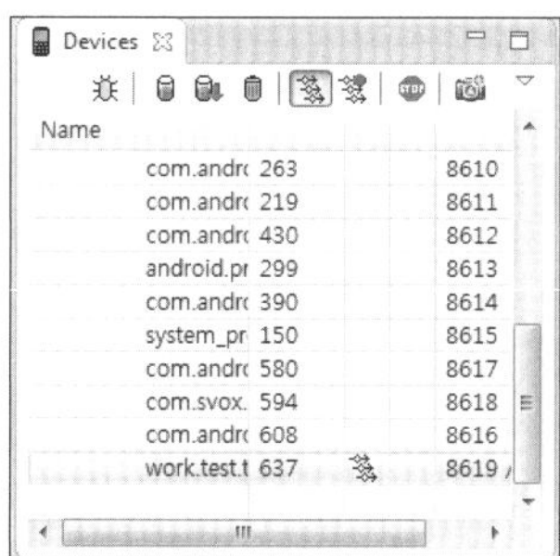

▲ [Devices] 뷰

[Devices] 뷰 오른쪽 위에 있는 아이콘들에 대한 설명은 다음과 같다.

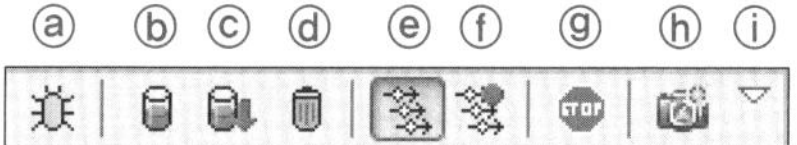

ⓐ : [debug] 아이콘으로 디버그(debug) 작업을 수행한다.

ⓑ, ⓒ : [Update Heap] 아이콘, [Dump한 HPROF file] 아이콘은 힙(heap) 표시 관련 아이콘으로, [Devices] 뷰의 프로세스를 선택 후 해당 [Update Heap] 아이콘을 클릭하면 해당 프로세스가 차지하는 리소스의 힙의 크기, 실제 할당된 크기 등의 정보가 표시된다.

ⓓ : [Cause GC] 아이콘으로, 이 아이콘을 클릭하면 강제적으로 가베지 콜렉션을 발생시킬 수 있다.

ⓔ, ⓕ : [Update Thread] 아이콘, [Start Method Profiling] 아이콘은 쓰레드(thread) 관련 아이콘으로 [Devices] 뷰의 프로세스를 선택한 후 [Update Thread] 아이콘을 클릭하면 해당 프로세스의 쓰레드 상황을 확인할 수 있다.

ⓖ : [Stop Process] 아이콘으로, 특정 프로세스를 중단시킬 수 있다.

ⓗ : [Screen Capture] 아이콘으로, 리스트 내의 에뮬레이터를 선택한 후 오른쪽 상단에 있는 [Screen Capture] 아이콘을 클릭하면 에뮬레이터를 화면 캡처할 수 있는 창이 표시된다.

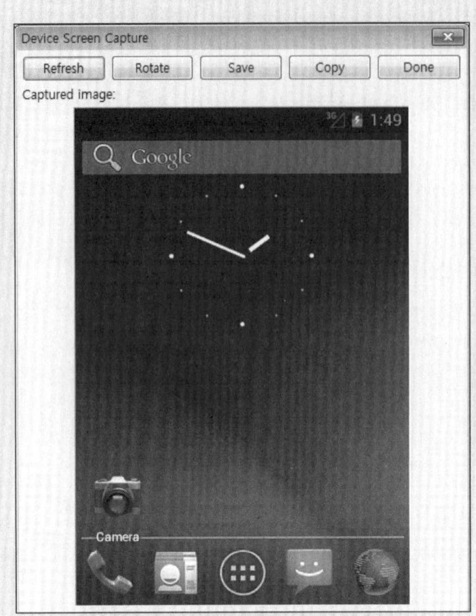

▲ [Devices] 뷰에서 에뮬레이터 testPhone 4.1.2 [emulator-5504]를 선택한 후 [Screen Capture] 아이콘을 클릭한 화면

ⓘ : [View Menu] 아이콘으로 ⓐ~ⓗ까지의 항목이 메뉴로 제공된다.

(2) [Thread] 뷰

[Thread] 뷰는 [Devices] 뷰에서 프로세스를 선택한 후 [Update Thread] 아이콘을 클릭하면 현재 실행 중인 쓰레드들을 표시한다. 또한 [Thread] 뷰에 표시된 쓰레드 항목 중 하나를 선택한 후 [Refresh] 버튼을 클릭하면 선택한 쓰레드의 현재 스택 트레이스(stack trace)를 확인할 수 있다.

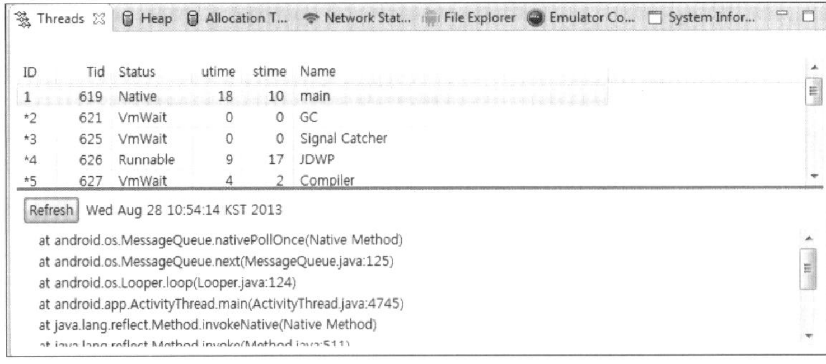

▲ [Thread] 뷰

(3) [Heap] 뷰

　[Heap] 뷰는 [Devices] 뷰에서 프로세스를 선택한 후 [Update Heap] 아이콘을 클릭하는 것에 의해 현재 힙 영역의 이용 상황을 표시한다. [Cause GC] 버튼을 클릭하면 가베지 콜렉션이 강제적으로 실행되어 현재 힙 영역의 상세한 이용 상황이 뷰의 하단에 표시된다.

Heap updates will happen after every GC for this client

ID	Heap Size	Allocated	Free	% Used	# Objects	
1	6.195 MB	5.877 MB	325.672 KB	94.87%	40,290	Cause GC

Display: Stats

Type	Count	Total Size	Smallest	Largest	Median	Average
free	474	320.055 KB	16 B	133.836 KB	32 B	691 B
data object	24,395	743.109 KB	16 B	224 B	32 B	31 B
class object	2,560	756.383 KB	168 B	39.117 KB	168 B	302 B
1-byte array (byte[], boolean[])	509	3.589 MB	24 B	1.000 MB	224 B	7.221 KB
2-byte array (short[], char[])	8,882	568.328 KB	24 B	28.023 KB	48 B	65 B
4-byte array (object[], int[], float[])	3,926	269.023 KB	24 B	16.023 KB	40 B	70 B
8-byte array (long[], double[])	18	6.086 KB	24 B	4.008 KB	136 B	346 B
non-Java object	123	5.539 KB	16 B	464 B	40 B	46 B

▲ [Heap] 뷰

(4) [Allocation Tracker] 뷰

　[Allocation Tracker] 뷰는 메모리 할당(memory allocation)을 추적하는 것으로 [Get Allocation] 버튼을 눌러 나오는 할당된 목록을 선택하면 하단에 클래스와 메소드 등의 상세한 상황이 표시된다.

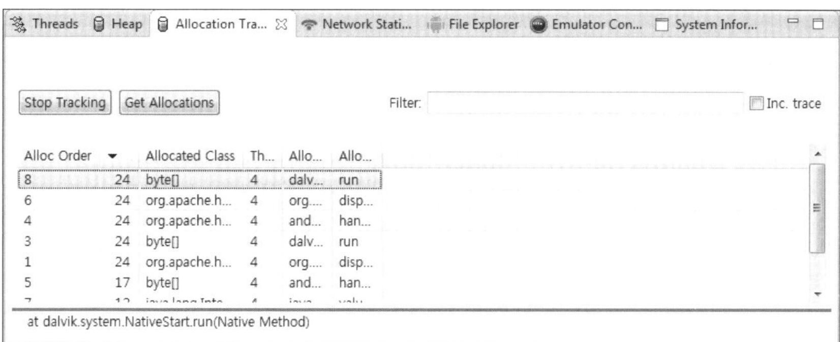

▲ [Allocation Tracker] 뷰

(5) [File Explorer] 뷰

[File Explorer] 뷰는 [Devices] 뷰에서 사용하는 에뮬레이터 혹은 단말기에 대한 파일
시스템의 구성을 표시한다.

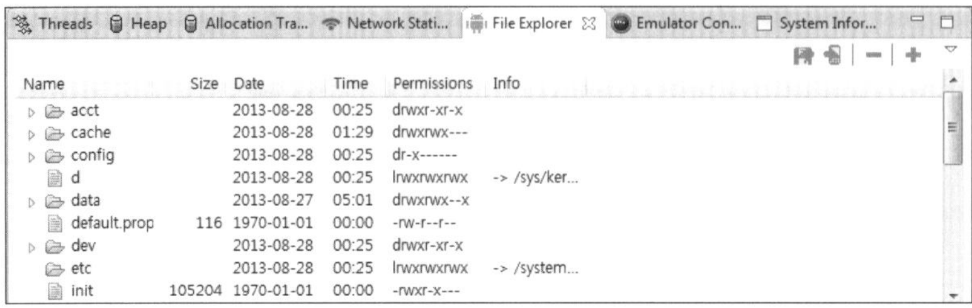

▲ [File Explorer] 뷰

[File Explorer] 뷰의 오른쪽 위에 있는 아이콘들은 에뮬레이터나 단말기로부터 파일을
로컬시스템으로 전송하거나, 로컬시스템의 파일을 에뮬레이터 혹은 단말기로 전송하거나,
선택한 파일 등을 삭제하는 일을 한다. 이들에 대한 설명은 다음과 같다.

ⓐ [Pull a file from the device] 아이콘은 에뮬레이터나 단말기 내의 지정한 파일을 로컬 시스템
(PC)으로 전송한다.

ⓑ [Push a file onto the device] 아이콘은 지정한 로컬 시스템(PC)의 파일을 에뮬레이터 혹은
단말기로 전송한다.

ⓒ [Delete the selection] 아이콘은 지정한 파일을 삭제하는 작업을 한다.

ⓓ [New Folder] 아이콘은 새로운 폴더를 추가한다.

ⓔ [View Menu] 아이콘으로 ⓐ~ⓒ까지의 항목이 메뉴로 제공된다.

안드로이드 애플리케이션은 [File Explorer] 뷰에서 [data]-[data] 폴더 안에 있는 애플
리케이션의 패키지는 애플리케이션 고유의 디렉토리에 데이터 파일을 작성한다. 예를 들어
안드로이드 애플리케이션이 저장된 데이터를 로컬 환경의 텍스트 편집기에서 확인하는 등
의 작업을 할 경우에 [File Explorer] 뷰를 사용하면 편리하다. 또한 안드로이드 애플리케
이션 "*.apk" 파일은 [data]-[app] 폴더 안에 위치한다. 그러나 이 파일을 [File Explorer]
뷰에서 직접 제거해서는 안된다. 안드로이드 애플리케이션을 제거할 경우에는 "adb
uninstall" 명령을 사용하거나 단말기 또는 에뮬레이터의 [설정]-[응용 프로그램] 또는 [설
정]-[Apps]에서 해야 한다.

(6) [Emulator Control] 뷰

[Emulator Control] 뷰는 에뮬레이터상에서 단말기의 애뮬레이션 설정을 하기 위한 뷰이다. 전화통신 상태, 전화통신 동작과 관련된 설정 등을 수행하며 각 항목의 설명은 다음과 같다.

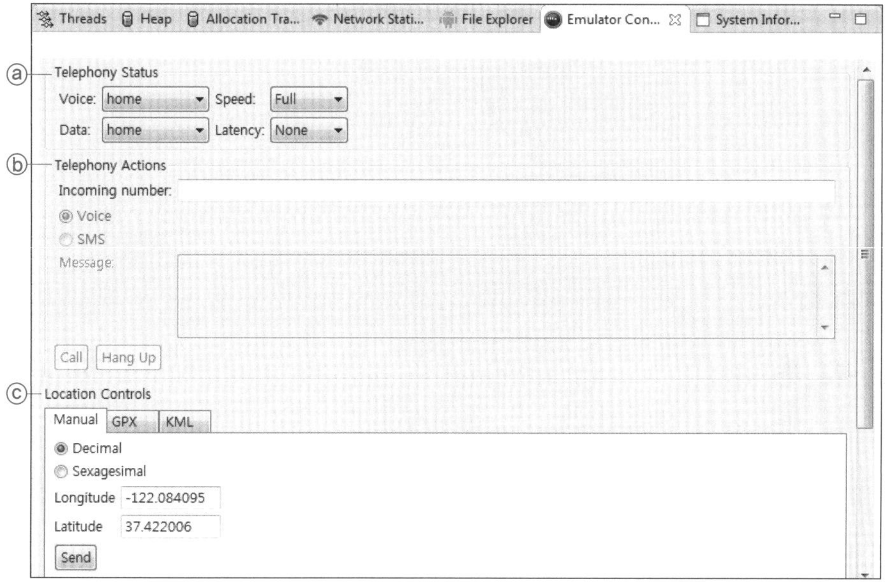

▲ [Emulator Control] 뷰

ⓐ [Telephony Status] : 전화의 통신 상태를 설정하는 항목으로 특정의 통신기술을 지정한 네트워크의 속도, 지연 등의 시뮬레이션 등을 수행할 수 있다.

ⓑ [Telephony Actions] : 에뮬레이터에 대응해서 전화의 착신이나 SMS 메시지 등의 이벤트를 송신한다.

ⓒ [Location Controls] : 에뮬레이터의 위치 정보를 갱신할 수 있다. 위치정보의 갱신은 수동적으로 위도 및 경도를 설정하거나, GPX/KML 파일에 의해 설정할 수 있다.

(7) [System Information] 뷰

애플리케이션에 사용되는 프로세스의 CPU 또는 메모리의 점유 상황을 그래프로 표시하는 뷰이다.

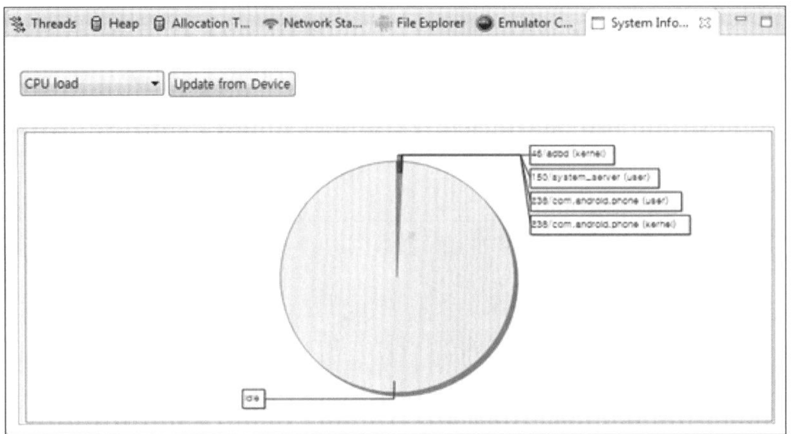

▲ [System Information]뷰

(8) [LogCat] 뷰

[LogCat] 뷰는 안드로이드가 출력하는 로그를 참조한다.

▲ [LogCat] 뷰

이 뷰에 표시되는 메시지에는 에뮬레이터가 에러를 출력하는 경우의 스택 트레이스 (trace, 추적) 정보, 에뮬레이터의 로그 메시지 등이 대량으로 표시된다. [LogCat] 뷰에는 로그의 검색 향상을 위해 여러 가지 필터링 기능이 제공된다.

메시지는 단계에 따라 [verbose], [debug], [info], [warn], [error]의 약자인 V, D, I, W, E로 표시되며 로그 표시 대상에서 최저한의 로그 레벨을 선택한다. 로그 레벨 "VERBOSE"는 상세한 트레이스(trace) 정보를 출력할 때 사용하며, "DEBUG"는 디버그 정보를 출력할 때 사용하는 로그 레벨, "INFO"는 애플리케이션 동작의 정보를 출력할 때 사용하는 로그 레벨, "WARN"은 애플리케이션에 복구 가능한 레벨의 에러가 발생할 때의 로그 레벨, "ERROR"는 애플리케이션에 치명적인 에러가 발생할 때의 로그 레벨이다.

ADB(Android Debug Bridge)는 안드로이드 개발자에게 제공되는 도구로 개발자가 에뮬레이터나 실제의 단말기의 내부 상황을 관리할 수 있도록 3개의 컴포넌트인 [adb client], [adb server], [adb daemon]으로 구성되어 있다.

- **[adb client]** : 개발자가 개발 머신(시스템)상에서 동작시키는 애플리케이션으로 ado 명령어가 수행시킨 shell(셸)로부터 호출할 수 있다. 셋업(set-up)시 안드로이드 SDK의 [tools] 폴더에서 ADT plugin과 같은 안드로이드 도구들과 DDMS는 [adb client]들을 생성한다.
- **[adb server]** : 에뮬레이터 혹은 단말기상에서 [adb client]와 [adb daemon] 간의 통신을 관리하는 프로그램으로 개발 머신상에서 백그라운드 프로세스로써 수행된다.
- **[adb daemon]** : 각 에뮬레이터 혹은 단말기상에서 백그라운드 프로세스로써 수행된다.

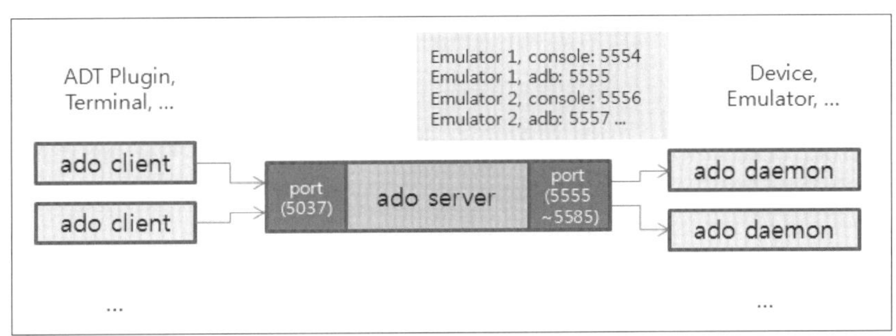

▲ adb를 구성하는 3개의 컴포넌트 간의 관계

[adb client]를 실행하면, [adb client]는 먼저 [adb server]가 이미 실행 중인지 아닌지를 체크한다. 만일 실행 중이 아니라면 [adb server]를 실행시킨다. [adb server]가 실행될 때 모든 [adb client]들은 TCP 포트 5037번을 통해 [adb server]와 통신한다.(bind와 listen이 5037번을 통해 이루어진다.)

[adb client]와 [adb server]의 통신이 설정되면 [adb server]와 모든 에뮬레이터 및 단말기의 인스턴스 간의 통신이 설정된다. 에뮬레이터 및 단말기의 인스턴스들은 포트번호 5555~5585번 사이의 홀수 번호에 할당된다. 짝수 번호는 콘솔(console)과의 통신을 위해 할당된다. 즉, 에뮬레이터 혹은 단말기의 짝수 번호는 콘솔과의 통신(connection), 홀수는 adb와의 통신을 위해 순차적으로 포트번호를 쌍으로 할당받는다. 예를 들어 에뮬레이터1의 경우 콘솔은 5554번호를 할당받으면 에뮬레이터1의 adb는 5555번을 할당받는다. 에뮬레이터2가 콘솔을 5556번을 할당받으면 adb는 5557번을 할당받는다.

[adb server]는 한번 모든 에뮬레이터 인스턴스와의 통신을 설정하면, adb 커맨드를 통신이 설정된 인스턴스들을 제어하는데 사용할 수 있다. 물론 안드로이드를 애플리케이션을 개발하기 위해 이클립스 환경에서 ADT Plugin을 사용한다면 커맨드라인에서 굳이 인스턴스들을 제어할 필요는 없다. 그러나 이러한 방법도 있다는 점을 알기 위해서 이번에는 adb 커맨드를 사용하는 방법에 대해 살펴본다,

adb 커맨드는 [adb client]를 호출하는 데 사용되며 사용 방법은 다음과 같다.

```
adb [-d|-e|-s <serialNumber>] <command>
```

[-d|-e|-s <serialNumber>]은 옵션 부분으로 [-d] 옵션은 단말기가 1대에 연결되어 있는 경우에 [-d] 다음에 특정 단말기를 기술해서 사용한다. 마찬가지로 실행되고 있는 에뮬레이터가 1대만 있는 경우 [-e] 다음에 특정 에뮬레이터를 기술해서 사용한다. 대부분의 경우 [-d] 혹은 [-e] 옵션만을 사용해도 충분하나 SMS 애플리케이션의 동작을 확인할 경우에는 에뮬레이터를 여러 대 실행시켜야 하는 경우도 있다. 이런 경우 [-s] 옵션으로 접속한 에뮬레이터 또는 단말기의 시리얼넘버(serial number)가 필요하다. [adb -s <serialNumber> <command>]와 같은 형태로 기술해야 한다. 예를 들어 [adb -s emulator-5556 install Test.apk]와 같이 기술한다. 만일 [-s] 옵션 사용 시 대상 에뮬레이터 혹은 단말기를 기술하지 않으면 에러가 발생한다.

adb 커맨드를 사용하기 전에 에뮬레이터/단말기의 인스턴스를 사용하기 위해서는 이들을 [adb server]와 연결하는 방법을 알아야 한다. "adb devices"를 사용해 현재 [adb server]에 등록된 에뮬레이터/단말기 목록을 얻어낼 수 있다.

[Serial number(시리얼 넘버) 또는 콘솔의 포트번호]는 에뮬레이터/단말기의 인스턴스를 유일하게 인식하게 하기 위해 adb에 의해 생성된 문자열이다. 형식은 [<type>-<consolePort>]으로 예를 들어 [emulator-5554]가 시리얼 넘버에 해당한다.

[State(상태)]는 인스턴스의 통신상태로 인스턴스가 adb와 연결되지 않았거나 응답되지 않는 상태인 "offline"과 현재 인스턴스가 [adb server]에 연결된 상태인 "device"를 제공한다. "device"는 부트업 후 에뮬레이터/단말기의 인스턴스의 일반적인 상태이다.

각 인스턴스의 화면 표시는 "[serialNumber] [state]"와 같은 형태로 표시된다. 예를 들어 "adb devices" 명령어를 사용한 결과는 다음과 같다. 만일 에뮬레이터/단말기가 하나도 실행되고 있지 않으면 adb는 "no device"를 리턴한다.

adb 커맨드를 사용해서 에뮬레이터/단말기의 셸(shell)에 원격접속을 하는 경우 [adb [-d|-e|-s 〈serialNumber〉] shell]을 사용한다. 안드로이드는 리눅스 기반에서의 사용을 위해 "ls"나 "chmod" 등의 셸 명령어를 제공한다. 사용가능한 커맨드는 "$ ls /usr/bin" 명령을 사용해서 찾는다.

다음은 adb 커맨드를 사용하기 위해 참고할 커맨드 리스트이다.

분류	명령어	설명
Options	-d	등록된 USB 장치(단말기는 USB 장치를 통해 연결된다.)만을 위한 adb 명령어에 사용된다. 만일 하나 이상의 USB 장치가 등록되어 있지 않으면 에러를 리턴한다.
	-e	실행되고 있는 에뮬레이터 인스턴스만을 위한 adb 명령어에 사용된다. 만일 하나 이상의 에뮬레이터 인스턴스가 실행되고 있지 않으면 에러를 리턴한다.
	-s 〈serialNumber〉	"emulator-5556"와 같이 지정한 에뮬레이터/단말기 인스턴스를 사용한다, 만일 시리얼 넘버를 기술하지 않으면 에러가 발생한다.
General	devices	등록된 모든 에뮬레이터/단말기 인스턴스의 리스트를 출력한다.
	help	지원되는 adb 커맨드의 리스트를 출력한다.
	version	adb 버전 번호를 출력한다.
Debug	logcat [〈option〉] [〈filter-specs〉]	로그 데이터를 화면에 출력한다.
	bugreport	버그를 보고할 목적으로 dumpsys, dumpstate, 그리고 logcatdata를 화면에 출력한다.
	jdwp	주어진 단말기상에서 사용할 수 있는 JDWP 프로세스의 리스트를 출력한다. "forward jdwp:〈pid〉"를 사용해서 지정한 JDWP 프로세스에 연결하는 포트포워딩 지정을 할 수 있다. 예 adb forward tcp:8000 jdwp:472 　　jdb -attach localhost:8000

	install 〈path-to-apk〉	풀패스(전체 경로)로 기술된 안드로이드 애플리케이션(.apk 파일)을 에뮬레이터/단말기로 인스톨한다.
Data	pull 〈remote〉 〈local〉	에뮬레이터/단말기 인스턴스로부터 로컬 컴퓨터(개발 컴퓨터)에 지정한 파일을 복사한다.
	push 〈local〉 〈remote〉	로컬 컴퓨터(개발 컴퓨터)부터 에뮬레이터/단말기 인스턴스로 지정한 파일을 복사한다.
Ports and Networking	forward 〈local〉 〈remote〉	에뮬레이터/단말기 인스턴스상에서 지정한 로컬 포트를 지정한 리모트 포트로 소켓 커넥션을 포워드한다. 사용할 수 있는 포트형식은 다음과 같다. • tcp:〈portnum〉 • local:〈UNIX domain socket name〉 • dev:〈character device name〉 • jdwp:〈pid〉
	ppp 〈tty〉 [parm]...	USB상에서 PPP를 실행한다. • 〈tty〉–PPP 스트림을 위한 tty로 "dev:/dev/omap_csmi_ttyl"과 같이 기술한다. • [parm]...–defaultroute, local, notty 등의 0개 이상의 PPP/PPPD 옵션을 기술한다. **주의** PPP 커넥션은 자동적으로 실행되지 않도록 하는 것이 좋다.
Scripting	get-serialno	adb 인스턴스 시리얼번호를 출력한다.
	get-state	에뮬레이터/단말기 인스턴스의 adb 상태를 출력한다.
	wait-for-device	단말기가 온라인(연결)이 될 때까지 실행이 블락된다. 사용예는 다음과 같다. adb wait-for-device shell getprop adb wait-for-device install 〈app〉.apk
Server	start-server	"adb server"프로세스를 실행한다.
	kill-server	"adb server"프로세스를 중단한다.
Shell	shell	에뮬레이터/단말기 인스턴스 쉘에 리모트(원격) 접속한다.
	shell [〈shellCommand〉]	에뮬레이터/단말기 인스턴스 쉘 커맨드를 직접 실행한다.

▲ adb 커맨드 리스트

실제 안드로이드 개발을 할 때 알아두어야 할 팁(tip) 몇 가지를 소개한다.

(1) ADT Plugin이 설치된 이클립스와 에뮬레이터가 연결되지 않는 경우

안드로이드 애플리케이션을 개발 중 에뮬레이터를 실행시키고 있는데도 불구하고 이클립스로부터 에뮬레이터를 조작하는 작업이 되지 않는 경우가 있다. 이런 경우 에뮬레이터를 일단 종료하고 [Devices] 뷰의 [▽] 아이콘을 눌러 표시되는 메뉴에서 [Reset adb] 버튼을 클릭해서 adb를 리셋 후 에뮬레이터를 다시 실행하면 된다.

(2) 애플리케이션을 제거할 경우

안드로이드 애플리케이션을 이클립스에서 실행하면 에뮬레이터에 인스톨되어 실행된다. 개발을 하다보면 과거에 작성한 애플리케이션이 에뮬레이터에 남아 있는 경우가 있다. 인스톨된 애플리케이션을 제거하기 위해서는 adb의 uninstall 커맨드를 사용하거나 단말기나 에뮬레이터의 [설정]-[응용 프로그램] 또는 [설정]-[Apps]에서 해당 응용프로그램을 선택한 후 [제거] 버튼을 클릭하면 된다.

(3) 애플리케이션의 데이터를 초기화할 경우

애플리케이션을 다시 설치한 후 이클립스상에서 재실행하는 것으로 애플리케이션의 데이터를 초기 상태로 되돌릴 수 있다. 만일 안 될 경우 기존에 설치된 애플리케이션을 제거한 후 다시 설치한다.

(4) 에뮬레이터를 초기화할 경우

개발을 하다보면, 작성했던 안드로이드 애플리케이션과 데이터가 너무 많아서 하나씩 제거하는 것이 어려운 경우가 있다. 이런 경우 에뮬레이터 전체를 초기 상태로 되돌릴 수 있다. AVD를 일단 제거한 후 제거한 AVD와 같은 이름으로 다시 한 번 작성하면 에뮬레이터가 초기 상태로 되돌려진다.

(5) 에뮬레이터의 표시 언어를 한국어로 표시할 경우

기본적으로 에뮬레이터의 화면 표시 언어는 영어로 설정되어 있는데, 이것을 한글로 바꿀 수 있다. [Settings]-[Language & input]-[Language] 항목을 눌러 [한국어]를 선택하면 화면 표시 언어를 한글로 표시할 수 있다

(6) 애플리케이션의 실행까지 걸리는 시간을 단축할 경우

에뮬레이터를 실행시 에뮬레이터의 기동에는 많은 시간이 걸린다. 애플리케이션을 실행할 때마다 재기동 한다는 것은 많은 시간이 걸리므로 좋지 않다. 실제로 개발 시에는 에뮬레이터를 실행시켜둔 상태에서 애플리케이션을 실행한다. 또한 애플리케이션이 변경되어 재실행할 때도 기동되어 있는 에뮬레이터에서 다시 실행해서 변경 사항을 반영할 수 있다. 이렇게 하는 것이 에뮬레이터를 실행시킬 때마다 기동 시간을 잡아먹지 않아서 훨씬 효율적이다. 따라서 특별한 일이 없는 한 에뮬레이터는 닫지 않고 그대로 실행시켜 둔다.

> **Tip 모바일 애플리케이션 개발 방식** 
>
> 모바일 애플리케이션 개발 방식에는 모바일 웹 서비스 환경 방식과 모바일 앱 서비스 환경 방식이 있다. 다음은 그 특징을 비교, 정리한 것이다.

구분	모바일 웹 서비스 환경 방식	모바일 웹 서비스 환경 방식	
		하이브리드 앱	네이티브 앱
개발비용	낮음	중간	높음
호환성	하나의 소스로 대응 가능	웹 부분은 공통으로, 앱 부분은 OS 버전 별로 적용이 필요	단말기 및 OS 버전 별 적용이 필요
서비스 재활용	높음(전체 재활용)	높음(전체 재활용)	낮음(데이터만 재활용)
사용자 화면	사용자 만족도 낮음 : 느린 모바일 네트워크에 따른 사용자 요구에 대한 응답이 늦음	사용자 만족도 보통 : 모바일 네트워크를 사용하는 부분에서는 만족도가 낮으나, 앱 부분에서는 높음	사용자 만족도 높음 : 필요한 부분이 대부분 스마트 기기에 설치되므로 사용자 요구에 대한 응답이 빠름
배포	단말기에 애플리케이션 배포가 필요 없음	처음 한번만 다운 받은 후에는 단말기에 배포할 필요 없음	애플리케이션 스토어를 통해 단발기에 배포 받음
응답 및 반응 속도	네트워크에 따라 다름	중간	빠름
관리	하나의 소스로 관리해 유지 보수가 쉬움. 어떠한 운영체제든지 서비스 가능	App 구현 부분은 해당 모바일 기기의 운영체제에 따라 유지·보수 필요	운영체제 종류 및 버전별로 앱의 유지보수 필요. 안드로이드 앱의 경우 단말기별 유지·보수도 필요
사용 대상	기존의 웹 및 데이터와 동기화가 이루어져야 하는 앱	공공기관 앱, 모바일 쇼핑몰 등의 경우와 같이 진입이 쉬우나 데이터의 동기화를 유지해야 하는 앱	게임 등과 독립적으로 운영되는 애플리케이션

▲ 안전행정부의 대국민 모바일 서비스 구축 가이드라인(2011.8)]

01 안드로이드 프로젝트 작성 및 실행

- 안드로이드 프로젝트 하나가 안드로이드 애플리케이션 하나가 된다.
- 안드로이드 애플리케이션은 [File]-[New]-[Other] 메뉴를 선택해서 작성한다.
- 완성된 안드로이드 프로젝트를 안드로이드 애플리케이션으로서 에뮬레이터에 실행시키기 위해, 작성한 프로젝트를 선택한 후 마우스 오른쪽 버튼을 눌러 [Run As]-[Android Application] 메뉴를 선택해서 한다.

02 안드로이드 애플리케이션 구조 및 단말기에서 애플리케이션 실행

- 안드로이드 프로젝트를 크게보면 [src] 폴더에 있는 로직에서 [res] 폴더에 있는 리소스를 참조하는 구조로 이루어져 있다.

  - 메인 액티비티 : [src]-[패키지] 내에 위치하며, 안드로이드 애플리케이션에서 메인 화면을 제공한다. 예 TestAndroidMainActivity.java
  - R.java : 안드로이드 프로젝트에서 사용되는 문자열, 이미지, 화면의 레이아웃 등의 정보를 갖는 리소스파일을 관리한다.
  - 메인 레이아웃 리소스 : 메인 액티비티에 표시할 화면의 내용을 갖는다. 예 activity_test_android_main.xml
  - 문자열 리소스 : 프로젝트에 필요한 문자열 리소스를 정의한다. 예 strings.xml
  - 화면에 표시되는 문자열은 프로그램 내에서 직접 작성
  - AndroidManifast.xml : 애플리케이션 실행에 필요한 정보를 기술한다.

- 작성한 애플리케이션을 안드로이드 단말기에서 실행하는 방법에는 다음 세 가지 방법이 있다.

  - USB를 사용해서 디버그(테스트)판 애플리케이션을 실행하는 방법
  - USB를 사용해서 릴리즈(배포)판 애플리케이션을 실행하는 방법
  - 구글 플레이 스토어(Google Play Store)을 통한 릴리즈판 애플리케이션을 실행하는 방법

- 작성한 안드로이드 애플리케이션을 배포하려면 apk 파일을 생성해야 한다.
- 구글 플레이에 개발자 등록을 해야만 작성한 안드로이드 애플리케이션(apk 파일)을 올릴 수 있는 구글 플레이 스토어에 올릴 수 있다.

03 개발 도구들(Development Tools)

- 안드로이드 SDK에는 전화(음성통화), 메일, SMS, GPS 등의 휴대전화가 가지고 있는 기능을 안드로이드 애플리케이션상에 동작되도록 하기 위한 필요한 라이브러리가 포함되어 있다.
- 안드로이드 SDK는 DDMS라고 불리는 비주얼한 디버거가 제공된다
- adb는 안드로이드 개발자에게 제공되는 도구로, 개발자가 에뮬레이터나 실제의 단말기의 내부 상황을 관리할 수 있게 해준다.

4

사용자 인터페이스

안드로이드 애플리케이션에서 사용자 인터페이스(User Interface : UI)는 뷰(View) 객체와 뷰 그룹(ViewGroup) 객체를 사용해서 구성한다. 실제로 모바일 앱들은 액티비티 위에 뷰를 포함한 뷰 그룹이 배치되어 보이고 있는 것이다. 여기서는 사용자에게 보이는 화면을 구성하는 방법을 이해하기 위해 뷰 객체와 뷰 그룹 객체들에 대해 살펴본다.

안드로이드의 레이아웃, 뷰, 위젯의 개요

안드로이드 애플리케이션의 화면을 구성하는 요소에는 뷰, 뷰 그룹이 있으며 이들은 계층 구조로 이루어져 있다. 뷰를 화면에 배치 시 위젯을 사용하며 화면 배치는 레이아웃을 사용한다. 또한 레이아웃에 위젯을 배치할 때 위치나 크기 등을 지정하기 위해 레이아웃 파라미터를 사용한다.

(1) 뷰(View)

뷰 객체(Object)는 안드로이드 플랫폼(Android platform : 안드로이드 개발환경)상에서 사용자 인터페이스를 표현하는 기본 단위이다. View 클래스는 텍스트 필드, 버튼과 같은 위젯(widget)이라 불리는 서브클래스를 제공하는데, 실제로 사용자 인터페이스를 구현할 때 위젯을 사용한다. 즉, 실제적으로 사용되는 것은 View 클래스가 아니라 위젯이다.

(2) 뷰 그룹(ViewGroup)

ViewGroup 클래스는 레이아웃(layout)이라는 서브클래스를 제공한다. 레이아웃은 선형구조를 갖는 형태, 테이블 형태, 상대적으로 위치를 지정하는 형태 등의 다양한 타입을 제공한다. 즉, 뷰 그룹은 여러 개의 뷰를 배치할 수 있는 레이아웃 형태라 할 수 있다.

뷰 객체는 프로퍼티들은 스크린상에 사각의 형태로 지정된 레이아웃 파라미터와 내용을 저장하는 데이터 구조(data structure)이다. 뷰 객체는 뷰 객체의 크기, 레이아웃, 그리기, 포커스의 변동, 스크롤 그리고 이벤트 등을 다룬다. 또한 사용자 인터페이스에서 View는 사용자가 발생시키는 이벤트를 받아들이는 중요한 부분이다.

(3) 뷰 계층구조(View Hierarchy)

안드로이드 플랫폼상에서 뷰와 뷰 그룹의 계층구조를 사용해 액티비티의 UI를 정의한다. 만들려는 UI의 모양에 따라 복잡하거나 단순한 형태로 만들 수 있다.

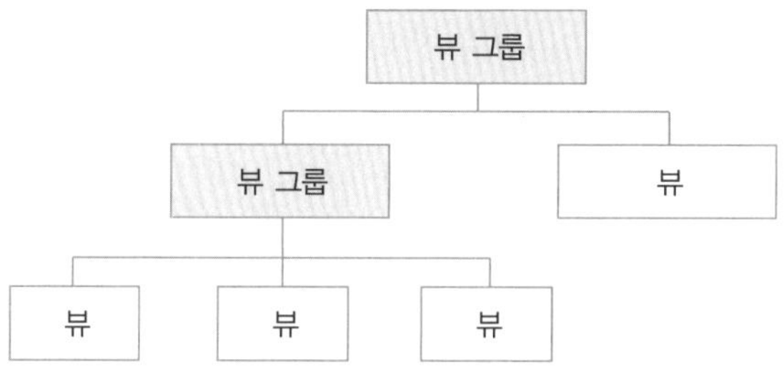

▲ 액티비티의 UI 구조 예시

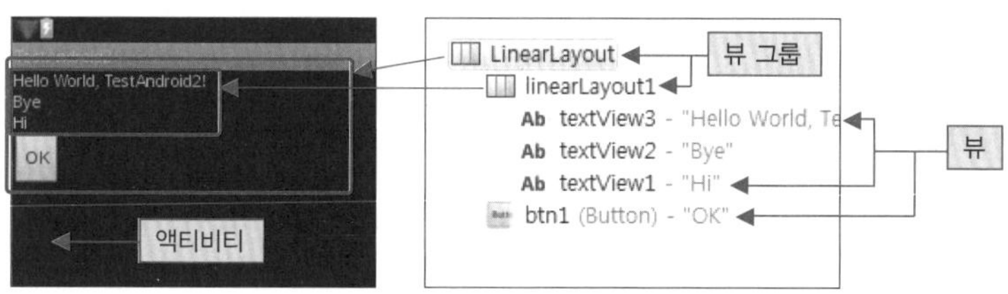

▲ 액티비티의 UI 예시를 구현한 예

이들 뷰 및 뷰 그룹은 끌어다가 놓는 순서에 따라 화면상에 구성되며, 작성한 뷰의 구조를 화면에 표시하기 위해서 액티비티에서 setContentView( ) 메소드를 호출해야 한다.

(4) 레이아웃(Layout)

뷰들을 배치하는 레이아웃을 가장 손쉽게 작성하기 위해서는 XML 레이아웃 파일을 사용해서 한다. XML은 HTML과 비슷한 형태로 시작 태그와 닫는 태그, 프로퍼티, 그리고 내용으로 구성된다. XML상의 각 태그(엘리먼트)는 뷰 또는 뷰 그룹 객체이다.

아래의 예시는 위의 그림 〈액티비티의 UI 예시를 구현한 예〉를 XML 코드로 보았을 때의 형태이다.

```
<LinearLayout xmlns:android="http://schemas.android.com/apk/res/android"
  android:orientation="vertical"
  android:layout_width="fill_parent"
  android:layout_height="fill_parent"
  >
  <LinearLayout android:layout_width="match_parent"
    android:layout_height="wrap_content"
    android:id="@+id/linearLayout1"
    android:orientation="vertical">
    <TextView android:layout_width="fill_parent"
```

```xml
            android:id="@+id/textView3"
            android:text="@string/hello"
            android:layout_height="wrap_content"></TextView>
        <TextView android:layout_width="wrap_content"
            android:text="@string/str2"
            android:layout_height="wrap_content"
            android:id="@+id/textView2"></TextView>
        <TextView android:layout_width="wrap_content"
            android:text="@string/str1"
            android:layout_height="wrap_content"
            android:id="@+id/textView1"></TextView>
    </LinearLayout>
    <Button android:layout_width="wrap_content"
        android:layout_height="wrap_content"
        android:id="@+id/btn1"
        android:text="@string/bLabel"></Button>
</LinearLayout>
```

❶ 레이아웃 파라미터(Layout Parameters)

레이아웃 파라미터는 뷰, 즉 위젯을 화면에 배치하기 위한 속성이다. 이 속성의 값을 어떻게 설정하는가에 따라 위젯의 배치 위치, 크기가 결정된다. 또한 위젯이나 배치할 레이아웃에 따라 레이아웃 파라미터가 달라진다.

화면에 문자열을 표시하는 TextView 위젯을 LinearLayout과 RelativeLayout에 배치할 경우 다음과 같이 레이아웃 파라미터가 달라지며, 레이아웃의 특성에 해당하는 속성을 확인할 수 있다.

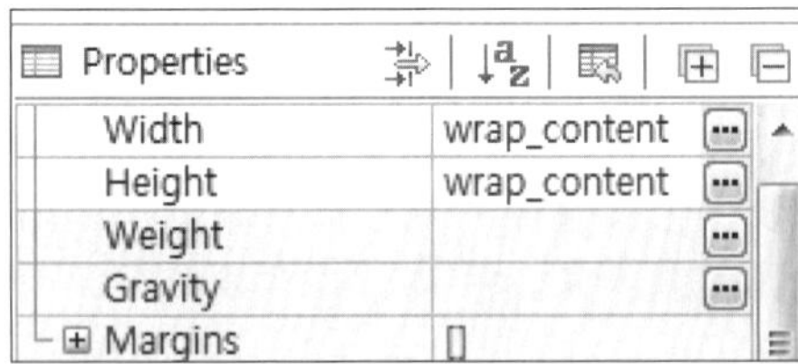

▲ 〈LinearLayout에서 TextView의 레이아웃 파라미터들〉

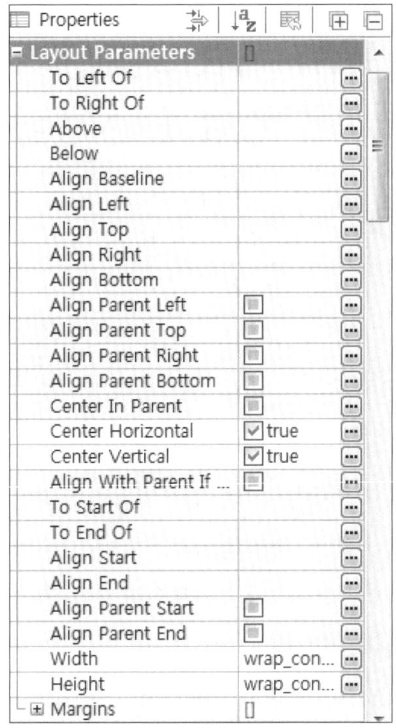

◀ 〈RelativeLayout에서 TextView의 레이아웃 파라미터들〉

(5) 위젯(Widgets)

위젯은 사용자와 상호작용을 위한 매개체로써 제공되는 객체이다. 뷰는 UI를 구성하는 요소를 지칭하는 일반적인 명칭이며, 실제로 화면에 표현되는 뷰 객체는 엄밀히 말하면 위젯들이다.

안드로이드는 버튼, 체크박스, 텍스트 필드와 같은 위젯들을 제공해 쉽고 빠르게 사용자의 UI를 작성할 수 있다. 또한 날짜 선택기, 시계, 확대/축소 컨트롤과 같은 좀 더 복잡한 형태의 위젯도 제공한다.

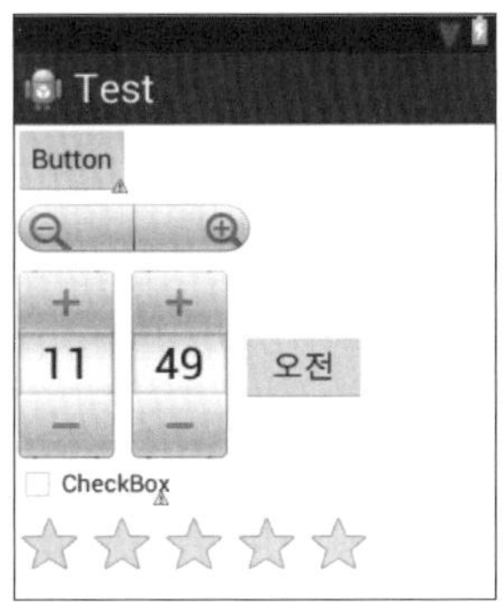

▲ 액티비티의 UI상에 표시된 위젯들

폼 위젯(Form Widgets)과
텍스트 필드(Text Fields)

안드로이드가 제공하는 위젯들 중 기본이 되면서 가장 많이 사용되는 것은 폼 위젯 (Form Widget)이다. 텍스트 입력, 버튼, 체크박스, 라디오버튼 등을 일반적으로 폼 컨트롤 혹은 폼 컴포넌트라 부른다. 폼 위젯 중 텍스트를 입력하는 EditText가 세분화 되어 텍스트 필드(Text Fields) 항목으로 분류되었다.

이들은 어떠한 폼(Form : 양식)을 작성하는데 사용되는 위젯들로, 안드로이드에서는 폼을 작성하기 위한 위젯으로 폼 위젯 항목에서는 TextView, LargeText, MediumText, SmallText, Button, Checkbox, ToggleButton, RadioButton, CheckedTextView, Spinner, ProgressBar(Large, Medium, Small, Horizontal), SeekBar, Quick ContactBadge, RadioGroup, RatingBar, Switch를 제공한다. 텍스트 필드 항목에서는 EditText를 용도별로 구분한 Plain Text, Person Name, Password, E-mail, Phone, Postal Address, Multiline Text, Time, Date, number, AutoComplete, MultiAuto Complete 등이 있다.

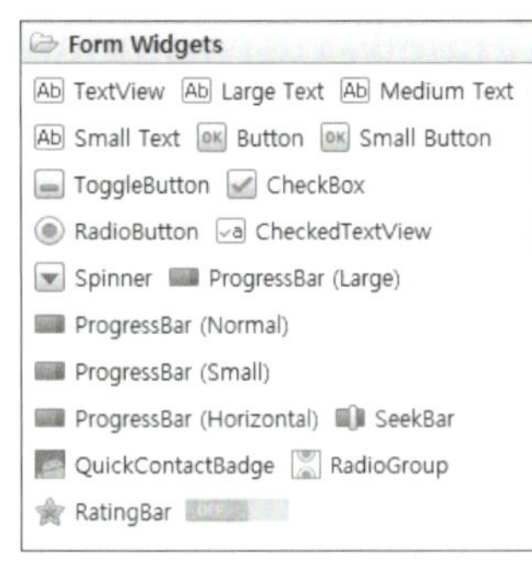

▲ 폼 위젯(Form Widgets)

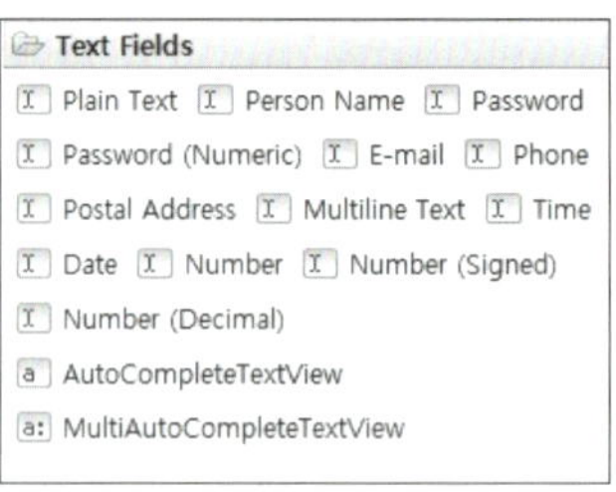

▲ 텍스트 필드(Text Fields)

안드로이드에서는 텍스트를 표시할 때 TextView(텍스트뷰) 위젯 사용하고 텍스트를 입력받을 때 EditText(에디트텍스트) 위젯을 사용한다. 안드로이드 SDK 3.2부터는 TextView가 TextView, Large, Medium, Small로 세분화 되며, EditText도 텍스트 필드(Text Fields) 항목으로 세분화된 하위 항목을 갖고 있다.

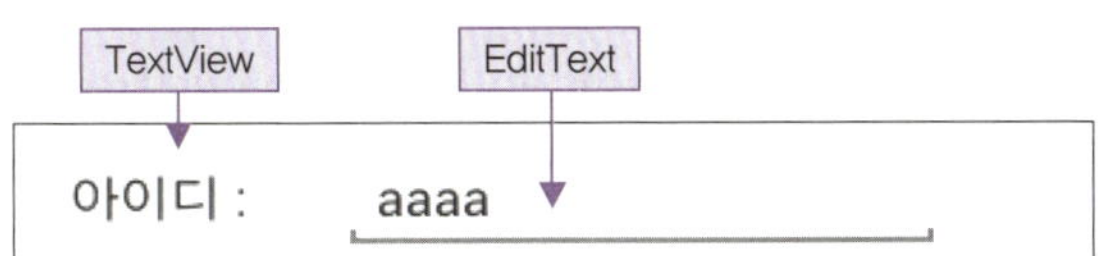

▲ TextView(텍스트뷰) 와 EditText(에디트텍스트)

(1) TextView(텍스트뷰) – 텍스트 표시

TextView(텍스트뷰) 폼 위젯은 설명, 지시 등의 텍스트를 화면에 표시할 때 사용한다. 폼 위젯의 TextView, Large, Medium, Small 항목들로 세분화되어 있으며 소스코드상에서는 모두 TextView로 표시된다.

TextView를 XML 레이아웃 파일에 직접 기술할 때는 XML의 태그를 기술하는 것과 같은 방법으로 〈, TextView, 프로퍼티리스트, 〉 순으로 여는 태그를 입력한 후 마지막에는 〈/TextView〉와 같이 닫는 태그를 기술한다.

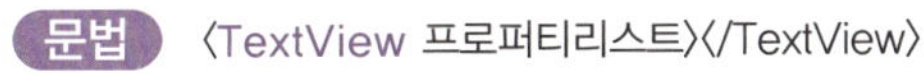

문법　〈TextView 프로퍼티리스트〉〈/TextView〉

자주 사용하는 프로퍼티들을 추가해서 작성한 예는 다음과 같다.

예　〈TextView android:id="@+id/textView1" android:layout_height="wrap_content" android:layout_width="wrap_content" android:visibility="visible" android:text="아이디 : " android:textSize="25dp"〉〈/TextView〉

위의 예에서 TextView는 엘리먼트명이며, 프로퍼티는 프로퍼티명 = 프로퍼티값과 같은 형식으로 이루어져 있다. 예를 들어 android:id = "@+id/textView1"에서 android:id가 프로퍼티명이고, "@+id/textView1"가 프로퍼티 값이다. 프로퍼티명이 android:id와 같은 형태로 이루어져 있는 것은 XML의 엘리먼트명(태그명)이 충돌(같은 엘리먼트명이 다른 의미로 여러 번 정의되어 의미가 불확실해지는 것)되는 것을 네임스페이스(namespace)를 사용해 방지한 것이다. android:id에서 android은 네임스페이스명이고 id가 프로퍼티명이다. 사용할 때는 android:id와 같이 네임스페이스:프로퍼티명으로 쓴다.

그런데 왜 엘리먼트인 TextView는 android:TextView와 네임스페이스명:엘리먼트명과 같은 방식으로 쓰지 않은 것일까? 이유는 태그명의 경우 디폴트 네임스페이스를 사용할 경우 네임스페이스명을 생략할 수 있기 때문이다. 하지만 디폴트 네임스페이스를 사용하더라도 프로퍼티명의 네임스페이스는 생략할 수 없기 때문에 android:id와 같은 형식으로 써야 한다.

그러나 코딩을 일일이 직접 하는 것보다 안드로이드 시스템이 코딩하도록 필요한 위젯을 드래그 앤 드롭으로 던져 작성한 후 프로퍼티 값을 변경해 사용하는 편이 더 좋다. 드래그 앤 드롭을 사용할 수 없는 경우에만 직접 코딩을 한다.

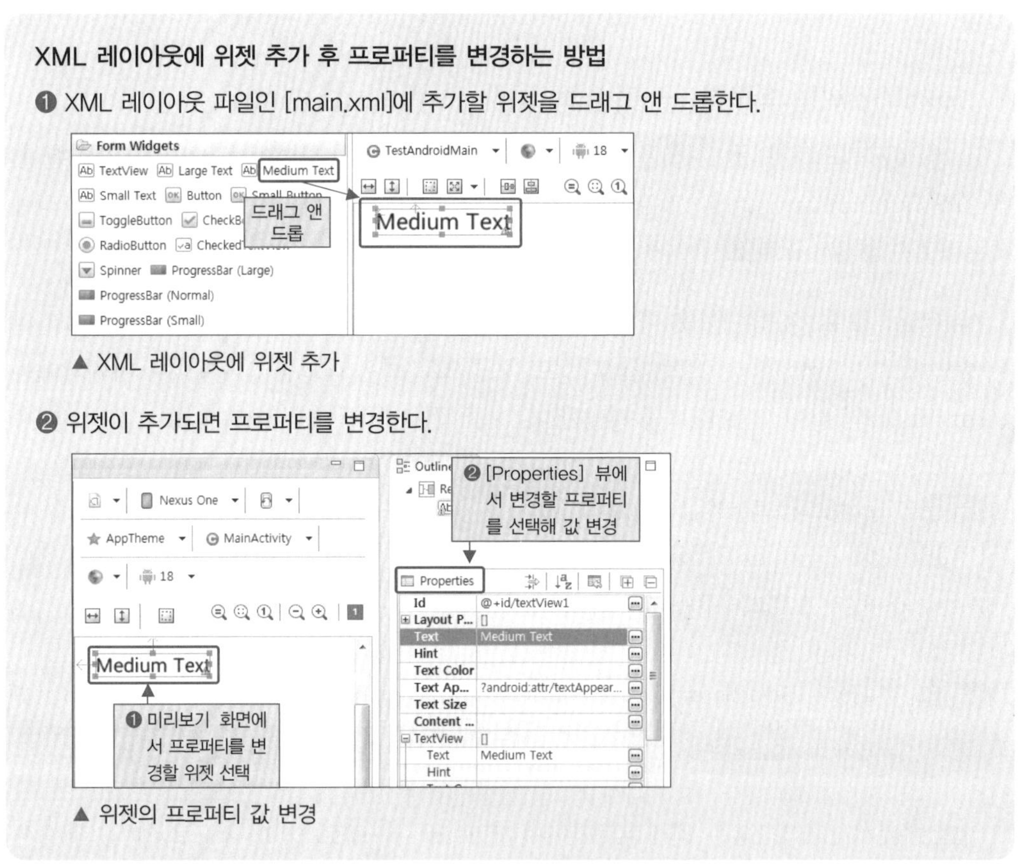

TextView 위젯의 주요한 프로퍼티를 알고 있어야 XML 레이아웃 파일에서 프로퍼티 값을 변경할 수 있다.

다음은 TextView 위젯의 XML 레이아웃 프로퍼티로, 자세한 내용은 「http://developer.android.com/reference/android/widget」의 TextView 항목을 참조한다.

android:autoLink

URL과 이메일 주소를 자동적으로 클릭할 수 있는 하이퍼링크로 변경한다.
자바 소스코드를 통해 이 프로퍼티에 접근할 경우 setAutoLinkMask(int) 메소드를 사용한다.

android:autoText

텍스츄얼 입력(textual input)과 자동적으로 철자 오류 검사를 실행한다.

android:capitalize

입력 문자를 모두 대문자로 자동 변경한다.

android:cursorVisible

커서를 보이게 또는 안 보이게 한다.
자바 소스코드를 통해 이 프로퍼티에 접근할 경우 setCursorVisible(boolean) 메소드를 사용한다.

android:digits

숫자 입력 방법과 한 번에 받아들일 수 있는 문자를 지정한다.

android:gravity

입력된 텍스트가 뷰보다 작을 때 텍스트의 정렬 방법을 지정한다.
자바 소스코드를 통해 이 프로퍼티에 접근할 경우 setGravity(int) 메소드를 사용한다.

android:height

TextView의 높이를 지정한다.
자바 소스코드를 통해 이 프로퍼티에 접근할 경우 setHeight(int) 메소드를 사용한다.

android:lines

TextView가 여러 줄 입력이 가능하도록 라인 수를 지정한다.
자바 소스코드를 통해 이 프로퍼티에 접근할 경우 setLines(int) 메소드를 사용한다.

android:password

TextView의 내용을 패스워드 문자로 대체해서 표시한다.
자바 소스코드를 통해 이 프로퍼티에 접근할 경우 setTransformationMethod(TransformationMethod) 메소드를 사용한다.

android:phoneNumber

TextView가 전화번호 입력 방법을 갖게 된다.
자바 소스코드를 통해 이 프로퍼티에 접근할 경우 setKeyListener(KeyListener) 메소드를 사용한다.

android:scrollHorizontally

TextView의 너비보다 많은 문자의 입력시 수평 스크롤을 표시한다.
자바 소스코드를 통해 이 프로퍼티에 접근할 경우 setHorizontallyScrolling(boolean) 메소드를 사용한다.

android:selectAllOnFocus

특정 문자열을 드래그해서 선택가능하게 하는 프로퍼티이다.
자바 소스코드를 통해 이 프로퍼티에 접근할 경우 setSelectAllOnFocus(boolean) 메소드를 사용한다.

android:shadowColor

텍스트의 그림자 색을 지정한다.

자바 소스코드를 통해 이 프로퍼티에 접근할 경우 setShadowLayer(float,float,float,int) 메소드를 사용한다.

android:singleLine

TextView가 한 개의 라인만을 갖도록 지정한다.

자바 소스코드를 통해 이 프로퍼티에 접근할 경우 setTransformationMethod(TransformationMethod) 메소드를 사용한다.

android:text

이 프로퍼티의 값으로 입력된 값은 화면에 표시된다.

자바 소스코드를 통해 이 프로퍼티에 접근할 경우 setText(CharSequence,TextView.BufferType) 메소드를 사용한다.

android:textColor

텍스트 색상을 지정한다.

자바 소스코드를 통해 이 프로퍼티에 접근할 경우 setTextColor(int) 메소드를 사용한다.

android:textColorHighlight

문자열을 드래그해서 선택 시 선택한 부분의 강조 색상을 지정한다.

자바 소스코드를 통해 이 프로퍼티에 접근할 경우 setHighlightColor(int) 메소드를 사용한다.

android:textColorLink

하이퍼링크의 색상을 지정한다.

자바 소스코드를 통해 이 프로퍼티에 접근할 경우 setLinkTextColor(int) 메소드를 사용한다.

android:textIsSelectable

변경할 수 없는 텍스트를 선택할 수 있도록 지정한다.

자바 소스코드를 통해 이 프로퍼티에 접근할 경우 isTextSelectable( ) 메소드를 사용한다.

android:textSize

글자의 크기를 지정한다.

자바 소스코드를 통해 이 프로퍼티에 접근할 경우 setTextSize(int,float) 메소드를 사용한다.

android:textStyle

글자의 스타일(굵게, 기울임, 굵게 기울임)을 지정한다.

자바 소스코드를 통해 이 프로퍼티에 접근할 경우 setTypeface(Typeface) 메소드를 사용한다.

android:typeface

normal, sans, serif, monospace 등의 글꼴을 지정한다.

자바 소스코드를 통해 이 프로퍼티에 접근할 경우 setTypeface(Typeface) 메소드를 사용한다.

android:width

TextView의 너비를 지정한다.

자바 소스코드를 통해 이 프로퍼티에 접근할 경우 setWidth(int) 메소드를 사용한다.

▲ TextView의 주요한 XML 프로퍼티

다음은 View 클래스로부터 상속받아 사용하는 모든 위젯이 공통적으로 사용하는 XML 프로퍼티이다. 자세한 설명은 「http://developer.android.com/reference/ android/view/ View.html」을 참조한다.

View 클래스의 주요 프로퍼티

android:alpha
뷰의 alpha 프로퍼티는 투명도를 나타내는 것으로 0~1 사이의 값을 가진다. 0일 경우 완전 투명, 1일 경우 완전 불투명해진다.
자바 소스코드를 통해 이 프로퍼티에 접근할 경우 setAlpha(float) 메소드를 사용한다.

android:background
배경으로 사용되는 이미지이다.
자바 소스코드를 통해 이 프로퍼티에 접근할 경우 setBackgroundResource(int) 메소드를 사용한다. 이때 int는 R.java에서 정의한 리소스 값을 의미한다.

android:clickable
해당 뷰가 클릭 이벤트(click event)에 반응할 수 있게 한다.
자바 소스코드를 통해 이 프로퍼티에 접근할 경우 setClickable(boolean) 메소드를 사용한다.

android:contentDescription
뷰의 내용을 간단하게 설명하는 텍스트를 정의한다.
자바 소스코드를 통해 이 프로퍼티에 접근할 경우 setContentDescription(CharSequence) 메소드를 사용한다.

android:drawingCacheQuality
반투명 그리기 캐시의 수준을 정의한다.
자바 소스코드를 통해 이 프로퍼티에 접근할 경우 setDrawingCacheQuality(int) 메소드를 사용한다.

android:duplicateParentState
이 프로퍼티의 값이 true일 경우 포커스를 받거나 마우스가 눌려지는 등의 상태를 직접적으로 부모로부터 받아들인다.

android:fadingEdge
스크롤을 하는 동안 뷰의 경계면(테두리)을 희미하게 표시하는 것을 지정한다.
자바 소스코드를 통해 이 프로퍼티에 접근할 경우 setVerticalFadingEdgeEnabled(boolean) 메소드를 사용한다.

android:fadingEdgeLength
뷰의 경계면을 희미하게 혹은 뚜렷하게 표시하기 위한 값을 지정한다.
자바 소스코드를 통해 이 프로퍼티에 접근할 경우 getVerticalFadingEdgeLength( ) 메소드를 사용한다.

android:filterTouchesWhenObscured
다른 윈도우에 의해 뷰의 윈도우가 모호하게 될 때의 흔적들을 차단할지를 지정한다.
자바 소스코드를 통해 이 프로퍼티에 접근할 경우 setFilterTouchesWhenObscured(boolean) 메소드를 사용한다.

android:fitsSystemWindows
상태표시줄과 같은 시스템 윈도 기반의 뷰 레이아웃을 조절하는 불리언 타입의 내부 프로퍼티이다.

android:focusable

뷰에 포커스가 지정될 수 있는가를 제어한다.

자바 소스코드를 통해 이 프로퍼티에 접근할 경우 setFocusable(boolean) 메소드를 사용한다.

android:focusableInTouchMode

터치모드일 때 뷰 내에 포커스를 지정할 수 있는가를 제어한다.

자바 소스코드를 통해 이 프로퍼티에 접근할 경우 setFocusableInTouchMode(boolean) 메소드를 사용한다.

android:hapticFeedbackEnabled

롱 프레스 이벤트와 같은 이벤트들을 사용 가능하게 하는 햅틱 피드백(haptic feedback)을 가질 수 있는가를 지정한다.

자바 소스코드를 통해 이 프로퍼티에 접근할 경우 ssetHapticFeedbackEnabled(boolean) 메소드를 사용한다.

android:id

해당 뷰에 ID를 지정한다.

자바 소스코드를 통해 이 프로퍼티에 접근할 경우 setId(int) 메소드를 사용한다. 값이 지정된 후에는 자바 코드에서 View.findViewById( ) 또는 Activity.findViewById( ) 메소드를 사용해서 지정한 ID에 해당하는 뷰에 접근한다.

android:isScrollContainer

스크롤링 컨테이너로 서비스되는 뷰로 지정한다.

android:keepScreenOn

자바 소스코드를 통해 이 프로퍼티에 접근할 경우 setKeepScreenOn(boolean) 메소드를 사용한다.

android:layerType

해당 뷰의 레이어 뒤판의 타입을 지정한다.

자바 소스코드를 통해 이 프로퍼티에 접근할 경우 setLayerType(int,Paint) 메소드를 사용한다.

android:longClickable

롱 클릭 이벤트에 반응하도록 지정한다.

자바 소스코드를 통해 이 프로퍼티에 접근할 경우 setLongClickable(boolean) 메소드를 사용한다.

android:minHeight

뷰의 최소 높이를 지정한다.

android:minWidth

뷰의 최소 너비를 지정한다.

android:nextFocusDown

다음 뷰의 프로퍼티가 FOCUS_DOWN일 때, 다음 뷰에 포커스를 주는 것을 지정한다.

자바 소스코드를 통해 이 프로퍼티에 접근할 경우 setNextFocusDownId(int) 메소드를 사용한다.

android:nextFocusForward

이전 뷰의 프로퍼티가 FOCUS_FORWARD일 때, 이전 뷰에 포커스 주는 것을 지정한다.

자바 소스코드를 통해 이 프로퍼티에 접근할 경우 setNextFocusForwardId(int) 메소드를 사용한다.

android:nextFocusLeft

다음 뷰의 프로퍼티가 FOCUS_LEFT일 때, 다음 뷰에 포커스를 주는 것을 지정한다.

자바 소스코드를 통해 이 프로퍼티에 접근할 경우 setNextFocusLeftId(int) 메소드를 사용한다.

android:nextFocusRight

다음 뷰의 프로퍼티가 FOCUS_RIGHT일 때 다음 뷰에 포커스를 주는 것을 지정한다.

자바 소스코드를 통해 이 프로퍼티에 접근할 경우 setNextFocusRightId(int) 메소드를 사용한다.

android:nextFocusUp

다음 뷰의 프로퍼티가 FOCUS_UP일 때 다음 뷰에 포커스를 주는 것을 지정한다.

자바 소스코드를 통해 이 프로퍼티에 접근할 경우 setNextFocusUpId(int) 메소드를 사용한다.

android:onClick

해당 뷰가 클릭될 때 호출되는 메소드의 이름을 기술한다.

android:padding

경계면의 패딩(padding)을 픽셀 단위로 지정한다.

자바 소스코드를 통해 이 프로퍼티에 접근할 경우 setPadding(int,int,int,int) 메소드를 사용한다.

android:paddingBottom

아래 경계면의 패딩을 픽셀 단위로 지정한다.

자바 소스코드를 통해 이 프로퍼티에 접근할 경우 setPadding(int,int,int,int) 메소드를 사용한다.

android:paddingLeft

왼쪽 경계면의 패딩을 픽셀 단위로 지정한다.

자바 소스코드를 통해 이 프로퍼티에 접근할 경우 setPadding(int,int,int,int) 메소드를 사용한다.

android:paddingRight

오른쪽 경계면의 패딩을 픽셀단위로 지정한다.

자바 소스코드를 통해 이 프로퍼티에 접근할 경우 setPadding(int,int,int,int) 메소드를 사용한다.

android:paddingTop

위쪽 경계면의 패딩을 픽셀 단위로 지정한다.

자바 소스코드를 통해 이 프로퍼티에 접근할 경우 setPadding(int,int,int,int) 메소드를 사용한다.

android:rotation

뷰의 회전을 지정한다.

자바 소스코드를 통해 이 프로퍼티에 접근할 경우 setRotation(float) 메소드를 사용한다.

android:rotationX

x축에서의 뷰의 회전을 지정한다.

자바 소스코드를 통해 이 프로퍼티에 접근할 경우 setRotationX(float) 메소드를 사용한다.

android:rotationY

y축에서의 뷰의 회전을 지정한다.

자바 소스코드를 통해 이 프로퍼티에 접근할 경우 ssetRotationY(float) 메소드를 사용한다.

android:saveEnabled

뷰가 동작되지 않을 때 복구 여부를 지정한다.

자바 소스코드를 통해 이 프로퍼티에 접근할 경우 setSaveEnabled(boolean) 메소드를 사용한다.

android:scaleX

X 방향에서의 뷰의 스케일을 지정한다.

자바 소스코드를 통해 이 프로퍼티에 접근할 경우 setScaleX(float) 메소드를 사용한다.

android:scaleY
Y 방향에서의 뷰의 스케일을 지정한다.
자바 소스코드를 통해 이 프로퍼티에 접근할 경우 setScaleY(float) 메소드를 사용한다.

android:scrollX
초기 수평 스크롤 옵셋 값으로 픽셀 단위로 지정한다.

android:scrollY
초기 수직 스크롤 옵셋 값으로 픽셀 단위로 지정한다.

android:scrollbarAlwaysDrawHorizontalTrack
수평 스크롤바 트랙이 항상 표시되도록 지정한다.

android:scrollbarAlwaysDrawVerticalTrack
수직 스크롤바 트랙이 항상 표시되도록 지정한다.

android:scrollbarDefaultDelayBeforeFade
스크롤바가 페이드아웃 되기 전에 딜레이 시간을 1/1000 초단위로 지정한다.

android:scrollbarFadeDuration
스크롤바가 페이드아웃 되기 위한 시간을 1/1000초 단위로 지정한다.

android:scrollbarSize
수직 스크롤바의 너비와 수평 스크롤바의 높이를 지정한다.

android:scrollbarStyle
스크롤바의 스타일과 위치를 지정한다.

android:scrollbarThumbHorizontal
수평 스크롤바의 thumb을 지정한다.

android:scrollbarThumbVertical
수직 스크롤바의 thumb을 지정한다.

android:scrollbarTrackHorizontal
수평 스크롤바 트랙을 지정한다.

android:scrollbarTrackVertical
수직 스크롤바 트랙을 지정한다.

android:scrollbars
스크롤바들이 스크롤링상에서 표시되는 것을 지정한다.

android:soundEffectsEnabled
뷰에서 클릭 또는 터치 이벤트 등이 발생했을 때 사운드 효과를 줄지의 여부를 결정한다.
자바 소스코드를 통해 이 프로퍼티에 접근할 경우 setSoundEffectsEnabled(boolean) 메소드를 사용한다.

android:tag
해당 뷰 안의 문자열을 위한 태그를 제공한다.

android:transformPivotX
뷰가 회전하거나 크기가 변경되었을 때의 피봇 포인트의 X 위치를 지정한다.
자바 소스코드를 통해 이 프로퍼티에 접근할 경우 setPivotX(float) 메소드를 사용한다.

android:transformPivotY

뷰가 회전하거나 크기가 변경되었을 때의 피봇 포인트의 Y 위치를 지정한다.

자바 소스코드를 통해 이 프로퍼티에 접근할 경우 setPivotY(float) 메소드를 사용한다.

android:translationX

뷰의 X좌표를 변경한다.

자바 소스코드를 통해 이 프로퍼티에 접근할 경우 setTranslationX(float) 메소드를 사용한다.

android:translationY

뷰의 Y좌표를 변경한다.

자바 소스코드를 통해 이 프로퍼티에 접근할 경우 setTranslationY(float) 메소드를 사용한다.

android:visibility

뷰의 초기 보임을 지정한다.

자바 소스코드를 통해 이 프로퍼티에 접근할 경우 setVisibility(int) 메소드를 사용한다.

▲ View 클래스의 주요한 XML 프로퍼티

(2) EditText(에디트텍스트) – 텍스트 입력

EditText(에디트텍스트) 폼 위젯은 사용자로부터 텍스트를 입력받을 때 사용한다. 텍스트 필드(Text Fields) 항목은 Plain Text, Person Name, Password, E-mail, Phone, Postal Address, Multiline Text, Time, Date, number, AutoCompete, Multi AutoComplete로 세분화되어 있으며, 소스코드상에서는 모두 EditText로 표시된다.

EditText를 XML 레이아웃 파일에 직접 기술할 때는 다음과 같은 문법을 따른다.

<EditText 프로퍼티리스트></EditText>

주요한 프로퍼티들을 추가해서 작성한 예는 다음과 같다.

<EditText android:id="@+id/editText1" android:text="EditText" android:layout_width= "wrap_content" android:layout_height="wrap_content"></EditText>

위에서 사용한 주요한 프로퍼티의 설명은 다음과 같다.

android:id
지정한 위젯의 고유한 ID 값으로 자바 소스코드에서 이 값을 가지고 해당 위젯에 접근한다.

android:text
해당 위젯에 주어지는 기본 값으로 EditText의 경우 생략하는 경우가 많다.

android:layout_width
해당 위젯의 가로 너비로 wrap_content, fill_parent, match_paren 등의 프로퍼티 값이 있다. wrap_content는 위젯 고유의 너비로 표시하는 것이고, fill_parent는 부모인 레이아웃의 너비를 꽉 채워서 표시한다. match_parent는 fill_parent와 그다지 차이가 없다.

- android:layout_width 프로퍼티 값이 fill_parent일 때

- android:layout_width 프로퍼티 값이 wrap_content일 때

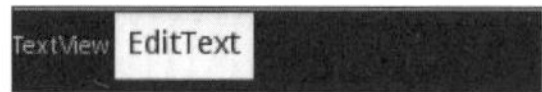

android:layout_height
해당 위젯의 세로 높이로 wrap_content, fill_parent, match_parent 등의 프로퍼티 값이 있다. wrap_content는 위젯 고유의 높이로 표시하는 것이고, fill_parent는 부모인 레이아웃의 높이를 꽉 채워서 표시한다.

- android:layout_width 프로퍼티 값이 wrap_content, android:layout_height 프로퍼티 값이 fill_parent일 때

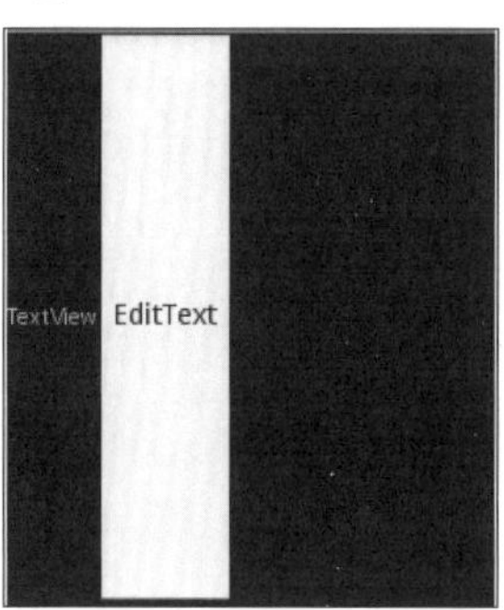

- android:layout_width 프로퍼티 값이 wrap_content, android:layout_height 프로퍼티 값이 wrap_content일 때

▲ EditText의 주요한 XML 프로퍼티

주의 필자가 책을 쓴 시점에서 안드로이드 4.3 에뮬레이터에 한글이 전혀 표시되지 않아 여기서의 모든 예제의 실행 시 안드로이드 4.1.2 에뮬레이터를 사용했다.

Exercise 폼 위젯 TextView와 EditText을 사용한 예제 – FormWidget1 애플리케이션

이 예제는 폼 위젯 TextView와 EditText를 사용한 예제이다.

▲ FormWidget1 애플리케이션 실행 결과

주요 파일	파일명 ([FormWidget1] 애플리케이션)	하는 일
리소스 파일 (문자열, 이미지 등)	문자열 리소스 strings.xml 위치 : [프로젝트]–[res]–[values]	• idn, pass 문자열 정의
레이아웃 리소스 파일	activity_form_widget1_main.xml 위치 : [프로젝트]–[res]–[layout]	• 2개의 TextView 위젯과 2개의 EditText 배치 • strings.xml에서 정의한 idn, pass 문자열 참조
액티비티 클래스 파일	FormWidget1MainActivity.java 위치 : [프로젝트]–[src]–[패키지명]	• 화면을 좀 더 넓게 사용하기 위해 타이틀 바 제거 • 화면에 activity_form_widget1_main.xml을 표시
매니페스트 파일	AndroidManifest.xml 위치 : [프로젝트]	• 애플리케이션의 속성 설정 이 애플리케이션에서는 내용 수정 안 함

▲ [FormWidget1] 애플리케이션의 주요 파일

01 FormWidget1 안드로이드 애플리케이션 프로젝트 생성

❶ [Project Explorer] 뷰에서 마우스 오른쪽 버튼을 클릭한 후 표시되는 메뉴에서 [New]–[Project] 메뉴를 선택한다. [New Project] 창이 표시되면 [Android]–[Android Application Project]를 선택한 후 [Next] 버튼을 클릭한다.

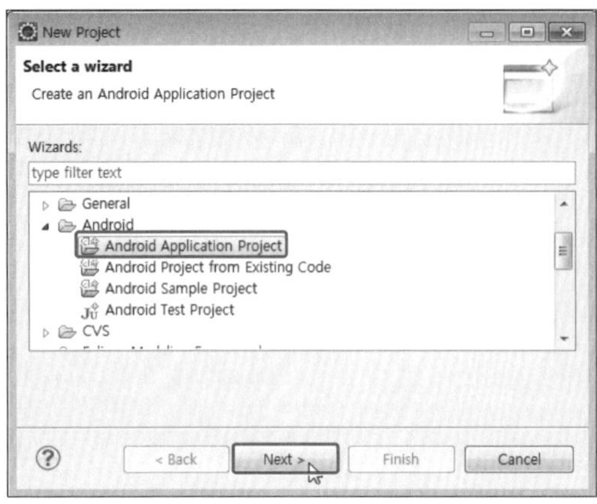

❷ [New Android Application] 창이 표시되면 다음과 같이 입력 및 선택을 한 후
[Next] 버튼을 클릭한다. 그 외의 값은 기본 값을 그대로 사용한다.

항목	입력 및 선택 값
Application Name	FormWidget1 입력
Project Name	FormWidget1 자동 입력됨
Package Name	work.test.formwidget1 입력
Minimum Required SDK	API 8 : Android 2.2 (Froyo) 기본 값 사용
Target SDK	API 18 : Android 4.3 기본 값 사용 기본 값이 아닐 경우 선택
Compile With	API 18 : Android 4.3 기본 값 사용

❸ [Configure Project] 화면은 액티비티의 생성 여부와 프로젝트의 생성 위치 등을 선
택하는 화면으로, 여기서는 기본 값을 그대로 사용하고 [Next] 버튼을 클릭한다.

❹ [Configure Launcher Icon] 화면은 애플리케이션 아이콘의 선택 및 모양을 설정하
는 것으로, 특별히 변경할 것이 없으면 [Next] 버튼을 클릭한다.

❺ [Create Activity] 화면은 액티비티의 종류에 따라 화면의 모양을 지정하는 화면으
로, 기본 값을 그대로 사용하고 [Next] 버튼을 클릭한다.

❻ [Activity Name]을 "FormWidget1MainActivity"로 변경하면 [Layout Name] 항목
의 값은 그에 따라 변경된다. 변경을 확인한 후 [Finish] 버튼을 클릭하면 프로젝트
가 생성된다.

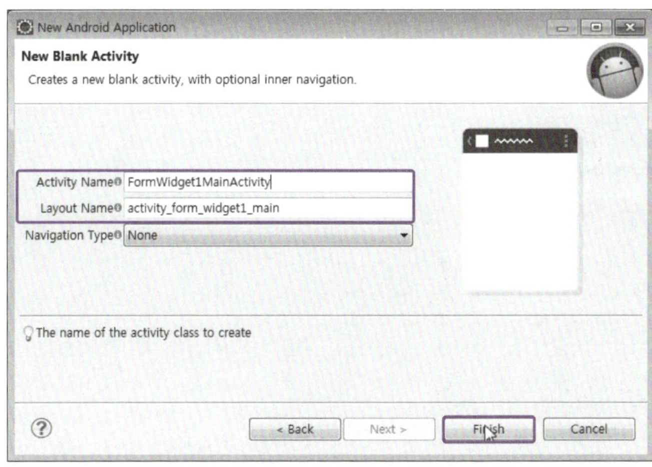

02 XML 문자열 리소스인 [strings.xml]에 문자열을 등록

XML 레이아웃 리소스인 [activity_form_widget1_main.xml]에 위젯의 레이아웃을 배치하기 전에, 위젯에서 사용할 레이블 문자열(TextView나 Button에 표시되는 고정 문자열)은 재사용할 수 있도록 미리 등록해 두는 것이 좋다.

〈추가할 문자열〉

Name	Value
idn	아이디
pass	비밀번호

❶ 프로젝트 내에 있는 [res]-[values]-[strings.xml]을 더블클릭해서 연다.

❷ [strings.xml] 파일의 내용이 [Resources] 탭에 열리면 [Add...] 버튼을 클릭해 문자열을 추가한다.

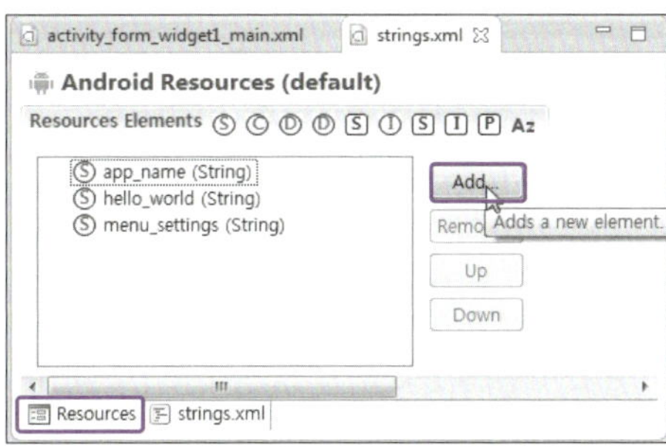

❸ 추가할 리소스를 선택하는 대화상자가 표시되면 [String] 항목을 선택한 후 [OK] 버튼을 클릭한다.

❹ [Name] 항목에 "idn"을 입력하고 [Value] 항목에 "아이디"를 입력한다.

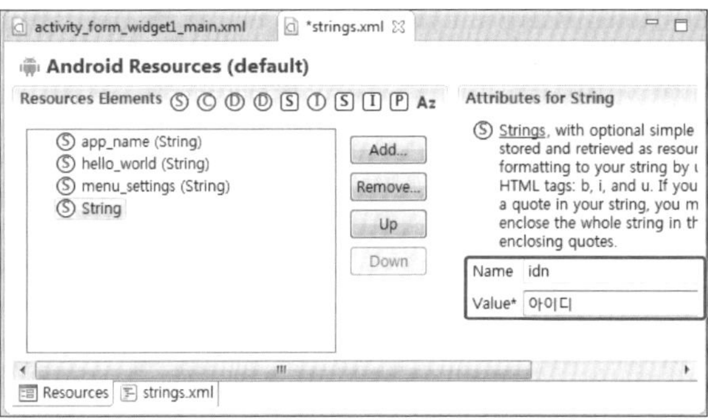

❺ 같은 방법으로 [Add] 버튼을 눌러 [String] 리소스를 추가해 [Name] 항목에 "pass"를 입력하고 [Value] 항목에 "비밀번호"를 입력한 후 저장한다.

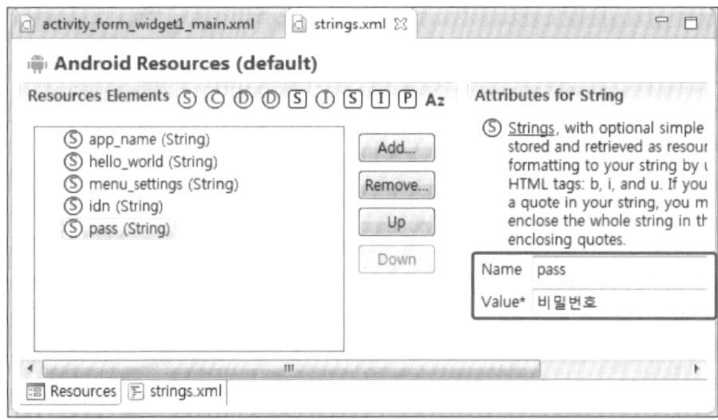

❻ [strings.xml] 탭을 누르면 소스코드가 표시되며, 완성된 소스는 다음과 같다.

```
01    <?xml version="1.0" encoding="utf-8"?>
02    <resources>
03
04        <string name="app_name">FormWidget1</string>
05        <string name="hello_world">Hello world!</string>
06        <string name="menu_settings">Settings</string>
07        <string name="idn">아이디</string>
08        <string name="pass">비밀번호</string>
09
10    </resources>
```

03 [res]-[layout]-[activity_form_widget1_main.xml]에 뷰의 레이아웃을 배치

[activity_form_widget1_main.xml]이 편집기 뷰에 표시되면 [Graphical Layout] 탭을 선택해 레이아웃 배치와 프로퍼티를 설정한다.

❶ [activity_form_widget1_main.xml]이 편집기 뷰에 열려 있는 경우 [activity_form_widget1_main.xml]이 표시된 탭으로 전환하고, 열려져 있지 않는 경우에는 [res]-[layout]-[activity_form_widget1_main.xml]을 더블클릭해 연다.

❷ 화면의 레이아웃 배치에 표시된 [Graphical Layout] 탭에서 [Hello World!]는 클릭한 후 Delete 키를 눌러 제거한다.

❸ 화면에 기본으로 표시된 RelativeLayout은 먼저 배치된 위젯을 기준으로 상대적으로 배치되는 것으로, 복잡한 모양을 쉽게 배치할 수 있다.

❹ 파렛트(Palette)의 [Form Widgets]의 [Medium] 위젯을 레이아웃 배치 부분으로 드래그 앤 드롭 후 추가한 위젯을 선택해 [Properties] 뷰의 프로퍼티의 값을 다음과 같이 수정한다.

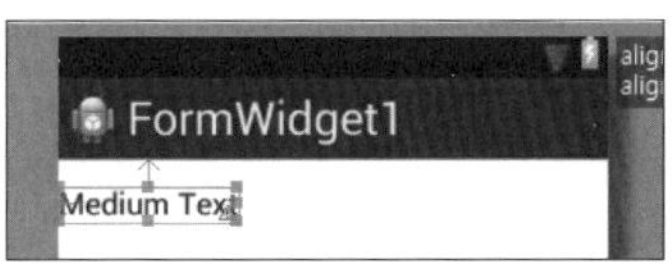

Property	Value
Id	@+id/userIdLabel
Text	[...] 버튼을 눌러 idn을 선택하면 @string/idn로 표시됨

@+id/로 시작하는 경우에는 id명을 지정한다는 의미로 여기서는 텍스트 뷰의 id명을 userIdLabel로 지정한다. @string/idn과 같이 +가 없는 경우에는 [strings.xml]에 정의된 리소스인 idn을 참조한다는 의미이다.

❺ [Text Fields]의 [Plain Text] 위젯을 [아이디] 텍스트 뷰 오른쪽으로 드래그 앤 드롭 후 추가한 위젯을 선택한 후 [Properties] 뷰의 프로퍼티의 값을 다음과 같이 수정한다.

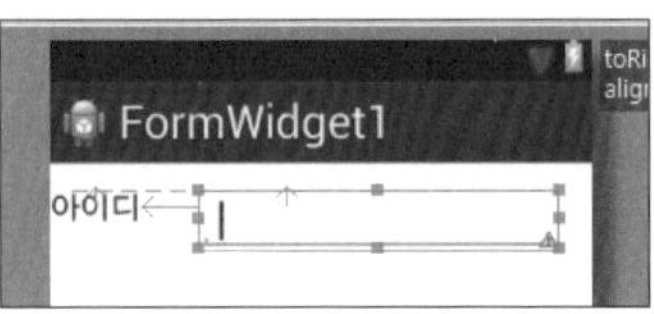

Property	Value
Id	@+id/userId
Width	[Layout Parameters] 항목의 하위 항목인 [Width]의 [...] 버튼을 눌러 fill_parent를 선택

❻ 다시 [Form Widgets]의 [Medium] 위젯을 레이아웃 배치 부분으로 드래그 앤 드롭 후 추가한 위젯을 선택해 [Properties] 뷰의 프로퍼티의 값을 다음과 같이 수정한다.

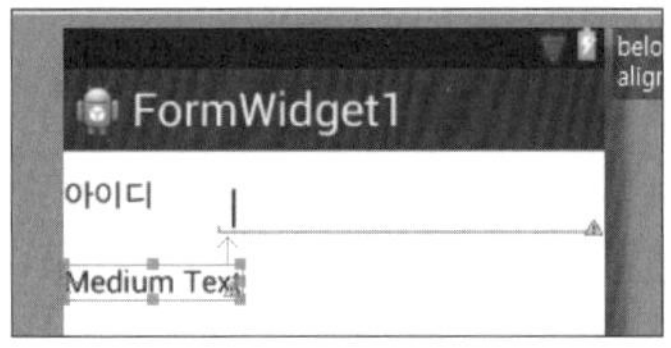

Property	Value
Id	@+id/userPassLabel
Text	[...] 버튼을 눌러 pass를 선택하면 @string/pass로 표시됨

❼ [Text Fields]의 [Password] 위젯을 [비밀번호] 텍스트 뷰 오른쪽으로 드래그 앤 드롭 후 추가한 위젯을 선택해 [Properties] 뷰의 프로퍼티의 값을 다음과 같이 수정한다.

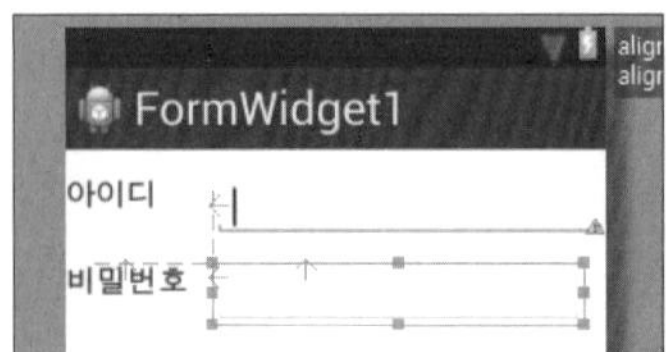

Property	Value
Id	@+id/userPass
Width	[Layout Parameters] 항목의 하위 항목인 [Width]의 [...] 버튼을 눌러 fill_parent를 선택

❽ 레이아웃의 배치가 끝나면 [activity_form_widget1_main.xml]을 저장한다. 완성된 소스코드는 다음과 같다. 소스코드에 노란 삼각형 경고 표시가 있어도 무시한다. 이 것은 입력되는 타입 또는 입력 시의 힌트 값을 표시하지 않아서 생긴 것으로, 여기서 는 힌트를 줄 필요가 없다.

주의 〈RelativeLayout〉을 사용해서 화면을 배치할 경우 위젯을 [Graphical Layout] 탭에서 던져서 생성하는 순서와 기준 위젯에 따라 소스코드가 조금씩 차이가 있을 수 있다. 이는 그다지 중요한 것은 아니며, 화면에 위젯의 배치 결과 모양만 제대로 표시되면 된다. 〈RelativeLayout〉에 위젯들을 던져서(드래그 앤 드롭해서) 만드는 것이 의외로 까다롭 기 때문에 4장에서 레이아웃을 학습한 후 기본 레이아웃을 변경해 작성하는 방법을 학습한다.

```
01   <RelativeLayout xmlns:android="http://schemas.android.com/apk/res/android"
02      xmlns:tools="http://schemas.android.com/tools"
03      android:layout_width="match_parent"
04      android:layout_height="match_parent"
05      tools:context=".FormWidget1MainActivity" >
06
07   <TextView
08      android:id="@+id/userIdLabel"
09      android:layout_width="wrap_content"
10      android:layout_height="wrap_content"
11      android:layout_alignParentLeft="true"
12      android:layout_alignParentTop="true"
13      android:layout_marginTop="16dp"
14      android:text="@string/idn"
15      android:textAppearance="?android:attr/textAppearanceMedium" />
16
17   <EditText
18      android:id="@+id/userId"
19      android:layout_width="fill_parent"
20      android:layout_height="wrap_content"
21      android:layout_alignTop="@+id/userIdLabel"
22      android:layout_marginLeft="33dp"
23      android:layout_toRightOf="@+id/userIdLabel"
24      android:ems="10" >
```

```
25
26        <requestFocus />
27    </EditText>
28
29    <TextView
30        android:id="@+id/userPassLabel"
31        android:layout_width="wrap_content"
32        android:layout_height="wrap_content"
33        android:layout_alignParentLeft="true"
34        android:layout_below="@+id/userId"
35        android:layout_marginTop="15dp"
36        android:text="@string/pass"
37        android:textAppearance="?android:attr/textAppearanceMedium" />
38
39    <EditText
40        android:id="@+id/userPass"
41        android:layout_width="fill_parent"
42        android:layout_height="wrap_content"
43        android:layout_alignLeft="@+id/userId"
44        android:layout_alignTop="@+id/userPassLabel"
45        android:ems="10"
46        android:inputType="textPassword" />
47
48 </RelativeLayout>
```

소스코드 설명

07, 29   <TextView>를 Medium을 사용해 생성했으며, Medium은 글자의 크기는 나타내는 것으로 여기서는 15, 37라인에서 android:textAppearance="?android:attr/textAppearanceMedium"와 같이 프로퍼티의 값으로 표현했다.

26   <requestFocus/> 엘리먼트는 앱이 에뮬레이터 혹은 단말기에 표시될 때 해당 위젯에 포커스를 지정할 때 사용한다. 여기서는 자동으로 첫 번째 EditText에 지정된 것으로, 만일 포커스를 지정할 위젯을 변경할 경우 <requestFocus/> 엘리먼트를 해당 엘리먼트 내로 이동한다.

04 안드로이드 애플리케이션 실행

❶ 실행할 안드로이드 애플리케이션 프로젝트를 선택한 후 마우스 오른쪽 버튼을 눌러 [Run As]−[Android Application]을 선택해 안드로이드 에뮬레이터에서 실행한다. 이때 반드시 메뮬레이터 번전이 4.1.2에서 실행한다.

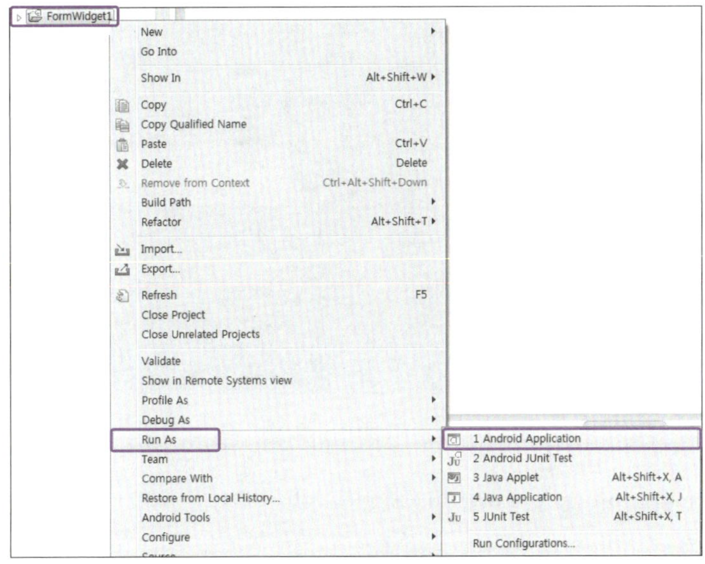

❷ 안드로이드 에뮬레이터에 결과가 표시된다. 바로 표시되지 않으면 에뮬레이터의 오른쪽의 [Menu] 버튼을 눌러 락(lock)을 해제하면 표시된다.

내용을 입력하면 [아이디] 항목에는 입력된 값이 표시되고, [비밀번호] 항목에는 •(점)으로 대치된 문자가 표시된다.

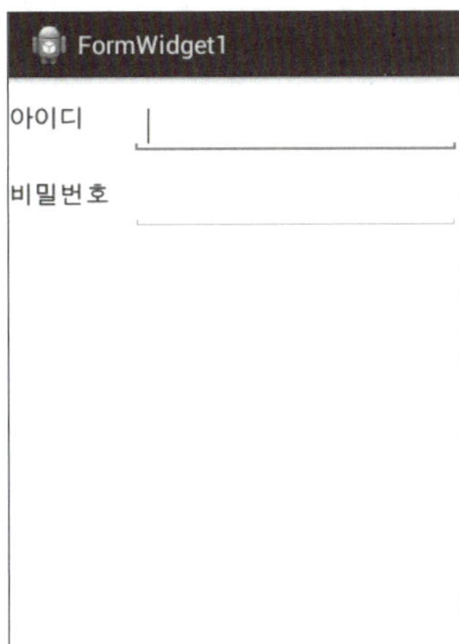

에뮬레이터가 4.3버전인 testPhone 4.3에서 실행한 결과 한글이 전혀 표시되지 않는다.

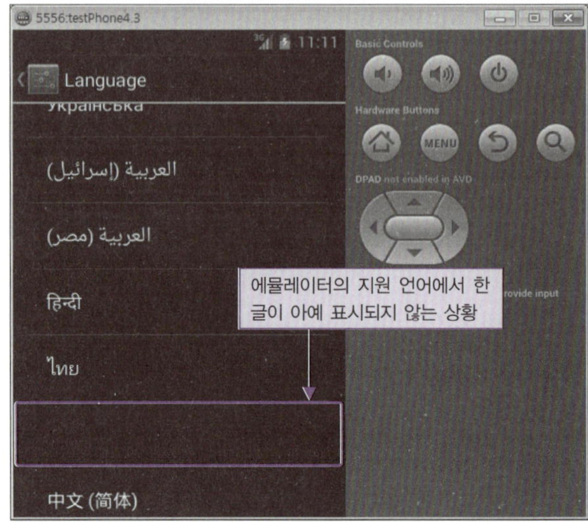

▲ testPhone 4.3에서 실행한 결과

Tip 에뮬레이터에 표시되는 언어를 한국어로 변경하기

❶ 에뮬레이터의 홈 화면에서 [Menu] 버튼을 눌러 표시되는 옵션 메뉴에서 [System settings] 메뉴를 클릭한다. 안드로이드 2.3.3 이하 버전의 에뮬레이터에서는 [Setting] 메뉴를 클릭한다.

❷ [Settings]의 메뉴가 표시되면 [Language & input] 메뉴를 찾아 이동한 후 마우스를 클릭한다.

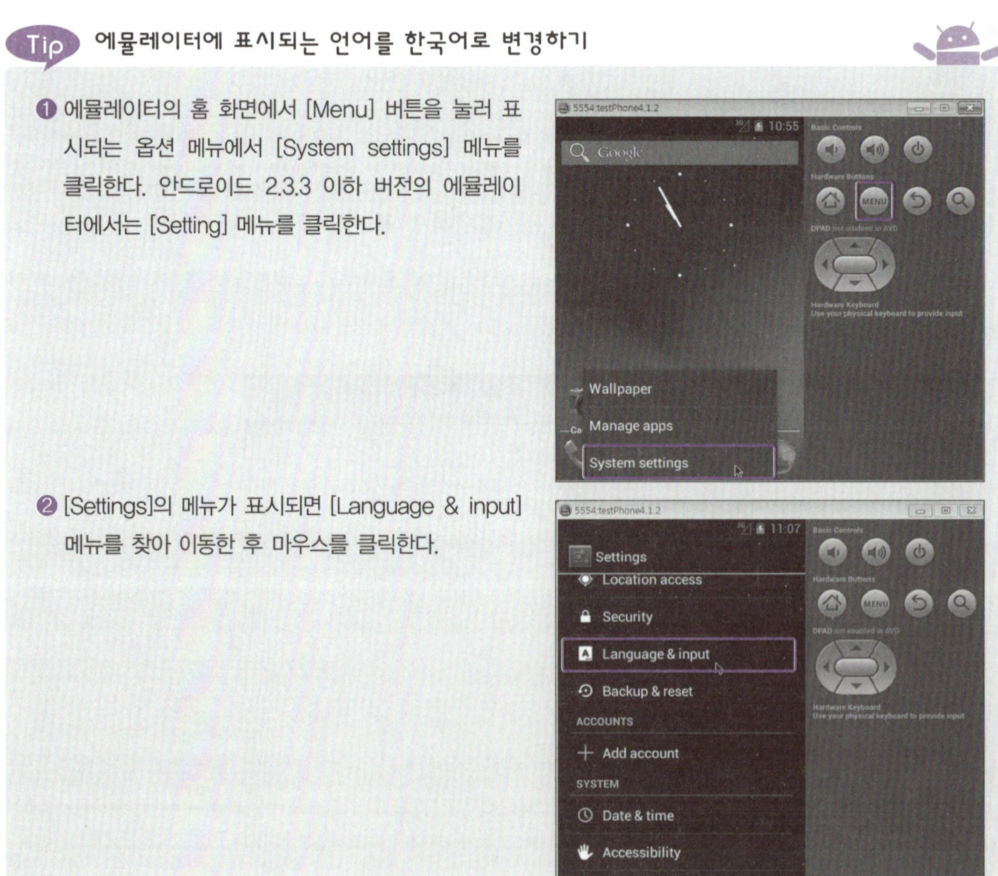

❸ [Language & input] 메뉴에서 [Language – English(United States)] 항목을 클릭한다.

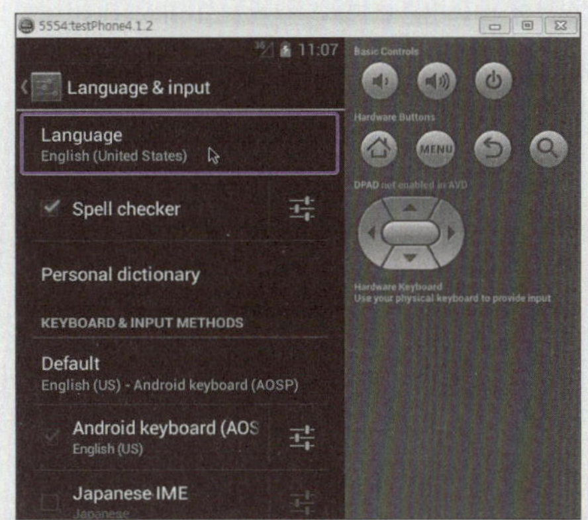

❹ 표시되는 언어에서 "한국어"를 찾아 클릭하면 메뉴가 한글로 변경된다.

버전에 따라 한글로 바로 표시되지 않으면, 에뮬레이터를 닫았다가 다시 실행하면 애플리케이션의 이름도 한글로 표시될 수 있는 것들은 한글로 표시된다.

Tip 에뮬레이터에 한글 키보드 설치

기본적으로 안드로이드 에뮬레이터에는 한글 키보드가 설치되어 있지 않다. 에뮬레이터에서 한글을 입력하려면 추가로 한글 키보드를 설치해야 한다. 표시되는 언어를 한국어로 바꾸어도 한글을 입력할 수 없다. 반드시 한글 키보드를 추가로 설치해야 한글을 입력할 수 있다.

❶ 에뮬레이터가 실행된 상태에서 부록CD의 [Program] 폴더에서 제공되는 [HangulKeyboard.apk] 파일을 앞에서 생성한 [Keystore] 폴더에 복사한다. 필자의 경우 C드라이브에 있다.

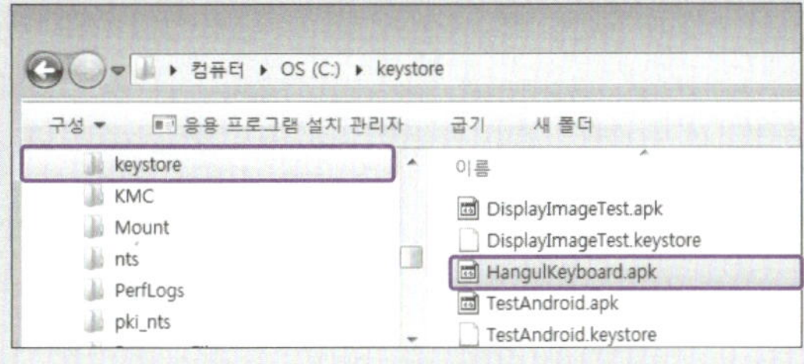

❷ [명령 프롬프트]를 실행해 [Keystore] 폴더로 경로를 이동한다.

❸ [adb –s emulator–에뮬레이터번호 install HangulKeyboard.apk]과 같은 형식으로 명령어를 입력한다. 에뮬레이터 번호가 5554인 경우의 예시는 다음과 같다.

adb –s emulator–5554 install HangulKeyboard.apk

실제로 명령 프롬프트에 표시되는 내용은 다음과 같다.

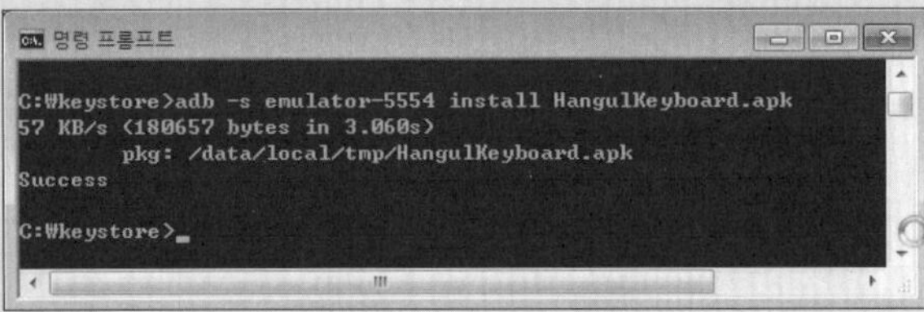

❹ [시스템 설정(System Settings)]–[언어 및 키보드(Language&Input)]에서 [한글 접촉식 키보드]를 체크한다. 이때 키보드 설치시 정보가 수집된다는 메시지가 표시되면 [확인] 버튼을 클릭한다. 원래 키보드를 추가 설치시 이 메시지가 표시되는데, 에뮬레이터에서 할 때는 실제로 정보가 수집되지 않으므로 이 메시지의 경고사항을 무시해도 된다.

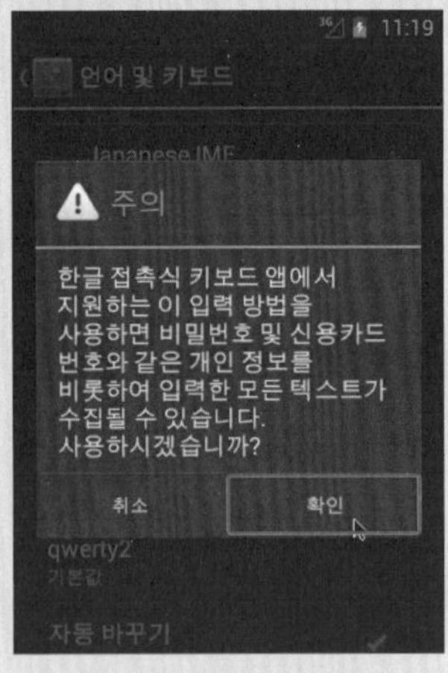

❺ [기본 값–영어(미국)–Android키보드(ASOP)] 항목을 클릭해 [입력 방법 선택] 화면이 표시되면, [하드웨어–물리적 키보드]를 "OFF"로 지정하고 [한글 접촉식 키보드]를 선택한다. [하드웨어–물리적 키보드]를 "ON"으로 설정되면 안드로이드 에뮬레이터가 키를 인식하지 못해서 키보드로 한글 입력이 안 된다.

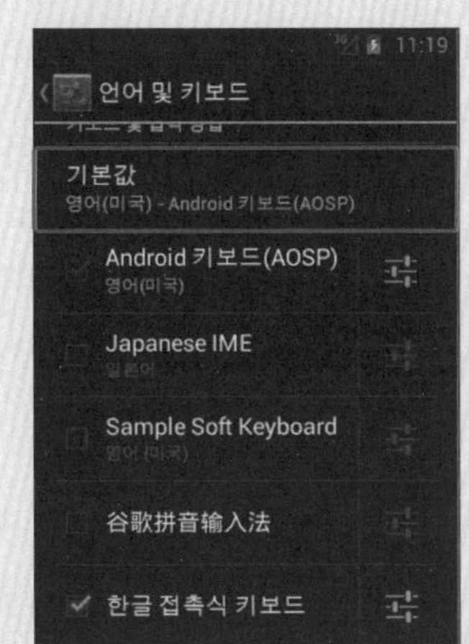
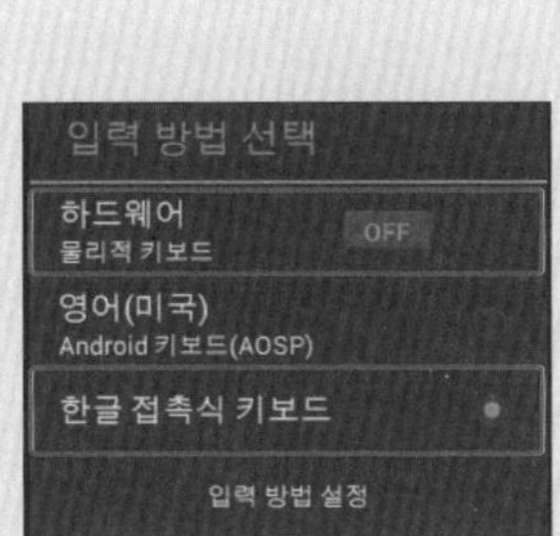

❻ 이제 한글이 입력된다. 만일 한글이 입력되지 않으면 에뮬레이터를 닫았다가 다시 실행한다.

안드로이드 SDK의 버전에 따라 한글 접촉식 키보드가 인식되지 않을 수 있다. 안드로이드 SDK의 버전 2.3.3 이하, 4.1에서는 한글 키보드가 인식되나, 4.0에서는 인식되지 않을 수 있다.

Button(버튼), CheckBox(체크박스), RadioButton(라디오버튼), Spinner(콤보상자)는 사용자의 선택에 의해 사용자가 원하는 사항을 입력받도록 해주는 위젯들로 많이 사용된다.

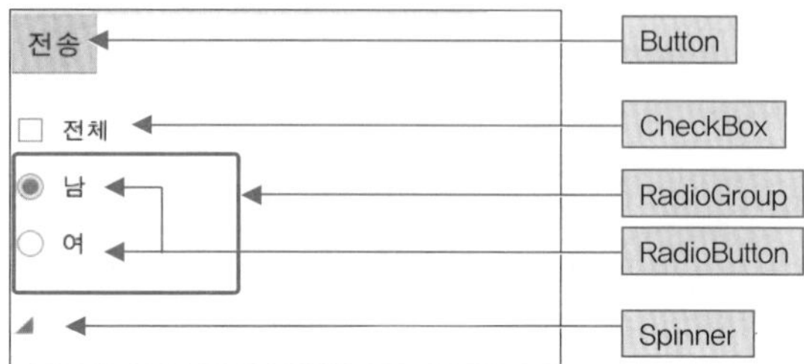

(1) Button – 버튼

Button(버튼) 폼 위젯은 사용자가 입력한 내용을 모두 승인 또는 취소하는 것과 같이 작업을 처리하는 용도로 많이 사용한다.

Button을 XML 레이아웃 파일에 직접 기술할 때는 다음과 같은 문법을 따른다.

> **문법**　<Button 프로퍼티리스트></Button>

주요한 프로퍼티들을 추가해서 작성한 예는 다음과 같다.

> **예**　<Button android:id="@+id/button1" android:text="전송" android:layout_width=
> "wrap_content" android:layout_height="wrap_content"></Button>

위에서 사용한 주요 프로퍼티의 설명은 다음과 같다.

Button 위젯의 주요 프로퍼티

android:id : 지정한 위젯의 고유한 ID 값으로 자바 소스코드에서 이 값을 가지고 해당 위젯에 접근한다. Button 위젯은 이벤트 처리에 많이 사용되기 때문에 반드시 이 프로퍼티를 지정하는 것이 좋다.

android:text : 해당 위젯에 주어지는 기본 값으로 Button의 경우 레이블로 사용되므로 반드시 기술한다.

android:layout_width : Button 위젯의 가로 너비로 wrap_content, fill_parent, match_parent 등의 프로퍼티 값이 있다.

android:layout_height : Button위젯의 세로 높이로 wrap_content, fill_parent, match_parent 등의 프로퍼티 값이 있다.

▲ Button의 주요한 XML프로퍼티

Button 위젯은 버튼을 클릭하는 동작에 어떤 처리를 연결하는 이벤트 제어에 많이 사용되며, 일반적으로 [src] 내에 있는 액티비티인 .java에 다음과 같은 방식으로 작성한다.

```java
public class TestActivity extends Activity {
    protected void onCreate(Bundle icicle) {
        super.onCreate(icicle);

        setContentView(R.layout.content_layout_id);

        final Button button1 = (Button) findViewById(R.id.button1);
        button1.setOnClickListener(new View.OnClickListener( ) {
            public void onClick(View v) {
                // button1 버튼을 클릭 시 처리할 작업을 여기에 기술

            }
        });
    }
}
```

물론 OnClickListener를 사용해 이벤트를 연동하는 대신 XML 레이아웃 파일에 android:onClick 프로퍼티를 추가해서 할 수도 있다. 이때 android:onClick 프로퍼티 값으로 연동할 이벤트 처리 메소드명은 액티비티에 정의해 놓아야 한다.

XML 레이아웃 파일

```xml
<Button
    android:id="@+id/process"
    android:layout_height="wrap_content"
    android:layout_width="wrap_content"
    android:text="@string/pocessLabel"
    android:onClick="workProcess" />
```

액티비티 내에 정의된 이벤트 처리 메소드 접근제어자는 반드시 public으로 기술하며 메소드는 파라미터로 반드시 View 타입의 파라미터 하나만을 갖는다.

```java
public void workProcess(View view) {
    // 처리할 작업 기술
}
```

 폼 위젯 TextView, EditText, Button을 사용한 예제 – FormWidget2 애플리케이션

이 예제는 폼 위젯 TextView, EditText, 그리고 Button을 사용한 예제로 아이디와 비밀번호를 입력한 후 [로그인] 버튼을 누르면 입력한 값을 화면에 표시하는 예제이다.

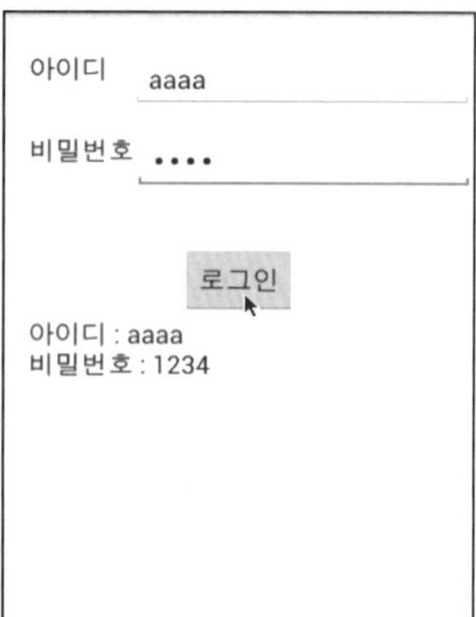

▲ FormWidget2 애플리케이션 실행 결과

주요 파일	파일명 ([FormWidget2] 애플리케이션)	하는 일
리소스 파일 (문자열, 이미지 등)	문자열 리소스 strings.xml 위치 : [프로젝트]–[res]–[values]	• idn, pass, login 문자열 정의
레이아웃 리소스 파일	activity_form_widget2_main.xml 위치 : [프로젝트]–[res]–[layout]	• 3개의 TextView 위젯과 2개의 EditText 위젯 및 1개의 Button 위젯 배치 • strings.xml에서 정의한 idn, pass, login 문자열 참조
액티비티 클래스 파일	FormWidget2MainActivity.java 위치 : [프로젝트]–[src]–[패키지명]	• 화면에 activity_form_widget2_main.xml을 표시 • activity_form_widget2_main.xml에서 정의한 Button 위젯의 정보를 얻어내 이벤트리스너 등록 • 이벤트 처리 : [로그인] 버튼을 누르면 입력한 내용을 화면에 표시
매니페스트 파일	AndroidManifest.xml 위치 : [프로젝트]	• 애플리케이션의 속성 설정 이 애플리케이션에서는 내용 수정 안 함

▲ [FormWidget2] 애플리케이션의 주요 파일

01 FormWidget2 안드로이드 애플리케이션 프로젝트 생성

❶ [Project Explorer] 뷰에서 마우스 오른쪽 버튼을 클릭한 후 표시되는 메뉴에서
[New]-[Project] 메뉴를 선택한다. [New Project] 창이 표시되면 [Android]-
[Android Application Project]를 선택한 후 [Next] 버튼을 클릭한다.

❷ [New Android Application] 창이 표시되면 다음과 같이 입력 및 선택한 후 [Next]
버튼을 클릭한다. 그 외의 값은 기본 값을 그대로 사용한다.

항목	입력 및 선택 값
Application Name	FormWidget2 입력
Project Name	FormWidget2 자동 입력 됨
Package Name	work.test.formwidget2 입력
Minimum Required SDK	API 8 : Android 2.2 (Froyo) 기본 값 사용
Target SDK	API 18 : Android 4.3 기본 값 사용 기본 값이 아닐 경우 선택
Compile With	API 18 : Android 4.3 기본 값 사용

❸ [Next] 버튼을 클릭하다가 액티비티의 이름을 변경하는 부분이 나오면 [Activity
Name]을 [FormWidget2MainActivity]로 변경한 후 [Finish] 버튼을 클릭한다.

02 XML 문자열 리소스인 [strings.xml]에 문자열을 등록

〈추가할 문자열〉

Name	Value
idn	아이디
pass	비밀번호
login	로그인

❶ 프로젝트내에 있는 [res]-[values]-[strings.xml]을 더블클릭해서 연다.
[strings.xml] 파일의 내용이 [Resources] 탭에 열리면 [Add...] 버튼을 클릭해 문자
열들을 추가한 후 저장한다.

❷ [strings.xml] 탭을 누르면 소스코드가 표시되며, 완성된 소스는 다음과 같다.

```
01    <?xml version="1.0" encoding="utf-8"?>
02    <resources>
03
04        <string name="app_name">FormWidget2</string>
05        <string name="hello_world">Hello world!</string>
06        <string name="menu_settings">Settings</string>
07        <string name="idn">아이디</string>
08        <string name="pass">비밀번호</string>
09        <string name="login">로그인</string>
10
11    </resources>
```

03 [res]-[layout]-[activity_form_widget2_main.xml]에 뷰의 레이아웃을 배치 TextView 위젯은 Medium을 사용하고, EditText 위젯은 Plain Text와 Password를 사용해서 한다.

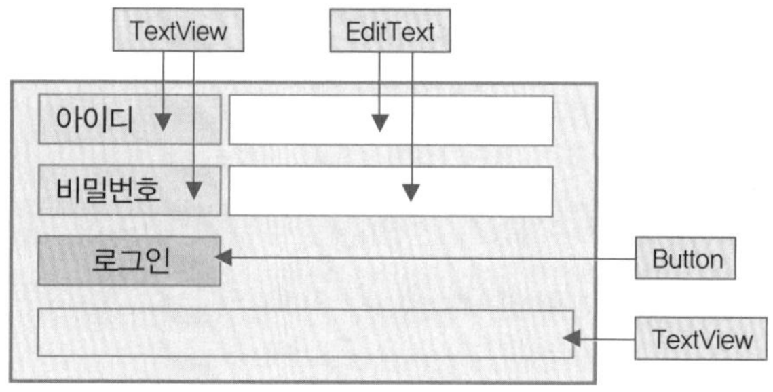

▲ FormWidget2 프로젝트의 뷰 배치 구조

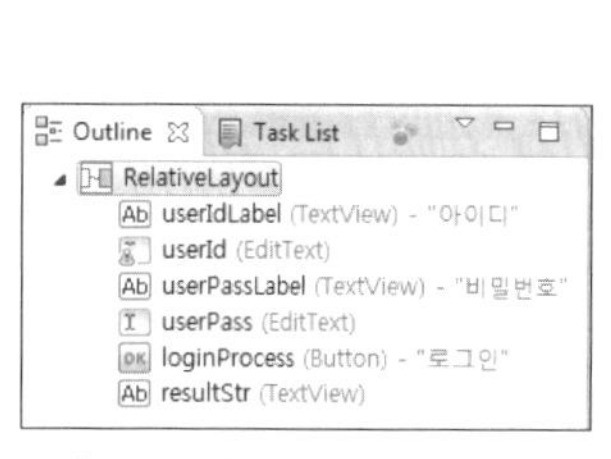

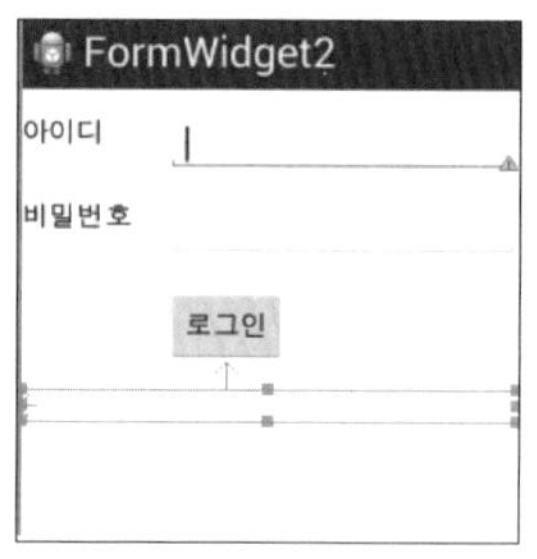

▲ [Outline] 뷰의 구조　　　　▲ [Graphical Layout]의 화면

❶ [activity_form_widget2_main.xml]이 편집기 뷰에 열려져 있지 않는 경우에는 더블클릭해서 연다.

❷ [Graphical Layout] 탭이 아닌 경우 [Graphical Layout] 탭으로 전환한 후 화면의 레이아웃 배치에 표시된 [Hello World!]는 클릭한 후 Delete 키를 눌러 제거한다.

❸ 팔렛(Palette)의 [Form Widgets]의 [Medium] 위젯을 레이아웃 배치 부분으로 드래
그 앤 드롭한 후, 추가한 위젯을 선택해 [Properties] 뷰의 프로퍼티의 값을 다음과
같이 수정한다.

Property	Value
Id	@+id/userIdLabel
Text	[...] 버튼을 눌러 idn을 선택하면 @string/idn로 표시됨

❹ [Text Fields]의 [Plain Text] 위젯을 [아이디] 텍스트 뷰 오른쪽으로 드래그 앤 드롭한
후 추가한 위젯을 선택해 [Properties] 뷰의 프로퍼티의 값을 다음과 같이 수정한다.

Property	Value
Id	@+id/userId
Width	[Layout Parameters] 항목의 하위 항목인 [Width]의 [...] 버튼을 눌러 fill_parent를 선택

❺ [Form Widgets]의 [Medium] 위젯을 레이아웃 배치 부분으로 드래그 앤 드롭한 후,
추가한 위젯을 선택해 [Properties] 뷰의 프로퍼티의 값을 다음과 같이 수정한다.

Property	Value
Id	@+id/userPassLabel
Text	[...] 버튼을 눌러 pass를 선택하면 @string/pass로 표시됨

❻ [Text Fields]의 [Password] 위젯을 [비밀번호] 텍스트 뷰 오른쪽으로 드래그 앤 드롭한
후 추가한 위젯을 선택해 [Properties] 뷰의 프로퍼티의 값을 다음과 같이 수정한다.

Property	Value
Id	@+id/userPass
Width	[Layout Parameters] 항목의 하위 항목인 [Width]의 [...] 버튼을 눌러 fill_parent를 선택

❼ [Form Widgets]의 [Button] 위젯을 레이아웃 배치 부분으로 드래그 앤 드롭한 후,
추가한 위젯을 선택해 [Properties] 뷰의 프로퍼티의 값을 다음과 같이 수정한다.

Property	Value
Id	@+id/loginProcess
Text	[...] 버튼을 눌러 login을 선택하면 @string/login로 표시됨

❽ [Form Widgets]의 [Medium] 위젯을 레이아웃 배치 부분으로 드래그 앤 드롭한 후, [Properties] 뷰의 프로퍼티의 값을 다음과 같이 수정한다. 이때 [Text] 프로퍼티의 값은 비워둔다.

Property	Value
Id	@+id/resultStr
Text	
Width	[Layout Parameters] 항목의 하위 항목인 [Width]의 [...] 버튼을 눌러 fill_parent를 선택

❾ 레이아웃의 배치가 끝나면 [activity_form_widget2_main.xml]을 저장한다. 완성된 소스코드는 다음과 같다.

```xml
01  <RelativeLayout xmlns:android="http://schemas.android.com/apk/res/android"
02      xmlns:tools="http://schemas.android.com/tools"
03      android:layout_width="match_parent"
04      android:layout_height="match_parent"
05      tools:context=".FormWidget2MainActivity" >
06
07  <TextView
08      android:id="@+id/userIdLabel"
09      android:layout_width="wrap_content"
10      android:layout_height="wrap_content"
11      android:layout_alignParentLeft="true"
12      android:layout_alignParentTop="true"
13      android:layout_marginTop="18dp"
14      android:text="@string/idn"
15      android:textAppearance="?android:attr/textAppearanceMedium" />
16
17  <EditText
18      android:id="@+id/userId"
19      android:layout_width="fill_parent"
20      android:layout_height="wrap_content"
```

```
21          android:layout_alignTop="@+id/userIdLabel"
22          android:layout_marginLeft="39dp"
23          android:layout_toRightOf="@+id/userIdLabel"
24          android:ems="10" >
25
26      <requestFocus />
27    </EditText>
28
29    <TextView
30        android:id="@+id/userPassLabel"
31        android:layout_width="wrap_content"
32        android:layout_height="wrap_content"
33        android:layout_alignParentLeft="true"
34        android:layout_below="@+id/userId"
35        android:layout_marginTop="19dp"
36        android:text="@string/pass"
37        android:textAppearance="?android:attr/textAppearanceMedium" />
38
39    <EditText
40        android:id="@+id/userPass"
41        android:layout_width="fill_parent"
42        android:layout_height="wrap_content"
43        android:layout_alignLeft="@+id/userId"
44        android:layout_alignTop="@+id/userPassLabel"
45        android:ems="10"
46        android:inputType="textPassword" />
47
48    <Button
49        android:id="@+id/loginProcess"
50        android:layout_width="wrap_content"
51        android:layout_height="wrap_content"
52        android:layout_alignLeft="@+id/userPass"
53        android:layout_below="@+id/userPass"
54        android:layout_marginTop="21dp"
55        android:text="@string/login" />
56
57    <TextView
58        android:id="@+id/resultStr"
59        android:layout_width="fill_parent"
60        android:layout_height="wrap_content"
```

```
61        android:layout_alignParentLeft="true"
62        android:layout_below="@+id/loginProcess"
63        android:layout_marginTop="18dp"
64        android:textAppearance="?android:attr/textAppearanceMedium" />
65
66    </RelativeLayout>
```


17, 39, 48, 57   〈EditText〉, 〈Button〉, 〈TextView〉 엘리먼트는(뷰의 화면에서는 위젯, XML 코드에서는 엘리먼트라 지칭한다.) 안드로이드 애플리케이션의 로직 부분을 담당하는 [FormWidget2MainActivity] 액티비티에서 참조해서 프로그래밍을 제어한다. 이때 각 위젯의 android:id 프로퍼티의 프로퍼티 값을 가지고 해당 위젯에 접근한다.

26   첫 번째 〈EditText〉 엘리먼트 안에 〈requestFocus /〉를 위치시킨다.

04 로직을 담당하는 [FormWidget2MainActivity] 액티비티의 내용을 수정한 후 저장
레이아웃의 배치가 끝나면 이벤트에 동작되는 프로그래밍을 작성하기 위해 생성된
[FormWidget2MainActivity] 액티비티의 내용을 수정한다.

❶ [FormWidget2]-[src]-[work.test.formwidget2] 패키지 내에 있는 [FormWidget2MainActivity.java]를 더블클릭해서 연다.

❷ [FormWidget2MainActivity] 액티비티의 내용을 다음과 같이 추가해 수정한 후 저장한다.

```java
01    package work.test.formwidget2;
02
03    import android.app.Activity;
04    import android.os.Bundle;
05    import android.view.Menu;
06    import android.view.View;
07    import android.view.Window;
08    import android.widget.Button;
09    import android.widget.EditText;
10    import android.widget.TextView;
11
12    public class FormWidget2MainActivity extends Activity {
```

```java
13
14      @Override
15      protected void onCreate(Bundle savedInstanceState) {
16          super.onCreate(savedInstanceState);
17          requestWindowFeature(Window.FEATURE_NO_TITLE);//타이틀바 없음
18          setContentView(R.layout.activity_form_widget2_main);
19
20          //[로그인] 버튼을 얻어냄
21          final Button loginButton = (Button) findViewById(R.id.loginProcess);
22          //[로그인] 버튼을 클릭시 수행되도록 리스너를 등록
23          loginButton.setOnClickListener(new View.OnClickListener( ) {
24              public void onClick(View v) { //[로그인] 버튼 클릭 시 수행
25                  //입력된 아이디를 얻어냄
26                  EditText id = (EditText) findViewById(R.id.userId);
27                  String idStr = id.getText( ).toString( );
28
29                  //입력된 비밀번호를 얻어냄
30                  EditText pass = (EditText) findViewById(R.id.userPass);
31                  String passStr = pass.getText( ).toString( );
32
33                  //입력받은 아이디와 비밀번호를 화면에 표시하기 위한 문자열을 구성
34                  String resultDisplay = "아이디 : "+ idStr + "\n" ;
35                  resultDisplay += "비밀번호 : "+passStr;
36
37                  //결과 문자열을 화면에 표시
38                  TextView result = (TextView) findViewById(R.id.resultStr);
39                  result.setText(resultDisplay);
40              }
41          });
42      }
43
44      @Override
45      public boolean onCreateOptionsMenu(Menu menu) {
46          // Inflate the menu; this adds items to the action bar if it is present.
47          getMenuInflater( ).inflate(R.menu.activity_form_widget2_main, menu);
48          return true;
49      }
50
51  }
```

17   requestWindowFeature(Window.FEATURE_NO_TITLE);는 타이틀바를 액티비티의 상단에
표시하지 않는다. 이것은 액티비티의 화면을 좀 더 넓게 쓰기 위해 사용한다.

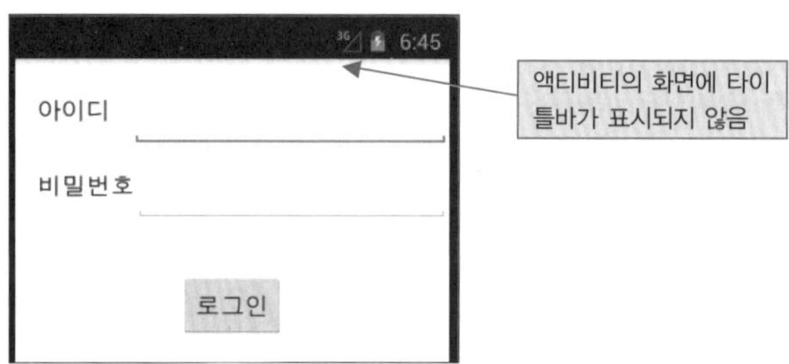

▲ [Graphical Layout]의 화면

또한 requestWindowFeature( ) 메소드는 액티비티에 뷰의 내용을 표시하는 setContentView( )
메소드보다는 먼저 기술되어야 한다.

21   final Button loginButton = (Button) findViewById(R.id.loginProcess);은 XML 레이아웃
리소스인 [activity_form_widget2_main.xml]에 정의한 Button 위젯인 [로그인] 버튼을 사용하기 위
한 문자이다. 정의된 리소스 중 id 프로퍼티의 값이 loginProcess인 위젯 객체를 얻어내
loginButton 변수에 저장한다. 즉, [activity_form_widget2_main.xml]의 loginProcess와
[FormWidget2MainActivity] 액티비티의 loginButton은 같은 객체를 접근해서 사용한다.

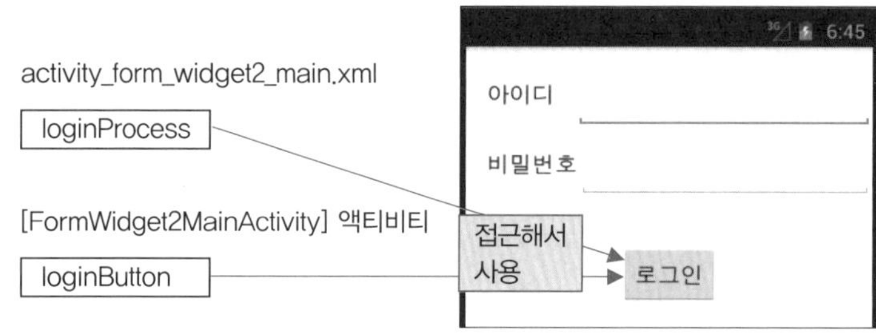

▲ 레이아웃 리소스와 액티비에서 같은 객체에 접근

23~41   [로그인] 버튼에 클릭리스너를 등록해 [로그인] 버튼을 클릭하면 24라인의 onClick( ) 메
소드가 자동 실행되어 화면에 입력한 아이디와 패스워드가 표시된다.

24~40   onClick( ) 메소드의 영역으로, [로그인] 버튼을 클릭하면 자동으로 수행된다.

26~27   입력된 아이디를 얻어내는 것으로 [activity_form_widget2_main.xml]에 정의한 id 프로
퍼티의 값이 userId인 EditText 객체를 얻어내어 id 변수에 저장한다. 사용자가 입력한 아이디를 id
변수에 저장되고 id 변수에서 입력 값을 얻어내려면 id.getText( ).toString( )과 같이 사용해야 한다.

30~31   입력된 비밀번호를 얻어내는 것으로, [activity_form_widget2_main.xml]에 정의한 id 프
로퍼티의 값이 userPass인 EditText 객체를 얻어내어 pass 변수에 저장한다. 사용자가 입력한 비
밀번호를 pass 변수에 저장한 후 값을 얻어낸다.

34~35 입력받은 아이디와 비밀번호를 화면에 표시하기 위한 resultDisplay 변수에 결과 문자열을 결합한다.

38~39 결과 문자열 resultDisplay 변수의 값을 [activity_form_widget2_main.xml]에 정의한 id 프로퍼티의 값이 resultStr인 TextView 객체의 내용으로 표시하기 위해 setText( ) 메소드를 사용해서 화면에 표시했다. 이런 일반적으로 GUI 객체(위젯)의 값을 얻어낼 때는 getText( ) 메소드를 사용하고, 값을 저장할 때는 setText( ) 메소드를 사용한다.

05 안드로이드 애플리케이션 실행

❶ 실행할 안드로이드 애플리케이션 프로젝트를 선택한 후 [Run As]-[Android Application]을 선택해 안드로이드 에뮬레이터로 실행한다.

❷ 안드로이드 에뮬레이터에 결과가 표시된다.

[아이디] 항목, [비밀번호] 항목에 아이디와 비밀번호를 입력한 후 [로그인] 버튼을 클릭하면 입력한 내용이 아래에 표시된다.

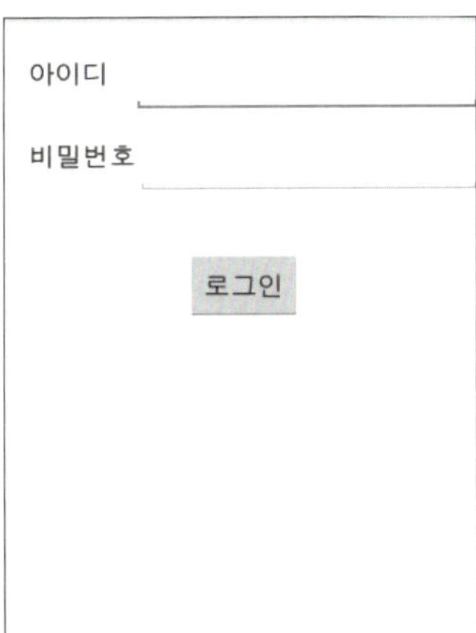

(2) CheckBox - 체크박스

CheckBox(체크박스) 폼 위젯은 어떤 항목을 선택 혹은 해제하는 것으로 사용자의 입력한 받는 위젯이다. 한 항목만 주어진 상태에서 해당 항목을 선택 혹은 해제를 하기 위해 사용하거나 여러 항목이 주어진 상태에서 여러 항목을 선택하는 경우에 주로 사용한다.

CheckBox를 XML 레이아웃 파일에 직접 기술할 때는 다음과 같은 문법을 따른다.

문법 〈CheckBox 프로퍼티리스트〉〈/CheckBox〉

주요한 프로퍼티들을 추가해서 작성한 예는 다음과 같다.

<CheckBox android:id="@+id/checkBox1" android:layout_width="wrap_content"
android:layout_height="wrap_content" android:text="전체"></CheckBox>

CheckBox에서 사용한 주요 프로퍼티의 설명은 다음과 같다.

CheckBox 위젯의 주요 프로퍼티

android:id

지정한 위젯의 고유한 ID 값으로 자바 소스코드에서 이 값을 가지고 해당 위젯에 접근한다. CheckBox 위젯도 이벤트 처리에 많이 사용되기 때문에 반드시 이 프로퍼티를 지정하는 것이 좋다.

android:text

해당 위젯에 주어지는 기본 값으로 CheckBox의 경우 체크박스의 레이블로 사용되므로 반드시 기술한다.

android:layout_width

CheckBox 위젯의 가로 너비로 wrap_content, fill_parent, match_parent 등의 프로퍼티 값이 있다.

android:layout_height

CheckBox 위젯의 세로 높이로 wrap_content, fill_parent, match_parent 등의 프로퍼티 값이 있다.

android:checked

CheckBox의 체크 여부를 지정하는 것으로 true면 체크표시가 되고, false면 체크가 해제된다

▲ CheckBox의 주요한 XML 프로퍼티

CheckBox 위젯은 체크박스가 선택 혹은 해제되었는가에 따라 작업을 달리하는 경우에 많이 사용되며, 일반적으로 [src] 내에 있는 액티비티인 .java에 다음과 같은 방식으로 작성한다. 체크박스가 선택 혹은 해제되었는가를 묻는 if문은 체크박스의 수만큼 기술한다.

```java
public class MyActivity extends Activity {
    protected void onCreate(Bundle icicle) {
        super.onCreate(icicle);

        setContentView(R.layout.content_layout_id);

        final CheckBox checkBox1 = (CheckBox) findViewById(R.id.checkBox1);
        if (checkBox.isChecked( )) { //checkBox1이 체크된 경우
            checkBox.setChecked(false); //checkBox1의 체크를 해제
        }
    }
}
```

이 예제는 폼 위젯 CheekBox를 사용한 예제로, 체크박스의 항목을 선택할 때마다 이벤트가 발생하여 선택한 항목을 [선택결과]에 표시한다.

▲ CheckBoxTest 애플리케이션 실행 결과

주요 파일	파일명 ([CheckBoxTest] 애플리케이션)	하는 일
리소스 파일 (문자열, 이미지 등)	문자열 리소스 strings.xml 위치 : [프로젝트]–[res]–[values]	• select, sOP, sJF, sMT, sSS, result 문자열 정의
레이아웃 리소스 파일	activity_check_box_test_main.xml 위치 : [프로젝트]–[res]–[layout]	• 3개의 TextView 위젯과 4개의 CheckBox 위젯 배치 • strings.xml에서 정의한 select, sOP, sJF, sMT, sSS, result 문자열 참조
액티비티 클래스 파일	CheckBoxTestMainActivity.java 위치 : [프로젝트]–[src]–[패키지명]	• 화면에 activity_check_box_test_main.xml을 표시 • activity_check_box_test_main.xml에서 정의한 CheckBox 위젯의 정보를 얻어내 이벤트리스너 등록 • 이벤트 처리 : 체크박스를 체크하거나 해제할 때마다 선택한 내용을 화면에 표시
매니페스트 파일	AndroidManifest.xml 위치 : [프로젝트]	• 애플리케이션의 속성 설정 이 애플리케이션에서는 내용 수정 안 함

▲ [CheckBoxTest] 애플리케이션의 주요 파일

01 CheckBoxTest 안드로이드 애플리케이션 프로젝트 생성

❶ [Project Explorer] 뷰에서 마우스 오른쪽 버튼을 클릭한 후 표시되는 메뉴에서 [New]–[Project] 메뉴를 선택한다. [New Project] 창이 표시되면 [Android]–[Android Application Project]를 선택한 후 [Next] 버튼을 클릭한다.

❷ [New Android Application] 창이 표시되면 다음과 같이 입력 및 선택한 후 [Next] 버튼을 클릭한다. 그 외의 값은 기본 값을 그대로 사용한다.

항목	입력 및 선택 값
Application Name	CheckBoxTest 입력
Project Name	CheckBoxTest 자동 입력됨
Package Name	work.test.checkboxtest 입력
Minimum Required SDK	API 8 : Android 2.2 (Froyo) 기본 값 사용
Target SDK	API 18 : Android 4.3 기본 값 사용 기본 값이 아닐 경우 선택
Compile With	API 18 : Android 4.3 기본 값 사용

❸ [Next]버튼을 클릭하다가 액티비티의 이름을 변경하는 부분이 나오면 [Activity Name]을 [CheckBoxTestMainActivity]로 변경한 후 [Finish]버튼을 클릭한다.

02 XML 문자열 리소스인 [strings.xml]에 문자열을 등록

〈추가할 문자열〉

Name	Value
select	트랜스포머 선택
sOP	옵티머스 프라임
sJF	제트파이어
sMT	메가트론
sSS	스타스크림
result	선택결과

❶ 프로젝트 내에 있는 [res]–[values]–[strings.xml]을 더블클릭해서 연다. [strings.xml] 파일의 내용이 [Resources] 탭에 열리면 [Add...] 버튼을 클릭해 문자열들을 추가한 후 저장한다.

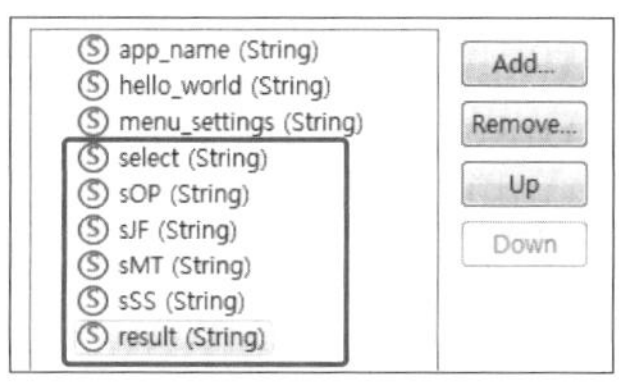

❷ [strings.xml] 탭을 누르면 소스코드가 표시되며, 완성된 소스는 다음과 같다.

```xml
01    <?xml version="1.0" encoding="utf-8"?>
02    <resources>
03
04        <string name="app_name">CheckBoxTest</string>
05        <string name="hello_world">Hello world!</string>
06        <string name="menu_settings">Settings</string>
07        <string name="select">트랜스포머 선택</string>
08        <string name="sOP">옵티머스 프라임</string>
09        <string name="sJF">제트파이어</string>
10        <string name="sMT">메가트론</string>
11        <string name="sSS">스타스크림</string>
12        <string name="result">선택결과</string>
13
14    </resources>
```

03 [res]−[layout]−[activity_check_box_test_main.xml]에 뷰의 레이아웃을 배치

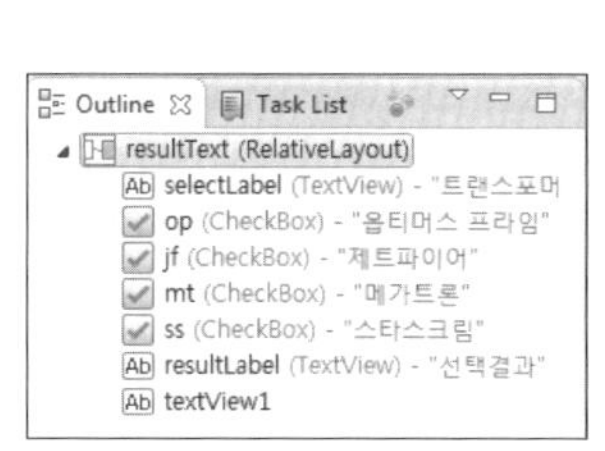

▲ [Outline] 뷰의 구조

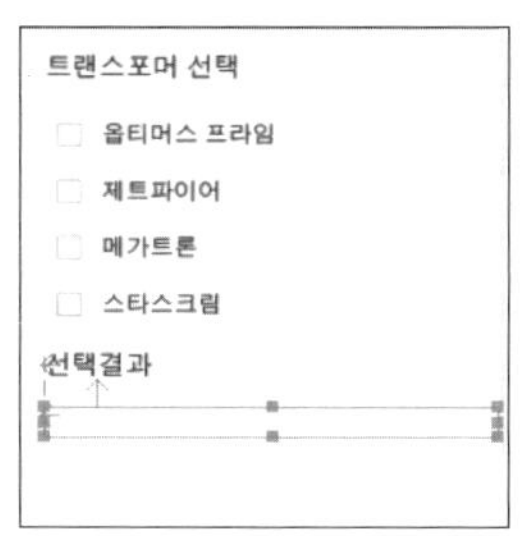

▲ [Graphical Layout]의 화면

❶ [activity_check_box_test_main.xml]이 편집기 뷰에 열려져 있지 않는 경우에는 더블클릭해 연다.

❷ [Graphical Layout] 탭이 아닌 경우 [Graphical Layout] 탭으로 전환한 후, 화면의 레이아웃 배치에 표시된 [Hello World!]는 클릭한 후 Delete 키를 눌러 제거한다.

❸ 팔렛(Palette)의 [Form Widgets]의 [Medium] 위젯을 레이아웃 배치 부분으로 드래그 앤 드롭한 후 [Properties] 뷰의 프로퍼티의 값을 다음과 같이 수정한다.

Property	Value
Id	@+id/selectLabel
Text	[...] 버튼을 눌러 select를 선택하면 @string/select로 표시됨

❹ [Form Widgets]의 [Checkbox] 위젯을 드래그 앤 드롭한 후 추가한 [Properties] 뷰의 프로퍼티의 값을 다음과 같이 수정한다.

Property	Value
Id\	@+id/op
Text	[...] 버튼을 눌러 sOP를 선택하면 @string/sOP로 표시됨

❺ 두 번째 [Checkbox] 위젯을 드래그 앤 드롭한 후 추가한 [Properties] 뷰의 프로퍼티의 값을 다음과 같이 수정한다.

Property	Value
Id	@+id/jf
Text	[...] 버튼을 눌러 sJF를 선택하면 @string/sJF로 표시됨

❻ 세 번째 [Checkbox] 위젯을 드래그 앤 드롭한 후 추가한 [Properties] 뷰의 프로퍼티의 값을 다음과 같이 수정한다.

Property	Value
Id	@+id/mt
Text	[...] 버튼을 눌러 sMT를 선택하면 @string/sMT로 표시됨

❼ 네번째 [Checkbox] 위젯을 드래그 앤 드롭한 후 추가한 [Properties] 뷰의 프로퍼티의 값을 다음과 같이 수정한다.

Property	Value
Id	@+id/ss
Text	[...] 버튼을 눌러 sSS를 선택하면 @string/sSS로 표시됨

❽ [Medium] 위젯을 추가한 후 [Properties] 뷰에서 프로퍼티의 값을 다음과 같이 수정한다.

Property	Value
Id	@+id/resultLabel
Text	[...] 버튼을 눌러 result를 선택하면 @string/result로 표시됨

❾ [Medium] 위젯을 추가한 후 [Properties] 뷰에서 프로퍼티의 값을 다음과 같이 수정한다. 이때 [Text] 프로퍼티의 값은 비워둔다.

Property	Value
Id	@+id/resultText
Text	
width	[Layout Parameters] 항목의 하위 항목인 [Width]의 [...] 버튼을 눌러 fill_parent를 선택

❿ 레이아웃의 배치가 끝나면 [activity_check_box_test_main.xml]을 저장한다. 완성된 소스코드는 다음과 같다.

```xml
01  <RelativeLayout xmlns:android="http://schemas.android.com/apk/res/android"
02      xmlns:tools="http://schemas.android.com/tools"
03      android:layout_width="match_parent"
04      android:layout_height="match_parent"
05      tools:context=".CheckBoxTestMainActivity" >
06
07      <TextView
08          android:id="@+id/selectLabel"
09          android:layout_width="wrap_content"
10          android:layout_height="wrap_content"
11          android:layout_alignParentLeft="true"
12          android:layout_alignParentTop="true"
13          android:layout_marginLeft="16dp"
14          android:layout_marginTop="16dp"
15          android:text="@string/select"
16          android:textAppearance="?android:attr/textAppearanceMedium" />
17
18      <CheckBox
19          android:id="@+id/op"
```

```xml
20        android:layout_width="wrap_content"
21        android:layout_height="wrap_content"
22        android:layout_alignLeft="@+id/selectLabel"
23        android:layout_below="@+id/selectLabel"
24        android:layout_marginTop="16dp"
25        android:text="@string/sOP" />
26
27    <CheckBox
28        android:id="@+id/jf"
29        android:layout_width="wrap_content"
30        android:layout_height="wrap_content"
31        android:layout_alignLeft="@+id/op"
32        android:layout_below="@+id/op"
33        android:text="@string/sJF" />
34
35    <CheckBox
36        android:id="@+id/mt"
37        android:layout_width="wrap_content"
38        android:layout_height="wrap_content"
39        android:layout_alignLeft="@+id/jf"
40        android:layout_below="@+id/jf"
41        android:text="@string/sMT" />
42
43    <CheckBox
44        android:id="@+id/ss"
45        android:layout_width="wrap_content"
46        android:layout_height="wrap_content"
47        android:layout_alignLeft="@+id/mt"
48        android:layout_below="@+id/mt"
49        android:text="@string/sSS" />
50
51    <TextView
52        android:id="@+id/resultLabel"
53        android:layout_width="wrap_content"
54        android:layout_height="wrap_content"
55        android:layout_alignLeft="@+id/ss"
56        android:layout_centerVertical="true"
57        android:text="@string/result"
58        android:textAppearance="?android:attr/textAppearanceMedium" />
59
```

```
60        〈TextView
61          android:id=“@+id/resultText”
62          android:layout_width=“fill_parent”
63          android:layout_height=“wrap_content”
64          android:layout_alignLeft=“@+id/resultLabel”
65          android:layout_below=“@+id/resultLabel”
66          android:layout_marginTop=“18dp”
67          android:textAppearance=“?android:attr/textAppearanceMedium” /〉
68
69    〈/RelativeLayout〉
```

> **소스코드 설명**
>
> **18, 27, 35, 43, 60**　　〈CheckBox〉, 〈TextView〉 엘리먼트는 안드로이드 애플리케이션의 로직 부분을 담당하는 [CheckBoxTestMainActivity] 액티비티를 참조해서 프로그래밍을 제어한다. 이때 각 위젯의 android:id 프로퍼티는 프로퍼티값을 액티비티에서 [R.id.프로퍼티값]의 형식으로 기술해 해당 위젯에 접근한다.

04 로직을 담당하는 [CheckBoxTestMainActivity] 액티비티의 내용 수정

❶ [CheckBoxTest]−[src]−[work.test.checkboxtest] 패키지 내에 있는 [CheckBox TestMainActivity.java]를 더블클릭해서 연다.

❷ [CheckBoxTestMainActivity] 액티비티의 내용을 다음과 같이 추가해 수정한 후 저장한다.

```
01    package worl.test.checkboxtest;
02
03    import android.app.Activity;
04    import android.os.Bundle;
05    import android.view.Menu;
06    import android.view.View;
07    import android.view.View.OnClickListener;
08    import android.view.Window;
09    import android.widget.CheckBox;
10    import android.widget.TextView;
11
12    public class CheckBoxTestMainActivity extends Activity
13          implements OnClickListener{
```

```java
14
15      CheckBox[ ] check; //체크박스 저장 배열
16      //체크박스 리소스 배열
17      int[ ] checkLabel={R.id.op,R.id.jf,R.id.mt,R.id.ss};
18      String[ ] str; //체크박스의 레이블 저장 배열
19
20      @Override
21      protected void onCreate(Bundle savedInstanceState) {
22          super.onCreate(savedInstanceState);
23          requestWindowFeature(Window.FEATURE_NO_TITLE);
24          setContentView(R.layout.activity_check_box_test_main);
25
26          //String 타입의 배열 str 메모리 할당 받음
27          //체크박스의 선택 결과를 저장
28          str = new String[checkLabel.length];
29          for(int i=0; i<str.length; i++)
30              str[i] = “ ”;
31
32          //CheckBox 타입의 배열 check 메모리 할당 받음
33          check = new CheckBox[checkLabel.length];
34
35          //체크박스 리소스를 얻어내 클릭리스너 등록
36          for(int i=0; i<check.length; i++){
37              check[i] = (CheckBox)findViewById(checkLabel[i]);
38              check[i].setOnClickListener(this);
39          }
40      }
41
42      //체크박스를 선택하거나 해제하면 자동 실행
43      public void onClick(View v) {
44          String result = “ ”;
45
46          //이벤트가 발생한 체크박스를 감지해 작업을 처리
47          for(int i=0; i<check.length; i++){
48              if(v == check[i])//이벤트가 발생한 체크박스를 얻어냄
49                  if(check[i].isChecked( ))//체크박스 선택 시
50                      str[i] = check[i].getText( ) + "\n";
51                  else //체크박스를 해제시
52                      str[i] = “ ”;
53          }
```

```java
54
55      //결과 문자열 result에 내용을 넣음
56      for(int i=0; i<str.length; i++)
57          result += str[i];
58
59      //화면에 결과표시
60      TextView resultText = (TextView)findViewById(R.id.resultText);
61      resultText.setText(result);
62  }
63
64  @Override
65  public boolean onCreateOptionsMenu(Menu menu) {
66      // Inflate the menu; this adds items to the action bar if it is present.
67      getMenuInflater().inflate(R.menu.activity_check_box_test_main, menu);
68      return true;
69  }
70
71  }
```

소스코드 설명

12~13   public class CheckBoxTestMainActivity extends Activity implements OnClickListener{는 CheckBoxTestMainActivity 클래스에 클릭 이벤트를 등록하고 처리할 수 있도록 OnClickListener를 import했다. OnClickListener를 import할 경우 클릭 이벤트를 처리하는 onClick( ) 메소드를 반드시 기술해야 한다. 여기서는 43라인에 onClick(View v) 메소드를 기술한 것을 확인할 수 있다.

15   CheckBox[ ] check;은 4개의 CheckBox 객체를 저장하는 배열을 선언한 문장이다.

17   int[ ] checkLabel={R.id.op,R.id.jf,R.id.mt,R.id.ss};은 37라인 check[i] = (CheckBox)find ViewById(checkLabel[i]);과 같이 for문을 사용해서 일괄적으로 [activity_check_box_test_main.xml]의 체크박스 위젯 객체를 얻어내기 위해 리소스를 저장하는 초기화 리스트를 생성했다. 배열의 초기화 리스트를 사용하면 배열의 선언, 메모리 할당, 그리고 원소 값의 지정이 한 번에 처리된다. 리소스를 배열로 만들어 사용하려면, 반드시 배열의 타입을 int로 선언해서 작성해야 한다. 안드로이드에서 여러 리소스를 프로그램에서 쉽게 사용하기 위한 방법은 두 가지가 있는데, 하나는 배열의 초기화 리스트를 사용하는 방법이고, 다른 하나는 [assets]에 리소스를 위치시킨 후 getResources( ).getAssets( ) 메소드를 사용해서 하는 방법이다. getResources( ).getAssets( ) 메소드를 사용하는 방법은 [7장 안드로이드의 데이터 저장기법]에서 학습한다.

18   String[ ] str; 은 체크박스의 선택 여부를 저장하는 배열로, 체크박스가 선택되면 해당 체크박스의 레이블이 저장되고 선택이 해제되면 " "(공백 문자열)이 저장된다.

28   str = new String[checkLabel.length]; 은 str 배열의 메모리를 할당 받는 것으로, 모든 배열은 사용하기 전에 반드시 메모리 할당을 받아야 한다.

29~30   for문을 사용해서 str 배열의 원소 값을 " "(공백 문자열)로 초기화했다. String 타입의 배열은 초기 값으로 null을 갖기 때문에 문자열을 누적해서 사용하는 경우에는 " "로 초기화하는 것이 좋다.

33   check = new CheckBox[checkLabel.length];은 CheckBox 객체를 저장하는 배열 check에 메모리를 할당 받는 부분이다.

36~39   check 배열의 원소 값으로 [activity_check_box_test_main.xml]의 체크박스 위젯 객체를 지정하고 각 체크박스 객체에 클릭리스너를 등록한다. 즉, 4개의 체크박스에 이벤트에 반응하는 리스너를 등록한다.

37   check[i] = (CheckBox)findViewById(checkLabel[i]);은 [activity_check_box_test_main.xml]의 체크박스 위젯 객체를 얻어내서 check 배열의 각 원소의 값으로 저장한다.

38   check[i].setOnClickListener(this);은 check 배열의 각 원소 값이 체크박스 위젯에 클릭리스너를 등록하는 문장이다. 이것은 각 체크박스를 클릭하면 클릭 이벤트가 발생해 자동으로 43라인의 onClick( ) 메소드가 실행되도록 한 것이다. 이때 리스너를 등록하는 setOnClickListener(this) 메소드의 매개변수 this를 사용하면 이벤트를 처리하는 onClick( ) 메소드를 같은 클래스 내에 기술한다.

43~62   onClick( ) 메소드는 체크박스를 선택하거나 해제하면 자동으로 실행된다.

44   String result =" "; 문자열을 누적해서 저장하는 누적 문자열 변수는 반드시 " "으로 초기화해야 한다.

47~53   이벤트가 발생한 체크박스가 4개의 체크박스 중 어떤 것인지를 감지해 작업을 처리하기 위해 for문을 사용했다.

48~52   이벤트가 발생한 체크박스를 얻어내 작업을 처리하는 부분이다.

48   if(v == check[i])은 이벤트가 발생한 체크박스를 얻어낸다

49~52   if(check[i].isChecked( ))은 체크박스에 발생한 이벤트가 체크박스를 선택하는 이벤트이면 50라인을 수행하고, 체크박스의 선택을 해제하는 이벤트인 경우에는 52라인을 수행한다.

56~57   str 배열의 내용을 결합해 하나의 결과 문자열 result의 내용을 생성한다.

60~61   TextView에 setText( ) 메소드를 사용해 화면에 결과를 표시한다.

❶ 실행할 안드로이드 애플리케이션 프로젝트를 선택한 후 [Run As]-[Android Application]을 선택해 안드로이드 에뮬레이터로 실행한다.

❷ 안드로이드 에뮬레이터에 결과가 표시된다. 체크박스를 선택 또는 해제할 때 마다 이벤트가 발생해 선택된 항목이 아래에 표시된다.

(3) RadioButton과 RadioGroup - 라디오버튼과 라디오그룹

CheckBox 위젯은 체크박스를 구현하는 것으로, 한 번의 클릭으로 체크 혹은 체크해제를 할 수 있다. 그러나 단일 선택만 가능한 RadioButton(라디오버튼) 위젯은 CheckBox 위젯처럼 하나의 라디오버튼을 가지고 체크와 체크해제를 할 수 없다. 즉, 여러 개의 라디오 버튼 항목을 통해 체크와 체크를 해제하는 방법을 사용해야 한다. 따라서 라디오 버튼은 RadioButton 위젯 하나만을 사용하지 않고 RadioGroup(라디오그룹) 위젯을 사용해 라디오버튼을 그룹화하여 방법으로 사용한다. 일반적으로 라디오그룹 내의 라디오버튼은 여러 항목 중 단 한 개만 선택할 수 있다.

RadioGroup과 RadioButton을 XML 레이아웃 파일에 직접 기술할 때는 다음과 같은 문법을 따른다.

```
문법   〈RadioGroup 프로퍼티리스트〉
          〈RadioButton 프로퍼티리스트〉〈/RadioButton〉
       〈/RadioGroup〉
```

주요한 프로퍼티들을 추가해서 작성한 예는 다음과 같다.

예 〈RadioGroup android:id="@+id/radioGroup1" android:layout_width="wrap_content"
        android:layout_height="wrap_content"〉
            〈RadioButton android:id="@+id/radio0" android:layout_width="wrap_content"
                    android:layout_height="wrap_content" android:checked="true"
                    android:text="남"〉
            〈/RadioButton〉
            〈RadioButton android:id="@+id/radio1" android:layout_width="wrap_content"
                    android:layout_height="wrap_content" android:text="여"〉
            〈/RadioButton〉
        〈/RadioGroup〉

RadioGroup의 주요 프로퍼티와 메소드 및 RadioButton의 프로퍼티의 설명은 다음과 같다.

RadioGroup 위젯의 주요 프로퍼티

android:id
지정한 위젯의 고유한 ID 값으로 자바 소스코드에서 이 값을 가지고 해당 위젯에 접근한다.

android:layout_width
RadioGroup 위젯의 가로 너비로 wrap_content, fill_parent, match_parent 등의 프로퍼티 값이 있다.

android:layout_height
RadioGroup 위젯의 세로 높이로 wrap_content, fill_parent, match_parent 등의 프로퍼티 값이 있다.

RadioGroup 위젯의 주요 메소드

void addView(View child, int index, ViewGroup.LayoutParams params)
라디오그룹에 자식뷰인 라디오버튼을 index 위치에 추가한다.

void check(int id)
라디오그룹 내의 라디오 버튼 중 id 값에 해당하는 라디오버튼을 선택된 체크상태로 만든다.

void clearCheck( )
라디오그룹 내의 라디오버튼의 체크상태를 해제한다.

int getCheckedRadioButtonId( )
라디오그룹 내의 선택된(체크상태의) 라디오버튼의 인덱스 번호를 리턴한다. 즉, 몇 번째 라디오버튼이 선택되었는지 라디오버튼의 번호를 리턴한다. 이때 번호는 0번부터 시작한다.

void setOnCheckedChangeListener(RadioGroup.OnCheckedChangeListener listener)
라디오그룹 내에서 선택된 라디오버튼이 변경되면 이를 감지해 자동으로 호출(실행)되는 콜백메소드로 이벤트 처리에 사용되는 이벤트 처리 메소드이다.

void setOnHierarchyChangeListener(ViewGroup.OnHierarchyChangeListener listener)
라디오그룹 내에서 라디오버튼이 추가 혹은 삭제되는 경우 이를 감지해 자동으로 호출(실행)되는 콜백메소드로, 이벤트 처리에 사용되는 이벤트 처리 메소드이다.

▲ RadioGroup의 주요한 XML 프로퍼티와 메소드

android:id
지정한 위젯의 고유한 ID 값으로 자바 소스코드에서 이 값을 가지고 해당 위젯에 접근한다.

android:text
해당 위젯에 주어지는 기본 값으로 RadioButton의 경우 라디오버튼의 레이블로 사용되므로 반드시 기술한다.

android:layout_width
RadioButton 위젯의 가로 너비로 wrap_content, fill_parent, match_parent 등의 프로퍼티 값이 있다.

android:layout_height
RadioButton 위젯의 세로 높이로 wrap_content, fill_parent, match_parent 등의 프로퍼티 값이 있다.

android:checked
RadioButton의 체크 여부를 지정하는 것으로 true면 체크표시가 되고, false면 체크가 해제된다. 라디오 그룹 내에서 라디오버튼은 반드시 1개만 선택된다.

▲ RadioButton의 주요한 XML 프로퍼티

RadioGroup 위젯은 어느 항목이 선택되었는가에 따라 작업을 달리하는 경우에 많이 사용되며, 일반적으로 [src] 내에 있는 액티비티인 .java에 다음과 같은 방식으로 작성한다.

```java
public class MyActivity extends Activity {
    protected void onCreate(Bundle icicle) {
        super.onCreate(icicle);

        setContentView(R.layout.content_layout_id);

        final RadioGroup rg = (RadioGroup)findViewById(R.id.radiogroup1);
        //라디오그룹 내의 라디오버튼을 선택 시
        rg.OnCheckedChangeListener(new RadioGroup.OnCheckedChangeListener( ){
            public void onCheckedChanged(RadioGroup group, int checkedId){
                if(group.getId( ) == rg)
                    switch(checkedId){
                        //작업처리
                    }
            }
        });
    }
}
```

 폼 위젯 RadioGroup을 사용한 예제 – [RadioGroupTest] 애플리케이션

이 예제는 폼 위젯 RadioGroup을 사용한 예제로 [완료] 버튼을 클릭하면 선택한 라디오
버튼의 값과 체크박스의 선택유무에 대한 결과를 화면에 표시하는 예제이다.

▲ RadioGroupTest 애플리케이션 실행 결과

주요 파일	파일명 ([RadioGroupTest] 애플리케이션)	하는 일
리소스 파일 (문자열, 이미지 등)	문자열 리소스 strings.xml 위치 : [프로젝트]–[res]–[values]	• select, sPE, sPV, sPC, sPZ, yearStyle, sStyle, btnLabel 문자열 정의
레이아웃 리소스 파일	activity_radio_group_test_main.xml 위치 : [프로젝트]–[res]–[layout]	• 3개의 TextView 위젯, 1개의 RadioGroup 위젯과 4개의 RadioButton 위젯, 1개의 CheckBox 위젯 및 1개의 Button 위젯 배치 • strings.xml에서 정의한 select, sPE, sPV, sPC, sPZ, yearStyle, sStyle, btnLabel 문자열 참조
액티비티 클래스 파일	RadioGroupTestMainActivity.java 위치 : [프로젝트]–[src]–[패키지명]	• 화면에 activity_radio_group_test_main.xml을 표시 • activity_radio_group_test_main.xml에서 정의한 Button 위젯의 정보를 얻어내 이벤트리스너 등록 • 이벤트 처리 : [완료] 버튼을 누르면 선택한 라디오 버튼의 정보를 화면에 표시
매니페스트 파일	AndroidManifest.xml 위치 : [프로젝트]	• 애플리케이션의 속성 설정 이 애플리케이션에서는 내용 수정 안 함

▲ [RadioGroupTest] 애플리케이션의 주요 파일

01 RadioGroupTest 안드로이드 애플리케이션 프로젝트 생성

❶ [Project Explorer] 뷰에서 마우스 오른쪽 버튼을 클릭한 후 표시되는 메뉴에서 [New]-[Project] 메뉴를 선택한다. [New Project] 창이 표시되면 [Android]-[Android Application Project]를 선택한 후 [Next] 버튼을 클릭한다.

❷ [New Android Application] 창이 표시되면 다음과 같이 입력 및 선택한 후 [Next] 버튼을 클릭한다. 그 외의 값은 기본 값을 그대로 사용한다.

항목	입력 및 선택 값
Application Name	RadioGroupTest 입력
Project Name	RadioGroupTest 자동 입력됨
Package Name	work.test.radiogrouptest 입력
Minimum Required SDK	API 8 : Android 2.2 (Froyo) 기본 값 사용
Target SDK	API 18 : Android 4.3 기본 값 사용 기본 값이 아닐 경우 선택
Compile With	API 18 : Android 4.3 기본 값 사용

❸ [Next] 버튼을 클릭하다가 액티비티의 이름을 변경하는 부분이 나오면 [Activity Name]을 [RadioGroupTestMainActivity]로 변경한 후 [Finish] 버튼을 클릭한다.

02 XML 문자열 리소스인 [strings.xml]에 문자열을 등록

〈추가할 문자열〉

Name	Value
select	행성 선택
sPE	지구
sPV	혹성 베지터
sPC	크립튼 행성
sPZ	지온
yearStyle	표기법
sStyle	우주력
btnLabel	완료

❶ 프로젝트 내에 있는 [res]–[values]–[strings.xml]을 더블클릭해서 연다. [strings.xml]
파일의 내용이 [Resources] 탭에 열리면 [Add...] 버튼을 클릭해 문자열들을 추가한 후
저장한다.

❷ [strings.xml] 탭을 누르면 소스코드가 표시되며, 완성된 소스는 다음과 같다.

```xml
01    <?xml version="1.0" encoding="utf-8"?>
02    <resources>
03
04        <string name="app_name">RadioGroupTest</string>
05        <string name="hello_world">Hello world!</string>
06        <string name="menu_settings">Settings</string>
07        <string name="select">행성 선택</string>
08        <string name="sPE">지구</string>
09        <string name="sPV">혹성 베지터</string>
10        <string name="sPC">크립튼 행성</string>
11        <string name="sPZ">지온</string>
12        <string name="yearStyle">표기법</string>
13        <string name="sStyle">우주력</string>
14        <string name="btnLabel">완료</string>
15
16    </resources>
```

03 [res]–[layout]–[activity_radio_group_test_main.xml]에 뷰의 레이아웃을 배치

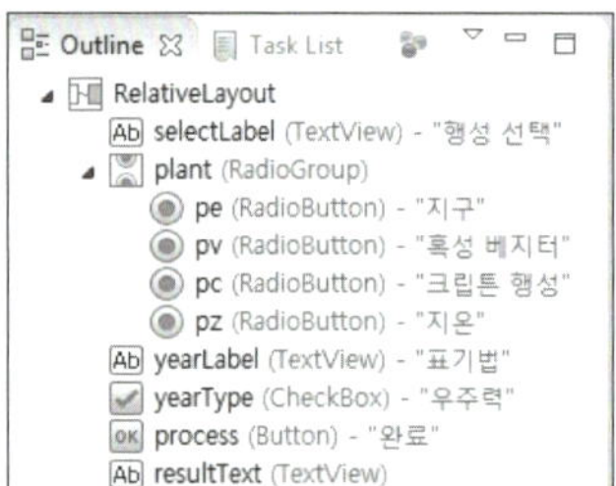

▲ [Outline] 뷰의 구조   ▲ [Graphical Layout]의 화면

❶ [activity_radio_group_test_main.xml]이 편집기 뷰에 열려져 있지 않는 경우에는
더블클릭해 연다.

❷ [Graphical Layout] 탭이 아닌 경우 [Graphical Layout] 탭으로 전환한 후 화면의
레이아웃 배치에 표시된 [Hello World!]는 클릭한 후 Delete 키를 눌러 제거한다.

❸ 팔렛(Palette)의 [Form Widgets]의 [Medium] 위젯을 레이아웃 배치 부분으로 드래그 앤 드롭한 후 [Properties] 뷰의 프로퍼티의 값을 다음과 같이 수정한다.

Property	Value
Id	@+id/selectLabel
Text	[...] 버튼을 눌러 select 선택

❹ [Form Widgets]의 [RadioGroup] 위젯을 추가한 [radioGroup1]를 선택해 드래그 앤 드롭한 후 추가한 [Properties] 뷰의 프로퍼티의 값을 다음과 같이 수정한다.

Property	Value
Id	@+id/plant

❺ [Outline] 뷰의 라디오그룹 내에 기본적으로 추가된 3개의 RadioButton 중 첫 번째인 [radio0]을 클릭해 선택한 후 [Properties] 뷰의 프로퍼티의 값을 다음과 같이 수정한다.

Property	Value
Id	@+id/pe
Text	[...] 버튼을 눌러 sPE 선택
checked	true

❻ 두 번째인 [radio1]을 클릭해 선택한 후 [Properties] 뷰의 프로퍼티의 값을 다음과 같이 수정한다.

Property	Value
Id	@+id/pv
Text	[...] 버튼을 눌러 sPV 선택

❼ 세 번째인 [radio2]을 클릭해 선택한 후 [Properties] 뷰의 프로퍼티의 값을 다음과 같이 수정한다.

Property	Value
Id	@+id/pc
Text	[...] 버튼을 눌러 sPC 선택

❽ 네 번째 라디오버튼은 [RadioButton] 위젯을 [RadioGroup] 위젯 내로 추가한 후 [radioButton1]을 클릭해 선택해서 [Properties] 뷰의 프로퍼티의 값을 다음과 같이 수정한다. 반드시 배치한 후 [RadioGroup] 위젯 내로의 위치 조정은 [Outline] 뷰에서 해야 정확히 표현된다.

Property	Value
Id	@+id/pz
Text	[...] 버튼을 눌러 sPZ 선택

❾ [Medium] 위젯을 추가한 후 [Properties] 뷰의 프로퍼티의 값을 다음과 같이 수정한다.

Property	Value
Id	@+id/yearLabel
Text	[...] 버튼을 눌러 yearStyle 선택

❿ [CheckBox] 위젯을 추가한 후 [Properties] 뷰의 프로퍼티의 값을 다음과 같이 수정한다.

Property	Value
Id	@+id/yearType
Text	[...]을 눌러 sStyle 선택

⓫ [Button] 위젯을 추가한 후 [Properties] 뷰의 프로퍼티의 값을 다음과 같이 수정한다.

Property	Value
Id	@+id/process
Text	[...] 버튼을 눌러 btnLabel 선택

⓬ [Medium] 위젯을 추가한 후 [Properties] 뷰의 프로퍼티의 값을 다음과 같이 수정한다.

Property	Value
Id	@+id/resultText
Text	
width	[Layout Parameters] 항목의 하위 항목인 [Width]의 [...] 버튼을 눌러 fill_parent를 선택

❸ 레이아웃의 배치가 끝나면 [activity_radio_group_test_main.xml]을 저장한다. 완
성된 소스코드는 다음과 같다.

```xml
01  <RelativeLayout xmlns:android="http://schemas.android.com/apk/res/android"
02      xmlns:tools="http://schemas.android.com/tools"
03      android:layout_width="match_parent"
04      android:layout_height="match_parent"
05      tools:context=".RadioGroupTestMainActivity" >
06
07      <TextView
08          android:id="@+id/selectLabel"
09          android:layout_width="wrap_content"
10          android:layout_height="wrap_content"
11          android:layout_alignParentLeft="true"
12          android:layout_alignParentTop="true"
13          android:layout_marginLeft="14dp"
14          android:layout_marginTop="15dp"
15          android:text="@string/select"
16          android:textAppearance="?android:attr/textAppearanceMedium" />
17
18      <RadioGroup
19          android:id="@+id/plant"
20          android:layout_width="wrap_content"
21          android:layout_height="wrap_content"
22          android:layout_alignLeft="@+id/selectLabel"
23          android:layout_below="@+id/selectLabel" >
24
25          <RadioButton
26              android:id="@+id/pe"
27              android:layout_width="wrap_content"
28              android:layout_height="wrap_content"
29              android:checked="true"
30              android:text="@string/sPE" />
31
32          <RadioButton
33              android:id="@+id/pv"
34              android:layout_width="wrap_content"
35              android:layout_height="wrap_content"
36              android:text="@string/sPV" />
37
```

```xml
38      <RadioButton
39        android:id="@+id/pc"
40        android:layout_width="wrap_content"
41        android:layout_height="wrap_content"
42        android:text="@string/sPC" />
43
44      <RadioButton
45        android:id="@+id/pz"
46        android:layout_width="wrap_content"
47        android:layout_height="wrap_content"
48        android:text="@string/sPZ" />
49
50    </RadioGroup>
51
52    <TextView
53      android:id="@+id/yearLabel"
54      android:layout_width="wrap_content"
55      android:layout_height="wrap_content"
56      android:layout_alignLeft="@+id/plant"
57      android:layout_below="@+id/plant"
58      android:layout_marginTop="15dp"
59      android:text="@string/yearStyle"
60      android:textAppearance="?android:attr/textAppearanceMedium" />
61
62    <CheckBox
63      android:id="@+id/yearType"
64      android:layout_width="wrap_content"
65      android:layout_height="wrap_content"
66      android:layout_alignBaseline="@+id/yearLabel"
67      android:layout_alignBottom="@+id/yearLabel"
68      android:layout_toRightOf="@+id/yearLabel"
69      android:text="@string/sStyle" />
70
71    <Button
72      android:id="@+id/process"
73      android:layout_width="wrap_content"
74      android:layout_height="wrap_content"
75      android:layout_alignLeft="@+id/yearLabel"
76      android:layout_below="@+id/yearType"
77      android:layout_marginTop="16dp"
```

```
78        android:text="@string/btnLabel" />
79
80    ⟨TextView
81        android:id="@+id/resultText"
82        android:layout_width="fill_parent"
83        android:layout_height="wrap_content"
84        android:layout_alignLeft="@+id/process"
85        android:layout_below="@+id/process"
86        android:layout_marginTop="16dp"
87        android:textAppearance="?android:attr/textAppearanceMedium" />
88
89 ⟨/RelativeLayout⟩
```

> **소스코드 설명**
>
> **18, 62, 71, 80**   ⟨RadioGroup⟩, ⟨CheckBox⟩, ⟨Button⟩, ⟨TextView⟩ 엘리먼트는 안드로이드
> 애플리케이션의 로직 부분을 담당하는 [RadioGroupTestMainActivity] 액티비티에서 참조해서 프로
> 그래밍을 제어한다. 이때 각 위젯의 android:id 프로퍼티는 프로퍼티 값을 액티비티에서 [R.id.프로
> 퍼티값]의 형식으로 기술해 해당 위젯에 접근한다.

04 로직을 담당하는 [RadioGroupTestMainActivity] 액티비티의 내용 수정

❶ [RadioGroupTest]-[src]-[work.test.radiogrouptest] 패키지 내에 있는
[RadioGroupTestMainActivity.java]를 더블클릭해서 연다.

❷ [RadioGroupTestMainActivity] 액티비티의 내용을 다음과 같이 추가해 수정한 후
저장한다.

```
01    package work.test.radiogrouptest;
02
03    import android.app.Activity;
04    import android.os.Bundle;
05    import android.view.Menu;
06    import android.view.View;
07    import android.view.Window;
08    import android.widget.Button;
09    import android.widget.CheckBox;
10    import android.widget.RadioButton;
11    import android.widget.RadioGroup;
```

```java
12  import android.widget.TextView;
13
14  public class RadioGroupTestMainActivity extends Activity {
15
16    @Override
17    protected void onCreate(Bundle savedInstanceState) {
18      super.onCreate(savedInstanceState);
19      requestWindowFeature(Window.FEATURE_NO_TITLE);
20      setContentView(R.layout.activity_radio_group_test_main);
21
22      //[완료] 버튼의 정보를 액티비티 내로 가져옴
23      final Button resultProcess = (Button)findViewById(R.id.process);
24      //[완료] 버튼에 onClickListener를 등록해 이벤트 처리
25      resultProcess.setOnClickListener(new View.OnClickListener( ) {
26          //라디오그룹의 정보를 가져옴
27          RadioGroup rg = (RadioGroup)findViewById(R.id.plant);
28
29          public void onClick(View v) {//[완료] 버튼을 누르면 실행됨
30            String str="";
31
32            //클릭 이벤트가 [완료] 버튼에서 발생한 경우
33            if(v == resultProcess){
34              //선택한 라디오버튼의 객체 얻어냄
35              RadioButton selectRadio =
36                  (RadioButton)findViewById(rg.getCheckedRadioButtonId( ));
37              str += (String)selectRadio.getText( );
38
39              //체크박스의 정보를 가져옴
40              CheckBox yearType =
41                        (CheckBox)findViewById(R.id.yearType);
42              if(yearType.isChecked( ))//체크박스가 선택된 경우
43                str += "\n" + "우주력 사용";
44              else //체크박스가 선택되지 않은경우
45                str += "\n" + "지구력 사용";
46            }
47
48            //결과표시
49            TextView resultText = (TextView)findViewById(R.id.resultText);
50            resultText.setText(str);
51          }
```

```java
52          });
53      }
54
55      @Override
56      public boolean onCreateOptionsMenu(Menu menu) {
57          // Inflate the menu; this adds items to the action bar if it is present.
58          getMenuInflater().inflate(R.menu.activity_radio_group_test_main, menu);
59          return true;
60      }
61
62  }
```


23~52   [완료] 버튼의 정보를 얻어내 [완료] 버튼을 누르면 이벤트가 발생해 처리하는 부분이다.

23   [완료] 버튼의 정보를 얻어내고 25라인에서 OnClickListenr를 등록해 클릭 이벤트에 반응한다.

27   RadioGroup rg = (RadioGroup)findViewById(R.id.plant);은 RadioGroup인 plant의 정보를 얻어내는 것으로, 라디오버튼의 선택 여부는 라디오그룹 내에 저장된다.

29~51   [완료] 버튼을 누르면 자동 실행되는 것으로 선택한 라디오버튼의 정보와 체크박스의 체크 여부에 대한 정보를 얻어내서 화면에 결과를 표시한다.

35~36   라디오그룹에서 선택한 라디오버튼 객체의 정보를 얻어내는 부분으로 getCheckedRadioButtonId( ) 메소드를 사용해서 얻어낸다. 라디오그룹 객체에서 선택한 라디오버튼 객체의 정보를 얻어낼 때는 [라디오그룹객체.getCheckedRadioButtonId( )]와 같이 기술한다.

37   str += (String)selectRadio.getText( );은 선택된 라디오버튼의 레이블을 얻어내서 결과 문자열에 추가한다.

40~45   체크박스의 정보를 얻어내 체크박스의 체크 여부에 따라 결과 문자열에 추가되는 내용을 처리하는 부분이다.

49~50   화면에 결과를 표시하는 부분이다.

 안드로이드 애플리케이션 실행

❶ 실행할 안드로이드 애플리케이션 프로젝트를 선택한 후 [Run As]-[Android Application]을 선택해 안드로이드 에뮬레이터로 실행한다.

❷ 안드로이드 에뮬레이터에 결과가 표시된다. 행성 및 표기법을 선택 후 [완료] 버튼을 클릭한다.

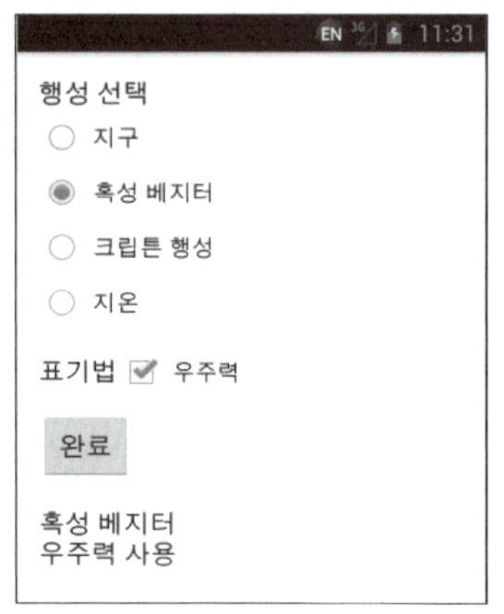

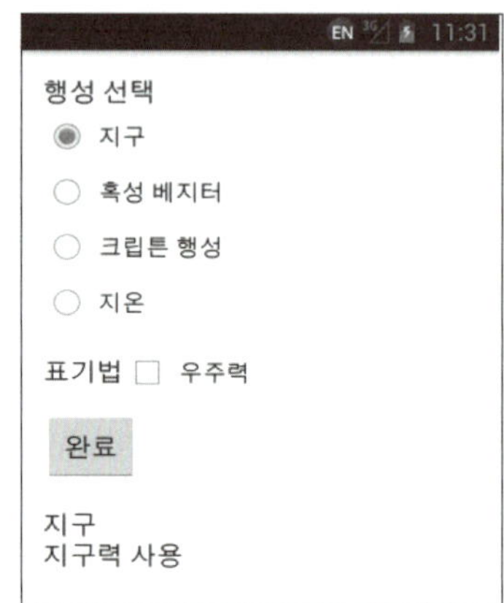

(4) Spinner – 콤보상자

Spinner(스피너) 위젯은 콤보상자로서, 클릭하면 목록이 열리며 여러 목록 중에서 선택된 하나만을 화면에 표시한다. 보이는 Spinner 위젯은 레이아웃 리소스에 배치하고, Spinner 위젯 안에 표시되는 목록들은 문자열 리소스 파일인 strings.xml에 〈string-array〉 엘리먼트를 사용해 기술하거나 별도의 arrays.xml 파일을 생성해서 한다. 즉, 콤보상자를 화면에 표시하는 Spinner 위젯은 레이아웃 리소스에 기술하고 콤보상자의 내용인 목록들은 문자열 리소스에 기술한다. 또한 Spinner 위젯과 Spinner 위젯 안에 표시되는 목록은 액티비티 클래스에서 연결한다.

Spinner를 XML 레이아웃 리소스 파일에 직접 기술할 때는 다음과 같은 문법을 따른다.

문법 〈Spinner 프로퍼티리스트〉〈/Spinner〉

레이아웃 리소스 파일에 주요한 프로퍼티들을 추가해서 작성한 예는 다음과 같다.

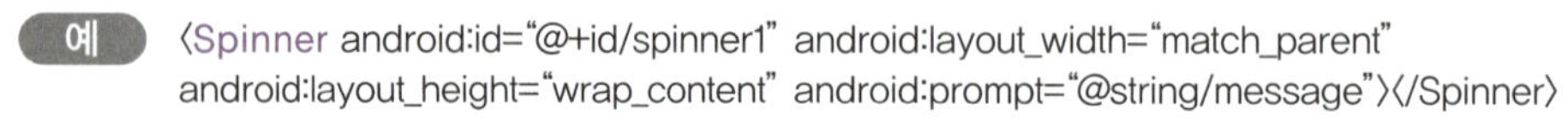

예 〈Spinner android:id="@+id/spinner1" android:layout_width="match_parent" android:layout_height="wrap_content" android:prompt="@string/message"〉〈/Spinner〉

XML 문자열 리소스 파일에 콤보상자인 Spinner의 목록을 기술하는 예는 다음과 같다.

```
예   <string-array name="planetArray">
        <item>수성</item>
        <item>금성</item>
        <item>지구</item>
        <item>화성</item>
     </string-array>
```

Spinner 주요 프로퍼티와 메소드의 설명은 다음과 같다.

Spinner 위젯의 주요 프로퍼티

android:id
지정한 위젯의 고유한 ID값으로 자바 소스코드에서 이 값을 가지고 해당 위젯에 접근한다.

android:prompt
콤보상자가 열려 여러 항목 중 하나를 선택하는 대화상자가 표시될 때 대화상자의 제목으로 표시되는 질문 혹은 문구를 지정하는 프로퍼티이다.

android:gravity
콤보상자에 기본으로 선택되어 화면으로 표시되는 항목을 지정할 때 사용한다.

Spinner 위젯의 주요 메소드

CharSequence getPrompt( )
prompt(프롬프트) 프로퍼티에 지정한 문자열을 얻어낸다.

void setAdapter(SpinnerAdapter adapter)
콤보상자인 Spinner에 데이터인 항목을 갖고 있는 adapter를 넣어 실제로 목록을 갖는 콤보상자를 완성한다.

void setGravity(int gravity)
기본 값으로 표시되는 항목을 지정한다.

void setPrompt(CharSequence prompt)
지정한 문자열로 콤보상자의 항목선택 대화상자의 제목을 지정한다.

void setOnItemSelectListener(AdapterView.OnItemSelectListenerl)
콤보상자인 Spinner에서 목록의 항목을 선택 시 발생하는 이벤트이다.

▲ Spinner의 주요한 XML 프로퍼티와 메소드

액티비티에서 Spinner위젯과 Spinner의 목록을 연결할 때는 다음과 같은 순서로 한다.

❶ 스피너의 목록을 ArrayAdapter 객체를 얻어낸다.

스피너의 목록은 ArrayAdapter 객체로 만들어야 스피너 위젯에 연결할 수 있다. ArrayAdapter 객체로 만들기 위해서는 ArrayAdapter 클래스의 createFrom Resource( ) 메소드를 사용해서 한다.

```
예   ArrayAdapter<CharSequence> array =
         ArrayAdapter.createFromResource(this, //스피너가 표시되는 곳
            R.array.sportsList, //스피너의 목록의 값
            android.R.layout.simple_spinner_item);//스피너의 겉모양
```

ArrayAdapter 클래스

임의의 객체 배열을 저장할 수 있도록 지원하는 클래스이다. 자바에서는 문자열을 저장하는 타입인 String이 객체이므로, 문자열 배열은 객체 배열이 된다. strings.xml에 정의한 StringArray는 문자열 배열이므로 ArrayAdapter 클래스를 사용해서 처리한다.

주요 메소드

public static ArrayAdapter<CharSequence> createFromResource(Context context, int textArrayResId, int textViewResId)

이 메소드를 사용해 외부 리소스를 ArrayAdapter 객체로 생성한다. 여기서 외부 리소스는 strings.xml 등의 리소스를 의미한다.

[매개변수 설명]

context : 현재의 액티비티를 지정

textArrayResIdt : 사용할 문자열 배열의 id속성 값

textViewResIdt : 스피너의 겉모양으로 사용할 레이아웃의 ID

public void setDropDownViewResource(int resource)

스피너 클릭 시 표시되는 목록의 모양으로 사용할 레이아웃의 ID를 지정한다.

❷ 스피너 클릭 시 표시되는 스피너의 모양을 지정한다.

스피너의 내부 모양을 ArrayAdapter 클래스의 setDropDownViewResource( ) 메소드를 사용해서 지정한다.

```
예   array.setDropDownViewResource(
            android.R.layout.simple_spinner_item);
```

❸ 레이아웃 리소스에 정의한 스피너 위젯과 스피너 목록을 연결한다.

스피너 위젯에 스피너의 내용인 ArrayAdapter 객체를 넣어서 스피너를 완성한다.

❹ 스피너 목록 선택 시 이벤트를 처리가 필요한 경우 이를 처리한다.

스피너의 목록을 선택하면 이벤트가 발생하도록 스피너에 OnItemSelectedListener 를 등록한다.

```
예    combo.setOnItemSelectedListener(
            new AdapterView.OnItemSelectedListener() {
                //목록을 선택하면 자동 실행
                public void onItemSelected(AdapterView<?> av,
                                    View v,int pos, long id) {
                        //내용기술
                }
        });
```

Exercise 폼 위젯 Spinner를 사용한 예제 – [SpinnerTest] 애플리케이션

이 예제는 폼 위젯 Spinner를 사용한 예제로, 콤보상자인 Spinner의 목록을 선택하면 화면에 선택한 목록을 표시한다.

▲ SpinnerTest 애플리케이션 실행 결과

주요 파일	파일명 ([SpinnerTest] 애플리케이션)	하는 일
리소스 파일 (문자열, 이미지 등)	문자열 리소스 strings.xml 위치 : [프로젝트]–[res]–[values]	• 문자열 정의 : labelStr, promptStr • 문자열 배열 정의 : sportsList

레이아웃 리소스 파일	activity_spinner_test_main.xml
	위치 : [프로젝트]–[res]–[layout]
		• 1개의 TextView 위젯, 1개
		  의 Spinner 위젯 배치
		• strings.xml에서 정의한
		  labelStr, promptStr 문자열
		  참조

액티비티 클래스 파일	SpinnerTestMainActivity.java
	위치 : [프로젝트]–[src]–[패키지명]
		• 화면에 activity_spinner_
		  test_main.xml을 표시
		• strings.xml에 정의한 String
		  Array와 activity_spinner_
		  test_main.xml에서 정의한
		  Spinne 위젯 결합
		• 결합된 Spinner 위젯에 이벤
		  트리스너 등록
		• 이벤트 처리 : 스피너 목록
		  을 선택하면 토스트 메시지
		  표시

매니페스트 파일	AndroidManifest.xml
	위치 : [프로젝트]
		• 애플리케이션의 속성 설정
		  이 애플리케이션에서는 내용
		  수정 안 함

▲ [SpinnerTest] 애플리케이션의 주요 파일

01 SpinnerTest 안드로이드 애플리케이션 프로젝트 생성

❶ [Project Explorer] 뷰에서 마우스 오른쪽 버튼을 클릭한 후 표시되는 메뉴에서
[New]–[Project] 메뉴를 선택한다. [New Project] 창이 표시되면 [Android]–
[Android Application Project]를 선택한 후 [Next] 버튼을 클릭한다.

❷ [New Android Application] 창이 표시되면 다음과 같이 입력 및 선택한 후 [Next]
버튼을 클릭한다. 그 외의 값은 기본 값을 그대로 사용한다.

항목	입력 및 선택 값
Application Name	SpinnerTest 입력
Project Name	SpinnerTest 자동 입력됨

Package Name	work.test.spinnertest 입력
Minimum Required SDK	API 8 : Android 2.2 (Froyo) 기본 값 사용
Target SDK	API 18 : Android 4.3 기본 값 사용 기본 값이 아닐 경우 선택
Compile With	API 18 : Android 4.3 기본 값 사용

❸ [Next] 버튼을 클릭하다가 액티비티의 이름을 변경하는 부분이 나오면 [Activity Name]을 [SpinnerTestMainActivity]로 변경한 후 [Finish] 버튼을 클릭한다.

02 XML 문자열 리소스인 [strings.xml]에 문자열을 등록

콤보상자인 Spinner는 [StringArray] 항목을 사용해 추가하고 내부의 목록을 [Item]을 사용해서 추가한다.

종류	Name	Value
String	labelStr	스포츠 종류
String	promptStr	스포츠 선택
StringArray	sportsList	×(없음)
Item	×	WWE
Item	×	이종격투기
Item	×	e-sports
Item	×	풋볼

▲ 추가할 문자열, 추가할 문자열배열 및 목록

❶ 프로젝트 내에 있는 [res]-[values]-[strings.xml]을 더블클릭해서 연다. [strings.xml] 파일의 내용이 [Resources] 탭에 열리면 [Add...] 버튼을 클릭해 문자열들을 추가한 후 저장한다.

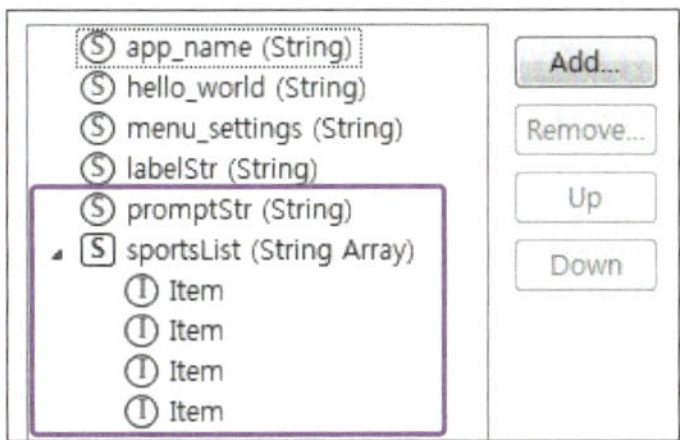

▲ strings.xml

❷ [strings.xml] 탭을 누르면 소스코드가 표시되며, 완성된 소스는 다음과 같다.

```xml
01    <?xml version="1.0" encoding="utf-8"?>
02    <resources>
03
04        <string name="app_name">SpinnerTest</string>
05        <string name="hello_world">Hello world!</string>
06        <string name="menu_settings">Settings</string>
07        <string name="labelStr">스포츠종류</string>
08        <string name="promptStr">스포츠 선택</string>
09        <string-array name="sportsList">
10            <item>WWE</item>
11            <item>이종격투기</item>
12            <item>e-sports</item>
13            <item>풋볼</item>
14        </string-array>
15
16    </resources>
```

03 [res]–[layout]–[activity_spinner_test_main.xml]에 뷰의 레이아웃을 배치

▲ [Outline] 뷰의 구조   ▲ [Graphical Layout]의 화면

❶ [activity_spinner_test_main.xml]이 편집기 뷰에 열려져 있지 않는 경우에는 더블 클릭해 연다.

❷ [Graphical Layout] 탭이 아닌 경우 [Graphical Layout] 탭으로 전환한 후 화면의 레이아웃 배치에 표시된 [Hello World!]는 클릭한 후 Delete 키를 눌러 제거한다.

❸ 팔렛(Palette)의 [Form Widgets]의 [Medium] 위젯을 레이아웃 배치 부분으로 드래 그 앤 드롭한 후 [Properties] 뷰의 프로퍼티의 값을 다음과 같이 수정한다.

Property	Value
Id	@+id/soprtLabel
Text	[...] 버튼을 눌러 labelStr 선택

❹ [Form Widgets]의 [Spinner] 위젯을 추가한 후 [[Properties] 뷰의 프로퍼티의 값을
다음과 같이 수정한다.

Property	Value
Id	@+id/sports
prompt	[...] 버튼을 눌러 String → promptStr 선택

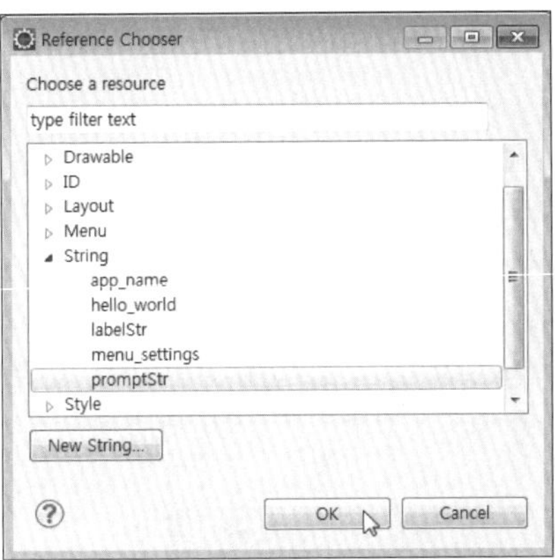

❺ 레이아웃의 배치가 끝나면 [activity_spinner_test_main.xml]을 저장한다. 완성된
소스코드는 다음과 같다.

```
01  <RelativeLayout xmlns:android="http://schemas.android.com/apk/res/android"
02      xmlns:tools="http://schemas.android.com/tools"
03      android:layout_width="match_parent"
04      android:layout_height="match_parent"
05      tools:context=".SpinnerTestMainActivity" >
06
07  <TextView
08      android:id="@+id/sportLabel"
09      android:layout_width="wrap_content"
10      android:layout_height="wrap_content"
11      android:layout_alignParentLeft="true"
12      android:layout_alignParentTop="true"
13      android:layout_marginTop="19dp"
14      android:text="@string/labelStr"
15      android:textAppearance="?android:attr/textAppearanceMedium" />
16
17  <Spinner
```

```
18          android:id="@+id/sports"
19          android:layout_width="wrap_content"
20          android:layout_height="wrap_content"
21          android:layout_alignTop="@+id/sportLabel"
22          android:layout_toRightOf="@+id/sportLabel"
23          android:prompt="@string/promptStr" />
24
25     </RelativeLayout>
```


07, 17　　〈TextView〉, 〈Spinner〉 엘리먼트는 안드로이드 애플리케이션의 로직 부분을 담당하는 [SpinnerTestMainActivity] 액티비티에서 참조해서 프로그래밍을 제어한다. 〈Spinner〉 엘리먼트에서 prompt 프로퍼티는 콤보상자인 스피너를 클릭시 스피너의 목록 위에 표시되는 목록의 제목과 같은 역할을 한다. 다만 안드로이드 4.x 버전 대에서는 이 프롬프트가 표시되지 않을 수 있다. 책을 쓴 시점에서 안드로이드 4.0~4.3까지 표시되지 않는다. 안드로이드 2.3.3 이하 버전에서는 표시된다.

▲ 안드로이드 4.1.2 에뮬레이터에서 prompt가 표시되지 않음

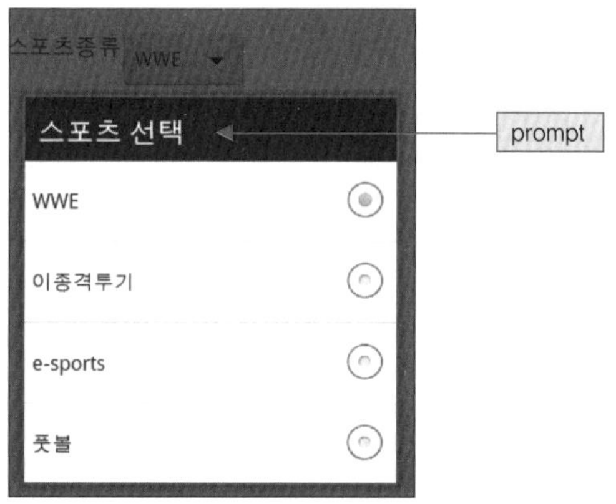

▲ 안드로이드 2.3.3 에뮬레이터에서 prompt가 표시됨

04 로직을 담당하는 [SpinnerTestMainActivity] 액티비티의 내용 수정

❶ [SpinnerTest]-[src]-[work.test.spinnertest] 패키지 내에 있는 [SpinnerTest MainActivity.java]를 더블클릭해서 연다.

❷ [SpinnerTestMainActivity] 액티비티의 내용을 다음과 같이 추가해 수정한 후 저장한다.

```java
01    package work.test.spinnertest;
02
03    import android.app.Activity;
04    import android.os.Bundle;
05    import android.view.Menu;
06    import android.view.View;
07    import android.view.Window;
08    import android.widget.AdapterView;
09    import android.widget.ArrayAdapter;
10    import android.widget.Spinner;
11    import android.widget.Toast;
12
13    public class SpinnerTestMainActivity extends Activity {
14        Spinner combo;//main.xml에 기술한 스피너를 자바에서 처리
15        ArrayAdapter<CharSequence> array; //콤보상자의 모양과 내부의 형태 및 목록 값과 연동
16
17        @Override
18        protected void onCreate(Bundle savedInstanceState) {
19            super.onCreate(savedInstanceState);
20            requestWindowFeature(Window.FEATURE_NO_TITLE);
21            setContentView(R.layout.activity_spinner_test_main);
22
23            //activity_spinner_test_main.xml에서 정의한 스피너를 참조
24            combo = (Spinner)findViewById(R.id.sports);
25
26            //내부처리를 위한 ArrayAdapter 객체를 얻어냄
27            array = ArrayAdapter.createFromResource(this, //스피너가 표시되는 곳
28                    R.array.sportsList, //스피너의 목록 값
29                    android.R.layout.simple_spinner_item);//스피너의 겉모양
30
31            //스피너를 클릭시 표시되는 목록의 모양
32            array.setDropDownViewResource(
33                    android.R.layout.simple_spinner_dropdown_item);
34
35            //스피너에 실제 목록을 넣음
36            combo.setAdapter(array);
37
38            //스피너의 목록을 선택하면 이벤트가 발생
39            combo.setOnItemSelectedListener(
```

```java
40                      new AdapterView.OnItemSelectedListener( ) {
41
42              //목록을 선택하면 자동 실행
43              public void onItemSelected(AdapterView<?> av, View v,
44                              int pos, long id) {
45                  //선택한 목록의 번호를 토스트 메시지에 표시
46                  Toast.makeText(SpinnerTestMainActivity.this, //표시 위치
47                          array.getItem(pos)+“ 선택”, //표시 메시지
48                          Toast.LENGTH_SHORT).show( ); //짧게 표시
49              }
50
51              //아이템을 선택하지 않을 경우 실행, 단순히 오버라이딩만 구현
52              public void onNothingSelected(AdapterView<?> av) { }
53          });
54      }
55
56      @Override
57      public boolean onCreateOptionsMenu(Menu menu) {
58          // Inflate the menu; this adds items to the action bar if it is present.
59          getMenuInflater( ).inflate(R.menu.activity_spinner_test_main, menu);
60          return true;
61      }
62
63  }
```


24   combo = (Spinner)findViewById(R.id.sports);은 레이아웃 리소스 [activity_spinner_test_main.xml]에서 정의한 id 값이 sports인 스피너 객체를 얻어내 combo에 저장한다.

27~29   스피너의 목록은 ArrayAdapter 객체로 생성해야 스피너에 넣을 수 있다. 따라서 여기서는 ArrayAdapter 클래스의 createFromResource( ) 메소드를 사용해서 ArrayAdapter 객체를 생성한다. createFromResource(Context context, int textArrayResId, int textViewResId) 메소드에서 첫 번째 매개변수는 스피너가 표시되는 위치로 여기서는 현재의 액티비티에 표시하기 위해 this를 사용했다. 두 번째 매개변수는 스피너의 실제 목록의 값을 갖고 있는 array 리소스명을 기술하는 곳으로 여기서는 R.array.sportsList을 사용했다. 세 번째 매개변수는 액티비티가 실행 시 표시되는 스피너의 겉모양을 지정하는 것으로 여기서는 android.R.layout.simple_spinner_item을 사용했다. android.R은 안드로이드에서 제공하는 내장 리소스를 사용한다는 의미이다. 스피너의 겉모양은 android.R.layout.simple_spinner_item, android.R.layout.simple_spinner_dropdown_item 둘 중 하나의 형태로 지정할 수 있다. 겉모양의 경우 android.R.layout.simple_spinner_item을 선호한다.

• android.R.layout.simple_spinner_item은 겉모양이 간단한 형태

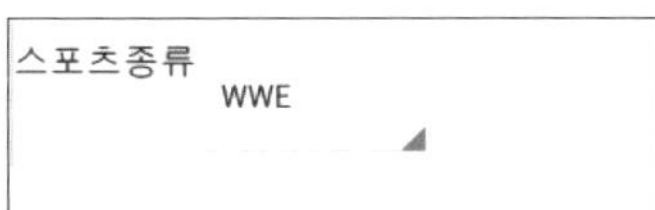

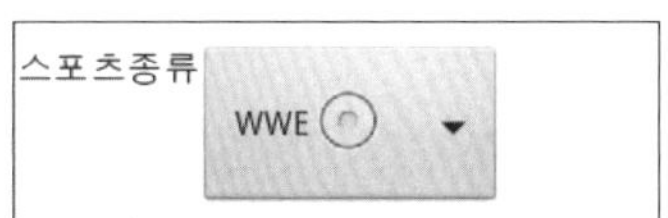

▲ 안드로이드 4.0 이상   ▲ 안드로이드 2.3.3 이하

• simple_spinner_dropdown_item은 겉모양에 라디오버튼을 표시

▲ 안드로이드 4.0 이상   ▲ 안드로이드 2.3.3 이하

32~33   스피너를 클릭 시 표시되는 목록의 모양을 지정하는 것으로 android.R.layout.simple_spinner_item과 android.R.layout.simple_spinner_dropdown_item 둘 중 하나를 지정한다. 목록의 모양의 경우 ndroid.R.layout.simple_spinner_dropdown_item을 선호한다.

• android.R.layout.simple_spinner_item은 목록의 모양이 간단한 형태

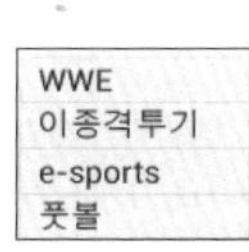

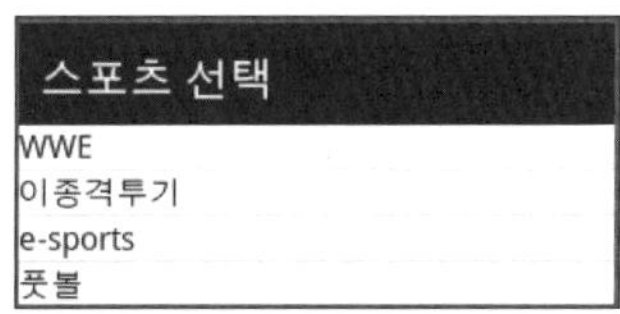

▲ 안드로이드 4.0 이상   ▲ 안드로이드 2.3.3 이하

• simple_spinner_dropdown_item은 목록에 라디오버튼을 표시

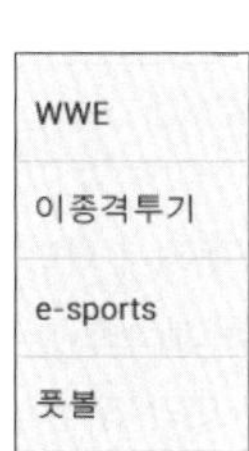

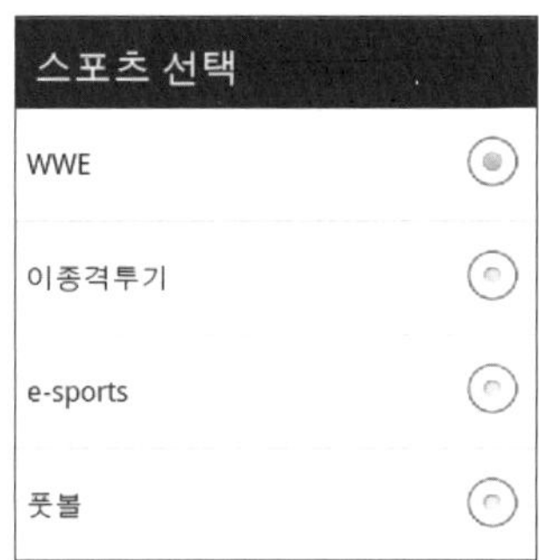

▲ 안드로이드 4.0 이상   ▲ 안드로이드 2.3.3 이하

36   combo.setAdapter(array);은 레이아웃 리소스 [activity_spinner_test_main.xml]에서 스피너에 스피너의 실제 목록을 갖는 ArrayAdapter 클래스의 객체 array를 결합했다. 이것은 화면에 목록을 갖는 스피너가 표시하기 위한 것이다.

38~53   Spinner 객체에는 onClick 이벤트나 setOnItemClickListener 이벤트에 대한 설명이 있으나 실제적으로 사용할 수 없다. 즉, 스피너에서 클릭 이벤트를 지원하지 않기 때문에 실행 시 오

류가 발생할 수 있다. 따라서 스피너에서 아이템의 선택이 변경될 때에 사용하는 OnItemSelected Listener 이벤트를 사용해서 처리한다. 단, OnItemSelectedListener 이벤트를 사용하면 처음에 스 피너가 표시될 때 기본 값의 표시도 아이템의 선택되어 이벤트가 발생한다.

39   Spinner객체인 combo에 setOnItemSelectedListener를 사용해 이벤트를 등록한다. OnItemSelectedListener의 경우 반드시 아이템이 선택시 처리할 작업을 기술하는 onItemSelected( ) 메소드와 선택하지 않았을 때 처리할 작업을 기술하는 onNothingSelected( ) 메소드를 반드시 재정의(오버라이딩) 해야 한다. 52라인의 onNothingSelected( ) 메소드의 경우도 아무런 처리를 하지 않더라도 반드시 재정의가 필요해서 기술한 것이다.

43~49   onItemSelected( ) 메소드는 스피너의 목록을 선택하면 자동으로 실행되는 것으로 여기 서는 목록을 선택하면 토스트(Toast) 메시지가 표시된다. 토스트 메시지는 액티비티의 화면에 표시되 는 간단한 메시지이다.

Toast 클래스

토스트 메시지를 제공하는 클래스로, 안드로이드 애플리케이션에 간단한 메시지를 표시 할 때 사용한다.

주요 메소드

public static Toast makeText(Context context, CharSequence text, int duration)
이 메소드를 사용해 토스트 메시지를 생성한다.

[매개변수 설명]
context : 메시지를 표시할 액티비티를 지정
text : 메시지로 표시할 내용을 지정
duration : 토스트 메시지 지속 시간을 지정. Toast.LENGTH_SHORT는 토스트 메시 지를 짧은 시간 동안 표시하며, 좀 더 길게 표시하려면 Toast.LENGTH_ LONG을 사용

public void show( )
토스트 메시지를 화면에 표시한다.

Toast.makeText( ) 메소드를 사용해 메시지를 생성한 후 show( ) 메소드를 사용해서 화면에 메시지 를 표시한다. makeText(Context context, CharSequence text, int duration) 메소드에서 첫 번째 매개변수는 메시지를 표시할 위치로 현재의 액티비티인 경우 this를 사용한다. 다만 지역 내부 클래 스 또는 무명 내부 클래스 내에서는 '자신의클래스명.this' 라고 써야 한다. 여기서는 이벤트 처리시 무명 내부 클래스를 사용했기 때문에 SpinnerTestMainActivity.this라고 지정한 것이다. 두 번째 매 개변수는 표시할 메시지로 여기서는 선택한 목록을 array.getItem (pos) 메소드로 얻어내서 메시지 의 내용으로 사용했다. 세 번째 매개변수는 토스트 메시지를 짧은 시간 동안 보여줄 것인지 긴 시간 동안 보여줄지를 결정하는 부분으로 여기서는 짧은 시간 동안 보여주기 위해 Toast.LENGTH_ SHORT를 사용했다. 만일 긴 시간 동안 보여 주려면 Toast.LENGTH_LONG을 사용하면 된다.

❶ 실행할 안드로이드 애플리케이션 프로젝트를 선택한 후 [Run As]-[Android Application]을 선택해 안드로이드 에뮬레이터로 실행한다.

❷ 안드로이드 에뮬레이터에 결과가 표시된다. 콤보상자인 Spinner를 클릭해 원하는 항목을 선택하면 선택된 항목이 Toast 메시지로 표시된다.

02.3 ## 진행 상태 표시 및 등급 표시

안드로이드는 프로그램 설치 혹은 로딩 시 진행 상태를 표시하는 위젯으로 ProgressBar(프로그래스바)를 제공한다. ProgressBar에는 수평형(horizontal) 프로그래스바와 원형(Circular) 프로그래스바가 있는데, 작업이 끝나는 시간을 알 수 있는 경우에 수평형을, 끝나는 시간을 알 수 없는 경우에 원형을 사용한다. SeekBar(시크바)는 전체의 내용 중 원하는 특정 위치를 찾을 때 사용한다. 또한 플레이 스토어에서 앱의 만족도를 표시하는 것과 같이 어떠한 것에 등급을 매길 때는 사용하는 RatingBar(레이팅바)가 있다.

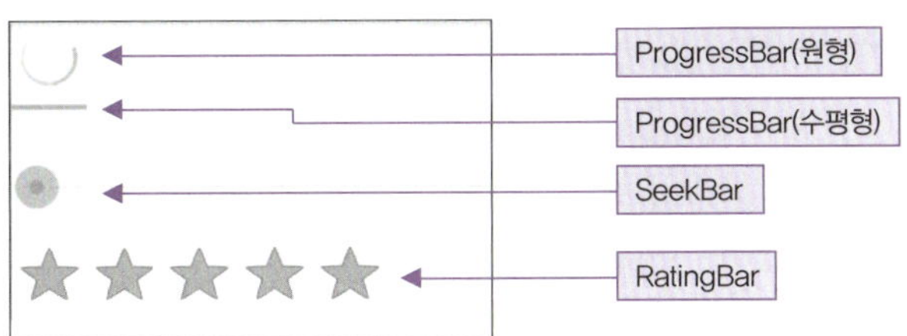

(1) ProgressBar - 진행 상태 표시

작업이 처리되는 진행 상태를 비주얼하게 표시하는 ProgressBar(프로그래스바)는 작업이 얼마큼 처리되어는가를 사용자에서 알려주기 위한 위젯이다. 작업의 처리의 완료 시간을 알 수 없는 경우, 작업의 처리량을 표시하지 않는 원형 타입 및 수평 타입의 ProgressBar를 모두 사용해 표시할 수 있으며, 완료시간을 어느 정도 예측할 수 있는 경우에는 막대 형태의 수평 타입을 사용해 작업의 처리량을 화면에 표시한다.

ProgressBar를 XML 레이아웃 파일에 직접 기술할 때는 다음과 같은 문법을 따른다.

> **문법** <ProgressBar 프로퍼티리스트></ProgressBar>

주요 프로퍼티들을 추가해서 작성한 예는 다음과 같다.

> **예** **원형 프로그래스바 기본형**
>
> ```
> <ProgressBar android:id="@+id/progressBar1" android:layout_width="wrap_content"
> android:layout_height="wrap_content"></ProgressBar>
> ```

style 프로퍼티를 사용해서 ProgressBar(Large), ProgressBar(Small), ProgressBar(Horizontal)을 지정할 수 있다. style 프로퍼티 값으로 style="?android:attr/progressBarStyleLarge", style="?android:attr/progressBarStyleSmall", style="?android:attr/progressBarStyleHorizontal"을 사용할 수 있다.

> **예** **ProgressBar(Horizontal) : 수평형 프로그래스바**
>
> ```
> <ProgressBar android:id="@+id/progressBar2" android:layout_height="wrap_content"
>  android:layout_width="wrap_content"
> style="?android:attr/progressBarStyleHorizontal"> </ProgressBar>
> ```

ProgressBar의 주요 프로퍼티의 설명은 다음과 같다.

ProgressBar 위젯의 주요 프로퍼티

android:animationResolution
밀리세컨드(1/1000초) 단위로 애니메이션 프레임 간의 타임아웃을 지정한다. 예를 들어 "100"과 같이 정수형으로 지정하며, 이때 100은 0.1초를 의미한다.

android:indeterminate
작업의 끝을 가늠할 수 없는 경우(indeterminate mode)를 사용할 수 있도록 지정한다.

android:indeterminateBehavior
프로그래스바의 진행상태가 프로그래스바의 끝인 최대치(max)에 도달했을 때 작업의 끝을 가늠할 수 없는 경우(indeterminate mode)의 동작 방법을 정의한다.

android:indeterminateDuration
작업의 끝을 가늠할 수 없는 애니메이션의 지속시간을 지정한다.

android:max
프로그래스바가 가질 수 있는 최댓값을 지정한다.

android:progress
기본 프로그래스바의 값을 지정하는 것으로, 0부터 max 사이의 값으로 지정한다.

android:secondaryProgress
부차적인 프로그래스바의 값을 지정하는 것으로, 0부터 max 사이의 값으로 지정한다.

▲ ProgressBar의 주요한 XML 프로퍼티

(2) SeekBar – 진행 상태 및 위치 선택

SeekBar(시크바)는 ProgressBar가 확장된 형태로 드래그해서 위치를 선택할 수 있는 기능이 추가되어 있다. 위치선택기(thumb) 혹은 화살표 키를 사용해서 현재의 진행 단계를 왼쪽 혹은 오른쪽으로 이동할 수 있다.

SeekBar를 XML 레이아웃 파일에 직접 기술할 때는 다음과 같은 문법을 따른다.

문법 〈SeekBar 프로퍼티리스트〉〈/SeekBar〉

주요한 프로퍼티들을 추가해서 작성한 예는 다음과 같다.

예 〈SeekBar android:layout_height="wrap_content" android:id="@+id/seekBar1" android:layout_width="match_parent"〉〈/SeekBar〉

SeekBar의 주요한 프로퍼티 및 메소드의 설명은 다음과 같다.

SeekBar 위젯의 주요 프로퍼티

android:thumb
SeekBar의 위치선택기(thumb)를 그린다.

SeekBar 위젯의 주요 메소드

void setOnSeekBarChangeListener(SeekBar.OnSeekBarChangelistener listener)
SeekBar의 진행 정도의 변경 알림을 받기위한 리스너를 지정한다.

▲ SeekBar의 주요한 XML 프로퍼티 및 메소드

(3) RatingBar – 등급 표시

RatingBar(레이팅바)는 SeekBar와 ProgressBar의 확장된 형태로 별모양을 사용해 등급을 표시할 때 사용된다. 터치 앤 드래그 또는 화살표 키를 사용해서 등급을 지정할 수 있다.

RatingBar를 XML 레이아웃 파일에 직접 기술할 때는 다음과 같은 문법을 따른다.

> **문법** <RatingBar 프로퍼티리스트></RatingBar>

주요한 프로퍼티들을 추가해서 작성한 예는 다음과 같다.

>  <RatingBar android:id="@+id/ratingBar1" android:layout_width="wrap_content"
> android:layout_height="wrap_content"></RatingBar>

RatingBar의 주요 프로퍼티 및 메소드의 설명은 다음과 같다.

RatingBar 위젯의 주요 프로퍼티

android:numStars
레이팅바에 표시할 별의 수를 지정한다.

android:rating
기본 레이팅 값을 지정한다.

android:stepSize
레이팅의 단계 값의 크기를 지정한다.

RatingBar 위젯의 주요 메소드

int getNumStars( )
레이팅바에 표시된 별의 수를 얻어낸다.

float getRating( )
현재의 레이팅 값(채워진 별의 수)을 얻어낸다.

float getStepSize( )
레이팅의 단계 값의 크기를 얻어낸다.

synchronized void setMax(int max)
0부터 max까지 레이팅바의 범위를 지정한다.

void setNumStars(int numStars)
레이팅바에 표시할 별의 수를 지정한다.

void setOnRatingBarChangeListener(RatingBar.OnRatingBarChangeListener listener)
레이팅의 값이 변경되었을 때 호출되는 리스너를 지정한다.

void setRating(float rating)
레이팅 값을 지정한다.

void setStepSize(float stepSize)
레이팅의 단계 값을 지정한다.

▲ RatingBar의 주요한 XML 프로퍼티 및 메소드

Exercise 폼 위젯 ProgressBar, SeekBar, RatingBar를 사용한 예제
　　　　　　 － PSRBarTest 애플리케이션

이 예제는 폼 위젯 ProgressBar, SeekBar, RatingBar의 사용법을 보는 예제로 프로그래스바의 진행을 표시하기 위한 쓰레드의 사용 및 시크바와 레이팅바에서 사용하는 이벤트와 이벤트 처리 방법도 다룬다.

▲ PSRBarTest 애플리케이션 실행 결과

주요 파일	파일명 ([PSRBarTest] 애플리케이션)	하는 일
리소스 파일 (문자열, 이미지 등)	문자열 리소스 strings.xml 위치 : [프로젝트]–[res]–[values]	• 문자열 정의 　이 애플리케이션에서는 내용 　수정 안 함
레이아웃 리소스 파일	activity_psrbar_test_main.xml 위치 : [프로젝트]–[res]–[layout]	• 4개의 TextView 위젯, 2개 　의 ProgressBar 위젯, 1개 　의 SeekBar 위젯 및 1개의 　RatingBar 위젯 배치

| 액티비티 클래스 파일 | PSRBarTestMainActivity.java
위치 : [프로젝트]–[src]–[패키지명] | • 화면에 activity_psrbar_test_main.xml을 표시
• activity_psrbar_test_main.xml에서 정의한 ProgressBar 위젯, Seek Bar 위젯, RatingBar 위젯에 이벤트리스너 등록
• 이벤트 처리 : 프로그래스바의 진행 상태가 자동으로 표시, 시크바, 레이팅바의 경우 위치 혹은 개수를 선택하면 값이 표시됨 |
| 매니페스트 파일 | AndroidManifest.xml
위치 : [프로젝트] | • 애플리케이션의 속성 설정이 애플리케이션에서는 내용 수정 안 함 |

▲ [PSRBarTest] 애플리케이션의 주요 파일

01 PSRBarTest 안드로이드 애플리케이션 프로젝트 생성

❶ [Project Explorer] 뷰에서 마우스 오른쪽 버튼을 클릭한 후 표시되는 메뉴에서 [New]–[Project] 메뉴를 선택한다. [New Project] 창이 표시되면 [Android]–[Android Application Project]를 선택한 후 [Next] 버튼을 클릭한다.

❷ [New Android Application] 창이 표시되면 다음과 같이 입력 및 선택한 후 [Next] 버튼을 클릭한다. 그 외의 값은 기본 값을 그대로 사용한다.

항목	입력 및 선택 값
Application Name	PSRBarTest 입력
Project Name	PSRBarTest 자동 입력됨
Package Name	work.test.psrbartest 입력
Minimum Required SDK	API 8 : Android 2.2 (Froyo) 기본 값 사용
Target SDK	API 18 : Android 4.3 기본 값 사용 기본 값이 아닐 경우 선택
Compile With	API 18 : Android 4.3 기본 값 사용

❸ [Next]버튼을 클릭하다가 액티비티의 이름을 변경하는 부분이 나오면 [Activity Name]을 [PSRBarTestMainActivity]로 변경한 후 [Finish] 버튼을 클릭한다.

02 [res]–[layout]–[activity_psrbar_test_main.xml]에 뷰의 레이아웃을 배치한다.

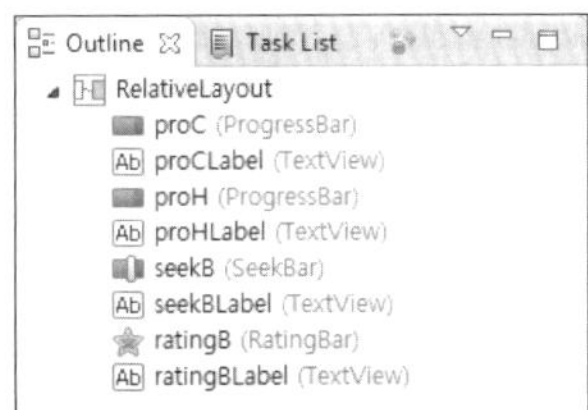

▲ [Outline] 뷰의 구조

▲ [Graphical Layout]의 화면

❶ [activity_psrbar_test_main.xml]이 편집기 뷰에 열려져 있지 않는 경우에는 더블클릭해 연다.

❷ [Graphical Layout] 탭이 아닌 경우 [Graphical Layout] 탭으로 전환한 후 화면의 레이아웃 배치에 표시된 [Hello World!]는 클릭한 후 Delete 키를 눌러 제거한다.

❸ 4개의 TextView와 2개의 ProgressBar와 SeekBar, RatingBar를 추가해서 [Properties] 뷰의 프로퍼티의 값을 변경해 완성한다.

Property	Value
ProgressBar (Large)	
Id	@+id/proC
Max	100
Progress	0

Property	Value
TextView	
Id	@+id/proCLabel
Text	

Property	Value
ProgressBar (Horizontal)	
Id	@+id/proH
Max	100
Progress	0
width	[Layout Parameters] 항목의 하위 항목인 [Width]의 [...] 버튼을 눌러 fill_parent를 선택

Property	Value
TextView	
Id	@+id/proHLabel
Text	

Property	Value
SeekBar	
Id	@+id/seekB
Max	100
Progress	20

Property	Value
TextView	
Id	@+id/seekBLabel
Text	

Property	Value
RatingBar	
Id	@+id/ratingB
Num stars	5
Rating	3

Property	Value
TextView	
Id	@+id/ratingBLabel
Text	

❹ 레이아웃의 배치가 끝나면 [activity_psrbar_test_main.xml]을 저장한다. 완성된
소스코드는 다음과 같다.

```xml
01  <RelativeLayout xmlns:android="http://schemas.android.com/apk/res/android"
02      xmlns:tools="http://schemas.android.com/tools"
03      android:layout_width="match_parent"
04      android:layout_height="match_parent"
05      tools:context=".PSRBarTestMainActivity" >
06
07      <ProgressBar
08          android:id="@+id/proC"
09          style="?android:attr/progressBarStyleLarge"
10          android:layout_width="wrap_content"
11          android:layout_height="wrap_content"
12          android:layout_alignParentLeft="true"
13          android:layout_alignParentTop="true"
14          android:max="100"
15          android:progress="0" />
16
17      <TextView
18          android:id="@+id/proCLabel"
19          android:layout_width="wrap_content"
20          android:layout_height="wrap_content"
21          android:layout_alignParentTop="true"
22          android:layout_marginLeft="46dp"
23          android:layout_marginTop="25dp"
24          android:layout_toRightOf="@+id/proC"
25          android:textAppearance="?android:attr/textAppearanceMedium" />
26
27      <ProgressBar
28          android:id="@+id/proH"
29          style="?android:attr/progressBarStyleHorizontal"
30          android:layout_width="fill_parent"
31          android:layout_height="wrap_content"
32          android:layout_alignParentLeft="true"
33          android:layout_below="@+id/proC"
34          android:max="100"
35          android:progress="0" />
36
37      <TextView
```

```
38          android:id="@+id/proHLabel"
39          android:layout_width="wrap_content"
40          android:layout_height="wrap_content"
41          android:layout_alignParentLeft="true"
42          android:layout_below="@+id/proH"
43          android:textAppearance="?android:attr/textAppearanceMedium" />
44
45      <SeekBar
46          android:id="@+id/seekB"
47          android:layout_width="match_parent"
48          android:layout_height="wrap_content"
49          android:layout_alignParentLeft="true"
50          android:layout_below="@+id/proHLabel"
51          android:layout_marginTop="30dp"
52          android:max="100"
53          android:progress="20" />
54
55      <TextView
56          android:id="@+id/seekBLabel"
57          android:layout_width="wrap_content"
58          android:layout_height="wrap_content"
59          android:layout_alignParentLeft="true"
60          android:layout_below="@+id/seekB"
61          android:textAppearance="?android:attr/textAppearanceMedium" />
62
63      <RatingBar
64          android:id="@+id/ratingB"
65          android:layout_width="wrap_content"
66          android:layout_height="wrap_content"
67          android:layout_alignParentLeft="true"
68          android:layout_below="@+id/seekBLabel"
69          android:rating="3" />
70
71      <TextView
72          android:id="@+id/ratingBLabel"
73          android:layout_width="wrap_content"
74          android:layout_height="wrap_content"
75          android:layout_alignParentLeft="true"
76          android:layout_below="@+id/ratingB"
77          android:textAppearance="?android:attr/textAppearanceMedium" />
```

```
78
79      〈/RelativeLayout〉
```


07, 17, 27, 37, 45, 55, 63, 71　　〈ProgressBar〉, 〈TextView〉, 〈SeekBar〉, 〈RatingBar〉 엘리먼트는 안드로이드 애플리케이션의 로직 부분을 담당하는 [PSRBarTestMainActivity] 액티비티에서 참조해서 프로그래밍을 제어한다.

03 로직을 담당하는 [PSRBarTestMainActivity] 액티비티의 내용 수정

❶ [PSRBarTest]−[src]−[work.test.psrbartest] 패키지 내에 있는 [PSRBarTestMain Activity.java]를 더블클릭해서 연다.

❷ [PSRBarTestMainActivity] 액티비티의 내용을 다음과 같이 추가해 수정한 후 저장한다.

```java
01    package work.test.psrbartest;
02
03    import android.app.Activity;
04    import android.os.Bundle;
05    import android.os.Handler;
06    import android.view.Menu;
07    import android.view.Window;
08    import android.widget.ProgressBar;
09    import android.widget.RatingBar;
10    import android.widget.SeekBar;
11    import android.widget.TextView;
12
13    public class PSRBarTestMainActivity extends Activity {
14        private ProgressBar c, h;
15        private SeekBar seek;
16        private RatingBar rating;
17        private TextView cl,hl,sl,rl;
18        //프로그래스의 진행 값
19        private int mProgressStatus = 0;
20        //쓰레드를 사용하기 위해 Handler 사용
21        private Handler mHandler = new Handler( );
22
```

```java
23      @Override
24      protected void onCreate(Bundle savedInstanceState) {
25          super.onCreate(savedInstanceState);
26          requestWindowFeature(Window.FEATURE_NO_TITLE);
27          setContentView(R.layout.activity_psrbar_test_main);
28
29          //원형 프로그래스바와 결과 값을 표시할 텍스트 뷰의 정보로 가져옴
30          c = (ProgressBar)findViewById(R.id.proC);
31          cl = (TextView)findViewById(R.id.proCLabel);
32
33          //수평 프로그래스바와 결과 값을 표시할 텍스트 뷰의 정보를 가져옴
34          h = (ProgressBar)findViewById(R.id.proH);
35          hl = (TextView)findViewById(R.id.proHLabel);
36
37          //프로그래스바의 진행상태는 별도의 쓰레드를 지정해서 함
38          new Thread(new Runnable( ) {
39              public void run( ) { //쓰레드가 실행 시 사용
40                  //프로그래스바의 진행이 100보다 작으면 반복 수행
41                  while (mProgressStatus < 100) {
42                      //1초마다 쓰레드를 멈춰줘서 프로그래스바의 진행 상태를
43                      //눈으로 볼 수 있게 함
44                      try{
45                      Thread.sleep(1000);//1초
46                      }catch(Exception e){ }
47                      //프로그래스 값 10 증가
48                      mProgressStatus += 10;
49                      // 프로그래스바 업데이트
50                      mHandler.post(new Runnable( ) {
51                          public void run( ) {
52                              //프로그래스바의 진행 상태 값 변화를
53                              //실제의 프로그래스바에 반영
54                              c.setProgress(mProgressStatus);
55                              h.setProgress(mProgressStatus);
56                              //텍스트뷰에 진행 값 표시
57                              cl.setText("원형 프로그래스바 진행값:"
58                                              + mProgressStatus);
59                              hl.setText("수평 프로그래스바 진행값:"
60                                              + mProgressStatus);
61                          }
62                      });
```

```java
63                }
64            }
65        }).start( ); //쓰레드의 실행을 시작함
66
67        //시크바와 해당 텍스트뷰의 정보를 가져옴
68        seek = (SeekBar)findViewById(R.id.seekB);
69        sl = (TextView)findViewById(R.id.seekBLabel);
70
71        //시크바의 값이 변경되는 경우의 이벤트 처리
72        seek.setOnSeekBarChangeListener(
73            new SeekBar.OnSeekBarChangeListener( ) {
74
75                public void onStopTrackingTouch(SeekBar seekBar) { }
76
77                public void onStartTrackingTouch(SeekBar seekBar) { }
78
79                //시크바의 막대를 이동해 값이 변경되면 실행
80                public void onProgressChanged(SeekBar seekBar, int progress,
81                                    boolean fromUser) {
82                    //변경된 시크바의 막대(thumb)의 위치 값을 표시
83                    sl.setText("위치값 : "+seekBar.getProgress( ));
84                }
85        });
86
87        //레이팅바의 정보와 해당 텍스트뷰의 정보를 가져옴
88        rating = (RatingBar)findViewById(R.id.ratingB);
89        rl = (TextView)findViewById(R.id.ratingBLabel);
90
91        //레이팅바의 별의 선택을 변경한 경우의 이벤트 처리
92        rating.setOnRatingBarChangeListener(
93                new RatingBar.OnRatingBarChangeListener( ) {
94
95            //레이팅바에서 선택된 별의 수가 변경된 경우 실행
96            public void onRatingChanged(RatingBar ratingBar, float rating,
97                                boolean fromUser) {
98                String result="";
99                //선택한 별의 개수를 얻어냄
100               int x = (int)ratingBar.getRating( );
101
102               switch(x){
```

```java
103            case 1: //선택된 별이 1개인 경우
104                result = "Bad";
105                break;
106            case 2: //선택된 별이 2개인 경우
107                result = "Not Bad";
108                break;
109            case 3: //선택된 별이 3개인 경우
110                result = "Good";
111                break;
112            case 4: //선택된 별이 4개인 경우
113                result = "Great";
114                break;
115            case 5: //선택된 별이 5개인 경우
116                result = "Awesome";
117                break;
118            }
119            //별의 선택에 따른 결과값 표시
120            rl.setText(result);
121        }
122    });
123    }
124
125    @Override
126    public boolean onCreateOptionsMenu(Menu menu) {
127        // Inflate the menu; this adds items to the action bar if it is present.
128        getMenuInflater( ).inflate(R.menu.activity_psrbar_test_main, menu);
129        return true;
130    }
131
132 }
```


38~65 프로그래스바의 진행 상태를 처리하는 쓰레드 정의 : 현재의 화면에서 처리되는 작업 이외의 별도의 작업을 같은 화면에서 처리하기 위해서는 쓰레드가 필요하다. 쓰레드는 주로 애니메이션 처리나 시간 경과단계에 따른 처리, 지금과 같은 프로그래스바의 진행 상태를 제어할 때 사용된다. 여기서는 프로그래스바의 진행이 Max 값인 100보다 작은 경우 1초마다 프로그래스의 진행을 10씩 진행시키기 위해서 쓰레드를 사용했다. 실제로 Thread.sleep(1000);과 같이 1초마다 쓰레드를 멈추지 않으면 프로그래스바의 진행이 너무 빨라서 사람의 눈으로 판별할 수 없다.

Toast 클래스

쓰레드는 프로세스 내의 명령어 블록으로, 동시적인 작업 처리를 위해 사용한다. new Thread(Runnable); 을 사용해 쓰레드를 생성하며, start( ) 메소드를 사용해서 실행한다. start( ) 메소드는 자동으로 run( ) 메소드를 호출하며, 쓰레드가 처리할 작업은 run( ) 메소드에 기술한다.

주요 생성자

Thread(Runnable runable)
Runnable 객체의 내용을 갖는 새로운 Thread 객체를 생성한다.

주요 메소드

public void run( )
쓰레드가 처리할 작업을 수행
public static void sleep(long time)
쓰레드를 지정한 시간동안 일시로 멈춤. 지정한 시간이 경과하면 자동으로 쓰레드가 실행됨
[매개변수 설명]
time : 1/1000초 단위로 시간을 지정. 예)1000 → 1초
public synchronized void start( ) : 쓰레드를 실행한다.

public void show( )
토스트 메시지를 화면에 표시한다.

Runnable 인터페이스

실행할 명령어를 구현하며, 다른 쓰레드 안에서 실행코드로 사용되기도 한다.

주요 메소드

public abstract void run( )
쓰레드가 처리할 작업의 실행을 시작한다. 이 메소드는 쓰레드가 시작되면 자동으로 호출된다.

72~85　　시크바에서 이벤트 처리 : 시크바의 경우 시크바의 이동 막대(thumb)를 이동시킬 경우 OnSeekBarChangeListener를 사용해서 이벤트를 처리한다. 이 리스너에는 시크바의 이동을 멈출 때 처리하는 onStopTrackingTouch( ) 메소드, 이동을 시작할 때 처리하는 onStartTrackingTouch( ) 메소드가 있으며, 이들은 사용할 필요가 없더라도 오버라이딩 해두어야 한다. 그리고 시크바의 막대를 이동해 값이 변경되면 실행되는 onProgressChanged( ) 메소드에서 막대의 이동이 발생하면 처리할 코드들을 기술한다.

96~122　　레이팅바에서 이벤트 처리 : 레이팅바는 단말기에서 손가락으로 별을 선택하거나 에뮬레이터에서 마우스로 드래그 앤 드롭해서 별을 선택 이벤트가 발생한다. 이때 발생하는 이벤트 처리를 위해 OnRatingBarChangeListener를 제공한다. 이 리스너가 가지고 있는 onRatingChanged( ) 메소드에 선택된 별의 수가 변경되면 처리할 코드를 기술한다.

 안드로이드 애플리케이션 실행

❶ 실행할 안드로이드 애플리케이션 프로젝트를 선택한 후 [Run As]-[Android Application]을 선택해 안드로이드 에뮬레이터로 실행한다.

❷ 안드로이드 에뮬레이터에 결과가 표시된다.

Tip

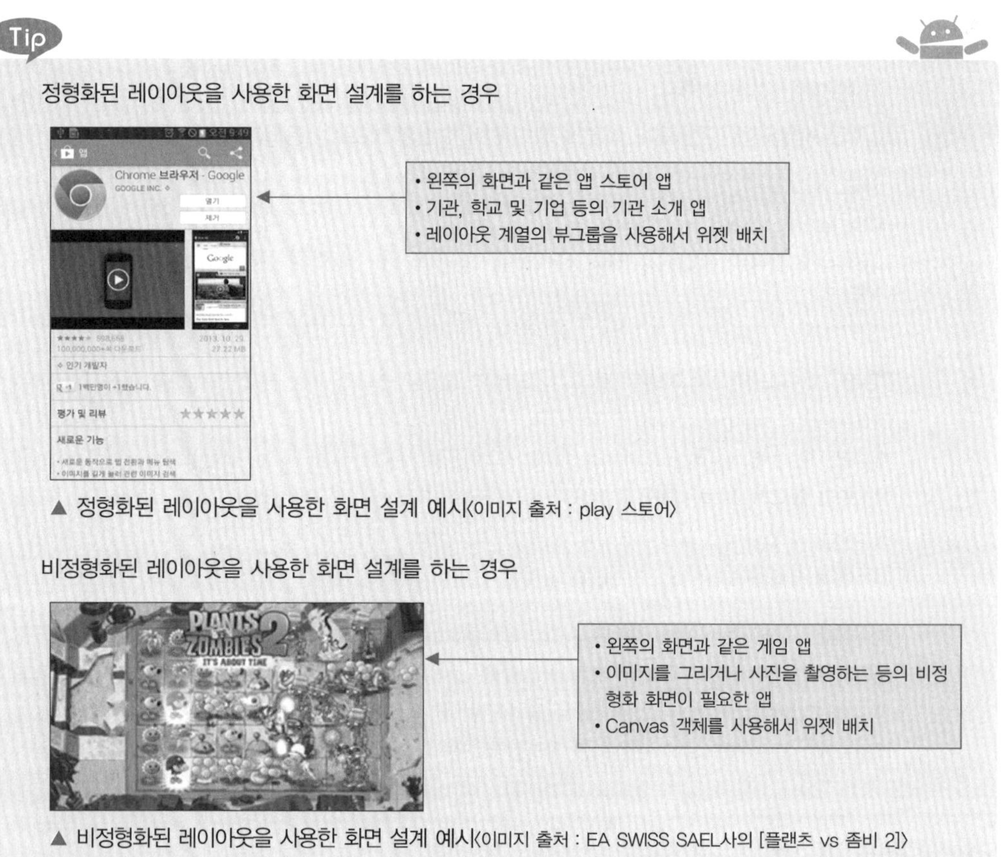

정형화된 레이아웃을 사용한 화면 설계를 하는 경우

• 왼쪽의 화면과 같은 앱 스토어 앱
• 기관, 학교 및 기업 등의 기관 소개 앱
• 레이아웃 계열의 뷰그룹을 사용해서 위젯 배치

▲ 정형화된 레이아웃을 사용한 화면 설계 예시〈이미지 출처 : play 스토어〉

비정형화된 레이아웃을 사용한 화면 설계를 하는 경우

• 왼쪽의 화면과 같은 게임 앱
• 이미지를 그리거나 사진을 촬영하는 등의 비정형화 화면이 필요한 앱
• Canvas 객체를 사용해서 위젯 배치

▲ 비정형화된 레이아웃을 사용한 화면 설계 예시〈이미지 출처 : EA SWISS SAEL사의 [플랜츠 vs 좀비 2]〉

레이아웃(Layouts)

Android Programming

레이아웃(Layout)은 여러 개의 뷰를 다양한 배치형태로 갖는 뷰그룹이다. 안드로이드 레이아웃에는 LinearLayout, RelativeLayout, FrameLayout, TableLayout, Fragment 등이 있으며 AbsoluteLayout도 레이아웃의 한 종류이나 가급적이면 사용하지 않는 것이 권고사항이다.

◀ 레이아웃(Layouts)

03.1 LinearLayout – 수평, 수직 순차배치 레이아웃

LinerLayout(리니어레이아웃)은 위젯들을 수평 또는 수직의 한 행 또는 한 열에 순차적으로 배치하는 레이아웃이다.

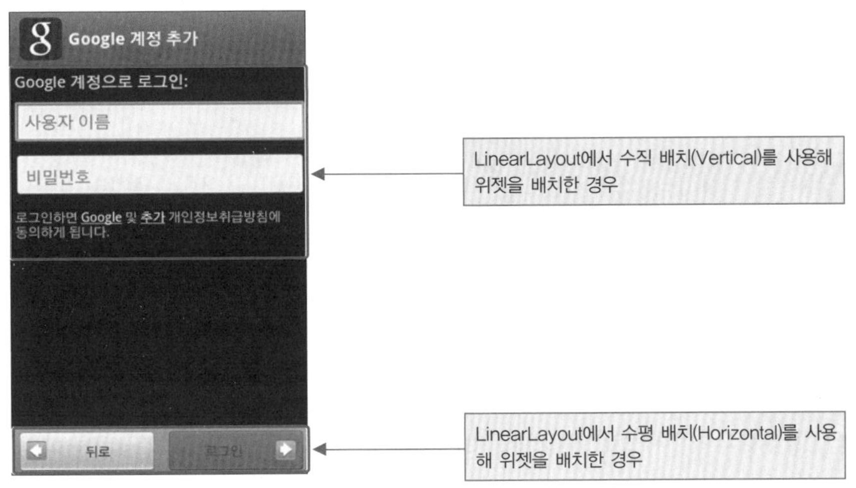

▲ LinearLayout을 사용한 배치

배치 방향이 수평(Horizontal)인 경우 위에서 아래로 차례차례 하나의 위젯을 배치한다. 이때 한 행에는 하나의 위젯만 배치할 수 있다. 수직(Vertical)의 경우 왼쪽에서 오른쪽으로 위젯을 배치하며 한 행에 위젯을 모두 배치했더라도 다음 행을 사용할 수 없다. 오로지 한 행에만 위젯을 배치할 수 있다. 따라서 원하는 형태의 복잡한 위젯을 배치하려면 LinerLayout을 여러 개 겹쳐서 사용한다.

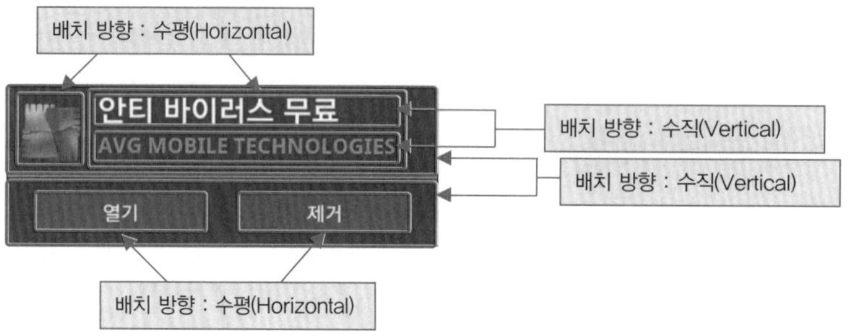

▲ LinearLayout에서 수직 배치(Vertical)와 수평 배치(Horizontal)를 혼합해 사용한 배치

LinerLayout를 XML 레이아웃 파일에 직접 기술할 때는 다음과 같은 문법을 따른다.

```
문법   〈LinearLayout 프로퍼티리스트〉〈/LinearLayout〉
```

주요 프로퍼티들을 추가해서 작성한 예는 다음과 같다.

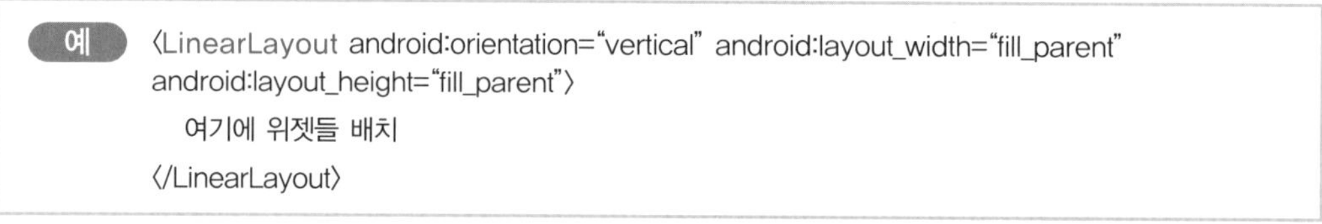

```
예   〈LinearLayout android:orientation="vertical" android:layout_width="fill_parent"
      android:layout_height="fill_parent"〉
         여기에 위젯들 배치
      〈/LinearLayout〉
```

LinearLayout의 주요 프로퍼티 및 메소드의 설명은 다음과 같다.

LinearLayout의 주요 프로퍼티

android:baselineAligned
위젯을 레이아웃에 배치할 때 베이스라인에 맞춰 배치할지의 여부를 결정한다.

android:gravity
X, Y축상에서 객체의 내용을 배치하는 방법을 지정한다.

android:orientation
위젯을 열 방향 또는 행 방향으로 배치한다. vertical일 경우 행방향, horizontal일 경우 열방향으로 배치한다.

int getOrientation( )
현재의 배치 방향을 리턴한다.

void setGravity(int gravity)
배치된 위젯의 위치된 방법을 지정한다.

void setOrientation( )
위젯의 배치 방향을 열방향 혹은 행방향으로 지정한다.

▲ LinearLayout의 주요한 XML 프로퍼티 및 메소드

03.2 RelativeLayout – 상대적 배치 레이아웃

RelativeLayout(렐러티브레이아웃)은 위젯들을 다른 위젯 또는 부모 위젯으로부터의 상대적 위치를 기준으로 배치한다.

문법 〈RelativeLayout 프로퍼티리스트〉〈/RelativeLayout〉

주요 프로퍼티들을 추가해서 작성한 예는 다음과 같다.

```
예  〈RelativeLayout android:id="@+id/relativeLayout1"
      android:layout_width="match_parent"
      android:layout_height="wrap_content"〉
      〈TextView android:layout_height="wrap_content"
        android:textAppearance="?android:attr/textAppearanceMedium"
        android:layout_width="wrap_content"
        android:id="@+id/text1"
        android:text="@string/str1"
        android:layout_alignParentLeft="true"〉〈/TextView〉
      〈TextView android:layout_height="wrap_content"
        android:textAppearance="?android:attr/textAppearanceMedium"
        android:layout_width="wrap_content"
        android:text="@string/str2"
        android:id="@+id/text2"
        android:layout_alignParentTop="true"
        android:layout_toRightOf="@+id/text1"
        android:layout_marginLeft="32dp"〉〈/TextView〉
    〈/RelativeLayout〉
```

RelativeLayout의 주요한 프로퍼티 및 메소드의 설명은 다음과 같다.

RelativeLayout의 주요 프로퍼티

android:gravity
X, Y축상에서 객체의 내용을 배치하는 방법을 지정한다.

위젯의 배치에 관한 프로퍼티들

android:layout_above
주어진 기준 뷰ID 위에 해당 뷰를 위치시킨다.

android:layout_alignBaseline
뷰의 정렬 시 주어진 기준 뷰ID의 베이스 라인(base line)에 해당 뷰의 베이스 라인을 위치시킨다.

android:layout_alignBottom
뷰의 정렬 시 주어진 기준 뷰ID의 하단(bottom edge)에 해당 뷰의 하단을 위치시킨다.

android:layout_alignEnd
뷰의 정렬 시 주어진 기준 뷰ID의 끝(end edge)에 해당 뷰의 끝을 위치시킨다.

android:layout_alignLeft
뷰의 정렬 시 주어진 기준 뷰ID의 왼쪽에 해당 뷰의 왼쪽을 위치시킨다.

android:layout_alignParentBottom
이 프로퍼티 값이 true인 경우 뷰의 정렬 시 부모 뷰의 하단(bottom edge)에 해당 뷰의 하단을 위치시킨다.

android:layout_alignParentEnd
이 프로퍼티 값이 true인 경우 뷰의 정렬 시 부모 뷰의 끝(end edge)에 해당 뷰의 끝을 위치시킨다.

android:layout_alignParentLeft
이 프로퍼티 값이 true인 경우 뷰의 정렬 시 부모 뷰의 왼쪽(left edge)에 해당 뷰의 왼쪽을 위치시킨다.

android:layout_alignParentRight
이 프로퍼티 값이 true인 경우 뷰의 정렬 시 부모 뷰의 오른쪽(right edge)에 해당 뷰의 오른쪽을 위치시킨다.

android:layout_alignParentStart
이 프로퍼티 값이 true인 경우 뷰의 정렬 시 부모 뷰의 시작점(start edge)에 해당 뷰의 시작점을 위치시킨다.

android:layout_alignParentTop
이 프로퍼티 값이 true인 경우 뷰의 정렬 시 부모 뷰의 위쪽(top edge)에 해당 뷰의 위쪽을 위치시킨다.

android:layout_alignRight
뷰의 정렬 시 주어진 기준 뷰ID의 오른쪽(right edge)에 해당 뷰의 오른쪽을 위치시킨다.

android:layout_alignStart
뷰의 정렬 시 주어진 기준 뷰ID의 시작점(start edge)에 해당 뷰의 시작점을 위치시킨다.

android:layout_alignTop
뷰의 정렬 시 주어진 기준 뷰ID의 위쪽(top edge)에 해당 뷰의 위쪽을 위치시킨다.

android:layout_alignWithParentIfMissing
이 프로퍼티의 값이 true인 경우 부모 뷰를 기준 뷰로 사용한다.

android:layout_below
주어진 기준 뷰ID의 아래(below)에 해당 뷰를 위치시킨다.

android:layout_centerHorizontal
이 프로퍼티 값이 true인 경우 부모 뷰 안의 해당 자식 뷰를 수평 중앙 정렬한다.

android:layout_centerInParent
이 프로퍼티 값이 true인 경우 부모 뷰 안의 해당 자식 뷰를 수직 중앙 정렬한다.

android:layout_centerVertical
이 프로퍼티 값이 true인 경우 해당 자식 뷰를 부모 뷰 안에서 수직 중앙 정렬한다.

android:layout_toEndOf
주어진 기준 뷰ID의 끝(end edge)에 해당 뷰의 시작점(start edge)을 위치시킨다.

android:layout_toLeftOf
주어진 기준 뷰ID의 왼쪽(left edge)에 해당 뷰의 오른쪽(right edge)을 위치시킨다.

android:layout_toRightOf
주어진 기준 뷰ID의 오른쪽(right edge)에 해당 뷰의 왼쪽(left edge)을 위치시킨다.

android:layout_toStartOf
주어진 기준 뷰ID의 시작점(start edge)에 해당 뷰의 끝(end edge)을 위치시킨다.

RelativeLayout의 주요 메소드

void setGravity(int gravity)
배치된 위젯의 위치된 방법을 지정한다.

▲ RelativeLayout의 주요한 XML 프로퍼티 및 메소드

03.3 TableLayout 과 TableRow – 표 모양의 레이아웃

TableLayout(테이블레이아웃)은 표 모양으로 위젯을 배치하는 것으로 표의 행과 열에 위젯을 배치한다. 사실 TableLayout 자체에는 위젯을 배치할 수 없고 TableLayout의 행에 해당하는 TableRow(테이블로우)를 TableLayout에 배치한 후 TableRow안에 위젯을 배치해서 사용한다. 안드로이드 SDK의 버전이 낮은 경우 TableRow를 직접 TableLayout에 배치해야 하며, 버전이 3.2 이상인 경우에는 TableLayout 안에 기본적으로 4개의 행에 해당하는 4개의 TableRow가 있으며 원하는 대로 제거 및 추가할 수 있다.

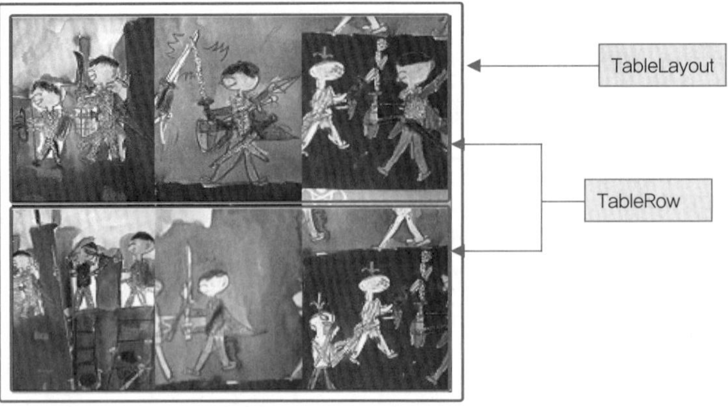


```
⟨TableLayout android:id="@+id/tableLayout1"
    android:layout_width="match_parent"
    android:layout_height="wrap_content"⟩
  ⟨TableRow android:id="@+id/tableRow1"
    android:layout_width="wrap_content"
    android:layout_height="wrap_content"⟩
    여기에 위젯 배치
  ⟨/TableRow⟩
⟨/TableLayout⟩
```

주요 프로퍼티들을 추가해서 작성한 예는 다음과 같다.


```
⟨TableLayout android:id="@+id/tableLayout1"
    android:layout_width="match_parent"
    android:layout_height="wrap_content"⟩
  ⟨TableRow android:id="@+id/tableRow1"
    android:layout_width="wrap_content"
    android:layout_height="wrap_content"⟩
    ⟨TextView android:textAppearance="?android:attr/textAppearanceMedium"
      android:text="TextView"
      android:id="@+id/textView1"
      android:layout_height="wrap_content"
      android:layout_width="wrap_content"⟩⟨/TextView⟩
    ⟨ImageView android:src="@drawable/icon"
      android:id="@+id/imageView1"
      android:layout_height="wrap_content"
      android:layout_width="wrap_content"⟩⟨/ImageView⟩
  ⟨/TableRow⟩
  ⟨TableRow android:id="@+id/tableRow2"
    android:layout_width="wrap_content"
    android:layout_height="wrap_content"⟩
    ⟨TextView android:textAppearance="?android:attr/textAppearanceMedium"
      android:text="TextView"
      android:id="@+id/textView2"
      android:layout_height="wrap_content"
      android:layout_width="wrap_content"⟩⟨/TextView⟩
```

```
〈EditText android:id="@+id/editText1"
    android:layout_width="wrap_content"
    android:layout_height="wrap_content"〉
    〈requestFocus〉〈/requestFocus〉
〈/EditText〉
〈/TableRow〉
〈/TableLayout〉
```

TableLayout과 TableRow의 주요한 프로퍼티 및 메소드의 설명은 다음과 같다.

TableLayout의 주요 메소드

void addView(View child)
자식이 되는 위젯(뷰)을 추가한다.

void setOnHierarchyChangeListener(ViewGroup.OnHierarchyChangeListener listener)
레이아웃 내에서 자식 뷰가 추가 또는 제거될 경우 발생하는 이벤트를 처리한다.

▲ TableLayout의 주요한 메소드

TableRow의 주요 메소드(ViewGroup에서 사용 받은 메소드)

void addView(View child)
자식이 되는 위젯(뷰)을 추가한다.

void getChildAt(int index)
뷰그룹인 TableRow 내에서 지정한 index 값에 해당하는 자식 뷰를 리턴한다.

int getChildCount( )
Returns the number of children in the group. 뷰그룹인 TableRow 내에서 자식 뷰의 수를 리턴한다.

int indexOfChild(View child)
뷰그룹인 TableRow 내에서 지정한 자식 뷰의 위치 값을 리턴한다.

void removeViewAt(int index)
지정한 위 값에 해당하는 자식 뷰를 제거한다.

▲ TableRow의 주요한 메소드

Exercise TableLayout을 사용한 예제 – [TableLayoutTest] 애플리케이션

이 예제는 레이아웃인 TableLayout을 사용한 예제로 이미지가 표 모양의 테이블레이아웃에 배치되며 뒤집어져 있는 이미지를 클릭하면 원래의 이미지가 표시되는 예제이다.

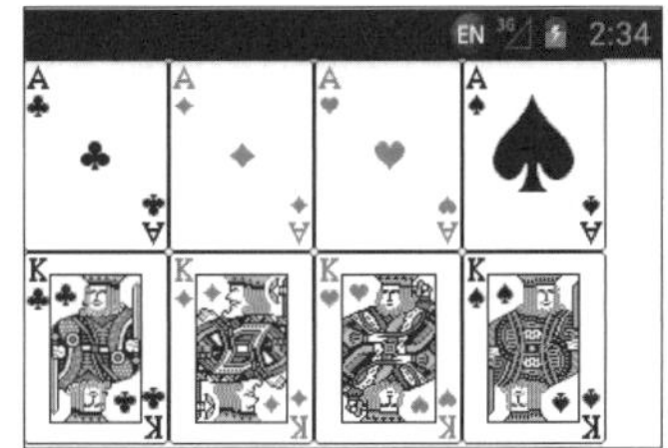

TableLayoutTest 애플리케이션 실행 결과 ▶

주요 파일	파일명 ([TableLayoutTest] 애플리케이션)	하는 일
리소스 파일 (문자열, 이미지 등)	문자열 리소스 파일명 : strings.xml 위치 : [프로젝트]-[res]-[values] 이미지 리소스 추가 파일명 : aceofclubs.png, aceofdiamonds.png, aceofhearts.png, aceofspades.png, back.png, kingofclubs.png, kingofdiamonds.png, kingofhearts.png, kingofspades.png 위치 : [프로젝트]-[res]-[drawable-mdpi]	• 문자열 정의 이 애플리케이션에서는 내용 수정 안 함 • 이미지 리소스를 [res]-[drawable-mdpi] 폴더에 복사
레이아웃 리소스 파일	activity_table_layout_test_main.xml 위치 : [프로젝트]-[res]-[layout]	• 1개의 TableLayout 위젯, 2개의 TableRow 위젯, 8개의 ImageView 위젯 배치
액티비티 클래스 파일	TableLayoutTestMainActivity.java 위치 : [프로젝트]-[src]-[패키지명]	• 화면에 activity_table_layout_test_main.xml 표시 • activity_table_layout_test_main.xml에서 정의한 TableRow 위젯의 자식 위젯에 이벤트리스너 등록 • 이벤트 처리 : 배치된 이미지를 클릭하면 디른 이미지로 교체되어 표시됨
매니페스트 파일	AndroidManifest.xml 위치 : [프로젝트]	• 애플리케이션의 아이콘 변경

▲ [TableLayoutTest] 애플리케이션의 주요 파일

01 TableLayoutTest 안드로이드 애플리케이션 프로젝트 생성

❶ [Project Explorer] 뷰에서 마우스 오른쪽 버튼을 클릭한 후 표시되는 메뉴에서 [New]-[Project] 메뉴를 선택한다. [New Project] 창이 표시되면 [Android]-[Android Application Project]를 선택한 후 [Next] 버튼을 클릭한다.

❷ [New Android Application] 창이 표시되면 다음과 같이 입력 및 선택을 한 후 [Next] 버튼을 클릭한다. 그 외의 값은 기본 값을 그대로 사용한다.

항목	입력 및 선택 값
Application Name	TableLayoutTest 입력
Project Name	TableLayoutTest 자동 입력됨
Package Name	work.test.tablelayouttest 입력
Minimum Required SDK	API 8 : Android 2.2 (Froyo) 기본 값 사용
Target SDK	API 18 : Android 4.3 기본 값 사용 기본 값이 아닐 경우 선택
Compile With	API 18 : Android 4.3 기본 값 사용

❸ [Next] 버튼을 클릭하다가 액티비티의 이름을 변경하는 부분이 나오면 [Activity Name]을 [TableLayoutTestMainActivity]로 변경한 후 [Finish] 버튼을 클릭한다.

02 이 예제에서 사용한 이미지를 현재의 프로젝트 내로 가져오기

부록CD 안에 제공되는 [source]-[TableLayoutTest]-[res]-[drawable-mdpi] 폴더에 있는 aceofclubs.png, aceofdiamonds.png, aceofhearts.png, aceofspades.png, back.png, kingofclubs.png, kingofdiamonds.png, kingofhearts.png, kingofspades.png를 복사해서 이클립스에서 작성 중인 [TableLayoutTestMain Activity]-[res]-[drawable-mdpi] 폴더에 붙여넣기 한다.

03 [res]-[layout]-[activity_table_layout_test_main.xml]에 뷰의 레이아웃을 배치

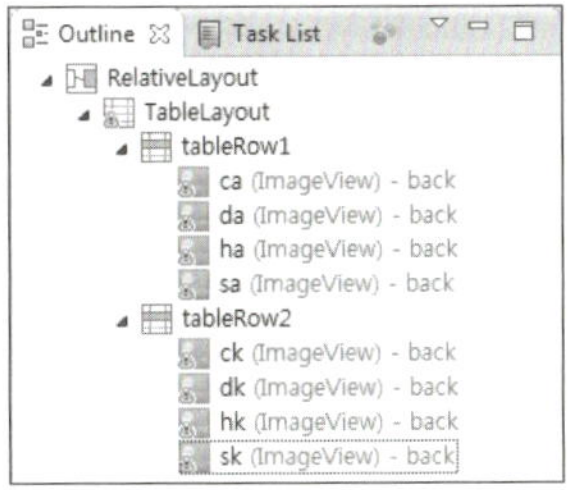

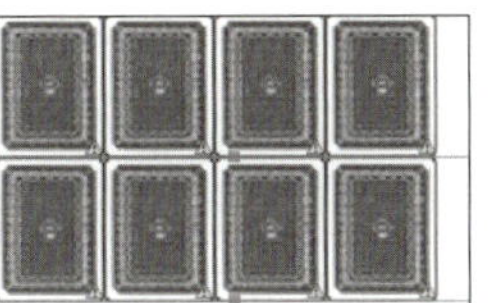

▲ [Outline] 뷰의 구조　　　　▲ [Graphical Layout]의 화면

❶ [activity_table_layout_test_main.xml]이 편집기 뷰에 열려져 있지 않은 경우에는 더블클릭해 연다.

❷ [Graphical Layout] 탭이 아닌 경우 [Graphical Layout] 탭으로 전환한 후 화면의 레이아웃 배치에 표시된 [Hello World!]는 클릭한 후 Delete 키를 눌러 제거한다.

❸ 팔렛의 [Layouts]에 있는 TableLayout을 추가한 후 TableRow는 2개만 남기고 제
거한다.

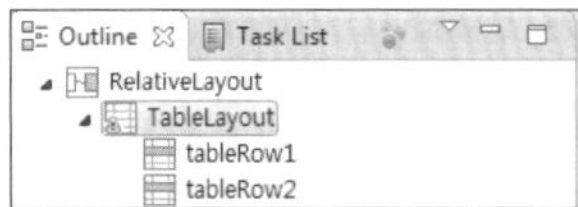

TableLayout의 프로퍼티 값은 다음과 같이 수정한다.

Property	Value
width	[Layout Parameters] 항목의 하위 항목인 [Width]의 [...] 버튼을 눌러 fill_parent를 선택
hight	[Layout Parameters] 항목의 하위 항목인 [hight]의 [...] 버튼을 눌러 fill_parent를 선택

❹ 첫 번째 TableRow에 4개의 ImageView를 추가해서 [Properties] 뷰의 프로퍼티의
값을 변경해 완성한다.

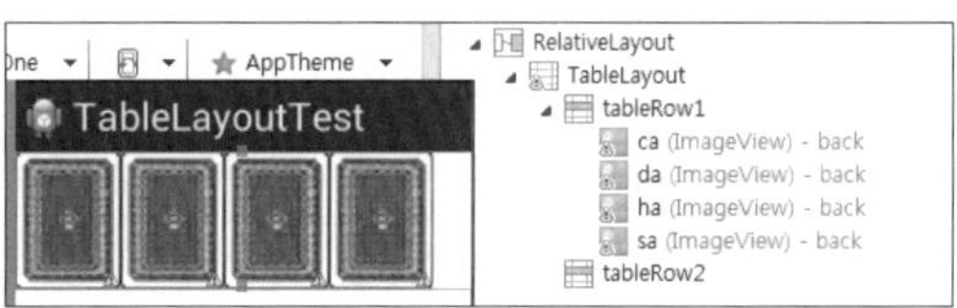

Property	Value
ImageView	
Id	@+id/ca
Src	@drawable/back

Property	Value
ImageView	
Id	@+id/da
Src	@drawable/back

Property	Value
ImageView	
Id	@+id/ha
Src	@drawable/back

Property	Value
ImageView	
Id	@+id/sa
Src	@drawable/back

❺ 두 번째 TableRow에 4개의 ImageView를 추가해서 [Properties] 뷰의 프로퍼티의
값을 변경해 완성한다.

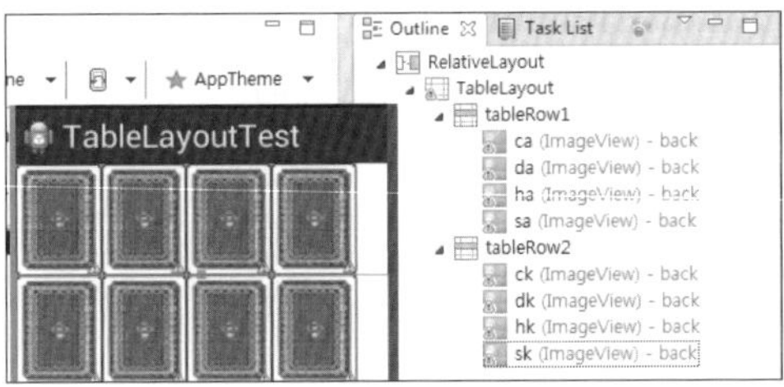

Property	Value
ImageView	
Id	@+id/ck
Src	@drawable/back

Property	Value
ImageView	
Id	@+id/dk
Src	@drawable/back

Property	Value
ImageView	
Id	@+id/hk
Src	@drawable/back

Property	Value
ImageView	
Id	@+id/sk
Src	@drawable/back

❻ 레이아웃의 배치가 끝나면 [activity_table_layout_test_main.xml]을 저장한다. 완
성된 소스코드는 다음과 같다.

```xml
01  <RelativeLayout xmlns:android="http://schemas.android.com/apk/res/android"
02      xmlns:tools="http://schemas.android.com/tools"
03      android:layout_width="match_parent"
04      android:layout_height="match_parent"
05      tools:context=".TableLayoutTestMainActivity" >
06
07      <TableLayout
08          android:layout_width="fill_parent"
09          android:layout_height="fill_parent"
10          android:layout_alignParentLeft="true"
11          android:layout_alignParentTop="true" >
12
13          <TableRow
14              android:id="@+id/tableRow1"
15              android:layout_width="wrap_content"
16              android:layout_height="wrap_content" >
17
18              <ImageView
19                  android:id="@+id/ca"
20                  android:layout_width="wrap_content"
21                  android:layout_height="wrap_content"
22                  android:src="@drawable/back" />
23
24              <ImageView
25                  android:id="@+id/da"
26                  android:layout_width="wrap_content"
27                  android:layout_height="wrap_content"
28                  android:src="@drawable/back" />
29
30              <ImageView
31                  android:id="@+id/ha"
32                  android:layout_width="wrap_content"
33                  android:layout_height="wrap_content"
34                  android:src="@drawable/back" />
35
36              <ImageView
37                  android:id="@+id/sa"
```

```xml
38              android:layout_width="wrap_content"
39              android:layout_height="wrap_content"
40              android:src="@drawable/back" />
41
42      </TableRow>
43
44      <TableRow
45          android:id="@+id/tableRow2"
46          android:layout_width="wrap_content"
47          android:layout_height="wrap_content" >
48
49          <ImageView
50              android:id="@+id/ck"
51              android:layout_width="wrap_content"
52              android:layout_height="wrap_content"
53              android:src="@drawable/back" />
54
55          <ImageView
56              android:id="@+id/dk"
57              android:layout_width="wrap_content"
58              android:layout_height="wrap_content"
59              android:src="@drawable/back" />
60
61          <ImageView
62              android:id="@+id/hk"
63              android:layout_width="wrap_content"
64              android:layout_height="wrap_content"
65              android:src="@drawable/back" />
66
67          <ImageView
68              android:id="@+id/sk"
69              android:layout_width="wrap_content"
70              android:layout_height="wrap_content"
71              android:src="@drawable/back" />
72
73      </TableRow>
74  </TableLayout>
75
76 </RelativeLayout>
```

04 로직을 담당하는 [TableLayoutTestMainActivity] 액티비티의 내용 수정

❶ [TableLayoutTest]-[src]-[work.test.tablelayouttest] 패키지 내에 있는 [TableLayoutTestMainActivity.java]를 더블클릭해서 연다.

❷ [TableLayoutTestMainActivity] 액티비티의 내용을 다음과 같이 추가해 수정한 후 저장한다.

```
01   package work.test.tablelayouttest;
02
03   import android.app.Activity;
04   import android.os.Bundle;
05   import android.view.Menu;
06   import android.view.View;
07   import android.view.View.OnClickListener;
08   import android.view.Window;
09   import android.widget.ImageView;
10   import android.widget.TableRow;
11
12   public class TableLayoutTestMainActivity extends Activity
13                   implements OnClickListener{
14       TableRow tr1;
15       TableRow tr2;
16
17       //첫 번째 TableRow에 배치된 back.png에 대체될 이미지 리소스 배열
18       int tr1Id[ ]={R.drawable.aceofclubs, R.drawable.aceofdiamonds,
19                   R.drawable.aceofhearts,R.drawable.aceofspades};
20       //두 번째 TableRow에 배치된 back.png에 대체될 이미지 리소스 배열
21       int tr2Id[ ]={R.drawable.kingofclubs, R.drawable.kingofdiamonds,
22                   R.drawable.kingofhearts,R.drawable.kingofspades};
23
24       @Override
```

```java
25    protected void onCreate(Bundle savedInstanceState) {
26        super.onCreate(savedInstanceState);
27        requestWindowFeature(Window.FEATURE_NO_TITLE);
28        setContentView(R.layout.activity_table_layout_test_main);
29
30        //TableRow의 정보를 얻어냄
31        tr1 = (TableRow)findViewById(R.id.tableRow1);
32        tr2 = (TableRow)findViewById(R.id.tableRow2);
33
34        //TableRow에 배치된 자식 뷰의 개수를 얻어냄
35        //각 ImageView에 OnClickListener를 등록한다.
36        for(int i=0; i<tr1.getChildCount( );i++){
37            tr1.getChildAt(i).setOnClickListener(this);
38            tr2.getChildAt(i).setOnClickListener(this);
39        }
40    }
41
42    @Override
43    public void onClick(View v) {
44        // TODO Auto-generated method stub
45
46        //클릭한 ImageView의 객체를 얻어냄
47        ImageView iv = (ImageView)v;
48
49        //클릭한 ImageView를 tr1Id 배열의 지정된 위치의 이미지로 대체
50        for(int i=0; i<tr1.getChildCount( );i++){
51            //클릭한 ImageView가 tr1인 TableRow의 위치번호가 같으면
52            if(v == tr1.getChildAt(i))
53                iv.setImageResource(tr1Id[i]);//이미지 교체
54        }
55
56        //클릭한 이미지를 tr2Id 배열의 지정된 위치의 이미지로 대체
57        for(int i=0; i<tr2.getChildCount( );i++){
58            //클릭한 ImageView가 tr2인 TableRow의 위치번호가 같으면
59            if(v == tr2.getChildAt(i))
60                iv.setImageResource(tr2Id[i]);//이미지 교체
61        }
62
63    }
64
```

```
65        @Override
66        public boolean onCreateOptionsMenu(Menu menu) {
67            // Inflate the menu; this adds items to the action bar if it is present.
68            getMenuInflater().inflate(R.menu.activity_table_layout_test_main, menu);
69            return true;
70        }
71    }
```

소스코드 설명

18~19, 21~22   [res]-[drawable-mdpi] 폴더 내에 있는 이미지 리소스를 for문을 사용해 처리하기 위해 초기화 배열로 사용했다. 이미지 리소스는 R.java에 정의된 대로 데이터 타입이 int 타입이기 때문에 이들을 저장하는 배열을 타입도 int로 지정했다.

31~32   TableLayout은 테이블이라는 공간만을 제공할 뿐이며, 실제로 테이블은 각 행에 해당하는 TableRow의 개수와 각 TableRow의 원소 수로 결정된다. 따라서 표 모양의 TableLayout은 프로그래밍의 제어에는 사용되지 않으며, TableRow가 사용된다. 여기서는 테이블의 각 행에 해당되는 tableRow1과 tableRow2를 레이아웃 리소스로부터 얻어내 tr1과 tr2에 저장했다.

36~39   TableRow에 배치된 자식 뷰의 개수를 얻어내 각각의 자식 뷰인 ImageView에 OnClickListener를 등록했다. TableRow에 배치된 자식 뷰의 개수는 TableRow객체.getChildCount( ) 메소드를 사용해 얻어내며, 각 자식 뷰 객체는 TableRow객체.getChildAt(인덱스 번호) 메소드를 사용해 얻어낸다.

43~63   onClick( ) 메소드는 이미지를 클릭하면 자동으로 실행된다.

47   8개의 이미지 중 이벤트가 발생한 ImageView의 정보를 갖는 v를 ImageView 객체로 얻어낸다.

50~54   첫 번째 행의 이미지 중 클릭한 이미지를 back.png에서 해당하는 이미지로 변경하는 부분으로 이미지를 교체시 setImageResource( ) 메소드를 사용했다.

57~61   두 번째 행의 이미지 중 클릭한 이미지를 back.png에서 해당하는 이미지로 변경하는 부분으로 이미지를 교체시 setImageResource( ) 메소드를 사용했다.

05 애플리케이션의 아이콘 변경

❶ 프로젝트 내에 있는 [AndroidManifest.xml] 파일을 더블클릭해 연다.

❷ [Application] 탭을 클릭해 [Icon] 항목의 [Browse] 버튼을 클릭해 [aceofspace]를 선택한 후 저장한다.

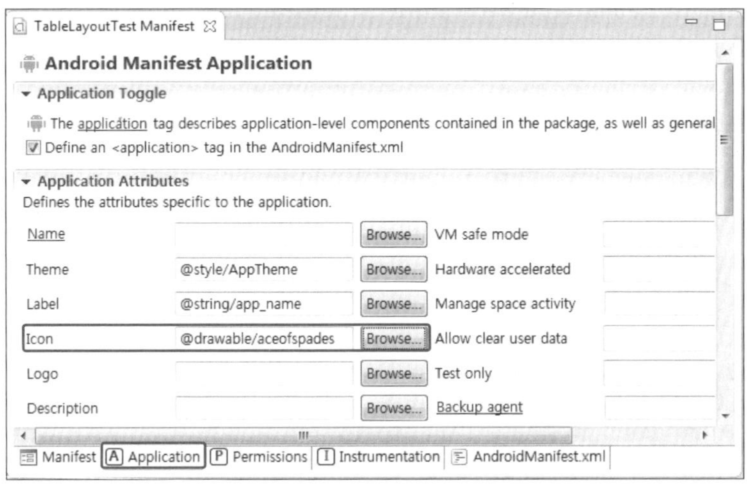

AndroidManifest.xml 파일의 내용

```
 1  <?xml version="1.0" encoding="utf-8"?>
 2  <manifest xmlns:android="http://schemas.android.com/apk/res/android"
 3      package="work.test.tablelayouttest"
 4      android:versionCode="1"
 5      android:versionName="1.0" >
 6
 7      <uses-sdk
 8          android:minSdkVersion="8"
 9          android:targetSdkVersion="16" />
10
11      <application
12          android:allowBackup="true"
13          android:icon="@drawable/aceofspades"
14          android:label="@string/app_name"
15          android:theme="@style/AppTheme" >
16          <activity
17              android:name="work.test.tablelayouttest.TableLayoutTestMainActivity"
18              android:label="@string/app_name" >
19              <intent-filter>
20                  <action android:name="android.intent.action.MAIN" />
21
22                  <category android:name="android.intent.category.LAUNCHER" />
23              </intent-filter>
24          </activity>
25      </application>
26
27  </manifest>
```

❸ 애플리케이션이 에뮬레이터나 단말기에 실행되어 설치되면 표시되는 이미지가 지정한 이미지로 변경된다.

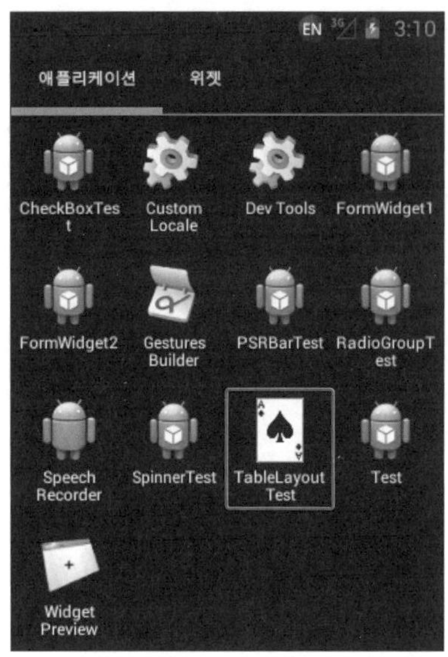

06 안드로이드 애플리케이션 실행

❶ 실행할 안드로이드 애플리케이션 프로젝트를 선택한 후 [Run As]-[Android Application]을 선택해 안드로이드 에뮬레이터로 실행한다.

❷ 안드로이드 에뮬레이터에 결과가 표시된다. 이때 이미지를 클릭하면 카드를 뒤집는 효과가 나타난다.

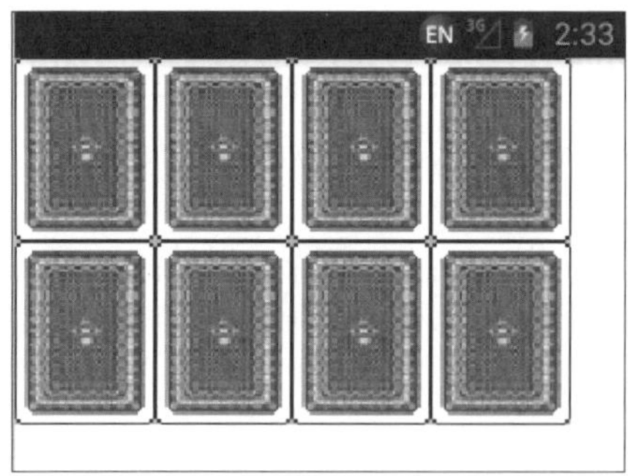

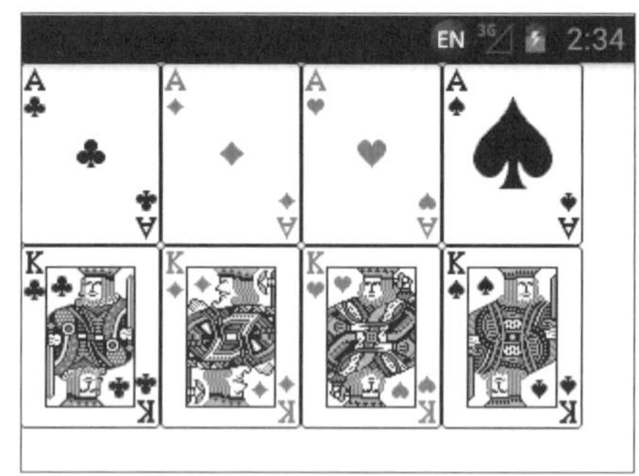

FrameLayout(프레임레이아웃)은 화면상에 하나의 아이템만 표시되도록 설계되어 있다. 즉, 카드를 쌓아놓은 형태와 같아서 사용자가 화면상에 볼 수 있는 것은 제일 위에 배치된 위젯뿐이다. 따라서 위젯을 화면에 표시하려면 이벤트를 처리하는 코드를 기술해서 해야 한다.

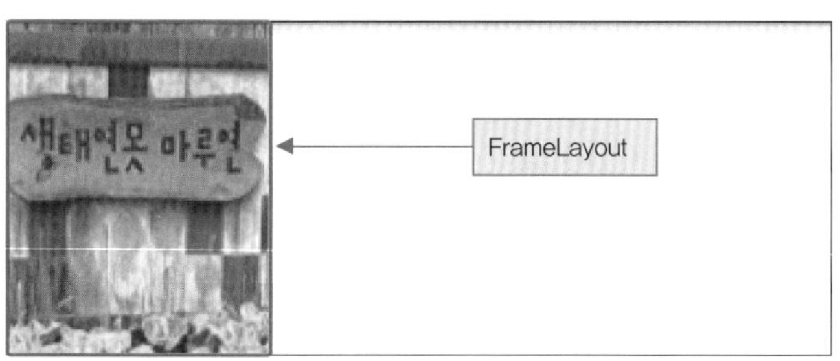

문법 〈FrameLayout 프로퍼티리스〉〈/FrameLayout〉

주요 프로퍼티들을 추가해서 작성한 예는 다음과 같다.

```
예  〈FrameLayout android:id="@+id/frameLayout1"
        android:layout_width="wrap_content"
        android:layout_height="wrap_content"〉
    〈Button android:text="Button"
        android:id="@+id/button1"
        android:layout_width="wrap_content"
        android:layout_height="wrap_content"〉〈/Button〉
    〈Button android:text="Button"
        android:id="@+id/button2"
        android:layout_width="wrap_content"
        android:layout_height="wrap_content"〉〈/Button〉
〈/FrameLayout〉
```

FrameLayout도 LinearLayout이나 TableLayout, TableRow과 마찬가지로 ViewGroup으로 사용하는 메소드가 이들과 같으므로 생략한다.

 FrameLayout을 사용한 예제 – [FrameLayoutTest] 애플리케이션

이 예제는 레이아웃인 FrameLayout을 사용한 예제로 뒷모양이 표시된 이미지를 클릭하면 다음 이미지가 표시되면서 카드를 나누는 형태로 테이블레이아웃에 배치되는 예제이다.

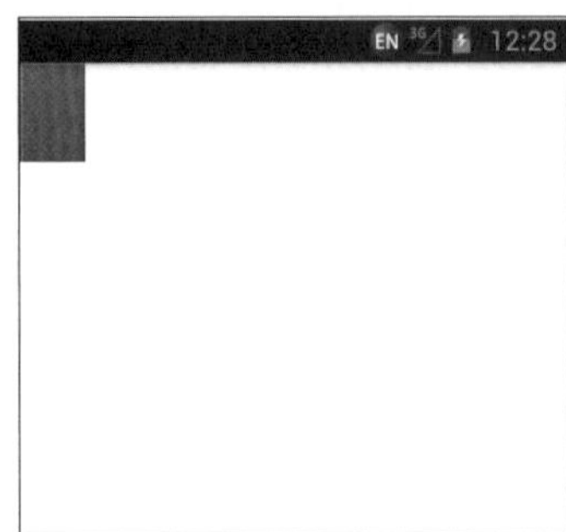

◀ FrameLayoutTest 애플리케이션 실행 결과

주요 파일	파일명 ([FrameLayoutTest] 애플리케이션)	하는 일
리소스 파일 (문자열, 이미지 등)	문자열 리소스 파일명 : strings.xml 위치 : [프로젝트]–[res]–[values]	• 문자열 정의 이 애플리케이션에서는 내용 수정 안 함
	이미지 리소스 추가 파일명 : back.png, h11.png, h111.png, h121.png, h31.png, h81.png 위치 : [프로젝트]–[res]–[drawable-mdpi]	• 이미지 리소스를 [res]–[drawable-mdpi] 폴더에 복사
레이아웃 리소스 파일	activity_frame_layout_test_main.xml 위치 : [프로젝트]–[res]–[layout]	• 1개의 FrameLayout 위젯, 1개의 TableLayout 위젯, 1개의 TableRow 위젯, 11개의 ImageView 위젯 배치
액티비티 클래스 파일	FrameLayoutTestMainActivity.java 위치 : [프로젝트]–[src]–[패키지명]	• 화면에 activity_frame_layout_test_main.xml 표시 • activity_frame_layout_test_main.xml에서 정의한 FrameLayout 위젯의 자식 위젯에 이벤트리스너 등록 • 이벤트 처리 : 프레임 레이아웃에 배치된 이미지를 클릭하면 테이블 레이아웃의 이미지가 교체되어 표시됨
매니페스트 파일	AndroidManifest.xml 위치 : [프로젝트]	• 애플리케이션의 아이콘 변경

▲ [FrameLayoutTest] 애플리케이션의 주요 파일

01 FrameLayoutTest 안드로이드 애플리케이션 프로젝트 생성

❶ [Project Explorer] 뷰에서 마우스 오른쪽 버튼을 클릭한 후 표시되는 메뉴에서 [New]-[Project] 메뉴를 선택한다. [New Project] 창이 표시되면 [Android]-[Android Application Project]를 선택한 후 [Next] 버튼을 클릭한다.

❷ [New Android Application] 창이 표시되면 다음과 같이 입력 및 선택한 후 [Next] 버튼을 클릭한다. 그 외의 값은 기본 값을 그대로 사용한다.

항목	입력 및 선택 값
Application Name	FrameLayoutTest 입력
Project Name	FrameLayoutTest 자동 입력됨
Package Name	work.test.framelayouttest 입력
Minimum Required SDK	API 8 : Android 2.2 (Froyo) 기본 값 사용
Target SDK	API 18 : Android 4.3 기본 값 사용 기본 값이 아닐 경우 선택
Compile With	API 18 : Android 4.3 기본 값 사용

❸ [Next] 버튼을 클릭하다가 액티비티의 이름을 변경하는 부분이 나오면 [Activity Name]을 [FrameLayoutTestMainActivity]로 변경한 후 [Finish] 버튼을 클릭한다.

02 이 예제에서 사용한 이미지를 현재의 프로젝트 내로 가져오기
부록CD 안에 제공되는 [source]-[FrameLayoutTest]-[res]-[drawable-mdpi] 폴더에 있는 back.png, h11.png, h111.png, h121.png, h31.png, h81.png를 복사해서 이클립스에서 작성 중인 [FrameLayoutTest]-[res]-[drawable-mdpi] 폴더에 붙여넣기 한다.

03 [res]-[layout]-[activity_frame_layout_test_main.xml]에 뷰의 레이아웃을 배치

❶ 아래와 같이 레이아웃을 배치하고 프로퍼티 값을 변경한다. 자세한 프로퍼티 값은 아래의 완성된 [activity_frame_layout_test_main.xml] 파일을 참고한다.

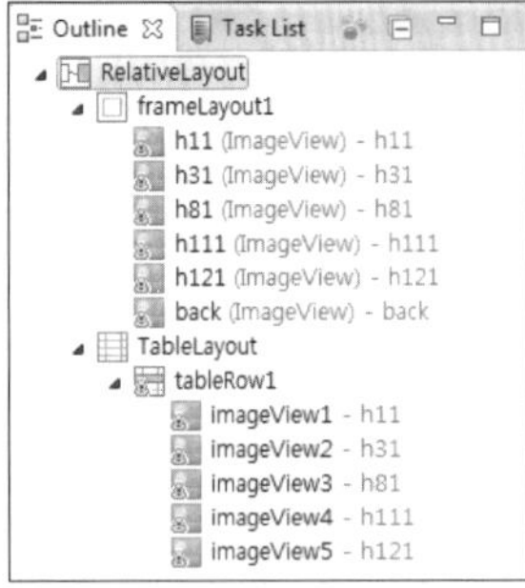

▲ [Outline] 뷰의 구조

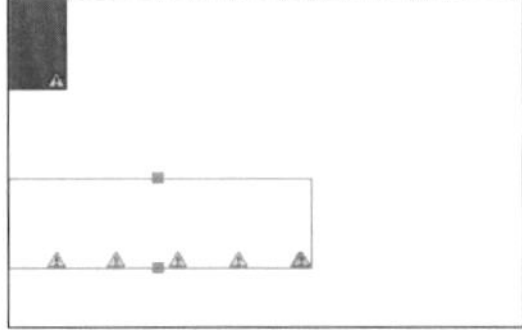

▲ [Graphical Layout]의 화면

❷ 완성된 [activity_frame_layout_test_main.xml]은 다음과 같다.

```
01  <RelativeLayout xmlns:android="http://schemas.android.com/apk/res/android"
02      xmlns:tools="http://schemas.android.com/tools"
03      android:layout_width="match_parent"
04      android:layout_height="match_parent"
05      tools:context=".FrameLayoutTestMainActivity" >
06
07      <FrameLayout
08          android:id="@+id/frameLayout1"
09          android:layout_width="wrap_content"
10          android:layout_height="wrap_content"
11          android:layout_alignParentLeft="true"
12          android:layout_alignParentTop="true" >
13
14          <ImageView
15              android:id="@+id/h11"
16              android:layout_width="wrap_content"
17              android:layout_height="wrap_content"
18              android:src="@drawable/h11" />
19
20          <ImageView
21              android:id="@+id/h31"
22              android:layout_width="wrap_content"
23              android:layout_height="wrap_content"
24              android:src="@drawable/h31" />
25
26          <ImageView
27              android:id="@+id/h81"
```

```
28          android:layout_width="wrap_content"
29          android:layout_height="wrap_content"
30          android:src="@drawable/h81" />
31
32      <ImageView
33          android:id="@+id/h111"
34          android:layout_width="wrap_content"
35          android:layout_height="wrap_content"
36          android:src="@drawable/h111" />
37
38      <ImageView
39          android:id="@+id/h121"
40          android:layout_width="wrap_content"
41          android:layout_height="wrap_content"
42          android:src="@drawable/h121" />
43
44      <ImageView
45          android:id="@+id/back"
46          android:layout_width="wrap_content"
47          android:layout_height="wrap_content"
48          android:src="@drawable/back" />
49  </FrameLayout>
50
51  <TableLayout
52      android:layout_width="wrap_content"
53      android:layout_height="wrap_content"
54      android:layout_alignParentLeft="true"
55      android:layout_below="@+id/frameLayout1"
56      android:layout_marginTop="56dp" >
57
58      <TableRow
59          android:id="@+id/tableRow1"
60          android:layout_width="wrap_content"
61          android:layout_height="wrap_content" >
62
63          <ImageView
64              android:id="@+id/imageView1"
65              android:layout_width="wrap_content"
66              android:layout_height="wrap_content"
```

```
67            android:src="@drawable/h11"
68            android:visibility="invisible" />
69
70        <ImageView
71            android:id="@+id/imageView2"
72            android:layout_width="wrap_content"
73            android:layout_height="wrap_content"
74            android:src="@drawable/h31"
75            android:visibility="invisible" />
76
77        <ImageView
78            android:id="@+id/imageView3"
79            android:layout_width="wrap_content"
80            android:layout_height="wrap_content"
81            android:src="@drawable/h81"
82            android:visibility="invisible" />
83
84        <ImageView
85            android:id="@+id/imageView4"
86            android:layout_width="wrap_content"
87            android:layout_height="wrap_content"
88            android:src="@drawable/h111"
89            android:visibility="invisible" />
90
91        <ImageView
92            android:id="@+id/imageView5"
93            android:layout_width="wrap_content"
94            android:layout_height="wrap_content"
95            android:src="@drawable/h121"
96            android:visibility="invisible" />
97
98      </TableRow>
99    </TableLayout>
100
101 </RelativeLayout>
```

소스코드 설명

07~49　〈FrameLayout〉 엘리먼트는 〈ImageView〉 엘리먼트를 카드처럼 쌓아서 표시한 것으로 해
당 〈ImageView〉 엘리먼트 클릭 시, 클릭한 〈ImageView〉 엘리먼트를 구분하기 위해 15,21,27,33,39,

45라인에서 android:id 프로퍼티를 사용해 id를 지정한다. 물론 인덱스를 사용해서 제어할 수도 있다.

58~98 〈TableLayout〉 엘리먼트의 테이블의 영역을 제공하는 엘리먼트이다. 이 엘리먼트의 하위 엘리먼트인 〈TableRow〉 엘리먼트는 〈FrameLayout〉 엘리먼트 내의 〈ImageView〉 엘리먼트를 클릭시 〈TableRow〉 엘리먼트 내의 해당 〈ImageView〉 엘리먼트의 이미지를 보여줌으로써 카드를 펼치는 효과를 제공한다. 이때 〈TableRow〉 엘리먼트내의 〈ImageView〉 엘리먼트는 인덱스 번호로 제어가 가능하기 때문에 id 프로퍼티이 필요 없다. 다만, 카드를 펼치는 효과를 제공하기위해 애플리케이션을 처음 실행 시 이미지의 visibility 프로퍼티의 값을 보이지 않도록 설정할 필요가 있다. 즉, 68,75,82,89,96라인의 android:visibility 프로퍼티의 값을 invisible로 설정했다.

04 로직을 담당하는 [FrameLayoutTestMainActivity] 액티비티의 내용 수정
[FrameLayoutTest]-[src]-[work.test.framelayouttest] 패키지 내에 있는
[FrameLayoutTestMainActivity.java]의 변경사항을 작성한 후 저장한다.

```java
01    package work.test.framelayouttest;
02
03    import android.app.Activity;
04    import android.os.Bundle;
05    import android.view.Menu;
06    import android.view.View;
07    import android.view.View.OnClickListener;
08    import android.view.Window;
09    import android.widget.FrameLayout;
10    import android.widget.TableRow;
11
12    public class FrameLayoutTestMainActivity extends Activity
13                    implements OnClickListener{
14        FrameLayout fl;
15        TableRow tr;
16
17        @Override
18        protected void onCreate(Bundle savedInstanceState) {
19            super.onCreate(savedInstanceState);
20            requestWindowFeature(Window.FEATURE_NO_TITLE);
21            setContentView(R.layout.activity_frame_layout_test_main);
22
23            //클릭할 이미지가 배치된 FrameLayout의 정보를 얻어냄
24            fl = (FrameLayout)findViewById(R.id.frameLayout1);
```

```java
25      //펼쳐질 이미지가 배치된 TableRow의 정보를 얻어냄
26      tr = (TableRow)findViewById(R.id.tableRow1);
27
28      //FrameLayout에 배치된  자식 뷰인 ImageView에 OnClickListener 등록
29      for(int i=0; i< fl.getChildCount( );i++)
30              fl.getChildAt(i).setOnClickListener(this);
31  }
32
33  @Override
34  //FrameLayout에 배치된 이미지를 클릭하면 자동실행
35  public void onClick(View v) {
36      // TODO Auto-generated method stub
37
38      //이벤트가 발생한 이미지 뷰를 안보이게 투명하게 함
39      v.setVisibility(View.INVISIBLE);
40
41      //가장 나중에 추가한 자식 뷰가 프레임레이아웃의 가장 위에 위치함 : 제어가 역순
42      for(int i=fl.getChildCount( )-1;i>=0;i--){
43
44          //마지막 이미지이면
45          if(v == fl.getChildAt(fl.getChildCount( )-1))
46              break; //for문 빠져나감
47
48          //테이블레이아웃에 이미 배치한 이미지를 보이는 상태로 지정
49          if(v == fl.getChildAt(i))
50              tr.getChildAt(i).setVisibility(View.VISIBLE);
51      }
52
53  }
54
55  @Override
56  public boolean onCreateOptionsMenu(Menu menu) {
57      // Inflate the menu; this adds items to the action bar if it is present.
58      getMenuInflater( ).inflate(R.menu.activity_frame_layout_test_main,
        menu);
59      return true;
60  }
61
62 }
```

24   fl = (FrameLayout)findViewById(R.id.frameLayout1);은 클릭할 이미지가 카드가 쌓인 형태로 배치된 FrameLayout의 정보를 얻어내서 29~30라인의 for문을 사용해 카드처럼 쌓여진 각각의 ImageView에 OnClickListener를 등록한다. 이때 FrameLayout 내의 ImageView 객체 자식 뷰 객체이므로 getChildAt(인덱스번호)를 사용해서 해당 객체를 얻어낸다.

26   tr = (TableRow)findViewById(R.id.tableRow1);은 FrameLayout 내의 이벤트 리스너가 등록된 ImageView 객체를 클릭하면 화면에 카드를 펼친 효과를 주기 위해, 펼쳐질 이미지가 배치될 TableRow의 정보를 얻어낸다.

35~53   onClick( ) 메소드는 FrameLayout에 배치된 이미지를 클릭하면 자동 실행된다.

39   v.setVisibility(View.INVISIBLE);은 이벤트가 발생한 ImageView를 안보이게 즉, 투명하게 되고 다음 이미지가 비춰진다. 이러면 해당 이미지는 선택이 되지 않고, 비춰져서 보여지는 다음 이미지가 선택된다.

42~51   for문은 FrameLayout에 배치된 이미지의 수만큼 반복 처리하는 구문으로, 이미지의 수는 자식 뷰의 개수이므로 getChildCount( ) 메소드를 사용해서 얻어낸다. FrameLayout은 가장 나중에 추가한 자식 뷰가 프레임 레이아웃의 가장 위에 위치하기 때문에 42라인 for(int i=fl.getChildCount( )-1;i)=0;i—){ 과 같이 역순으로 제어했다. 즉, 가장 나중에 배치한 이미지 back.png가 가장 위에 배치된다. 이러면 카드가 뒤집혀져 있는 것처럼 보여진다.

45~46   클릭한 이미지가 마지막 이미지이면 더 이상 이미지를 클릭할 필요가 없기 때문에 break문을 사용해 for문을 빠져나간다.

49~50   TableLayout에 이미 배치한 이미지를 보이는 상태로 지정함으로써 카드를 펼치는 효과를 준다.

05 애플리케이션의 아이콘 변경

❶ 프로젝트 내에 있는 [AndroidManifest.xml] 파일을 더블클릭해 연다.

❷ [Application] 탭을 클릭해 [Icon] 항목의 [Browse] 버튼을 클릭해 [h111]를 선택한 후 저장한다.

```
01    <?xml version="1.0" encoding="utf-8"?>
02    <manifest xmlns:android="http://schemas.android.com/apk/res/android"
03        package="work.test.framelayouttest"
04        android:versionCode="1"
05        android:versionName="1.0" >
06
```

```
07    <uses-sdk
08        android:minSdkVersion="8"
09        android:targetSdkVersion="17" />
10
11    <application
12        android:allowBackup="true"
13        android:icon="@drawable/h111"
14        android:label="@string/app_name"
15        android:theme="@style/AppTheme" >
16        <activity
17            android:name="work.test.framelayouttest.FrameLayoutTestMainActivity"
18            android:label="@string/app_name" >
19            <intent-filter>
20                <action android:name="android.intent.action.MAIN" />
21
22                <category android:name="android.intent.category.LAUNCHER" />
23            </intent-filter>
24        </activity>
25    </application>
26
27 </manifest>
```

06 안드로이드 애플리케이션 실행

❶ 실행할 안드로이드 애플리케이션 프로젝트를 선택한 후 [Run As]-[Android Application]을 선택해 안드로이드 에뮬레이터로 실행한다.

❷ 안드로이드 에뮬레이터에 결과가 표시된다. 화면 왼쪽 상단의 이미지 뒷면을 클릭하면 화면에 이미지가 펼쳐 표시된다.

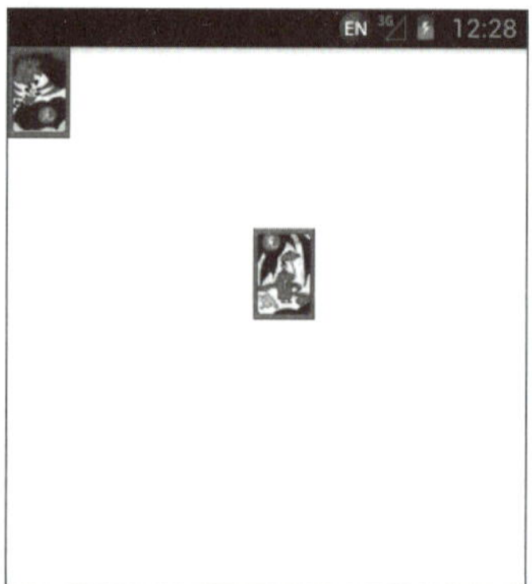

이미지와 미디어
(Images & Media)

이미지와 비디오 등의 미디어를 표시하기 위해 제공하는 뷰로는 이미지를 표시하기 위한 ImageView, 이미지 버튼을 표시하는 ImageButton, 이미지 갤러리를 표시하기 위한 Gallery, 미디어 제어기 MediaController, 동영상을 표시하기 위한 VideoView 등이 있다. 이들 중 MediaController와 VideoView의 실습은 "9장 멀티미디어"에서 한다.

▲ 이미지와 미디어(Images & Media) 관련 위젯

04.1 ImageView – 이미지 표시

ImageView(이미지뷰)는 하나의 아이콘으로 임의의 이미지를 표시하는 위젯으로 다양한 이미지 소스로부터 이미지를 로드해서 표시한다.

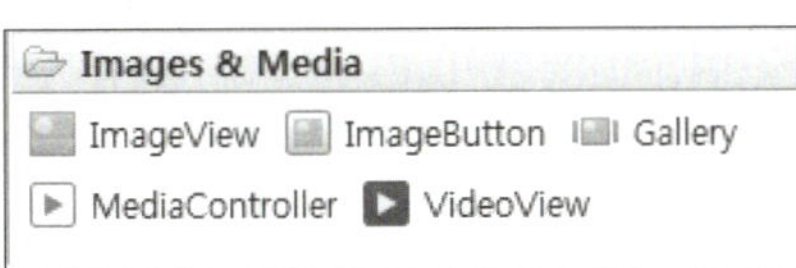

문법 〈ImageView 프로퍼티리스트〉〈/ImageView〉

주요한 프로퍼티들을 추가해서 작성한 예는 다음과 같다.

```
예   <ImageView android:layout_width="wrap_content"
              android:layout_height="wrap_content"
              android:id="@+id/ca"
              android:src="@drawable/back"></ImageView>
```

ImageView의 주요한 프로퍼티 및 메소드의 설명은 다음과 같다.

android:src
ImageView의 내용으로 [drawable] 폴더 내의 임의의 이미지를 지정한다.

void setImageResource(int resId)
ImageView 뷰의 내용으로 표시되는 이미지를 변경시 사용한다.

▲ ImageView의 주요한 XML 프로퍼티 및 메소드

04.2 Gallery – 이미지 갤러리 표시

  Gallery(갤러리) 뷰는 수평의 스크롤링 리스트 내에 아이템을 보여주는 뷰이다. 보통 이미지 갤러리를 만들기 위해 사용하며 이미지를 오른쪽에서 왼쪽으로 잡아당기면, 다음 이미지들이 보이는 구조이다. Gallery가 자체적으로 내부에 데이터를 표시하지 못하기 때문에 데이터와 표현할 뷰를 갖는 Adapter 클래스를 생성해서 Gallery와 이 Adapter 클래스를 연결해야 한다. 이때 Adapter 클래스를 구현할 때는 일반적으로 BaseAdapter 클래스가 사용된다.

문법 〈Gallery 프로퍼티리스트〉〈/Gallery〉

주요 프로퍼티들을 추가해서 작성한 예는 다음과 같다.

```
예   〈Gallery android:id="@+id/gallery1"
        android:animationDuration="1000"
        android:layout_height="fill_parent"
        android:layout_width="fill_parent"〉〈/Gallery〉
```

Gallery의 주요 프로퍼티 및 메소드의 설명은 다음과 같다.

Gallery의 주요 프로퍼티

android:animationDuration
이미지를 교체할 때의 스크롤 시간으로 1/1000초 단위로 지정한다. 즉, 1000은 1초이다.

Gallery의 주요 메소드

boolea onDown(MotionEvent e)
화면을 터치하는 탭(tap) 이벤트가 같은 MotionEvent가 발생하면 실행된다.

boolean onFling(MotionEvent e1, MotionEvent e2, float velocityX, float velocityY)
플링(fling) 이벤트가 발생하면 실행된다.

boolean onScroll(MotionEvent e1, MotionEvent e2, float distanceX, float distanceY)
스크롤이 발생하면 실행된다.

void setAnimationDuration(int animationDurationMillis)
이미지가 교체 시 스크롤 시간을 1/1000초 단위로 지정한다.

abstract void setAdapter(T adapter)
지정한 위젯 내의 데이터를 구현하기 위해 데이터와 뷰를 제공하는 어댑터를 지정한다. Gallery가 자체
적으로 데이터를 제공하지 못하므로 이 어댑터 뷰와 연결해서 표현한다.
이 메소드는 Gallery의 상위 클래스인 ApaterView 클래스에서 제공한다.

▲ RelativeLayout의 주요한 XML 프로퍼티 및 메소드

04.3 MediaController – 미디어 제어기

　MediaController(미디어컨트롤러)는 단독으로 사용되는 위젯이 아니며, MediaPlayer
를 제어하기 위해 사용한다. 일반적으로 MediaController는 "Play/Pause", "Rewind",
"Fast Forward" 버튼들과 진행 슬라이더를 갖고 있다. 이들 버튼은 MediaPlayer의 상태
를 제어하기 위한 것으로 실제의 사용은 "9장 멀티미디어"에서 한다.

　MediaController의 메소드의 설명은 다음과 같다.

MediaController의 주요 메소드

void hide( )
화면상에서 컨트롤러를 제거한다.

boolean onTouchEvent(MotionEvent event)
화면을 터치하는 이벤트가 발생시 처리할 내용을 기술한다.

boolean onTrackballEvent(MotionEvent ev)
트랙볼 동작에 대한 이벤트가 발생시 처리할 내용을 기술한다.

void setAnchorView(View view)
컨트롤 뷰를 위한 앵커로써 동작되는 뷰를 지정한다.

void show( )
화면상에 컨트롤러를 표시한다.

▲ MediaController의 주요한 메소드

04.4 VideoView – 동영상 표시

VideoView(비디오뷰)는 동영상 파일을 표시하기 위한 위젯이다. VideoView 클래스는 다양한 소스로부터 이미지를 로드하고 레이아웃 매니저에 의해 사용될 수 있는 비디오의 크기를 계산하고 크기조정 및 착색 같은 다양한 디스플레이 옵션을 제공한다. VideoView (비디오뷰)도 실제의 사용은 "9장 멀티미디어"에서 한다.

VideoView의 메소드의 설명은 다음과 같다.

VideoView의 주요 메소드

boolean onTouchEvent(MotionEvent event)
화면을 터치하는 이벤트가 발생 시 처리할 내용을 기술한다.

boolean onTrackballEvent(MotionEvent ev)
트랙볼 동작에 대한 이벤트가 발생 시 처리할 내용을 기술한다.

void pause( )
재생을 일시 중지한다.

void resume( )
재생이 일시중지된 동영상을 다시 재생한다.

void seekTo(int msec)
지정한 위치를 찾는다.

void setOnCompletionListener(MediaPlayer.OnCompletionListener l)
재생되는 동영상이 미디어 파일의 끝에 도달 시(끝까지 재생되었을 경우) 발생되는 이벤트를 처리하기 위한 이벤트를 등록한다.

void setVideoPath(String path)
재생할 동영상의 경로를 지정한다.

void setVideoURI(Uri uri)
재생할 동영상의 경로를 uri로 지정한다.

void start( )
동영상의 재생을 시작한다.

void stopPlayback( )
동영상의 재생을 중단한다.

▲ VideoView의 주요한 메소드

날짜와 시간 표시 (Date & Time)

여기서는 날짜에서 시간을 얻어내서 시간 변환 시 사용하는 TimePicker, Calendar 클래스 또는 CalendarView에서 날짜를 얻어내서 날짜 변환에 사용하는 DatePicker, 달력을 표시하는 CalendarView, 타이머의 기능을 하는 Chronometer, 아날로그 시간과 디지털 시간을 표시하는 AnalogClock, DigitalClock 위젯들을 제공한다.

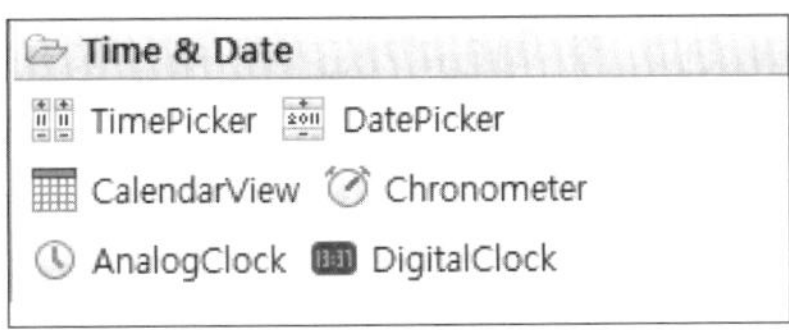

▲ 날짜와 시간 표시(Time & Date)

주의 CalendarView는 해당 애플리케이션의 최소 실행 버전이 API 11 이상이어야 사용할 수 있다.

05.1 Chronometer - 시간의 흐름 표시

Chronometer(크로노미터)는 시간의 흐름을 표시하는 것으로 간단한 타이머를 구현시 사용한다.

문법 〈Chronometer 프로퍼티리스트〉〈/Chronometer〉

주요한 프로퍼티들을 추가해서 작성한 예는 다음과 같다.

예
```
<Chronometer android:layout_height="wrap_content"
        android:id="@+id/timer"
        android:layout_width="wrap_content"
        android:format="%s"
        android:layout_marginLeft="5dp"></Chronometer>
```

Chronometer의 주요 프로퍼티 및 메소드의 설명은 다음과 같다.

android:format

이 프로퍼티의 값으로 %s를 지정하면 화면에 현재의 타이머의 값이 "MM:SS" 또는 "H:MM:SS"와 같은 형식으로 표시된다. 즉, 00:01과 같은 형식으로 표시된다.

long getBase( )

setBase( ) 메소드를 통해 지정한 기준 시간을 리턴한다.

String getFormat( )

setFormat( ) 메소드로 지정한 현재 포맷 문자열을 리턴한다.

void setBase(long base)

카운트 업 타이머 시간을 재설정 시 사용하는 것으로 SystemClock.elapsedRealtime( )을 사용해서 한다. SystemClock.elapsedRealtime( )은 시스템을 부트한 이래로 경과시간을 표시하는 것이나 결과적으로 현재의 경과시간을 기준으로 타이머가 재설정되는 역할을 한다. 즉, 타이머가 0부터 다시 시작되게 한다.

void setFormat(String format)

타이머를 화면에 표시할 포맷 문자열을 지정한다.

void start( )

타이머의 카운팅을 시작한다.

void stop( )

타이머의 카운팅을 중단한다. 이 메소드로 중단한 후 start( ) 메소드를 사용해서 타이머를 재가동시키더라도 시간은 재설정되지 않고, 내부적으로 계속 카운팅을 하고 있던 시간을 표시한다. 타이머를 0부터 다시 시작하고 싶으면 setBase( ) 메소드를 사용한다.

▲ Chronometer의 주요한 XML 프로퍼티 및 메소드

Exercise Chronometer를 사용한 예제 - [ChronometerTest] 애플리케이션

이 예제는 Chronometer를 사용해 타이머를 구현한 예제이다.

▲ ChronometerTest 애플리케이션 실행결과

주요 파일	파일명 ([ChronometerTest] 애플리케이션)	하는 일
리소스 파일 (문자열, 이미지 등)	문자열 리소스 파일명 : strings.xml 위치 : [프로젝트]–[res]–[values]	• timerStr, startBtnStr, endBtnStr, resetBtnStr 문자열 정의
레이아웃 리소스 파일	activity_chronometer_test_main.xml 위치 : [프로젝트]–[res]–[layout]	• 1개의 TextView 위젯, 1개의 Chronometer 위젯 및 3개의 Button 위젯 배치 • strings.xml에서 정의한 timerStr, startBtnStr, endBtnStr, resetBtnStr 문자열 참조
액티비티 클래스 파일	ChronometerTestMainActivity.java 위치 : [프로젝트]–[src]–[패키지명]	• 화면에 activity_chronometer_test_main.xml 표시 • activity_chronometer_test_main.xml에서 정의한 Button 위젯에 이벤트리스너 등록 • 이벤트 처리 : [시작] 버튼을 누르면 타이머가 실행되며, [중단] 버튼을 누르면 정지되고, [재설정] 버튼을 누르면 타이머가 처음부터 새로 실행됨
매니페스트 파일	AndroidManifest.xml 위치 : [프로젝트]	애플리케이션의 속성 설정 이 애플리케이션에서는 내용 수정 안 함

▲ [ChronometerTest] 애플리케이션의 주요 파일

01 ChronometerTest 안드로이드 애플리케이션 프로젝트 생성

❶ [Project Explorer] 뷰에 [New]–[Project] 메뉴를 선택해 [Android Application Project]를 생성한다.

❷ [New Android Application] 창이 표시되면 다음과 같이 입력 및 선택한 후 [Next] 버튼을 클릭한다. 그 외의 값은 기본 값을 그대로 사용해 생성한다.

항목	입력 및 선택 값
Application Name	ChronometerTest 입력
Project Name	ChronometerTest 자동 입력됨
Package Name	work.test.chronometertest 입력
Minimum Required SDK	API 8 : Android 2.2 (Froyo) 기본 값 사용
Target SDK	API 18 : Android 4.3 기본 값 사용 기본 값이 아닐 경우 선택
Compile With	API 18 : Android 4.3 기본 값 사용

❸ [Next] 버튼을 누르다가 액티비티를 변경하는 부분이 표시되면 [Activity Name]을 "ChronometerTestMainActivity"로 변경한 후 [Finish] 버튼을 클릭한다.

02 [res]-[value]-[strings.xml]에 필요한 문자열을 정의한다. 완성된 [strings.xml]은 다음과 같다.

```xml
01  <?xml version="1.0" encoding="utf-8"?>
02  <resources>
03
04      <string name="app_name">ChronometerTest</string>
05      <string name="hello_world">Hello world!</string>
06      <string name="menu_settings">Settings</string>
07      <string name="timerStr">경과시간 : </string>
08      <string name="startBtnStr">시작</string>
09      <string name="endBtnStr">중단</string>
10      <string name="resetBtnStr">재설정</string>
11
12  </resources>
```

03 [res]-[layout]-[activity_chronometer_test_main.xml]에 뷰의 레이아웃을 배치

❶ 아래와 같이 레이아웃을 배치하고 프로퍼티 값을 변경한다. 변경할 프로퍼티 값은 아래의 완성된 [activity_chronometer_test_main.xml] 파일을 참고한다.

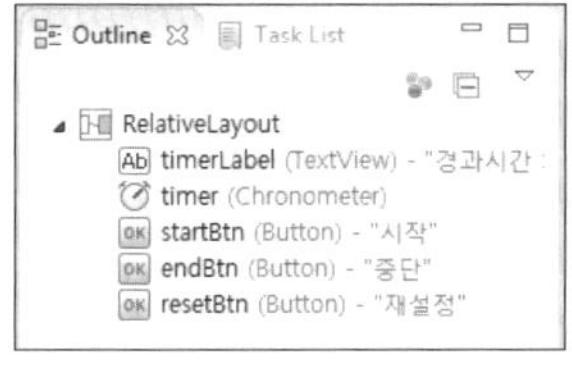

▲ [Outline] 뷰의 구조

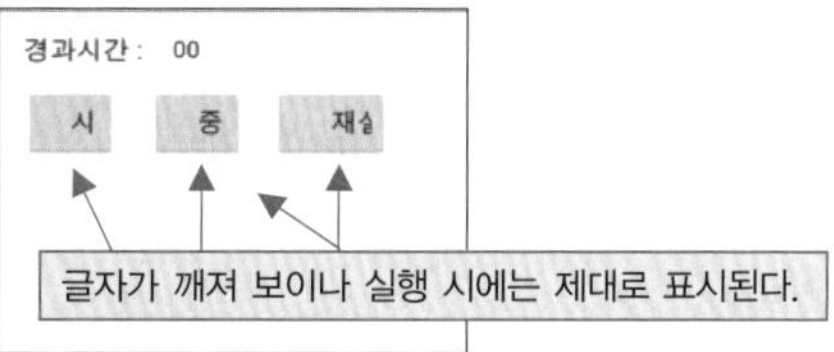

▲ [Graphical Layout]의 화면

❷ 완성된 [activity_chronometer_test_main.xml]은 다음과 같다.

```xml
01  <RelativeLayout xmlns:android="http://schemas.android.com/apk/res/android"
02      xmlns:tools="http://schemas.android.com/tools"
03      android:layout_width="match_parent"
04      android:layout_height="match_parent"
05      tools:context=".ChronometerTestMainActivity" >
06
07      <TextView
08          android:id="@+id/timerLabel"
09          android:layout_width="wrap_content"
10          android:layout_height="wrap_content"
11          android:layout_alignParentLeft="true"
12          android:layout_alignParentTop="true"
13          android:layout_marginLeft="18dp"
14          android:layout_marginTop="17dp"
15          android:text="@string/timerStr"
16          android:textAppearance="?android:attr/textAppearanceMedium" />
17
18      <Chronometer
19          android:id="@+id/timer"
20          android:layout_width="wrap_content"
21          android:layout_height="wrap_content"
22          android:layout_alignTop="@+id/timerLabel"
23          android:layout_marginLeft="15dp"
24          android:layout_toRightOf="@+id/timerLabel" />
25
26      <Button
27          android:id="@+id/startBtn"
28          android:layout_width="wrap_content"
29          android:layout_height="wrap_content"
30          android:layout_alignLeft="@+id/timerLabel"
31          android:layout_below="@+id/timerLabel"
```

```
32        android:layout_marginTop="15dp"
33        android:text="@string/startBtnStr" />
34
35    <Button
36        android:id="@+id/endBtn"
37        android:layout_width="wrap_content"
38        android:layout_height="wrap_content"
39        android:layout_alignBaseline="@+id/startBtn"
40        android:layout_alignBottom="@+id/startBtn"
41        android:layout_toRightOf="@+id/timerLabel"
42        android:text="@string/endBtnStr" />
43
44    <Button
45        android:id="@+id/resetBtn"
46        android:layout_width="wrap_content"
47        android:layout_height="wrap_content"
48        android:layout_alignBaseline="@+id/endBtn"
49        android:layout_alignBottom="@+id/endBtn"
50        android:layout_marginLeft="19dp"
51        android:layout_toRightOf="@+id/endBtn"
52        android:text="@string/resetBtnStr" />
53
54 </RelativeLayout>
```

소스코드 설명

18   크로노미터를 사용하기 위해 <Chronometer>을 배치하는 부분으로 특별한 프로퍼티를 지정하지 않아도 초 단위로 표시한다. 안드로이드 개발 버전이 2.3.3 이하일 때는 개발 시 android:format="%s"과 같이 표시를 초 단위로 한다는 것을 지정해야 하는 경우도 있다.

04 로직을 담당하는 [ChronometerTestMainActivity] 액티비티의 내용 수정
[ChronometerTest]-[src]-[work.test.chronometer] 패키지 내에 있는 [Chronometer Test.java]의 변경 사항을 작성한 후 저장한다.

```java
01    package work.test.chronometertest;
02
03    import android.app.Activity;
04    import android.os.Bundle;
05    import android.os.SystemClock;
```

```java
06  import android.view.Menu;
07  import android.view.View;
08  import android.view.Window;
09  import android.widget.Button;
10  import android.widget.Chronometer;
11
12  public class ChronometerTestMainActivity extends Activity {
13
14      @Override
15      protected void onCreate(Bundle savedInstanceState) {
16          super.onCreate(savedInstanceState);
17          requestWindowFeature(Window.FEATURE_NO_TITLE);//타이틀바 없음
18          setContentView(R.layout.activity_chronometer_test_main);
19
20          //레이아웃에 정의한 Chronometer의 정보를 가져옴
21          //final을 사용한  무명내부클래스에서 지역변수로 설정된
22          //크로노미터의 정보를 갖는 chrono에 접근하기 위해서 임
23          final Chronometer chrono = (Chronometer)findViewById(R.id.timer);
24
25          //[시작] 버튼의 정보를 가져와서 이벤트를 등록함
26          Button start = (Button)findViewById(R.id.startBtn);
27          start.setOnClickListener(new View.OnClickListener( ) { //무명 내부 클래스
28
29              @Override
30              public void onClick(View v) { //[시작] 버튼 클릭
31                  chrono.start( ); //타이머 시작
32              }
33          });
34
35          //[중단] 버튼의 정보를 가져와서 이벤트를 등록함
36          Button end = (Button)findViewById(R.id.endBtn);
37          end.setOnClickListener(new View.OnClickListener( ) {
38
39              @Override
40              public void onClick(View v) { //[중단] 버튼 클릭
41                  chrono.stop( );//타이머 중단 시작
42              }
43          });
```

```
44
45          //[재설정] 버튼의 정보를 가져와서 이벤트를 등록함
46          Button reset = (Button)findViewById(R.id.resetBtn);
47          reset.setOnClickListener(new View.OnClickListener( ) {

48
49              @Override
50              public void onClick(View v) { //[재설정] 버튼 클릭
51                  //타이머의 시작 시간을 0부터 시작되도록 재설정함
52                      chrono.setBase(SystemClock.elapsedRealtime( ));
53                  }
54          });
55      }

56
57      @Override
58      public boolean onCreateOptionsMenu(Menu menu) {
59          // Inflate the menu; this adds items to the action bar if it is present.
60          getMenuInflater( ).inflate(R.menu.activity_chronometer_test_main, menu);
61          return true;
62      }
63
64  }
```


23   final Chronometer chrono = (Chronometer)findViewById(R.id.timer);은 레이아웃에 정의한 Chronometer의 정보를 가져온다. final을 사용한 것은 무명 내부 클래스에서 지역변수로 설정된 크로노미터의 정보를 갖는 chrono에 접근하기 위해서 이다.

26~33   타이머의 카운트를 시작하는 [시작] 버튼의 정보를 가져와서 이벤트를 등록하고(26~27), [시작] 버튼을 클릭하면 타이머가 카운트를 시작하는 작업(30~32)으로 이루어져 있다.

36~43   타이머의 카운트를 중단하는 [중단] 버튼의 정보를 가져와서 이벤트를 등록하고(36~37), [중단] 버튼을 클릭하면 타이머가 중단되는 작업(40~42)으로 이루어져있다. 만일 [중단] 버튼을 눌러 타이머의 카운트가 멈춰져 있는 상태에서 [시작] 버튼을 다시 누르면 카운트는 0부터 다시 시작되는 것이 아니라 내부적으로는 계속 카운트가 발생해서 [중단] 버튼을 눌렀을 때의 시간과 내부적인 경과 시간이 합산된 시간 값이 표시된다.

46~54   타이머의 카운트를 다시 처음부터 시작하는 [재설정] 버튼의 정보를 가져와서 이벤트를 등록하고(46~47), [재설정] 버튼을 클릭하면 타이머의 시작 시간이 0부터 시작되도록 재설정하는 작업(50~53)으로 이루어져 있다.

❶ 실행할 안드로이드 애플리케이션 프로젝트를 선택한 후 [Run As]-[Android Application] 을 선택해 안드로이드 에뮬레이터로 실행한다.

[시작] 버튼을 클릭하면 타이머의 숫자가 1씩 증가되고, [중단] 버튼을 누르면 중단된다. [재설정] 버튼을 누른 후 다시 [시작] 버튼을 누르면 타이머의 숫자가 0부터 다시 시작된다.

주의 안드로이드 버전에 따라 [재설정] 버튼을 누르면 0으로 세팅 후 [시작] 버튼을 누르지 않아도 시간의 경과가 표시되는 경우도 있다.

05.2 DatePicker – 날짜 선택

DatePicker(데이트피커)는 날짜를 선택하는 위젯으로 날짜는 년, 월, 일을 선택하는 스피너(spinner) 또는 CalendarView(캘린더뷰)를 사용해서 얻어낸다. 스피너의 값 지정과 캘린더 뷰는 자동으로 연동되며 사용자는 스피너만 표시할지, 캘린더뷰만 표시할 것인지 또는 양쪽 모두를 표시할지를 결정한다. 최소, 최대 표시 날짜는 사용자가 선택하는 것에 의해 정해진다.

문법 〈DatePicker 프로퍼티리스트〉〈/DatePicker〉

주요 프로퍼티들을 추가해서 작성한 예는 다음과 같다.

```
〈DatePicker android:id="@+id/datePicker1"
            android:layout_width="wrap_content"
            android:layout_height="wrap_content"
            android:endYear="2015"
            android:startYear="2010"〉〈/DatePicker〉
```

DatePicker의 주요 프로퍼티 및 메소드의 설명은 다음과 같다.

DatePicker의 주요 프로퍼티

android:calendarViewShown
캘린더뷰가 표시되었는지 여부를 지정한다.

android:endYear
스피너에 표시할 마지막 연도를 지정한다.(예 2015)

android:maxDate
캘린더뷰에 표시될 최대 날짜를 mm/dd/yyyy 형식으로 지정한다.

android:minDate
캘린더뷰에 표시될 최소 날짜를 mm/dd/yyyy 형식으로 지정한다.

android:spinnersShown
스피너가 표시되는지 여부를 지정한다.

android:startYear
스피너에 표시할 시작 연도를 지정한다.(예 1970)

DatePicker의 주요 메소드

CalendarView getCalendarView( )
CalendarView를 얻어낸다.

long getMaxDate( )
GMT 1970/1/1 00:00:00를 기준으로 한 milliseconds(1/1000초) 단위로 설정된 DatePicker에 의해 지원되는 최대 날짜 값을 얻어낸다.

long getMinDate( )
GMT 1970/1/1 00:00:00를 기준으로 한 milliseconds(1/1000초) 단위로 설정된 DatePicker에 의해 지원되는 최소 날짜 값을 얻어낸다.

int getMonth( )
월을 얻어낸다.

int getYear( )
년도를 얻어낸다.

void init(int year, int monthOfYear, int dayOfMonth, DatePicker.OnDateChangedListener onDateChangedListener)
DatePicker의 상태를 초기화한다.

void setMaxDate(long maxDate)
GMT 1970/1/1 00:00:00를 기준으로 한 milliseconds(1/1000초) 단위로 설정된 DatePicker에 의해 지원되는 최대 날짜 값을 지정한다.

void setMinDate(long minDate)
GMT 1970/1/1 00:00:00를 기준으로 한 milliseconds(1/1000초) 단위로 설정된 DatePicker에 의해 지원되는 최소 날짜 값을 지정한다.

void updateDate(int year, int month, int dayOfMonth)
현재의 날짜를 수정한다.

▲ DatePicker의 주요한 XML 프로퍼티 및 메소드

관련 예제는 "5장. 대화상자(Dialog)"의 "Section 04. 날짜 선택 대화상자(DatePicker Dialog)와 시간 선택 대화상자(TimePickerDialog)"에서 한다.

05.3 TimePicker – 시간 선택

TimePicker(타임피커)는 날짜의 시간을 선택하는 뷰로, 24시제 또는 12시제(AM/PM)를 선택해서 표시한다. 시, 분, AM/PM 등은 수직 스피너에 의해서 제어되나 키보드로 입력할 수도 있다.

문법 〈TimePicker 프로퍼티리스트〉〈/TimePicker〉

주요 프로퍼티들을 추가해서 작성한 예는 다음과 같다.

예 〈TimePicker android:id="@+id/timePicker1"
        android:layout_width="wrap_content"
        android:layout_height="wrap_content"〉〈/TimePicker〉

TimePicker의 주요 메소드의 설명은 다음과 같다.

TimePicker의 주요 메소드

Integer getCurrentHour( )
현재의 시간에서 시(hour)를 얻어낸다.

Integer getCurrentMinute( )
현재의 시간에서 분(minute)을 얻어낸다.

void setCurrentHour(Integer currentHour)
시(hour)를 지정한다.

void setCurrentMinute(Integer currentMinute)
0~59 사이의 값으로 분(minute)을 지정한다.

void setOnTimeChangedListener(TimePicker.OnTimeChangedListener onTimeChanged
Listener)
사용자가 시간을 조정시 발생하는 이벤트를 등록한다.

▲ TimePicker의 주요한 메소드

관련 예제는 "5장. 대화상자(Dialog)"의 "section 04. 날짜 선택 대화상자(DatePicker
Dialog)와 시간 선택 대화상자(TimePickerDialog)"에서 한다.

> **Tip** 날짜 시간 표시 관련 기능 

날짜 시간 표시 관련 기능은 다음과 같은 일정 및 시간을 경과를 표시하는 스톱워치를 사용하는 앱들에
서 쓰인다.

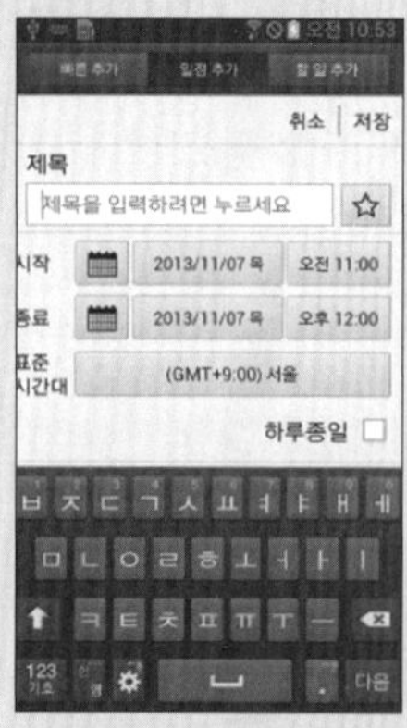 

▲ 날짜 시간 표시 관련 앱들(이미지 출처: 삼성 갤럭시 S3에서 제공하는 [s플래너] 및 [알람/시간] 앱)

또한 새벽 2시와 같이 지정된 시간이 되면 자동으로 동작되는 앱들에서도 사용된다. 그러나 시간을 지정
해서 동작되는 앱의 상당수가 악성 앱인 경우가 많다.

복합형 뷰(Composite)

Android Programming

리스트 표시를 표시하는 ListView, 펼침형 리스트 뷰 ExpandableListView, 두 줄 타입의 리스트 아이템을 표시하는 TwoLineListItem, 표 모양으로 위젯을 표시하는 GridView, 스크롤을 표시하는 ScrollView, HorizontalScrollView, 탐색뷰인 SearchView, 슬라이딩 드로어뷰인 SlidingDrawer, 탭을 표시하는 TabHost, TabWidget, 그리고 HTML 페이지와 연동 시 사용하는 WebView가 있다.

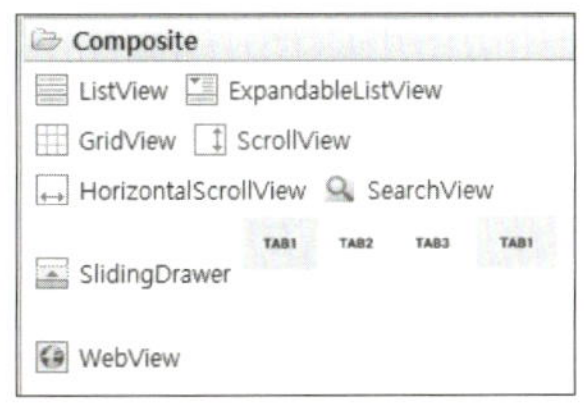

▲ 복합형 뷰(Composite)

여기서는 WebView(웹뷰)와 GridView(그리드뷰)만을 살펴본다.

06.1 WebView – HTML 페이지와 연동

WebView(웹뷰)는 웹 페이지를 표시하기 위한 뷰로, 웹브라우저 또는 Activity(액티비티)에 온라인상의 컨텐츠를 표시할 수 있다. 이것은 웹 페이지를 표시하고 이전, 다음, 히스토리, 줌, 검색 등의 메소드를 포함하기 위해 WebKit 랜더링 엔진을 사용한다. 내장된 줌(zoom) 기능을 사용하기 위해 WebSettings.setBuiltInZoomControls(boolean) 메소드를 사용한다.

또한 액티비티에서 인터넷에 접근하고 웹뷰 내의 웹 페이지를 로드하기 위해 INTERNET permission(권한)을 [AndroidManifest.xml] 파일에 추가해야 한다. 이때 <application> 엘리먼트의 자식 엘리먼트로 추가해야 한다.

[AndroidManifest.xml]에 추가할 INTERNET 퍼미션의 내용

```
<uses-permission android:name="android.permission.INTERNET" />
```

WebView를 사용하기 위한 필요할 파일 및 해야 할 작업 순서

- AndroidManifest.xml에 INTERNET 권한 추가
- 사용할 HTML 파일 준비
- 액티비티에서 웹 뷰를 사용하기 위한 코딩

  ❶ 웹 뷰 생성
  ```
  new WebView(this)
  ```
  ❷ 자바스크립트를 액티비티 내에서 사용가능하도록 설정
  ```
  setJavaScriptEnabled(true)
  ```
  ❸ 자바스크립트 인터페이스 등록
  ```
  addJavascriptInterface(Object, String)
  ```
  ❹ WebChromeClient를 상속받는 클래스 생성
  ```
  setWebWebChromeClient(WebChromeClient객체)
  ```
  ❺ url로드
  ```
  loadUrl(로드할 html 페이지의 경로)
  ```

　　WebView를 XML 레이아웃 파일에 기술한 후 액티비티에서 참조하면 오류 등이 발생할 수 있기 때문에, 액티비티에서 WebView = new WebView(this); 와 같이 직접 생성해서 사용한다.

　　WebView의 주요 메소드의 설명은 다음과 같다.

WebView의 주요 메소드

void addJavascriptInterface(Object obj, String interfaceName)
자바스크립트의 메소드에 접근하기 위해 자바스크립트를 하나의 객체로 바인드하기 위해 사용하는 메소드이다.

Picture capturePicture( )
웹뷰에서 현재 표시되는 화면을 캡처해서 이미지로 리턴한다.

static String findAddress(String addr)
물리적 위치의 주소로 이루어진 첫 번째 부분 문자열을 리턴한다.

String getOriginalUrl( )
현재 페이지의 오리지널 url을 얻어낸다.

String getTitle( )
현재 페이지의 타이틀을 얻어낸다.

String getUrl( )
현재 페이지의 url을 얻어낸다.

void loadData(String data, String mimeType, String encoding)
주어진 데이터를 웹뷰로 로드한다.

void loadUrl(String url)
주어진 url을 로드한다.

void setWebChromeClient(WebChromeClient client)
크롬 핸들러를 지정한다.

void setWebViewClient(WebViewClient client)
다양한 알림과 요청을 받기 위한 WebViewClient을 지정한다.

▲ WebView의 주요한 메소드

Exercise WebView를 사용해 HTML 페이지를 표시한 예제 – [WebViewTest] 애플리케이션

이 예제는 WebView를 사용해 HTML 페이지를 액티비티에 표시하는 예제로 HTML 페이지를 로드해서 표시한다.

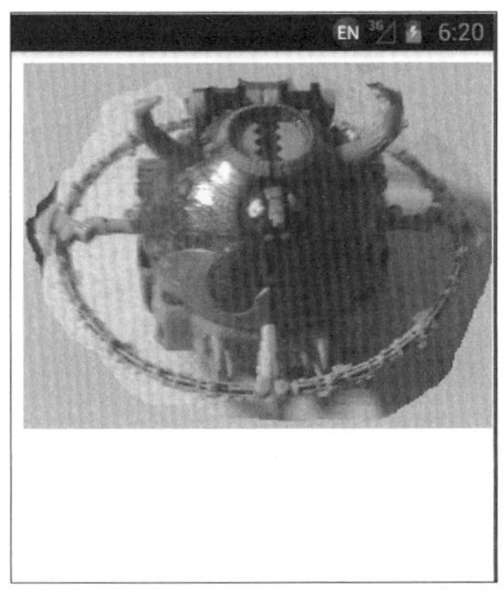

▲ WebViewTest 애플리케이션 실행 결과

주요 파일	파일명 ([FrameLayoutTest] 애플리케이션)	하는 일
리소스 파일 (문자열, 이미지 등)	문자열 리소스 파일명 : strings.xml 위치 : [프로젝트]–[res]–[values]	• 문자열 정의 　이 애플리케이션에서는 내용 수정 안 함

	이미지 리소스 파일명: unicron.png 위치 : [프로젝트]–[assets]	• 이미지 리소스를 [assets] 폴더에 복사
리소스 파일 (문자열, 이미지 등)	파일 리소스 파일명 : content.html 위치 : [프로젝트]–[assets]	• [assets] 폴더에 있는 unicron.png 파일을 참조
레이아웃 리소스 파일	activity_web_view_test_main.xml 위치 : [프로젝트]–[res]–[layout]	• 레이아웃 배치 이 애플리케이션에서는 사용 안 함
액티비티 클래스 파일	WebViewTestMainActivity.java 위치 : [프로젝트]–[src]–[패키지명]	• WebView 객체를 생성한 후 자바스크립트 등을 사용 할 수 있도록 지정 • WebView에 content.html 파일을 로드해 화면에 표시
매니페스트 파일	AndroidManifest.xml 위치 : [프로젝트]	• INTERNET 사용 권한 추가 android.permission.INTER NET

▲ [WebViewTest] 애플리케이션의 주요파일

01 WebViewTest 안드로이드 애플리케이션 프로젝트 생성

❶ [Project Explorer] 뷰에서 [New]–[Project] 메뉴를 선택해 [Android Application Project]를 생성한다.

❷ [New Android Application] 창이 표시되면 다음과 같이 입력 및 선택한 후 [Next] 버튼을 클릭한다. 그 외의 값은 기본 값을 그대로 사용해 생성한다.

항목	입력 및 선택 값
Application Name	WebViewTest 입력
Project Name	WebViewTest 자동 입력됨
Package Name	work.test.webviewtest 입력
Minimum Required SDK	API 8 : Android 2.2 (Froyo) 기본 값 사용
Target SDK	API 18 : Android 4.3 기본 값 사용 기본 값이 아닐 경우 선택
Compile With	API 18 : Android 4.3 기본 값 사용

❸ [Next] 버튼을 누르다가 액티비티를 변경하는 부분이 나오면 [Activity Name]을 "WebViewTestMainActivity"로 변경한 후 [Finish] 버튼을 클릭한다.

02 [AndroidManifest.xml] 파일에 INTERNET 권한 추가

❶ [WebViewTest]-[AndroidManifest.xml]을 더블클릭해 연 후 [Permission] 탭에서 [Add] 버튼을 누른다.

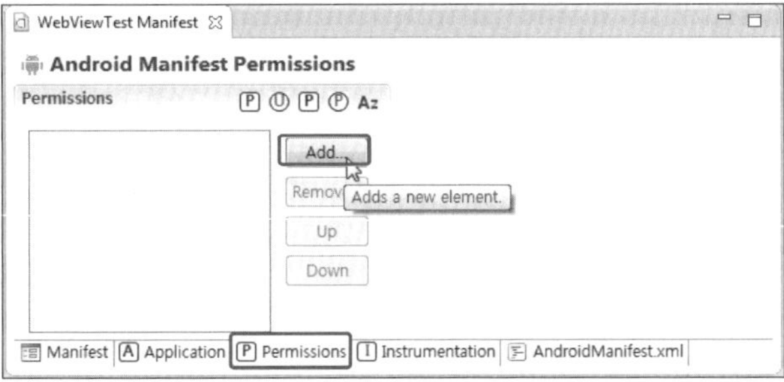

❷ 대화상자에서 [Uses Permission]을 선택한 후 [OK] 버튼을 클릭한다.

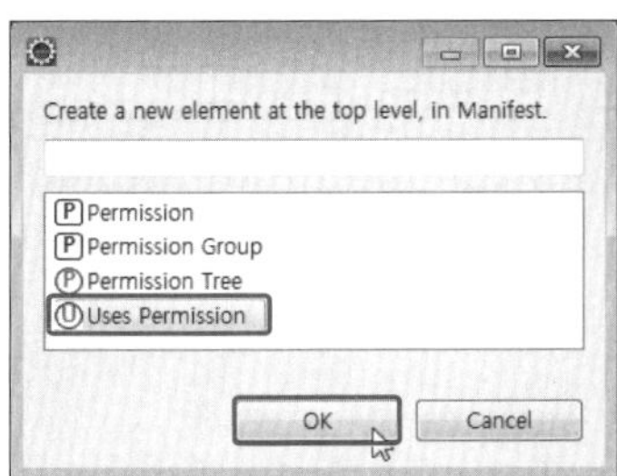

❸ [Name] 항목의 콤보 상자에서 [android.permission.INTERNET] 항목을 선택한 후 저장한다.

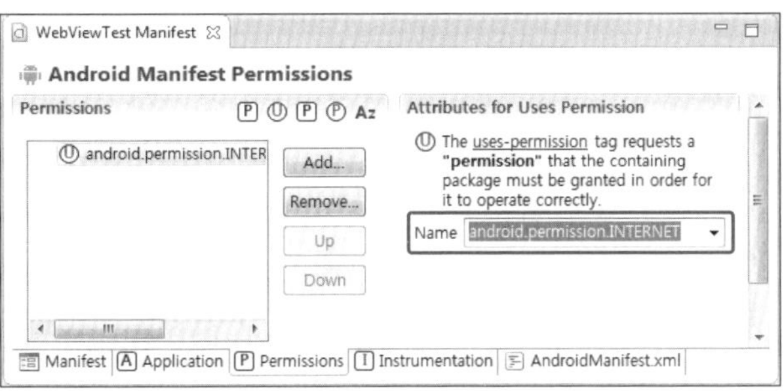

❹ 완성된 [AndroidManifest.xml] 파일은 다음과 같다.

```xml
01  <?xml version="1.0" encoding="utf-8"?>
02  <manifest xmlns:android="http://schemas.android.com/apk/res/android"
03      package="work.test.webviewtest"
04      android:versionCode="1"
05      android:versionName="1.0" >
06
07      <uses-sdk
08          android:minSdkVersion="8"
09          android:targetSdkVersion="17" />
10      <uses-permission android:name="android.permission.INTERNET"/>
11
12      <application
13          android:allowBackup="true"
14          android:icon="@drawable/ic_launcher"
15          android:label="@string/app_name"
16          android:theme="@style/AppTheme" >
17          <activity
18              android:name="work.test.webviewtest.WebViewTestMainActivity"
19              android:label="@string/app_name" >
20              <intent-filter>
21                  <action android:name="android.intent.action.MAIN" />
22
23                  <category android:name="android.intent.category.LAUNCHER" />
24              </intent-filter>
25          </activity>
26      </application>
27
28  </manifest>
```

03 [assets] 폴더에 필요한 html 파일 및 이미지 등을 위치시킨다.
[assets] 폴더에는 html 파일, 동영상 파일, 폰트 파일 등을 위치시키는데, 필요에 따라 이미지 파일을 위치시킬 수도 있다. html 파일에서 이미지 파일을 참조하는 경우이 이미지 파일은 [assets] 폴더 내에 위치해야 한다.

■ **이미지 가져오기**

[WebViewTest]–[assets]에 제공되는 이미지 [unicron.png]를 복사한다. 이미지 파일은 부록CD 안에 제공되는 [source]–[WebViewTest]–[assets] 폴더 안에 있다.

■ **content.html 작성**

[content.html] 파일을 작성해 [WebViewTest]–[assets] 폴더 위치에 저장한다. [content.html] 파일의 내용은 다음과 같다.

```
01    <?xml version="1.0" encoding="utf-8"?>
02    <html>
03      <body>
04        <img id="img1" src="unicron.png" />
05      </body>
06    </html>
```

❶ html 파일을 작성할 경우 [assets]을 선택한 후 [New]–[Other] 메뉴를 선택한다.

❷ [General]–[File]을 선택한 후 [Next] 버튼을 클릭한다.

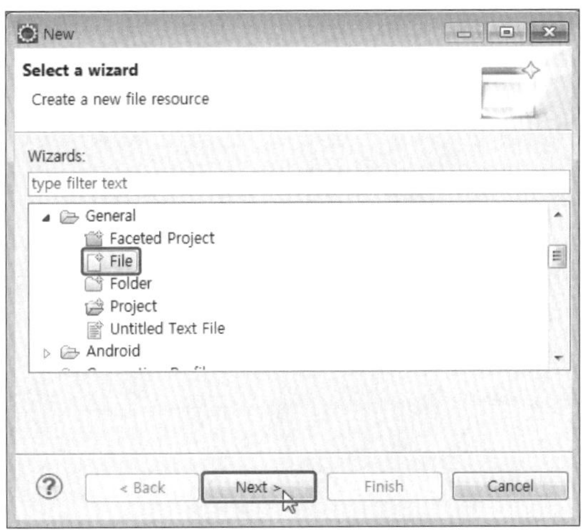

❸ [WebViewTest]–[assets]이 선택된 상태에서 [File name] 항목에 "content.html"을 입력한 후 [Finish] 버튼을 클릭한다.

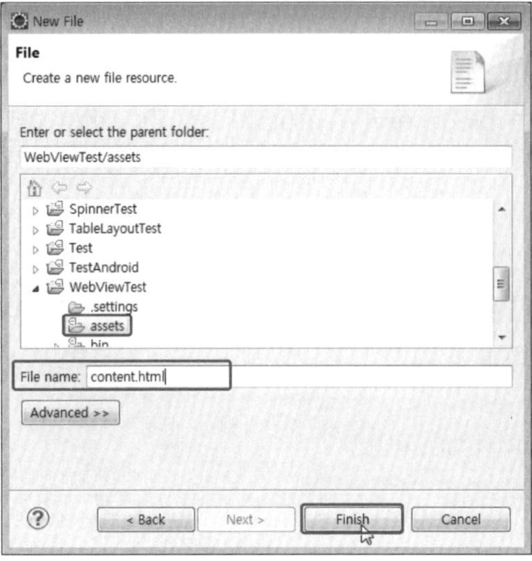

❹ 만일 [content.html] 파일이 웹 브라우저 상태에서 열리는 경우, 열린 파일을 닫는다. [assets]-[content.html]을 선택한 후 마우스 오른쪽 버튼을 눌러 [Open With]-[Text Editor]를 선택해서 열면 코딩을 할 수 있는 편집기가 표시된다.

04 로직을 담당하는 [WebViewTestMainActivity] 액티비티의 내용 수정 후 저장
[WebViewTest]-[src]-[work.test.webviewtest] 내에 있는 [WebViewTestMainActivity] 액티비티의 내용을 수정한 후 저장한다.

```
01    package work.test.webviewtest;
02
03    import android.app.Activity;
04    import android.os.Bundle;
05    import android.view.Menu;
06    import android.view.Window;
07    import android.webkit.WebView;
08
09    public class WebViewTestMainActivity extends Activity {
10
11        @Override
12        protected void onCreate(Bundle savedInstanceState) {
13            super.onCreate(savedInstanceState);
14            requestWindowFeature(Window.FEATURE_NO_TITLE);
15
16            //WebView 생성
```

```java
17          WebView web = new WebView(this);
18
19          //자바스크립트를 사용할 수 있도록 지정
20          web.getSettings( ).setJavaScriptEnabled(true);
21
22          //html파일 로딩
23          web.loadUrl("file:///android_asset/content.html");
24
25          //web.loadUrl("http://www.google.com"); //url상의 웹 페이지 로딩 시
26          setContentView(web); //화면에 표시할 뷰로 웹 뷰를 지정
27
28      }
29
30      @Override
31      public boolean onCreateOptionsMenu(Menu menu) {
32          // Inflate the menu; this adds items to the action bar if it is present.
33          getMenuInflater( ).inflate(R.menu.activity_web_view_test_main, menu);
34          return true;
35      }
36
37  }
```

소스코드 설명

17 WebView web = new WebView(this);은 WebView 객체를 생성한다. XML 레이아웃 리소스에 WebView 위젯을 사용해 참조하는 경우, 오류가 발생할 수 있기 때문에 가급적이면 액티비에서 직접 생성하는 것이 좋다.

20 web.getSettings( ).setJavaScriptEnabled(true);은 자바스크립트를 쓸 수 있도록 지정한 것으로, 자바스크립트를 허용하면 다음과 같은 경고 메시지가 표시된다.

```
20      //자바스크립트를 사용할 수 있도록 지정
21      web.getSettings().setJavaScriptEnabled(true);
22
23      //html파일 로딩
```
Using setJavaScriptEnabled can introduce XSS vulnerabilities into you application, review carefully.

이 경고 메시지는 자바스크립트를 허용하면 Cross-Site Script(XSS) 공격을 받을 수 있다는 것으로 주의해서 사용하라는 뜻이다.

 **Tip** **Cross-Site Script(XSS) 공격** 

웹 어플리케이션의 취약점을 해킹하는 방법으로 javascript의 취약점을 통해 실행된다.

- **발생원인** : 입력 값 검증
- **취약점** : javascript나 vbscript가 클라이언트에서 실행 가능
- **공격방법** : 악성 ActiveX나 Java Applet을 삽입해 바이러스와 백 도어를 전파

> **23**   web.loadUrl("file:///android_asset/content.html");은 html 파일을 로딩시 사용하는 것으로, 안드로이드 애플리케이션 내의 [assets] 폴더 내의 파일의 url은 "file:///android_asset/html파일" 과 같은 방식으로 기술하고, 웹상의 웹 페이지를 로딩 시에는 "http://www.google.com"과 같이 url을 기술한다. 파일을 로딩 시 loadUrl( ) 메소드를 사용한다.
>
> **26**   setContentView(web);은 화면에 표시할 뷰로 웹뷰를 지정한 것이다.

05 안드로이드 애플리케이션 실행

실행할 안드로이드 애플리케이션 프로젝트를 선택한 후 [Run As]-[Android Application]을 선택해 안드로이드 에뮬레이터로 실행한다. [content.html] 페이지가 로딩되는 것을 확인할 수 있다.

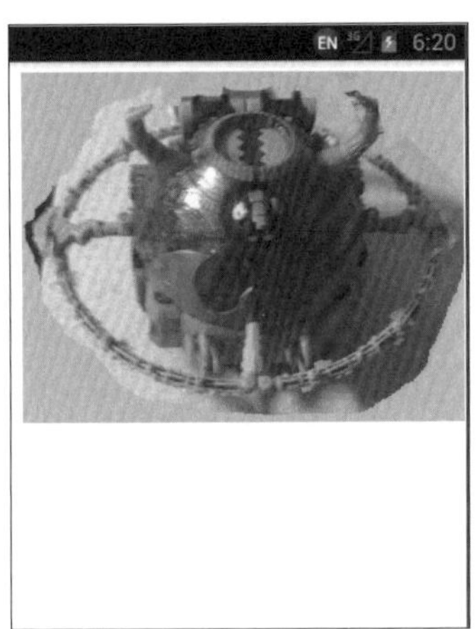

06.2   GridView – 바둑판 모양으로 표시

GridView는 다수의 사진 및 동영상 파일을 바둑판 모양으로 배치해 표시할때 사용한다. GridView는 아이템을 2차원의 바둑판 모양으로 표시하는 뷰그룹으로 스크롤이 가능하며, GridView의 아이템들은 ListAdapter를 사용하면 레이아웃에 자동적으로 추가된다.

GridView의 주요 속성 및 메소드의 설명은 다음과 같다.

android:columnWidth
GridView의 각 칼럼의 너비를 설정한다. getColumnWidth(), setColumnWidth(int columnWidth) 메소드와 연관된다.

android:gravity
각 셀(칼럼) 안에서의 맞춤을 설정한다. getGravity(), setGravity(int gravity) 메소드와 연관된다.

android:horizontalSpacing
각 칼럼간의 수평 간격을 설정한다. getHorizontalSpacing( ), setHorizontalSpacing(int horizontal Spacing) 메소드와 연관된다.

android:numColumns
한행에 몇 개의 칼럼을 표시할지를 지정한다. getNumColumns( ), setColumnWidth(int column Width) 메소드와 연관된다.

android:stretchMode
한 칼럼의 크기에 따라 안에 표시되는 내용의 표현 방법을 지정한다. getStretchMode( ), setStretch Mode(int stretchMode) 메소드와 연관된다.

android:verticalSpacing
각 칼럼 간의 수직 간격을 설정한다. getVerticalSpacing( ), setVerticalSpacing(int verticalSpacing) 메소드와 연관된다.

GridView 위젯의 주요 메소드

public void setAdapter (ListAdapter adapter)
데이터인 항목을 갖고 있는 adapter를 넣어 실제로 내용을 갖는 그리드뷰를 완성한다.

public void setOnItemClickListener (AdapterView.OnItemClickListener listener)
콤보상자인 Spinner에서 목록의 항목을 선택 시 발생하는 이벤트이다.

android:autoText
텍스츄얼 입력(textual input)과 자동적으로 철자 오류 검사를 실행한다.

GridView 사용하려면 다음과 같은 순서로 프로그램한다.

01 안드로이드 애플리케이션 프로젝트를 작성한다.

02 [res]-[drawable] 폴더에 이미지들을 넣는다.

03 [res]-[layout] 폴더 내에 있는 레이아웃 리소스를 열고 〈GridView〉를 추가한다. GridView가 화면 전체를 차지하도록 속성값을 지정한다.

```xml
<?xml version="1.0" encoding="utf-8"?>
<GridView xmlns:android="http://schemas.android.com/apk/res/android"
    android:id="@+id/gridview1"
    android:layout_width="fill_parent"
    android:layout_height="fill_parent"
    android:columnWidth="90dp"
    android:numColumns="auto_fit"
    android:verticalSpacing="10dp"
    android:horizontalSpacing="10dp"
    android:stretchMode="columnWidth"
    android:gravity="center"
/>
```

04 액티비티에 레이아웃 리소스에서 정의한 GridView를 얻어내, 실제 이미지를 표시하는 ListAdapter로부터 상속받아 생성한 ImageAdapter와 연동 후 그리드의 이미지를 클릭 시 이벤트를 처리하도록 리스너를 등록한다.

```java
public void onCreate(Bundle savedInstanceState) {
    super.onCreate(savedInstanceState);
    setContentView(R.layout.activity_main);

  //GridView를 얻어내, ImageAdapter와 연동
    GridView gridview = (GridView) findViewById(R.id.gridview);
    gridview.setAdapter(new ImageAdapter(this));

  //그리드의 이미지를 클릭 시 이벤트  처리
    gridview.setOnItemClickListener(new OnItemClickListener() {
        public void onItemClick(AdapterView<?> parent,
            View v, int position, long id) {
          //처리할 작업 기술
        }
    });
}
```

05 실제 이미지를 표시하는 ImageAdapter 클래스는 BaseAdapter 클래스를 상속받아 생성한다.

```java
public class ImageAdapter extends BaseAdapter {
    private Context ctx;

    public ImageAdapter(Context c) {
        ctx = c;
    }

    // 이미지의 개수를 얻어냄
    public int getCount( ) {
        return mThumbIds.length;
    }

    // 지정한 위치의 아이템 객체를 얻어냄
    public Object getItem(int position) {
        return null;
    }

    // 지정한 위치의 아이템 리소스를 얻어냄
    public long getItemId(int position) {
        return 0;
    }

    // 어댑터에 의해 참조되는 각 아이템을 위한 ImageView를 생성한다.
    public View getView(int position, View convertView, ViewGroup parent) {
        ImageView imageView;
        if (convertView == null) { //convertView객체가 null이면
            //imageView 객체 생성
            imageView = new ImageView(ctx);
            //표시할 이미지의 크기 지정, 이때 이미지의 크기는 중앙을 중심으로 지정
            imageView.setLayoutParams(new GridView.LayoutParams(85, 85));
            imageView.setScaleType(ImageView.ScaleType.CENTER_CROP);
            //이미지간의 간격을 지정
            imageView.setPadding(8, 8, 8, 8);
        } else { //convertView객체가 null이 아니면
```

```java
        imageView = (ImageView) convertView;
    }

    //ImageView에 표시할 이미지를 지정
    imageView.setImageResource(mThumbIds[position]);
    //ImageView 객체를 리턴
    return imageView;
}

// 참조할 이미지 리소스 배열을 설정
private Integer[] mThumbIds = {
        R.drawable.s1, R.drawable.s2,
        R.drawable.s3, R.drawable.s4,
        R.drawable.s5, R.drawable.s6
};
}
```

Adapter 클래스의 주요 메소드 설명은 다음과 같다.

Adapter 클래스의 메소드(현재의 ImageAdapter 클래스에서 사용됨)

public abstract int getCount( )
이 어댑터에 의해 구현된 데이터 셋에 있는 아이템의 수를 얻어낸다. 즉, 전체 아이템의 수를 얻어낸다.

public abstract Object getItem(int position)
주어진 position 값에 해당하는 데이터 아이템 객체를 얻어낸다.

public abstract long getItemId(int position)
주어진 position 값에 해당하는 데이터 아이템의 리소스 ID를 얻어낸다.

public abstract View getView(int position, View convertView, ViewGroup parent)
데이터 셋인 parent에서 주어진 position 값에 해당하는 데이터 아이템을 convertView에 표시해서 원하는 View 객체를 얻어낸다.

 GridView 위젯을 사용한 이미지 갤러리 – [GridViewTest] 애플리케이션

이 예제는 GridView 위젯을 사용해 여러 이미지를 2차원의 바둑판으로 표현해 이미지 갤러리를 만드는 예제이다.

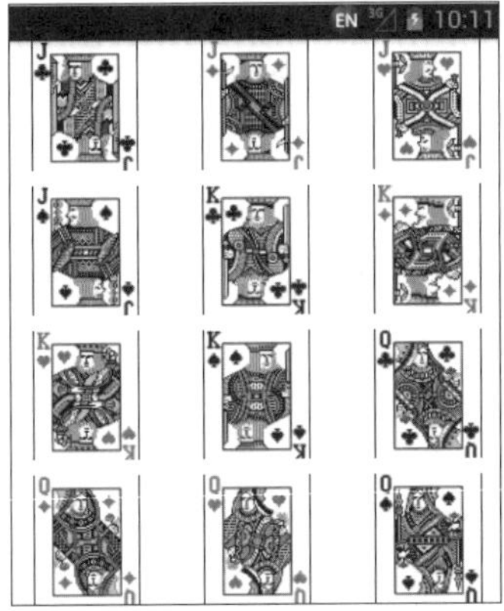

▲ GridViewTest 애플리케이션의 실행 결과

주요 파일	파일명 ([GridViewTest] 애플리케이션)	하는 일
리소스 파일 (문자열, 이미지 등)	문자열 리소스 파일명 : strings.xml 위치 : [프로젝트]–[res]–[values]	• 문자열 정의 이 애플리케이션에서는 사용 안 함
	이미지 리소스 파일명 : jackofclubs.png, jackofdiamonds. png, jackofhearts.png,jackofspades. png, kingofclubs.png, kingofdiamonds. png, kingofhearts.png, kingofspades. png, queenofclubs.png, queenofdiamonds. png, queenofhearts.png, queenofspades.png 위치 : [프로젝트]–[res]–[drawable-mdpi]	• 이미지 리소스를 [프로젝트]–[res]–[drawable-mdpi] 폴더에 복사
레이아웃 리소스 파일	activity_grid_view_test_main.xml 위치 : [프로젝트]–[res]–[layout]	• 최상위 레이아웃을 Grid View로 변경한 후 속성 지정
로직 클래스	어댑터 클래스 파일 파일명 : ImageAdapter.java 위치 : [프로젝트]–[src]–[패키지명]	• BaseAdapter 클래스를 상속받아서 어댑터에 의해 참조되는 각 아이템을 위한 ImageView를 생성

| 로직 클래스 | 액티비티 클래스 파일
파일명 : GridViewTestMain Activity.java
위치 : [프로젝트]-[src]-[패키지명] | • 화면에 activity__grid_view_test_main.xml 표시
• activity__grid_view_test_main.xml에서 정의한 Grid View에 이미지 표시 후 이미지에 이벤트리스너 등록
• 이벤트 처리 : 이미지를 클릭하면 토스트 메시지 표시 |
| 매니페스트 파일 | AndroidManifest.xml
위치 : [프로젝트] | • INTERNET 사용 권한 추가
android.permission.INTERNET |

▲ [GridViewTest] 애플리케이션의 주요 파일

01 GridViewTest 안드로이드 애플리케이션 생성

❶ [Project Explorer] 뷰에서 [New]-[Project] 메뉴를 선택해 [Android Application Project]를 생성한다.

❷ [New Android Application] 창이 표시되면 다음과 같이 입력 및 선택한 후 [Next] 버튼을 클릭한다. 그 외의 값은 기본 값을 그대로 사용한다.

항목	입력 및 선택 값
Application name	GridViewTest 입력
Project name	GridViewTest 자동 입력됨
Package name	work.test.gridviewtest 입력
Minimum Required SDK	API 8 : Android 2.2 (Froyo) 기본값 사용
Target SDK	API 18 : Android 4.3 기본 값 사용 기본 값이 아닐 경우 선택
Compile With	API 18 : Android 4.3 기본 값 사용

❸ [Next]버튼을 누르다가 액티비티명 변경화면이 표시되면 [Activity Name]을 "GridViewTestMainActivity"로 변경한 후 [Finish]버튼을 클릭한다.

02 이 예제에서 사용한 이미지를 현재의 프로젝트 내로 가져오기

[res]-[drawable-mdpi] 폴더에 아래의 이미지를 복사한다. 이미지 파일은 부록CD 안에 제공되는 [source]-[GridViewTest]-[res]-[drawable-mdpi] 안에 있다.

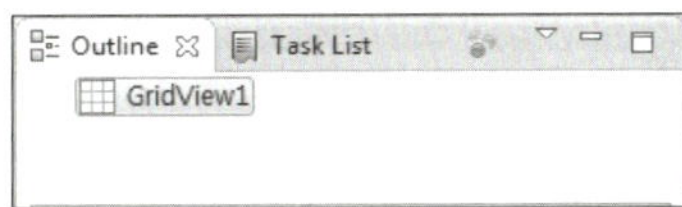 jackofclubs.png, jackofdiamonds.png, jackofhearts.png, jackofspades.png, kingofclubs.png, kingofdiamonds.png, kingofhearts.png, kingofspades.png, queenofclubs.png, queenofdiamonds.png, queenofhearts.png, queenofspades.png이다.

03 [res]-[layout]-[activity_grid_view_test_main.xml]에 뷰의 레이아웃을 배치

❶ 아래와 같이 레이아웃을 배치하고 속성 값을 변경한다. 변경할 속성 값은 아래의 완성된activity_grid_view_test_main.xml 파일을 참고한다.

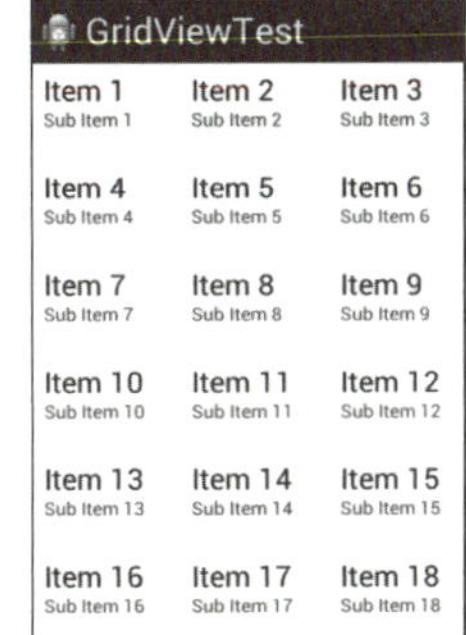

▲ [Outline] 뷰의 구조　　　　　　▲ [Graphical Layout]의 화면

Tip **[RelativeLayout]을 [GridView]로 변경**

❶ [Outline]뷰의 [RelativeLayout]을 선택하고, 마우스 오른쪽 버튼을 눌러 표시되는 메뉴에서 [Change Layout...] 메뉴를 선택한다.

❷ [Change Layout] 창이 표시되면 [New Layout Type] 항목에서 [GridLayout]을 선택한다.

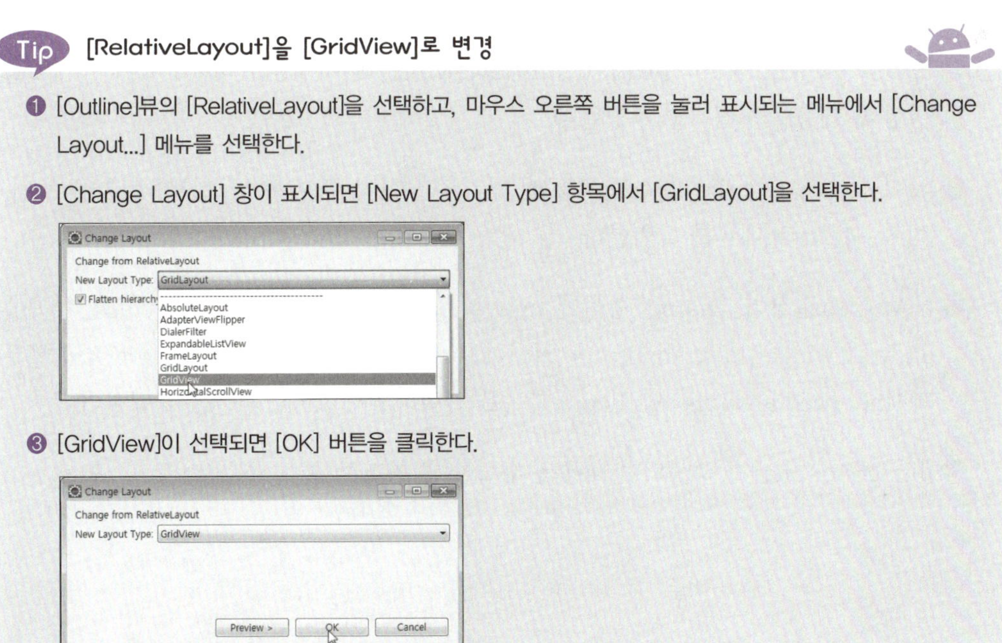

❸ [GridView]이 선택되면 [OK] 버튼을 클릭한다.

❷ 완성된 [activity_grid_view_test_main.xml]은 다음과 같다.

```xml
01  <GridView xmlns:android="http://schemas.android.com/apk/res/android"
02      xmlns:tools="http://schemas.android.com/tools"
03      android:id="@+id/GridView1"
04      android:layout_width="fill_parent"
05      android:layout_height="fill_parent"
06      android:columnWidth="90dp"
07      android:gravity="center"
08      android:horizontalSpacing="10dp"
09      android:numColumns="auto_fit"
10      android:stretchMode="columnWidth"
11      android:verticalSpacing="10dp"
12      tools:context=".GridViewTestMainActivity" >
13
14  </GridView>
```

소스코드 설명

1라인의 <GridView>는 레이아웃을 변경해서 표시했으며, 이미지를 화면에 바둑판 모양으로 표시하기 위해 사용한다.

04 이미지를 표시하는 [ImageAdapter] 클래스 생성

[GridViewTest]–[src]–[work.test.gridviewtest] 내에 [ImageAdapter] 클래스를 생성 후 내용을 변경하고 저장한다.

❶ [src]–[study.test.displayimagetest] 패키지를 선택 후 마우스 오른쪽 버튼을 눌러, [New]–[Class] 메뉴를 클릭한다.

❷ New Class] 창의 [Name] 항목에 ImageAdapter를 입력하고 [Superclass] 항목에 android.widget.BaseAdapter를 입력한 후 [Constructors from superclass] 항목과 [Inherited abstract methods] 항목을 선택하고 [Finish] 버튼을 클릭한다.

❸ [ImageAdapter]가 생성되면 내용을 수정한 후 저장한다.

```java
01    package work.test.gridviewtest;
02
03    import android.content.Context;
04    import android.view.View;
05    import android.view.ViewGroup;
06    import android.widget.BaseAdapter;
07    import android.widget.GridView;
08    import android.widget.ImageView;
09
10    public class ImageAdapter extends BaseAdapter {
11
12        private Context c;
13
14        // 참조할 이미지 리소스 배열을 설정
15        private Integer[ ] mThumbIds = {
16                R.drawable.jackofclubs, R.drawable.jackofdiamonds,
17                R.drawable.jackofhearts, R.drawable.jackofspades,
18                R.drawable.kingofclubs, R.drawable.kingofdiamonds,
19                R.drawable.kingofhearts, R.drawable.kingofspades,
20                R.drawable.queenofclubs, R.drawable.queenofdiamonds,
21                R.drawable.queenofhearts, R.drawable.queenofspades,
22        };
23
24        //생성자
25        public ImageAdapter(Context c) {
26            // TODO Auto-generated constructor stub
27            this.c = c ;
28        }
29
30        // 이미지의 개수를 얻어냄
31        @Override
32        public int getCount() {
33            // TODO Auto-generated method stub
34            return mThumbIds.length;
35        }
36
37        // 지정한 위치의 아이템 객체를 얻어냄
38        @Override
39        public Object getItem(int position) {
```

```java
40          // TODO Auto-generated method stub
41          return null;
42      }
43
44      // 지정한 위치의 아이템 리소스를 얻어냄
45      @Override
46      public long getItemId(int position) {
47          // TODO Auto-generated method stub
48          return mThumbIds[position];
49      }
50
51      // 어댑터에 의해 참조되는 각 아이템을 위한 ImageView 객체를 생성한다.
52      @Override
53      public View getView(int position, View v, ViewGroup parent) {
54          // TODO Auto-generated method stub
55          ImageView imageView;
56          if (v == null) {//v객체가 null이면
57              //imageView 객체 생성
58              imageView = new ImageView(c);
59              //표시할 이미지의 크기 지정, 이때 이미지의 크기는 중앙을 중심으로 지정
60              imageView.setLayoutParams(new GridView.LayoutParams(85, 85));
61              imageView.setScaleType(ImageView.ScaleType.CENTER_CROP);
62              //이미지간의 간격을 지정
63              imageView.setPadding(8, 8, 8, 8);
64          } else { //v객체가 null이 아니면
65              imageView = (ImageView) v;
66          }
67
68          //ImageView에 표시할 이미지를 지정
69          imageView.setImageResource(mThumbIds[position]);
70
71          //ImageView 객체를 리턴
72          return imageView;
73      }
74
75  }
```


15~22   그리드에 표시될 이미지 리소스 배열을 설정한 부분으로, 초기화 리스트를 사용해서 배열
선언, 메모리 할당 및 값 할당을 한 번에 처리했다.

25~28	public ImageAdapter(Context c)은 생성자로 ImageAdapter 클래스의 객체가 필요한 액티비티의 컨텍스트를 얻어내서, 이 클래스의 컨텍스트로 사용한다.

32~35	public int getCount( ) 메소드는 GridView에 사용한 이미지의 개수를 얻어낸다. 이 이미지들을 실질적으로 mThumbIds배열이 가지고 있어서 mThumbIds.length와 같이 배열의 원소 수를 얻어내는 프로퍼티를 사용하면 이미지의 수를 얻어낼 수 있다.

39~42	public Object getItem(int position) 메소드는 지정한 위치에 해당하는 아이템 객체를 얻어낼 때 사용한다.

46~49	public long getItemId(int position) 메소드는 지정한 위치에 해당하는 아이템의 리소스를 얻어낸다. 즉, 리소스가 저장된 mThumbIds 배열에서 mThumbIds[position]과 같이 position에 해당하는 위치 값을 지정해 해당 배열의 원소가 갖고 있는 리소스 값을 얻어낼 수 있다.

53~73	public View getView(int position, View v, ViewGroup parent) 메소드는 어댑터에 의해 참조되는 각 아이템을 위한 ImageView 객체를 생성하는 부분이다. 즉, ImageAdapter에 이미지를 추가하는 부분이다. 반드시 재정의 해야하는 메소드이다.

56	if (v == null)문에서 ImageView 객체가 한 번도 생성된 적이 없으면 null값을 가지며, 55라인 imageView = new ImageView(c);를 사용해서 ImageView 객체를 생성한다.

60	imageView.setLayoutParams(new GridView.LayoutParams(85, 85));은 ImageView 객체에서 이미지의 가로, 세로를 85 픽셀로 지정했다.

61	imageView.setScaleType(ImageView.ScaleType.CENTER_CROP);은 이미지의 크기를 중앙을 중심으로 가로 세로 값을 지정한다.
일반적으로 이미지의 크기는 왼쪽 기준점을 중심으로 가로, 세로 값을 지정한다. 반면 ImageView.ScaleType.CENTER_CROP일 경우 중심점을 기준으로 지정한다.

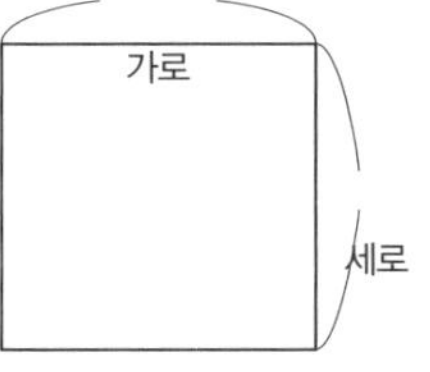

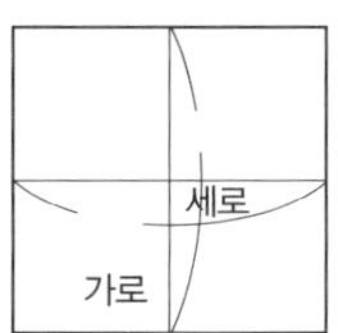

▲ 일반적인 이미지 크기　　　▲ ImageView.ScaleType.CENTER_CROP일 경우

63	imageView.setPadding(8, 8, 8, 8);은 이미지간의 이미지간의 간격을 지정하는 것으로 차례대로, 왼쪽, 위, 오른쪽, 아래의 간격이다.

69	imageView.setImageResource(mThumbIds[position]);은 ImageView에 표시할 이미지를 mThumbIds배열의 position위치에 해당하는 이미지 리소스로 지정한다.

72	return imageView;은 ImageView 객체를 이 메소드를 호출한 곳으로 리턴한다.

05 로직을 담당하는[GridViewTestMainActivity] 액티비티의 내용 수정

[GridViewTest]−[src]−[work.test.gridviewtest] 내에 있는 [GridViewTestMainActivity] 액티비티의 내용을 수정한 후 저장한다.

```java
01    package work.test.gridviewtest;
02
03    import android.app.Activity;
04    import android.os.Bundle;
05    import android.view.Menu;
06    import android.view.View;
07    import android.view.Window;
08    import android.widget.AdapterView;
09    import android.widget.AdapterView.OnItemClickListener;
10    import android.widget.GridView;
11    import android.widget.Toast;
12
13    public class GridViewTestMainActivity extends Activity {
14
15       @Override
16       protected void onCreate(Bundle savedInstanceState) {
17          super.onCreate(savedInstanceState);
18          requestWindowFeature(Window.FEATURE_NO_TITLE);
19          setContentView(R.layout.activity_grid_view_test_main);
20
21          //GridView를 얻어내, ImageAdapter와 연동
22          GridView gridview = (GridView) findViewById(R.id.GridView1);
23          gridview.setAdapter(new ImageAdapter(this));
24
25          //그리드의 이미지를 클릭시 이벤트 처리
26          gridview.setOnItemClickListener(new OnItemClickListener() {
27             public void onItemClick(AdapterView<?> parent,
28                 View v, int position, long id) {
29                //선택한 이미지의 번호를 토스트 메시지에 표시
30                Toast.makeText(GridViewTestMainActivity.this,
31                   position + "번째 이미지 선택", Toast.LENGTH_SHORT).show();
32             }
33          });
34       }
35
36       @Override
37       public boolean onCreateOptionsMenu(Menu menu) {
38          // Inflate the menu; this adds items to the action bar if it is present.
39          getMenuInflater().inflate(
```

```
40        R.menu.activity_grid_view_test_main, menu);
41        return true;
42    }
43
44  }
```


22　　GridView gridview = (GridView) findViewById(R.id.GridView1);은 레이아웃 리소스 activity_main.xml에 정의한 GridView의 정보를 얻어낸다.

23　　gridview.setAdapter(new ImageAdapter(this));에서 new ImageAdapter(this)은 ImageAdapter 클래스의 객체를 생성한다. 객체가 생성될 때 22~25라인 public ImageAdapter(Context c) 생성자가 자동 실행된 후, 50~70라인 public View getView(int position, View v, ViewGroup parent) 메소드가 실행되어 그리드에 표시될 이미지가 생성된다. 이때 gridview.setAdapter(new ImageAdapter(this));과 같이 GridView 클래스의 setAdapter( ) 메소드를 사용하면 ImageAdapter 클래스에서 생성된 이미지들이 화면에 표시되어 바둑판 모양의 이미지가 화면에 표시된다.

26　　gridview.setOnItemClickListener(new OnItemClickListener() {은 GridView에 표시된 각각의 이미지를 클릭시 이벤트를 처리하기 위한 리스너를 등록했다.

27~32　　public void onItemClick(AdapterView〈?〉 parent, View v, int position, long id) 메소드는 이미지를 클릭시 동작되는 메소드로, 여기서는 이미지를 클릭 시 선택한 이미지가 몇 번째 이미지인지를 토스트 메시지로 표시한다.

30~31　　Toast.makeText(GridViewTestMainActivity.this, position + "번째 이미지 선택", Toast.LENGTH_SHORT).show( );은 선택한 이미지의 번호를 토스트 메시지에 표시한다.

06　안드로이드 애플리케이션 실행하기

❶ 실행할 안드로이드 애플리케이션 프로젝트를 선택 후 [Run As]-[Android Application]을 선택 해 안드로이드 애뮬레이터로 실행한다. 이미지를 선택하면 선택한 이미지의 번호가 토스트 메시지에 표시된다.

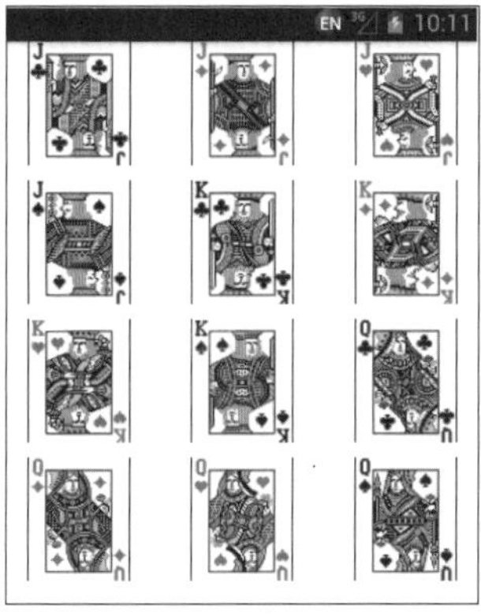
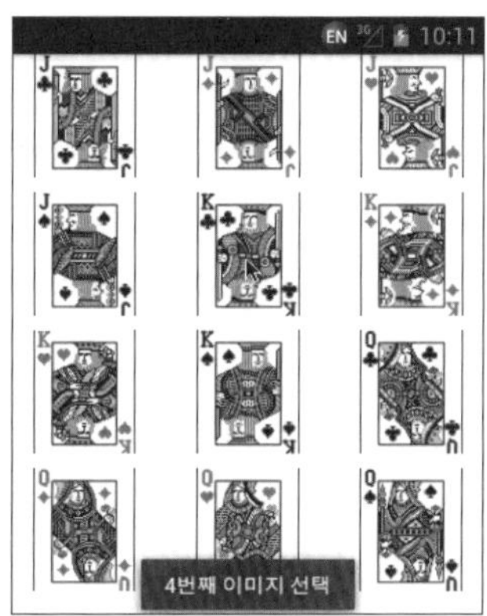

Canvas를 사용한 도형 그리기

Android Programming

Canvas(캔버스) 클래스는 문자열, 도형, 이미지 등을 그릴 수 있는 공간을 제공하는 것으로 [android.graphics] 패키지 내에 있으며, 사용시 이 패키지를 import(임포트)받아야 한다. Canvas는 그리는 공간을 제공하는 클래스로, 그리는 작업을 실제로 수행하는 그리기 메소드를 제공한다. 이 그리기 메소드들은 "draw"로 시작하는 메소드로 문자열을 그릴 때는 drawText( ), 속이 빈 테두리만 있는 사각형을 그릴 때는 drawRect( ), 이미지를 그릴 때는 drawBitmap( ) 메소드를 사용한다.

```
예   //canvas는 Canvas 클래스의 객체
     //drawText는 문자열 그리는 메소드
     //str은 그릴 문자열
     //50,20은 문자열이 그려지기 시작할 x,y 좌표
     //paint는 Paint 클래스의 객체
     canvas.drawText(str, 50, 20, paint);
```

화면에 표시하고자 하는 내용은 모두 뷰(View 클래스 또는 XML 레이아웃 리소스인 [main.xml]도 일종의 뷰) 내에 표시해야 화면에 표시된다. 따라서 Canvas를 사용해서 실제적으로 그리는 동작을 수행하려면 View 클래스의 onDraw( ) 메소드 내에 이들을 "draw"로 시작하는 그리기 메소드를 기술한다.

```
예   //View 클래스로부터 상속받는 TestView 클래스는 뷰이다.
     public class TestView extends View{
         ...
         //View 클래스에서 Canvas를 사용해 그리는 작업을 할 때 사용하는 메소드
         pubic void onDraw(Canvas canvas){
             ...
             canvas.drawText(str, 50, 20, paint); //문자열을 그리는 메소드
             ...
         }
     }
```

Canvas 클래스의 주요 메소드의 설명은 다음과 같다.

void drawARGB(int a, int r, int g, int b)
캔버스 전체를 지정한 ARGB 색으로 채운다.
이때 A는 alpha 값으로 투명도를 의미하며 0~255 사이의 값을 가지며, 숫자가 클수록 불투명해진다.
R은 red로 빨간색을 의미하며, 0~255 사이의 값을 갖는다. G는 green으로 초록색을 의미하며, B는
blue로 파란색을 의미하며, 0~255 사이의 값을 갖는다.

void drawArc(RectF oval, float startAngle, float sweepAngle, boolean useCenter,
Paint paint)
지정한 oval의 안에 딱 들어맞는 크기의 호를 그린다. startAngle은 시작 각도, sweepAngle 끝 각도,
useCenter는 파이 모양으로 그릴지의 여부를 결정하는데 true 값이면 파이 모양이다. paint는 Paint 클
래스의 객체로 색상, 스타일 등을 변경해 사용하는 경우 이 객체를 사용하고 paint 객체를 사용하지 않
을 경우에는 null 값을 기술한다.

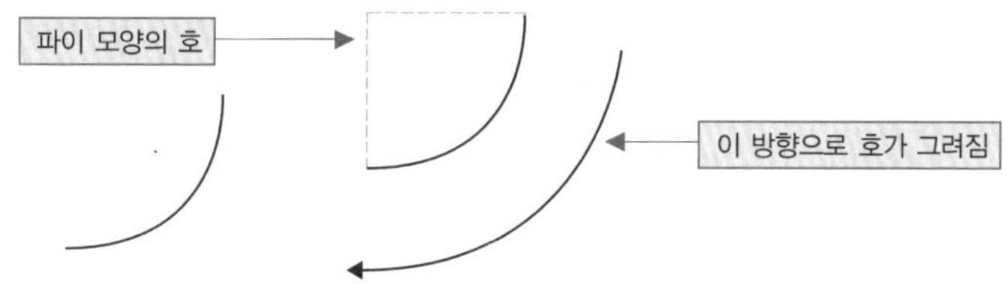

void drawBitmap(Bitmap bitmap, Rect src, Rect dst, Paint paint)
대상 사각형을 채우는 지정한 bitmap을 그린다. bitmap은 이미지, src가 원본 크기, dst가 대상 크기로
원본의 크기를 변경한 크기를 지정한다.
단순히 이미지를 그릴 때는 drawBitmap(bitmap, left, top, paint)과 같이 그릴 bitmap과 시작 좌표
left, top을 지정하면 된다. 이때 특별히 Paint 객체를 사용하지 않을 경우 null로 지정한다.

void drawCircle(float cx, float cy, float radius, Paint paint)
원을 그린다. 이때 cx,cy는 원이 그려질 중심점의 좌표이고, radius는 그려질 원의 반지름이다.

void drawColor(int color)
지정한 색으로 캔버스 전체를 채운다.

void drawLine(float startX, float startY, float stopX, float stopY, Paint paint)
시작 좌표 startX, startY부터 끝 좌표 stopX, stopY까지 선을 그린다.

void drawOval(RectF oval, Paint paint)
지정한 oval 크기에 딱 맞는 타원을 그린다.

void drawPaint(Paint paint)
지정한 paint 객체로 캔버스 전체를 그린다.

void drawPath(Path path, Paint paint)
지정한 path를 따르는 다각선을 그린다.

void drawRect(float left, float top, float right, float bottom, Paint paint)
시작 좌표 left, top부터 끝 좌표 right, bottom에 해당하는 사각형을 그린다.

drawRect(new Rect(float left, float top, float right, float bottom), Paint paint)와 같이 사용해도 된다.

---

void drawRoundRect(RectF rect, float rx, float ry, Paint paint)
Draw the specified round-rect using the specified paint.
모서리가 둥근 사각형을 그린다. 이때 rect는 사각형에 해당하는 좌표가, rx, ry는 모서리를 둥글게 할 기준이 되는 원의 가로, 세로 지름의 값을 갖는다.

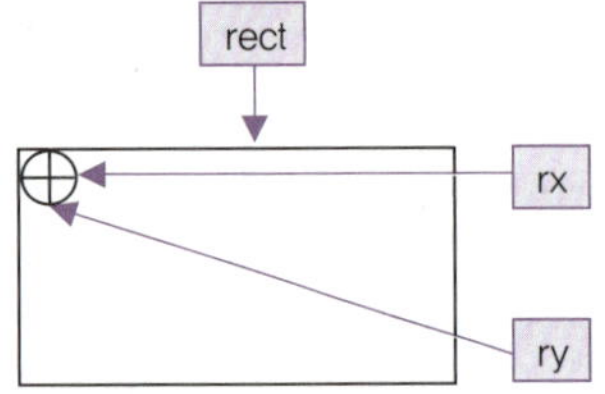

---

void drawText(String text, float x, float y, Paint paint)
x,y 좌표에 문자열 text를 그린다. 이때 x,y 좌표는 baseline을 기준으로 한 좌표이다.

---

int getHeight( )
현재 그림이 그려지는 레이어(캔버스)의 높이 값을 리턴한다.

---

int getWidth( )
현재 그림이 그려지는 레이어(캔버스)의 너비 값을 리턴한다.

▲ Canvas의 주요 메소드

07.1 문자열 표시 및 도형 그리기

여기서는 Canvas(캔버스) 클래스의 문자열과 도형의 그리기를 예제를 통해 살펴보는 것으로 XML 레이아웃 리소스을 사용하지 않고 액티비티에 사용할 뷰를 별도의 클래스로 정의해 화면에 표현하는 방법을 사용한다. 실제로 게임 등의 정형화된 틀이 필요 없는 구조에서는 XML 레이아웃 리소스을 사용하지 않고 별도의 View 클래스를 정의해서 뷰를 정의한다.

 문자열 표시 및 도형 그리기 예제 – [DrawShapeTest] 애플리케이션

이 예제는 Canvas 클래스를 draw 메소드를 사용해서 문자열과 도형을 그리는 예제이다.

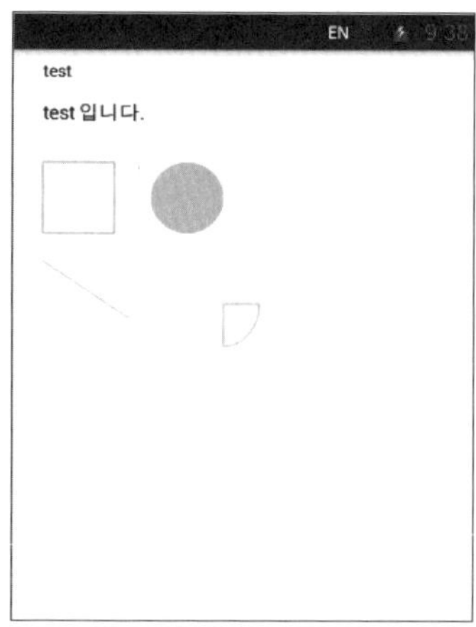

▲ DrawShapeTest 애플리케이션 실행 결과

주요 파일	파일명 ([DrawShapeTest] 애플리케이션)	하는 일
리소스 파일 (문자열, 이미지 등)	문자열 리소스 파일명 : strings.xml 위치 : [프로젝트]–[res]–[values]	이 애플리케이션에서는 사용 안 함
레이아웃 리소스 파일	activity_draw_shape_test_main.xml 위치 : [프로젝트]–[res]–[layout]	이 애플리케이션에서는 사용 안 함
로직 클래스	뷰 클래스 파일 파일명 : DrawShapeView.java 위치 : [프로젝트]–[src]–[패키지명]	•화면의 지정한 위치에 문자 열 및 도형 등을 그려서 표시
	액티비티 클래스 파일 파일명 : DrawShapeTestMain Activity.java 위치 : [프로젝트]–[src]–[패키지명]	•화면에 DrawShapeView 클래스의 객체를 생성 후 내 용을 표시
매니페스트 파일	AndroidManifest.xml 위치 : [프로젝트]	이 애플리케이션에서는 내용 수정 안 함

▲ [DrawShapeTest] 애플리케이션의 주요 파일

01 DrawShapeTest 안드로이드 애플리케이션 프로젝트 생성

❶ [Project Explorer] 뷰에서 [New]-[Project] 메뉴를 선택해 [Android Application Project]를 생성한다.

❷ [New Android Application] 창이 표시되면 다음과 같이 입력 및 선택한 후 [Next] 버튼을 클릭한다. 그 외의 값은 기본 값을 그대로 사용해 생성한다.

항목	입력 및 선택 값
Application Name	DrawShapeTest 입력
Project Name	DrawShapeTest 자동 입력됨
Package Name	work.test.drawshapetest 입력
Minimum Required SDK	API 8 : Android 2.2 (Froyo) 기본 값 사용
Target SDK	API 18 : Android 4.3 기본 값 사용 기본 값이 아닐 경우 선택
Compile With	API 18 : Android 4.3 기본 값 사용

❸ [Next] 버튼을 누르다가 액티비티명 변경 화면이 표시되면 [Activity Name]을 "DrawShapeTestMainActivity"로 변경한 후 [Finish] 버튼을 클릭한다.

02 로직을 담당하는 [DrawShapeTestMainActivity] 액티비티의 내용 수정
[DrawShapeTest]-[src]-[work.test.drawshapetest] 내에 있는 [DrawShapeTestMain Activity] 액티비티의 내용을 수정한 후 저장한다.

```
01    package work.test.drawshapetest;
02
03    import android.os.Bundle;
04    import android.app.Activity;
05    import android.view.Menu;
06    import android.view.Window;
07
08    public class DrawShapeTestMainActivity extends Activity {
09
10        @Override
11        protected void onCreate(Bundle savedInstanceState) {
12            super.onCreate(savedInstanceState);
```

```
13          requestWindowFeature(Window.FEATURE_NO_TITLE);
14          setContentView(new DrawShapeView(this));
15      }
16
17      @Override
18      public boolean onCreateOptionsMenu(Menu menu) {
19          // Inflate the menu; this adds items to the action bar if it is present.
20          getMenuInflater().inflate(R.menu.activity_draw_shape_test_main, menu);
21          return true;
22      }
23
24  }
```

소스코드 설명

주의 DrawShapeView 클래스를 작성하기 전에 먼저 위의 코드를 작성해 저장하면 setContentView(new DrawShapeView(this));부분에 에러가 발생한다. 이 에러는 DrawShapeView 클래스를 만들면 자연히 없어지므로 발생하는 에러는 무시한다.

14   setContentView(new DrawShapeView(this));은 뷰와 액티비티를 연결하는 부분으로, 뷰로 레이아웃 리소스를 사용할 경우에는 R.layout.main을 기술하고, View 클래스를 사용할 경우에는 해당 View 클래스의 객체를 기술한다. new DrawShapeView(this)은 DrawShapeView 클래스의 객체를 생성하는 것으로, new는 객체 생성의 키워드이고, this는 객체의 생성시 필요한 매개변수로 여기서는 환경 설정을 담고 있는 Context 객체를 넘겨주기 위해 this를 사용했다.

03 화면의 내용을 갖는 View 클래스를 추가 – DrawShapeView 클래스

❶ 프로젝트의 [DrawShapeTest]–[src]–[work.test.drawshapetest] 패키지를 선택한 후 마우스 오른쪽 버튼을 눌러 [New]–[Class] 메뉴를 선택한다.

❷ [New Java Class] 대화상자가 표시되면 다음과 같이 입력 및 선택을 한 후 [Finish] 버튼을 클릭한다.

항목	입력 및 선택 값
Package	work.test.drawshapetest 확인. 패키지가 없으면 직접 입력
Name	DrawShapeView
Superclass	android.view.View
Which method stubs would you like to create?	[Constructors form superclass] 항목과 [Inherited abstract methods] 항목에 체크

❸ 편집기 뷰에 표시된 [DrawShapeView]의 내용을 수정한 후 저장한다.

```java
01    package work.test.drawshapetest;
02
03    import android.content.Context;
04    import android.graphics.Canvas;
05    import android.graphics.Color;
06    import android.graphics.Paint;
07    import android.graphics.Rect;
08    import android.graphics.RectF;
09    import android.view.View;
10
11    public class DrawShapeView extends View {
12
13        public DrawShapeView(Context context) {
14            super(context);
15
16            //뷰의 배경색을 흰색으로 지정
17            setBackgroundColor(Color.WHITE);
18        }
19
20        //화면에 도형 등을 표시하는 작업을 하는 메소드
21        public void onDraw(Canvas c){
22            //그릴 문자열
23            String str="test";
24
25            //Paint 클래스의 객체 p를 얻어냄
26            Paint p = new Paint( );
27
28            //이미지나 폰트 등을 확대/축소 시
29            //테두리선이 뭉게지지 않고 깨끗하게 표시되도록 하기 위해 사용
30            p.setAntiAlias(true);
31
32            //20.20 좌표에 str 변수가 가진 값을 출력
33            c.drawText(str, 20, 20, p);
34
35            //글자의 크기를 14로 지정
36            p.setTextSize(14);
37
```

```java
38          //색을 파란색으로 지정 – 이후부터 그려지는 문자열 및 도형은 파란색
39          p.setColor(Color.argb(255, 0, 0, 255));
40
41          //20,50 좌표에 파란색으로 "test 입니다."가 그려짐
42          c.drawText(str+" 입니다.", 20, 50, p);
43
44          //색을 초록색으로 지정 – 이후부터 그려지는 문자열 및 도형은 초록색
45          p.setColor(Color.argb(255, 0, 255, 0));
46
47          //테두리만 있는 도형을 그릴때 사용되는 스타일
48          p.setStyle(Paint.Style.STROKE);
49
50          //시작 좌표 20, 80, 끝 좌표 70, 130에 테두리만 있는 사각형을 그린다.
51          c.drawRect(new Rect(20,80,70,130), p);
52
53          //안이 채워진 도형을 그릴 때 사용되는 스타일
54          p.setStyle(Paint.Style.FILL);
55
56           //중심점 120, 105에 반지름이 25인 원을 그린다.
57          c.drawCircle(120, 105, 25, p);
58
59          //색을 시안색으로 지정 – 이후부터 그려지는 문자열 및 도형은 시안색
60          p.setColor(Color.argb(255, 0, 255, 255));
61          p.setStyle(Paint.Style.STROKE);
62
63          //시작 좌표 20, 150부터 끝 좌표 80, 190까지 선을 그린다.
64          c.drawLine(20, 150, 80, 190, p);
65
66          //시작 좌표 120, 150 끝 좌표 170, 210로 그려지는 사각형에
67          //꼭 맞는 파이 모양의 0도~90도까지의 호를 그린다.
68          c.drawArc(new RectF(120,150,170,210), 0, 90, true, p);
69      }
70
71  }
```


21~69   onDraw( ) 메소드는 캔버스에 draw 메소드 등을 사용해 글자 또는 도형을 그린 후 화면에 표시한다. 26, 51, 68라인에 발생하는 경고는 무시한다. 안드로이드 개발 버전에 따라 표시되는데, 실제의 실행과는 무관하니 무시해도 된다.

도형, 문자열 및 이미지를 그리는 방법에 대한 스타일과 색상 정보를 갖고 클래스이다. 즉, 스타일과 색상 등을 지정할 때 사용한다.

주요 메소드

- **public void setAntiAlias(boolean aa)**
  이미지나 폰트의 확대/축소 시 테두리 선을 매끄럽게 표시

  [매개변수 설명]
  aa : true 값을 지정하면 테두리선을 매끄럽게 표시, false면 매끄럽게 표시 안 함

- **public void setColor(int color)**
  그리기할 때 사용할 색상을 지정

  [매개변수 설명]
  color : 그리기 위한 색상. 일반적으로 alpha(투명도), r(빨간색), g(녹색), b(파란색)의 조합으로 색상을 지정

- **public void setStyle(Paint.Style style)**
  그리기할 때 사용할 스타일을 지정

  [매개변수 설명]
  color : 지정할 스타일. 안이 채워진 도형을 그릴 때는 Paint.Style.FILL, 테두리만 있는 도형을 그릴 때는 Paint.Style.STROKE, 도형의 안을 채우고 테두리를 그릴 때는 Paint.Style.FILL_AND_STROKE 값을 사용

- **public void setTextSize(float textSize)**
  그릴 글자의 크기를 지정

  [매개변수 설명]
  color : 글자의 크기. px 단위 사용

색상을 생성해서 사용하거나 지정할 때 사용되는 클래스이다. 메소드를 사용해서 색상을 지정하거나 주어진 색상 상수를 사용해서 한다.

주요 상수

Color.BLACK : 검은색, Color.WHITE : 흰색

주요 메소드

- **public static int argb(int alpha, int red, int green, int blue)**
  주어진 alpha(투명도), r(빨간색), g(녹색), b(파란색)의 조합으로 색을 지정

  [매개변수 설명]
  alpha : 투명도로 0~255 사이의 값을 가진다. 0이면 완전 투명, 255이면 완전 불투명
  red : 빨간색으로 0~255 사이의 값을 가진다.
  green : 녹색으로 0~255 사이의 값을 가진다.
  blue : 파란색으로 0~255 사이의 값을 가진다.

- **public void setColor (int color)**
  그리기할 때 사용할 색상을 지정

[매개변수 설명]
color : 그리기 위한 색상. 일반적으로 alpha(투명도), r(빨간색), g(녹색), b(파란색) 의 조합으로 색상을 지정

• public void setStyle (Paint.Style style)
그리기할 때 사용할 스타일을 지정.

[매개변수 설명]
color : 지정할 스타일. 안이 채워진 도형을 그릴 때는 Paint.Style.FILL, 테두리만 있는 도형을 그릴 때는 Paint.Style.STROKE, 도형의 안을 채우고 테두리를 그릴 때는 Paint.Style.FILL_AND_STROKE 값을 사용

• public void setTextSize (float textSize)
그릴 글자의 크기를 지정

[매개변수 설명]
color : 글자의 크기. px 단위 사용

• public void setAntiAlias(boolean aa)
이미지나 폰트의 확대/축소 시 테두리 선을 매끄럽게 표시

[매개변수 설명]
aa : true 값을 지정하면 테두리선을 매끄럽게 표시, false면 매끄럽게 표시 안 함

Rect 클래스

사각형의 4개의 정수 좌표인 left, top, right, bottom 을 갖는다.

가장 많이 사용되는 생성자
Rect(int left, int top, int right, int bottom)

[매개변수 설명]
left : 왼쪽 좌표   top : 위쪽 좌표
right : 오른쪽 좌표   bottom : 아래쪽 좌표

용어
생성자(Constructor)
객체를 생성할 때 사용되는 객체의 형태.

04 안드로이드 애플리케이션 실행
실행할 안드로이드 애플리케이션 프로젝트를 선택한 후 [Run As]-[Android Application]을 선택해 안드로이드 에뮬레이터로 실행한다.

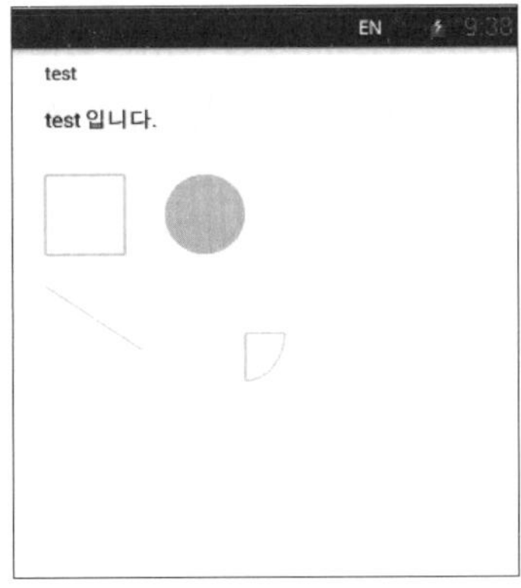

여기서는 Canvas(캔버스) 클래스의 이미지의 그리기를 예제를 통해 살펴본다. 캔버스를 사용하기 때문에 XML 레이아웃을 사용하지 않고 액티비티에 사용할 뷰를 별도의 View 클래스로 정의해 화면에 표시한다.

이미지를 뷰로 로드할 때는 위젯을 사용하거나 뷰에 직접 그리는 방법을 사용한다. 뷰에 직접 그리는 방법은 Canvas 클래스가 제공하는 drawBitmap( ) 메소드를 사용해서 표현한다. 이때 BitmapFactory를 사용해서 이미지를 애플리케이션 내로 로드한다. 이때 매개변수로 Resources 객체가 필요하다.

```
예   //BitmapFactory 객체를 생성 시 필요한 Resources 객체를 얻어냄
     Resources r = context.getResource( );

     //BitmapFactory 객체를 사용해 icon.png 파일을 애플리케이션 내로 로드
     Bitmap image = BitmapFactory.decodeResource(r, R.drawable.icon)

     //로드된 Bitmap 객체 image를 drawBitmap( ) 메소드를 사용해 지정한 위치에 그림
     canvas.drawBitmap(image, 0, 0, null);
```

또한 drawBitmap( ) 메소드를 사용해 이미지를 확대/축소할 수 있다.

```
예   //원래의 크기 값을 갖는 src를 dst에 지정한 위치 및 크기로 그려진다.
     canvas.drawBitmap(image, src, dst, null);
```

Exercise 이미지 표시 예제 – [DrawImageTest] 애플리케이션

이 예제는 Canvas 클래스의 drawBitmap( ) 메소드를 사용해서 이미지를 안드로이드 애플리케이션 내로 불러오는 예제이다.

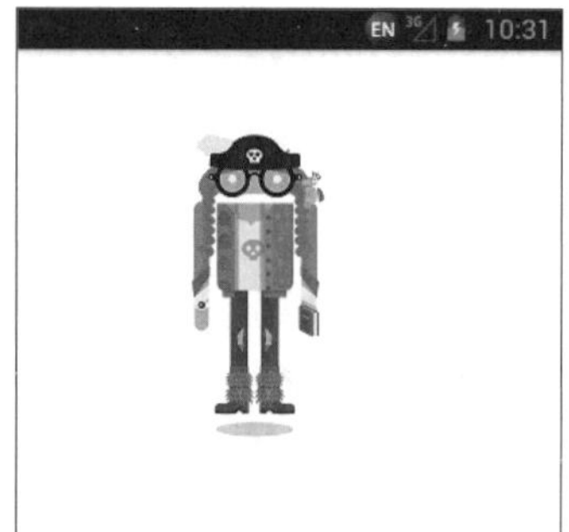

◀ DrawImageTest 애플리케이션 실행 결과

주요 파일	파일명 ([DrawImageTest] 애플리케이션)	하는 일
리소스 파일 (문자열, 이미지 등)	문자열 리소스 파일명 : strings.xml 위치 : [프로젝트]-[res]-[values]	이 애플리케이션에서는 사용 안 함
	이미지 리소스 추가 파일명 : avatar.png 위치 : [프로젝트]-[res]-[drawable-mdpi]	• 이미지 리소스를 [res]-[drawable-mdpi] 폴더에 복사
레이아웃 리소스 파일	activity_draw_image_test_main.xml 위치 : [프로젝트]-[res]-[layout]	이 애플리케이션에서는 사용 안 함
로직 클래스	뷰 클래스 파일 파일명 : DrawImageView.java 위치 : [프로젝트]-[src]-[패키지명]	• 이미지 리소스를 화면의 지정한 위치에 그려서 표시
	액티비티 클래스 파일 파일명 : DrawImageTestMainActivity.java 위치 : [프로젝트]-[src]-[패키지명]	• 화면에 DrawImageView 클래스의 객체를 생성 후 내용을 표시
매니페스트 파일	AndroidManifest.xml 위치 : [프로젝트]	이 애플리케이션에서는 내용 수정 안 함

▲ [DrawImageTest] 애플리케이션의 주요 파일

01 DrawImageTest 안드로이드 애플리케이션 프로젝트 생성

❶ [Project Explorer] 뷰에서 [New]-[Project] 메뉴를 선택해 [Android Application Project]를 생성한다.

❷ [New Android Application] 창이 표시되면 다음과 같이 입력 및 선택을 한 후 [Next] 버튼을 클릭한다. 그 외의 값은 기본 값을 그대로 사용해 생성한다.

항목	입력 및 선택 값
Application Name	DrawImageTest 입력
Project Name	DrawImageTest 자동 입력됨
Package Name	work.test.drawimagetest 입력
Minimum Required SDK	API 8 : Android 2.2 (Froyo) 기본 값 사용
Target SDK	API 18 : Android 4.3 기본 값 사용 기본 값이 아닐 경우 선택
Compile With	API 18 : Android 4.3 기본 값 사용

❸ [Next] 버튼을 누르다가 액티비티명 변경 화면이 표시되면 [Activity Name]을 "DrawImageTestMainActivity"로 변경한 후 [Finish] 버튼을 클릭한다.

02 이 예제에서 사용한 이미지를 현재의 프로젝트 내로 가져오기
[res]-[drawable-mdpi]를 선택한 후 [avatar.png] 파일을 복사한다. [source]-[DrawImageTest]-[res]-[drawable-mdpi] 폴더 안에 있다.

03 [DrawImageMainActivity] 액티비티의 내용 수정
[DrawImageTest]-[src]-[work.test.drawimagetest] 내에 있는 [DrawImageMain Activity] 액티비티의 내용을 수정한 후 저장한다.

```java
01    package work.test.drawimagetest;
02
03    import android.os.Bundle;
04    import android.app.Activity;
05    import android.view.Menu;
06    import android.view.Window;
07
08    public class DrawImageTestMainActivity extends Activity {
09
10        @Override
11        protected void onCreate(Bundle savedInstanceState) {
12            super.onCreate(savedInstanceState);
13            requestWindowFeature(Window.FEATURE_NO_TITLE);
14            setContentView(new DrawImageView(this));
15        }
16
17        @Override
18        public boolean onCreateOptionsMenu(Menu menu) {
19            // Inflate the menu; this adds items to the action bar if it is present.
20            getMenuInflater().inflate(R.menu.activity_draw_image_test_main, menu);
21            return true;
22        }
23
24    }
```

04 화면의 내용을 갖는 View 클래스를 추가 – DrawImageView 클래스

❶ 프로젝트의 [src]–[work.test] 패키지를 선택 후 마우스 오른쪽 버튼을 눌러 [New]–
[Class] 메뉴를 선택한다.

❷ [New Java Class] 대화상자가 표시되면 다음과 같이 입력 및 선택을 한 후 [Finish]
버튼을 클릭한다.

항목	입력 및 선택 값
Package	work.test.drawimagetest 확인 패키지가 없으면 직접 입력
Name	DrawImageView
Superclass	android.view.View
Which method stubs would you like to create?	[Constructors form superclass] 항목과 [Inherited abstract methods] 항목에 체크

❸ 편집기 뷰에 표시된 [DrawImageView]의 내용을 수정한 후 저장한다.

```
01    package work.test.drawimagetest;
02
03    import android.content.Context;
04    import android.content.res.Resources;
05    import android.graphics.Bitmap;
06    import android.graphics.BitmapFactory;
07    import android.graphics.Canvas;
08    import android.graphics.Color;
09    import android.view.View;
10
11    public class DrawImageView extends View {
12
13        private Bitmap image;
14
15        public DrawImageView(Context context) {
16            super(context);
17
18            setBackgroundColor(Color.WHITE);
19
20            //이미지를 애플리케이션에 로드시 Resources 객체가 매개변수로 필요함
```

```java
21          Resources resource = context.getResources( );
22
23          //avatar.png 이미지 파일을 애플리케이션으로 로드
24          image = BitmapFactory.decodeResource(resource,
25                                    R.drawable.avatar);
26      }
27
28      public void onDraw(Canvas c){
29          //이미지를 시작 좌표 40, 50에 그린다.
30          c.drawBitmap(image, 40, 50, null);
31      }
32
33  }
```

소스코드 설명

21   Resources resource = context.getResources( );은 context의 getResources( ) 메소드를 사용해서 Resources 클래스의 객체를 얻어낸다. Resources 클래스는 애플리케이션의 리소스에 접근하기 위한 클래스로 파일 등을 로드할 경우에 사용된다. 여기서는 BitmapFactory 클래스를 사용해 애플리케이션의 리소스인 이미지 파일 [avatar.png]를 로드할 때 사용된다.

Context 클래스

애플리케이션의 환경에 대한 전반적인 정보에 접근할 수 있도록 해주는 클래스이다.

주요 메소드

public abstract Resources getResources( )

Resources 객체를 얻어냄

[매개변수 설명]

aa : true 값을 지정하면 테두리선을 매끄럽게 표시, false면 매끄럽게 표시 안 함

Resources 클래스

애플리케이션의 리소스에 접근하는 클래스이다. 즉, 자신의 애플리케이션 내에 있는 이미지, 파일등에 접근 시 사용된다.

24   image = BitmapFactory.decodeResource(resource, R.drawable.avatar);은 BitmapFactory의 decodeResource( ) 메소드를 사용해 avatar.png파일을 애플리케이션으로 로드한다. 즉, 메모리로 로드되는 것으로 실제적으로 이미지가 그려지는 것은 아니다. BitmapFactory클래스는 파일, 스트림, 바이트배열 등의 다양한 소스로부터 Bitmap 객체를 생성한다. 사용한 메소드가 decodeResource(Resources r, int id) 메소드이기 때문에 첫 번째 매개변수로 Resources객체가 필요하고, 두 번째 인수로 리소스의 ID가 필요하다. 따라서 첫 번째 매개변수에 Resources 객체인 resource를 사용했고, 두 번째 매개변수에 사용할 리소스ID인 R.drawable.avatar을 기술했다.

30   c.drawBitmap(image, 40, 50, null); 은 화면에 메모리에 로드된 이미지인 image를 40, 50좌표에 그리며, 이때 Paint 객체는 필요하지 않아서 null로 지정했다.

05 안드로이드 애플리케이션 실행

실행할 안드로이드 애플리케이션 프로젝트를 선택한 후 [Run As]-[Android Application]을 선택해 안드로이드 에뮬레이터로 실행한다.

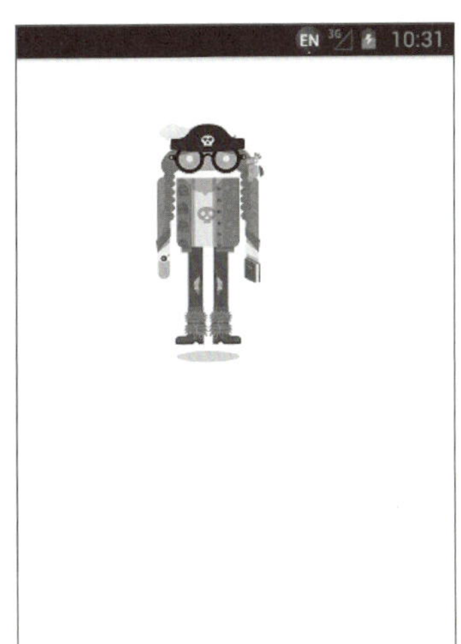

07.3 게임 등에서 사용하는 고속 이동 이미지 처리

Canvas(캔버스) 클래스의 이미지를 그리는 것의 응용으로, 게임 등에서 사용하는 빠른 속도로 이동하는 이미지를 처리하기 위해 SurfaceView(서피스뷰)를 사용하는 방법에 대해 알아본다.

단순한 이미지를 화면에 표시하기 위해서는 View에 그리면 된다. 그러나 게임 등에 사용되는 움직이는 이미지 또는 카메라의 미리보기 등은 SurfaceView를 사용한다.

SurfaceView는 전용 드로잉 서피스를 제공하며, 서피스의 포맷과 스크린상의 올바른 위치에 서피스의 위치를 제어한다.

SurfaceView 클래스의 주요 메소드 설명은 다음과 같다.

public void draw(Canvas canvas)
주어진 canvas에 뷰를 수동으로 그린다.

public SurfaceHolder getHolder( )

SurfaceView의 기본적인 서피스에 접근하고 제어하기 위한 SurfaceHolder 객체를 리턴한다.

public void setVisibility (int visibility)
visibility 값이 VISIBLE이면 화면에 뷰가 사용가능한 상태가 된다.

서피스에 접근하기 위해서는 getHolder( ) 메소드를 호출해 SurfaceHolder 객체를 얻어 내야 한다.

```
예    SurfaceHolder sHolder = getHolder( );
```

서피스는 SurfaceView가 화면에 표시될 때 surfaceCreated(SurfaceHolder) 메소드에 의해 생성되고, 화면에서 보이지 않을 때 surfaceDestroyed(SurfaceHolder) 메소드에 의해 제거된다.

이 메소드들은 SurfaceHolder.Callback 클래스의 메소드이며, SurfaceHolder.Callback 클래스는 서피스가 변화된 정보를 받아 처리하는 클래스이다. 주요 메소드 설명은 다음과 같다.

public abstract void surfaceChanged (SurfaceHolder holder, int format, int width, int height)
생성된 서피스에 포맷 또는 크기 등의 구조적인 변화가 발생했을 때 자동으로 호출된다.
[매개변수 설명]
holder : 변경된 서피스로 SurfaceHolder 객체를 지정
format : 서피스의 변경할 픽셀 포맷
width : 서피스의 변경할 너비
height : 서피스의 변경할 높이

public abstract void surfaceCreated (SurfaceHolder holder)
서피스 생성 시 호출된다.

[매개변수 설명]
holder : 생성된 서피스로 SurfaceHolder 객체를 지정

public abstract void surfaceDestroyed (SurfaceHolder holder)
서피스 제거 시 호출된다.

[매개변수 설명]
holder : 제거되는 서피스로 SurfaceHolder 객체를 지정

또한 SurfaceHolder.Callback.surfaceCreated( ) 메소드가 실행되고 부터 SurfaceHolder.Callback.surfaceDestroyed( ) 메소드가 실행될 때까지 제대로 수행되는 동안 그리기 작업을 하는 쓰레드는 오로지 서피스에만 관련되도록 프로그래밍해야 한다. 따라서 surfaceCreated(SurfaceHolder) 메소드로 서피스가 생성되면 그리기 작업을 하는 쓰레드를 생성해 실행시켜야 하며, surfaceDestroyed(SurfaceHolder) 메소드가 호출될 때 쓰레드를 제거해야 한다.

```
public void surfaceCreated(SurfaceHolder sHolder){
    thread = new Thread(this); //쓰레드 생성
    thread.start( ); //쓰레드 실행시작
}
public void surfaceDestroyed(SurfaceHolder sHolder){
    thread = null; //쓰레드 제거
}
```

Exercise SurfaceView를 사용한 이미지의 이동처리 예제 – [SurfaceViewTest] 애플리케이션

이 예제는 SurfaceView를 사용해 이미지의 이동을 처리 하는 예제이다.

SurfaceViewTest 애플리케이션 실행 결과 ▶

주요 파일	파일명 ([SurfaceViewTest] 애플리케이션)	하는 일
리소스 파일 (문자열, 이미지 등)	문자열 리소스 파일명 : strings.xml 위치 : [프로젝트]–[res]–[values]	이 애플리케이션에서는 사용 안 함
	이미지 리소스 추가 파일명 : avatar.png 위치 : [프로젝트]–[res]–[drawable-mdpi]	• 이미지 리소스를 [res]–[drawable-mdpi] 폴더에 복사
레이아웃 리소스 파일	activity_surface_view_test_main.xml 위치 : [프로젝트]–[res]–[layout]	이 애플리케이션에서는 사용 안 함
로직 클래스	뷰 클래스 파일 파일명 : SurfaceTestView.java 위치 : [프로젝트]–[src]–[패키지명]	• 이미지 리소스를 화면의 지정한 위치에 고속 이동하도록 그려서 표시
	액티비티 클래스 파일 파일명 : SurfaceViewTestMainActivity.java 위치 : [프로젝트]–[src]–[패키지명]	• SurfaceTestView 클래스의 객체를 생성 후 화면의 내용으로 표시
매니페스트 파일	AndroidManifest.xml 위치 : [프로젝트]	이 애플리케이션에서는 내용 수정 안 함

▲ [SurfaceViewTest] 애플리케이션의 주요 파일

01 SurfaceViewTest 안드로이드 애플리케이션 프로젝트 생성

❶ [Project Explorer] 뷰에서 [New]–[Project] 메뉴를 선택해 [Android Application Project]를 생성한다.

❷ [New Android Application] 창이 표시되면 다음과 같이 입력 및 선택한 후 [Next] 버튼을 클릭한다. 그 외의 값은 기본 값을 그대로 사용해 생성한다.

항목	입력 및 선택 값
Application Name	SurfaceViewTest 입력
Project Name	SurfaceViewTest 자동 입력됨
Package Name	work.test.surfaceviewtest 입력
Minimum Required SDK	API 8 : Android 2.2 (Froyo) 기본 값 사용
Target SDK	API 18 : Android 4.3 기본 값 사용 기본 값이 아닐 경우 선택
Compile With	API 18 : Android 4.3 기본 값 사용

❸ [Next] 버튼을 누르다가 액티비티명 변경 화면이 표시되면 [Activity Name]을 "SurfaceViewTestMainActivity"로 변경한 후 [Finish] 버튼을 클릭한다.

02 이 예제에서 사용한 이미지를 현재의 프로젝트 내로 가져오기
[res]-[drawable-mdpi]를 선택한 후 avatarsmall.png 파일을 복사한다. [source]-[SurfaceViewTest]-[res]-[drawable-mdpi] 폴더 안에 있다.

03 [SurfaceViewTestMainActivity] 액티비티의 내용 수정
[SurfaceViewTest]-[src]-[work.test.surfaceviewtest] 내에 있는 [SurfaceView TestMainActivity] 액티비티의 내용을 수정한 후 저장한다.

```java
01  package work.test.surfaceviewtest;
02
03  import android.os.Bundle;
04  import android.app.Activity;
05  import android.view.Menu;
06  import android.view.Window;
07
08  public class SurfaceViewTestMainActivity extends Activity {
09
10      @Override
11      protected void onCreate(Bundle savedInstanceState) {
12          super.onCreate(savedInstanceState);
13          requestWindowFeature(Window.FEATURE_NO_TITLE);
14          setContentView(new SurfaceTestView(this));
15      }
16
17      @Override
18      public boolean onCreateOptionsMenu(Menu menu) {
19          // Inflate the menu; this adds items to the action bar if it is present.
20          getMenuInflater().inflate(R.menu.activity_surface_view_test_main, menu);
21          return true;
22      }
23
24  }
```

04 화면의 내용을 갖는 View 클래스를 추가 – SurfaceTestView 클래스

❶ 프로젝트의 [src]–[work.test.surfaceviewtest] 패키지를 선택한 후 마우스 오른쪽 버튼을 눌러 [New]–[Class] 메뉴를 선택한다.

❷ [New Java Class] 대화상자가 표시되면 다음과 같이 입력 및 선택을 한 후 [Finish] 버튼을 클릭한다.

항목	입력 및 선택 값
Package	work.test.surfaceviewtest 확인. 패키지가 없으면 직접 입력
Name	SurfaceTestView
Superclass	android.view.SurfaceView
Interfaces	[Interface]의 추가는 [Add...] 버튼을 눌러서 한다. android.view.SurfaceHolder.Callback과 java.lang.Runnable 추가
Which method stubs would you like to create?	[Constructors form superclass] 항목과 [Inherited abstract methods] 항목에 체크

❸ 편집기 뷰에 표시된 [SurfaceTestView]의 내용을 수정한 후 저장한다.

```
01    package work.test.surfaceviewtest;
02
03    import android.content.Context;
04    import android.content.res.Resources;
05    import android.graphics.Bitmap;
06    import android.graphics.BitmapFactory;
07    import android.graphics.Canvas;
08    import android.graphics.Color;
09    import android.view.SurfaceHolder;
10    import android.view.SurfaceHolder.Callback;
11    import android.view.SurfaceView;
12
13    public class SurfaceTestView extends SurfaceView
14                      implements Callback, Runnable {
15
16        private SurfaceHolder sHolder; //서피스 객체
17        private Thread t; //쓰레드.이미지 이동에 사용
18        private Bitmap image;//이미지 객체
19        private int x=0;//그려지는 이미지의 x 좌표
```

```java
20    private int y=0;//그려지는 이미지의 y 좌표
21    private int xv=5;//이미지의 x축 이동간격
22    private int yv=10;//이미지의 y축 이동간격
23
24    public SurfaceTestView(Context context) {
25        super(context);
26
27        //이미지 로드
28        Resources r = getResources( );
29        image = BitmapFactory.decodeResource(r, R.drawable.avatarsmall);
30
31        //서피스 얻어냄
32        sHolder = getHolder( );
33
34        //서피스의 이벤트의 알림을 지정하기 위해 사용
35        sHolder.addCallback(this);
36
37        //서피스의 사이즈를 지정
38        sHolder.setFixedSize(getWidth( ), getHeight( ));
39    }
40
41    //Runnable 인터페이스로부터 상속받아 재정의
42    @Override
43    public void run( ) {//쓰레드의 수행
44        Canvas c;
45
46        //이미지의 크기를 얻어냄
47        int imgH = image.getHeight( );
48        int imgW = image.getWidth( );
49
50        //쓰레드가 null이 아닐 때까지 무한히 수행
51        while(t != null){
52            //더블버퍼링 시작
53            c = sHolder.lockCanvas( );
54            c.drawColor(Color.WHITE);
55            c.drawBitmap(image, x, y,null);//이미지 그림
56            sHolder.unlockCanvasAndPost(c);
57            //여기까지 더블 버퍼링 구역
58
59            //x 좌표의 값이 0보다 작거나, 서피스의 가로 너비에서 이미지의 너비를 뺀 크기보다 작으면
60            //왼쪽, 오른쪽 경계면에 부딪치면 역방향으로 이동하도록 값을 설정
```

```java
61        if(x<0 || x>getWidth( )-imgW) xv = -xv;
62        //y 좌표의 값이 0보다 작거나, 서피스의 세로 높이에서 이미지의 높이를 뺀 크기보다 작으면
63        //위, 아래 경계면에 부딪치면 역방향으로 이동하도록 값을 설정
64        if(y<0 || y>getHeight( )-imgH) yv = -yv;
65
66        //이미지가 이동하는 좌표 설정
67        x += xv; //x 좌표값 설정
68        y += yv; //y 좌표값 설정
69
70        try{
71        //이미지가 너무 빨리 움직이지 않도록 쓰레드를 주어진시간 만큼 멈춤
72        //1/000초 단위로 지정하는데, 이 값을 지정하지 않으면
73        //사람의 눈으로 움직임을 확인할 수 없음
74            Thread.sleep(10);//0.01초
75            }catch(Exception e){ }
76        }
77
78    }
79
80    //SurfaceHolder.Callback 클래스에서 상속받아 재정의한 메소드들
81    //서피스가 변경되면 수행
82    @Override
83    public void surfaceChanged(SurfaceHolder arg0,
84                    int arg1, int arg2, int arg3) { }
85
86    //서피스가 생성되면 수행
87    @Override
88    public void surfaceCreated(SurfaceHolder arg0) {
89        //이미지의 이동을 담당하는 쓰레드 생성
90        t = new Thread(this);
91
92        //쓰레드 수행을 위해 run( ) 메소드 호출
93        t.start( );//쓰레드 수행시
94    }
95
96    //서피스가 제거되면 수행
97    @Override
98    public void surfaceDestroyed(SurfaceHolder arg0) {
99        t = null; //쓰레드 제거
100    }
101 }
```

28~38 [avatarsmall.png] 이미지 파일을 로드해(28~29) 서피스를 얻어낸(32라인) 후, 35라인에서 서피스에 이벤트 알림을 등록하고 38라인에서 현재 화면의 크기로 서피스의 사이즈를 지정한다.

43~78 run( ) 메소드는 Runnable 인터페이스로부터 상속받아 재정의한 것으로 쓰레드가 실행되면 자동으로 호출되어 실행된다.

51~76 쓰레드가 null이 아닐 때까지 무한히 수행을 처리하기 위해 while문을 사용했다. 53~56라인은 이미지를 이동하는 등의 애니메이션 처리를 할 때 이미지가 깜빡이는 것을 방지하기 위해 더블버퍼링을 처리하는 부분이다.

61, 64 왼쪽, 오른쪽, 위쪽, 아래쪽 경계면에 부딪치면 역방향으로 이동하도록 값을 설정한 부분이다.

67~68 이미지가 이동하는 좌표 값을 지정하는 부분이다.

83~100 메소드들은 SurfaceHolder.Callback클래스에서 상속받아 재정의한 메소드들이다.

83~84 surfaceChanged( ) 메소드는 서피스가 변경되면 자동으로 실행된다.

88~94 surfaceCreated( ) 메소드는 서피스가 생성되면 자동으로 실행된다. 여기서 이미지의 이동을 담당하는 쓰레드를 생성하고 쓰레드를 수행시킨다.

98~100 surfaceDestroyed( ) 메소드는 서피스가 제거되면 자동으로 실행된다. 여기서 쓰레드의 이동을 담당하는 쓰레드를 제거한다.

05 안드로이드 애플리케이션 실행

실행할 안드로이드 애플리케이션 프로젝트를 선택한 후 [Run As]-[Android Application]을 선택해 안드로이드 에뮬레이터로 실행한다.

Canvas를 사용해 도형을 그리는 것을 응용하는 예제로 핑거페인트가 있다. 이것은 손가락으로 단말기를 누르면서 이동하거나 마우스로 에뮬레이터의 화면 누르면서 이동하면 마치 손가락으로 그림을 그리는 것과 같이 그려지며, 이때 그리는 동작은 터치 이벤트를 사용해서 처리한다.

화면에 그림을 그리기 위해서는 사용자가 화면의 내용을 View클래스를 생성해서 제공해야하는데 이렇게 사용자가 임의로 생성하는 View클래스를 사용자 정의 View(Custom View, 커스텀 뷰)라 한다. 원하는 목적으로 사용자 정의 View를 사용하기 위해 시스템이 제공하는 메소드들은 다음과 같다. 이 메소드들은 필요시에 재정의해서 사용하면 된다.

사용자 정의 View 클래스의 메소드

생성 관련

생성자

사용자정의 View 클래스의 객체를 생성 시 자동 호출되는 것으로, 기본적인 화면의 배치나 설정 등의 작업을 기술한다.

- onFinishInflate( )

  뷰와 뷰의 위젯 등이 XML 레이아웃에 배치된 후 호출된다.

레이아웃 관련

- Layout onMeasure(int, int)

  뷰와 뷰의 위젯 등의 크기를 지정 후 호출된다.

- onLayout(boolean, int, int, int, int)

  뷰와 뷰의 위젯 등의 크기와 위치를 할당 후 호출된다.

- onSizeChanged(int, int, int, int)

  뷰의 크기가 변경되면 호출된다.

그리기 관련

- onDraw(android.graphics.Canvas)

  뷰에 내용을 그릴 때 호출된다.

이벤트 처리 관련

- onKeyDown(int, KeyEvent)

  키를 누르는 키 이벤트가 발생하면 호출된다.

- onKeyUp(int, KeyEvent)

  누른 키를 놓는 키 이벤트가 발생하면 호출된다.

- onTrackballEvent(MotionEvent)

  트랙볼 동작 이벤트가 발생 시 호출된다. 현재의 안드로이드폰 대부분에 트랙볼이 없어 거의 사용되지 않는다.

- onTouchEvent(MotionEvent)

  스크린에 터치하는 터치이벤트가 발생하면 호출된다.

- onFocusChanged(boolean, int, android.graphics.Rect)

  뷰가 포커스를 받거나 잃을 때 호출된다.

- onWindowFocusChanged(boolean)

  윈도에 있는 뷰가 포커스를 받거나 잃을 때 호출된다.

- onAttachedToWindow( )

  뷰가 윈도에 부착될 때(어태칭될 때) 호출된다.

- onDetachedFromWindow( )

  뷰가 윈도에서 제거될 때 호출된다.

- onWindowVisibilityChanged(int)

  윈도에 부착된 뷰의 보임/숨김 등이 변경될 때 호출된다.

핑거페인트 프로그램을 구현할 때는 크게 화면에 그리기를 준비하는 부분과 캔버스에 그리는 동작으로 나눌 수 있다.

화면에 그리기를 준비하는 부분

```java
//생성자에서 Paint 객체를 얻어내어 속성 설정
public FingerPaintView(Context context) {   //생성자
}

//뷰의 크기가 변하면 호출되는 것으로 비트맵 객체와 캔버스 객체 생성
protected void onSizeChanged(int w, int h, int oldw, int oldh) {
}
```

캔버스에 그리는 동작

```java
//캔버스에 그리는 동작처리 메소드
protected void onDraw(Canvas canvas) {
}

//단말기의 화면을 터치하거나 에뮬레이터의 화면을 마우스로 드래그하면 발생하는 이벤트 처리 메소드
public boolean onTouchEvent(MotionEvent event) {
    switch (event.getAction()) {//화면을 누르는 이벤트
        case MotionEvent.ACTION_DOWN:
            //작업 기술
            break;
        case MotionEvent.ACTION_MOVE: //화면을 누르면서 이동하는 이벤트
            //작업 기술
            break;
```

```
        case MotionEvent.ACTION_UP://화면을 누르는 것을 놓는 이벤트
            //작업 기술
            break;
    }
    return true;
}
```

 핑거페인트 프로그램 작성 예제 - [FingerPaintTest] 애플리케이션

이 예제는 손가락으로 화면에 그림을 그리는 것을 구현한 예제이다.

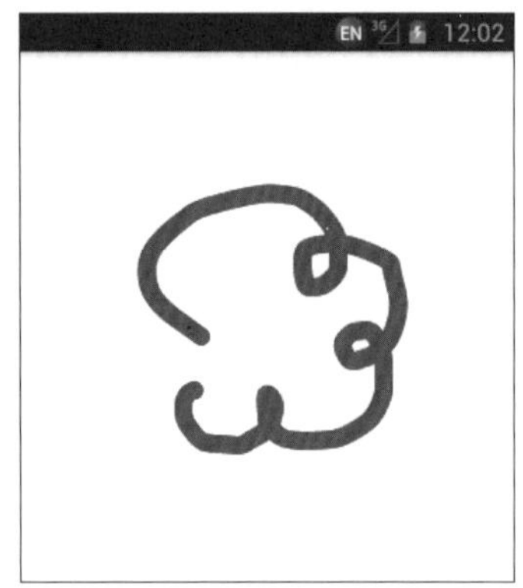

▲ FingerPaintTest 애플리케이션 실행 결과

주요 파일	파일명 ([FingerPaintTest] 애플리케이션)	하는 일
리소스 파일 (문자열, 이미지 등)	문자열 리소스 파일명 : strings.xml 위치 : [프로젝트]–[res]–[values]	이 애플리케이션에서는 사용 안 함
레이아웃 리소스 파일	activity_finger_paint_test_main.xml 위치 : [프로젝트]–[res]–[layout]	이 애플리케이션에서는 사용 안 함
로직 클래스	뷰 클래스 파일 파일명 : FingerPaintView.java 위치 : [프로젝트]–[src]–[패키지명]	• 화면에 터치이벤트를 사용해 손가락을 사용해 그림을 그리 는 것을 구현
	액티비티 클래스 파일 파일명 : FingerPaintTestMain Activity.java 위치 : [프로젝트]–[src]–[패키지명]	• FingerPaintView 클래스의 객체를 생성 후 화면의 내용 으로 표시
매니페스트 파일	AndroidManifest.xml 위치 : [프로젝트]	이 애플리케이션에서는 내용 수정 안 함

▲ [FingerPaintTest] 애플리케이션의 주요 파일

01 FingerPaintTest 안드로이드 애플리케이션 프로젝트 생성

❶ [Project Explorer] 뷰에서 [New]-[Project] 메뉴를 선택해 [Android Application Project]를 생성한다.

❷ [New Android Application] 창이 표시되면 다음과 같이 입력 및 선택한 후 [Next] 버튼을 클릭한다. 그 외의 값은 기본 값을 그대로 사용해 생성한다.

항목	입력 및 선택 값
Application Name	FingerPaintTest 입력
Project Name	FingerPaintTest 자동 입력됨
Package Name	work.test.fingerpainttest 입력
Minimum Required SDK	API 8 : Android 2.2 (Froyo) 기본 값 사용
Target SDK	API 18 : Android 4.3 기본 값 사용 기본 값이 아닐 경우 선택
Compile With	API 18 : Android 4.3 기본 값 사용

❸ [Next] 버튼을 누르다가 액티비티명 변경 화면이 표시되면 [Activity Name]을 "FingerPaintTestMainActivity"로 변경한 후 [Finish] 버튼을 클릭한다.

02 [FingerPaintTestMainActivity] 액티비티의 내용 수정
[FingerPaintTest]-[src]-[work.test.fingerpainttest] 내에 있는 [FingerPaintTest MainActivity] 액티비티의 내용을 수정한 후 저장한다.

```
01    package work.test.fingerpainttest;
02
03    import android.os.Bundle;
04    import android.app.Activity;
05    import android.view.Menu;
06    import android.view.Window;
07
08    public class FingerPaintTestMainActivity extends Activity {
09
10        @Override
11        protected void onCreate(Bundle savedInstanceState) {
12            super.onCreate(savedInstanceState);
```

```
13          requestWindowFeature(Window.FEATURE_NO_TITLE);
14          setContentView(new FingerPaintView(this));
15      }
16
17      @Override
18   public boolean onCreateOptionsMenu(Menu menu) {
19       // Inflate the menu; this adds items to the action bar if it is present.
20       getMenuInflater().inflate(R.menu.activity_finger_paint_test_main, menu);
21       return true;
22   }
23
24 }
```

03 화면의 내용을 갖는 View 클래스를 추가 – FingerPaintView 클래스

❶ 프로젝트의 [src]-[work.test.fingerpainttest] 패키지를 선택한 후 마우스 오른쪽
버튼을 눌러 [New]-[Class] 메뉴를 선택한다.

❷ [New Java Class] 대화상자가 표시되면 다음과 같이 입력 및 선택한 후 [Finish] 버
튼을 클릭한다.

항목	입력 및 선택 값
Package	work.test.fingerpainttest 확인. 패키지가 없으면 직접 입력
Name	FingerPaintView
Superclass	android.view.View
Which method stubs would like to create?	[Constructors form superclass] 항목과 [Inherited you abstract methods] 항목에 체크

❸ 편집기 뷰에 표시된 [FingerPaintView]의 내용을 수정한 후 저장한다.

```
01   package work.test.fingerpainttest;
02
03   import android.content.Context;
04   import android.graphics.Bitmap;
05   import android.graphics.Canvas;
06   import android.graphics.Paint;
```

```java
07    import android.graphics.Path;
08    import android.view.MotionEvent;
09    import android.view.View;
10
11    public class FingerPaintView extends View {
12
13        private Paint p;
14        //Path에서 그려질 좌표
15        private float mX, mY;
16        //터치 입력의 오차 값을 지정
17        private static final float TOUCH_TOLERANCE = 4;
18
19        private Bitmap  bitmap;
20        private Canvas  c;
21        private Path    path;
22        private Paint   bPath;
23
24        public FingerPaintView(Context context) {
25            super(context);
26
27            //Paint 객체를 생성 후 프로퍼티 값 지정
28            p = new Paint( );
29            p.setAntiAlias(true);
30            p.setDither(true);//디더링마스크 사용
31            p.setColor(0xFF0000FF);//파란색 지정
32            p.setStyle(Paint.Style.STROKE);
33            //선과 선이 만나는 모서리 부분을 둥글게
34            p.setStrokeJoin(Paint.Join.ROUND);
35            //선의 끝 모양 둥글게
36            p.setStrokeCap(Paint.Cap.ROUND);
37            p.setStrokeWidth(12);//선 두께 지정
38
39            //다각선을 그리는 Path 생성
40            path = new Path( );
41            //디더링마스크를 사용하는 Paint 객체 사용
42            bPath = new Paint(Paint.DITHER_FLAG);
43        }
44
45        //뷰의 크기가 변하면 호출됨
```

```java
46    //현재 너비,높이 : w, h / 이전 너비, 높이 : oldw, oldh
47    protected void onSizeChanged(int w, int h, int oldw, int oldh) {
48        super.onSizeChanged(w, h, oldw, oldh);
49        //Bitmap 객체 생성. w, h : 너비, 높이
50        //Bitmap.Config.ARGB_8888:각 픽셀을 4바이트에 저장 =>32bit
51        bitmap = Bitmap.createBitmap(w, h, Bitmap.Config.ARGB_8888);
52        //지정된 비트맵 내에 그려지도록 Canvas 객체 생성
53        c = new Canvas(bitmap);
54    }
55
56    //그리는 작업 수행
57    protected void onDraw(Canvas canvas) {
58        //캔버스의 색을 회색으로 지정
59        canvas.drawColor(0xFFFFFFFF);
60        //그려질 공간을 비트맵으로 지정
61        canvas.drawBitmap(bitmap, 0, 0, bPath);
62        //다각선을 그림
63        canvas.drawPath(path, p);
64    }
65
66    //터치이벤트가 단말기의 화면을 누르고 있거나
67    //마우스를 누르고 있는 동작일 경우 수행되도록 지정한 메소드
68    private void touch_start(float x, float y) {
69        //패스 초기화
70        path.reset( );
71        //패스의 시작 좌표를 이동
72        path.moveTo(x, y);
73        mX = x;
74        mY = y;
75    }
76
77    //터치이벤트가 단말기의 화면을 누르면서 이동하거나
78    //마우스를 누르면서 이동하는 동작일 경우 수행되도록 지정한 메소드
79    private void touch_move(float x, float y) {
80        float dx = Math.abs(x - mX);
81        float dy = Math.abs(y - mY);
82        if (dx >= TOUCH_TOLERANCE || dy >= TOUCH_TOLERANCE) {
83            //마지막 포인터로부터 이차 베이저커브 추가
84            path.quadTo(mX, mY, (x + mX)/2, (y + mY)/2);
85            mX = x;
```

```java
86            mY = y;
87        }
88    }
89
90    //터치이벤트가 단말기의 화면에서 손가락을 떼거나
91    //마우스 버튼을 놓는 동작일 경우 수행되도록 지정한 메소드
92    private void touch_up( ) {
93        //패스를 기록
94        path.lineTo(mX, mY);
95        //기록된 패스를 그린다.
96        c.drawPath(path, p);
97        // 패스를 초기화한다.
98        path.reset( );
99    }
100
101    //단말기의 화면을 터치하거나 에뮬레이터의 화면을 마우스로 드래그하면 발생
102    public boolean onTouchEvent(MotionEvent event) {
103        //터치이벤트가 발생한 지점의 x 좌표를 얻어냄
104        float x = event.getX( );
105        //터치이벤트가 발생한 지점의 y 좌표를 얻어냄
106        float y = event.getY( );
107
108        //event.getAction( ) : 발생한 이벤트의 정보를 얻어냄
109        switch (event.getAction( )) {
110            //발생한 이벤트가 화면을 누르는 이벤트이면 수행
111            case MotionEvent.ACTION_DOWN:
112                touch_start(x, y);//호출
113                //onDraw( ) 메소드를 호출
114                invalidate( );
115                break;
116            //발생한 이벤트가 화면을 누르면서 이동하는 이벤트이면 수행
117            case MotionEvent.ACTION_MOVE:
118                touch_move(x, y);
119                invalidate( );
120                break;
121            //발생한 이벤트가 화면을 누르는 것을 놓는 이벤트이면 수행
122            case MotionEvent.ACTION_UP:
123                touch_up( );
124                invalidate( );
125                break;
```

```
126            }
127            return true;
128        }
129
130  }
```


34   p.setStrokeJoin(Paint.Join.ROUND);은 두 선이 교차하는 지점을 처리하는 메소드로, 매개변수 값을 Paint.Join.ROUND로 지정하면 교차시 모서리를 둥글게 표시한다.

36   p.setStrokeCap(Paint.Cap.ROUND);은 선의 끝부분을 처리하는 메소드로, 매개변수 값을 Paint.Cap.ROUND로 지정하면 선의 끝부분을 둥글게 표시한다.

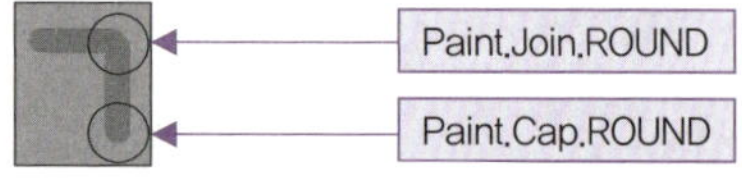

04 안드로이드 애플리케이션 실행

실행할 안드로이드 애플리케이션 프로젝트를 선택한 후 [Run As]–[Android Application]을 선택해 안드로이드 에뮬레이터로 실행한다.

이 예제는 아직 완성된 것은 아니다. 색상의 변경이나 작성한 이미지의 저장 등은 아직 구현하지 않았다. 메뉴를 사용해서 색상 등을 변경하는 것 등은 "section 08. 메뉴(Menu)"에서 학습하고, 작성한 이미지를 파일로 저장하는 것은 "7장. 안드로이드의 데이터 저장 기법"에서 한다.

메뉴(Menu)

어떤 동작들을 수행하는 데 사용자에게 친근한 방법을 제공하는 메뉴는 액티비티의 사용자 인터페이스의 중요한 부분이다. 안드로이드는 애플리케이션에 메뉴를 추가하는 데 쉽고 단순한 구조를 제공한다. 안드로이드의 메뉴에는 옵션 메뉴(Options Menu), 컨텍스트 메뉴(Context Menu), 서브메뉴(Submenu)의 세 가지 타입이 있다.

(1) 메뉴 타입

■ 옵션 메뉴(Options Menu)

액티비티를 위한 메뉴 아이템의 주요한 모임으로 사용자가 단말기 또는 에뮬레이터의 [Menu] 버튼을 누르면 화면에 표시된다. 기본적으로 6개의 아이템이 표시되는데, 실제적으로 5개의 메뉴만 표시되고 이후의 메뉴는 6번째에 위치한 [더보기(More)]를 누르면 표시된다.

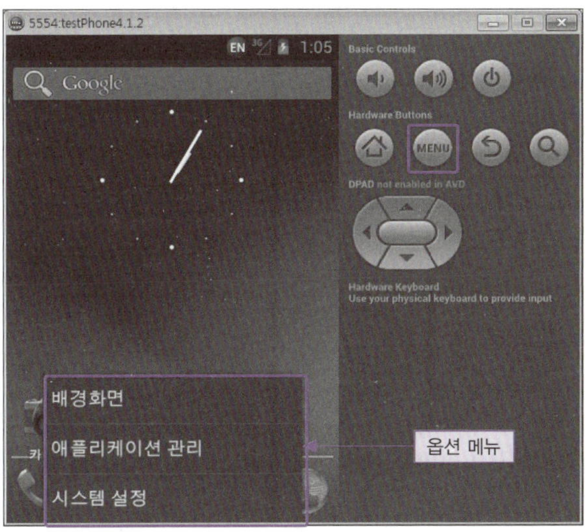

■ **콘텍스트 메뉴(Context Menu)**

사용자가 단말기의 화면을 길게 누르면 화면의 중앙에 나타나는 유동적인 메뉴 아이템의 목록을 갖는다. 주로 어떤 뷰에 필요한 정보를 등록해 제공하는 메뉴로 주로 ListView를 사용해서 작성한다.

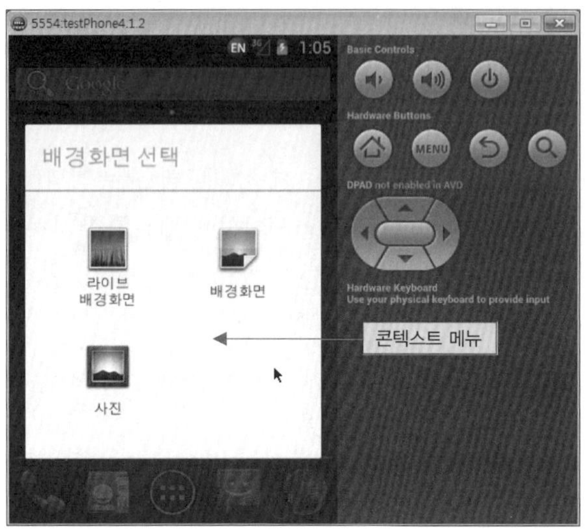

■ **서브메뉴(Submenu)**

사용자가 단말기의 화면을 길게 누르면 화면에 나타나는 유동적인 메뉴 아이템의 목록으로, 포함된 메뉴를 메뉴 아이템으로 제공하는 서브메뉴(부메뉴)이다. 즉, 옵션 메뉴나 컨텍스트 메뉴에 서브메뉴를 추가할 경우 사용한다. 단, 서브메뉴 안에 또 서브메뉴를 넣는 형태의 중첩은 안 된다.

이들 메뉴를 작성할 때는 메뉴의 내용(resource)은 XML 리소스를 사용해서 정의하고, 메뉴의 항목을 선택할 때의 처리는 이벤트를 처리하는 콜백 메소드(callback method)를 사용해서 한다.

(2) XML 리소스를 사용한 메뉴의 내용 작성 및 애플리케이션 코드에서 메뉴 완성

안드로이드에서 메뉴를 작성하는 방법은 ① 메뉴와 메뉴 아이템은 XML 리소스를 사용해서 정의한 후 ② 액티비티나 별도로 추가한 View 클래스 등의 애플리케이션 코드에서 이것을 사용해 메뉴를 완성한다. 메뉴의 내용은 애플리케이션 코드(.java)에 직접 코딩하는 것보다 XML 리소스를 사용해서 따로 정의하는 것이 메뉴의 구조를 이해하는 데 더 좋다.

■ XML 리소스를 사용한 메뉴의 내용 작성

메뉴의 내용을 작성하려면 [프로젝트]-[res]에서 [menu] 폴더를 생성한 후, 이 폴더 안에 메뉴의 내용을 갖는 XML 리소스 파일을 작성한다. 안드로이드 버전 4.1 이후 부터는 자동으로 제공된다.

```
예   test_menu.xml
    <?xml version="1.0" encoding="utf-8"?>
    <menu xmlns:android="http://schemas.android.com/apk/res/android">
        <item android:id="@+id/shootingGame"
             android:icon="@drawable/sgicon"
             android:title="@string/sgStr" />
        <item android:id="@+id/blockGame"
             android:icon="@drawable/bgicon"
             android:title="@string/bgStr" />
    </menu>
```

■ ⟨menu⟩ 엘리먼트

메뉴를 정의하는 것으로 메뉴 아이템을 포함하고 있다. ⟨menu⟩ 엘리먼트는 루트 엘리먼트(root element)로, 파일 내에 한번만 기술하고 반드시 작성해야 한다. 서브메뉴를 사용할 때는 ⟨menu⟩ 엘리먼트를 ⟨item⟩ 엘리먼트의 자식 레벨로 추가할 수 있다. ⟨item⟩ 엘리먼트와 ⟨group⟩ 엘리먼트도 필요에 따라 여러 번 기술할 수 있다.

```
<item android:id="@+id/edit"
     android:title="@string/edit" >
    <!— "edit" 서브 메뉴 —>
    <menu>
        <item android:id="@+id/undo"
             android:title="@string/undo" />
        <item android:id="@+id/redo"
             android:title="@string/redo" />
    </menu>
</item>
```

■ ⟨item⟩ 엘리먼트

메뉴 아이템을 정의하는 것으로, 메뉴 내의 단독 아이템을 구현한다. 이 엘리먼트도 반드시 작성해야 한다.

■ ⟨group⟩ 엘리먼트

경우에 따라 기술하는 선택적인 엘리먼트로, 메뉴 내의 관련 아이템들을 그룹으로 만들어 일종의 서브메뉴 형태를 만들 때 사용한다. ⟨group⟩ 엘리먼트는 서브메뉴는 아니며, 단순히 비슷한 항목을 그룹화한 것이라고 생각하면 된다.

```
〈group android:id="@+id/group1"〉
      〈item android:id="@+id/groupItem1"
            android:title="@string/groupItem1" /〉
      〈item android:id="@+id/groupItem2"
            android:title="@string/groupItem2" /〉
〈/group〉
```

② 애플리케이션 코드에서 메뉴 완성

애플리케이션 코드를 갖는 액티비티 또는 별도로 정의된 View 클래스에서 MenuInflater 클래스의 inflate( ) 메소드를 사용해서 메뉴를 완성할 수 있다. 예를 들어 액티비티의 옵션 메뉴로 작성할 경우 onCreateOptionsMenu( ) 콜백 메소드(callback method) 내에서 메뉴의 내용을 갖고 있는 XML 리소스 파일을 MenuInflater 클래스와 연결해서 사용한다.

```
예    public boolean onCreateOptionsMenu(Menu menu) {
          MenuInflater inflater = getMenuInflater( );
          inflater.inflate(R.menu.test_menu, menu);
          return true;
      }
```

getMenuInflater( ) 메소드는 액티비티를 위한 MenuInflater 클래스의 객체를 리턴한다. MenuInflater 클래스의 객체 inflater를 사용해서 MenuInflater 클래스의 메소드인 inflate( )를 호출해서 메뉴의 내용을 갖는 XML 리소스 파일을 옵션 메뉴의 내용으로 연결한다. onCreateOptionsMenu( ) 콜백 메소드는 단말기 또는 에뮬레이터의 [Menu] 버튼을 누르면 자동으로 실행되는 메소드이다.

이제부터 옵션 메뉴(Options Menu), 컨텍스트 메뉴(Context Menu), 서브메뉴(Submenu) 등을 작성해보자.

08.1   옵션 메뉴(Options Menu)

옵션 메뉴는 [Menu] 버튼 누르면 표시되는 메뉴로, 기본적인 액티비티의 동작이나 필요한 네비게이션 아이템 등을 포함한다.

옵션 메뉴들은 화면의 하단에 표시되며, 처음 6개의 아이템만 표시한다. 6개 이상인 경우 5개의 아이템만 표시하고 이후의 아이템은 [더보기(More)]를 클릭하면 표시된다.

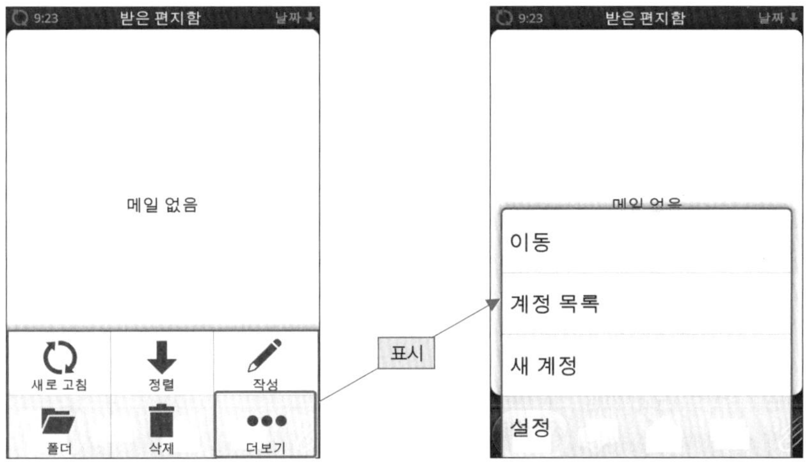

안드로이드 시스템은 액티비티의 onCreateOptionsMenu( ) 콜백 메소드가 맨 처음 호출될 때 옵션 메뉴를 생성한다. 처음에 한 번만 생성한다.

■ 옵션 메뉴의 작성 순서

❶ 메뉴의 내용을 포함하는 XML 메뉴 리소스 파일 작성

```
예  test_menu.xml
〈?xml version="1.0" encoding="utf-8"?〉
〈menu xmlns:android="http://schemas.android.com/apk/res/android"〉
    〈item android:id="@+id/shootingGame"
        android:icon="@drawable/sgicon"
        android:title="@string/sgStr" /〉
    〈item android:id="@+id/blockGame"
        android:icon="@drawable/bgicon"
        android:title="@string/bgStr" /〉
〈/menu〉
```

❷ 액티비티의 onCreateOptionsMenu( ) 콜백 메소드에서 메뉴의 내용을 갖는 XML 리소스 파일을 옵션 메뉴의 내용으로 연결

```
예  public boolean onCreateOptionsMenu(Menu menu) {
    MenuInflater inflater = getMenuInflater( );
    inflater.inflate(R.menu.test_menu, menu);
    return true;
}
```

❸ 각 옵션 메뉴를 선택시 처리할 작업들을 onOptionsItemSelected( ) 콜백 메소드에 정의한다.

```
예    public boolean onOptionsItemSelected(MenuItem item) {
          switch (item.getItemId( )) {
          case R.id.shootingGame:
              //작업을 처리할 메소드 기술
              return true;
          case R.id.blockGame:
              //작업을 처리할 메소드 기술
              return true;
          default:
              return super.onOptionsItemSelected(item);
          }
      }
```

옵션 메뉴의 아이템을 선택하면 시스템은 액티비티의 onOptionsItemSelected( ) 콜백 메소드를 호출한다. 이 메소드는 사용자가 선택한 메뉴 아이템을 처리한다. getItemId( ) 메소드를 사용해서 선택한 메뉴 아이템을 식별할 수 있으며 각 메뉴 아이템에 따른 작업 처리는 보통 switch문을 사용해서 한다.

Exercise 핑거페인트 프로그램에 옵션 메뉴 추가 작성 예제
　　　　　　 - [FingerPaintOptionMenu] 애플리케이션

앞의 예제에서 작성한 핑거페인트를 작성하는 프로그램에 옵션 메뉴를 추가해서, 그릴 때 사용하는 색을 변경해 보자.

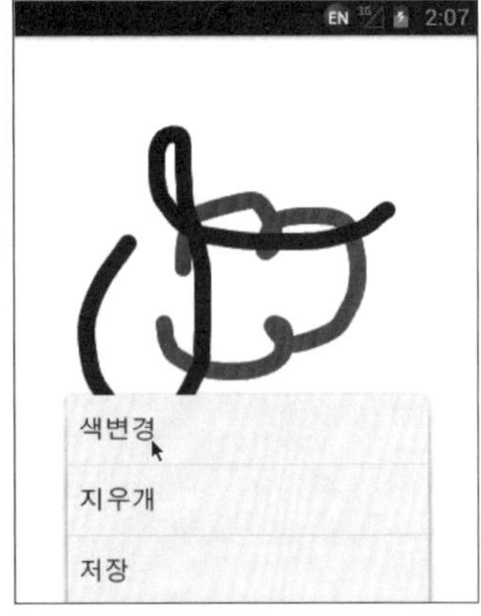

▲ FingerPaintOptionMenu 애플리케이션 실행 결과

주요 파일	파일명 ([FingerPaintOptionMenu] 애플리케이션)	하는 일
리소스 파일 (문자열, 이미지 등)	문자열 리소스 파일명 : strings.xml 위치 : [프로젝트]–[res]–[values]	changeColorStr, saveFileStr, eraseStr 문자열 정의
	이미지 리소스 추가 파일명 : coloricon.png, eraseicon. png, saveicon.png 위치 : [프로젝트]–[res]–[drawable– mdpi]	• 이미지 리소스를 [res]– [drawable–mdpi] 폴더에 복사
레이아웃 리소스 파일	activity_finger_paint_test_main.xml 위치 : [프로젝트]–[res]–[layout]	이 애플리케이션에서는 사용 안 함
	activity_finger_paint_test_main.xml 위치 : [프로젝트]–[res]–[menu]	메뉴의 내용을 갖는 XML 리 소스 파일
로직 클래스	뷰 클래스 파일 파일명 : FingerPaintView.java 위치 : [프로젝트]–[src]–[패키지명]	• 화면에 터치이벤트를 사용해 손가락을 사용해 그림을 그리 는 것을 구현
	액티비티 클래스 파일 파일명 : FingerPaintTestMain Activity.java 위치 : [프로젝트]–[src]–[패키지명]	• FingerPaintView 클래스의 객체를 생성한 후 화면의 내 용으로 표시 • 옵션 메뉴의 내용 표시
매니페스트 파일	AndroidManifest.xml 위치 : [프로젝트]	이 애플리케이션에서는 내용 수정 안 함

▲ [FingerPaintOptionMenu] 애플리케이션의 주요 파일

01 [FingerPaintTest] 프로젝트 복사 후 변경

❶ [Project Explorer] 뷰에서 기존의 [FingerPaintTest] 프로젝트를 선택하여 복사한 후 붙여넣기 한다.

❷ 붙여넣기 대화상자가 표시되면 [Project Name] 항목에 "FingerPaintOptionMenu" 를 입력한 후 [OK] 버튼을 클릭한다.

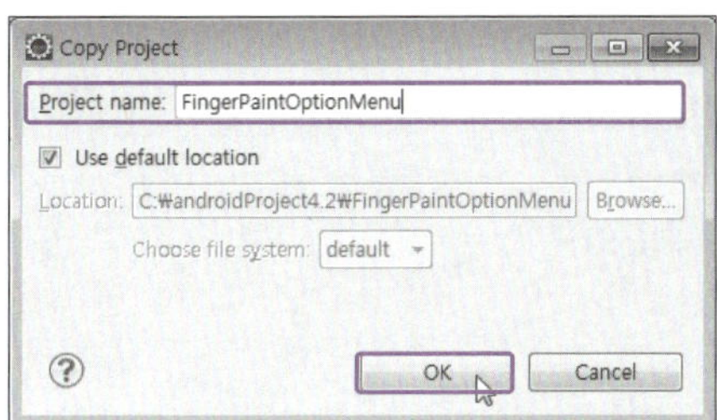

02 이 예제에서 사용한 이미지를 현재의 프로젝트 내로 가져오기

[res]-[drawable-mdpi]를 선택해 [coloricon.png], [eraseicon.png], [saveicon.png] 파일을 복사한다. 원본 이미지는 부록 CD의 [source]-[FingerPaintOptionMenu]-[res]-[drawable-mdpi] 폴더 안에 있다.

03 [res]-[values]-[strings.xml] 파일을 수정한 후 저장한다.

```xml
01  <?xml version="1.0" encoding="utf-8"?>
02  <resources>
03
04      <string Name="app_Name">FingerPaintOptionMenu</string>
05      <string Name="hello_world">Hello world!</string>
06      <string Name="menu_settings">Settings</string>
07      <string Name="changeColorStr">색변경</string>
08      <string Name="saveFileStr">저장</string>
09      <string Name="eraseStr">지우개</string>
10
11  </resources>
```

04 메뉴의 내용을 갖는 XML 리소스 파일의 내용 수정

❶ [res]-[menu] 폴더 안에 있는 [activity_finger_paint_test_main.xml] 파일을 더블 클릭해서 연다.

❷ [source] 탭을 선택하여 아래의 내용을 추가한 후 저장한다. 단, 안드로이드 버전에 따라 옵션 메뉴에 아이콘이 표시되지 않을 수 있다.

```xml
01  <menu xmlns:android="http://schemas.android.com/apk/res/android" >
02
03      <item android:id="@+id/changeColor"
04          android:icon="@drawable/coloricon"
05          android:title="@string/changeColorStr" />
06      <item android:id="@+id/erase"
07          android:icon="@drawable/eraseicon"
08          android:title="@string/eraseStr" />
09      <item android:id="@+id/saveFile"
10          android:icon="@drawable/saveicon"
11          android:title="@string/saveFileStr" />
12
13  </menu>
```

05 [FingerPaintView] 클래스의 내용 수정

[src]−[work.test.fingerpainttest] 내에 있는 FingerPaintView 클래스의 13라인 [private Paint p;] 코드를 [static Paint p;]로 변경한 후 저장한다.

```java
01    package work.test.fingerpainttest;
02
03    import android.content.Context;
04    import android.graphics.Bitmap;
05    import android.graphics.Canvas;
06    import android.graphics.Paint;
07    import android.graphics.Path;
08    import android.view.MotionEvent;
09    import android.view.View;
10
11    public class FingerPaintView extends View {
12
13        static Paint p;
14        //Path에서 그려질 좌표
15        private float mX, mY;
16        //터치 입력의 오차 값을 지정
17        private static final float TOUCH_TOLERANCE = 4;
18
19        private Bitmap  bitmap;
20        private Canvas  c;
21        private Path    path;
22        private Paint   bPath;
23
24        public FingerPaintView(Context context) {
25            super(context);
26
27            //Paint 객체를 생성 후 프로퍼티 값 지정
28            p = new Paint( );
29            p.setAntiAlias(true);
30            p.setDither(true);//디더링마스크 사용
31            p.setColor(0xFF0000FF);//파란색 지정
32            p.setStyle(Paint.Style.STROKE);
33            //선과 선이 만나는 모서리 부분을 둥글게
34            p.setStrokeJoin(Paint.Join.ROUND);
35            //선의 끝 모양 둥글게
36            p.setStrokeCap(Paint.Cap.ROUND);
```

```java
37    p.setStrokeWidth(12);//선두께 지정
38
39        //다각선을 그리는 Path 생성
40        path = new Path( );
41        //디더링마스크를 사용하는 Paint 객체 사용
42        bPath = new Paint(Paint.DITHER_FLAG);
43    }
44
45    //뷰의 크기가 변하면 호출됨
46    //현재 너비, 높이 : w, h, 이전 너비, 높이 : oldw, oldh
47    protected void onSizeChanged(int w, int h, int oldw, int oldh) {
48        super.onSizeChanged(w, h, oldw, oldh);
49        //Bitmap 객체 생성. w, h : 너비, 높이
50        //Bitmap.Config.ARGB_8888 : 각 픽셀을 4바이트에 저장 =)32bit
51        bitmap = Bitmap.createBitmap(w, h, Bitmap.Config.ARGB_8888);
52        //지정된 비트맵 내에 그려지도록 Canvas 객체 생성
53        c = new Canvas(bitmap);
54    }
55
56    //그리는 작업 수행
57    protected void onDraw(Canvas canvas) {
58        //캔버스의 색을 회색으로 지정
59        canvas.drawColor(0xFFFFFFFF);
60        //그려질 공간을 비트맵으로 지정
61        canvas.drawBitmap(bitmap, 0, 0, bPath);
62        //다각선을 그림
63        canvas.drawPath(path, p);
64    }
65
66    //터치이벤트가 단말기의 화면을 누르고 있거나
67    //마우스를 누르고 있는 동작일 경우 수행되도록 지정한 메소드
68    private void touch_start(float x, float y) {
69        //패스 초기화
70        path.reset( );
71        //패스의 시작 좌표를 이동
72        path.moveTo(x, y);
73        mX = x;
74        mY = y;
75    }
76
```

```
77      //터치이벤트가 단말기의 화면을 누르면서 이동하거나
78      //마우스를 누르면서 이동하는 동작일 경우 수행되도록 지정한 메소드
79      private void touch_move(float x, float y) {
80          float dx = Math.abs(x - mX);
81          float dy = Math.abs(y - mY);
82          if (dx >= TOUCH_TOLERANCE || dy >= TOUCH_TOLERANCE) {
83              //마지막 포인터로부터 이차 베이저커브 추가
84              path.quadTo(mX, mY, (x + mX)/2, (y + mY)/2);
85              mX = x;
86              mY = y;
87          }
88      }
89
90      //터치이벤트가 단말기의 화면에서 손가락을 떼거나
91      //마우스 버튼을 놓는 동작일 경우 수행되도록 지정한 메소드
92      private void touch_up( ) {
93          //패스를 기록
94          path.lineTo(mX, mY);
95          //기록된 패스를 그린다.
96          c.drawPath(path, p);
97          // 패스를 초기화한다.
98          path.reset( );
99      }
100
101     //단말기의 화면을 터치하거나 에뮬레이터의 화면을 마우스로 드래그하면 발생
102     public boolean onTouchEvent(MotionEvent event) {
103         //터치이벤트가 발생한 지점의 x 좌표를 얻어냄
104         float x = event.getX( );
105         //터치이벤트가 발생한 지점의 y 좌표를 얻어냄
106         float y = event.getY( );
107
108         //event.getAction( ) : 발생한 이벤트의 정보를 얻어냄
109         switch (event.getAction( )) {
110           //발생한 이벤트가 화면을 누르는 이벤트이면 수행
111           case MotionEvent.ACTION_DOWN:
112             touch_start(x, y);//호출
113             //onDraw( ) 메소드를 호출
114             invalidate( );
115             break;
116           //발생한 이벤트가 화면을 누르면서 이동하는 이벤트이면 수행
```

```
117            case MotionEvent.ACTION_MOVE:
118                touch_move(x, y);
119                invalidate( );
120                break;
121            //발생한 이벤트가 화면을 누르는 것을 놓는 이벤트이면 수행
122            case MotionEvent.ACTION_UP:
123                touch_up( );
124                invalidate( );
125                break;
126        }
127        return true;
128    }
129
130 }
```

06 [FingerPaintTestMainActivit] 액티비티 수정

[src]−[work.test.fingerpainttest] 내에 있는 [FingerPaintTestMainActivity] 액티비티의 내용을 수정한 후 저장한다.

```
01 package work.test.fingerpainttest;
02
03 import android.app.Activity;
04 import android.graphics.Color;
05 import android.graphics.Paint;
06 import android.os.Bundle;
07 import android.view.Menu;
08 import android.view.MenuItem;
09 import android.view.Window;
10
11 public class FingerPaintTestMainActivity extends Activity {
12
13     @Override
14     protected void onCreate(Bundle savedInstanceState) {
15         super.onCreate(savedInstanceState);
16         requestWindowFeature(Window.FEATURE_NO_TITLE);
17         setContentView(new FingerPaintView(this));
18     }
```

```java
19
20      @Override
21      public boolean onCreateOptionsMenu(Menu menu) {//옵션 메뉴 사용
22          // 메뉴의 내용을 갖는 [menu] 폴더에 있는 activity_finger_paint_test_main.xml
23          getMenuInflater( ).inflate(R.menu.activity_finger_paint_test_main, menu);
24          return true;
25      }
26
27      //옵션 메뉴의 메뉴 항목을 선택하면 실행
28      public boolean onOptionsItemSelected(MenuItem item) {
29          //FingerPaintView 클래스의 Paint 객체 p를 얻어냄
30          Paint p = FingerPaintView.p;
31
32          switch (item.getItemId( )) {
33              case R.id.changeColor: //[색선택] 메뉴
34                  //그리기 색이 파란색이면 검정색으로 변경
35                  if(p.getColor( ) == Color.BLUE)
36                      p.setColor(Color.BLACK);
37                  else //검정색일 경우 파란색으로 변경
38                      p.setColor(Color.BLUE);
39                  return true;
40              case R.id.erase://[지우기] 메뉴
41                  //캔버스의 배경색과 같은 색을 지정해 덧칠함
42                  p.setColor(Color.WHITE);
43                  return true;
44              case R.id.saveFile://[저장] 메뉴
45                  //작업을 처리할 메소드 기술
46                  //아직 기술 안함. 7장에서 구현
47                  return true;
48              default:
49                  return super.onOptionsItemSelected(item);
50          }
51      }
52  }
```


21~25   onCreateOptionsMenu( ) 메소드는 옵션 메뉴를 사용하기 위한 것으로, 여기서는 시스템이 제공하는 기본 값을 그대로 사용했다. 안드로이드 4.2부터 이 메소드가 기본 제공된다.

23	getMenuInflater( ).inflate(R.menu.activity_finger_paint_test_main, menu);은 메뉴의 내용을 갖는 XML 리소스 파일인 [menu] 폴더에 있는 [activity_finger_paint_test_main.xml]을 옵션 메뉴의 내용으로 연결한다.
28~51	onOptionsItemSelected( ) 메소드는 옵션 메뉴의 메뉴 항목을 선택하면 자동으로 실행된다.
32~50	선택한 옵션 메뉴의 항목에 따라 다른 작업을 처리하기 위해 사용한 switch문이다.

07 안드로이드 애플리케이션 실행

❶ 실행할 안드로이드 애플리케이션 프로젝트를 선택한 후 [Run As]-[Android Application]을 선택해 안드로이드 에뮬레이터로 실행한다.

❷ 애플리케이션이 실행된 후 [menu] 버튼을 누르면 옵션 메뉴가 하단에 표시된다.

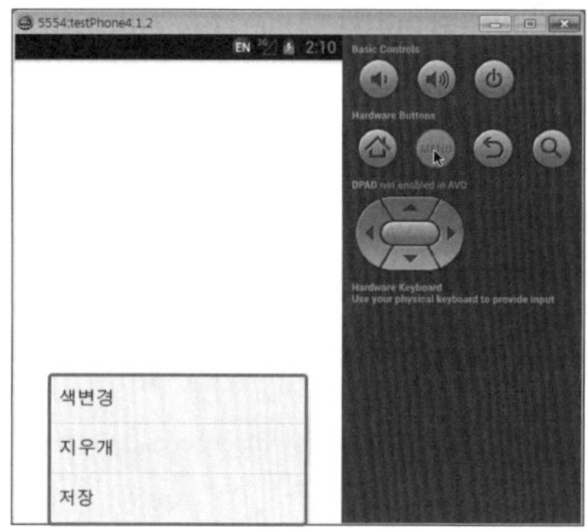

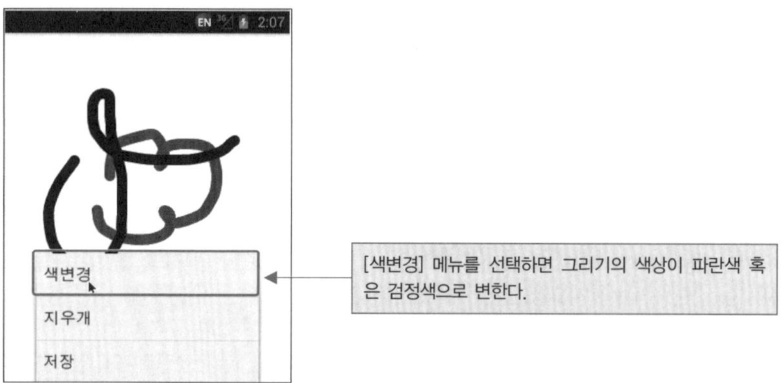

아직 예제가 완성된 것은 아니다 색 변경을 원하는 색으로 할 수 있도록 색 선택을 하는 다이얼로그를 "5장 대화상자"에서 한다. [저장]은 "7장 안드로이드의 저장 기법"에서 한다.

콘텍스트 메뉴(Context Menu)는 PC에서 마우스 오른쪽 버튼을 클릭해서 표시되는 메뉴와 유사한 것으로 단말기나 에뮬레이터의 화면을 길게 누르면 표시된다. 콘텍스트 메뉴는 사용자 인터페이스상에서 지정된 특정 아이템에 적용되는 동작 등을 작성하기 위해 제공하는 메뉴이다.

뷰(위젯)가 콘텍스트 메뉴를 제공하기 위해 반드시 콘텍스트 메뉴에 뷰를 등록해야 하는데, 이때 registerForContextMenu( ) 메소드를 호출해서 한다. registerForContextMenu( ) 메소드를 호출하면 화면에 콘텍스트 메뉴가 표시된다.

```
Buttton b = (Button)findViewById(R.id.prossBtn);
registerForContextMenu(b); //버튼에 컨텐스트 뷰를 등록
```

콘텍스트 뷰의 모양과 동작을 정의하기 위해 액티비티의 콜백 메소드인 onCreateContextMenu( ) 메소드와 onContextItemSelected( ) 메소드를 오버라이딩(재정의) 해야 한다. 예를 들어 [test_menu.xml] 파일에 메뉴의 내용이 들어 있다고 가정할 경우 onCreateContextMenu( ) 메소드는 다음과 같이 정의할 수 있다. 옵션 메뉴의 정의와 비슷하다.

```
public void onCreateContextMenu(ContextMenu menu, View v,
                    ContextMenuInfo menuInfo) {
    super.onCreateContextMenu(menu, v, menuInfo);
    MenuInflater inflater = getMenuInflater( );
    inflater.inflate(R.menu.test_menu, menu);
}
```

콘텍스트 메뉴에서 사용자가 아이템을 선택하면 onContextItemSelected( ) 메소드가 호출된다.

```
public boolean onContextItemSelected(MenuItem item) {

    switch (item.getItemId( )) {
      case R.id.backColor:
        //처리할 작업
        return true;
      case R.id.textColor:
        //처리할 작업
        return true;
      default:
        return super.onContextItemSelected(item);
    }
}
```

콘텍스트 메뉴의 아이템의 선택시 처리하는 작업도 옵션 메뉴와 유사하다. getItemId( ) 메소드를 사용해서 선택한 아이템을 식별해 작업을 기술하면 된다.

Exercise 콘텍스트 메뉴를 작성 예제 – [ContextMenuTest] 애플리케이션

이 예제는 [스타일 변경] 버튼을 길게 누르면 글자색과 배경색 및 글자의 크기를 변경하는 콘텍스트 메뉴가 표시된다.

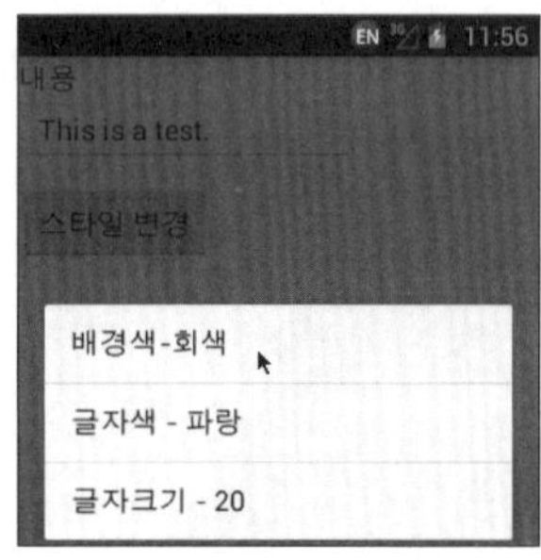

▲ ContextMenuTest 애플리케이션 실행 결과

주요 파일	파일명 ([ContextMenuTest] 애플리케이션)	하는 일
리소스 파일 (문자열, 이미지 등)	문자열 리소스 파일명 : strings.xml 위치 : [프로젝트]–[res]–[values]	labelStr, btnStr, changeBC, changeFC, changeF, content Str 문자열 정의
레이아웃 리소스 파일	activity_context_menu_test_main.xml 위치 : [프로젝트]–[res]–[layout]	• 1개의 TextView 위젯, 1개의 EditText 위젯 및 1개의 Button 위젯 배치 • strings.xml에서 정의한 labelStr, btnStr, contentStr 문자열 참조
	style_menu.xml 위치 : [프로젝트]–[res]–[menu]	• 메뉴의 내용을 갖는 XML 리소스 파일 • strings.xml에서 정의한 changeBC,changeFC, changeF 문자열 참조
로직 클래스	액티비티 클래스 파일 파일명 : ContextMenuTestMain Activity.java 위치 : [프로젝트]–[src]–[패키지명]	• activity_context_menu_ test_main.xml을 화면의 내용으로 표시 • 콘텍스트 메뉴의 내용 표시
매니페스트 파일	AndroidManifest.xml 위치 : [프로젝트]	이 애플리케이션에서는 내용 수정 안 함

▲ [ContextMenuTest] 애플리케이션의 주요 파일

01 ContextMenuTest 안드로이드 애플리케이션 프로젝트 생성

❶ [Project Explorer] 뷰에서 [New]-[Project] 메뉴를 선택해 [Android Application Project]를 생성한다.

❷ [New Android Application] 창이 표시되면 다음과 같이 입력 및 선택한 후 [Next] 버튼을 클릭한다. 그 외의 값은 기본 값을 그대로 사용해 생성한다.

항목	입력 및 선택 값
Application Name	ContextMenuTest 입력
Project Name	ContextMenuTest 자동 입력됨
Package Name	work.test.contextmenutest 입력
Minimum Required SDK	API 8 : Android 2.2 (Froyo) 기본 값 사용
Target SDK	API 18 : Android 4.3 기본 값 사용 기본 값이 아닐 경우 선택
Compile With	API 18 : Android 4.3 기본 값 사용

❸ [Next] 버튼을 누르다가 액티비티명 변경 화면이 표시되면 [Activity Name]을 "ContextMenuTestMainActivity"로 변경한 후 [Finish] 버튼을 클릭한다.

02 [res]-[values]-[strings.xml] 파일에 문자열을 추가한 후 저장한다.

```
01    <?xml version="1.0" encoding="utf-8"?>
02    <resources>
03
04        <string Name="app_Name">ContextMenuTest</string>
05        <string Name="hello_world">Hello world!</string>
06        <string Name="menu_settings">Settings</string>
07        <string Name="labelStr">내용</string>
08        <string Name="btnStr">스타일 변경</string>
09        <string Name="changeBC">배경색 - 회색</string>
10        <string Name="changeFC">글자색 - 파랑</string>
11        <string Name="changeF">글자크기 - 20</string>
12        <string Name="contentStr">This is a test.</string>
13
14    </resources>
```

03 [res]–[menu] 폴더에 콘텍스트 메뉴의 내용을 갖는 [style_menu.xml] 파일 생성

❶ [ContextMenuTest]–[res]–[menu] 폴더에서 마우스 오른쪽 버튼을 눌러 [New]–
[Other] 메뉴를 선택한다.

❷ [New] 창이 표시되면 [Android]–[Android XML File] 항목을 선택한 후 [Next] 버
튼을 클릭한다.

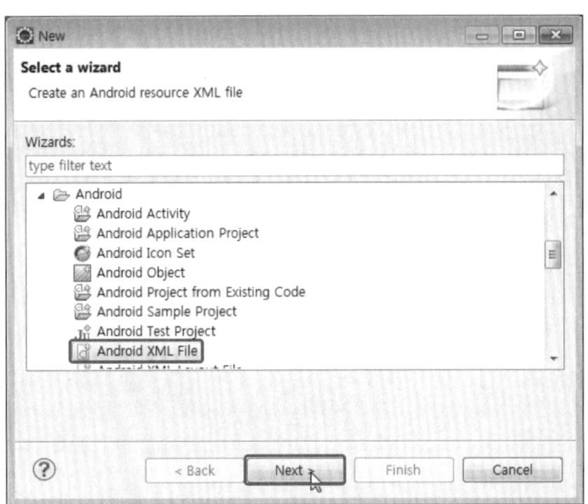

❸ [Resource Type] 항목의 값이 "Menu", [Project] 항목의 값이 "ContextMenuTest"
인 것을 확인한 후, [File] 항목에 "style_menu.xml"를 입력하고 [Next] 버튼을 클릭
한다.

주의 XML 파일명은 대문자를 사용할 수 없다.

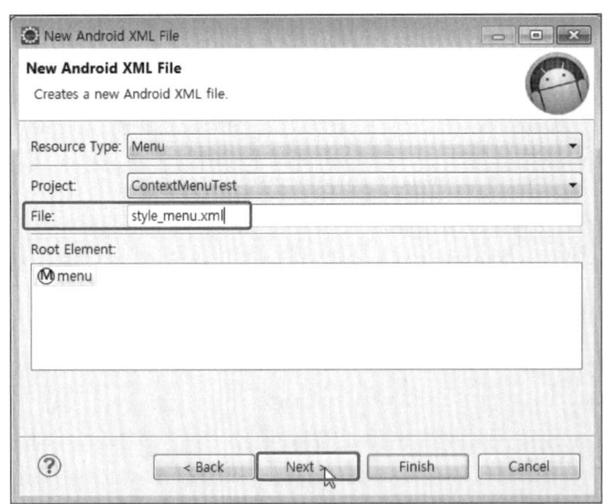

❹ 다음 화면에서 [Finish] 버튼을 눌러 파일을 생성한다.

❺ [source] 탭을 선택하여 아래의 내용을 추가한 후 저장한다.

```xml
01  <?xml version="1.0" encoding="utf-8"?>
02  <menu xmlns:android="http://schemas.android.com/apk/res/android" >
03
04      <item android:id="@+id/changeBColor"
05          android:title="@string/changeBC" />
06      <item android:id="@+id/changeFColor"
07          android:title="@string/changeFC" />
08      <item android:id="@+id/changeFont"
09          android:title="@string/changeF" />
10
11  </menu>
```

04 [res]-[layout]-[activity_context_menu_test_main.xml]에 뷰의 레이아웃을 배치

❶ 아래와 같이 레이아웃을 배치하고 프로퍼티 값을 변경한다. 변경할 프로퍼티 값은
아래의 완성된 [activity_context_menu_test_main.xml] 파일을 참고한다.

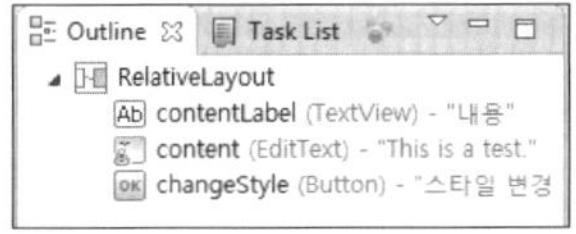

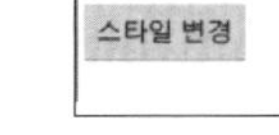

▲ [Outline] 뷰의 구조   ▲ [Graphical Layout]의 화면

❷ 완성된 [activity_context_menu_test_main.xml]은 다음과 같다.

```xml
01  <RelativeLayout xmlns:android="http://schemas.android.com/apk/res/android"
02      xmlns:tools="http://schemas.android.com/tools"
03      android:layout_width="match_parent"
04      android:layout_height="match_parent"
05      tools:context=".ContextMenuTestMainActivity" >
06
07      <TextView
08          android:id="@+id/contentLabel"
09          android:layout_width="wrap_content"
10          android:layout_height="wrap_content"
11          android:layout_alignParentLeft="true"
12          android:layout_alignParentTop="true"
13          android:text="@string/labelStr"
14          android:textAppearance="?android:attr/textAppearanceMedium" />
```

```xml
15
16     <EditText
17         android:id="@+id/content"
18         android:layout_width="wrap_content"
19         android:layout_height="wrap_content"
20         android:layout_alignParentLeft="true"
21         android:layout_below="@+id/contentLabel"
22         android:ems="10"
23         android:text="@string/contentStr" >
24
25         <requestFocus />
26     </EditText>
27
28     <Button
29         android:id="@+id/changeStyle"
30         android:layout_width="wrap_content"
31         android:layout_height="wrap_content"
32         android:layout_alignParentLeft="true"
33         android:layout_below="@+id/content"
34         android:layout_marginTop="14dp"
35         android:text="@string/btnStr" />
36
37 </RelativeLayout>
```

05 [ContextMenuTestMainActivity] 액티비티의 내용 수정

[ContextMenuTest]-[src]-[work.test.contextmenutest] 내에 있는 [ContextMenu TestMainActivity] 액티비티의 내용을 수정한 후 저장한다.

```java
01   package work.test.contextmenutest;
02
03   import android.app.Activity;
04   import android.graphics.Color;
05   import android.os.Bundle;
06   import android.view.ContextMenu;
07   import android.view.ContextMenu.ContextMenuInfo;
08   import android.view.Menu;
09   import android.view.MenuInflater;
10   import android.view.MenuItem;
11   import android.view.View;
12   import android.view.Window;
```

```java
13  import android.widget.Button;
14  import android.widget.EditText;
15
16  public class ContextMenuTestMainActivity extends Activity {
17
18      @Override
19      protected void onCreate(Bundle savedInstanceState) {
20          super.onCreate(savedInstanceState);
21          requestWindowFeature(Window.FEATURE_NO_TITLE);
22          setContentView(R.layout.activity_context_menu_test_main);
23
24          //콘텍스트 메뉴를 등록할 버튼을 가져온다
25          Button changeStyle = (Button)findViewById(R.id.changeStyle);
26          //[스타일 변경] 버튼에서 콘텍스트 메뉴를 사용할 수 있도록 등록한다.
27          registerForContextMenu(changeStyle);
28      }
29
30      @Override
31      public boolean onCreateOptionsMenu(Menu menu) {
32          // Inflate the menu; this adds items to the action bar if it is present.
33          getMenuInflater().inflate(R.menu.activity_context_menu_test_main, menu);
34          return true;
35      }
36
37      //콘텍스트 메뉴에 메뉴의 내용을 갖는 style_menu.xml을 연결
38      public void onCreateContextMenu(ContextMenu menu, View v,
39              ContextMenuInfo menuInfo) {
40          super.onCreateContextMenu(menu, v, menuInfo);
41          MenuInflater inflater = getMenuInflater();
42          inflater.inflate(R.menu.style_menu, menu);
43      }
44
45      //콘텍스트 메뉴를 선택하면 해당 작업처리
46      public boolean onContextItemSelected(MenuItem item) {
47          EditText content = (EditText)findViewById(R.id.content);
48
49          switch (item.getItemId()) {
50          case R.id.changeBColor://[배경색-회색] 선택 시
51              content.setBackgroundColor(Color.GRAY);
52              return true;
```

```
53        case R.id.changeFColor://[글자색-파랑] 선택 시
54            content.setTextColor(Color.BLUE);
55            return true;
56        case R.id.changeFont://[글자크기-20] 선택 시
57            content.setTextSize(20);
58            return true;
59        default:
60            return super.onContextItemSelected(item);
61        }
62    }
63
64 }
```


27　registerForContextMenu(changeStyle);은 25라인에서 얻어낸 [스타일 변경] 버튼에 컨텍스트 메뉴를 사용할 수 있도록 등록한다.

38~43　onCreateContextMenu( ) 메소드는 콘텍스트 메뉴에 메뉴의 내용을 갖는 [style_menu.xml]을 연결한다.

46~62　onContextItemSelected( ) 메소드는 콘텍스트 메뉴를 선택하면 자동으로 실행된다. 선택한 메뉴에 따른 작업처리는 49~61라인의 switch문을 사용해서 처리했다.

06　안드로이드 애플리케이션 실행

❶ 실행할 안드로이드 애플리케이션 프로젝트를 선택한 후 [Run As]-[Android Application]을 선택해 안드로이드 에뮬레이터로 실행한다.

❷ 애플리케이션이 실행되면 [스타일 변경] 버튼을 길게 누른다.

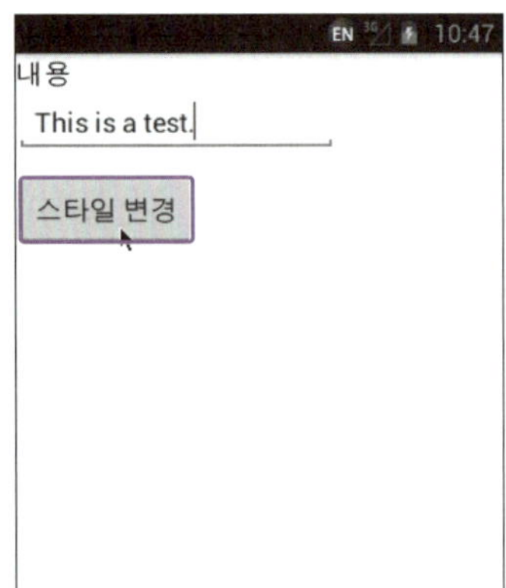

❸ 콘텍스트 메뉴가 표시되면 [배경색-회색] 메뉴 항목을 선택한다.

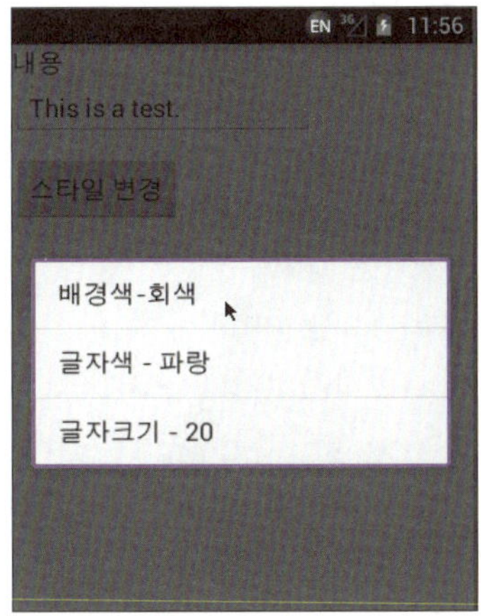

❹ 내용을 입력하는 에디트텍스트의 배경색이 회색으로 변경된 것을 확인할 수 있다.

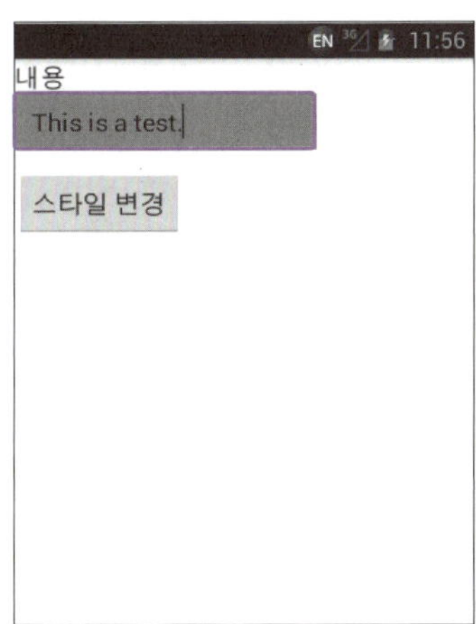

08.3 서브메뉴(Submenu)

서브메뉴(Submenu)는 메뉴 안에 포함된 메뉴로서 메뉴 아이템(항목)을 갖는다. 서브메뉴는 많은 기능을 갖는 애플리케이션을 작성할 때 유용하다. 이것은 비슷한 기능을 서브메뉴로 묶어서 관리하면 편하기 때문이다.

서브메뉴는 메뉴의 내용을 갖는 XML 리소스에 <menu> 엘리먼트를 <item> 엘리먼트의 자식 엘리먼트 레벨로 기술하면 된다.

```xml
<?xml version="1.0" encoding="utf-8"?>
<menu xmlns:android="http://schemas.android.com/apk/res/android">
    <item android:id="@+id/open"
                android:title="@string/open" />
    <item android:id="@+id/edit"
         android:title="@string/edit" >
      <!-- "edit" 서브 메뉴 -->
      <menu>
          <item android:id="@+id/undo"
                android:title="@string/undo" />
          <item android:id="@+id/redo"
                android:title="@string/redo" />
      </menu>
    </item>
</menu>
```

서브메뉴에서 아이템을 선택하면, 메인 메뉴는 각각의 메뉴 아이템에 따른 콜백 메소드로 이벤트를 받는다. 옵션 메뉴의 서브메뉴 아이템을 선택하면 onOptionsItemSelected( ) 메소드가 실행되고 컨텍스트 메뉴의 서브메뉴 아이템 선택하면 onContextItemSelected( ) 메소드가 실행된다. 즉, 서브메뉴의 아이템과 일반 메뉴의 아이템은 동등하게 처리된다.

Exercise 콘텍스트 메뉴에 서브 메뉴 추가 예제 – [SubMenuTest] 애플리케이션

이 예제는 앞에서 작성한 콘텍스트 메뉴에 배경색을 좀 더 다양하게 선택할 수 있는 서브메뉴를 추가한다. [ContextMenuTest] 프로젝트를 복사한 후 일부의 내용을 수정한다.

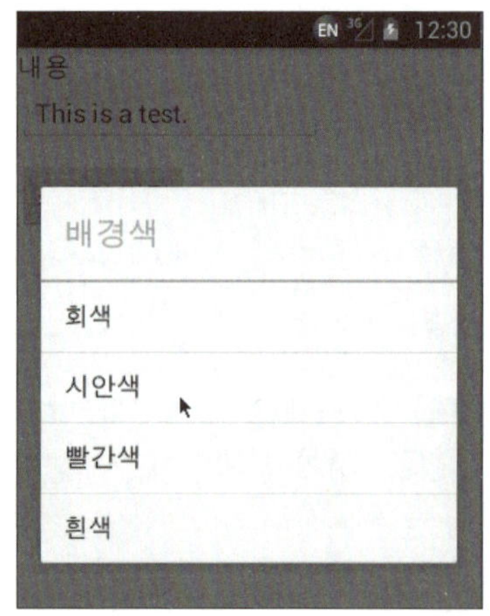

▲ SubMenuTest 애플리케이션 실행 결과

주요 파일	파일명 ([SubMenuTest] 애플리케이션)	하는 일
리소스 파일 (문자열, 이미지 등)	문자열 리소스 파일명 : strings.xml 위치 : [프로젝트]–[res]–[values]	gray, cyan, red, white 문자열 추가 정의
레이아웃 리소스 파일	activity_context_menu_test_main.xml 위치 : [프로젝트]–[res]–[layout]	• 1개의 TextView 위젯, 1개의 EditText 위젯 및 1개의 Button 위젯 배치 • strings.xml에서 정의한 labelStr, btnStr, contentStr 문자열 참조
	style_menu.xml 위치 : [프로젝트]–[res]–[menu]	• 메뉴의 내용을 갖는 XML 리소스 파일 수정 • strings.xml에서 정의한 gray, cyan, red, white 문자열 추가 참조
로직 클래스	액티비티 클래스 파일 파일명 : ContextMenuTestMain Activity.java 위치 : [프로젝트]–[src]–[패키지명]	• activity_context_menu_ test_main.xml을 화면의 내용으로 표시 • 콘텍스트 메뉴와 서브 메뉴의 내용 표시
매니페스트 파일	AndroidManifest.xml 위치 : [프로젝트]	이 애플리케이션에서는 내용 수정 안 함

▲ [SubMenuTest] 애플리케이션의 주요 파일

01 [ContextMenuTest] 프로젝트 복사한 후 변경

❶ [Project Explorer] 뷰에서 기존의 [ContextMenuTest] 프로젝트를 선택하여 복사한 후 붙여넣기 한다.

❷ 붙여넣기 대화상자가 표시되면 [Project Name] 항목에 "SubMenuTest"를 입력한 후 [OK] 버튼을 클릭한다.

02 [res]–[values]–[strings.xml] 파일에 문자열을 수정한 후 저장한다.

```xml
01  <?xml version="1.0" encoding="utf-8"?>
02  <resources>
03
04      <string Name="app_Name">SubMenuTest</string>
05      <string Name="hello_world">Hello world!</string>
06      <string Name="menu_settings">Settings</string>
07      <string Name="labelStr">내용</string>
08      <string Name="btnStr">스타일 변경</string>
09      <string Name="changeBC">배경색</string>
10      <string Name="changeFC">글자색 – 파랑</string>
11      <string Name="changeF">글자크기 – 20</string>
12      <string Name="contentStr">This is a test.</string>
13      <string Name="gray">회색</string>
14      <string Name="cyan">시안색</string>
15      <string Name="red">빨간색</string>
16      <string Name="white">흰색</string>
17
18  </resources>
```

03 [res]-[menu]-[style_menu.xml]을 열어 내용을 수정한 후 저장한다.

```xml
01  <?xml version="1.0" encoding="utf-8"?>
02  <menu xmlns:android="http://schemas.android.com/apk/res/android" >
03
04      <item android:id="@+id/changeBColor"
05          android:title="@string/changeBC" >
06        <menu>
07          <item android:title="@string/gray"
08              android:id="@+id/grayColor"></item>
09          <item android:title="@string/cyan"
10              android:id="@+id/cyanColor"></item>
11          <item android:title="@string/red"
12              android:id="@+id/redColor"></item>
13          <item android:title="@string/white"
14              android:id="@+id/whiteColor"></item>
15        </menu>
16      </item>
```

```xml
17    <item android:id="@+id/changeFColor"
18        android:title="@string/changeFC" />
19    <item android:id="@+id/changeFont"
20        android:title="@string/changeF" />
21
22 </menu>
```

04 [SubMenuTest]–[src]–[work.test.contextmenutest] 패키지 내에 있는 [ContextMenuTestMainActivity] 액티비티의 내용을 수정한 후 저장한다.

```java
01 package work.test.contextmenutest;
02
03 import android.app.Activity;
04 import android.graphics.Color;
05 import android.os.Bundle;
06 import android.view.ContextMenu;
07 import android.view.ContextMenu.ContextMenuInfo;
08 import android.view.Menu;
09 import android.view.MenuInflater;
10 import android.view.MenuItem;
11 import android.view.View;
12 import android.view.Window;
13 import android.widget.Button;
14 import android.widget.EditText;
15
16 public class ContextMenuTestMainActivity extends Activity {
17
18     @Override
19     protected void onCreate(Bundle savedInstanceState) {
20         super.onCreate(savedInstanceState);
21         requestWindowFeature(Window.FEATURE_NO_TITLE);
22         setContentView(R.layout.activity_context_menu_test_main);
23
24         //콘텍스트 메뉴를 등록할 버튼을 가져온다
25         Button changeStyle = (Button)findViewById(R.id.changeStyle);
26         //[스타일 변경] 버튼에서 콘텍스트 메뉴를 사용할 수 있도록 등록한다.
27         registerForContextMenu(changeStyle);
28     }
```

```java
29
30      @Override
31      public boolean onCreateOptionsMenu(Menu menu) {
32          // Inflate the menu; this adds items to the action bar if it is present.
33          getMenuInflater( ).inflate(R.menu.activity_context_menu_
            test_main, menu);
34          return true;
35      }
36
37      //콘텍스트 메뉴에 메뉴의 내용을 갖는 style_menu.xml을 연결
38      public void onCreateContextMenu(ContextMenu menu, View v,
39          ContextMenuInfo menuInfo) {
40          super.onCreateContextMenu(menu, v, menuInfo);
41          MenuInflater inflater = getMenuInflater( );
42          inflater.inflate(R.menu.style_menu, menu);
43      }
44
45      //콘텍스트 메뉴를 선택하면 해당 작업처리
46      public boolean onContextItemSelected(MenuItem item) {
47          EditText content = (EditText)findViewById(R.id.content);
48
49          switch (item.getItemId( )) {
50              case R.id.grayColor://[배경색]의 서브메뉴 [회색] 선택 시
51                  content.setBackgroundColor(Color.GRAY);
52                  return true;
53              case R.id.cyanColor://[배경색]의 서브메뉴 [시안색] 선택 시
54                  content.setBackgroundColor(Color.CYAN);
55                  return true;
56              case R.id.redColor://[배경색]의 서브메뉴 [빨간색] 선택 시
57                  content.setBackgroundColor(Color.RED);
58                  return true;
59              case R.id.whiteColor://[배경색]의 서브메뉴 [흰색] 선택 시
60                  content.setBackgroundColor(Color.WHITE);
61                  return true;
62              case R.id.changeFColor://[글자색-파랑] 선택 시
63                  content.setTextColor(Color.BLUE);
64                  return true;
65              case R.id.changeFont://[글자크기-20] 선택 시
66                  content.setTextSize(20);
```

```
67                return true;
68            default:
69                return super.onContextItemSelected(item);
70        }
71    }
72
73 }
```


이 예제는 콘텍스트 메뉴에 서브메뉴를 추가한 것이어서 onContextItemSelected( ) 메소드에서 서브메뉴를 처리한다.

50~61　서브메뉴의 아이템을 선택 시 아이템에 따라 작업을 처리하도록 설정한 것으로, 62~67 라인에 기술된 메인메뉴와 같은 방식으로 처리한다.

05 실행할 안드로이드 애플리케이션 프로젝트를 선택한 후 [Run As]−[Android Application]을 선택해 실행한다.

[스타일 변경] 버튼을 길게 눌러 표시되는 콘텍스트 메뉴에서 [배경색] 메뉴를 선택하면 배경색의 서브메뉴가 표시된다.

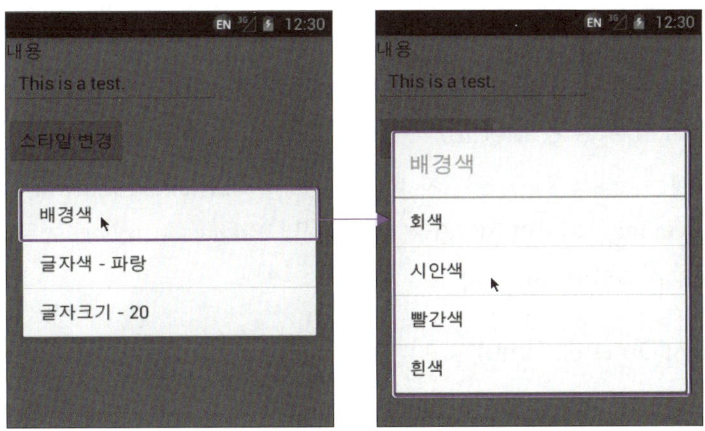

01 안드로이드의 레이아웃, 뷰, 위젯의 개요

- 레이아웃은 뷰들을 배치할때 사용하며, 뷰는 안드로이드 플랫폼상에서 사용자 인터페이스를 표현하는 기본 단위이다. View 클래스는 텍스트 필드, 버튼과 같은 위젯(widget)이라 불리는 서브클래스를 제공한다.

02 폼 위젯(Form Widgets)과 텍스트 필드(Text Fields)

- 텍스트를 표시할때는 TextView를 사용하고, 텍스트를 입력할때는 EditText를 사용한다.
- 버튼을 사용할때는 Button을 사용하고, 체크박스를 사용할때는 CheckBox를 사용한다.
- 라디오버튼과 라디오그룹을 사용할때는 RadioButton과 RadioGroup을 사용하며, 콤보상자를 표시할 때는 Spinner를 사용한다.
- 진행 상태를 표시하는 기능을 사용할 경우 PrograssBar를 사용하며, 진행 상태 및 위치를 선택하는 기능을 사용할 경우 SeekBar를 사용하며, 등급 표시를 사용할 경우에는 RatingBar를 사용한다.

03 레이아웃(Layout)

- 수평, 수직으로 위젯을 순차적으로 배치할 경우 LinearLayout을 사용한다.
- 위젯을 기준 위젯을 중심으로 상대적 배치할 경우 RelativeLayout을 사용한다.
- 위젯을 표 모양으로 배치할 경우 TableLayout 과 TableRow를 사용한다.
- 위젯을 카드를 쌓아놓은 형태로 배치할 경우 FrameLayout을 사용한다.

04 이미지와 미디어(Image & Media)

- 이미지를 표시할때는 ImageView, 이미지 버튼을 사용할 때는 ImageButton, 이미지 갤러리를 사용하려면 Gallery, 미디어 제어기를 사용하려면 MediaController, 동영상을 표시하려면 VideoView를 사용한다.

05 날짜와 시간표시(Date & Time)

- 시간의 흐름 표시하는 기능을 사용할때는 Chronometer, 날짜 선택기를 사용해 날짜를 입력할때는 DatePicker, 시간 선택기를 사용해 시간을 입력할 때는 TimePicker를 사용한다.

06 복합형 뷰

- HTML페이지를 표시할 때는 WebView 를 사용하고, 바둑판 모양으로 이미지나 동영상 등을 배치할 때는 GridView를 사용한다.

07 Canvas를 사용한 도형 그리기

- Canvas(캔버스) 클래스는 문자열, 도형, 이미지등을 그릴 수 있는 공간을 제공하는 것으로 android.graphics 패키지 내에 있다.
- Canvas는 그리는 공간을 제공하는 클래스로 그리는 작업을 실제로 수행하는 그리기 메소드를 제공한다. 이 그리기 메소드들은 "draw"로 시작하는 메소드들이다.

08 메뉴(Menu)

- 안드로이드의 메뉴에는 옵션 메뉴(Options Menu), 콘텍스트 메뉴(Context Menu), 서브메뉴(Submenu)의 세 가지 타입이 있다.
- 옵션 메뉴는 사용자가 단말기 또는 에뮬레이터의 [Menu] 버튼을 누르면 화면에 표시되는 메뉴이다.
- 콘텍스트 메뉴는 사용자가 단말기의 화면을 길게 누르면 화면의 중앙에 나타나는 메뉴이다.
- 서브메뉴는 옵션 메뉴나 콘텍스트 메뉴에 서브 메뉴를 추가할 경우 사용한다.

5

대화상자(Dialog)

사용자가 하던 일을 중단시키고 알림을 표시하거나 프로그래스바로 진행 상황을 표시하거나 로그인 처리와 같은 작업에서 애플리케이션에 직접 관계된 짧은 작업 등을 수행하기 위해 사용되는 대화상자에 대해 알아본다.

대화상자의 개요

대화상자(Dialog:다이얼로그)는 일반적으로 액티비티의 화면에 정면으로 표시되는 작은 윈도(창)이다. 대화상자가 표시되면 대화상자의 아래에 위치하게 되는 액티비티는 포커스를 잃고 대화상자가 사용자와 상호작용을 하게 된다. 보통 대화상자는 사용자가 하던 일을 중단시키고 알림을 표시하거나 프로그래스바의 진행 상태를 표시하거나 로그인 처리와 같은 작업에서 애플리케이션에 직접 관계된 짧은 작업 등을 수행하기 위해 사용된다.

01.1　대화상자의 종류

Dialog 클래스는 대화상자를 만들기 위해 사용되는 베이스 클래스이다. 그러나 직접적으로 이 클래스를 사용해서 객체를 생성하지 않고, Dialog 클래스의 서브 클래스인 AlertDialog, ProgressDialog, DatePickerDialog, TimePickerDialog 등을 용도에 맞게 선택해서 한다.

AlertDialog(얼러트 다이얼로그) 클래스는 어떤 것을 알릴 목적으로 사용되는 알림 대화상자로, 대화상자 내에 0개~3개까지의 버튼을 갖거나 체크박스, 라디오버튼이 포함된 선택 가능한 아이템의 리스트를 제공한다. 이 알림 대화상자는 대부분의 사용자 인터페이스 대화상자를 만들 수 있다.

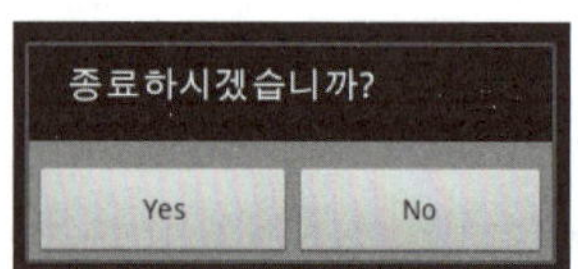

▲ 2개의 버튼을 갖는 알림
(alert) 대화상자

▲ 아이템의 리스트를 갖는 알림
(alert) 대화상자

ProgressDialog(프로그래스 다이얼로그)클래스는 작업의 진행 상황을 표시하는 대화상
자로 원형 또는 막대형 프로그래스바를 표현할 수 있다.

▲ 원형 프로그래스 대화상자

DatePickerDialog(데이트피커 다이얼로그) 클래스는 날짜를 선택하는 DatePicker 위
젯을 대화상자에 넣어서 표시할 때 사용하는 것으로 이 대화상자에 버튼을 추가해서 표현
할 수 있다.

▲ 날짜 선택 대화상자

TimePickerDialog(타임피커 다이얼로그) 클래스는 시간을 선택하는 TimePicker 위젯
을 대화상자에 넣어서 표시할 때 사용하는 것으로 마찬가지로 버튼을 추가해서 표현할 수
있다.

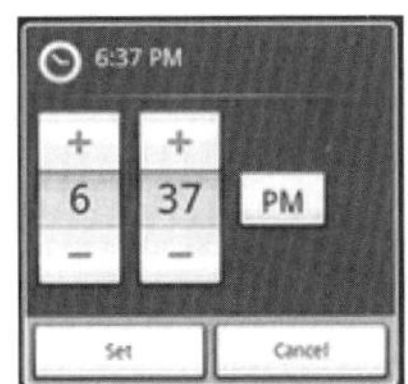

▲ 시간 선택 대화상자

위의 4개의 기본 형태의 대화상자 이외에 사용자가 대화상자의 내용 부분에 이미지 등을
추가한 사용자 정의 대화상자도 만들 수 있다.

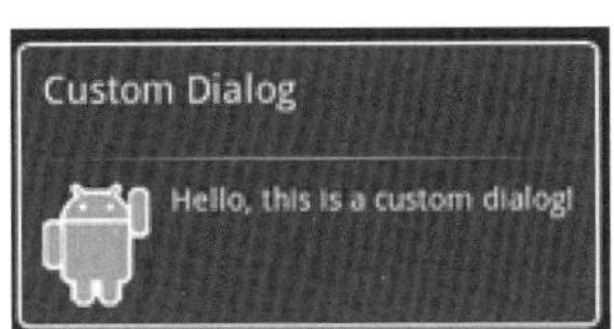

▲ 사용자 정의 대화상자

　대화상자는 항상 액티비티의 부분으로 생성되고 표시된다. 일반적으로 대화상자는 액티비티의 onCreateDialog(int) 콜백 메소드 안에 생성한다. 이 메소드를 사용하면 안드로이드 시스템은 자동적으로 액티비티 내에 있는 각 대화상자를 처리한다. 이런 대화상자들은 액티비티로부터 어떤 프로퍼티들를 상속받는데, 예를 들어 대화상자가 열릴 때 [Menu] 키는 액티비티를 위해 정의된 옵션 메뉴를 표시하고 볼륨 키는 액티비티에서 사용된 오디오 스트림을 조정하는 것 등이다.

　만일 onCreateDialog( ) 메소드의 외부에 대화상자를 만들게 되면 액티비티에 대화상자가 부착되지 않는다. 이럴 때는 setOwnerActivity(Activity) 메소드를 사용해서 대화상자를 액티비티에 붙일 수 있다.

　대화상자를 표시할 때는 showDialog(int) 메소드를 호출하고 화면에 표시되기를 원하는 대화상자의 식별 값을 넘겨준다.

　대화상자가 처음으로 요청되면 안드로이드는 액티비티로부터 onCreateDialog(int) 메소드를 호출한다. 이 메소드를 넘는 showDialog(int) 메소드를 사용했을 때 넘겨받는 것과 같은 ID를 받는다. 대화상자가 생성된 후에는 메소드의 마지막에 생성된 대화상자의 객체를 리턴한다.

```
예    protected Dialog onCreateDialog(int id) { //id는 대화상자의 id
     … 생략 …
         return dialog; //생성된 대화상자의 객체를 리턴
     }
```

　대화상자를 표시하기 전에 필요한 경우 onPrepareDialog(int, Dialog) 콜백 메소드를 호출할 수 있다. 이 메소드는 대화상자가 열릴 때마다 프로퍼티의 변경이 필요한 경우에 정의해서 사용할 수 있다. onCreateDialog( ) 메소드는 처음 대화상자가 표시될 때 한 번만 호출되는 것에 비해 onPrepareDialog( ) 메소드는 대화상자가 열릴 때마다 호출된다.

```
예    //대화상자의 내용이 변경되는 경우 자동 실행
     protected void onPrepareDialog(int id, Dialog dialog) {//dialog는 대화상자 객체
     … 생략 …
         }
```

onCreateDialog( ) 메소드와 onPrepareDialog( ) 메소드에서 각 대화상자에 따른 처리를 할 때 가장 좋은 방법은 id 파라미터의 값을 체크하는 switch문을 사용하는 것이다. 이때 각 case문은 대화상자 식별 ID를 체크하고 각각의 대화상자를 생성하고 정의한다.

```
static final int DIALOG_START_ID = 0;
static final int DIALOG_END_ID = 1;

protected Dialog onCreateDialog(int id) {
    Dialog dialog;
    switch(id) {
    case DIALOG_START_ID:
        // 해당 대화상자를 정의하는 작업 기술
        break;
    case DIALOG_END_ID:
        // 해당 대화상자를 정의하는 작업 기술
        break;
    default:
        dialog = null;
    }
    return dialog;
}
```

프로그래스 대화상자의 경우 onCreateDialog( ) 메소드와 onPrepareDialog( ) 메소드를 같이 사용하며 그 예시는 다음과 같다.

```
static final int PROGRESS_DIALOG = 0;

//대화상자 생성
protected Dialog onCreateDialog(int id) {
    switch(id) {
        case PROGRESS_DIALOG:
            //해당  대화상자 생성
        }
    }
}

//대화상자의 내용이 변경되는 경우 자동 실행
protected void onPrepareDialog(int id, Dialog dialog) {
    switch(id) {
        case PROGRESS_DIALOG:
            //해당 대화상자의 내용 변경 시 처리할 내용 기술
    }
}
```

그런 후 대화상자를 화면에 표시하려면 대화상자의 ID 값을 갖는 showDialog( ) 메소드를 대화상자를 표시할 곳에 기술하면 된다.

```
showDialog(DIALOG_END_ID);
```

알림 대화상자(AlertDialog)

AlertDialog 클래스는 알림 대화상자를 생성시 사용하는 것으로 Dialog 클래스의 서브 클래스이다. 이 대화상자는 대부분의 대화상자를 만들 때 사용하며, 생성 시 다음 4가지 사항을 염두에 두고 만든다.

- 대화상자의 제목
- 표시할 메시지
- 버튼의 수
- 선택 가능 아이템의 리스트의 경우 체크박스 혹은 라디오버튼을 표시할지의 여부

알림 대화상자를 만들기 위해서는 AlertDialog.Builder 클래스를 사용한다(①). AlertDialog.Builder(Context)를 사용해 Builder를 얻어내면 알림 대화상자의 프로퍼티 값들를 정의하는 메소드를 사용 할 수 있게 된다. Builder를 사용한 프로퍼티 값의 설정이 끝나면(②), create( ) 메소드를 사용해 AlertDialog 객체를 얻어낸다(③). 이 작업을 onCreateDialog( ) 메소드 내에 작성하면 대화상자를 화면에 표시하기 위한 결과를 갖는 Dialog 객체를 얻어낼 수 있다.

예

```java
//① AlertDialog.Builder 클래스 생성
AlertDialog.Builder builder = new AlertDialog.Builder(this);

//② Builder를 사용한 프로퍼티 값의 설정
builder.setMessage("종료하시겠습니까?") //메시지
    .setTitle("종료") //타이틀
    .setCancelable(false) //back 버튼을 사용해 대화상자 취소 못함
    .setPositiveButton("Yes", new DialogInterface.OnClickListener( ) {//리스너 등록
        public void onClick(DialogInterface dialog, int id) {//클릭 이벤트 처리
            TestActivity.this.finish( );
        }
    })
    .setNegativeButton("No", new DialogInterface.OnClickListener( ) {
        public void onClick(DialogInterface dialog, int id) {
```

```
                    dialog.cancel( );
            }
        });

    //③ builder.create( ) 메소드를 사용해 화면에 표시하기 위한 결과를 갖는 Dialog 객체를 얻어냄
    AlertDialog ad = builder.create( ); // AlertDialog 객체 생성
```

프로퍼티들을 지정할 때는 처음 메소드를 기술한 후 나머지 메소드들은 연결해서 작성하는데 setMessage(CharSequence) 메소드는 대화상자에 메시지를 표시한다. setTitle(CharSequence) 메소드는 대화상자의 타이틀을 지정하는 것이고 setCancelable(boolean) 메소드는 대화상자를 (back) 버튼을 사용해 취소할지 여부를 결정하는 것으로 setCancelable(false)이면 [back] 버튼을 사용해서 취소할 수 없다.

대화상자의 각 버튼을 사용하기 위해서 setXxxButton( ) 메소드를 사용하는데, [Yes] 버튼을 정의하는 setPositiveButton( ) 메소드는 버튼의 이름을 정의하고 버튼을 누르는 동작을 DialogInterface.OnClickListener를 사용해서 등록하고 onClick( ) 메소드를 사용한 이벤트 처리를 지정한다.

대화상자의 버튼은 최대 3개까지 지정할 수 있으며, positive(긍정), neutral(중립), negative(부정)의 버튼을 사용한다. 이들은 대화상자에서 사용할 경우 한 번씩만 사용할 수 있다.

Exercise [확인], [취소] 버튼을 갖는 알림 대화상자 생성 - [AlertDialogTest] 애플리케이션

이 예제는 [Yes], [No] 버튼을 갖는 알림 대화상자를 만드는 예제로 [확인] 버튼을 누르면 애플리케이션이 종료되고, [취소] 버튼을 누르면 대화상자가 닫힌다.

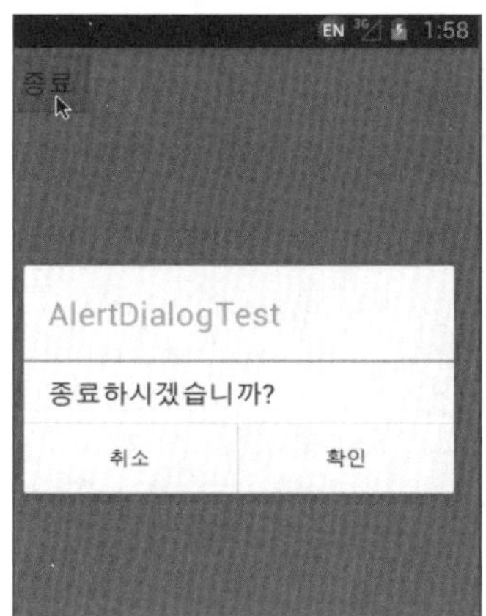

▲ AlertDialogTest 애플리케이션 실행 결과

주요 파일	파일명 ([AlertDialogTest] 애플리케이션)	하는 일
리소스 파일 (문자열, 이미지 등)	문자열 리소스 파일명 : strings.xml 위치 : [프로젝트]–[res]–[values]	• endStr, pStr, nStr 문자열 정의
레이아웃 리소스 파일	activity_alert_dialog_test_main.xml 위치 : [프로젝트]–[res]–[layout]	• 1개의 Button 위젯 배치 • strings.xml에서 정의한 endStr 문자열 참조
로직 클래스	액티비티 클래스 파일 파일명 : AlertDialogTestMain Activity.java 위치 : [프로젝트]–[src]–[패키지명]	• activity_alert_dialog_test_ main.xml을 화면의 내용으 로 표시 • [종료] 버튼을 누르면 알림 대화상자 표시
매니페스트 파일	AndroidManifest.xml 위치 : [프로젝트]	이 애플리케이션에서는 내용 수정 안 함

▲ [AlertDialogTest] 애플리케이션의 주요 파일

01 AlertDialogTest 안드로이드 애플리케이션 프로젝트 생성

❶ [Project Explorer] 뷰에서 [New]–[Project] 메뉴를 선택해 [Android Application Project]를 생성한다.

❷ [New Android Application] 창이 표시되면 다음과 같이 입력 및 선택한 후 [Next] 버튼을 클릭한다. 그 외의 값은 기본 값을 그대로 사용해 생성한다.

항목	입력 및 선택 값
Application Name	AlertDialogTest 입력
Project Name	AlertDialogTest 자동 입력됨
Package Name	work.test.alertdialogtest 입력
Minimum Required SDK	API 8 : Android 2.2 (Froyo) 기본 값 사용
Target SDK	API 18 : Android 4.3 기본 값 사용 기본 값이 아닐 경우 선택
Compile With	API 18 : Android 4.3 기본 값 사용

❸ [Next] 버튼을 누르다가 액티비티명 변경 화면이 표시되면 [Activity name]을 "Alert DialogTestMainActivity"로 변경한 후 [Finish] 버튼을 클릭한다.

02 [res]−[values]−[strings.xml] 파일에 문자열을 추가한 후 저장한다.

```xml
01    <?xml version="1.0" encoding="utf-8"?>
02    <resources>
03
04        <string name="app_Name">AlertDialogTest</string>
05        <string name="hello_world">Hello world!</string>
06        <string name="menu_settings">Settings</string>
07        <string name="endStr">종료</string>
08        <string name="pStr">확인</string>
09        <string name="nStr">취소</string>
10
11    </resources>
```

03 [res]−[layout]−[activity_alert_dialog_test_main.xml] 파일을 열어 레이아웃을 디자인한 후 저장한다.

▲ [Outline] 뷰의 구조   ▲ [Graphical Layout]의 화면

완성된 [activity_alert_dialog_test_main.xml]은 다음과 같다.

```xml
01    <RelativeLayout xmlns:android="http://schemas.android.com/apk/res/android"
02        xmlns:tools="http://schemas.android.com/tools"
03        android:layout_width="match_parent"
04        android:layout_height="match_parent"
05        tools:context=".AlertDialogTestMainActivity" >
06
07        <Button
08            android:id="@+id/endBtn"
09            android:layout_width="wrap_content"
10            android:layout_height="wrap_content"
11            android:layout_alignParentLeft="true"
12            android:layout_alignParentTop="true"
13            android:text="@string/endStr" />
14
15    </RelativeLayout>
```

04 [AlertDialogTest]–[src]–[work.test.alertdialogtest] 내에 있는 [AlertDialogTest MainActivity] 액티비티의 내용을 변경한 후 저장한다.

```java
01  package work.test.alertdialogtest;
02
03  import android.app.Activity;
04  import android.app.AlertDialog;
05  import android.app.Dialog;
06  import android.content.DialogInterface;
07  import android.os.Bundle;
08  import android.view.Menu;
09  import android.view.View;
10  import android.view.Window;
11  import android.widget.Button;
12
13  public class AlertDialogTestMainActivity extends Activity {
14
15      //대화상자의 ID를 지정
16      static final int ENDDIALOG = 0;
17
18      @Override
19      protected void onCreate(Bundle savedInstanceState) {
20          super.onCreate(savedInstanceState);
21          requestWindowFeature(Window.FEATURE_NO_TITLE);
22          setContentView(R.layout.activity_alert_dialog_test_main);
23
24          //[종료] 버튼의 정보를 가져와서 리스너를 등록
25          Button end = (Button)findViewById(R.id.endBtn);
26          end.setOnClickListener(new View.OnClickListener( ) {
27
28              //[종료] 버튼을 누르면 실행
29              @Override
30              public void onClick(View v) {
31                  //화면에 ID가 ENDDIALOG인 대화상자 표시
32                  showDialog(ENDDIALOG);
33              }
34          });
35      }
36
```

```java
//대화상자를 생성
protected Dialog onCreateDialog(int id) {
    Dialog dialog = null;

    switch(id) {
        //대화상자의 ID가 ENDDIALOG인 경우
        case ENDDIALOG:
            dialog = process( );//메소드 호출
            break;

        default:
            dialog = null;
    }
    return dialog;
}

//대화상자를 생성하는 메소드
public Dialog process( ){
    //대화상자에 필요한 프로퍼티을 지정하기 위해 Builder 생성
    AlertDialog.Builder builder = new AlertDialog.Builder(this);
    builder.setMessage("종료하시겠습니까?") //메시지
        .setTitle(R.string.app_Name) //타이틀
        .setCancelable(false) //back 버튼을 사용해 대화상자 취소 못함

        //[확인] 버튼 정의
        .setPositiveButton(R.string.pStr, //버튼 레이블
            //대화상자의 [확인] 버튼에 리스너 등록
            new DialogInterface.OnClickListener( ) {
                //대화상자의 [확인] 버튼을 누르면 실행
                public void onClick(DialogInterface dialog, int id) {
                    //애플리케이션 종료
                    AlertDialogTestMainActivity.this.finish( );
                }
        })
        //[취소] 버튼 정의
        .setNegativeButton(R.string.nStr, //버튼 레이블
            //대화상자의 [취소] 버튼에 리스너 등록
            new DialogInterface.OnClickListener( ) {
```

```
75                    //대화상자의 [취소] 버튼을 누르면 실행
76                    public void onClick(DialogInterface dialog, int id) {
77                        dialog.cancel( ); //대화상자 취소
78                    }
79            });

81        // AlertDialog 객체 생성해서 호출한 곳으로 리턴
82        return builder.create( );
83    }

85    @Override
86    public boolean onCreateOptionsMenu(Menu menu) {
87        // Inflate the menu; this adds items to the action bar if it is present.
88        getMenuInflater( ).inflate(R.menu.activity_alert_dialog_test_main, menu);
89        return true;
90    }

92 }
```


주의 32라인의 showDialog( ) 메소드에 취소선 표시가 되어 이 메소드가 폐기되었다는 표시가 나오더라도 무시한다. 실행 시에는 아무런 문제가 없다. 안드로이드는 새로운 버전이 나와 특정 클래스나 메소드가 폐기되는 경우가 있는데, 폐기된 메소드를 처리할 마땅한 대안 메소드가 없는 경우에는 그냥 사용해도 된다.

16   static final int ENDDIALOG = 0;은 대화상자의 구별을 위해 대화상자에 ID를 지정하는 부분으로, ID 값으로 0 값을 갖는 ENDDIALOG 상수를 지정했다. 상수는 선언 시 final 키워드를 사용하며 일반적으로 static 키워드를 함께 사용해서 static final로 선언한다.

25~34   [종료] 버튼의 정보를 가져와서 리스너를 등록한다. 이때 [종료] 버튼을 누르면 30라인의 onClick( ) 메소드가 자동 실행되어 32라인의 showDialog(ENDDIALOG) 메소드가 실행된다. showDialog(ENDDIALOG) 메소드는 화면에 ID가 ENDDIALOG인 대화상자를 표시한다.

38~51   onCreateDialog(int id) 메소드는 주어진 id 값에 해당하는 대화상자를 생성한다. 이 메소드는 한 애플리케이션에서 여러 종류의 대화상자가 필요할 경우에 유용하며, 생성될 대화상자는 41~49라인에서 정의된 switch문에서 구분해서 생성한다.

43~45   대화상자의 대화상자의 ID가 ENDDIALOG인 경우 44라인에서 대화상자를 실제로 생성하는 process( ) 메소드를 호출한 후 결과 값을 얻어내 대화상자를 표시한다.

54~83   process( ) 메소드는 알림 대화상자를 생성하는 작업을 처리하는 메소드이다.

56   AlertDialog.Builder builder = new AlertDialog.Builder(this);은 대화상자에 필요한 프로퍼

티들을 지정하기 위해 Builder 객체를 생성해 대화상자를 만든다.

57~59   대화상자의 표시되는 메시지, 대화상자의 타이틀 및 back 버튼을 사용해 대화상자를 취
소하지 못하도록 지정하는 부분이다.

62~70   알림 대화상자에서 [확인] 버튼을 생성하고(62라인), [확인] 버튼을 클릭했을 때의 작업을
처리하는 부분(64~69)을 기술한다.

72~79   알림 대화상자에서 [취소] 버튼을 생성(72라인)하고, [취소] 버튼을 클릭했을 때의 작업을
처리(74~79)하는 부분이다.

82   return builder.create( );은 AlertDialog 객체를 생성해서 호출한 곳으로 리턴하는 부분으로,
여기서는 44라인 dialog = process( );으로 리턴되어 결론적으로 화면에 대화상자가 표시된다.

05 실행할 안드로이드 애플리케이션 프로젝트를 선택한 후 [Run As]-[Android Appli
cation]을 선택해 안드로이드 에뮬레이터로 실행한다.

[종료] 버튼을 누르면 알림 대화상자가 표시되고, 알림 대화상자의 [확인] 버튼을 누르면
애플리케이션이 종료되고, [취소] 버튼을 누르면 작업이 취소된다. [취소] 버튼과 [확인] 버
튼이 표시되는 순서는 안드로이드 SDK의 버전에 따라 다를 수 있다.

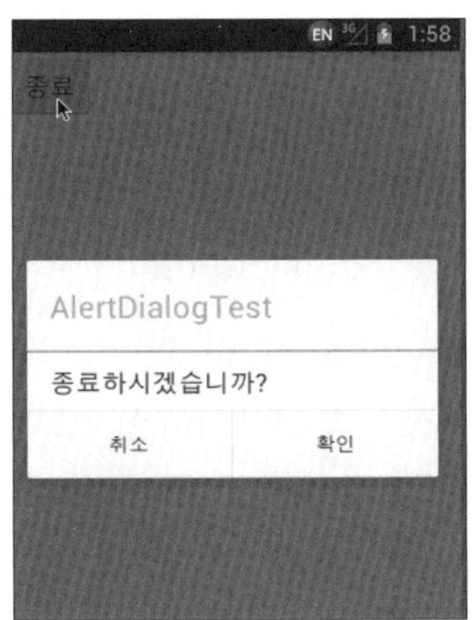

실제로 서비스되는 앱에서는 [종료] 버튼을 눌러 대화상자를 호출해 애플리케이션을 종
료하는 것이 아니라 🔙(back) 버튼을 눌러서 한다. 애플리케이션을 종료할 때 🔙(back)
버튼을 누르면 알림 대화상자가 표시되도록 하는 부분은 "6장. 이벤트처리"의 "Section
02. 각종 이벤트의 처리"의 "(4) 키 이벤트" 부분에서 키이벤트를 학습할 때 구현한다.

선택 가능한 리스트를 갖는 알림 대화상자를 만들기 위해서는 클래스의 setItems( ) 메소드를 사용해서 한다.

▲ 선택 가능한 리스트를 갖는 알림 대화상자

```
예    final CharSequence[] items = {"Protoss", "Zerg", "Terran"};

      AlertDialog.Builder builder = new AlertDialog.Builder(this);
      builder.setTitle("종족 선택");

      //대화상자에 리스트를 사용
      builder.setItems(items, new DialogInterface.OnClickListener( ) {
          //리스트의 아이템(항목)을 선택 시 자동 실행
          public void onClick(DialogInterface dialog, int item) {
              Toast.makeText(getApplicationContext( ),
                      items[item], Toast.LENGTH_SHORT).show( );
          }
      });
      AlertDialog ad = builder.create( );
```

setItems( ) 메소드는 리스트의 아이템으로 사용할 배열과 아이템을 선택시 발생하는 이벤트를 등록하는 DialogInterface.OnClickListener를 매개변수로 갖는다. 각 아이템을 선택시 처리할 작업은 onClick( ) 메소드를 사용해서 기술한다.

리스트에 체크박스나 라디오버튼을 추가할 경우에는 대화상자에 다중 선택 아이템(체크박스) 또는 단일 선택 아이템(라디오버튼)을 넣어서 생성한다. 체크박스의 경우 setMultiChoiceItems( ) 메소드를, 라디오버튼의 경우 setSingleChoiceItems( ) 메소드를 사용한다.

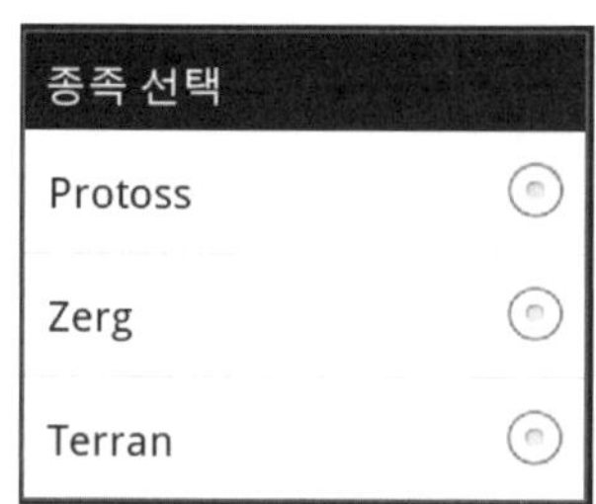

▲ 리스트에 라디오버튼을 갖는 알림 대화상자

```
예    final CharSequence[] items = {"Protoss", "Zerg", "Terran"};

     AlertDialog.Builder builder = new AlertDialog.Builder(this);
     builder.setTitle("종족 선택");

     //리스트에 라디오버튼 표시 사용
     builder.setSingleChoiceItems(items, -1, new DialogInterface.OnClickListener( ) {
         public void onClick(DialogInterface dialog, int item) {
             Toast.makeText(getApplicationContext( ),
                 items[item], Toast.LENGTH_SHORT).show( );
         }
     });
     AlertDialog ad = builder.create( );
```

setSingleChoiceItems( ) 메소드의 두 번째 매개변수인 -1은 리스트 내에서 선택된 아이템의 값이다. 아이템의 값이 0부터 시작하기 때문에 아무런 값도 선택하지 않았다는 의미에서 -1 값을 지정한 것이다.

Exercise 라디오버튼을 갖는 리스트를 포함한 대화상자 생성
　　　　 - [AlertDialogListTest] 애플리케이션

이 예제는 선택 가능한 아이템을 리스트로 갖는 대화상자를 갖는데, 아이템을 클릭하면 화면에 짧은 메시지를 표시를 표시한다.

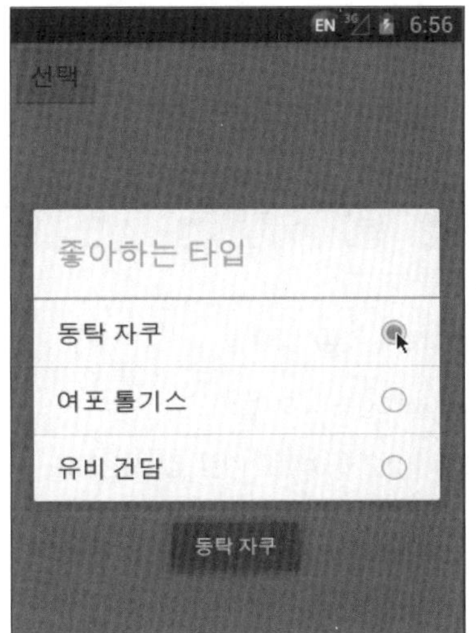

▲ AlertDialogListTest 애플리케이션 실행 결과

주요 파일	파일명 ([AlertDialogListTest] 애플리케이션)	하는 일
리소스 파일 (문자열, 이미지 등)	문자열 리소스 파일명 : strings.xml 위치 : [프로젝트]–[res]–[values]	• selectStr, fType 문자열 정의
레이아웃 리소스 파일	activity_alert_dialog_list_test_main .xml 위치 : [프로젝트]–[res]–[layout]	• 1개의 Button 위젯 배치 • strings.xml에서 정의한 selectStr 문자열 참조
로직 클래스	액티비티 클래스 파일 파일명 : AlertDialogListTestMain Activity.java 위치 : [프로젝트]–[src]–[패키지명]	• activity_alert_dialog_list_ test_main.xml을 화면의 내 용으로 표시 • [선택] 버튼을 누르면 리스트 알림 대화상자 표시
매니페스트 파일	AndroidManifest.xml 위치 : [프로젝트]	이 애플리케이션에서는 내용 수정 안 함

▲ [AlertDialogListTest] 애플리케이션의 주요 파일

01 AlertDialogListTest 안드로이드 애플리케이션 프로젝트 생성

❶ [Project Explorer] 뷰에서 [New]–[Project] 메뉴를 선택해 [Android Application Project]를 생성한다.

❷ [New Android Application] 창이 표시되면 다음과 같이 입력 및 선택한 후 [Next] 버튼을 클릭한다. 그 외의 값은 기본 값을 그대로 사용해 생성한다.

항목	입력 및 선택 값
Application Name	AlertDialogListTest 입력
Project Name	AlertDialogListTest 자동 입력됨
Package Name	work.test.alertdialoglisttest 입력
Minimum Required SDK	API 8 : Android 2.2 (Froyo) 기본 값 사용
Target SDK	API 18 : Android 4.3 기본 값 사용 기본 값이 아닐 경우 선택
Compile With	API 18 : Android 4.3 기본 값 사용

02 [res]–[values]–[strings.xml] 파일에 문자열을 추가한 후 저장한다.

```xml
<?xml version="1.0" encoding="utf-8"?>
<resources>
    <string name="hello">Hello World, AlertDialogListTestActivity!</string>
    <string name="app_Name">AlertDialogListTest</string>
    <string name="selectStr">선택</string>
    <string name="fType">좋아하는 타입</string>
</resources>
```

03 [res]−[layout]−[activity_alert_dialog_list_test_main.xml] 파일을 열어 레이아웃을 디자인한 후 저장한다.

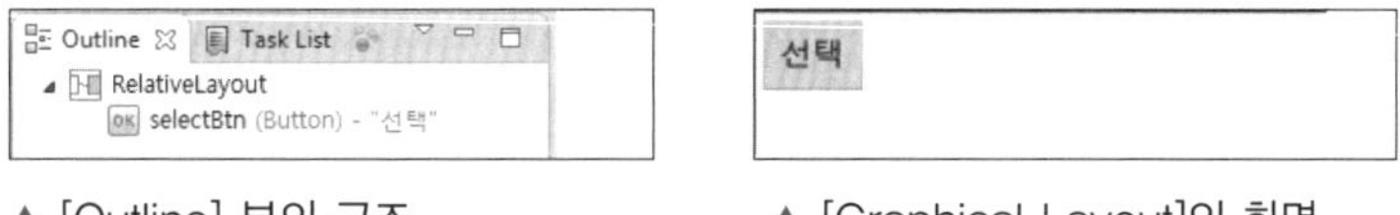

▲ [Outline] 뷰의 구조　　　　　　　　▲ [Graphical Layout]의 화면

완성된 [activity_alert_dialog_list_test_main.xml]은 다음과 같다.

```xml
01  <RelativeLayout xmlns:android="http://schemas.android.com/apk/res/android"
02      xmlns:tools="http://schemas.android.com/tools"
03      android:layout_width="match_parent"
04      android:layout_height="match_parent"
05      tools:context=".AlertDialogListTestMainActivity" >
06
07      <Button
08          android:id="@+id/selectBtn"
09          android:layout_width="wrap_content"
10          android:layout_height="wrap_content"
11          android:layout_alignParentLeft="true"
12          android:layout_alignParentTop="true"
13          android:text="@string/selectStr" />
14
15  </RelativeLayout>
```

04 [AlertDialogListTest]−[src]−[work.test.alertdialoglisttest] 내에 있는 [AlertDialogListTestMainActivity] 액티비티의 내용을 추가한 후 저장한다.

```java
01    package work.test.alertdialoglisttest;
02
03    import android.app.Activity;
04    import android.app.AlertDialog;
05    import android.app.Dialog;
06    import android.content.DialogInterface;
07    import android.os.Bundle;
08    import android.view.Menu;
09    import android.view.View;
10    import android.view.Window;
11    import android.widget.Button;
12    import android.widget.Toast;
13
14    public class AlertDialogListTestMainActivity extends Activity {
15
16        //대화상자의 ID를 지정
17        static final int SELECTDIALOG = 0;
18
19        @Override
20        protected void onCreate(Bundle savedInstanceState) {
21            super.onCreate(savedInstanceState);
22            requestWindowFeature(Window.FEATURE_NO_TITLE);
23            setContentView(R.layout.activity_alert_dialog_list_test_main);
24
25            //[선택] 버튼의 정보를 가져와서 리스너를 등록
26            Button select = (Button)findViewById(R.id.selectBtn);
27            select.setOnClickListener(new View.OnClickListener( ) {
28
29                //[선택] 버튼을 누르면 실행
30                @Override
31                public void onClick(View v) {
32                    //화면에 ID가 SELECTDIALOG인 대화상지 표시
33                    showDialog(SELECTDIALOG);
34                }
35            });
36        }
37
38        //대화상자를 생성
39        protected Dialog onCreateDialog(int id) {
40            Dialog dialog = null;
```

```java
41
42          switch(id) {
43              //대화상자의 ID가 SELECTDIALOG인 경우
44              case SELECTDIALOG:
45                  dialog = process( );//메소드 호출
46                  break;
47
48              default:
49                  dialog = null;
50          }
51          return dialog;
52      }
53
54      //대화상자를 생성하는 메소드
55      public Dialog process( ){
56          //리스트의 아이템들
57          final CharSequence[ ] items = {"동탁 자쿠", "여포 톨기스", "유비 건담"};
58
59          //대화상자에 필요한 프로퍼티을 지정하기 위해 Builder 생성
60          AlertDialog.Builder builder = new AlertDialog.Builder(this);
61
62          builder.setTitle(R.string.fType); //타이틀
63          //라디오버튼을 갖는 리스트
64          builder.setSingleChoiceItems(items, −1,
65              new DialogInterface.OnClickListener( ) {
66                  public void onClick(DialogInterface dialog, int item) {
67                      //토스트 메시지 표시
68                      Toast.makeText(getApplicationContext( ),
69                              items[item], Toast.LENGTH_SHORT).show( );
70                  }
71          });
72
73          // AlertDialog 객체 생성해서 호출한 곳으로 리턴
74          return builder.create( );
75      }
76
77      @Override
78      public boolean onCreateOptionsMenu(Menu menu) {
79          // Inflate the menu; this adds items to the action bar if it is present.
80          getMenuInflater( ).inflate(R.menu.activity_alert_dialog_list_test_main.menu);
```

```
81          return true;
82      }
83
84  }
```

소스코드 설명

17   static final int SELECTDIALOG = 0;은 대화상자의 ID로 SELECTDIALOG 상수 값을 사용하기 위한 것이다.

26~35   [선택] 버튼을 누르면 대화상자를 생성해 화면에 표시하도록 이벤트 리스너를 등록한다.

39~52   onCreateDialog(int id) 메소드에서는 대화상자의 ID가 SELECTDIALOG인 경우 process( ) 메소드를 호출해서 알림 대화상자를 생성한다.

57   final CharSequence[ ] items = {"동탁 자쿠", "여포 톨기스", "유비 건담"};은 리스트의 아이템이 될 목록을 초기화 배열 리스트로 생성했다. final이 붙은 이유는 무명 내부 클래스의 69라인에서 이 배열 리스트에 접근하기 때문이다.

64~71   라디오버튼을 갖는 리스트를 알림 대화상자에서 사용하기 위해 .setSingleChoiceItems( ) 메소드를 사용했다. builder.setSingleChoiceItems(items, −1, new DialogInterface.OnClickListener( )) 메소드의 첫 번째 매개변수는 리스트의 항목을 갖는 배열명이고, 두 번째 매개변수 −1은 기본 값으로 어떤 목록도 선택하지 않았다는 의미이다. 세 번째 매개변수는 리스트의 항목을 클릭하면 이벤트가 발생하도록 이벤트 리스너를 지정한 부분이다.

66~70   알림 대화상자의 리스트의 항목을 클릭하면 토스트 메시지가 표시되도록 지정했다.

---

05 실행할 안드로이드 애플리케이션 프로젝트를 선택한 후 [Run As]−[Android Application]을 선택해 안드로이드 에뮬레이터로 실행한다. [선택] 버튼을 누르면 리스트를 갖는 알림 대화상자가 표시된다. 대화상자를 닫을 때에는 (back) 버튼을 눌러서 한다.

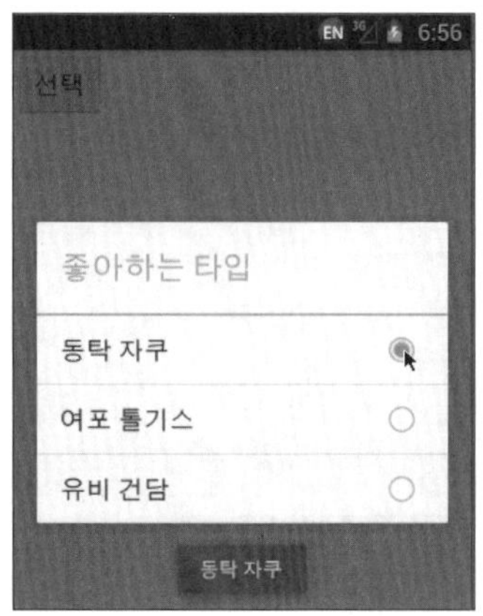

프로그래스 대화상자
(ProgressDialog)

ProgressDialog 클래스는 대화상자의 안에 프로그래스바를 갖는 프로그래스 대화상자를 생성하는 것으로 AlertDialog로부터 상속받은 파생클래스이다. 프로그래스 대화상자는 종료지점을 알 수 없을 때 사용되는 원형 프로그래스바 또는 작업의 끝나는 지점을 알 수 있는 수평 프로그래스바를 내부에 갖고 있다. 또한 이 대화상자는 버튼을 가질 수 있다.

프로그래스 대화상자는 ProgressDialog.show( ) 메소드를 호출하는 것으로 열 수 있다. 예를 들어 onCreateDialog( ) 메소드를 사용한 대화상자의 관리 없이 간단하게 실행할 경우에는 다음과 같이 작성한다.

```
예  ProgressDialog dialog = ProgressDialog.show(TestActivity.this, "로딩중",
                    "로딩중. 잠시 기다려 주시기 바랍니다.", true);
```

ProgressDialog.show( ) 메소드의 첫 번째 매개변수는 애플리케이션의 콘텍스트이고, 두 번째 매개변수는 대화상자의 타이틀이다. 세 번째 매개변수는 대화상자에 표시할 메시지이고 마지막 매개변수는 작업의 끝을 가늠할 수 있는가의 여부를 지정하는 것으로 가늠할 수 없는 원형 프로그래스바인 경우에는 'true'를, 가늠할 수 있는 수평 프로그래스바인 경우에는 'false'를 지정한다.

프로그래스 대화상자의 기본형은 원형 타입으로, 수평 프로그래스바를 표시할 경우에는 setProgressStyle(ProgressDialog.STYLE_HORIZONTAL) 메소드를 사용해서 한다.

```
예  ProgressDialog progressDialog ;
    progressDialog = new ProgressDialog(ProgressDialogTestActivity.this);
    progressDialog.setProgressStyle(ProgressDialog.STYLE_HORIZONTAL);
    progressDialog.setMessage("로딩중...");
    progressDialog.setCancelable(false);
    progressDialog.show( );
```

프로그래스가 진행되는 모습을 표현하려면 전체 퍼센트에서 어느 정도 진행되고 있는가를 setProgress(int) 메소드 또는 incrementProgressBy(int)를 사용해 프로그래스바에 표시해야 한다. 또한 쓰레드를 사용해서 프로그래스의 진행 상태를 제어해야 한다.

```java
예   static final int PROGRESS_DIALOG = 0;

    protected Dialog onCreateDialog(int id) {
      switch(id) {
        case PROGRESS_DIALOG:
            //프로그래스 대화상자 생성
        default:
            return null;
        }
    }

    //대화상자의 내용이 변경되는 경우 자동 실행
    protected void onPrepareDialog(int id, Dialog dialog) {
      switch(id) {
        case PROGRESS_DIALOG:
            //프로그래스의 진행 상황을 표시
            //프로그래스를 제어하는 쓰레드 생성 및 실행
        }
    }
```

Exercise 수평 프로그래스바를 갖는 프로그래스 대화상자 생성

　　　 – [ProgressDialogTest] 애플리케이션

이 예제는 수평 프로그래스바를 갖는 프로그래스 대화상자를 생성하는 것으로, 프로그래스바를 제어하기 위해 쓰레드를 추가했다.

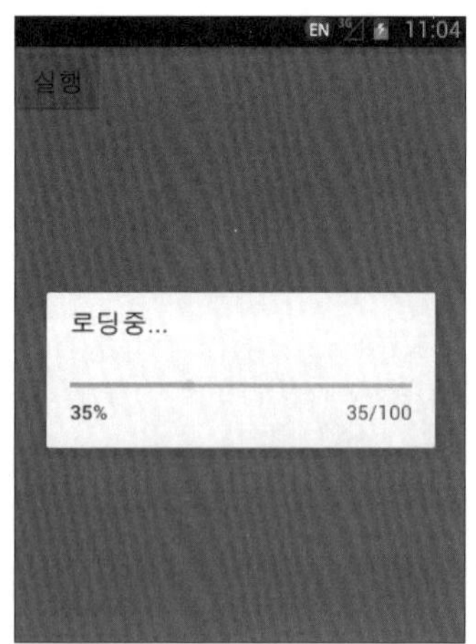

▲ ProgressDialogTest 애플리케이션 실행 결과

주요 파일	파일명 ([ProgressDialogTest] 애플리케이션)	하는 일
리소스 파일 (문자열, 이미지 등)	문자열 리소스 파일명 : strings.xml 위치 : [프로젝트]–[res]–[values]	• processStr 문자열 정의
레이아웃 리소스 파일	activity_progress_dialog_test_main.xml 위치 : [프로젝트]–[res]–[layout]	• 1개의 Button 위젯 배치 • strings.xml에서 정의한 processStr 문자열 참조
로직 클래스	액티비티 클래스 파일 파일명 : ProgressDialogTestMainActivity.java 위치 : [프로젝트]–[src]–[패키지명]	• activity_progress_dialog_test_main.xml을 화면의 내용으로 표시 • [실행] 버튼을 누르면 프로그래스 대화상자 표시
매니페스트 파일	AndroidManifest.xml 위치 : [프로젝트]	이 애플리케이션에서는 내용 수정 안 함

▲ [ProgressDialogTest] 애플리케이션의 주요 파일

01 ProgressDialogTest 안드로이드 애플리케이션 프로젝트 생성

❶ [Project Explorer] 뷰에서 [New]–[Project] 메뉴를 선택해 [Android Application Project]를 생성한다.

❷ [New Android Application] 창이 표시되면 다음과 같이 입력 및 선택한 후 [Next] 버튼을 클릭한다. 그 외의 값은 기본 값을 그대로 사용해 생성한다.

항목	입력 및 선택 값
Application Name	ProgressDialogTest 입력
Project Name	ProgressDialogTest 자동 입력됨
Package Name	work.test.progressdialogtest 입력
Minimum Required SDK	API 8 : Android 2.2 (Froyo) 기본 값 사용
Target SDK	API 18 : Android 4.3 기본 값 사용 기본 값이 아닐 경우 선택
Compile With	API 18 : Android 4.3 기본 값 사용

❸ [Next] 버튼을 누르다가 액티비티명 변경 화면이 표시되면 [Activity name]을 "ProgressDialogTestMainActivity"로 변경한 후 [Finish] 버튼을 클릭한다.

02 [res]-[values]-[strings.xml] 파일에 문자열을 추가한 후 저장한다.

```xml
01  <?xml version="1.0" encoding="utf-8"?>
02  <resources>
03
04      <string name="app_Name">ProgressDialogTest</string>
05      <string name="hello_world">Hello world!</string>
06      <string name="menu_settings">Settings</string>
07      <string name="processStr">실행</string>
08
09  </resources>
```

03 [res]-[layout]-[activity_progress_dialog_test_main.xml] 파일을 열어 레이아웃을
디자인한 후 저장한다.

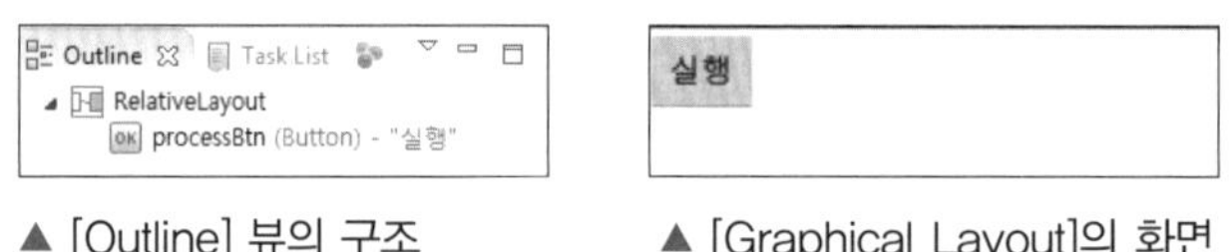

▲ [Outline] 뷰의 구조　　　　　▲ [Graphical Layout]의 화면

완성된 [activity_Progress_dialog_test_main.xml]은 다음과 같다.

```xml
01  <RelativeLayout xmlns:android="http://schemas.android.com/apk/res/android"
02      xmlns:tools="http://schemas.android.com/tools"
03      android:layout_width="match_parent"
04      android:layout_height="match_parent"
05      tools:context=".ProgressDialogTestMainActivity" >
06
07      <Button
08          android:id="@+id/processBtn"
09          android:layout_width="wrap_content"
10          android:layout_height="wrap_content"
11          android:layout_alignParentLeft="true"
12          android:layout_alignParentTop="true"
13          android:text="@string/processStr" />
14
15  </RelativeLayout>
```

04 [ProgressDialogTest]–[src]–[work.test.progressdialogtest] 내에 있는
[ProgressDialogTestMainActivity] 액티비티의 내용을 변경한 후 저장한다.

```java
01  package work.test.progressdialogtest;
02
03  import android.app.Activity;
04  import android.app.Dialog;
05  import android.app.ProgressDialog;
06  import android.os.Bundle;
07  import android.os.Handler;
08  import android.os.Message;
09  import android.util.Log;
10  import android.view.Menu;
11  import android.view.View;
12  import android.view.Window;
13  import android.widget.Button;
14
15  public class ProgressDialogTestMainActivity extends Activity {
16
17      //대화상자의 ID를 지정
18      static final int PROGRESSDIALOG = 0;
19      ProgressThread pThread; //프로그래스바를 제어하는 쓰레드
20      ProgressDialog pd; //프로그래스 대화상자 객체 저장
21
22      @Override
23      protected void onCreate(Bundle savedInstanceState) {
24          super.onCreate(savedInstanceState);
25          requestWindowFeature(Window.FEATURE_NO_TITLE);
26          setContentView(R.layout.activity_progress_dialog_test_main);
27
28          Button process = (Button)findViewById(R.id.processBtn);
29          process.setOnClickListener(new View.OnClickListener( ) {
30              @Override
31              public void onClick(View v) {
32                  //화면에 ID가 PROGRESSDIALOG인 대화상자 표시
33                  showDialog(PROGRESSDIALOG);
34              }
35          });
36      }
37
38      //대화상자 생성시 호출
```

```java
39    protected Dialog onCreateDialog(int id) {
40        Dialog dialog = null;
41
42        switch(id) {
43            //대화상자의 ID가 PROGRESSDIALOG인 경우
44            case PROGRESSDIALOG:
45                //수평 프로그래스바를 갖는 프로그래스 대화상자 생성
46                pd = new ProgressDialog(ProgressDialogTestMainActivity.this);
47                pd.setProgressStyle(ProgressDialog.STYLE_HORIZONTAL);
48                pd.setMessage("로딩중...");
49                dialog = pd;
50                break;
51
52            default:
53                dialog = null;
54        }
55        return dialog;
56    }
57
58    //대화상자 변경시 호출
59    protected void onPrepareDialog(int id, Dialog dialog) {
60        switch(id) {
61            //PROGRESSDIALOG인 경우 프로그래스의 초기 값은 0으로 지정
62            //프로그래스바를 제어할 쓰레드 생성 및 실행
63            case PROGRESSDIALOG:
64                pd.setProgress(0);
65                pThread = new ProgressThread(handler);
66                pThread.start( ); //쓰레드 실행
67
68            default:
69        }
70    }
71
72    //프로그래스바가 업데이트될 때 메시지를 받는 작업을 수행하는 핸들러 정의
73    final Handler handler = new Handler( ) {
74        public void handleMessage(Message msg) {
75            //진행 상황의 값을 progress 변수에 넣음
76            int progress = msg.arg1;
77            //받아온 진행 값을 프로그래스바의 진행 상황에 반영
78            pd.setProgress(progress);
79
```

```java
80          //진행 상황이 100%가 되면
81          if (progress >= 100){
82              //PROGRESSDIALOG인 대화상자를 닫음
83              dismissDialog(PROGRESSDIALOG);
84              //쓰레드 상태를 중단으로 지정
85              pThread.setState(ProgressThread.STATE_DONE);
86          }
87      }
88  };
89
90  @Override
91  public boolean onCreateOptionsMenu(Menu menu) {
92      // Inflate the menu; this adds items to the action bar if it is present.
93      getMenuInflater().inflate(R.menu.activity_progress_dialog_test_main,menu);
94
95      return true;
96  }
97 }
98
99 //프로그래스바를 제어하는 쓰레드 정의
100 class ProgressThread extends Thread {
101     Handler pHandler;
102     //쓰레드 상태 중단
103     final static int STATE_DONE = 0;
104     //쓰레드 상태 실행 중
105     final static int STATE_RUNNING = 1;
106     int tStatus; //쓰레드의 상태 저장
107     int progress; //프로그래스의 진행 상황 값 저장
108
109     ProgressThread(Handler h) {
110         pHandler = h;
111     }
112
113     public void run() {
114         //쓰레드 상태를 실행 중으로 지정
115         tStatus = STATE_RUNNING;
116         //프로그래스의 진행 상황 초기 값을 0으로 설정
117         progress = 0;
118
119         //쓰레드가 실행 중이면 실행
120         while (tStatus == STATE_RUNNING) {
```

```java
121             try {
122                 //0.1초마다 프로그래스바가 1씩 진행
123                 Thread.sleep(100);//0.1초 sleep
124             } catch (InterruptedException e) {
125                 //예외가 발생하면 로그에 기록
126                 Log.e("ERROR", "Thread Interrupted");
127             }
128
129             //Handler에서 obtainMessage( ) 메소드를 사용해
130             //Message 객체 msg 생성
131             Message msg = pHandler.obtainMessage( );
132             //프로그래스의 진행 상황 값을 갖는 progress 변수의 값을
133             //Message 객체에서 전달할 수 있는 값으로 설정
134             //arg1은 전달할 값이 작은 숫자인 경우에 사용
135             msg.arg1 = progress;
136             //메시지를 설정
137             pHandler.sendMessage(msg);
138             //진행 상황 값 1증가
139             progress++;
140         }
141     }
142
143     //쓰레드의 상태를 설정하는 setState( ) 메소드를 정의
144     public void setState(int state) {
145         tStatus = state;
146     }
147 }
```


44~50 수평 프로그래스바를 갖는 대화상자를 생성하는 부분이다. 46라인에서 프로그래스바를 생성하고, 47라인에서 프로그래스바의 스타일을 지정한다.

59~70 onPrepareDialog(int id, Dialog dialog) 메소드는 대화상자가 변경되면 자동으로 호출되는 메소드이다. 프로그래스바처럼 진행 상태를 표시해야 하는 경우에 반드시 기술해야 한다.

64 pd.setProgress(0);은 프로그래스바의 초기 진행 값을 0으로 지정한다.

65 pThread = new ProgressThread(handler);은 프로그래스바의 진행을 처리할 쓰레드를 생성한다. 이때 73~88라인에 정의한 프로그래스바가 업데이트될 때 메시지를 받는 작업을 수행하는 Handler 객체를 가지고 생성한다.

66 pThread.start( );은 생성한 쓰레드를 실행시키는 것으로, 쓰레드의 실행을 처리하는 run( )

메소드를 자동으로 호출한다. 여기서는 113라인의 run( ) 메소드를 실행한다.

73~88 　프로그래스바가 업데이트될 때 메시지를 받는 작업을 수행하는 핸들러를 정의하는 부분이다.

74~87 　handleMessage(Message msg) 메소드가 메시지를 받아 프로그래스바의 진행 상황에 반영하는 작업을 처리한다.

100~147 　프로그래스바를 제어하는 쓰레드 ProgressThread 클래스를 정의하는 부분이다.

109~111 　생성자로 ProgressThread 클래스의 객체를 생성할 때 프로그래스 진행 상황의 메시지를 받는 Handler 객체를 사용하기 위해 pHandler 변수에 세팅한다.

113~141 　run( ) 메소드는 쓰레드가 실행시 자동 실행되는 메소드로, 0.1초마다 프로그래스바의 진행 상황을 업데이트해 처리한다.

120~140 　쓰레드의 상태가 실행 중이면 123라인에서 Thread.sleep(100);를 사용해서 0.1초마다 쓰레드를 중지시켜서 프로그래스바의 상황을 눈으로 감지할 수 있게 해준다.

131 　Message msg = pHandler.obtainMessage( );에서 Handler 클래스의 obtainMessage( ) 메소드를 사용해 Message 객체 msg를 생성한다.

135 　msg.arg1 = progress;은 프로그래스의 진행 상황 값을 갖는 progress 변수의 값을 Message 객체에서 전달할 수 있는 값으로 설정한다. arg1은 전달할 값이 작은 숫자인 경우에 사용한다. progress 값은 최대 100까지만 증가하기 때문에 arg1을 사용할 수 있다.

144~146 　쓰레드의 상태를 설정하는 setState( ) 메소드를 정의한다.

05 실행할 안드로이드 애플리케이션 프로젝트를 선택한 후 [Run As]–[Android Application]을 선택해 안드로이드 에뮬레이터로 실행한다. [실행] 버튼을 누르면 프로그래스 대화상자가 표시된다.

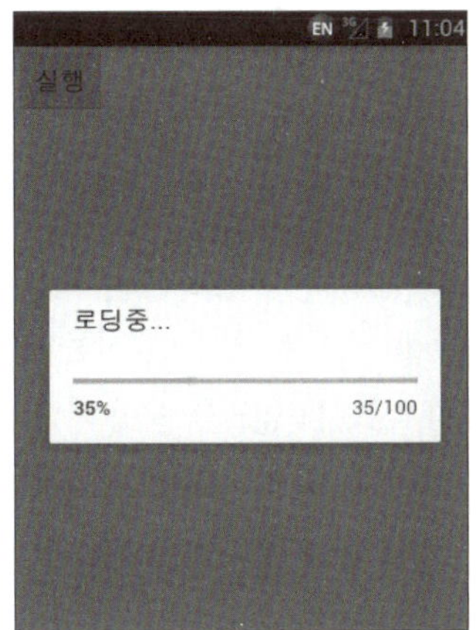

날짜 선택 대화상자(DatePickerDialog)와 시간 선택 대화상자(TimePickerDialog)

04.1 DatePickerDialog

DatePickerDialog 클래스는 날짜를 선택하는 DatePicker 위젯을 대화상자에 넣어서 날짜 선택 대화상자를 만들 때 사용한다.

> **예**
> ```
> DatePickerDialog dpd = DatePickerDialog(Context context,
>                 DatePickerDialog.OnDateSetListener callBack,
>                 int year, int monthOfYear, int dayOfMonth)
> ```

첫 번째 매개변수 context는 해당 액티비티의 콘텍스트를 기술한다. 두 번째 매개변수 callBack은 DatePicker를 사용해 날짜의 선택을 변경한 경우 발생하는 이벤트의 리스너로 DatePickerDialog.OnDateSetListener가 사용된다. 세 번째 매개변수 year는 날짜에서 년도를 추출 값이고, 네 번째 매개변수 monthOfYear는 날짜에서 월을 추출한 값, 다섯 번째 매개변수 dayOfMonth는 날짜에서 일을 추출한 값이다.

날짜 선택 대화상자는 앞에서 만든 대화상자와 만드는 구조가 거의 같다. 대화상자를 만들기 위해 onCreateDialog( ) 메소드를 사용하고 대화상자를 표시하기 위해 showDialog( ) 메소드를 사용하는 기본 구조는 같다. 다만 대화상자의 안에 날짜를 선택하는 DatePicker 위젯을 넣는 것만 차이가 있다.

DatePicker 위젯을 사용해 날짜를 변경하면 발생하는 이벤트는 OnDateSetListener에 등록해 onDateSet(DatePicker, int, int, int) 메소드가 처리한다.

또한 현재의 날짜를 얻어내기 위해 Calendar 클래스를 사용하는데, Calendar 클래스는 현재의 날짜와 시간을 얻어낼 때 사용하는 클래스다. 년도는 Calendar.YEAR 필드를 사용해서 얻어내고, 월은 Calendar.MONTH 필드, 일은 Calendar.DAY_OF_MONTH 필드를 사용해 얻어낸다. 이때 주의할 점은 월 데이터로 1월이 0, 2월이 1의 값을 갖기 때문에 실제의 월을 표시하려면 얻어낸 월에 +1을 해야 한다. 즉, [Calendar.MONTH+1]과 같은 형태로 표현해야 한다.

Exercise 날짜를 선택해 표시하는 날짜 선택 대화상자 생성
　　　　　 – [DatePickerDialogTest] 애플리케이션

이 예제는 DatePicker 위젯을 갖는 날짜 선택 대화상자를 생성해 선택한 날짜를 텍스트 뷰에 표시한다.

▲ DatePickerDialogTest 애플리케이션 실행 결과

주요 파일	파일명 ([DatePickerDialogTest] 애플리케이션)	하는 일
리소스 파일 (문자열, 이미지 등)	문자열 리소스 파일명 : strings.xml 위치 : [프로젝트]–[res]–[values]	• tStr, startStr, endStr, choiceStr 문자열 정의
레이아웃 리소스 파일	activity_date_picker_dialog_test_main.xml 위치 : [프로젝트]–[res]–[layout]	• 3개의 TextView 위젯, 2개의 EditText 위젯, 2개의 Button 위젯 배치 • strings.xml에서 정의한 tStr, startStr, endStr, choiceStr 문자열 참조
로직 클래스	액티비티 클래스 파일 파일명 : DatePickerDialogTestMainActivity.java 위치 : [프로젝트]–[src]–[패키지명]	• activity_date_picker_dialog_test_main.xml을 화면의 내용으로 표시 • [날짜선택] 버튼을 누르면 날짜 선택 대화상자가 표시
매니페스트 파일	AndroidManifest.xml 위치 : [프로젝트]	이 애플리케이션에서는 내용 수정 안 함

▲ [DatePickerDialogTest] 애플리케이션의 주요 파일

01 DatePickerDialogTest 안드로이드 애플리케이션 프로젝트 생성

❶ [Project Explorer] 뷰에서 [New]–[Project] 메뉴를 선택해 [Android Application Project]를 생성한다.

❷ [New Android Application] 창이 표시되면 다음과 같이 입력 및 선택한 후 [Next] 버튼을 클릭한다. 그 외의 값은 기본 값을 그대로 사용해 생성한다.

항목	입력 및 선택 값
Application Name	DatePickerDialogTest 입력
Project Name	DatePickerDialogTest 자동 입력됨
Package Name	work.test.datepickerdialogtest 입력
Minimum Required SDK	API 8 : Android 2.2 (Froyo) 기본 값 사용
Target SDK	API 18 : Android 4.3 기본 값 사용 기본 값이 아닐 경우 선택
Compile With	API 18 : Android 4.3 기본 값 사용

❸ [Next] 버튼을 누르다가 액티비티명 변경 화면이 표시되면 [Activity name]을 "DatePickerDialogTestMainActivity"로 변경한 후 [Finish] 버튼을 클릭한다.

02 [res]–[values]–[strings.xml] 파일에 문자열을 추가한 후 저장한다.

```
01  <?xml version="1.0" encoding="utf-8"?>
02  <resources>
03
04      <string name="app_Name">DatePickerDialogTest</string>
05      <string name="hello_world">Hello world!</string>
06      <string name="menu_settings">Settings</string>
07      <string name="tStr">기간</string>
08      <string name="startStr">시작 날짜</string>
09      <string name="endStr">종료 날짜</string>
10      <string name="choiceStr">날짜 선택</string>
11
12  </resources>
```

03 [res]−[layout]−[activity_date_picker_dialog_test_main.xml] 파일을 열어 레이아웃을 디자인한 후 저장한다.

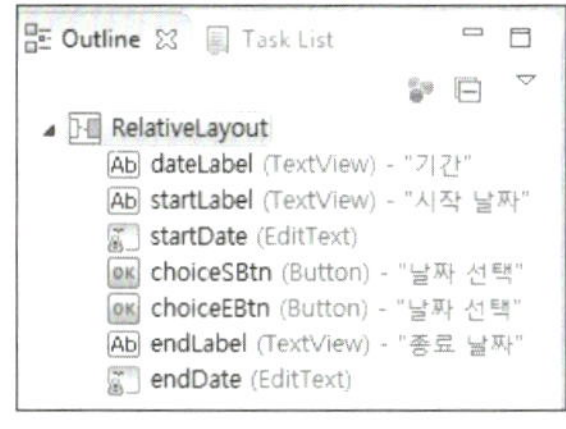

▲ [Outline] 뷰의 구조

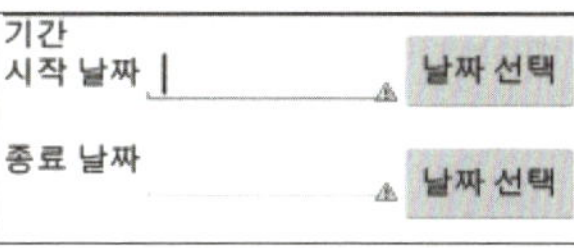

▲ [Graphical Layout]의 화면

완성된 [activity_date_picker_dialog_test_main.xml] 파일은 다음과 같다.

```
01  <RelativeLayout xmlns:android="http://schemas.android.com/apk/res/android"
02      xmlns:tools="http://schemas.android.com/tools"
03      android:layout_width="match_parent"
04      android:layout_height="match_parent"
05      tools:context=".DatePickerDialogTestMainActivity" >
06
07      <TextView
08          android:id="@+id/dateLabel"
09          android:layout_width="wrap_content"
10          android:layout_height="wrap_content"
11          android:layout_alignParentLeft="true"
12          android:layout_alignParentTop="true"
13          android:text="@string/tStr"
14          android:textAppearance="?android:attr/textAppearanceMedium" />
15
16      <TextView
17          android:id="@+id/startLabel"
18          android:layout_width="wrap_content"
19          android:layout_height="wrap_content"
20          android:layout_alignParentLeft="true"
21          android:layout_below="@+id/dateLabel"
22          android:text="@string/startStr"
23          android:textAppearance="?android:attr/textAppearanceMedium" />
24
25      <EditText
26          android:id="@+id/startDate"
27          android:layout_width="wrap_content"
28          android:layout_height="wrap_content"
```

```xml
29        android:layout_alignBaseline="@+id/startLabel"
30        android:layout_alignBottom="@+id/startLabel"
31        android:layout_toLeftOf="@+id/choiceSBtn"
32        android:layout_toRightOf="@+id/startLabel"
33        android:ems="10" >
34
35      <requestFocus />
36    </EditText>
37
38    <Button
39        android:id="@+id/choiceSBtn"
40        android:layout_width="wrap_content"
41        android:layout_height="wrap_content"
42        android:layout_alignParentRight="true"
43        android:layout_alignTop="@+id/startDate"
44        android:text="@string/choiceStr" />
45
46    <Button
47        android:id="@+id/choiceEBtn"
48        android:layout_width="wrap_content"
49        android:layout_height="wrap_content"
50        android:layout_alignLeft="@+id/choiceSBtn"
51        android:layout_alignTop="@+id/endDate"
52        android:text="@string/choiceStr" />
53
54    <TextView
55        android:id="@+id/endLabel"
56        android:layout_width="wrap_content"
57        android:layout_height="wrap_content"
58        android:layout_alignTop="@+id/endDate"
59        android:layout_toLeftOf="@+id/endDate"
60        android:text="@string/endStr"
61        android:textAppearance="?android:attr/textAppearanceMedium" />
62
63    <EditText
64        android:id="@+id/endDate"
65        android:layout_width="wrap_content"
66        android:layout_height="wrap_content"
67        android:layout_alignLeft="@+id/startDate"
68        android:layout_below="@+id/choiceSBtn"
```

```
69          android:layout_marginTop="16dp"
70          android:layout_toLeftOf="@+id/choiceEBtn"
71          android:ems="10" />
72
73  </RelativeLayout>
```

04 [DatePickerDialogTest]-[src]-[work.test.datepickerdialogtest] 내에 있는
[DatePickerDialogTestMainActivity] 액티비티의 내용을 변경한 후 저장한다.

```
01  package work.test.datepickerdialogtest;
02
03  import java.util.Calendar;
04
05  import android.app.Activity;
06  import android.app.DatePickerDialog;
07  import android.app.Dialog;
08  import android.os.Bundle;
09  import android.view.Menu;
10  import android.view.View;
11  import android.view.View.OnClickListener;
12  import android.view.Window;
13  import android.widget.Button;
14  import android.widget.DatePicker;
15  import android.widget.EditText;
16
17  public class DatePickerDialogTestMainActivity extends Activity
18              implements OnClickListener{
19
20      //시작 날짜 선택 대화상자
21      static final int STARTDATEDIALOG = 0;
22      //종료 날짜 선택 대화상자
23      static final int ENDDATEDIALOG = 1;
24
25      //날짜 데이터 : 현재 날짜 및 선택 날짜 저장
26      private int dYear;
27      private int dMonth;
28      private int dDay;
29
30      //제어할 위젯
```

```java
31      private EditText startDate;
32      private EditText endDate;
33      private EditText targetView;
34      private Button startButton;
35      private Button endButton;
36
37      @Override
38      protected void onCreate(Bundle savedInstanceState) {
39          super.onCreate(savedInstanceState);
40          requestWindowFeature(Window.FEATURE_NO_TITLE);
41          setContentView(R.layout.activity_date_picker_dialog_test_main);
42
43          //현재 날짜 값을 얻어냄
44          final Calendar c = Calendar.getInstance( );
45          dYear = c.get(Calendar.YEAR);
46          dMonth = c.get(Calendar.MONTH);
47          dDay = c.get(Calendar.DAY_OF_MONTH);
48
49          //시작 날짜 값을 저장할 EditText의 정보를 가져옴
50          startDate = (EditText)findViewById(R.id.startDate);
51          startDate.setEnabled(false);//직접 입력 금지
52          startDate.setFocusable(false);//포커스 금지
53          changeDisplayDate(startDate);//현재 날짜를 시작 날짜 EditText에 넣음
54
55          //시작 날짜를 선택하는 [날짜 선택] 버튼의 정보를 얻어내서 리스너 등록
56          startButton = (Button)findViewById(R.id.choiceSBtn);
57          startButton.setOnClickListener(this);
58
59          //종료 날짜 값을 저장할 EditText의 정보를 가져옴
60          endDate = (EditText)findViewById(R.id.endDate);
61          endDate.setEnabled(false);
62          endDate.setFocusable(false);
63          changeDisplayDate(endDate);//현재 날짜를 종료 날짜 EditText에 넣음
64
65          //종료 날짜를 선택하는 [날짜 선택] 버튼의 정보를 얻어내서 리스너 등록
66          endButton = (Button)findViewById(R.id.choiceEBtn);
67          endButton.setOnClickListener(this);
68      }
69
70      public void onClick(View v) {
```

```java
71          //시작 날짜를 선택하는 [날짜 선택] 버튼을 누른 경우
72          if(v == startButton){
73              //작업 대상  EditText 지정 - 시작 날짜
74              targetView = startDate;
75              //ID가 STARTDATEDIALOG인 대화상자를 표시
76              showDialog(STARTDATEDIALOG);
77          }
78          //종료 날짜를 선택하는 [날짜 선택] 버튼을 누른 경우
79          else if(v == endButton){
80              //작업 대상  EditText 지정 - 종료 날짜
81              targetView = endDate;
82              //ID가 ENDDATEDIALOG인 대화상자를 표시
83              showDialog(ENDDATEDIALOG);
84          }
85      }
86
87      //날짜의 변경이 일어난 작업 대상 EditText에 변경된 날짜를 표시
88      public void changeDisplayDate(EditText et) {
89          //StringBuilder 객체를 생성해
90          //0000년 00월 00일과 같은 모양으로 날짜를 표시
91          et.setText(new StringBuilder( )
92              .append(dYear).append("년")
93              .append(dMonth+1).append("월")
94              .append(dDay).append("일"));
95      }
96
97      //대화상자 생성
98      protected Dialog onCreateDialog(int id) {
99          Dialog dialog = null;
100         DatePickerDialog dpd = null;
101
102         switch(id) {
103             //대화상자의 ID가 STARTDATEDIALOG인 경우
104             case STARTDATEDIALOG:
105                 //지정된 날짜 값을 가지고 DatePickerDialog 객체 생성
106                 dpd = new DatePickerDialog(
107                         this, dsl, dYear, dMonth, dDay);
108                 dialog = dpd;
109                 break;
110             //대화상자의 ID가 ENDDATEDIALOG인 경우
```

```java
111            case ENDDATEDIALOG:
112                dpd = new DatePickerDialog(
113                        this, dsl, dYear, dMonth, dDay);
114                dialog = dpd;
115                break;
116
117            default:
118                dialog = null;
119        }
120        return dialog;
121    }
122
123    //날짜 선택 대화상자에서 DatePicker를 사용해 날짜를 선택하면
124    //발생하는 이벤트 처리
125    DatePickerDialog.OnDateSetListener dsl =
126        new DatePickerDialog.OnDateSetListener( ) {
127
128            @Override
129            //날짜를 변경하면 실행
130            public void onDateSet(DatePicker view, int year,
131                int monthOfYear, int dayOfMonth) {
132                //DatePicker에서 선택한 날짜로
133                //dYear,dMonth,dDay 변수의 값을 변경
134                dYear = year;
135                dMonth = monthOfYear;
136                dDay = dayOfMonth;
137
138                //변경된 날짜를 해당하는 EditText에 표시
139                changeDisplayDate(targetView);
140            }
141    };
142
143    @Override
144    public boolean onCreateOptionsMenu(Menu menu) {
145        // Inflate the menu; this adds items to the action bar if it is present.
146        getMenuInflater( ).inflate(R.menu.activity_date_picker_dialog_test_main,menu);
147        return true;
148    }
149
150 }
```

88~95 changeDisplayDate(EditText et) 메소드는 StringBuilder 객체를 생성해 0000년 00월 00일과 같은 모양으로 날짜를 EditText에 표시한다.

106~107, 112~113 dpd = new DatePickerDialog(this, dsl, dYear, dMonth, dDay);은 지정한 년, 월, 일을 갖고 날짜 선택 대화상자를 생성한다.

125~141 날짜 선택 대화상자에서 DatePicker를 사용해 날짜를 선택하면 발생하는 이벤트 처리를 하는 부분으로, OnDateSetListener( ) 리스너를 등록해서 처리했다.

130~140 onDateSet(DatePicker view, int year, int monthOfYear, int dayOfMonth) 메소드는 날짜를 변경하면 자동으로 실행된다. 날짜를 변경한 후에는 139라인의 changeDisplayDate(targetView); 메소드를 사용해서 변경된 날짜를 EditText에 표시한다.

05 실행할 안드로이드 애플리케이션 프로젝트를 선택한 후 [Run As]–[Android Application]을 선택해 안드로이드 에뮬레이터로 실행한다.

❶ 시작 날짜의 [날짜 선택] 버튼을 눌러 날짜를 설정한다.

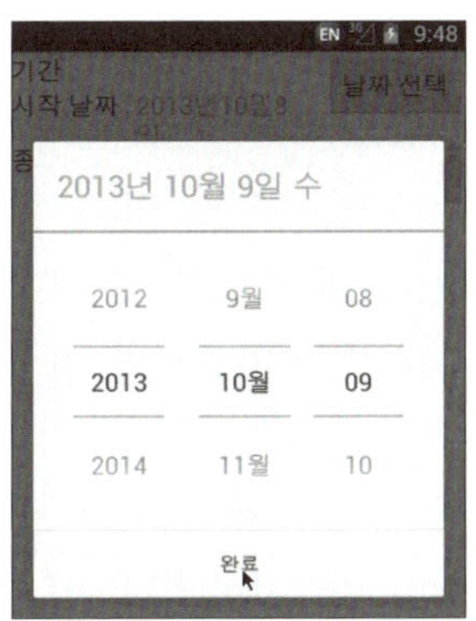

❷ 종료 날짜의 [날짜 선택] 버튼을 눌러 날짜를 설정해, 시작 날짜와 종료 날짜를 완성한다.

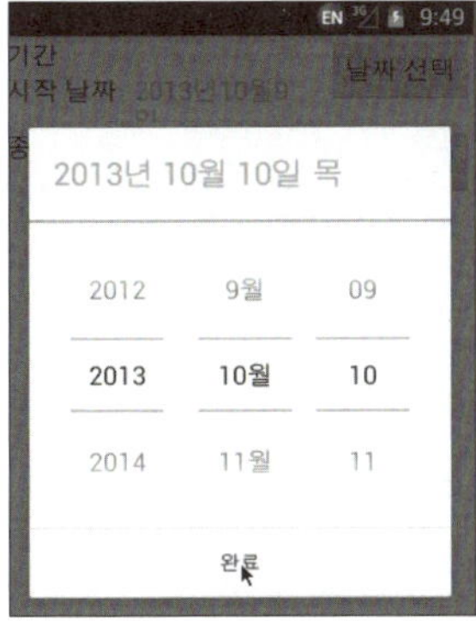

TimePickerDialog 클래스는 시간을 선택하는 TimePicker 위젯을 대화상자에 넣어서
시간 선택 대화상자를 만들 때 사용한다.

> **예**　TimePickerDialog tpd = new TimePickerDialog(Context context,
> 　　　　　TimePickerDialog.OnTimeSetListener callBack,
> 　　　　　int hourOfDay, int minute, boolean is24HourView)

첫 번째 매개변수 context는 해당 액티비티의 컨텍스트를 기술한다. 두 번째 매개변수
callBack은 TimePicker를 사용해 시간의 선택을 변경한 경우 발생하는 이벤트의 리스너
로 TimePickerDialog.OnTimeSetListener가 사용된다. 세 번째 매개변수 hourOfDay는
현재 시간에서 시를 추출한 값이고, 네 번째 매개변수 minute는 현재 시간에서 분을 추출
한 값이다. 다섯 번째 매개변수 is24HourView는 시간을 24시제로 표시할지의 여부를 묻
는 것으로 'true'이면 24시제로, 'false'이면 12시제로 표시한다. 시간 선택 대화상자도 대
화상자를 만들 때는 onCreateDialog( ) 메소드, 표시할 때는 showDialog( ) 메소드를 사용
하고, 대화상자 안에 시간을 선택하는 TimePicker 위젯을 넣어서 만든다.

TimePicker 위젯을 사용해 시간을 변경하면 발생하는 이벤트는 OnTimeSetListener에
등록해 onTimeSet(TimePicker, int, int) 메소드가 처리한다. 현재의 시간을 얻어내기 위
해 Calendar 클래스를 사용한다. 현재 시간의 시는 Calendar.HOUR_OF_DAY 필드를 사
용하고 분은 Calendar.MINUTE 필드를 사용해서 얻어낸다.

Exercise 시간을 선택해 표시하는 시간 선택 대화상자 생성
　　　– [TimePickerDialogTest] 애플리케이션

이 예제는 TimePicker 위젯을 갖는 시간 선택 대화상자를 생성해 선택한 시간을 텍스트
뷰에 표시한다.

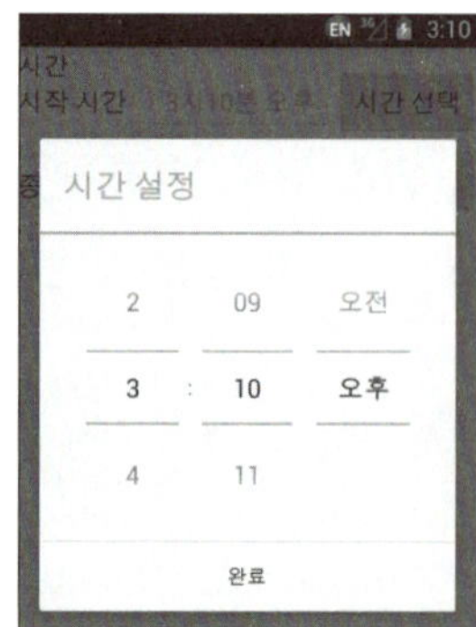

◀ TimePickerDialogTest 애플리케이션 실행 결과

주요 파일	파일명 ([TimePickerDialogTest] 애플리케이션)	하는 일
리소스 파일 (문자열, 이미지 등)	문자열 리소스 파일명 : strings.xml 위치 : [프로젝트]–[res]–[values]	• timeStr, startStr, endStr, choiceTStr 문자열 정의
레이아웃 리소스 파일	activity_time_picker_dialog_test_main.xml 위치 : [프로젝트]–[res]–[layout]	• 3개의 TextView 위젯, 2개 의 EditText 위젯, 2개의 Button 위젯 배치 • strings.xml에서 정의한 timeStr, startStr, endStr, choiceTStr 문자열 참조
로직 클래스	액티비티 클래스 파일 파일명 : TimePickerDialogTest MainActivity.java 위치 : [프로젝트]–[src]–[패키지명]	• activity_time_picker_ dialog_test_main.xml을 화 면의 내용으로 표시 • [시간선택] 버튼을 누르면 시간 선택 대화상자가 표시
매니페스트 파일	AndroidManifest.xml 위치 : [프로젝트]	이 애플리케이션에서는 내용 수정 안 함

▲ [TimePickerDialogTest] 애플리케이션의 주요 파일

01 TimePickerDialogTest 안드로이드 애플리케이션 프로젝트 생성

❶ [Project Explorer] 뷰에서 [New]–[Project] 메뉴를 선택해 [Android Application Project]를 생성한다.

❷ [New Android Application] 창이 표시되면 다음과 같이 입력 및 선택한 후 [Next] 버튼을 클릭한다. 그 외의 값은 기본 값을 그대로 사용해 생성한다.

항목	입력 및 선택 값
Application Name	TimePickerDialogTest 입력
Project Name	TimePickerDialogTest 자동 입력됨
Package Name	work.test.timepickerdialogtest 입력
Minimum Required SDK	API 8 : Android 2.2 (Froyo) 기본 값 사용
Target SDK	API 18 : Android 4.3 기본 값 사용 기본 값이 아닐 경우 선택
Compile With	API 18 : Android 4.3 기본 값 사용

❸ [Next] 버튼을 누르다가 액티비티명 변경 화면이 표시되면 [Activity name]을 "TimePickerDialogTestMainActivity"로 변경한 후 [Finish] 버튼을 클릭한다.

02 [res]–[values]–[strings.xml] 파일에 문자열을 추가한 후 저장한다.

```xml
01  <?xml version="1.0" encoding="utf-8"?>
02  <resources>
03
04      <string name="app_Name">TimePickerDialogTest</string>
05      <string name="hello_world">Hello world!</string>
06      <string name="menu_settings">Settings</string>
07      <string name="timeStr">시간</string>
08      <string name="startStr">시작 시간</string>
09      <string name="endStr">종료 시간</string>
10      <string name="choiceTStr">시간 선택</string>
11
12  </resources>
```

03 [res]–[layout]–[activity_time_picker_dialog_test_main.xml] 파일을 열어 레이아웃을 디자인한 후 저장한다.

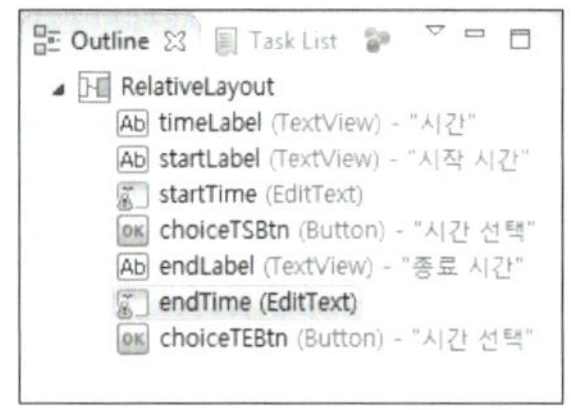

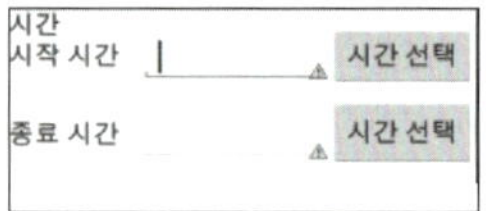

▲ [Outline] 뷰의 구조　　　　　　　　▲ [Graphical Layout]의 화면

완성된 [activity_time_picker_dialog_test_main.xml]은 다음과 같다.

```xml
01  <RelativeLayout xmlns:android="http://schemas.android.com/apk/res/android"
02      xmlns:tools="http://schemas.android.com/tools"
03      android:layout_width="match_parent"
04      android:layout_height="match_parent"
05      tools:context=".TimePickerDialogTestMainActivity" >
06
07      <TextView
08          android:id="@+id/timeLabel"
```

```
09        android:layout_width="wrap_content"
10        android:layout_height="wrap_content"
11        android:layout_alignParentLeft="true"
12        android:layout_alignParentTop="true"
13        android:text="@string/timeStr"
14        android:textAppearance="?android:attr/textAppearanceMedium" />
15
16    <TextView
17        android:id="@+id/startLabel"
18        android:layout_width="wrap_content"
19        android:layout_height="wrap_content"
20        android:layout_alignParentLeft="true"
21        android:layout_below="@+id/timeLabel"
22        android:text="@string/startStr"
23        android:textAppearance="?android:attr/textAppearanceMedium" />
24
25    <EditText
26        android:id="@+id/startTime"
27        android:layout_width="wrap_content"
28        android:layout_height="wrap_content"
29        android:layout_alignBaseline="@+id/startLabel"
30        android:layout_alignBottom="@+id/startLabel"
31        android:layout_marginLeft="14dp"
32        android:layout_toLeftOf="@+id/choiceTSBtn"
33        android:layout_toRightOf="@+id/startLabel"
34        android:ems="10" >
35
36        <requestFocus />
37    </EditText>
38
39    <Button
40        android:id="@+id/choiceTSBtn"
41        android:layout_width="wrap_content"
42        android:layout_height="wrap_content"
43        android:layout_alignBaseline="@+id/startTime"
44        android:layout_alignBottom="@+id/startTime"
45        android:layout_alignParentRight="true"
46        android:text="@string/choiceTStr" />
47
48    <TextView
```

```
49        android:id="@+id/endLabel"
50        android:layout_width="wrap_content"
51        android:layout_height="wrap_content"
52        android:layout_alignParentLeft="true"
53        android:layout_below="@+id/choiceTSBtn"
54        android:layout_marginTop="33dp"
55        android:text="@string/endStr"
56        android:textAppearance="?android:attr/textAppearanceMedium" />
57
58    <EditText
59        android:id="@+id/endTime"
60        android:layout_width="wrap_content"
61        android:layout_height="wrap_content"
62        android:layout_alignBaseline="@+id/endLabel"
63        android:layout_alignBottom="@+id/endLabel"
64        android:layout_alignLeft="@+id/startTime"
65        android:layout_toLeftOf="@+id/choiceTEBtn"
66        android:ems="10" />
67
68    <Button
69        android:id="@+id/choiceTEBtn"
70        android:layout_width="wrap_content"
71        android:layout_height="wrap_content"
72        android:layout_alignLeft="@+id/choiceTSBtn"
73        android:layout_alignTop="@+id/endTime"
74        android:text="@string/choiceTStr" />
75
76 </RelativeLayout>
```

04 [TimePickerDialogTest]−[src]−[work.test.timepickerdialogtest] 내에 있는 [TimePickerDialogTestMainActivity] 액티비티의 내용을 변경한 후 저장한다.

```
01    package work.test.timepickerdialogtest;
02
03    import java.util.Calendar;
04
05    import android.app.Activity;
06    import android.app.Dialog;
```

```java
07  import android.app.TimePickerDialog;
08  import android.os.Bundle;
09  import android.view.Menu;
10  import android.view.View;
11  import android.view.View.OnClickListener;
12  import android.view.Window;
13  import android.widget.Button;
14  import android.widget.EditText;
15  import android.widget.TimePicker;
16
17  public class TimePickerDialogTestMainActivity extends Activity
18                          implements OnClickListener{
19
20      //시작 시간 선택 대화상자
21      static final int STARTTIMEDIALOG = 0;
22      //종료 시간 선택 대화상자
23      static final int ENDTIMEDIALOG = 1;
24
25      //시간 데이터 : 현재 시간 및 선택 시간 저장
26      private int cHour;
27      private int cMinute;
28
29      //제어할 위젯
30      private EditText startEdit;
31      private EditText endEdit;
32      private EditText targetEdit;
33      private Button startButton;
34      private Button endButton;
35
36      @Override
37      protected void onCreate(Bundle savedInstanceState) {
38          super.onCreate(savedInstanceState);
39          requestWindowFeature(Window.FEATURE_NO_TITLE);
40          setContentView(R.layout.activity_time_picker_dialog_test_main);
41
42          //현재 시간 값을 얻어냄
43          final Calendar c = Calendar.getInstance( );
44          cHour = c.get(Calendar.HOUR_OF_DAY);
45          cMinute = c.get(Calendar.MINUTE);
46
```

```java
47          //시작 시간 값을 저장할 EditText의 정보를 가져옴
48          startEdit = (EditText)findViewById(R.id.startTime);
49          startEdit.setEnabled(false);//직접 입력 금지
50          startEdit.setFocusable(false);//포커스 금지
51          changeDisplayTime(startEdit);//현재 시간을 시작 시간 EditText에 넣음
52
53          //시작 시간을 선택하는 [시간 선택] 버튼의 정보를 얻어내서 리스너 등록
54          startButton = (Button)findViewById(R.id.choiceTSBtn);
55          startButton.setOnClickListener(this);
56
57          //종료 시간 값을 저장할 EditText의 정보를 가져옴
58          endEdit = (EditText)findViewById(R.id.endTime);
59          endEdit.setEnabled(false);
60          endEdit.setFocusable(false);
61          changeDisplayTime(endEdit);//현재 시간을 종료 날짜 EditText에 넣음
62
63          //종료 시간을 선택하는 [날짜 선택] 버튼의 정보를 얻어내서 리스너 등록
64          endButton = (Button)findViewById(R.id.choiceTEBtn);
65          endButton.setOnClickListener(this);
66      }
67
68      public void onClick(View v) {
69          //시작 시간을 선택하는 [시간 선택] 버튼을 누른 경우
70          if(v == startButton){
71              //작업 대상  EditText 지정 – 시작 시간
72              targetEdit = startEdit;
73              //ID가 STARTTIMEDIALOG인 대화상자를 표시
74              showDialog(STARTTIMEDIALOG);
75          }
76          //종료 시간을 선택하는 [시간 선택] 버튼을 누른 경우
77          else if(v == endButton){
78              //작업 대상  EditText 지정 – 종료 시간
79              targetEdit = endEdit;
80              //ID가 ENDTIMEDIALOG인 대화상자를 표시
81              showDialog(ENDTIMEDIALOG);
82          }
83      }
84
85      //시간의 변경이 일어난 작업 대상 EditText에 변경된 시간을 표시
86      public void changeDisplayTime(EditText et) {
```

```java
87              //12시제로 시간 값을 표시하기 위해 사용
88              int hour = (cHour%12 == 0)?cHour:cHour%12;
89              String hourStr = (cHour<12)? " 오전": "오후";
90
91              //StringBuilder 객체를 생성해
92              //00시 00분 오전과 같은 모양으로 시간을 표시
93              et.setText(new StringBuilder( )
94                      .append(hour).append("시")
95                      .append(cMinute).append("분")
96                      .append(hourStr));
97          }
98
99      //대화상자 생성
100     protected Dialog onCreateDialog(int id) {
101         Dialog dialog = null;
102         TimePickerDialog tpd = null;
103
104         switch(id) {
105             //대화상자의 ID가 STARTTIMEDIALOG인 경우
106             case STARTTIMEDIALOG:
107                 //지정된 시간 값을 가지고 TimePickerDialog 객체 생성
108                 tpd = new TimePickerDialog(
109                     this, tsl, cHour, cMinute, false);
110                 dialog = tpd;
111                 break;
112
113             //대화상자의 ID가 ENDTIMEDIALOG인 경우
114             case ENDTIMEDIALOG:
115                 tpd = new TimePickerDialog(
116                     this, tsl, cHour, cMinute, false);
117                 dialog = tpd;
118                 break;
119
120             default:
121                 dialog = null;
122         }
123         return dialog;
124     }
125
126     //시간 선택 대화상자에서 TimePicker를 사용해 시간을 선택하면
```

```java
127         //발생하는 이벤트 처리
128         TimePickerDialog.OnTimeSetListener tsl =
129             new TimePickerDialog.OnTimeSetListener( ) {
130
131             @Override
132         //시간을 변경하면 실행
133             public void onTimeSet(TimePicker view,
134                         int hourOfDay, int minute) {
135                 cHour = hourOfDay;
136                 cMinute = minute;
137
138                 //변경된 시간을 해당 EditText에 표시
139                 changeDisplayTime(targetEdit);
140             }
141         };
142
143         @Override
144         public boolean onCreateOptionsMenu(Menu menu) {
145             // Inflate the menu; this adds items to the action bar if it is present.
146             getMenuInflater( ).inflate(
147                     R.menu.activity_time_picker_dialog_test_main,    menu);
148             return true;
149         }
150
151     }
```


108~109, 115~116   tpd = new TimePickerDialog(this, tsl, cHour, cMinute, false);은 시간 선택 대화상자를 생성한다.

128~141   TimePicker를 사용해 시간을 변경하면 133라인의 onTimeSet(TimePicker view, int hourOfDay, int minute) 메소드가 자동으로 실행되어 시간과 분을 변경한다. 시간을 변경한 후 139라인 changeDisplayTime(targetEdit);을 실행해 시간의 변경 내용을 EditText에 반영한다.

05 실행할 안드로이드 애플리케이션 프로젝트를 선택한 후 [Run As]-[Android Application]을 선택해 안드로이드 에뮬레이터로 실행한다.

대화상자의 내용에 이미지 등이 포함된 사용자 정의 대화상자를 만들 경우에는 대화상자에 표시할 화면을 표현할 별도의 XML 레이아웃을 [res]-[layout] 폴더에 생성한다.

예   example_dialog.xml

```xml
<LinearLayout xmlns:android="http://schemas.android.com/apk/res/android"
        android:id="@+id/layout_root"
        android:orientation="horizontal"
        android:layout_width="fill_parent"
        android:layout_height="fill_parent"
        android:padding="10dp"
        >
    <ImageView android:id="@+id/image"
            android:layout_width="wrap_content"
            android:layout_height="fill_parent"
            />
    <TextView android:id="@+id/msg"
            android:layout_width="wrap_content"
            android:layout_height="fill_parent"
            />
</LinearLayout>
```

이 생성된 XML 레이아웃을 setContentView(View) 메소드를 사용해 대화상자에 표시할 뷰로 지정한다.

예

```java
//컨텍스트를 얻어냄
Context context = getApplicationContext( );

//대화상자 생성
Dialog dialog = new Dialog(context);

//대화상자의 뷰로 example_dialog.xml 지정
dialog.setContentView(R.layout.example_dialog);
```

이렇게 지정하면 showDialog( ) 메소드를 사용해 사용자 정의 대화상자를 화면에 표시할 수 있게 된다.

 이미지를 갖는 사용자 정의 대화상자 생성 – [CustomDialogTest] 애플리케이션

이 예제는 이미지를 갖는 사용자 정의 대화상자를 정의한 후 화면에 표시한다.

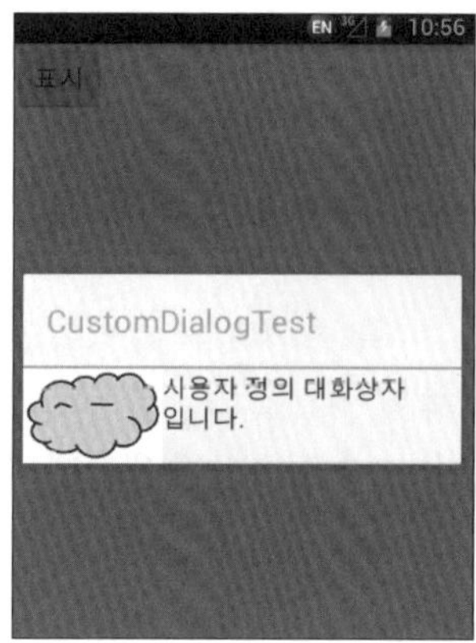

▲ CustomDialogTest 애플리케이션 실행 결과

주요 파일	파일명 ([CustomDialogTest] 애플리케이션)	하는 일
리소스 파일 (문자열, 이미지 등)	문자열 리소스 파일명 : strings.xml 위치 : [프로젝트]–[res]–[values]	• displayStr, showStr 문자 열 정의
	이미지 리소스 추가 파일명 : cloud.png 위치 : [프로젝트]–[res]–[drawable- mdpi]	• 이미지 리소스를 [res]– [drawable-mdpi] 폴더에 복사
레이아웃 리소스 파일	activity_custom_dialog_test_main. xml 위치 : [프로젝트]–[res]–[layout]	• 1개의 Button 위젯 배치 • strings.xml에서 정의한 showStr 문자열 참조
	custom_dialog.xml 위치 : [프로젝트]–[res]–[layout]	• 1개의 ImageView 위젯과 1개의 TextView 위젯 배치 • strings.xml에서 정의한 displayStr 문자열 참조
로직 클래스	액티비티 클래스 파일 파일명 : CustomDialogTestMain Activity.java 위치 : [프로젝트]–[src]–[패키지명]	• activity_custom_dialog_ test_main.xml을 화면의 내 용으로 표시 • [표시] 버튼을 누르면 사용 자정의 대화상자가 표시
매니페스트 파일	AndroidManifest.xml 위치 : [프로젝트]	이 애플리케이션에서는 내용 수정 안 함

▲ [CustomDialogTest] 애플리케이션의 주요 파일

01 CustomDialogTest 안드로이드 애플리케이션 프로젝트 생성

❶ [Project Explorer] 뷰에서 [New]-[Project] 메뉴를 선택해 [Android Application Project]를 생성한다.

❷ [New Android Application] 창이 표시되면 다음과 같이 입력 및 선택한 후 [Next] 버튼을 클릭한다. 그 외의 값은 기본 값을 그대로 사용해 생성한다.

항목	입력 및 선택 값
Application Name	CustomDialogTest 입력
Project Name	CustomDialogTest 자동 입력됨
Package Name	work.test.customdialogtest 입력
Minimum Required SDK	API 8 : Android 2.2 (Froyo) 기본 값 사용
Target SDK	API 18 : Android 4.3 기본 값 사용 기본 값이 아닐 경우 선택
Compile With	API 18 : Android 4.3 기본 값 사용

❸ [Next] 버튼을 누르다가 [New Blank Activity] 화면이 표시되면 [Activity name]을 "CustomDialogTestMainActivity"로 변경한 후 [Finish] 버튼을 클릭한다.

02 [res]-[drawable-mdpi]에 제공되는 이미지 파일 [cloud.png]를 복사한다. 제공되는 이미지는 부록CD의 [source]-[CustomDialogTest]-[res]-[drawable-mdpi] 폴더 안에 있다.

03 [res]-[values]-[strings.xml] 파일에 문자열을 추가한 후 저장한다.

```
01  <?xml version="1.0" encoding="utf-8"?>
02  <resources>
03
04      <string name="app_Name">CustomDialogTest</string>
05      <string name="hello_world">Hello world!</string>
06      <string name="menu_settings">Settings</string>
07      <string name="displayStr">사용자 정의 대화상자 입니다.</string>
08      <string name="showStr">표시</string>
09
10  </resources>
```

04 [res]-[layout]-[activity_custom_dialog_test_main.xml] 파일을 열어 레이아웃을 디자인 한 후 저장한다.

▲ [Outline] 뷰의 구조   ▲ [Graphical Layout]의 화면

완성된 [activity_custom_dialog_test_main.xml] 파일은 다음과 같다.

```
01  <RelativeLayout xmlns:android="http://schemas.android.com/apk/res/android"
02    xmlns:tools="http://schemas.android.com/tools"
03    android:layout_width="match_parent"
04    android:layout_height="match_parent"
05    tools:context=".CustomDialogTestMainActivity" >
06
07  <Button
08    android:id="@+id/showBtn"
09    android:layout_width="wrap_content"
10    android:layout_height="wrap_content"
11    android:layout_alignParentLeft="true"
12    android:layout_alignParentTop="true"
13    android:text="@string/showStr" />
14
15  </RelativeLayout>
```

05 [res]-[layout]-[custom_dialog.xml] 파일을 생성해 레이아웃을 디자인한 후 저장한다.

❶ [res]-[layout]에서 마우스 오른쪽 버튼을 눌러 [New]-[Other] 메뉴를 선택한다.

❷ [New] 대화상자가 표시되면 [Android]-[Android XML Layout File] 항목을 선택한다. XML 레이아웃 리소스는 [Android XML Layout File] 메뉴 항목을 사용하면 작성시 편하다.

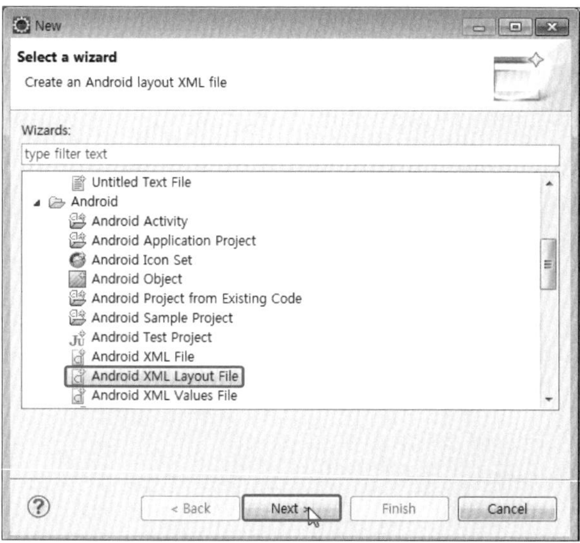

❸ [File] 항목에 "custom_dialog.xml" 파일을 입력한 후 [Root Element] 항목에서 [Linear Layout] 항목을 선택한 후 [Finish] 버튼을 클릭한다.

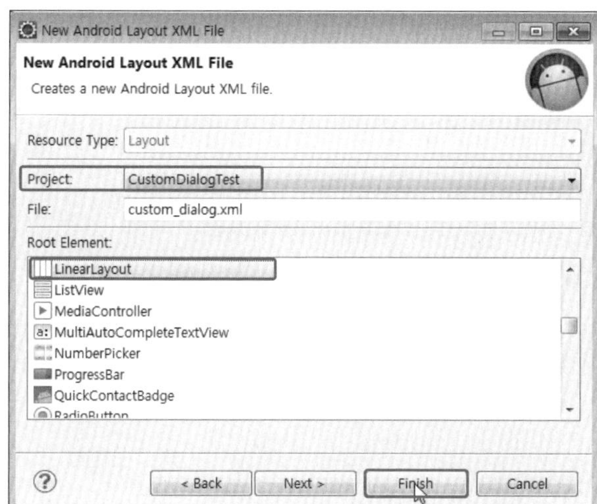

❹ 다음과 같이 [custom_dialog.xml]의 레이아웃을 완성한 후 저장한다.

▲ [Outline] 뷰의 구조

▲ [Graphical Layout]의 화면

완성된 [custom_dialog.xml] 파일은 다음과 같다.

```xml
01  <?xml version="1.0" encoding="utf-8"?>
02  <LinearLayout xmlns:android="http://schemas.android.com/apk/res/android"
03      android:layout_width="match_parent"
04      android:layout_height="match_parent"
05      android:orientation="horizontal" >
06
07      <ImageView
08          android:id="@+id/img"
09          android:layout_width="wrap_content"
10          android:layout_height="wrap_content"
11          android:src="@drawable/cloud" />
12
13      <TextView
14          android:id="@+id/displayLabel"
15          android:layout_width="wrap_content"
16          android:layout_height="wrap_content"
17          android:text="@string/displayStr"
18          android:textAppearance="?android:attr/textAppearanceMedium" />
19
20  </LinearLayout>
```

06 [CustomDialogTest]-[src]-[work.test.customdialogtest] 내에 있는 [Custom
DialogTestMainActivity] 액티비티의 내용을 추가한 후 저장한다.

```java
01  package work.test.customdialogtest;
02
03  import android.app.Activity;
04  import android.app.Dialog;
05  import android.os.Bundle;
06  import android.view.Menu;
07  import android.view.View;
08  import android.view.Window;
09  import android.widget.Button;
10
11  public class CustomDialogTestMainActivity extends Activity {
12
13      static final int CUSTOMDIALOG = 0;
```

```java
14
15      @Override
16      protected void onCreate(Bundle savedInstanceState) {
17          super.onCreate(savedInstanceState);
18          requestWindowFeature(Window.FEATURE_NO_TITLE);
19          setContentView(R.layout.activity_custom_dialog_test_main);
20
21          //[표시] 버튼의 정보를 가져옴
22          Button display = (Button)findViewById(R.id.showBtn);
23          display.setOnClickListener(new View.OnClickListener( ) {
24
25              @Override
26              //[표시] 버튼을 누르면 사용자 정의 대화상자가 표시됨
27              public void onClick(View v) {
28                  showDialog(CUSTOMDIALOG);
29
30              }
31          });
32      }
33
34      //사용자 정의 대화상자 생성
35      protected Dialog onCreateDialog(int id) {
36          Dialog dialog = null;
37
38          switch(id) {
39              //대화상자의 ID가 CUSTOMDIALOG인 경우
40              case CUSTOMDIALOG:
41                  //사용자 정의 대화상자를 표시하기 위해 객체 생성
42                  Dialog d = new Dialog(this);
43                  d.setContentView(R.layout.custom_dialog);
44                  d.setTitle(R.string.app_Name);
45                  dialog = d;
46                  break;
47
48              default:
49                  dialog = null;
50          }
51          return dialog;
```

```
52          }
53
54          @Override
55          public boolean onCreateOptionsMenu(Menu menu) {
56              // Inflate the menu; this adds items to the action bar if it is present.
57              getMenuInflater( ).inflate(
58                      R.menu.activity_custom_dialog_test_main, menu);
59              return true;
60          }
61
62      }
```


35~52 여기서는 onCreateDialog(int id) 메소드를 사용자 정의 대화상자를 생성하기 위해서 생성했다.

42 Dialog d = new Dialog(this);은 Dialog 객체를 생성해서 대화상자를 만든다.

43 d.setContentView(R.layout.custom_dialog);은 생성된 대화상자에 표시할 내용으로 레이아웃 리소스인 [custom_dialog.xml] 파일을 지정했다. 사용자 정의 대화상자인 경우 setContentView( ) 메소드를 사용해 대화상자의 내용을 표시할 레이아웃 리소스를 지정해야 한다.

44 d.setTitle(R.string.app_Name);은 사용자 정의 대화상자의 타이틀을 지정했다.

51 return dialog;은 생성된 대화상자를 리턴하는 구문으로, 이렇게 사용해야 화면에 대화상자가 표시된다.

07 실행할 안드로이드 애플리케이션 프로젝트를 선택한 후 [Run As]−[Android Application]을 선택해 안드로이드 에뮬레이터로 실행한다.

애플리케이션이 실행되면 [표시] 버튼을 눌러 사용자 정의 대화상자를 표시한다. 대화상자를 닫을 때에는 (back) 버튼을 누른다.

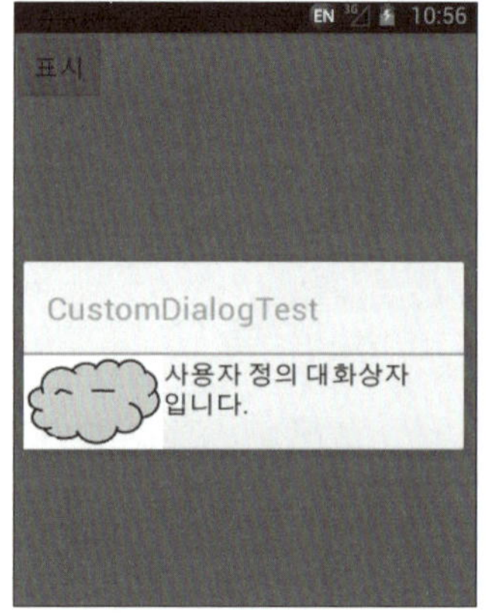

위와 같은 방식으로 사용자 정의 대화상자를 만들 경우 몇 가지 문제점이 발생한다. 첫 번째로 Dialog 클래스로 사용자 정의 대화상자를 구현할 경우 setTitle( ) 메소드를 사용해 대화상자의 타이틀을 구현하는데, 대화상자에 타이틀이 필요 없어서 setTitle( ) 메소드를 사용하지 않을 경우 그 영역은 공백으로 표시된다는 것이다. 두 번째로는 사용자 정의 대화상자에 버튼을 추가해 어떠한 처리를 하기가 어렵다는 점이다.

이런 문제를 해결하기 위해 AlertDialog 클래스를 사용해 사용자 정의 대화상자를 만든다. 대화상자 내용으로 사용할 별도의 XML 레이아웃을 [res]-[layout] 폴더에 생성하는 것은 Dialog 클래스를 사용할 때와 거의 같으나 대화상자의 내용을 지정하기 위해 setContentView(int) 메소드 대신 setView(View) 메소드를 사용한다. 이 메소드는 View 객체를 사용하기 때문에 XML 레이아웃 리소스를 레이아웃의 루트 뷰(root view)로 넣는 작업이 필요하다.

```
예    Context context = getApplicationContext( );
     //LayoutInflater의 객체 inflater 생성
     LayoutInflater inflater
         = (LayoutInflater) context.getSystemService(LAYOUT_INFLATER_SERVICE);

     //LayoutInflater의 객체의 inflate 메소드를 사용해 example_dialog.xml을 루트 뷰로 설정
     View layout = inflater.inflate(R.layout.example_dialog, null);

     //builder 생성
     AlertDialog.Builder builder= new AlertDialog.Builder(context);

     // 대화상자의 내용을 example_dialog.xml로 지정
     builder.setView(layout);

     AlertDialog ad = builder.create( ); //AlertDialog 대화상자 생성
```

XML 레이아웃을 루트 뷰로 하기 위해서는 LayoutInflater 객체가 필요한데 getLayoutInflater( ) 또는 getSystemService( ) 메소드를 사용해서 한다. LayoutInflater 객체가 생성된 후에는 inflate(int, ViewGroup) 메소드를 호출한다. 이 메소드의 첫 번째 매개변수는 레이아웃의 리소스 ID이고, 두 번째 매개변수는 루트 뷰의 ID이다. 지정할 루트 뷰가 없는 경우 null을 쓴다. 이렇게 View 객체가 만들어지면 이 뷰를 AlertDialog. Builder 클래스의 setView(View) 메소드의 매개변수로 사용해 대화상자를 위한 뷰로 지정한다.

AlertDialog 클래스로 사용자 정의 대화상자를 만들면 버튼, 리스트, 그리고 대화상자의 icon 등을 사용할 수 있어 많은 이점이 있다.

 AlertDialog 클래스를 사용한 사용자 정의 대화상자 생성
 - [AlertCustomDialogTest] 애플리케이션

이 예제는 AlertDialog 클래스를 사용해 사용자 정의 대
화상자를 정의한 후 대화상자의 버튼을 눌러 대화상자를 닫
는 예제이다.

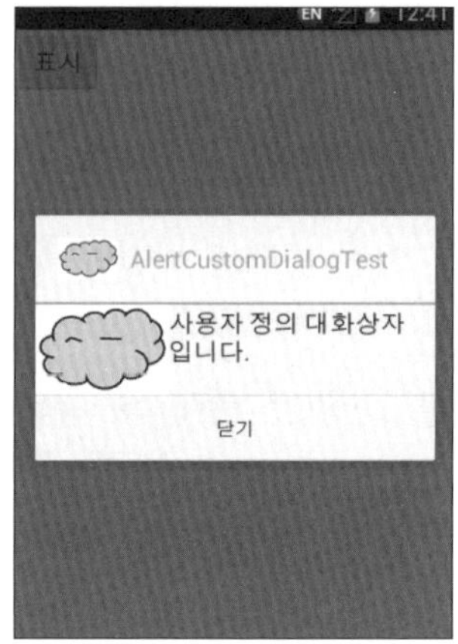

AlertCustomDialogTest 애플리케이션 실행 결과 ▶

주요 파일	파일명 ([CustomDialogTest] 애플리케이션)	하는 일
리소스 파일 (문자열, 이미지 등)	문자열 리소스 파일명 : strings.xml 위치 : [프로젝트]-[res]-[values]	• displayStr, showStr, endStr 문자열 정의
	이미지 리소스 추가 파일명 : cloud.png, cloudicon.png 위치 : [프로젝트]-[res]-[drawable-mdpi]	• 이미지 리소스를 [res]-[drawable-mdpi] 폴더에 복사
레이아웃 리소스 파일	activity_alert_custom_dialog_test_main.xml 위치 : [프로젝트]-[res]-[layout]	• 1개의 Button 위젯 배치 • strings.xml에서 정의한 showStr 문자열 참조
	alert_custom_dialog.xml 위치 : [프로젝트]-[res]-[layout]	• 1개의 ImageView 위젯과 1개의 TextView 위젯 배치 • strings.xml에서 정의한 displayStr 문자열 참조
로직 클래스	액티비티 클래스 파일 파일명 : AlertCustomDialogTestMainActivity.java 위치 : [프로젝트]-[src]-[패키지명]	• activity_alert_custom_dialog_test_main.xml을 화면의 내용으로 표시 • [표시] 버튼을 누르면 사용자정의 대화상자가 표시
매니페스트 파일	AndroidManifest.xml 위치 : [프로젝트]	이 애플리케이션에서는 내용 수정 안 함

▲ [AlertCustomDialogTest] 애플리케이션의 주요 파일

01 AlertCustomDialogTest 안드로이드 애플리케이션 프로젝트 생성

❶ [Project Explorer] 뷰에서 [New]−[Project] 메뉴를 선택해 [Android Application Project]를 생성한다.

❷ [New Android Application] 창이 표시되면 다음과 같이 입력 및 선택한 후 [Next] 버튼을 클릭한다. 그 외의 값은 기본 값을 그대로 사용해 생성한다.

항목	입력 및 선택 값
Application Name	AlertCustomDialogTest 입력
Project Name	AlertCustomDialogTest 자동 입력됨
Package Name	work.test.alertcustomdialogtest 입력
Minimum Required SDK	API 8 : Android 2.2 (Froyo) 기본 값 사용
Target SDK	API 18 : Android 4.3 기본 값 사용 기본 값이 아닐 경우 선택
Compile With	API 18 : Android 4.3 기본 값 사용

❸ [Next] 버튼을 누르다가 액티비티명 변경 화면이 표시되면 [Activity name]을 "Alert CustomDialogTestMainActivity"로 변경한 후 [Finish] 버튼을 클릭한다.

02 [res]−[drawable−mdpi]에 이미지 파일 [cloud.png], [cloudicon.png]를 복사한다. 제공되는 이미지는 부록CD의 [source]−[AlertCustomDialogTest]−[res]− [drawable−mdpi] 폴더 안에 있다.

03 [res]−[values]−[strings.xml] 파일에 문자열을 추가한 후 저장한다.

```xml
01  <?xml version="1.0" encoding="utf-8"?>
02  <resources>
03
04    <string name="app_Name">AlertCustomDialogTest</string>
05    <string name="hello_world">Hello world!</string>
06    <string name="menu_settings">Settings</string>
07    <string name="displayStr">사용자 정의 대화상자 입니다.</string>
08    <string name="showStr">표시</string>
09    <string name="endStr">닫기</string>
10
11  </resources>
```

04 XML 레이아웃을 디자인한 후 저장한다.

❶ [res]-[layout]-[activity_alert_custom_dialog_test_main.xml] 파일을 열어 레이아웃을 디자인한 후 저장한다.

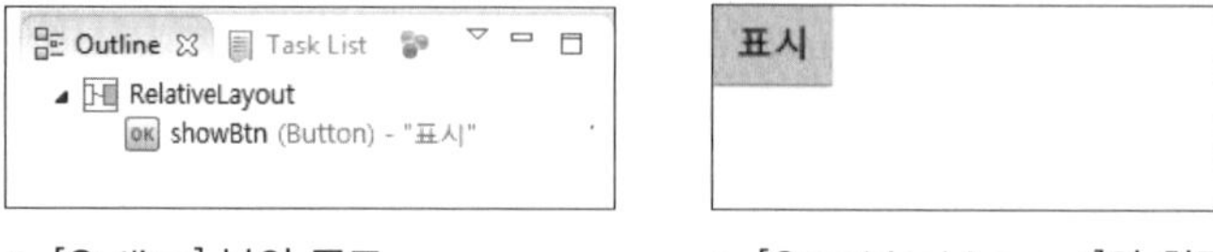

▲ [Outline] 뷰의 구조   ▲ [Graphical Layout]의 화면

완성된 [activity_alert_custom_dialog_test_main.xml] 파일은 다음과 같다.

```
01  <RelativeLayout xmlns:android="http://schemas.android.com/apk/res/android"
02      xmlns:tools="http://schemas.android.com/tools"
03      android:layout_width="match_parent"
04      android:layout_height="match_parent"
05      tools:context=".AlertCustomDialogTestMainActivity" >
06
07      <Button
08          android:id="@+id/showBtn"
09          android:layout_width="wrap_content"
10          android:layout_height="wrap_content"
11          android:layout_alignParentLeft="true"
12          android:layout_alignParentTop="true"
13          android:text="@string/showStr" />
14
15  </RelativeLayout>
```

❷ [res]-[layout]-[alert_custom_dialog.xml] 파일을 생성해 레이아웃을 디자인한 후 저장한다.

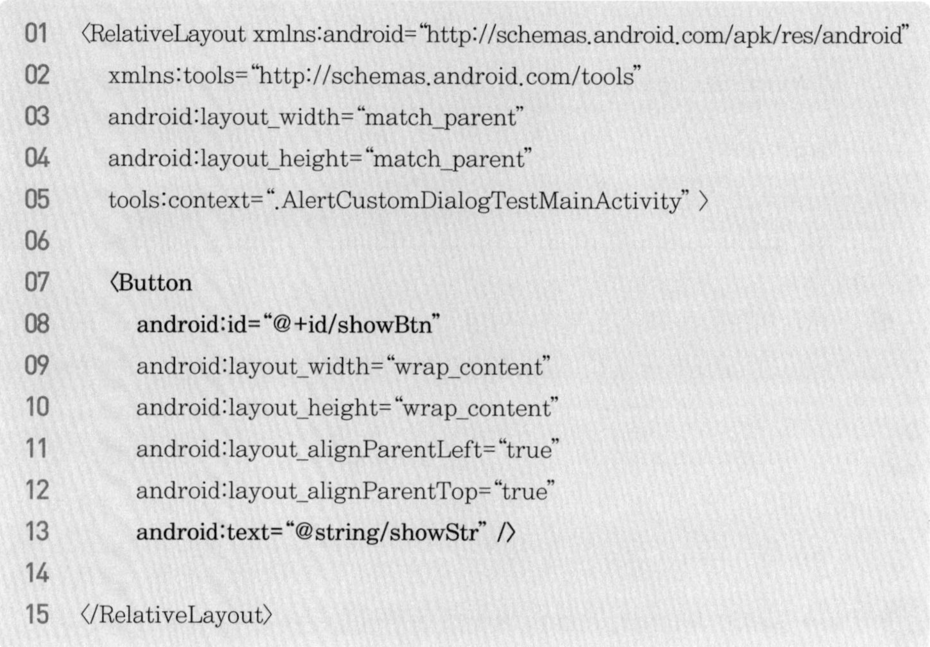

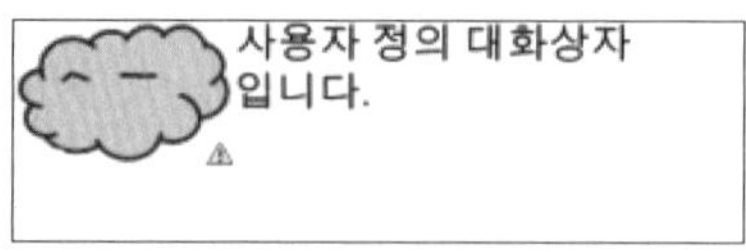

▲ [Outline] 뷰의 구조   ▲ [Graphical Layout]의 화면

완성된 [alert_custom_dialog.xml] 파일은 다음과 같다.

```xml
01  <?xml version="1.0" encoding="utf-8"?>
02  <LinearLayout xmlns:android="http://schemas.android.com/apk/res/android"
03      android:id="@+id/img"
04      android:layout_width="match_parent"
05      android:layout_height="match_parent"
06      android:orientation="horizontal" >
07
08      <ImageView
09          android:id="@+id/imageView1"
10          android:layout_width="wrap_content"
11          android:layout_height="wrap_content"
12          android:src="@drawable/cloud" />
13
14      <TextView
15          android:id="@+id/displayLabel"
16          android:layout_width="wrap_content"
17          android:layout_height="wrap_content"
18          android:text="@string/displayStr"
19          android:textAppearance="?android:attr/textAppearanceMedium" />
20
21  </LinearLayout>
```

05 [AlertCustomDialogTest]-[src]-[work.test.alertcustomdialogtest] 내에 있는
[AlertCustomDialogTestMainActivity] 액티비티의 내용을 추가한 후 저장한다.

```java
01  package work.test.alertcustomdialogtest;
02
03  import android.app.Activity;
04  import android.app.AlertDialog;
05  import android.app.Dialog;
06  import android.content.DialogInterface;
07  import android.os.Bundle;
08  import android.view.LayoutInflater;
09  import android.view.Menu;
10  import android.view.View;
11  import android.view.Window;
12  import android.widget.Button;
```

```java
13
14  public class AlertCustomDialogTestMainActivity extends Activity {
15
16      static final int ALERTCUSTOMDIALOG = 0;
17
18      @Override
19      protected void onCreate(Bundle savedInstanceState) {
20          super.onCreate(savedInstanceState);
21          requestWindowFeature(Window.FEATURE_NO_TITLE);
22          setContentView(R.layout.activity_alert_custom_dialog_test_main);
23
24          Button show = (Button)findViewById(R.id.showBtn);
25          show.setOnClickListener(new View.OnClickListener( ) {
26
27              @Override
28              public void onClick(View v) {
29                      showDialog(ALERTCUSTOMDIALOG);
30              }
31          });
32      }
33
34      //사용자 정의 대화상자 생성
35      protected Dialog onCreateDialog(int id) {
36          Dialog dialog = null;
37
38          switch(id) {
39              case ALERTCUSTOMDIALOG:
40              dialog = process( );
41              break;
42
43          default:
44              dialog = null;
45          }
46          return dialog;
47      }
48
49      //대화상자를 생성하는 메소드
50      public Dialog process( ){
51              //LayoutInflater 클래스의 객체 inflater 생성
```

```java
52      LayoutInflater inflater =
53      (LayoutInflater) this.getSystemService(LAYOUT_INFLATER_SERVICE);
54
55      //alert_custom_dialog.xml을 대화상자에 표시할 루트 뷰로 설정하기 위해
56      //View 객체로 생성
57      View layout = inflater.inflate(R.layout.alert_custom_dialog,null);
58
59      //사용자 정의 대화상자의 프로퍼티 지정
60      AlertDialog.Builder builder = new AlertDialog.Builder(this);
61
62      builder.setTitle(R.string.app_Name) //타이틀
63          .setIcon(R.drawable.cloudicon)//아이콘 지정
64             .setView(layout) //대화상자의 루트 뷰로 지정
65             //버튼이 하나일 경우 중립 버튼으로 설정한다.
66                 .setNeutralButton(R.string.endStr,
67                            new DialogInterface.OnClickListener( ) {
68                     @Override
69                     //[닫기] 버튼을 클릭하면 실행
70                     public void onClick(DialogInterface dialog, int which) {
71                     dialog.cancel( );
72                     }
73                 });
74
75      // AlertDialog 객체를 생성해서 호출한 곳으로 리턴
76      return builder.create( );
77  }
78
79  @Override
80  public boolean onCreateOptionsMenu(Menu menu) {
81      // Inflate the menu; this adds items to the action bar if it is present.
82      getMenuInflater( ).inflate(
83          R.menu.activity_alert_custom_dialog_test_main, menu);
84      return true;
85  }
86
87 }
```

50~77   process( ) 메소드는 알림 사용자 정의 대화상자를 생성하는 메소드이다.

52~53   LayoutInflater 클래스의 객체 inflater를 생성한다. LayoutInflater 클래스의 inflate( ) 메소드를 사용해 레이아웃 리소스 파일을 View 객체로 생성할 수 있다.

57   View layout = inflater.inflate(R.layout.alert_custom_dialog,null);은 레이아웃 리소스인 alert_custom_dialog.xml을 대화상자에 표시할 루트 뷰로 설정하기 위해 View 객체로 생성한다. 즉, 대화상자의 내용으로 사용할 수 있다.

60~73   알림 대화상자를 생성해 대화상자의 타이틀, 아이콘, 내용 등을 지정한다.

64   .setView(layout)은 대화상자의 내용이 되는 루트 뷰로 layout 객체를 지정하는 것으로, 여기서 layout 객체는 실질적으로 alert_custom_dialog.xml이다.

66~73   [닫기] 버튼에 이벤트 리스너를 등록한 것으로, [닫기] 버튼을 누르면 대화상자가 닫힌다. [닫기]와 같이 대화상자에 버튼이 하나일 경우 중립 버튼으로 설정해 처리한다.

06 [Run As]-[Android Application]을 선택해 안드로이드 에뮬레이터로 실행한다. 애플리케이션이 실행되면 [표시] 버튼을 눌러 사용자 정의 대화상자를 표시한다.

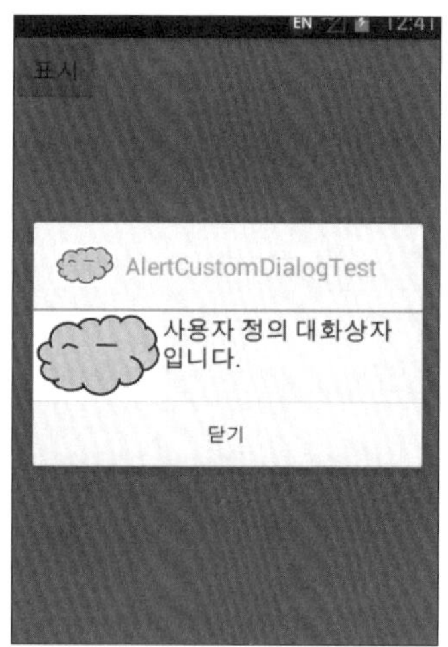

　　　　　 - [FingerPaintOptionMenu] 애플리케이션

이 예제는 4장의 [FingerPaintOptionMenu] 프로젝트에 색상을 선택하는 대화상자를 표시하는 ColorPickerDialog 클래스를 추가해 옵션 메뉴의 항목과 연동한 예제이다.

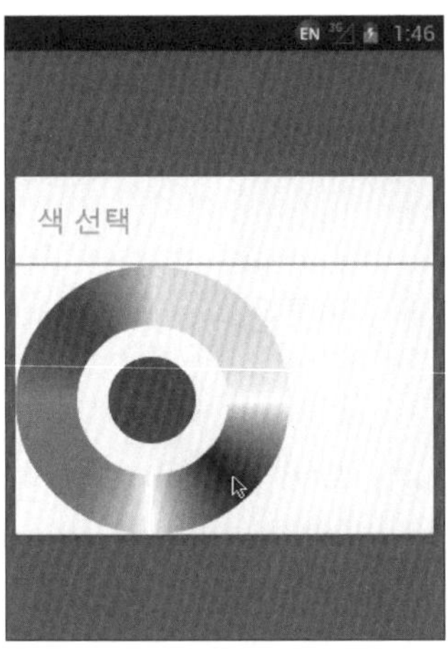

주요 파일	파일명 ([FingerPaintDialog] 애플리케이션)	하는 일
리소스 파일 (문자열, 이미지 등)	문자열 리소스 파일명 : strings.xml 위치 : [프로젝트]-[res]-[values]	• changeColorStr, saveFileStr, eraseStr 문자열 정의됨 • selectColor 문자열 추가 정의
	파일명 : coloricon.png, eraseicon.png, saveicon.png 위치 : [프로젝트]-[res]-[drawable-mdpi]	• 이미지 리소스는 [res]-[drawable-mdpi] 폴더에 복사되어 있음
레이아웃 리소스 파일	activity_finger_paint_test_main.xml 위치 : [프로젝트]-[res]-[layout]	이 애플리케이션에서는 사용 안 함
	activity_finger_paint_test_main.xml 위치 : [프로젝트]-[res]-[menu]	• 메뉴의 내용을 갖는 XML 리소스 파일
로직 클래스	Dialog 클래스 파일 파일명 : ColorPickerDialog.java 위치 : [프로젝트]-[src]-[패키지명]	• 색을 선택하는 사용자 정의 대화상자
	뷰 클래스 파일 파일명 : FingerPaintView.java 위치 : [프로젝트]-[src]-[패키지명]	• 화면에 터치이벤트를 사용해 손가락을 사용해 그림을 그리는 것을 구현

로직 클래스	액티비티 클래스 파일 파일명 : FingerPaintTestMain Activity.java 위치 : [프로젝트]-[src]-[패키지명]	• FingerPaintView 클래스의 객체를 생성 후 화면의 내용으로 표시 • 옵션 메뉴의 내용 표시 및 옵션 메뉴 선택 시 사용자 정의 대화상자 표시
매니페스트 파일	AndroidManifest.xml 위치 : [프로젝트]	이 애플리케이션에서는 내용 수정 안 함

▲ [FingerPaintDialog] 애플리케이션의 주요 파일

01 4장의 [FingerPaintOptionMenu] 프로젝트를 복사해서 이름을 "FingerPaintDialog"로 변경한다.

02 [res]-[values]-[strings.xml] 파일에 app_Name 문자열의 내용을 변경하고 selectColor 문자열을 추가한 후 저장한다.

```xml
01  <?xml version="1.0" encoding="utf-8"?>
02  <resources>
03
04      <string name="app_Name">FingerPaintDialog</string>
05      <string name="hello_world">Hello world!</string>
06      <string name="menu_settings">Settings</string>
07      <string name="changeColorStr">색변경</string>
08      <string name="saveFileStr">저장</string>
09      <string name="eraseStr">지우개</string>
10      <string name="selectColor">색 선택</string>
11
12  </resources>
```

03 [FingerPaintDialog]-[src]-[work.test.fingerpainttest]에 있는 소스파일 추가 및 변경

❶ [FingerPaintDialog]-[src]-[work.test.fingerpainttest] 패키지를 선택한 후 [New]-[Class] 메뉴를 선택해 [ColorPickerDialog] 클래스를 생성한 후 클래스에 내용을 추가하여 저장한다.

```java
01  package work.test.fingerpainttest;
02
03  import android.app.Dialog;
04  import android.content.Context;
05  import android.graphics.Canvas;
06  import android.graphics.Color;
07  import android.graphics.Paint;
08  import android.graphics.RectF;
09  import android.graphics.Shader;
10  import android.graphics.SweepGradient;
11  import android.os.Bundle;
12  import android.view.MotionEvent;
13  import android.view.View;
14
15  public class ColorPickerDialog extends Dialog {
16
17      private OnColorChangedListener cl;
18      private int initialColor;
19
20      public ColorPickerDialog(Context context,
21              OnColorChangedListener cl, int initialColor) {
22          super(context);
23          this.cl = cl;
24          this.initialColor = initialColor;
25      }
26
27      protected void onCreate(Bundle savedInstanceState) {
28          super.onCreate(savedInstanceState);
29
30          OnColorChangedListener listener = new OnColorChangedListener( ) {
31              //[색 선택] 대화상자에서 색상을 선택시 호출됨
32              public void colorChanged(int color) {
33                  cl.colorChanged(color);
34                  dismiss( );//대화상자를 화면에서 제거함
35              }
36          };
37
38          //[색 선택] 대화상자의 내용으로 뷰인 ColorPickerView 클래스가 표시됨
39          setContentView(new ColorPickerView(
```

```java
40                         getContext( ), listener, initialColor));
41             setTitle(R.string.selectColor);//[색 선택] 대화상자의 타이틀
42     }
43
44     //이벤트 리스너인 OnColorChangedListener 인터페이스를 정의
45     public interface OnColorChangedListener {
46         void colorChanged(int color);//콜백 메소드 정의 : 색 선택시 자동 실행
47     }
48
49     //[색 선택] 대화상자의 내용 부분(색을 선택하는 동심원)을 구성하기 위한 뷰 클래스 정의
50     private static class ColorPickerView extends View {
51         private Paint cPaint;
52         private Paint centerPaint;
53         private final int[ ] cColors;
54         private OnColorChangedListener ccl;
55         private boolean trackingCenter;
56         private boolean highlightCenter;
57         private static final int CENTER_X = 100;
58         private static final int CENTER_Y = 100;
59         private static final int CENTER_RADIUS = 32;
60
61         public ColorPickerView(Context c,
62                         OnColorChangedListener l, int color) {
63             super(c);
64             ccl = l;
65             cColors = new int[ ] {0xFFFFFF00, 0xFF000000,0xFFFFFFFF,
66                     0xFFFF0000, 0xFFFF00FF, 0xFF0000FF, 0xFF00FFFF,
67                     0xFF00FF00, 0xFFFFFF00 }; //색 선택 기준 색상 값
68             Shader s = new SweepGradient(0, 0, cColors, null);
69
70             //[색 선택] 대화상자에서 색을 선택하는 범위가 표시된 도넛형 부분에 해당하는 paint 객체
71             cPaint = new Paint(Paint.ANTI_ALIAS_FLAG);
72             cPaint.setShader(s);
73             cPaint.setStyle(Paint.Style.STROKE);
74             cPaint.setStrokeWidth(45);
75
76             //[색 선택] 대화상자의 중앙의 원 부분에 해당하는 paint 객체
77             centerPaint = new Paint(Paint.ANTI_ALIAS_FLAG);
78             centerPaint.setColor(color);
```

```java
79              centerPaint.setStrokeWidth(5);
80          }
81
82          @Override
83          //[색 선택] 대화상자의 색을 선택하는 원을 그림
84          protected void onDraw(Canvas canvas) {
85              float r = CENTER_X - cPaint.getStrokeWidth( )*0.5f;
86
87              //중심축을 지정한 값으로 변경
88              canvas.translate(CENTER_X, CENTER_X);
89
90              canvas.drawOval(new RectF(-r, -r, r, r), cPaint);
91              canvas.drawCircle(0, 0, CENTER_RADIUS, centerPaint);
92
93              if (trackingCenter) {
94                  int c = centerPaint.getColor( );
95                  centerPaint.setStyle(Paint.Style.STROKE);
96
97                  if (highlightCenter) {
98                      centerPaint.setAlpha(0xFF);
99                  } else {
100                     centerPaint.setAlpha(0x80);
101                 }
102                 canvas.drawCircle(0, 0,
103                     CENTER_RADIUS + centerPaint.getStrokeWidth( ),
104                     centerPaint);
105
106                 centerPaint.setStyle(Paint.Style.FILL);
107                 centerPaint.setColor(c);
108             }
109         }
110
111         @Override
112         //뷰의 크기를 지정하는 메소드
113         protected void onMeasure(int widthMeasureSpec,
114                                  int heightMeasureSpec) {
115             //지정된 너비와 높이 값으로 뷰의 크기를 지정
116             setMeasuredDimension(CENTER_X*2, CENTER_Y*2);
117         }
```

```java
118
119    //투명도, RGB 값을 계산 시 사용
120    private int ave(int s, int d, float p) {
121        return s + java.lang.Math.round(p * (d - s));
122    }
123
124    //중심원에 표시할 색을 계산 시 사용
125    private int interpColor(int colors[ ], float unit) {
126        if (unit <= 0) {
127            return colors[0];
128        }
129        if (unit >= 1) {
130            return colors[colors.length - 1];
131        }
132
133        float p = unit * (colors.length - 1);
134        int i = (int)p;
135        p -= i;
136
137        int c0 = colors[i];
138        int c1 = colors[i+1];
139        int a = ave(Color.alpha(c0), Color.alpha(c1), p);
140        int r = ave(Color.red(c0), Color.red(c1), p);
141        int g = ave(Color.green(c0), Color.green(c1), p);
142        int b = ave(Color.blue(c0), Color.blue(c1), p);
143
144        return Color.argb(a, r, g, b);
145    }
146
147    @Override
148    //[색 선택] 대화상자에서 색상 부분을 터치하면 수행됨
149    public boolean onTouchEvent(MotionEvent event) {
150        //원형의 색상을 선택하면 선택한 위치로  inCenter 값을 계산
151        float x = event.getX( ) - CENTER_X;
152        float y = event.getY( ) - CENTER_Y;
153        boolean inCenter =
154            java.lang.Math.sqrt(x*x + y*y) <= CENTER_RADIUS;
155
156        switch (event.getAction( )) {
```

```java
            case MotionEvent.ACTION_DOWN://손가락을 누르면
                trackingCenter = inCenter;
                if (inCenter) {//유효범위 내를 선택시
                    highlightCenter = true;
                    invalidate( );
                    break;
                }
            case MotionEvent.ACTION_MOVE://손가락을 눌렀다가 떼는 순간에 발생
                if (trackingCenter) {
                    if (highlightCenter != inCenter) {
                        highlightCenter = inCenter;
                        invalidate( );
                    }
                } else {//색 선택 유효 부분 이외를 선택시
                    float angle = (float)java.lang.Math.atan2(y, x);
                    // 각도를 회전시키기 위해 angle을 unit에 넣는다.
                    float unit = angle/(2*(float)Math.PI);
                    if (unit < 0) {
                        unit += 1;
                    }
                    //중심원 부분의 색을 계산에 의해 결정
                    centerPaint.setColor(interpColor(cColors, unit));
                        invalidate( );
                }
                break;
            case MotionEvent.ACTION_UP://화면에서 손가락을 떼는 순간 발생
                if (trackingCenter) {
                    if (inCenter) {
                        //중앙원에 표시된 색으로 색상 값을 변경
                        ccl.colorChanged(centerPaint.getColor( ));
                    }
                    trackingCenter = false;
                    invalidate( );
                }
                break;
        }
        return true;
    }
}

```

위의 예제는 크게 15~197라인에 걸쳐 있는 대화상자를 생성하는 ColorPickerDialog 클래스와 이 클래스의 내부 인터페이스로 [색 선택] 대화상자에서 색상 선택 시 호출되는 colorChanged(int color) 메소드를 갖는 45~47라인의 OnColorChangedListener, 그리고 [색 선택] 대화상자의 내용 부분(색을 선택하는 동심원)을 구성하기 위한 뷰 클래스인 ColorPickerView 클래스가 내부 클래스로써 50~195라인에 걸쳐 정의되어 있다.

❷ FingerPaintTestMainActivity] 액티비티의 내용을 변경한 후 저장한다.

```
01    package work.test.fingerpainttest;
02
03    import android.app.Activity;
04    import android.graphics.Color;
05    import android.graphics.Paint;
06    import android.os.Bundle;
07    import android.view.Menu;
08    import android.view.MenuItem;
09    import android.view.Window;
10
11    public class FingerPaintTestMainActivity extends Activity
12            implements  ColorPickerDialog.OnColorChangedListener{
13
14        @Override
15        protected void onCreate(Bundle savedInstanceState) {
16            super.onCreate(savedInstanceState);
17            requestWindowFeature(Window.FEATURE_NO_TITLE);
18            setContentView(new FingerPaintView(this));
19        }
20
21        @Override
22        public boolean onCreateOptionsMenu(Menu menu) {//옵션 메뉴 사용
23        // 메뉴의 내용을 갖는 [menu] 폴더에 있는 activity_finger_paint_test_main.xml
24            getMenuInflater().inflate(R.menu.activity_finger_paint_test_main, menu);
25            return true;
26        }
27
28        //옵션 메뉴의 변경사항이 있을 경우 반영
29        public boolean onPrepareOptionsMenu(Menu menu) {
```

```java
30            super.onPrepareOptionsMenu(menu);
31            return true;
32        }
33
34        //옵션 메뉴의 메뉴 항목을 선택하면 실행
35        public boolean onOptionsItemSelected(MenuItem item) {
36            Paint p = FingerPaintView.p;
37            p.setXfermode(null);
38             p.setAlpha(0xFF);
39
40            switch (item.getItemId( )) {
41            case R.id.changeColor: //[색 선택] 메뉴
42                //[색 선택] 대화상자를 표시
43                new ColorPickerDialog(this, this, p.getColor( )).show( );
44                return true;
45            case R.id.erase://[지우기] 메뉴
46                //캔버스의 배경색과 같은 색을 지정해 덧칠함
47                p.setColor(Color.WHITE);
48                return true;
49            case R.id.saveFile://[저장] 메뉴
50                //작업을 처리할 메소드 기술
51                //아직 기술안 함. 7장에서 구현
52                return true;
53            }
54            return super.onOptionsItemSelected(item);
55        }
56
57        @Override
58        //[색 선택] 대화상자에서 색상을 선택하면 실행됨
59        public void colorChanged(int color) {
60            // TODO Auto-generated method stub
61            Paint p = FingerPaintView.p;
62            p.setColor(color); //그리기 색을 선택한 색으로 변경
63
64        }
65    }
```

소스코드 설명

11~12   FingerPaintTestMainActivity 클래스를 선언 시 ColorPickerDialog.OnColorChanged
Listener로부터 implements를 받는다. 이때 OnColorChangedListener 인터페이스는

ColorPickerDialog 클래스의 내부 인터페이스이다. ColorPickerDialog 클래스는 FingerPaintTestMain Activity 클래스와 같은 패키지 내에 사용자가 직접 작성한 클래스로 3~9라인에 걸쳐 있는 import문을 사용하지 않아도 참조할 수 있다.

35~55　onOptionsItemSelected(MenuItem item) 메소드는 옵션 메뉴의 메뉴 항목을 선택하면 자동 실행된다.

37　p.setXfermode(null);은 xfermode 객체를 null로 클리어한다. xfermode는 이미지 중첩 시, 중첩되는 부분에 대해 처리하는 것이다. 즉, 두 이미지를 논리적 연산에 따라 합성하는 것으로, 여기서는 중첩 부분에 대한 논리적 연산을 하지 않는다.

38　p.setAlpha(0xFF);은 투명도를 완전 불투명(0xFF)로 지정했다.

41~44　case R.id.changeColor: 문은 옵션 메뉴 중 [색 선택] 메뉴를 선택하면 43라인 new ColorPickerDialog(this, this, p.getColor( )).show( );가 수행되어 [색 선택] 대화상자가 화면에 표시된다.

59~63　colorChanged(int color) 메소드는 [색 선택] 대화상자에서 색상을 선택하면 자동 실행된다. 이 메소드는 ColorPickerDialog 클래스의 OnColorChangedListener 인터페이스 내에 기술되어 있다.

❸ [FingerPaintView] 클래스의 내용은 변경하지 않는다.

04 [Run As]–[Android Application]을 선택해 안드로이드 에뮬레이터로 실행한다.

❶ 애플리케이션이 실행되면 [menu] 버튼을 눌러 옵션 메뉴를 표시한다. 옵션 메뉴가 표시되면 [색변경] 메뉴 항목을 누른다.

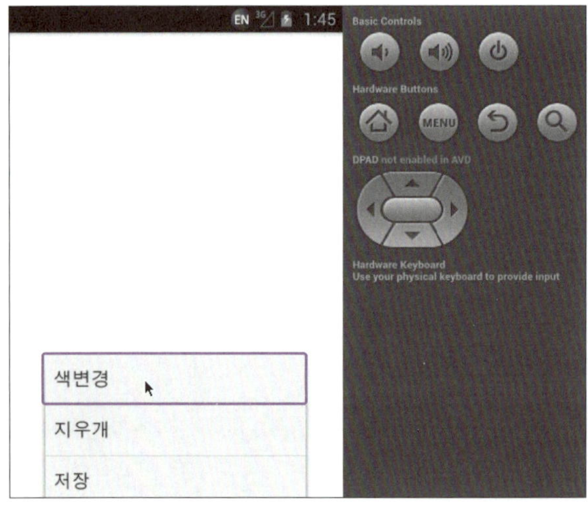

❷ [색 선택] 대화상자가 표시되면 원하는 색을 눌러 중심원에 색이 표시되면, 중심원을 클릭한다. 그리기를 하면 선택한 색으로 그려지는 것을 확인할 수 있다.

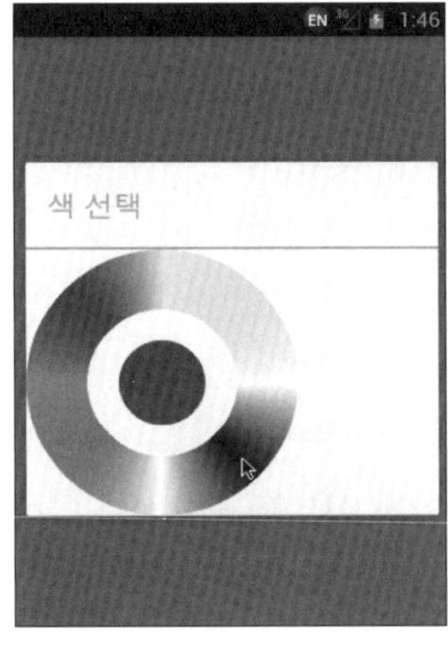

　　개발된 다양한 분야의 앱들 중 우리나라에서 수익률이 가장 높은 것은 게임 관련 앱이며, 세계적으로는 무료 앱들에 사용되는 광고가 가장 수익률이 높은 것으로 확인되고 있다. 아무리 무료 앱이어도 수익을 목적으로 앱을 만들게 되므로 이럴 경우 광고를 적극 활용한다.

　　아래의 그림은 [2012년 한국 콘텐츠 진흥원의 스마트 콘텐츠 시장 조사]에 따른 자료로, 수익을 원하는 앱 개발 시 참고한다.

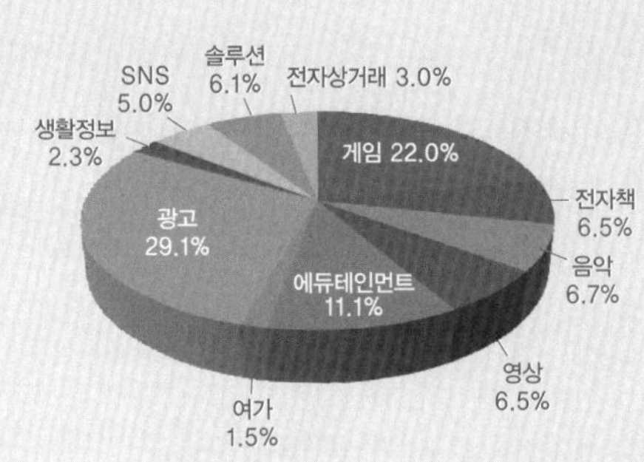

▲ 세계 시장 콘텐츠별 점유율

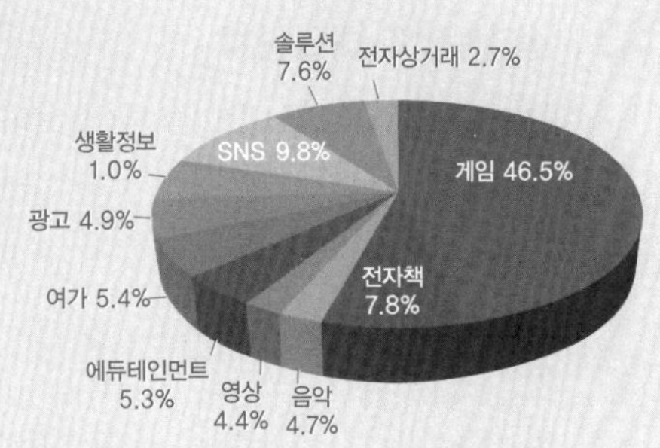

▲ 국내 시장 콘텐츠별 점유율

〈이미지 출처 : 2012년 한국 콘텐츠 진흥원의 스마트 콘텐츠 시장 조사 보고서〉

01 대화상자 개요

- 대화상자는 사용자와 상호작용을 하기 위해 사용한다.
- 대화상자에는 알림 대화상자(AlertDialog), 프로그래스 대화상자(PrograssDialog), 날짜 선택 대화상자(DatePickerDialog)와 시간 선택 대화상자(TimePickerDialog) 그리고 사용자 정의 대화상자가 있다.

02 알림 대화상자(AlertDialog)

- 알림 대화상자는 어떤 것을 알릴 목적으로 사용되는 알림 대화상자로 대화상자 내에 0~3개까지의 버튼을 갖거나 체크박스, 라디오버튼이 포함된 선택 가능한 아이템의 리스트를 제공한다.

03 프로그래스 대화상자(ProgressDialog)

- 프로그래스 대화상자는 작업의 진행 상황을 표시할 때 사용하는 것으로 원형 또는 막대형 프로그래스바를 표현할 수 있다.

04 날짜 선택 대화상자(DatePickerDialog)와 시간 선택 대화상자 (TimePickerDialog)

- 날짜 선택 대화상자는 날짜를 선택하는 DatePicker 위젯을 대화상자에 넣어서 사용하며, 시간 선택 대화상자는 시간을 선택하는 TimePicker 위젯을 대화상자에 넣어서 사용한다.

05 사용자 정의 대화상자

- 사용자가 대화상자의 내용 부분에 이미지 등을 추가할 경우 사용자 정의 대화상자로 만들어서 표시한다.

MEMO

6

이벤트 처리

안드로이드 프로그래밍에서 이벤트를 처리하는 방법은 기존의 GUI 프로그래밍에서의 방법과 같으며, 다만 모바일 기기의 특수성 때문에 갖고 있는 몇몇 특수한 이벤트의 처리가 있다. 여기서는 GUI 기반의 모바일 기기의 이벤트 처리를 중점적으로 학습한다.

안드로이드에서
이벤트 처리 방법

안드로이드는 애플리케이션 내에 있는 사용자 인터페이스(뷰, 위젯 등)로부터 발생한 이벤트를 얻어내기 위한 여러 가지 방법을 제공한다. 특정 뷰 객체로부터의 이벤트를 잡아내야하기 때문에, View 클래스는 이벤트를 감지하는 방법을 제공한다.

레이아웃을 구성하는 다양한 뷰 클래스(위젯)들에서 버튼을 클릭 시 발생되는 클릭 이벤트, 화면에 손가락을 대면 발생하는 터치 이벤트, 키를 누르면 발생하는 키 이벤트 등과 같은 것을 감지하는 것을 제공한다.

이벤트가 발생해 처리되기 위해서는 이벤트가 발생하는 뷰, 뷰에서 발생하는 이벤트를 감지하는 리스너, 그리고 이벤트를 처리하는 메소드가 필요하다.

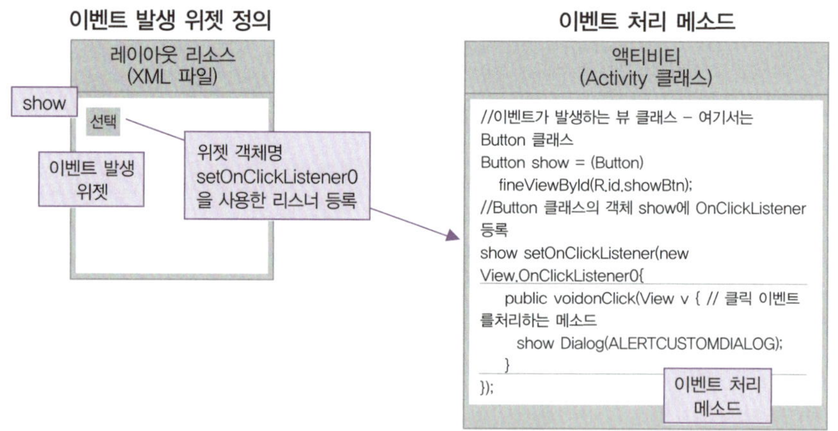

▲ 이벤트 발생 위젯, 리스너 및 이벤트 처리 메소드의 관계

이벤트는 뷰에서 버튼을 누르거나 키를 누르는 동작 등에서 발생하고, 이런 동작이 발생하면, 감지할 수 있도록 이벤트가 발생하는 뷰에 리스너를 등록한다. 리스너가 등록된 뷰에서 이벤트가 발생하면, 리스너가 제공하는 이벤트 처리 메소드가 자동으로 실행된다. 이벤트 처리 메소드들은 등록된 리스너에 따라 다르다. 이벤트 처리 메소드를 안드로이드에서는 '콜백 메소드(callback method)' 라 부른다.

예 //이벤트가 발생하는 뷰 클래스 - 여기서는 Button 클래스
Button show = (Button)findViewById(R.id.showBtn);

//Button 클래스의 객체 show에 OnClickListener 등록
show.setOnClickListener(new View.OnClickListener( ) {
    public void onClick(View v) { //클릭 이벤트를 처리하는 메소드
        showDialog(ALERTCUSTOMDIALOG);
    }
});

리스너를 등록할 때 사용하는 메소드는 [set리스너명]과 같은 형태를 갖는다. 클릭 이벤트인 경우에는 setOnClickListener( ) 메소드가, 터치 이벤트일 때는 setOnTouchListener( ) 메소드가 사용된다.

이벤트 리스너(event listener)는 하나의 콜백 메소드를 갖고 있는 View 클래스에 포함된 내부 인터페이스다. 즉, 이벤트 리스너에서는 이벤트를 처리하는 콜백 메소드가 하나뿐이라는 것이다. 콜백 메소드들은 리스너가 등록된 뷰가 사용자와의 상호작용(버튼을 누르거나 키를 누르는)에 의해 동작되면 안드로이드에 의해 호출된다.

View 클래스의 이벤트 리스너에 포함된 콜백 메소드는 다음과 같다.

이벤트 리스너가 갖고 있는 콜백 메소드

onClick( ) : View.OnClickListener
이 메소드는 아이템을 누르거나 포커스를 갖고 있는 아이템에서 내비게이션 키를 누르거나 트랙볼 또는 [Enter] 키에 상응하는 키를 누르면 호출된다. 내비게이션 키, 트랙볼 등 안드로이드 폰에 따라 없을 수 있다.

onLongClick( ) : View.OnLongClickListener
이 메소드는 아이템을 터치하고 있는 상태를 유지할 때 호출된다. 즉, 해당 아이템을 길게 누르면 발생하는 것으로 내비게이션 키를 누르거나 트랙볼 또는 [Enter] 키에 상응하는 키를 누르면 호출된다.

onFocusChange( ) : View.OnFocusChangeListener
다른 아이템을 선택하는 등의 포커스의 변동이 생기면 호출된다. 내비게이션 키를 누르거나 트랙볼을 눌러도 호출된다.

onKey( ) : View.OnKeyListener
단말기상의 키를 누르거나 누르고 있는 키를 놓는 경우 호출된다.

onTouch( ) : View.OnTouchListener
누르는 동작, 놓는 동작 또는 스크린상의 어떤 이동하는 동작 등의 터치 이벤트에 상응하는 동작을 수행했을 때 호출된다.

onCreateContextMenu( ) : View.OnCreateContextMenuListener
컨텍스트 메뉴가 만들어질 때 호출된다.

▲ View 클래스의 이벤트 리스너에 포함된 콜백 메소드

이들 콜백 메소드는 각각의 인터페이스 내에 유일하게 존재하는 단 하나의 메소드로, 이벤트를 제어하기 위해 적합한 메소드를 사용해서 한다. 이벤트를 처리하기 위해 액티비티 내에 내부 인터페이스로 구현해 처리하거나 무명 내부 클래스의 형태로 작성해서 처리한다. 또는 액티비티 클래스의 선언 시 같이 선언한다. 이들 중 어떤 것을 사용해도 같기 때문에 셋 중 하나를 선택해서 한다.

액티비티 내에 내부 인터페이스로 구현해 처리

```java
protected void onCreate(Bundle savedInstanceState) {
… 생략 …
    Button button = (Button)findViewById(R.id.press);
    button.setOnClickListener(cl); // onClick 리스너 등록
    …
}
 //onClick 이벤트 발생 처리
 View.OnClickListener cl = new View.OnClickListener( ) { //내부 인터페이스
    public void onClick(View v) {//콜백 메소드
        //이벤트 발생시 처리할 내용 기술
    }
 }
```

무명 내부 클래스의 형태로 작성해서 처리

```java
public void onCreate(Bundle savedInstanceState) {
    … 생략 …
    Button button = (Button)findViewById(R.id.press);
    button.setOnClickListener(new View.OnClickListener( ) { //무명 내부 클래스
        public void onClick(View v) {//콜백 메소드
            //이벤트 발생시 처리할 내용 기술
        }
    });
}
```

액티비티 클래스 선언 시 같이 선언

```java
public class TestActivity extends Activity implements OnClickListener {
    protected void onCreate(Bundle savedValues) {
        … 생략 …
        Button button = (Button)findViewById(R.id.press);
        //이벤트가 발생한 뷰와 처리 메소드가 같은 클래스에 있을 경우
        //이벤트 처리 인터페이스의 레퍼런스로 this 사용
        button.setOnClickListener(this); //리스너 등록
    }

    public void onClick(View v) { //콜백 메소드
        //이벤트 발생시 처리할 내용 기술
    }
    … 생략 …
}
```

View객체.setXxxListener(aListener) 메소드에 이벤트 처리 인터페이스의 레퍼런스를 매개변수로 넘겨줘서 이벤트가 발생한 View 객체에 리스너를 등록한다. 이렇게 하면 해당 View 객체에서 이벤트가 발생한 경우, 발생한 이벤트의 처리를 aListener의 콜백 메소드가 한다.

이벤트 처리의 3요소는 이벤트가 발생하는 뷰, 이벤트를 처리하는 메소드인 콜백 메소드, 그리고 뷰와 이벤트 처리 메소드를 연결하는 리스너 등록이다.

```
… 생략 …
//button은 이벤트가 발생하는 뷰의 레퍼런스
button.setOnClickListener(this); //리스너 등록
… 생략 …
public void onClick(View v) { //콜백 메소드
    //이벤트 발생 시 처리할 내용 기술


}
```

안드로이드에서 이벤트 프로그램 작성 순서는 다음과 같다. 아래의 예시 코드는 클릭 이벤트를 기준으로 작성했다.

① 레이아웃 리소스에 이벤트 동작에 사용할 위젯을 정의

```
<Button
        android:id="@+id/getBtn"
        android:layout_width="wrap_content"
        android:layout_height="wrap_content"
        android:layout_alignParentLeft="true"
        android:text="@string/getStr" />
```

② 액티비티 클래스에서 이벤트 동작에 사용되는 위젯 참조

```
Button getData = (Button)findViewById(R.id.getBtn);
```

③ 참조된 위젯에 리스너 등록

```
getData.setOnClickListener(this);
```

④ 이벤트를 처리하는 콜백 메소드에 처리할 작업을 기술

```
//클릭 이벤트를 처리하는 콜백 메소드
public void onClick(View v) {//버튼 클릭 시 자동 실행
    //처리할 작업 기술
}
```

각종 이벤트 처리

02.1 클릭 이벤트

클릭 이벤트는 버튼 등의 뷰(위젯)를 클릭하는 동작에 의해 발생하는 것으로 화면에 터치하는 모바일 기기에서는 터치 이벤트와 그다지 차이점이 없다. 클릭 이벤트로 처리하는 것을 터치 이벤트로 처리해도 된다.

클릭 이벤트는 이벤트가 발생하는 뷰를 클릭 시, 이벤트를 처리하는 메소드인 onClick(View v) 메소드가 자동으로 실행되어 작업을 처리한다.

리턴 타입	메소드명
abstract void	onClick(View v) 해당 뷰를 클릭 시 호출된다. v는 이벤트가 발생한 뷰의 레퍼런스를 받는다.

이렇게 동작되기 위해서는 button.setOnClickListener(aListener)와 같이 이벤트가 발생하는 뷰에 이벤트를 처리하는 리스너를 setOnClickListener( ) 메소드를 사용해서 등록해야 한다.

클릭 이벤트 처리

```java
public void onCreate(Bundle savedInstanceState) {
    … 생략 …
    Button button = (Button)findViewById(R.id.press);

    //이벤트를 처리하는 리스너 등록
    button.setOnClickListener(new View.OnClickListener( ) {
        public void onClick(View v) {//button을 클릭시 자동으로 실행
            //button을 클릭시 처리할 작업 내용 기술
        }
    });
}
```

클릭 이벤트를 사용한 예제는 앞에서 많이 다뤘으므로 여기서는 생략한다.

터치 이벤트는 해당 뷰를 손가락으로 터치 시 발생하는 이벤트로, onTouch(View v, MotionEvent event) 메소드가 자동으로 실행되어 처리한다.

리턴 타입	메소드명
abstract boolean	**onTouch(View v, MotionEvent event)** 해당 뷰를 손가락으로 터치해 터치 이벤트가 발생하면 자동으로 호출된다. v는 이벤트가 발생한 뷰의 레퍼런스이고, event는 이벤트에 대한 모든 정보를 포함한 MotionEvent 객체이다.

onTouch( ) 메소드는 boolean(불리언) 타입의 리턴 값을 가지며, 리스너가 이벤트를 사용했는지를 감지해 사용되었으면 'true', 사용되지 않았으면 'false' 값을 리턴한다.

터치 이벤트의 경우 View.OnTouchListener뿐만 아니라 액티비티가 제공하는 public boolean onTouchEvent(MotionEvent event) 메소드를 사용해 이벤트를 처리하기도 한다.

Exercise 터치 이벤트를 사용한 예제 - [TouchEventTest] 애플리케이션

이 예제는 EditText를 터치하면 터치 이벤트가 발생해 화면에 토스트(메시지 표시)를 표시하는 예제이다.

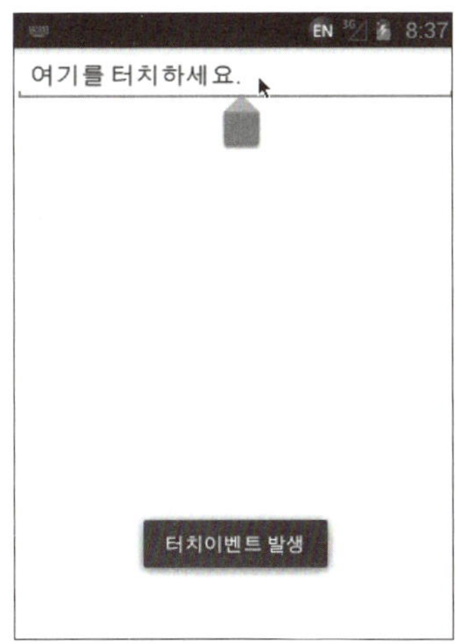

▲ TouchEventTest 애플리케이션 실행 결과

주요 파일	파일명 ([TouchEventTest] 애플리케이션)	하는 일
리소스 파일 (문자열, 이미지 등)	문자열 리소스 파일명 : strings.xml 위치 : [프로젝트]–[res]–[values]	• displayStr 문자열 정의
레이아웃 리소스 파일	activity_touch_event_test_main.xml 위치 : [프로젝트]–[res]–[layout]	• 1개의 EditText 위젯 배치 • strings.xml에서 정의한 displayStr 문자열 참조
로직 클래스	액티비티 클래스 파일 파일명 : TouchEventTestMain Activity.java 위치 : [프로젝트]–[src]–[패키지명]	• activity_touch_event_test_main.xml을 화면의 내용으로 표시 • EditText 위젯을 터치하면 이벤트가 발생되어 토스트 메시지가 표시
매니페스트 파일	AndroidManifest.xml 위치 : [프로젝트]	이 애플리케이션에서는 내용 수정 안 함

▲ [TouchEventTest] 애플리케이션의 주요 파일

01 TouchEventTest 안드로이드 애플리케이션 프로젝트 생성

❶ [Project Explorer] 뷰에서 [New]–[Project] 메뉴를 선택해 [Android Application Project]를 생성한다.

❷ [New Android Application] 창이 표시되면 다음과 같이 입력 및 선택한 후 [Next] 버튼을 클릭한다. 그 외의 값은 기본 값을 그대로 사용해 생성한다.

항목	입력 및 선택 값
Application Name	TouchEventTest 입력
Project Name	TouchEventTest 자동 입력됨
Package Name	work.test.toucheventtest 입력
Minimum Required SDK	API 8 : Android 2.2 (Froyo) 기본 값 사용
Target SDK	API 18 : Android 4.3 기본 값 사용 기본 값이 아닐 경우 선택
Compile With	API 18 : Android 4.3 기본 값 사용

❸ [Next] 버튼을 누르다가 액티비티명 변경 화면이 표시되면 [Activity Name]을 "TouchEventTestMainActivity"로 변경한 후 [Finish] 버튼을 클릭한다.

02 [res]-[values]-[strings.xml] 파일에 문자열을 추가한 후 저장한다.

```xml
01  <?xml version="1.0" encoding="utf-8"?>
02  <resources>
03
04      <string name="app_name">TouchEventTest</string>
05      <string name="hello_world">Hello world!</string>
06      <string name="menu_settings">Settings</string>
07      <string name="displayStr">여기를 터치하세요.</string>
08
09  </resources>
```

03 [res]-[layout]-[activity_touch_event_test_main.xml] 파일을 열어 XML 레이아웃을 디자인한 후 저장한다.

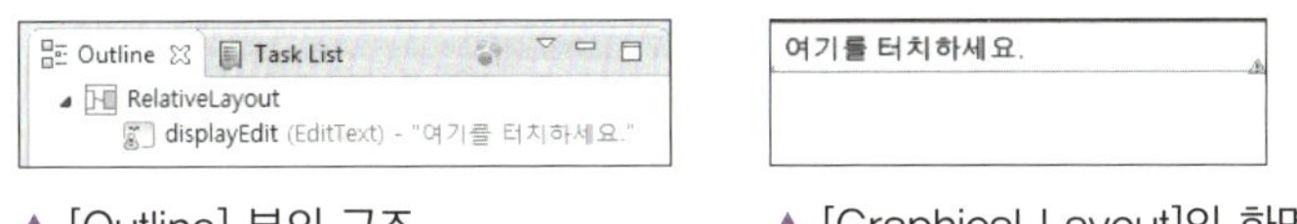

▲ [Outline] 뷰의 구조   ▲ [Graphical Layout]의 화면

완성된 [activity_touch_event_test_main.xml] 파일은 다음과 같다.

```xml
01  <RelativeLayout xmlns:android="http://schemas.android.com/apk/res/android"
02      xmlns:tools="http://schemas.android.com/tools"
03      android:layout_width="match_parent"
04      android:layout_height="match_parent"
05      tools:context=".TouchEventTestMainActivity" >
06
07      <EditText
08          android:id="@+id/displayEdit"
09          android:layout_width="fill_parent"
10          android:layout_height="wrap_content"
11          android:layout_alignParentLeft="true"
12          android:layout_alignParentTop="true"
13          android:ems="10"
14          android:text="@string/displayStr" >
15
16          <requestFocus />
17      </EditText>
18
19  </RelativeLayout>
```

04 [TouchEventTest]–[src]–[work.test.toucheventtest] 내에 있는 [TouchEventTest MainActivity] 액티비티의 내용을 추가한 후 저장한다.

```java
01    package work.test.toucheventtest;
02
03    import android.app.Activity;
04    import android.os.Bundle;
05    import android.view.Menu;
06    import android.view.MotionEvent;
07    import android.view.View;
08    import android.view.Window;
09    import android.widget.EditText;
10    import android.widget.Toast;
11
12    public class TouchEventTestMainActivity extends Activity {
13
14        @Override
15        protected void onCreate(Bundle savedInstanceState) {
16            super.onCreate(savedInstanceState);
17            requestWindowFeature(Window.FEATURE_NO_TITLE);
18            setContentView(R.layout.activity_touch_event_test_main);
19
20            //이벤트가 발생할 뷰의 정보를 얻어냄
21            EditText display = (EditText)findViewById(R.id.displayEdit);
22            //이벤트가 발생할 뷰에 OnTouchListener를 등록
23            display.setOnTouchListener(new View.OnTouchListener( ) {
24
25                @Override
26                //터치 이벤트가 발생하면 실행됨
27                public boolean onTouch(View v, MotionEvent event) {
28                    //터치 이벤트가 발생하면 화면에 토스트가 표시됨
29                    Toast.makeText(TouchEventTestMainActivity.this,
30                        "터치이벤트 발생", Toast.LENGTH_SHORT).show( );
31                    return false;
32                }
33            });
34        }
35
36        @Override
```

```
37      public boolean onCreateOptionsMenu(Menu menu) {
38          // Inflate the menu; this adds items to the action bar if it is present.
39          getMenuInflater( ).inflate(R.menu.activity_touch_event_test_main, menu);
40          return true;
41      }
42
43  }
```


21~33   터치 이벤트가 발생하는 EditText 객체 display의 정보를 얻어내(21라인), 리스너를 등록
(23라인)하고, display에서 터치 이벤트가 발생하면 처리할 작업을 27~32라인에 걸쳐 있는
onTouch( ) 메소드에 기술한다.

05 [Run As]-[Android Application]을 선택해 안드로이드 에뮬레이터로 실행한다.
애플리케이션이 실행되면 [여기를 터치하세요.] 부분을 터치해 토스트 메시지를 표
시한다.

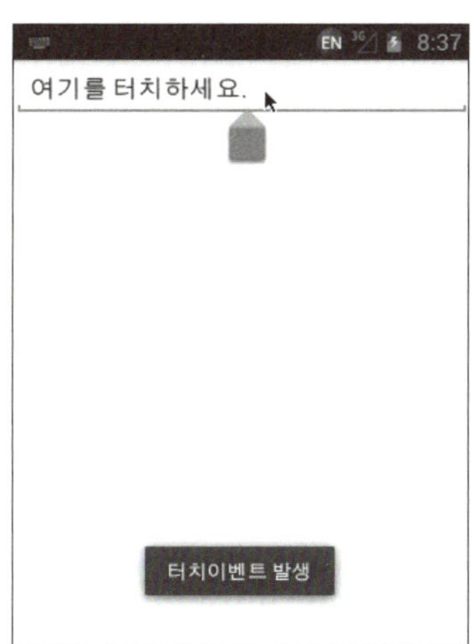

02.3 롱클릭 이벤트

롱클릭 이벤트는 길게 클릭 시 발생하는 이벤트로, 주로 애플리케이션에서 추가적인 메뉴나 기능을 표시할 때 사용한다. 이 이벤트의 처리는 View.OnLongClickListener를 사용할 경우 onLongClick(View v) 메소드를 사용해서 한다.

리턴 타입	메소드명
abstract boolean	**onLongClick(View v)** 해당 뷰를 길게 클릭 시 호출된다. v는 이벤트가 발생한 뷰의 레퍼런스이다.

일반적으로 EditText에는 롱클릭 이벤트가 자동으로 지정되어 있다. EditText에서 길게 누르면 안드로이드 버전에 따라 다르게 표시되기는 하지만 아래와 같이 입력된 문자열의 범위를 선택해 복사나 잘라내기 등의 작업을 수행할 수 있도록 해준다.

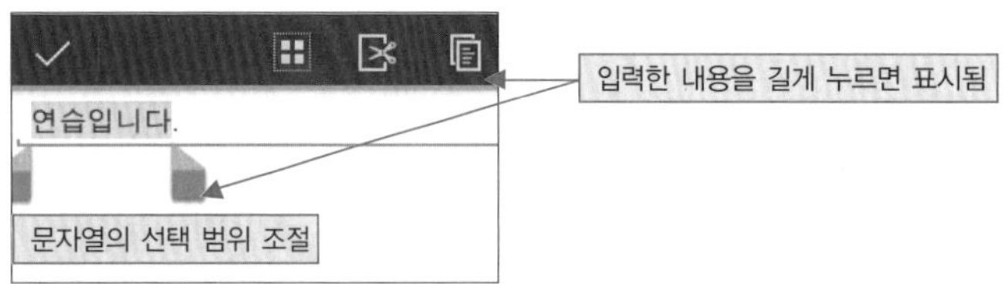

Exercise 롱클릭 이벤트를 사용한 예제 – [LongClickEventTest] 애플리케이션

이 예제는 롱클릭 이벤트가 설정되어 있지 않는 TextView에 롱클릭 이벤트를 설정한 것으로, TextView를 길게 누르면 TextView의 글자색을 변경할 수 있는 메뉴를 갖는 대화상자가 표시되는 예제이다.

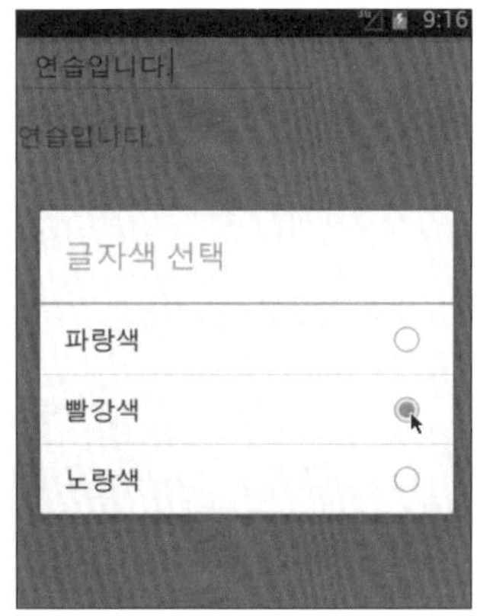

▲ LongClickEventTest 애플리케이션 실행 결과

주요 파일	파일명 ([LongClickEventTest] 애플리케이션)	하는 일
리소스 파일 (문자열, 이미지 등)	문자열 리소스 파일명 : strings.xml 위치 : [프로젝트]-[res]-[values]	• displayStr, sfColor 문자열 정의
레이아웃 리소스 파일	activity_long_click_event_test_main.xml 위치 : [프로젝트]-[res]-[layout]	• 1개의 EditText 위젯과 1개 의 TextView 위젯 배치 • strings.xml에서 정의한 displayStr 문자열 참조
로직 클래스	액티비티 클래스 파일 파일명 : LongClickEventTestMain Activity.java 위치 : [프로젝트]-[src]-[패키지명]	• activity_long_click_event_ test_main.xml을 화면의 내 용으로 표시 • TextView 위젯을 롱클릭하 면 이벤트가 발생되어 글자 색 변경 메뉴가 표시
매니페스트 파일	AndroidManifest.xml 위치 : [프로젝트]	이 애플리케이션에서는 내용 수정 안 함

▲ [LongClickEventTest] 애플리케이션의 주요 파일

01 LongClickEventTest 안드로이드 애플리케이션 프로젝트 생성

❶ [Project Explorer] 뷰에서 [New]-[Project] 메뉴를 선택해 [Android Application Project]를 생성한다.

❷ [New Android Application] 창이 표시되면 다음과 같이 입력 및 선택한 후 [Next] 버튼을 클릭한다. 그 외의 값은 기본 값을 그대로 사용해 생성한다.

항목	입력 및 선택 값
Application Name	LongClickEventTest 입력
Project Name	LongClickEventTest 자동 입력됨
Package Name	work.test.longclickeventtest 입력
Minimum Required SDK	API 8 : Android 2.2 (Froyo) 기본 값 사용
Target SDK	API 18 : Android 4.3 기본 값 사용 기본 값이 아닐 경우 선택
Compile With	API 18 : Android 4.3 기본 값 사용

❸ [Next] 버튼을 누르다가 액티비티명 변경 화면이 표시되면 [Activity Name]을 "LongClickEventTestMainActivity"로 변경한 후 [Finish] 버튼을 클릭한다.

02 [res]-[values]-[strings.xml] 파일에 문자열을 추가한 후 저장한다.

```xml
01  <?xml version="1.0" encoding="utf-8"?>
02  <resources>
03
04      <string name="app_name">LongClickEventTest</string>
05      <string name="hello_world">Hello world!</string>
06      <string name="menu_settings">Settings</string>
07      <string name="displayStr">연습입니다.</string>
08      <string name="sfColor">글자색 선택</string>
09
10  </resources>
```

03 [res]-[layout]-[activity_long_click_event_test_main.xml] 파일을 열어 XML 레이 아웃을 디자인한 후 저장한다.

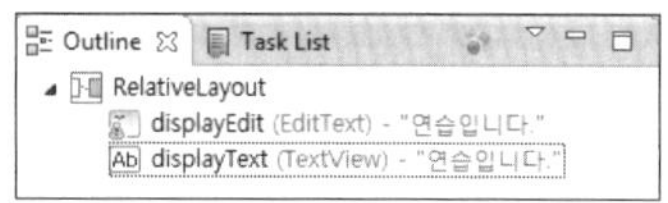

▲ [Outline] 뷰의 구조   ▲ [Graphical Layout]의 화면

완성된 [activity_long_click_event_test_main.xml] 파일은 다음과 같다.

```xml
01  <RelativeLayout xmlns:android="http://schemas.android.com/apk/res/android"
02      xmlns:tools="http://schemas.android.com/tools"
03      android:layout_width="match_parent"
04      android:layout_height="match_parent"
05      tools:context=".LongClickEventTestMainActivity" >
06
07      <EditText
08          android:id="@+id/displayEdit"
09          android:layout_width="wrap_content"
10          android:layout_height="wrap_content"
11          android:layout_alignParentLeft="true"
12          android:layout_alignParentTop="true"
13          android:ems="10"
14          android:text="@string/displayStr" >
15
16          <requestFocus />
17      </EditText>
```

```
18
19      <TextView
20        android:id="@+id/displayText"
21        android:layout_width="wrap_content"
22        android:layout_height="wrap_content"
23        android:layout_alignParentLeft="true"
24        android:layout_below="@+id/displayEdit"
25        android:layout_marginTop="16dp"
26        android:text="@string/displayStr"
27        android:textAppearance="?android:attr/textAppearanceMedium" />
28
29    </RelativeLayout>
```

04 [LongClickEventTest]-[src]-[work.test] 내에 있는 [LongClickEventTestMain Activity] 액티비티의 내용을 추가한 후 저장한다.

```
01    package work.test.longclickeventtest;
02
03    import android.app.Activity;
04    import android.app.AlertDialog;
05    import android.app.Dialog;
06    import android.content.DialogInterface;
07    import android.graphics.Color;
08    import android.os.Bundle;
09    import android.view.Menu;
10    import android.view.View;
11    import android.view.Window;
12    import android.widget.TextView;
13
14    public class LongClickEventTestMainActivity extends Activity {
15        static final int SELECTDIALOG = 0;
16        TextView display2;
17
18        @Override
19        protected void onCreate(Bundle savedInstanceState) {
20            super.onCreate(savedInstanceState);
21            requestWindowFeature(Window.FEATURE_NO_TITLE);
22            setContentView(R.layout.activity_long_click_event_test_main);
```

```java
23
24          //텍스트뷰에 롱클릭 리스너를 등록하기 위해 정보를 얻어냄
25          display2 =(TextView)findViewById(R.id.displayText);
26          //텍스트뷰를 길게 누르면 이벤트 발생
27          display2.setOnLongClickListener(new View.OnLongClickListener( ) {
28
29              @Override
30              public boolean onLongClick(View v) {//길게 누르면 자동실행
31                  showDialog(SELECTDIALOG);//대화상자가 표시
32                  return false;
33              }
34          });
35      }
36
37      protected Dialog onCreateDialog(int id) {//대화상자 생성
38          Dialog dialog = null;
39
40          switch(id) {
41              //대화상자의 ID가 SELECTDIALOG인 경우
42              case SELECTDIALOG:
43                  dialog = process( );//메소드 호출
44                  break;
45
46              default:
47                  dialog = null;
48          }
49          return dialog;
50      }
51
52      //대화상자를 생성하는 메소드
53      public Dialog process( ){
54          //리스트의 아이템들
55          final CharSequence[ ] items = {"파랑색", "빨강색", "노랑색"};
56          final int[ ] colors = {Color.BLUE, Color.RED, Color.YELLOW};
57
58          //대화상자에 필요한 프로퍼티를 지정하기 위해 Builder생성
59          AlertDialog.Builder builder = new AlertDialog.Builder(this);
60
```

```java
61          builder.setTitle(R.string.sfColor); //타이틀
62          //라디오버튼을 갖는 리스트
63          builder.setSingleChoiceItems(items, -1,
64              new DialogInterface.OnClickListener( ) {
65                  //대화상자의 메뉴를 클릭시 실행
66                  public void onClick(DialogInterface dialog, int item) {
67                      display2.setTextColor(colors[item]); //텍스트뷰의 글자색을 변경
68                  }
69          });
70
71          // AlertDialog 객체 생성해서 호출한 곳으로 리턴
72          return builder.create( );
73      }
74
75      @Override
76      public boolean onCreateOptionsMenu(Menu menu) {
77          // Inflate the menu; this adds items to the action bar if it is present.
78          getMenuInflater( ).inflate(R.menu.activity_long_click_event_test_main,
79                          menu);
80          return true;
81      }
82
83  }
```


25~34   TextView 객체인 display2에서 길게 누르면 대화상자가 표시되도록 하기 위해 25라인 display2=(TextView)findViewById(R.id.displayText);에서 display 정보를 얻어내 27라인의 display2.setOnLongClickListener(new View.OnLongClickListener( ) {에서 롱클릭 리스너를 등록한다.

30~33   onLongClick(View v) 메소드는 길게 누르면 대화상자가 표시되도록 이벤트 처리 메소드를 기술했다. display2를 길게 누르면 31라인 showDialog(SELECTDIALOG) 메소드가 대화상자를 생성하는 37라인의 onCreateDialog(int id) 메소드를 실행해 대화상자를 생성해 화면에 표시한다.

53~73   process( ) 메소드는 43라인 dialog = process( );에서 호출해 리스트 아이템을 갖는 대화상자를 실제로 생성한다. 이때 55라인의 배열이 리스트의 아이템이 된다.

63~69   단일 선택을 하는 라디오버튼을 갖는 리스트의 아이템을 선택하면 display2의 글자색을 변경하는 작업을 기술했다.

05 [Run As]–[Android Application]을 선택해 안드로이드 에뮬레이터로 실행한다. 애플리케이션이 실행되면 텍스트뷰를 길게 눌러 글자색을 선택하는 대화상자를 표시한다. 대화상자를 닫을 때는 ⑤(back) 버튼을 누른다.

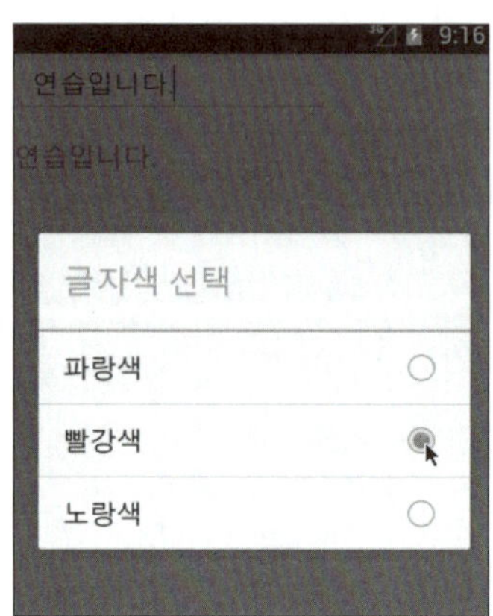

02.4 키 이벤트

키 이벤트는 지정한 뷰에서 키를 누르는 등의 동작이 일어났을 때의 이벤트로 onKey (View v, int keyCode, KeyEvent event) 메소드를 사용해서 이벤트를 처리한다.

리턴 타입	메소드명
abstract boolean	onKey(View v, int keyCode, KeyEvent event) 키를 누르는 등의 동작을 수행시 호출된다. v는 이벤트가 발생한 뷰 객체의 레퍼런스, keyCode는 눌려진 키의 코드 값, event는 이 이벤트의 모든 정보를 갖고 있는 KeyEvent 객체이다.

또는 액티비티 또는 뷰 클래스에 포함된 onKeyDown(int, KeyEvent) 메소드와 onKeyUp (int, KeyEvent) 메소드를 사용해서 키 이벤트를 처리할 수 있다.

리턴 타입	메소드명
public boolean	onKeyDown(int keyCode, KeyEvent event) 키를 누르는 순간 호출된다.
public boolean	onKeyUp(int keyCode, KeyEvent event) 눌려진 키를 놓는 순간 호출된다.

Exercise 키 이벤트를 사용한 예제 – [KeyEventTest] 애플리케이션

이 예제는 화면에서 back 버튼을 누르면 애플리케이션을 종료하는 대화상자가 표시되는 예제로 대화상자의 [확인] 버튼을 클릭하면 애플리케이션이 종료한다.

▲ KeyEventTest 애플리케이션 실행 결과

주요 파일	파일명 ([KeyEventTest] 애플리케이션)	하는 일
리소스 파일 (문자열, 이미지 등)	문자열 리소스 파일명 : strings.xml 위치 : [프로젝트]–[res]–[values]	• messageStr, pStr, nStr 문자열 정의
레이아웃 리소스 파일	activity_key_event_test_main.xml 위치 : [프로젝트]–[res]–[layout]	• 위젯이 없는 빈 상태로 사용
로직 클래스	액티비티 클래스 파일 파일명 : KeyEventTestMain Activity.java 위치 : [프로젝트]–[src]–[패키지명]	• activity_key_event_test_main. xml을 화면의 내용으로 표시 • back 버튼을 누르면 이벤트가 발생되어 알림 대화상자가 표시
매니페스트 파일	AndroidManifest.xml 위치 : [프로젝트]	이 애플리케이션에서는 내용 수정 안 함

▲ [KeyEventTest] 애플리케이션의 주요 파일

01 KeyEventTest 안드로이드 애플리케이션 프로젝트 생성

❶ [Project Explorer] 뷰에서 [New]−[Project] 메뉴를 선택해 [Android Application Project]를 생성한다.

❷ [New Android Application] 창이 표시되면 다음과 같이 입력 및 선택한 후 [Next] 버튼을 클릭한다. 그 외의 값은 기본 값을 그대로 사용해 생성한다.

항목	입력 및 선택 값
Application Name	KeyEventTest 입력
Project Name	KeyEventTest 자동 입력됨
Package Name	work.test.keyeventtest 입력
Minimum Required SDK	API 8 : Android 2.2 (Froyo) 기본 값 사용
Target SDK	API 18 : Android 4.3 기본 값 사용 기본 값이 아닐 경우 선택
Compile With	API 18 : Android 4.3 기본 값 사용

❸ [Next] 버튼을 누르다가 액티비티명 변경 화면이 표시되면 [Activity Name]을 "KeyEventTestMainActivity"로 변경한 후 [Finish] 버튼을 클릭한다.

02 [res]−[values]−[strings.xml] 파일에 문자열을 추가한 후 저장한다.

```xml
01  <?xml version="1.0" encoding="utf-8"?>
02  <resources>
03
04      <string name="app_name">KeyEventTest</string>
05      <string name="hello_world">Hello world!</string>
06      <string name="menu_settings">Settings</string>
07      <string name="messageStr">종료하려면 back 버튼을 클릭하세요</string>
08      <string name="pStr">확인</string>
09      <string name="nStr">취소</string>
10
11  </resources>
```

03 [res]–[layout]–[activity_key_event_test_main.xml] 파일을 열어 기본 표시된 [Hello world!] TextView를 제거한 후 저장한다.

04 [KeyEventTest]–[src]–[work.test.keyeventtest] 내에 있는 [KeyEventTestMain Activity] 액티비티의 내용을 변경한 후 저장한다.

```java
01  package work.test.keyeventtest;
02
03  import android.app.Activity;
04  import android.app.AlertDialog;
05  import android.app.Dialog;
06  import android.content.DialogInterface;
07  import android.os.Bundle;
08  import android.view.KeyEvent;
09  import android.view.Menu;
10  import android.view.Window;
11  import android.widget.Toast;
12
13  public class KeyEventTestMainActivity extends Activity {
14
15      static final int ENDDIALOG = 0;
16
17      @Override
18      protected void onCreate(Bundle savedInstanceState) {
19          super.onCreate(savedInstanceState);
20          requestWindowFeature(Window.FEATURE_NO_TITLE);
21          setContentView(R.layout.activity_key_event_test_main);
22
23          //"종료하려면 back 버튼을 클릭하세요" 메시지를 표시하는 토스트가 표시
24          Toast.makeText(this, R.string.messageStr,
25                          Toast.LENGTH_SHORT).show( );
26      }
27
28      //버튼을 누르면 실행됨
29      public boolean onKeyDown(int keyCode, KeyEvent event){
30          if(keyCode == KeyEvent.KEYCODE_BACK)//누른 버튼이 back 버튼이면
31              showDialog(ENDDIALOG);//대화상자 표시
32          return true;
33      }
34
```

```java
35      protected Dialog onCreateDialog(int id) {//대화상자 생성
36          Dialog dialog = null;
37
38          switch(id) {
39              //대화상자의 ID가 ENDDIALOG인 경우
40              case ENDDIALOG:
41                  dialog = process( );//메소드 호출
42                  break;
43
44              default:
45                  dialog = null;
46          }
47          return dialog;
48      }
49
50  //대화상자를 생성하는 메소드
51  public Dialog process( ){
52      //대화상자에 필요한 프로퍼티를 지정하기 위해 Builder 생성
53      AlertDialog.Builder builder = new AlertDialog.Builder(this);
54      builder.setMessage("종료하시겠습니까?") //메시지
55          .setTitle(R.string.app_name) //타이틀
56          .setPositiveButton(R.string.pStr, //버튼 레이블
57              //대화상자의 [확인] 버튼에 리스너 등록
58              new DialogInterface.OnClickListener( ) {
59                  //대화상자의 [확인] 버튼을 누르면 실행
60                  public void onClick(DialogInterface dialog, int id) {
61                      //애플리케이션 종료
62                      KeyEventTestMainActivity.this.finish( );
63                  }
64              })
65          .setNegativeButton(R.string.nStr, //버튼 레이블
66              //대화상자의 [취소] 버튼에 리스너 등록
67              new DialogInterface.OnClickListener( ) {
68                  //대화상자의 [취소] 버튼을 누르면 실행
69                  public void onClick(DialogInterface dialog, int id) {
70                      dialog.cancel( ); //대화상자 취소
71                  }
72              });
```

```java
73
74              // AlertDialog 객체를 생성해서 호출한 곳으로 리턴
75              return builder.create( );
76      }
77
78      @Override
79      public boolean onCreateOptionsMenu(Menu menu) {
80              // Inflate the menu; this adds items to the action bar if it is present.
81              getMenuInflater( ).inflate(R.menu.activity_key_event_test_main, menu);
82              return true;
83      }
84
85  }
```


29~33   onKeyDown(int keyCode, KeyEvent event) 메소드는 키를 누르면 자동 실행된다.

30~31   30라인 if(keyCode == KeyEvent.KEYCODE_BACK)문은 누른 버튼이 back 버튼이면 31라인의 showDialog(ENDDIALOG); 메소드가 동작되어 대화상자가 표시된다. back 버튼은 KEYCODE_BACK 값으로 표현된다.

05 [Run As]−[Android Application]을 선택해 안드로이드 에뮬레이터로 실행한다. 애플리케이션이 실행되면 [back] 버튼을 눌러 애플리케이션을 종료하는 대화상자를 표시한다.

포커스 처리 이벤트는 사용자의 입력에 응답하기 위해 포커스를 이동하는 것을 다루는 이벤트이다. 이것은 뷰에서 포커스가 제거되거나 숨겨지거나 또는 새로운 뷰가 사용가능해져서 포커스를 받는 모든 동작을 감지한다. 이때 해당 뷰의 isFocusable( ) 메소드를 사용해서 포커스를 받은 상태인지 잃은 상태인지를 감지하고, setFocusable( ) 메소드를 사용해서 포커스를 받을 수 있다. 또한 터치 모드에서는 isFocusableInTouchMode( ) 메소드를 사용해 포커스의 상태를 감지할 수 있고, setFocusableInTouchMode( ) 메소드를 사용해 포커스를 받을 수 있다.

XML 레이아웃 파일에서는 nextFocusDown, nextFocusLeft, nextFocusRight, nextFocusUp 프로퍼티를 지정해서 포커스의 순서를 지정할 수 있다.

```
예    〈LinearLayout
          android:orientation="vertical"
          … 〉
      〈Button android:id="@+id/button1"
              android:nextFocusUp="@+id/button2"
              … /〉
      〈Button android:id="@+id/button2"
              android:nextFocusDown="@+id/button1"
              … /〉
      〈/LinearLayout〉
```

특정 뷰에 포커스를 지정할 경우 requestFocus( ) 메소드를 사용하고, XML 레이아웃 리소스에서는 〈requestFocus /〉를 해당 뷰에 추가한다.

```
〈EditText
        android:id="@+id/displayEdit"
        ….〉
        〈requestFocus /〉
〈/EditText〉
```

또한 포커스를 받거나 혹은 잃은 등의 포커스 이벤트를 감지해 onFocusChange(View v, boolean hasFocus) 메소드를 사용해서 작업을 처리할 수 있다.

리턴 타입	메소드명
abstract void	onFocusChange(View v, boolean hasFocus) 포커스의 상태가 변경되면 호출된다. v는 포커스 이벤트가 등록된 객체의 레퍼런스이고, hasFocus는 v의 포커스 상태로 포커스를 받은 상태이면 true를, 잃은 경우에는 false를 갖는다.

Exercise 포커스 이벤트를 사용한 예제 – [FocusEventTest] 애플리케이션

이 예제는 지정한 뷰에서 포커스를 받거나 잃은 상태를 감지해 화면에 토스트를 표시하는 예제이다.

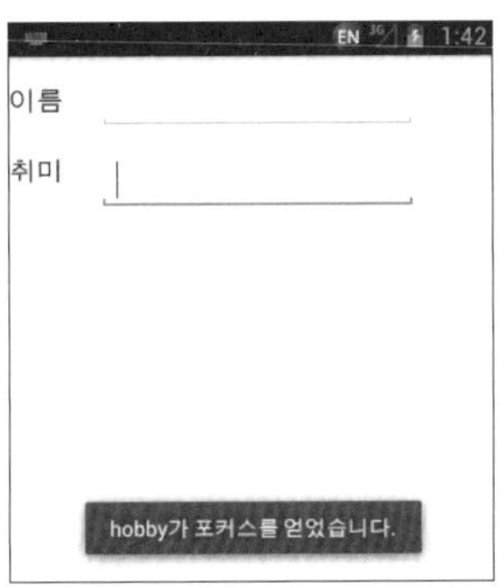

◀ FocusEventTest 애플리케이션 실행 결과

주요 파일	파일명 ([FocusEventTest] 애플리케이션)	하는 일
리소스 파일 (문자열, 이미지 등)	문자열 리소스 파일명: strings.xml 위치 : [프로젝트]–[res]–[values]	• nameStr, hobbyStr 문자열 정의
레이아웃 리소스 파일	activity_focus_event_test_main.xml 위치 : [프로젝트]–[res]–[layout]	• 2개의 TextView 위젯과 2개의 EditText 위젯 배치 • strings.xml에서 정의한 nameStr, hobbyStr 문자열 참조
로직 클래스	액티비티 클래스 파일 파일명 : FocusEventTestMainActivity.java 위치 : [프로젝트]–[src]–[패키지명]	• activity_focus_event_test_main.xml을 화면의 내용으로 표시 • EditText 위젯에서 포커스가 변경되면 이벤트가 발생되어 토스트 메시지가 표시
매니페스트 파일	AndroidManifest.xml 위치 : [프로젝트]	이 애플리케이션에서는 내용 수정 안 함

▲ [FocusEventTest] 애플리케이션의 주요 파일

01 FocusEventTest 안드로이드 애플리케이션 프로젝트 생성

❶ [Project Explorer] 뷰에서 [New]-[Project] 메뉴를 선택해 [Android Application Project]를 생성한다.

❷ [New Android Application] 창이 표시되면 다음과 같이 입력 및 선택한 후 [Next] 버튼을 클릭한다. 그 외의 값은 기본 값을 그대로 사용해 생성한다.

항목	입력 및 선택 값
Application Name	FocusEventTest 입력
Project Name	FocusEventTest 자동 입력됨
Package Name	work.test.focuseventtest 입력
Minimum Required SDK	API 8 : Android 2.2 (Froyo) 기본 값 사용
Target SDK	API 18 : Android 4.3 기본 값 사용 기본 값이 아닐 경우 선택
Compile With	API 18 : Android 4.3 기본 값 사용

❸ [Next] 버튼을 누르다가 액티비티명 변경 화면이 표시되면 [Activity Name]을 "FocusEventTestMainActivity"로 변경한 후 [Finish] 버튼을 클릭한다.

02 [res]-[values]-[strings.xml] 파일에 문자열을 추가한 후 저장한다.

```
01  <?xml version="1.0" encoding="utf-8"?>
02  <resources>
03
04      <string name="app_name">FocusEventTest</string>
05      <string name="hello_world">Hello world!</string>
06      <string name="menu_settings">Settings</string>
07      <string name="nameStr">이름</string>
08      <string name="hobbyStr">취미</string>
09
10  </resources>
```

03 [res]–[layout]–[activity_focus_event_test_main.xml] 파일을 열어 XML 레이아웃을 디자인한 후 저장한다.

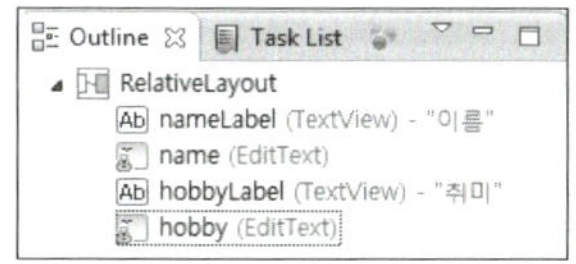

▲ [Outline] 뷰의 구조

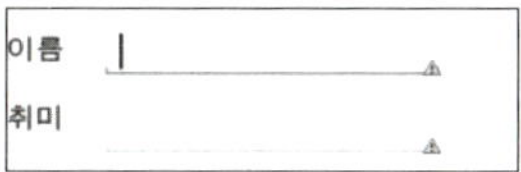

▲ [Graphical Layout]의 화면

완성된 [activity_focus_event_test_main.xml]은 다음과 같다.

```xml
01  <RelativeLayout xmlns:android="http://schemas.android.com/apk/res/android"
02      xmlns:tools="http://schemas.android.com/tools"
03      android:layout_width="match_parent"
04      android:layout_height="match_parent"
05      tools:context=".FocusEventTestMainActivity" >
06
07      <TextView
08          android:id="@+id/nameLabel"
09          android:layout_width="wrap_content"
10          android:layout_height="wrap_content"
11          android:layout_alignParentLeft="true"
12          android:layout_alignParentTop="true"
13          android:layout_marginTop="16dp"
14          android:text="@string/nameStr"
15          android:textAppearance="?android:attr/textAppearanceMedium" />
16
17      <EditText
18          android:id="@+id/name"
19          android:layout_width="wrap_content"
20          android:layout_height="wrap_content"
21          android:layout_alignBaseline="@+id/nameLabel"
22          android:layout_alignBottom="@+id/nameLabel"
23          android:layout_marginLeft="22dp"
24          android:layout_toRightOf="@+id/nameLabel"
25          android:ems="10" >
26
27          <requestFocus />
28      </EditText>
29
```

```xml
30        <TextView
31            android:id="@+id/hobbyLabel"
32            android:layout_width="wrap_content"
33            android:layout_height="wrap_content"
34            android:layout_alignParentLeft="true"
35            android:layout_below="@+id/name"
36            android:layout_marginTop="22dp"
37            android:text="@string/hobbyStr"
38            android:textAppearance="?android:attr/textAppearanceMedium" />
39
40        <EditText
41            android:id="@+id/hobby"
42            android:layout_width="wrap_content"
43            android:layout_height="wrap_content"
44            android:layout_alignLeft="@+id/name"
45            android:layout_alignTop="@+id/hobbyLabel"
46            android:ems="10" />
47
48    </RelativeLayout>
```

04 [FocusEventTest]–[src]–[work.test.focuseventtest] 내에 있는 [FocusEventTest
MainActivity] 액티비티의 내용을 추가한 후 저장한다.

```java
01    package work.test.focuseventtest;
02
03    import android.app.Activity;
04    import android.os.Bundle;
05    import android.view.Menu;
06    import android.view.View;
07    import android.view.Window;
08    import android.widget.EditText;
09    import android.widget.Toast;
10
11    public class FocusEventTestMainActivity extends Activity {
12
13        EditText name;
14        EditText hobby;
15
16        @Override
```

```java
17   protected void onCreate(Bundle savedInstanceState) {
18       super.onCreate(savedInstanceState);
19       requestWindowFeature(Window.FEATURE_NO_TITLE);
20       setContentView(R.layout.activity_focus_event_test_main);
21
22       name = (EditText)findViewById(R.id.name);
23       //EditText 객체 name에 OnFocusChangeListener 등록
24       name.setOnFocusChangeListener(new View.OnFocusChangeListener( ) {
25
26           @Override
27           //포커스가 변경되면 자동으로 실행됨
28           public void onFocusChange(View v, boolean hasFocus) {
29               messageProcess(v, hasFocus);//포커스의 변경을 처리하는 메소드 호출
30           }
31       });
32
33       hobby = (EditText)findViewById(R.id.hobby);
34       //EditText객체 hobby에 OnFocusChangeListener 등록
35       hobby.setOnFocusChangeListener(new View.OnFocusChangeListener( ) {
36
37           @Override
38           //포커스가 변경되면 자동으로 실행됨
39           public void onFocusChange(View v, boolean hasFocus) {
40               messageProcess(v, hasFocus);//포커스의 변경을 처리하는 메소드 호출
41           }
42       });
43   }
44
45   //포커스의 변경을 처리하는 메소드
46   public void messageProcess(View v, boolean hasFocus){
47       String msg = " ";
48       String id = " ";
49
50       EditText ev = (EditText)v;
51
52       //이벤트가 발생한 뷰에 따른 처리 지정
53       id = (ev==name)?"name이":"hobby가";
54
55       //포커스를 받거나 잃은 상태에 따른 처리 지정
56       msg = (hasFocus)?" 포커스를 얻었습니다.":" 포커스를 잃었습니다.";
```

```java
57
58          //토스트를 사용해서 포커스의 상태를 메시지로 표시
59          Toast.makeText(FocusEventTestMainActivity.this,
60                          id+msg, Toast.LENGTH_SHORT).show( );
61      }
62
63      @Override
64      public boolean onCreateOptionsMenu(Menu menu) {
65          // Inflate the menu; this adds items to the action bar if it is present.
66          getMenuInflater( ).inflate(R.menu.activity_focus_event_test_main, menu);
67          return true;
68      }
69
70  }
```


22~31　　EditText 객체 name의 정보를 얻어낸 후 OnFocusChangeListener를 등록해 포커스의 변경 상태를 감지한다. 포커스가 변경되면 28라인의 onFocusChange(View v, boolean hasFocus) 메소드가 자동으로 실행되어 29라인에서 messageProcess(v, hasFocus); 메소드를 호출해 포커스의 변경을 처리한다. 33~42라인도 같은 방식으로 처리된다.

46~61　　messageProcess(View v, boolean hasFocus) 메소드는 포커스의 변경을 처리하는 것으로 53라인 id = (ev==name)?"name이":"hobby가";에서 포커스 이벤트가 발생한 뷰를 판별하고, 56라인 msg = (hasFocus)?" 포커스를 얻었습니다.":" 포커스를 잃었습니다.";에서 포커스를 얻은 상태인지, 잃은 상태인지를 판별한다.

05 [Run As]-[Android Application]을 선택해 안드로이드 에뮬레이터로 실행한다. 애플리케이션이 실행되면 EditText를 클릭하거나 터치해서 포커스를 변경한다.

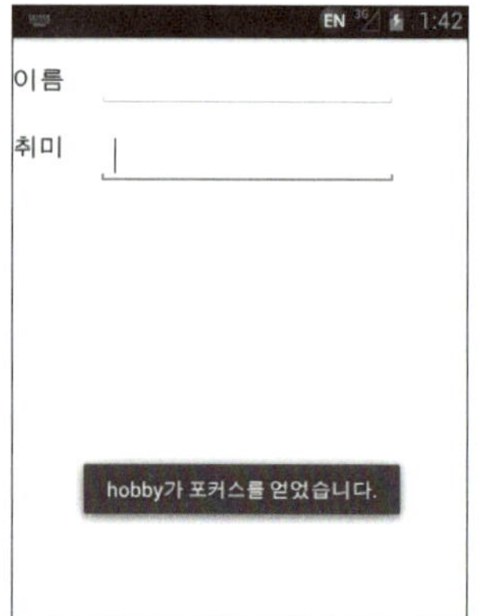

01 안드로이드에서 이벤트 처리 방법

- 이벤트가 발생해 처리되기 위해서는 이벤트가 발생하는 뷰, 뷰에서 발생하는 이벤트를 감지하는 리스너 그리고 이벤트를 처리하는 메소드가 필요하다.
- 이벤트는 뷰에서 버튼을 누르거나 키를 누르는 동작 등에서 발생하고, 이런 동작이 발생하면 감지할 수 있도록 이벤트가 발생하는 뷰에 리스너를 등록한다.
- 리스너가 등록된 뷰에서 이벤트가 발생하면 리스너가 제공하는 이벤트 처리 메소드가 자동으로 실행된다.

02 각종 이벤트 처리

- 클릭 이벤트는 버튼 등의 뷰(위젯)를 클릭하는 동작에 의해 발생하며, 이벤트가 발생하는 뷰를 클릭 시 이벤트를 처리하는 메소드인 onClick(View v) 메소드가 자동으로 실행되어 작업을 처리한다.
- 터치 이벤트는 해당 뷰를 손가락으로 터치 시 발생하는 이벤트로 onTouch(View v, MotionEvent event) 메소드가 자동으로 실행되어 처리한다.
- 롱클릭 이벤트는 길게 클릭시 발생하는 이벤트로 주로 애플리케이션에서 추가적인 메뉴나 기능을 표시할 때 사용한다. 이 이벤트의 처리는 View.OnLongClickListener를 사용할 경우 onLongClick(View v) 메소드를 사용해서 한다.
- 키 이벤트는 지정한 뷰에서 키를 누르는 등의 동작이 일어났을 때의 이벤트로 onKey(View v, int keyCode, KeyEvent event) 메소드를 사용해서 이벤트를 처리한다.
- 또한 키 이벤트는 액티비티 또는 뷰 객체에 포함된 onKeyDown(int, KeyEvent) 메소드와 onKeyUp(int, KeyEvent) 메소드를 사용해서 키 이벤트를 처리할 수 있다.
- 포커스 처리 이벤트는 사용자의 입력에 응답하기 위해 포커스를 이동하는 것을 다루는 이벤트로, 포커스를 받거나 혹은 잃은 등의 포커스 이벤트를 감지해 onFocusChange(View v, boolean hasFocus) 메소드를 사용해서 작업을 처리할 수 있다.

Chapter

7

안드로이드의 데이터 저장 기법

안드로이드에서 데이터를 저장하는 방법에는 파일, 프레퍼런스, SQLite 및 콘텐트 프로바이더를 사용하는 방법이 있다. 각각의 쓰임새가 다른데, 프레퍼런스는 세션과 같이 정보를 유지할 때 사용되고, 모바일 데이터베이스인 SQLite는 데이터 저장에 사용된다. 콘텐트 프로바이더는 파일이나 데이터베이스를 공유할 때 사용하는 것으로 8장에서 학습한다. 여기서는 내부 및 외부 저장소를 사용해 파일, 프레퍼런스, SQLite 사용하는 방법에 대해 살펴본다.

또한 JSON 형식과 XML 형식 파일로 배포된 데이터 파일에서 정보를 얻어내는 방법도 학습한다.

개요

안드로이드는 애플리케이션 실행에 필요한 데이터를 저장할 수 있는 몇 가지 방법을 제공하고 있다. 단독으로 사용할 것인지 다른 애플리케이션과 공유할 것인지, 데이터를 저장할 위치는 어디에 지정할지에 따라 제공되는 방법 중 적절한 것을 선택해서 한다. 안드로이드에서 제공하는 데이터 저장 기법에는 프레퍼런스, 내부/외부 저장소를 사용한 파일, SQLite 데이터베이스, 네트워크를 사용한 웹상에서의 데이터 저장 방법이 있다.

■ 프레퍼런스(Preferences)

프레퍼런스는 하나의 애플리케이션 내에서도 정보를 유지하기 위해 액티비티 간에 공유되기 때문에 공유 프레퍼런스(Shared Preferences)라 불리는데, 여기서는 그냥 프레퍼런스라고 한다. 프레퍼런스는 키와 값의 쌍(pair)으로 데이터를 저장한다.

프레퍼런스는 /data/data에 위치하며 각 애플리케이션마다 /data/data 내에 있는 애플리케이션의 패키지명/shared_prefs 폴더 내에 있다.

■ 내부 저장소(Internal Storage)

단말기(스마트폰) 등에 내장된 메모리로, 안드로이드의 구동을 위한 시스템 영역과 애플리케이션 등이 설치되는 데이터 영역으로 구분된다. 데이터 영역에 저장되는 애플리케이션과 그에 따른 데이터는 개별적인 데이터, 즉 해당 애플리케이션에서만 사용되는 것을 목적으로 하는 데이터들이 주로 내부 저장소에 보관된다.

내부 저장소는 /data/data에 위치하며 각 애플리케이션마다 /data/data 내에 있는 애플리케이션의 패키지명/files 폴더 내에 있다.

■ 외부 저장소(External Storage)

SD 카드를 단말기 내에 추가로 장착한 경우, 이 SD 카드가 외부 저장소가 된다. 여기에는 SD 카드에 설치할 수 있는 애플리케이션과 공유를 목적으로 한 공용 데이터 및 크기가 큰 동영상, 음악, 이미지 파일 등을 저장한다. 내부 저장소의 영역이 큰 요즘 신형 단말기의 경우 굳이 외부 저장소를 사용하지 않는 경우도 있다.

외부 저장소는 단말기에서 접근 시 /mnt/sdcard에 위치한다.

■ SQLite 데이터베이스(SQLite Databases)

내장 데이터베이스인 SQLite를 사용해 애플리케이션에서 필요한 데이터를 저장한다.

SQLite 데이터베이스는 /data/data에 위치하며 각 애플리케이션마다 /data/data 내에 있는 애플리케이션의 패키지명/databases 폴더 내에 파일로 저장된다.

■ 네트워크 커넥션(Network Connection)

네트워크를 사용해 웹상에서의 데이터를 저장한다.

또한, 다른 애플리케이션이 사용하는 개별적인 데이터를 콘텐트 프로바이더(content provider)를 통해 사용할 수 있다. 콘텐트 프로바이더는 애플리케이션 간에 파일 또는 데이터베이스로 저장된 데이터를 공유하는 방법을 제공하는 것으로 자세한 내용은 8장에서 학습한다.

그밖에 배포된 데이터 파일을 얻어내는 것으로 JSON 파일이나 XML 파일을 사용한다. 외부에 데이터를 배포 시 JSON 형식이나 XML 형식의 파일로 배포한다. 이 파일들은 정보를 저장할 목적은 아니고, 단순히 배포된 데이터를 읽어 들일 목적으로 사용으로 사용한다. JSON 형식이나 XML 형식의 파일은 파일 시스템에 상관없이 어떠한 프로그래밍에서 데이터를 읽어 들일 수 있고 파일의 크기가 작다는 장점이 있어서 최근 많이 사용한다.

내부 저장소(Internal Storage)와
외부 저장소(External Storage)의 사용

Android Programming

02.1 자바 시스템에서의 파일 사용

데이터는 기본적으로 파일 또는 데이터베이스에 저장된다. 저장된 데이터가 텍스트이면 텍스트 파일, 이미지면 이미지 파일, 동영상이면 동영상 파일이 된다. 자바 기반의 JSP, 안드로이드의 자바 시스템에서 파일을 읽어 들이거나 파일을 내보낼 때는 반드시 입출력 스트림(input/output stream)을 사용해야 한다.

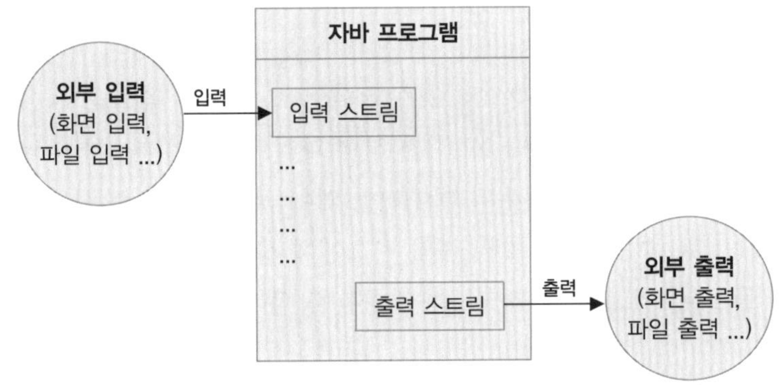

▲ 자바 시스템에서의 입출력 스트림

즉, 사진을 찍어 이미지 파일을 만들거나 동영상을 촬영해 동영상 파일을 만들 때 또는 정보가 저장된 데이터 파일 등을 읽거나 쓸 때에 입출력 스트림을 사용해야 한다는 것이다. 입출력 스트림을 사용하려면 반드시 [java.io] 패키지 내의 클래스를 임포트(import) 받아야한다. 파일 입력을 위해서는 [java.io.FileInputStream] 클래스를, 출력을 위해서는 [java.io.FileOutputStream] 클래스를 임포트 받거나 슈퍼 클래스인 [InputStream], [OutputStream] 클래스를 사용한다.

```
… 생략 …
import java.io.FileInputStream;
import java.io.FileOutputStream;

public class CameraTestView extends SurfaceView{
… 생략 …
```

입력 스트림을 사용해 파일을 읽어 들일 때는 FileInputStream 클래스를 사용하거나
openFileInput( ) 메소드를 사용해 입력 스트림을 객체를 얻어낼 수 있다.

```
//FileInputStream 클래스를 사용해 파일 입력 스트림을 얻어냄
FileInputStream in = new FileInputStream(fileName);

//콘텍스트로부터 파일 입력 스트림을 얻어냄
InputStream in = openFileInput(fileName);
```

입력 스트림 객체를 얻어내면 파일의 내용을 읽어 들일 수 있다. 입력 스트림에서 데이
터를 읽어 들이는 read( ) 메소드는 예외를 발생시키기 때문에 반드시 try-catch 블럭을
사용해 예외를 처리해야 한다.

```
try{
  int b;
  while(true) {//반복 처리 및 탈출 조건 지정
    b = in.read( ); // 입력 스트림에서 데이터를 하나씩 읽어 들임
  }
}catch(Exception e){//예외 발생 시 처리할 문장 기술}
in.close( ); // 입력 스트림을 사용 후 리소스 해제
```

출력 스트림을 사용해 파일을 내보낼 때는 FileOutputStream 클래스를 사용하거나
openFileOutput( ) 메소드를 사용해 출력 스트림을 객체를 얻어낼 수 있다.

```
//FileOutputStream 클래스를 사용해서 파일 출력 스트림을 얻어냄
FileOutputStream out = new FileOutputStream(fileName);

//컨텍스트로부터 파일 출력 스트림을 얻어냄
FileOutputStream out = openFileOutput(fileName, Context.MODE_PRIVATE);
```

출력 스트림 객체를 얻어내면 프로그램에서 발생된 데이터를 파일로 내보낼 수 있게 된
다. 출력 스트림에서 파일에 내용을 쓰는 write( ) 메소드는 예외를 발생시키기 때문에 반
드시 try-catch 블럭을 사용해 예외를 처리해야 한다.

```
try{
  char b;
  while(true) {//반복 처리 및 탈출 조건 지정
    out.write(b); // 출력 스트림에서 데이터를 하나씩 씀
  }
}catch(Exception e){
}
out.close( ); // 출력 스트림을 사용 후 리소스 해제
```

위의 문법은 개략적인 구조이다, 파일이 단순한 텍스트 파일인지 이미지, 동영상과 같은
파일인지에 따라 사용하는 메소드나 문법 등이 달라질 수 있다.

02.2 내부 저장소(Internal Storage)의 사용

일반적으로 하나의 애플리케이션에서만 개별적으로 사용되는 데이터를 내부 저장소에
저장한다. 이 개별적으로 사용되는 데이터는 다른 애플리케이션에서는 접근하지 못하며,
해당 애플리케이션이 제거되면 이 데이터들도 같이 삭제된다.

(1) 내부 저장소에 파일 생성

내부 저장소에 출력 목적으로 파일을 생성하고 쓰는 방법은 다음과 같다.

```
예   String fName = "a.txt";
     String str1 = "test";

     FileOutputStream out = openFileOutput(fName, Context.MODE_PRIVATE); //❶
     out.write(str1.getBytes( )); //❷
     out.close( ); //❸
```

❶ openFileOutput( ) 메소드를 호출해서 FileOutputStream 객체를 얻어낸다. 이때
openFileOutput( ) 메소드의 매개변수로 파일명과 여는 모드(operating mode)를
지정한다.

```
FileOutputStream out = openFileOutput(fileName, Context.MODE_PRIVATE);
```

위의 예시에서 fileName이 파일명이고, Context.MODE_PRIVATE이 여는 모드이
다. Context.MODE_PRIVATE은 주어진 이름의 파일을 생성하고(기존에 파일이 존

재하면 제거 후 생성됨) 해당 애플리케이션에서 단독으로 사용하는 모드로 다른 애플리케이션에서 접근할 수 없다. 여는 모드에는 기존의 파일의 끝에 내용을 추가할 수 있는 MODE_APPEND, 다른 애플리케이션에서 읽는 접근을 허용하는 MODE_WORLD_READABLE, 그리고 다른 애플리케이션에서 쓰는 접근을 허용하는 MODE_WORLD_WRITEABLE 도 있다.

❷ write( ) 메소드를 사용해 파일에 내용을 쓴다. 이때 byte[ ] 타입으로만 쓸 수 있기 때문에 write( ) 메소드의 매개변수에는 byte 배열 타입이 온다. String 타입의 데이터는 getBytes( ) 메소드를 사용해서 바이트 배열 타입으로 변환한다.

```
str1 = "test" ;
out.write(str1.getBytes( )); //바이트 배열 타입으로 변환해서 출력 스트림에 내용을 씀
```

❸ 사용이 끝난 스트림은 close( ) 메소드를 사용해서 닫아, 리소스를 해제한다.

```
out.close( ) ; //출력 스트림 닫음
```

내부 저장소는 [data]–[data]에 위치 하며 각 애플리케이션마다 [data]–[data] 내에 있는 [애플리케이션의 패키지명]–[files] 폴더 내에 있다. 예를 들어 [a.txt] 파일을 생성하는 애플리케이션의 패키지명이 work.test.filewrite인 경우 [data]–[data]–[work.test.filewrite]–[files] 폴더 안에 [a.txt] 파일이 위치한다.

 내부 저장소에 파일을 생성하고 쓰는 예제–[Internal Storage Test1] 애플리케이션

이 예제는 단말기의 내부 저장소에 파일을 생성하고 생성된 파일에 내용을 쓰는 예제이다.

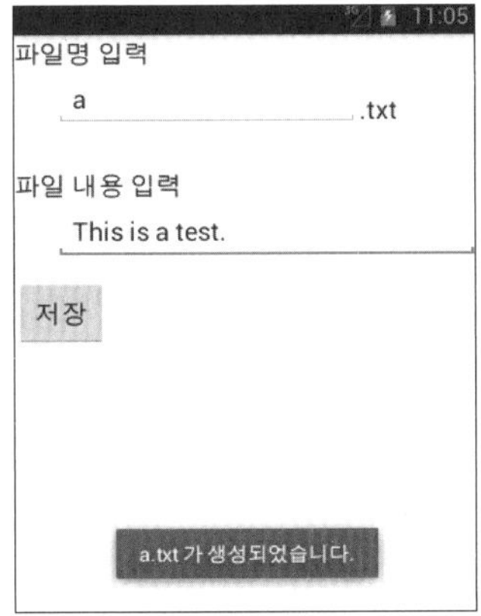

▲ InternalStorageTest1 애플리케이션 실행 결과

주요 파일	파일명 ([InternalStorageTest1] 애플리케이션)	하는 일
리소스 파일 (문자열, 이미지 등)	문자열 리소스 파일명 : strings.xml 위치 : [프로젝트]–[res]–[values]	• fNameStr, extStr, contentStr, saveStr 문자열 정의
레이아웃 리소스 파일	activity_internal_storage_test1_main.xml 위치 : [프로젝트]–[res]–[layout]	• 3개의 TextView 위젯과 2개의 EditText 위젯 및 1개의 Button 위젯 배치 • strings.xml에서 정의한 fNameStr, extStr, contentStr, saveStr 문자열 참조
로직 클래스	액티비티 클래스 파일 파일명 : InternalStorageTest1MainActivity.java 위치 : [프로젝트]–[src]–[패키지명]	• activity_internal_storage_test1_main.xml을 화면의 내용으로 표시 • [저장] 버튼을 누르면 입력한 내용을 파일로 저장
매니페스트 파일	AndroidManifest.xml 위치 : [프로젝트]	• 이 애플리케이션에서는 내용 수정 안 함

▲ [InternalStorageTest1] 애플리케이션의 주요 파일

01 InternalStorageTest1 안드로이드 애플리케이션 프로젝트 생성

❶ [Project Explorer] 뷰에서 [New]–[Project] 메뉴를 선택해 [Android Application Project]를 생성한다.

❷ [New Android Application] 창이 표시되면 다음과 같이 입력 및 선택을 한 후 [Next] 버튼을 클릭한다. 그 외의 값은 기본 값을 그대로 사용해 생성한다.

항목	입력 및 선택 값
Application Name	InternalStorageTest1 입력
Project Name	InternalStorageTest1 자동 입력됨
Package Name	work.test.internalstoragetest1 입력
Minimum Required SDK	API 8 : Android 2.2 (Froyo) 기본 값 사용
Target SDK	API 18 : Android 4.3 기본 값 사용 기본 값이 아닐 경우 선택
Compile With	API 18 : Android 4.3 기본 값 사용

❸ [Next] 버튼을 누르다가 액티비티명 변경 화면이 표시되면 [Activity Name]을 "InternalStorageTest1MainActivity"로 변경한 후 [Finish] 버튼을 클릭한다.

02 [res]-[values]-[strings.xml] 파일에 문자열을 추가한 후 저장한다.

```xml
01  <?xml version="1.0" encoding="utf-8"?>
02  <resources>
03
04      <string name="app_name">InternalStorageTest1</string>
05      <string name="hello_world">Hello world!</string>
06      <string name="menu_settings">Settings</string>
07      <string name="fNameStr">파일명 입력</string>
08      <string name="extStr">.txt</string>
09      <string name="contentStr">파일 내용 입력</string>
10      <string name="saveStr">저장</string>
11
12  </resources>
```

03 [res]-[layout]-[activity_internal_storage_test1_main.xml] 파일을 열어 XML 레이아웃을 디자인한 후 저장한다.

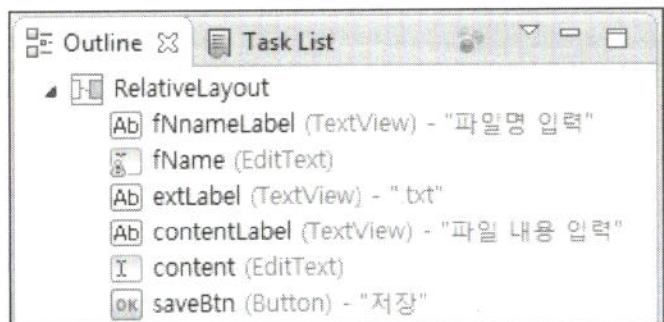

▲ [Outline] 뷰의 구조

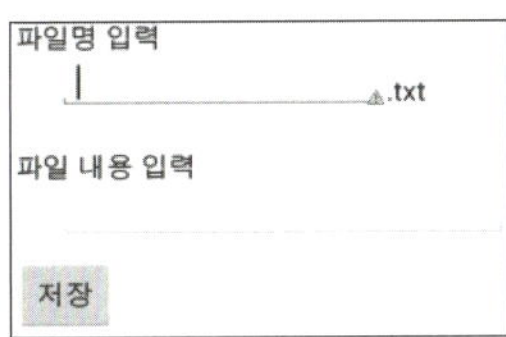

▲ [Graphical Layout]의 화면

완성된 [activity_internal_storage_test1_main.xml] 파일은 다음과 같다.

```xml
01  <RelativeLayout xmlns:android="http://schemas.android.com/apk/res/android"
02      xmlns:tools="http://schemas.android.com/tools"
03      android:layout_width="match_parent"
04      android:layout_height="match_parent"
05      tools:context=".InternalStorageTest1MainActivity" >
06
07  <TextView
08      android:id="@+id/fNnameLabel"
09      android:layout_width="wrap_content"
10      android:layout_height="wrap_content"
11      android:layout_alignParentLeft="true"
12      android:layout_alignParentTop="true"
13      android:text="@string/fNameStr"
```

```xml
14          android:textAppearance="?android:attr/textAppearanceMedium" />
15
16      <EditText
17          android:id="@+id/fName"
18          android:layout_width="wrap_content"
19          android:layout_height="wrap_content"
20          android:layout_alignParentLeft="true"
21          android:layout_below="@+id/fNnameLabel"
22          android:layout_marginLeft="28dp"
23          android:ems="10" >
24
25          <requestFocus />
26      </EditText>
27
28      <TextView
29          android:id="@+id/extLabel"
30          android:layout_width="wrap_content"
31          android:layout_height="wrap_content"
32          android:layout_alignBottom="@+id/fName"
33          android:layout_toRightOf="@+id/fName"
34          android:text="@string/extStr"
35          android:textAppearance="?android:attr/textAppearanceMedium" />
36
37      <TextView
38          android:id="@+id/contentLabel"
39          android:layout_width="wrap_content"
40          android:layout_height="wrap_content"
41          android:layout_alignParentLeft="true"
42          android:layout_below="@+id/fName"
43          android:layout_marginTop="28dp"
44          android:text="@string/contentStr"
45          android:textAppearance="?android:attr/textAppearanceMedium" />
46
47      <EditText
48          android:id="@+id/content"
49          android:layout_width="wrap_content"
50          android:layout_height="wrap_content"
51          android:layout_alignLeft="@+id/fName"
52          android:layout_alignParentRight="true"
53          android:layout_below="@+id/contentLabel"
54          android:ems="10"
```

```
55        android:inputType="textMultiLine" />
56
57    <Button
58        android:id="@+id/saveBtn"
59        android:layout_width="wrap_content"
60        android:layout_height="wrap_content"
61        android:layout_alignParentLeft="true"
62        android:layout_below="@+id/content"
63        android:layout_marginTop="14dp"
64        android:text="@string/saveStr" />
65
66  </RelativeLayout>
```

04 [InternalStorageTest1]−[src]−[work.test.internalstoragetest1] 내에 있는 [Internal StorageTest1MainActivity] 액티비티의 내용을 추가한 후 저장한다.

```
01  package work.test.internalstoragetest1;
02
03  import java.io.FileOutputStream;
04
05  import android.app.Activity;
06  import android.content.Context;
07  import android.os.Bundle;
08  import android.view.Menu;
09  import android.view.View;
10  import android.view.Window;
11  import android.widget.Button;
12  import android.widget.EditText;
13  import android.widget.Toast;
14
15  public class InternalStorageTest1MainActivity extends Activity {
16      private EditText fName;
17      private EditText content;
18      private Button save;
19
20      @Override
21      protected void onCreate(Bundle savedInstanceState) {
22          super.onCreate(savedInstanceState);
23          requestWindowFeature(Window.FEATURE_NO_TITLE);
24          setContentView(R.layout.activity_internal_storage_test1_main);
```

```java
25
26          save = (Button)findViewById(R.id.saveBtn);
27          save.setOnClickListener(new View.OnClickListener( ) {//이벤트 처리
28
29              @Override
30              public void onClick(View v) {//[저장] 버튼 클릭
31                  // TODO Auto-generated method stub
32                  String fnStr;
33                  String cStr;
34
35                  if(v == save){
36                      //파일명을 얻어냄
37                      fName = (EditText)findViewById(R.id.fName);
38                      fnStr = fName.getText( ).toString( ) + ".txt";
39
40                      //파일 내용을 얻어냄
41                      content = (EditText)findViewById(R.id.content);
42                      cStr = content.getText( ).toString( );
43
44                      //파일을 생성하고 내용을 쓰는 saveFile( ) 메소드 호출
45                      saveFile(InternalStorageTest1MainActivity.this,
46                                              fnStr,cStr);
47                  }
48              }

49
50      //파일을 생성하고 내용을 쓰는 메소드
51      public void saveFile(Context ct, String fnStr, String cStr){
52          FileOutputStream out = null; //파일 출력 스트림
53          byte[ ] bStr = cStr.getBytes( ); //문자열을 바이트 배열로 변환
54          try{
55              //FileOutputStream 객체 생성 - 파일 생성
56              out = ct.openFileOutput(fnStr,
57                          Context.MODE_PRIVATE);
58              out.write(bStr, 0, bStr.length);//파일에 내용을 씀
59              out.close( );//스트림 닫음 - 리소스 해제
60              //파일이 정상적으로 생성되면 메시지 표시
61              Toast.makeText(ct, fnStr+" 가 생성되었습니다.",
62                          Toast.LENGTH_SHORT).show( );
63          }catch(Exception e){
64              try{
65                  if(out != null) out.close( );
```

```java
66                    }catch(Exception e2){
67                        e2.printStackTrace( );
68                    }
69                }
70            }
71        });
72    }
73
74    @Override
75    public boolean onCreateOptionsMenu(Menu menu) {
76        // Inflate the menu; this adds items to the action bar if it is present.
77        getMenuInflater( ).inflate(
78            R.menu.activity_internal_storage_test1_main,menu);
79        return true;
80    }
81
82 }
```


26~71　　[저장] 버튼에 클릭 이벤트를 등록, [저장] 버튼을 누르면 입력한 내용을 가지고 파일로 생성하는 작업을 처리한다.

30~48　　onClick(View v) 메소드는 [저장] 버튼을 누르면 자동으로 실행된다. 37~38라인에서 사용자가 입력한 파일명을 얻어내고, 41~42라인에서 사용자가 입력한 파일의 내용을 얻어낸 후 45~46라인에서 입력한 내용을 가지고 파일을 생성하기 위해 saveFile( ) 메소드를 호출한다.

51~70　　saveFile(Context ct, String fnStr, String cStr) 메소드는 파일을 생성하고, 생성한 파일에 내용을 쓰는 작업을 처리하는 메소드이다.

52　　FileOutputStream out = null;은 파일 출력 스트림이 필요하기 때문에 선언했다.

53　　byte[ ] bStr = cStr.getBytes( );은 파일에 내용을 쓸 때 바이트 배열로 써야 하기 때문에 EditText 객체 content에 입력한 내용을 갖는 문자열 변수 cStr의 내용을 바이트 배열로 변환했다.

56　　out = ct.openFileOutput(fnStr, Context.MODE_PRIVATE);은 파일을 생성하고 파일에 쓰기 위한 파일 출력 스트림을 얻어내는 부분이다. fnStr은 파일명을 가진 변수이고, Context.MODE_PRIVATE은 현재의 애플리케이션에서만 해당 파일에 접근 가능하도록 지정한 것이다.

58　　out.write(bStr, 0, bStr.length);은 파일에 내용을 쓰기 위해 파일 출력 스트림 객체가 제공하는 write( ) 메소드를 사용했다. 첫 번째 매개변수는 바이트 배열명, 두 번째 매개변수는 배열에 입력된 내용 중 어디서부터를 쓸 것인지를 지정하는 부분으로, 0을 사용하면 처음부터 쓴다. 세 번째 매개변수는 바이트 배열의 크기를 기술한다.

59　　out.close( );은 스트림을 사용하고 나면 닫음으로써 리소스를 해제하는 부분이다.

61~62　　파일이 정상적으로 생성되면 화면에 토스트 메시지를 표시한다.

05 [Run As]-[Android Application]을 선택해 안드로이드 에뮬레이터로 실행한다. 애플리케이션이 실행되면 파일명과 파일의 내용을 입력한 후 [저장] 버튼을 클릭해 파일을 생성한다.

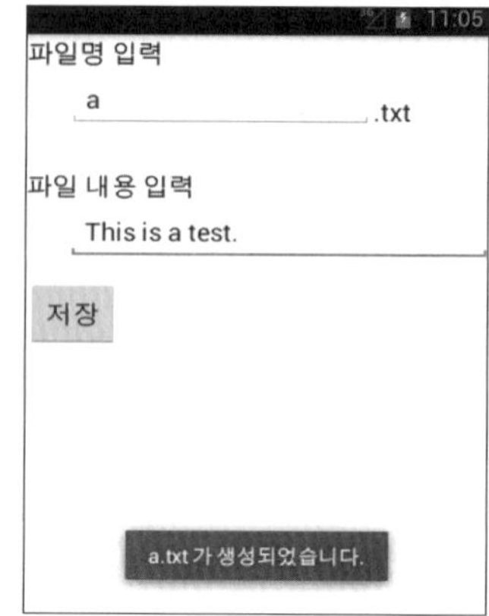

■ 생성된 파일 확인

생성된 파일의 확인은 [Window]-[Open Perspective]-[DDMS] 메뉴를 선택해 [DDMS] 퍼스펙티브로 전환한다. 내부 저장소는 [DDMS] 퍼스펙티브의 [File Explorer] 뷰의 [data]-[data] 부분에 해당한다. 따라서 생성한 파일이 [data]-[data] 폴더 내의 애플리케이션의 패키지명 내의 [files] 부분에 있으므로, [data]-[data]-[work.test.internalstoragetest1] -[files] 폴더 내에 지정한 파일명 [a.txt]가 생성되어 있는 것을 확인할 수 있다.

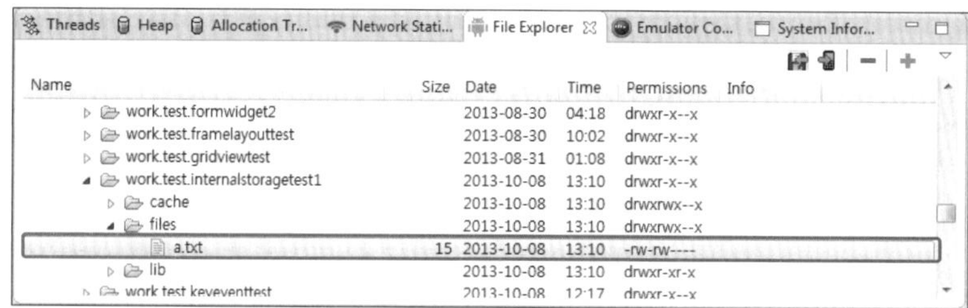

■ 파일 복사

단말기의 내부 저장소에 저장되어 있는 파일을 컴퓨터로 복사할 수 있는데, 방법은 다음과 같다.

❶ 복사할 파일을 선택한 후 [Pull a file from the device] 아이콘을 클릭한다.

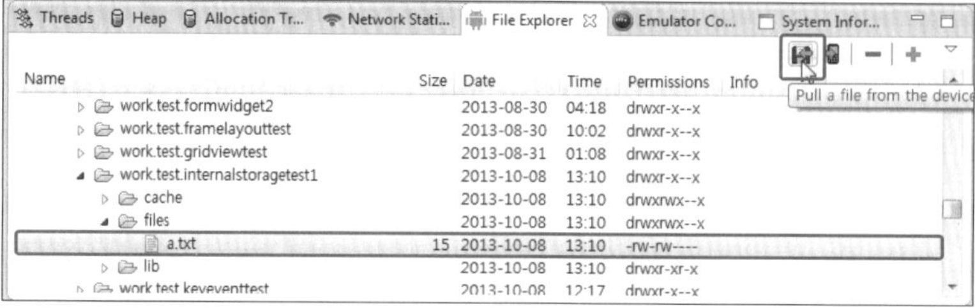

❷ 복사할 위치와 파일명을 지정한 후 [저장] 버튼을 클릭한다.

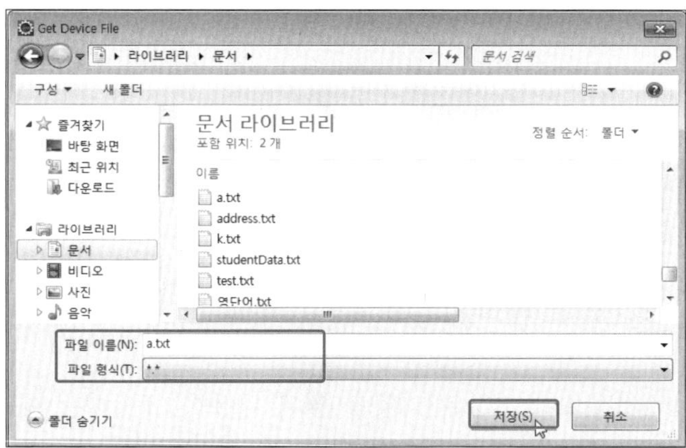

❸ 파일이 로컬 컴퓨터로 복사된 것을 확인할 수 있다. 저장된 파일을 더블클릭해 내용
을 확인할 수 있다.

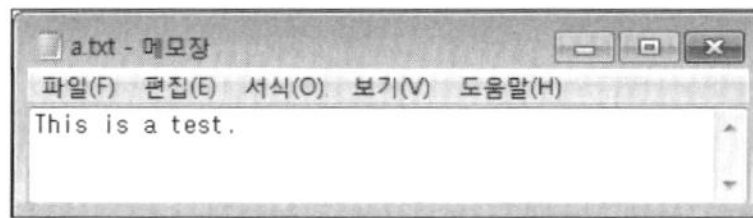

(2) 내부 저장소에 저장된 파일 읽기

내부 저장소에 있는 파일을 읽기 위해서는 FileInputStream 객체가 필요하며, 사용하는
방법은 다음과 같다.

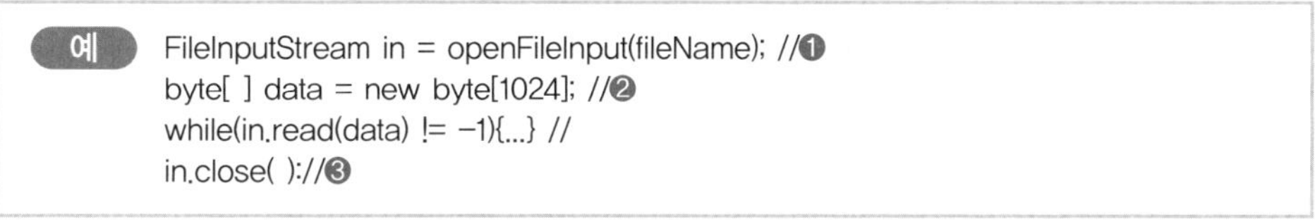

```
예   FileInputStream in = openFileInput(fileName); //❶
    byte[ ] data = new byte[1024]; //❷
    while(in.read(data) != −1){...} //
    in.close( );//❸
```

❶ openFileInput( ) 메소드를 호출해 FileInputStream 객체를 얻어낸다. 이때 매개변
수로 열 파일명을 사용한다.

```
FileInputStream in = openFileInput(fileName);
```

❷ read( ) 메소드를 사용해 파일의 내용을 읽는다. 이때 파일의 내용은 주어진 byte[ ]
의 크기만큼씩 읽어 들인다. 이 메소드는 한 번에 읽어 들일 수 있는 바이트 크기를
리턴하며, 스트림의 끝에 도달하면 −1을 리턴한다.

```
byte[ ] data = new byte[1024]; //바이트 배열 선언

while(in.read(data) != -1) { // 파일의 끝까지 read( ) 메소드를 사용해서 읽음
    ....
}
```

❸ close( ) 메소드를 사용해 스트림을 닫는다.

```
in.close( ) ; //입력 스트림 닫음
```

Exercise 내부 저장소의 파일을 읽는 예제 - [Internal Storage Test2] 애플리케이션

이 예제는 단말기의 내부 저장소에 저장된 파일을 읽어 내용을 표시하는 예제이다.
[ex.txt] 파일을 생성 후 [파일 읽기] 버튼을 클릭하면 내용이 화면에 표시된다.

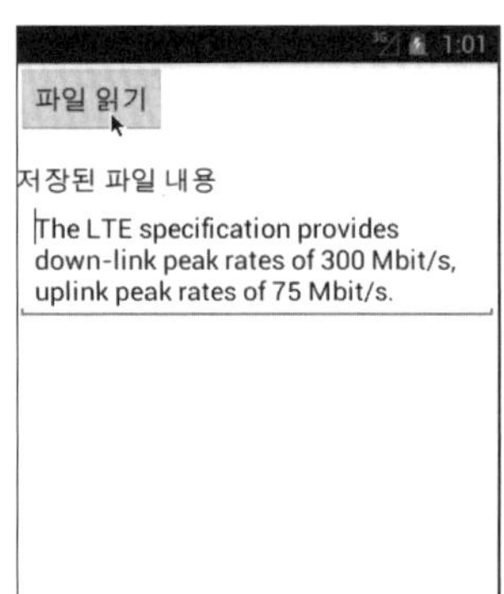

◀InternalStorageTest2 애플리케이션 실행 결과

주요 파일	파일 ([InternalStorageTest2] 애플리케이션)	하는 일
리소스 파일 (문자열, 이미지 등)	문자열 리소스 파일명 : strings.xml 위치 : [프로젝트]-[res]-[values]	• readStr, contentStr 문자열 정의
레이아웃 리소스 파일	activity_internal_storage_test2_ main.xml 위치 : [프로젝트]-[res]-[layout]	• 1개의 Button위젯, 1개의 TextView 위젯 및 1개의 EditText 위젯 배치 • strings.xml에서 정의한 readStr, contentStr 문자열 참조
로직 클래스	액티비티 클래스 파일 파일명 : InternalStorageTest2 MainActivity.java 위치 : [프로젝트]-[src]-[패키지명]	• activity_internal_storage_test2_ main.xml을 화면의 내용으로 표시 • [파일읽기] 버튼을 누르면 파일을 읽어 화면에 표시
매니페스트 파일	AndroidManifest.xml 위치 : [프로젝트]	• 이 애플리케이션에서는 내용 수정 안 함

▲ [InternalStorageTest2] 애플리케이션의 주요 파일

01 InternalStorageTest2 안드로이드 애플리케이션 프로젝트 생성

❶ [Project Explorer] 뷰에서 [New]–[Project] 메뉴를 선택해 [Android Application Project]를 생성한다.

❷ [New Android Application] 창이 표시되면 다음과 같이 입력 및 선택한 후 [Next] 버튼을 클릭한다. 그 외의 값은 기본 값을 그대로 사용해 생성한다.

항목	입력 및 선택 값
Application Name	InternalStorageTest2 입력
Project Name	InternalStorageTest2 자동 입력됨
Package Name	work.test.internalstoragetest2 입력
Minimum Required SDK	API 8 : Android 2.2 (Froyo) 기본 값 사용
Target SDK	API 18 : Android 4.3 기본 값 사용 기본 값이 아닐 경우 선택
Compile With	API 18 : Android 4.3 기본 값 사용

❸ [Next] 버튼을 누르다가 액티비티명 변경 화면이 표시되면 [Activity Name]을 "InternalStorageTest2MainActivity"로 변경한 후 [Finish] 버튼을 클릭한다.

02 [res]–[values]–[strings.xml] 파일에 문자열을 추가한 후 저장한다.

```
01  <?xml version="1.0" encoding="utf-8"?>
02  <resources>
03
04      <string name="app_name">InternalStorageTest2</string>
05      <string name="hello_world">Hello world!</string>
06      <string name="menu_settings">Settings</string>
07      <string name="readStr">파일 읽기</string>
08      <string name="contentStr">저장된 파일 내용</string>
09
10  </resources>
```

03 [res]–[layout]–[activity_internal_storage_test2_main.xml] 파일을 열어 XML 레이아웃을 디자인한 후 저장한다.

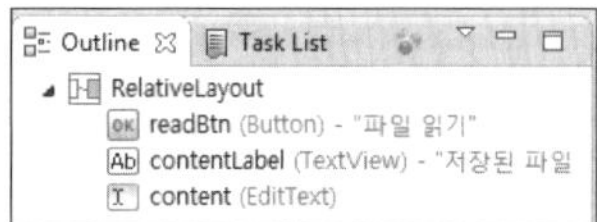

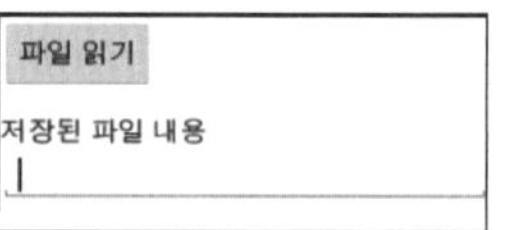

▲ [Outline] 뷰의 구조　　　　　　　▲ [Graphical Layout]의 화면

완성된 [activity_internal_storage_test2_main.xml]은 다음과 같다.

```xml
01  <RelativeLayout xmlns:android="http://schemas.android.com/apk/res/android"
02      xmlns:tools="http://schemas.android.com/tools"
03      android:layout_width="match_parent"
04      android:layout_height="match_parent"
05      tools:context=".InternalStorageTest2MainActivity" >
06
07      <Button
08          android:id="@+id/readBtn"
09          android:layout_width="wrap_content"
10          android:layout_height="wrap_content"
11          android:layout_alignParentLeft="true"
12          android:layout_alignParentTop="true"
13          android:text="@string/readStr" />
14
15      <TextView
16          android:id="@+id/contentLabel"
17          android:layout_width="wrap_content"
18          android:layout_height="wrap_content"
19          android:layout_alignParentLeft="true"
20          android:layout_below="@+id/readBtn"
21          android:layout_marginTop="17dp"
22          android:text="@string/contentStr"
23          android:textAppearance="?android:attr/textAppearanceMedium" />
24
25      <EditText
26          android:id="@+id/content"
27          android:layout_width="fill_parent"
28          android:layout_height="wrap_content"
29          android:layout_alignParentLeft="true"
30          android:layout_below="@+id/contentLabel"
31          android:ems="10"
32          android:inputType="textMultiLine" >
33
```

```
34        <requestFocus />
35    </EditText>
36
37 </RelativeLayout>
```

04 [InternalStorageTest2]-[src]-[work.test.internalstoragetest2] 내에 있는
[InternalStorageTest2MainActivity] 액티비티의 내용을 변경한 후 저장한다.

```java
01 package work.test.internalstoragetest2;
02
03 import java.io.ByteArrayOutputStream;
04 import java.io.FileInputStream;
05 import java.io.FileOutputStream;
06
07 import android.app.Activity;
08 import android.content.Context;
09 import android.os.Bundle;
10 import android.view.Menu;
11 import android.view.View;
12 import android.view.Window;
13 import android.widget.Button;
14 import android.widget.EditText;
15
16 public class InternalStorageTest2MainActivity extends Activity {
17
18     private static final String F_NAME = "ex.txt";//생성할 파일명
19     private static final String F_CONTENT //파일 내용
20       = "The LTE specification provides down-link peak rates of 300
          Mbit/s, uplink peak rates of 75 Mbit/s.";
21     private Button read;
22     private EditText readContent;
23
24     @Override
25     protected void onCreate(Bundle savedInstanceState) {
26         super.onCreate(savedInstanceState);
27         requestWindowFeature(Window.FEATURE_NO_TITLE);
28         setContentView(R.layout.activity_internal_storage_test2_main);
29
30         saveFile(this, F_NAME, F_CONTENT);//파일을 생성하는 메소드 호출
31
```

```java
32    read = (Button)findViewById(R.id.readBtn);
33    read.setOnClickListener(new View.OnClickListener( ) {//이벤트 처리
34
35        @Override
36        public void onClick(View v) {//[파일 읽기] 버튼을 클릭 시 실행
37            // TODO Auto-generated method stub
38            if(v == read){
39                readContent = (EditText)findViewById(R.id.content);
40                //파일을 읽는 readFile( ) 메소드를 호출해 지정한 파일의 내용을 읽어 화면에 표시
41                readContent.setText(
42                    readFile(InternalStorageTest2MainActivity.this,F_NAME));
43            }
44        }
45
46    //지정한 파일 ex.txt의 내용을 읽어 String 타입으로  리턴한다.
47    public String readFile(Context ct, String fnStr){
48        FileInputStream in = null; //파일 입력 스트림
49        ByteArrayOutputStream out = null; //읽은 내용을 임시로 저장할 버퍼
50        int len = 0; // 한 번에 읽을 수 있는 내용의 크기
51
52        byte[ ] bStr = new byte[1024]; // 버퍼 생성
53
54        try{
55            //FileInputStream 객체를 얻어냄
56            in = ct.openFileInput(fnStr);
57            //읽은 내용을 저장할 버퍼 생성
58            out = new ByteArrayOutputStream( );
59
60            //파일의 끝이 아닐 때까지 반복 수행
61            while((len = in.read(bStr)) != -1)
62                out.write(bStr, 0, len); //읽은 내용을 버퍼에 저장
63
64            //입출력 스트림 닫음
65            out.close( );
66            in.close( );
67        }catch(Exception e){
68            try{
69                if(out != null) out.close( );
70                if(in != null) in.close( );
71            }catch(Exception e2){
```

```java
72                              e2.printStackTrace( );
73                            }
74                          }
75                      //버퍼의 내용을 문자열로 변환해 리턴
76                      return out.toString( );
77                    }
78                  });
79        }
80
81        //파일 생성 및 내용 입력
82        public void saveFile(Context ct, String fnStr, String cStr){
83            FileOutputStream out = null; //파일 출력 스트림
84            byte[ ] bStr =  cStr.getBytes( ); //문자열을 바이트 배열로 변환
85            try{
86                //FileOutputStream 객체 생성 – 파일 생성
87                out = ct.openFileOutput(fnStr, Context.MODE_PRIVATE);
88                out.write(bStr, 0, bStr.length);//파일에 내용을 씀
89                out.close( );//스트림 닫음 – 리소스 해제
90            }catch(Exception e){
91                try{
92                    if(out != null) out.close( );
93                }catch(Exception e2){
94                    e2.printStackTrace( );
95                }
96            }
97        }
98
99        @Override
100       public boolean onCreateOptionsMenu(Menu menu) {
101           // Inflate the menu; this adds items to the action bar if it is present.
102           getMenuInflater( ).inflate(
103               R.menu.activity_internal_storage_test2_main,menu);
104           return true;
105       }
106
107  }
```


이 예제는 크게 [ex.txt] 파일을 생성하는 부분과 생성된 [ex.txt] 파일을 읽어 화면에 표시하는 부분
으로 이루어져 있다.

<ex.txt 파일을 생성하는 부분>

18 private static final String F_NAME = "ex.txt";은 생성할 파일명을 상수로 지정했다. 19~20라인도 파일의 내용을 상수로 지정했다.

30 saveFile(this, F_NAME, F_CONTENT);은 지정한 파일명, 파일의 내용을 가지고 파일을 생성하는 saveFile( ) 메소드를 호출한다. 그러면 프로그램의 제어가 82라인으로 이동한다.

82~97 saveFile(Context ct, String fnStr, String cStr) 메소드는 파일의 생성과 파일에 내용 쓰기를 하는 메소드이다. 첫 번째 매개변수는 콘텍스트이고, 두 번째 매개변수는 생성할 파일명, 세 번째 매개변수는 파일의 내용이다.

<생성된 ex.txt 파일을 읽어 화면에 표시하는 부분>

32~33 [파일 읽기] 버튼에 이벤트를 등록해 [파일 읽기] 버튼을 누르면 프로그램 제어가 36라인으로 이동해 onClick( ) 메소드가 실행된다.

39 readContent = (EditText)findViewById(R.id.content);에서 읽은 파일의 내용을 표시한 EditText 객체 readContent의 정보를 얻어내 41라인 readContent.setText( ) 메소드를 사용해 화면에 표시한다. 이때 표시될 내용인 파일의 내용은 42라인의 readFile( ) 메소드를 사용해 읽어낸다. 42라인이 실행되면 프로그램 제어가 47라인으로 이동한다.

47~78 readFile(Context ct, String fnStr) 메소드는 지정한 파일 ex.txt의 내용을 읽는 작업을 처리하다. 이때 두 번째 매개변수 fnStr이 읽을 파일명이다.

49 ByteArrayOutputStream out = null;에서 ByteArrayOutputStream 객체 out을 읽은 내용을 임시로 저장할 버퍼로 사용한다.

56 in = ct.openFileInput(fnStr);은 파일을 읽기 위한 FileInputStream 객체를 얻어낸다. 이때 매개변수 fnStr은 읽을 파일명이 된다.

58 out = new ByteArrayOutputStream( );은 읽은 내용을 화면에 표시하기 전에 임시 저장할 버퍼를 생성하는 부분이다.

61~62 while문을 사용해 61라인 파일의 끝이 아닐 때까지 읽어, 62라인 out.write(bStr, 0, len);에서 읽은 내용을 버퍼에 저장한다.

65~66 리소스 해제를 위해 입출력 스트림을 닫는다.

76 return out.toString( ); 은 버퍼에 저장된 내용을 문자열로 변환해 이 readFile( ) 메소드를 호출한 42라인으로 파일의 내용을 리턴한다. 그러면 최종적으로 41라인이 수행되어 화면에 파일의 내용이 표시된다.

05 안드로이드 애플리케이션 프로젝트를 선택한 후 [Run As]−[Android Application] 메뉴를 선택해 안드로이드 에뮬레이터로 실행한다. 애플리케이션이 실행되면 [파일 읽기] 버튼을 클릭해 파일의 내용을 표시한다.

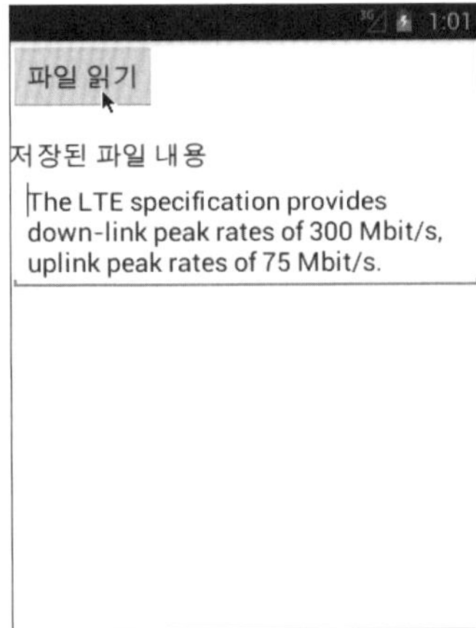

이밖에 내부 저장소를 사용하는 파일을 사용 시 유용한 메소드는 다음과 같다.

메소드와 설명

File getFilesDir( )
저장된 내부 파일의 디렉토리를 파일 시스템상의 절대 경로를 얻어낸다.

File getDir(String name, int mode)
내부 저장소에 주어진 디렉토리가 없는 경우는 생성하고, 있는 경우는 연다.

boolean deleteFile( )
내부 저장소에 저장된 파일을 제거한다.

String[ ] fileList( )
현재 애플리케이션에 의해 저장된 파일의 목록을 리턴한다.

▲ 내부 저장소에 저장된 파일에 사용하는 메소드

만일 애플리케이션 내에서 파일을 생성한 후, 생성한 파일을 읽는 것이 아니라 이 프로젝트 밖에서 생성한 기존 파일을 읽을 수 있다. 이러한 파일을 읽으려면 해당 프로젝트 내의 [res]-[raw] 폴더 안에 위치시킨 후, 이 파일은 openRawResource( ) 메소드를 사용해서 열고, 파일명은 R.raw.〈filename〉과 같이 리소스ID을 사용해서 접근한다.

자바 클래스에서 안드로이드 프로젝트 내의 리소스(파일, 문자열, 이미지 등)에 접근하려면 R.을 사용한 리소소ID를 사용한다. 예를 들어 [res]-[raw] 폴더 안에 있는 [b.txt]인 파일을 열 경우 openRawResource(R.raw.b)와 같이 리소스ID를 기술한다. 이 메소드는 해당 파일을 읽을 수 있도록 InputStream 객체를 리턴한다. 그러나 원래의 파일에 내용을 쓸 수는 없고 단지 읽을 목적으로만 사용시 이와 같은 방법을 사용할 수 있다. 따라서 특정 파일을 읽을 목적만으로 사용시 [res]-[raw] 폴더에 위치시켜 처리한다.

이 예제는 프로젝트의 [res]–[raw] 폴더 내에 있는 raw 파일을 읽어 표시하는 예제이다.

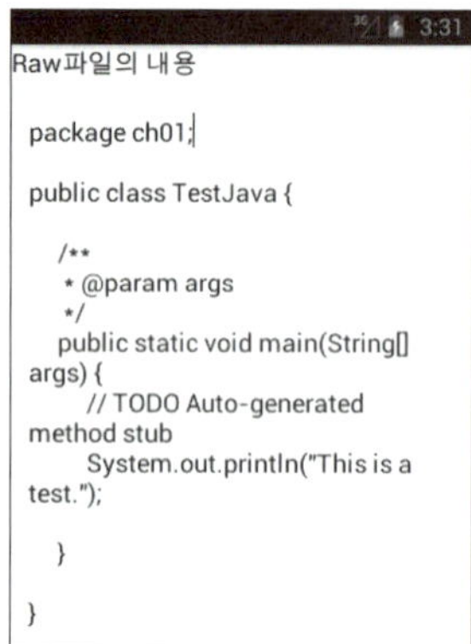

◀ ReadRawFileTest 애플리케이션 실행 결과

주요 파일	파일명 ([ReadRawFileTest] 애플리케이션)	하는 일
리소스 파일 (문자열, 이미지 등)	문자열 리소스 파일명 : strings.xml 위치 : [프로젝트]–[res]–[values]	• dStr 문자열 정의
	파일 리소스 파일명: test.java 위치 : [프로젝트]–[res]–[raw]	• [raw] 폴더에 지정한 파일을 배치
레이아웃 리소스 파일	activity_read_raw_file_test_main. xml 위치 : [프로젝트]–[res]–[layout]	• 1개의 TextView 위젯과 1개의 EditText 위젯 배치 • strings.xml에서 정의한 dStr 문자 열 참조
로직 클래스	액티비티 클래스 파일 파일명 : ReadRawFileTestMain Activity.java 위치 : [프로젝트]–[src]–[패키지명]	• activity_read_raw_file_test_ main.xml을 화면의 내용으로 표시 • 애플리케이션이 실행되면 지정한 파일을 읽어 화면에 표시
매니페스트 파일	AndroidManifest.xml 위치 : [프로젝트]	• 이 애플리케이션에서는 내용 수정 안 함

▲ [ReadRawFileTest] 애플리케이션의 주요 파일

01 ReadRawFileTest 안드로이드 애플리케이션 프로젝트 생성

❶ [Project Explorer] 뷰에서 [New]–[Project] 메뉴를 선택해 [Android Application Project]를 생성한다.

❷ [New Android Application] 창이 표시되면 다음과 같이 입력 및 선택한 후 [Next] 버튼을 클릭한다. 그 외의 값은 기본 값을 그대로 사용해 생성한다.

항목	입력 및 선택 값
Application Name	ReadRawFileTest 입력
Project Name	ReadRawFileTest 자동 입력됨
Package Name	work.test.readrawfiletest 입력
Minimum Required SDK	API 8 : Android 2.2 (Froyo) 기본 값 사용
Target SDK	API 18 : Android 4.3 기본 값 사용 기본 값이 아닐 경우 선택
Compile With	API 18 : Android 4.3 기본 값 사용

❸ [Next] 버튼을 누르다가 액티비티명 변경 화면이 표시되면 [Activity Name]을 "Read RawFileTestMainActivity"로 변경한 후 [Finish] 버튼을 클릭한다.

02 프로젝트의 [res] 폴더에 [raw] 폴더를 생성한 후 raw 파일을 프로젝트 내로 가져온다.

❶ 프로젝트의 [res] 폴더를 선택한 후 마우스 오른쪽 버튼을 클릭해 [New]-[Folder] 메뉴를 선택해서 새로운 폴더를 생성한다. 이때 폴더의 이름은 "raw"로 지정한다.

❷ 생성된 [raw] 폴더를 선택 후 test.java 파일을 복사한다. 제공되는 파일은 부록CD의 [source]-[ReadRawFileTest]-[res]-[raw] 폴더 안에 있다. 단, 가져올 파일의 이름은 소문자, 숫자, _(언더라인)으로만 이루어져야 한다.

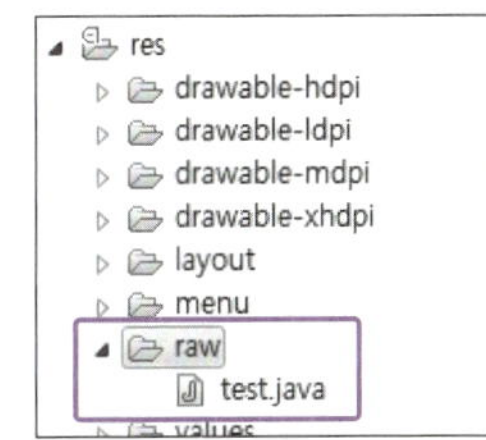

▲ 생성된 [raw] 폴더와 추가된 [test.java] 파일

03 [res]-[values]-[strings.xml] 파일에 문자열을 추가한 후 저장한다.

```xml
01  <?xml version="1.0" encoding="utf-8"?>
02  <resources>
03
04      <string name="app_name">ReadRawFileTest</string>
05      <string name="hello_world">Hello world!</string>
06      <string name="menu_settings">Settings</string>
07      <string name="dStr">Raw파일의 내용</string>
08
09  </resources>
```

04 [res]-[layout]-[activity_read_raw_file_test_main.xml] 파일을 열어 XML 레이아웃을 디자인한 후 저장한다.

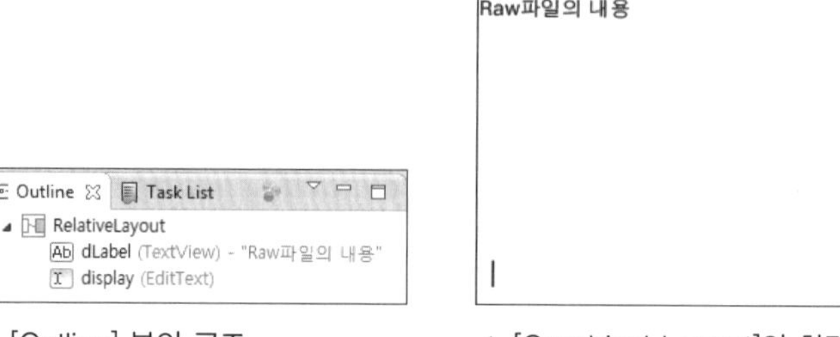

▲ [Outline] 뷰의 구조　　　　　　　　　▲ [Graphical Layout]의 화면

완성된 [activity_read_raw_file_test_main.xml]은 다음과 같다.

```
01  <RelativeLayout xmlns:android="http://schemas.android.com/apk/res/android"
02      xmlns:tools="http://schemas.android.com/tools"
03      android:layout_width="match_parent"
04      android:layout_height="match_parent"
05      tools:context=".ReadRawFileTestMainActivity" >
06
07      <TextView
08          android:id="@+id/dLabel"
09          android:layout_width="wrap_content"
10          android:layout_height="wrap_content"
11          android:layout_alignParentLeft="true"
12          android:layout_alignParentTop="true"
13          android:text="@string/dStr"
14          android:textAppearance="?android:attr/textAppearanceMedium" />
15
16      <EditText
17          android:id="@+id/display"
18          android:layout_width="fill_parent"
19          android:layout_height="fill_parent"
20          android:layout_alignParentLeft="true"
21          android:layout_below="@+id/dLabel"
22          android:ems="10"
23          android:inputType="textMultiLine" >
24
25          <requestFocus />
26      </EditText>
27
28  </RelativeLayout>
```

05 [ReadRawFileTest]–[src]–[work.test.readrawfiletest] 내에 있는 [ReadRawFile
TestMainActivity] 액티비티의 내용을 추가한 후 저장한다.

```java
01    package work.test.readrawfiletest;
02
03    import java.io.BufferedReader;
04    import java.io.InputStream;
05    import java.io.InputStreamReader;
06
07    import android.app.Activity;
08    import android.content.Context;
09    import android.os.Bundle;
10    import android.view.Menu;
11    import android.view.Window;
12    import android.widget.EditText;
13
14    public class ReadRawFileTestMainActivity extends Activity {
15
16        private EditText display;
17
18        @Override
19        protected void onCreate(Bundle savedInstanceState) {
20            super.onCreate(savedInstanceState);
21            requestWindowFeature(Window.FEATURE_NO_TITLE);
22            setContentView(R.layout.activity_read_raw_file_test_main);
23
24            //raw 파일을 표시할 EditText의 정보를 얻어냄
25            display = (EditText)findViewById(R.id.display);
26            //raw 파일을 읽는 readRawFile( ) 메소드를 호출해 화면에 표시
27            display.setText(readRawFile(this));
28        }
29
30        //raw 파일을 읽어 문자열로 리턴하는 readRawFile( ) 메소드
31        public String readRawFile(Context ct){
32            //test.java 파일로부터 InputStream 객체를 얻어냄
33            InputStream in =
34                    getResources( ).openRawResource(R.raw.test);
35
36            //입출력 성능 향상과 한글이 깨지지 않도록 BufferedReader 객체를 생성
37            BufferedReader bIn =
38                    new BufferedReader(new InputStreamReader(in));
```

```java
39
40          String str1 = " ";
41          String result = " ";
42          try{
43              //파일의 끝이 아닐 때까지 줄 단위로 읽어 result 문자열에 누적
44              while((str1 = bIn.readLine( )) != null){
45                  result += str1 + "\n";
46              }
47
48              //입출력 스트림 닫음
49              bIn.close( );
50              in.close( );
51          }catch(Exception e){
52              try{
53                  if(bIn != null) bIn.close( );
54                  if(in != null) in.close( );
55              }catch(Exception e2){
56                  e2.printStackTrace( );
57              }
58          }
59          //이 메소드의 실행 결과를 호출한 쪽으로 리턴
60          return result;
61      }
62
63      @Override
64      public boolean onCreateOptionsMenu(Menu menu) {
65          // Inflate the menu; this adds items to the action bar if it is present.
66          getMenuInflater( ).inflate(
67              R.menu.activity_read_raw_file_test_main, menu);
68          return true;
69      }
70
71  }
```


25   display = (EditText)findViewById(R.id.display);은 raw 파일을 표시할 EditText의 정보를 얻어낸다.

27   display.setText(readRawFile(this));은 raw 파일을 읽는 readRawFile( ) 메소드를 호출한 후 읽은 파일의 내용을 EditText에 표시한다.

31~61   raw 파일을 읽어 문자열로 리턴하는 readRawFile( ) 메소드이다.

33~34   InputStream in = getResources( ).openRawResource(R.raw.test);은 open RawResource( ) 메소드를 사용해 [res]–[raw] 폴더 내에 있는 파일을 읽어올 수 있는 InputStream 객체를 리턴한다. 이때 이 메소드의 매개변수에는 읽어올 파일명을 기술한다. 여기서 R.raw.test는 [res]–[raw] 폴더 안에 있는 [test.java] 파일을 의미한다.

37~38   BufferedReader bln = new BufferedReader(new InputStreamReader(in));에서 in은 InputStream 객체이다. InputStream 객체는 스트림의 내용을 한 글자씩 읽어오며, 텍스트 파일의 경우 영문을 제외한 내용은 깨져서 읽혀진다. 따라서 new InputStreamReader(in)을 사용해 한글이 깨지지 않도록 읽혀지는 문자 스트림(Reader) 객체로 변경했으며, 이 문자 스트림 객체를 버퍼를 사용해, 한 번에 한 줄씩 읽도록 성능을 향상시킬 수 있도록 new BufferedReader(new InputStream Reader(in))를 사용해 BufferedReader 객체를 생성했다.

44~46   while문을 사용해 파일의 끝이 아닐 때까지 줄 단위로 파일의 내용을 읽어 result 문자열에 누적하는 부분이다. while문이 끝난 후 60라인 return result;과 같이 파일의 내용을 갖는 누적 문자열을 이 메소드를 호출한 위치인 27라인으로 리턴하면, 화면에 파일의 내용이 표시된다.

06 안드로이드 애플리케이션 프로젝트를 선택한 후 [Run As]–[Android Application] 메뉴를 선택해 안드로이드 에뮬레이터로 실행한다. raw 파일의 내용이 EditText에 표시된다.

```
Raw파일의 내용

package ch01;

public class TestJava {

    /**
     * @param args
     */
    public static void main(String[]
args) {
        // TODO Auto-generated
method stub
        System.out.println("This is a
test.");

    }

}
```

02.3   외부 저장소(External Storage)의 사용

모든 안드로이드에서는 외부 저장소에 저장된 파일을 애플리케이션에서 사용할 수 있도록 공유를 지원한다. 외부 저장소는 주로 SD카드를 지칭한다. 컴퓨터상의 파일을 전송할 수 있는 USB 대용량 저장소(USB mass storage)로 사용가능한 외부 저장소는 다른 애플리케이션에서 접근가능하고 수정할 목적의 파일들을 저장한다.

단말기를 컴퓨터와 USB 메모리로 취급하는 연결을 한, 마운트(mount, 장착) 상태에서는 외부 저장소에 저장된 파일들은 단말기가 접근할 수 없다. 이 경우 컴퓨터에서 외부 저장소를 점유했기 때문에 단말기에서는 접근 권한이 없어지게 된다. 단말기에서 외부 저장소에 저장된 파일에 접근하려면 컴퓨터와의 연결을 해제한 후에 해야 한다.

외부 저장소를 사용하기 전에, 먼저 사용가능한지를 검사라는 것이 좋으며, 이때 getExternalStorageState( ) 메소드를 사용한다. 이 메소드는 저장소의 상태가 컴퓨터에 연결된 상태인지, 미장착 상태인지 읽기전용 상태인지 또는 그 밖의 다른 상황인지를 검사할 수 있다.

다음 예시는 외장 메모리의 읽기와 쓰기가 가능한 상태인지를 체크하는 것으로 이것을 응용해 여러 상태를 체크할 수 있다.

```
예    boolean externalStorageAvailable = false; //사용 가능 여부 저장 변수
      boolean externalStorageWriteable = false; //쓰기 가능 여부 저장 변수

      //외부 저장소의 상태를 얻어냄
      String StorageState = Environment.getExternalStorageState( );

      if (Environment.MEDIA_MOUNTED.equals(state)) { //외부 저장소가 단말기에 장착된 상태
          // 외부 저장소에 읽고 쓰기가 가능
          externalStorageAvailable = true;
          externalStorageWriteable = true;
      } else if (Environment.MEDIA_MOUNTED_READ_ONLY.equals(state)) { //외부 저장소가 단말기
      에 장착되었으나 읽기 전용 상태
          // 외부 저장소에 읽기만 가능
          externalStorageAvailable = true;
          externalStorageWriteable = false;
      } else { // 외부 저장소에 문제가 발생한 상태
          //  외부 저장소를 읽을 수도 쓸 수도 없음
          externalStorageAvailable = false;
          externalStorageWriteable = false;
      }
```

Environment 클래스는 환경변수의 접근을 제공하는 것으로, 다음은 이 클래스가 제공하는 상수로 Environment.getExternalStorageState( ) 메소드의 리턴 값과 비교해 외부 저장소의 상태를 알아내는데 사용된다. 이 상수들은 Environment.getExternalStorageState( ) 메소드가 상황에 따라 리턴하는 값이다.

리턴 타입	상수(getExternalStorageState( ) 메소드의 리턴 값)	설명
String	MEDIA_BAD_REMOVAL	제대로 마운트가 해제되기 전에 외부 저장소를 제거한 경우에 리턴됨
String	MEDIA_CHECKING	외부 저장소가 존재하고 디스크 체크를 시작한 경우에 리턴됨
String	MEDIA_MOUNTED	외부 저장소가 존재하고 마운트(장착)되어 읽고 쓰기가 가능한 상태인 경우에 리턴됨
String	MEDIA_MOUNTED_READ_ONLY	외부 저장소가 존재하고 마운트되어 읽기가 가능한 상태인 경우에 리턴됨
String	MEDIA_NOFS	외부 저장소가 존재나 내용이 비어 있거나 파일 시스템을 지원하지 않는 경우에 리턴됨
String	MEDIA_REMOVED	외부 저장소가 단말기에서 제거되어 존재하지 않는 경우에 리턴됨
String	MEDIA_SHARED	외부 저장소가 존재하나 단말기와 마운트되지 않고 USB대용량 저장소로 공유된 경우에 리턴됨.
String	MEDIA_UNMOUNTABLE	외부 저장소가 존재하나 마운트가 될 수 없는 경우에 리턴됨
String	MEDIA_UNMOUNTED	외부 저장소가 존재하나 아직 마운트가 되지 않은 경우에 리턴됨

▲ Environment.getExternalStorageState( ) 메소드의 리턴 값

외부 저장소는 단말기에서 접근 시 [mnt]-[sdcard] 폴더에 위치한다.

안드로이드 버전 2.2(API Level 8) 이상에서는 getExternalFilesDir( ) 메소드를 사용해 파일을 열 수 있다. getExternalFilesDir( ) 메소드는 원하는 서브 디렉토리의 타입을 매개변수로 지정할 수 있다. 이들은 Environment 클래스에서 멤버필드로도 제공하는 것으로 Environment.DIRECTORY_ALARMS과 같은 형태로 사용한다.

```
//이미지 파일에 접근하기 위해 저장소의 path를 얻어냄
File path = getExternalFilesDir(Environment.DIRECTORY_PICTURES);
```

Environment 클래스에서 멤버필드로 제공하는 타입은 다음과 같다.

리턴 타입	타입	설명
public static String	DIRECTORY_ALARMS	일반적인 음악 파일이 아닌 알람으로 사용되는 음악이 위치한 표준 디렉터리
public static String	DIRECTORY_DCIM	단말기로 촬영한 이미지와 비디오가 위치하는 일반적인 위치

public static String	DIRECTORY_DOWNLOADS	사용자가 다운로드한 파일이 위치한 표준 디렉터리
public static String	DIRECTORY_MOVIES	사용가능한 동영상 파일이 위치한 표준 디렉터리
public static String	DIRECTORY_MUSIC	일반적인 음악 파일이 위치하는 표준 디렉터리
public static String	DIRECTORY_NOTIFICATIONS	일반적인 음악 파일이 아닌 알림으로 사용되는 오디오 파일이 위치한 표준 디렉터리
public static String	DIRECTORY_PICTURES	사용자가 사용가능한 이미지 파일이 위치한 표준 디렉터리
public static String	DIRECTORY_PODCASTS	팟캐스팅을 사용해 다운로드받은 오디오 파일이 위치한 표준 디렉터리
public static String	DIRECTORY_RINGTONES	일반적인 음악 파일이 아닌 벨소리로 사용되는 오디오 파일이 위치한 표준 디렉터리

▲ getExternalFilesDir( ) 메소드의 매개변수

애플리케이션을 제거한 후에도 저장된 파일이 삭제되지 않도록 하려면 이들 파일을 [Music], [Pictures], [Ringtones]과 같은 공용 폴더에 저장해야 한다. 이들 공용 폴더를 외부 저장소의 루트 아래에 위치하며 모든 애플리케이션에서 공유할 목적으로 사용된다. 공용 디렉터리에 파일을 저장할 경우 안드로이드 버전 2.2(API Level 8) 이상에서는 get External StoragePublicDirectory( )메소드에 원하는 공용 디렉터리를 매개변수로 지정 해서 한다. [DDMS] 퍼스팩티브에서 확인할 때는 [mnt]–[sdcard] 폴더 안에 공용 디렉토리들이 존재한다.

```
//공용 폴더에 있는 이미지 파일 저장소의 path를 얻어냄
File path = Environment.getExternalStoragePublicDirectory(
                Environment.DIRECTORY_PICTURES);
```

위의 예제는 공용 폴더인 [Pictures] 폴더를 경로로 설정하는 예로, 이 폴더는 [DDMS] 퍼스팩티브에서 확인할 때는 [mnt]–[sdcard]–[Pictures]이다.

또한 안드로이드 애플리케이션에서 외부 저장소를 사용하려면 [AndroidManifest.xml] 파일에 [android.permission.WRITE_EXTERNAL_STORAGE] 권한을 추가 해야 한다.

Exercise 핑거페인트 프로그램에서 그린 이미지를 외부 저장소에 파일로 저장
　　　　　– [FingerPaintSave] 애플리케이션

이 예제는 5장에서 작성한 [FingerPaintDialog] 프로젝트의 옵션 메뉴의 항목 중 [저장] 메뉴 항목을 클릭하면 그린 이미지를 외부 저장소의 공용 폴더인 [Pictures] 폴더([mnt]–[sdcard]–[Pictures])에 [test.jpg] 파일로 저장하는 예제이다.

▲ FingerPaintSave 애플리케이션 실행 결과

주요 파일	파일명 ([FingerPaintSave] 애플리케이션)	하는 일
리소스 파일 (문자열, 이미지 등)	문자열 리소스 파일명 : strings.xml 위치 : [프로젝트]–[res]–[values]	• 기존 파일에서 app_name 문자열 변경
레이아웃 리소스 파일	activity_finger_paint_test_main.xml 위치 : [프로젝트]–[res]–[layout]	• 이 애플리케이션에서 사용 안 함
로직 클래스	Dialog 클래스 파일 파일명 : ColorPickerDialog.java 위치 : [프로젝트]–[src]–[패키지명]	• 색을 선택하는 사용자정의 대화상자
	뷰 클래스 파일 파일명 : FingerPaintView.java 위치 : [프로젝트]–[src]–[패키지명]	• 화면에 터치이벤트를 사용해 손가락으로 그림을 그리는 것을 구현
	액티비티 클래스 파일 파일명 : FingerPaintTestMain Activity.java 위치 : [프로젝트]–[src]–[패키지명]	• FingerPaintView 클래스의 객체를 생성 후 화면의 내용으로 표시 • 옵션 메뉴의 내용 표시 및 옵션 메뉴 선택 시 색상 변경 및 작성한 이미지 파일로 저장
매니페스트 파일	AndroidManifest.xml 위치 : [프로젝트]	• android.permission.WRITE_EXTERNAL_STORAGE 권한 추가

▲ [FingerPaintSave] 애플리케이션의 주요 파일

01 5장에서 작성한 [FingerPaintDialog] 프로젝트를 복사해서 이름을 "FingerPaintSave"로 변경한다.

02 [res]–[values]–[strings.xml] 파일에 app_name 문자열의 내용을 변경한 후 저장한다.

```xml
01    <?xml version="1.0" encoding="utf-8"?>
02    <resources>
03
04        <string name="app_name">FingerPaintSave</string>
05        <string name="hello_world">Hello world!</string>
06        <string name="menu_settings">Settings</string>
07        <string name="changeColorStr">색변경</string>
08        <string name="saveFileStr">저장</string>
09        <string name="eraseStr">지우개</string>
10        <string name="selectColor">색 선택</string>
11
12    </resources>
```

03 [FingerPaintView] 클래스의 내용 수정

[FingerPaintSave]–[src]–[work.test.fingerpainttest]에 있는 [FingerPaintView] 클래스의 내용을 수정한 후 저장한다.

```java
01    package work.test.fingerpainttest;
02
03    import android.content.Context;
04    import android.graphics.Bitmap;
05    import android.graphics.Canvas;
06    import android.graphics.Paint;
07    import android.graphics.Path;
08    import android.view.MotionEvent;
09    import android.view.View;
10
11    public class FingerPaintView extends View {
12
13        //FingerPaintTestMainActivity와 같은 객체를 공유하기 위해 static으로 선언
14        static Paint p;
15        //Path에서 그려질 좌표
16        private float mX, mY;
17        //터치 입력의 오차 값을 지정
18        private static final float TOUCH_TOLERANCE = 4;
19
20        //FingerPaintTestMainActivity와 같은 객체를 공유하기 위해 static으로 선언
```

```
21      static Bitmap  bitmap;
22      private Canvas  c;
… 생략 …
```


21   static Bitmap bitmap;은 FingerPaintTestMainActivity와 같은 객체를 공유하기 위해서 static으로 선언했다. FingerPaintTestMainActivity 클래스의 77라인 Bitmap bitmap = FingerPaintView.bitmap;에서 FingerPaintView 클래스에서 생성한 Bitmap 객체에 접근한다.

04 [FingerPaintTestMainActivity] 액티비티의 내용 수정

[FingerPaintSave]−[src]−[work.test.fingerpainttest]에 있는 [FingerPaintTest MainActivity] 액티비티의 내용을 수정한 후 저장한다.

```
01    package work.test.fingerpainttest;
02
03    import java.io.File;
04    import java.io.FileOutputStream;
05
06    import android.app.Activity;
07    import android.graphics.Bitmap;
08    import android.graphics.Color;
09    import android.graphics.Paint;
10    import android.os.Bundle;
11    import android.os.Environment;
12    import android.view.Menu;
13    import android.view.MenuItem;
14    import android.view.Window;
15    import android.widget.Toast;
16
17    public class FingerPaintTestMainActivity extends Activity
18            implements  ColorPickerDialog.OnColorChangedListener{
19
20        @Override
21        protected void onCreate(Bundle savedInstanceState) {
22            super.onCreate(savedInstanceState);
23            requestWindowFeature(Window.FEATURE_NO_TITLE);
24            setContentView(new FingerPaintView(this));
25        }
26
```

```java
27      @Override
28      public boolean onCreateOptionsMenu(Menu menu) {//옵션 메뉴 사용
29          // 메뉴의 내용을 갖는 [menu] 폴더에 있는
30          //activity_finger_paint_test_main.xml
31          getMenuInflater( ).inflate(
32              R.menu.activity_finger_paint_test_main, menu);
33          return true;
34      }

36      //옵션 메뉴의 변경사항이 있을 경우 반영
37      public boolean onPrepareOptionsMenu(Menu menu) {
38          super.onPrepareOptionsMenu(menu);
39          return true;
40      }

42      //옵션 메뉴의 메뉴 항목을 선택하면 실행
43      public boolean onOptionsItemSelected(MenuItem item) {
44          Paint p = FingerPaintView.p;
45          p.setXfermode(null);
46          p.setAlpha(0xFF);

48          switch (item.getItemId( )) {
49          case R.id.changeColor: //[색선택] 메뉴
50              //[색 선택] 대화상자를 표시
51              new ColorPickerDialog(this, this, p.getColor( )).show( );
52              return true;
53          case R.id.erase://[지우기] 메뉴
54              //캔버스의 배경색과 같은 색을 지정해 덧칠함
55              p.setColor(Color.WHITE);
56              return true;
57          case R.id.saveFile://[저장] 메뉴
58              saveFile( ); //그린 이미지를 파일로 저장하는 saveFile( ) 메소드 호출
59              return true;
60          }
61          return super.onOptionsItemSelected(item);
62      }

64      @Override
65      //[색 선택] 대화상자에서 색상을 선택하면 실행됨
66      public void colorChanged(int color) {
```

```java
67              // TODO Auto-generated method stub
68              Paint p = FingerPaintView.p;
69              p.setColor(color); //그리기 색을 선택한 색으로 변경
70
71      }
72
73      //캔버스에 그린 내용을 이미지 파일로 저장
74      public void saveFile( ){
75              //FingerPaintView 클래스의 Bitmap 클래스의 객체인 bitmap에 접근
76              //캔버스에 그린 그림은 실제 bitmap에 그려지는 것임
77              Bitmap bitmap = FingerPaintView.bitmap;
78              FileOutputStream out = null; //파일로 저장
79              try{
80                      //외부 저장소의 공용 폴더인 [Pictures] 폴더에 파일 저장
81                      File path = Environment.getExternalStoragePublicDirectory(
82                              Environment.DIRECTORY_PICTURES);
83                      //공용 폴더의 path와 저장할 파일명을 갖고 File 객체 생성
84                      File file = new File(path, "test.jpg");
85                      //캔버스에 그린 내용을 이미지파일로 만들때 OutputStream 객체가 필요
86                      //따라서 FileOutputStream 객체 생성
87                      out = new FileOutputStream(file);
88                      //jpg 파일 형식으로 캔버스에 그려진 내용을 이미지 파일로 만듬
89                      bitmap.compress(Bitmap.CompressFormat.JPEG, 10, out);
90                      out.close( );
91              }catch(Exception e){
92                      e.printStackTrace( );
93              }
94              Toast.makeText(this, "이미지 파일이 저장되었습니다.",
95                                      Toast.LENGTH_SHORT).show( );
96      }
97  }
```

소스코드 설명

57~59   case문은 옵션 메뉴에서 [저장] 메뉴를 선택하면, 그린 이미지를 실제의 이미지 파일로 생성하는 saveFile( ) 메소드를 호출하는 부분이다.

74~96   saveFile( ) 메소드는 캔버스에 그린 이미지를 파일로 저장한다.

77   Bitmap bitmap = FingerPaintView.bitmap;은 FingerPaintView 클래스의 Bitmap 클래스의 객체인 bitmap에 접근해 사용하는 부분이다. 캔버스에 그린 그림은 실제로는 Bitmap 객체에 그려지는 것이다.

81~82   File path = Environment.getExternalStoragePublicDirectory(Environment.
DIRECTORY_PICTURES);은 외부 저장소의 공용 폴더인 [Pictures] 폴더에 파일을 저장하기 위해
저장소의 path를 얻어낸다.

84   File file = new File(path, "test.jpg");은 공용 폴더의 path와 저장할 파일명 test.jpg를 갖
고 File 객체를 생성하는 부분이다. 이 부분은 빈 파일만 생성하는 부분이다.

87   out = new FileOutputStream(file);은 실제로 이미지 파일의 내용을 쓰기 위한
OutputStream 객체를 생성하는 부분으로, 여기서는 파일에 내용을 쓸 것이기 때문에 실제로
FileOutputStream 객체를 생성한다.

89   bitmap.compress(Bitmap.CompressFormat.JPEG, 10, out);은 jpg 파일 형식으로 캔버
스에 그려진 내용을 이미지 파일로 만드는 부분으로, Bitmap 객체의 compress( ) 메소드를 사용했
다. 이 메소드의 첫 번째 매개변수 Bitmap.CompressFormat.JPEG은 생성할 이미지파일의 형식으
로, 여기서는 jpeg 파일로 지정했다. 두 번째 매개변수 10은 이미지의 압축 수준(quality)으로
0~100사이의 값을 사용한다. 0이면 작은 사이즈, 100이면 최대 수준 이미지를 압축한다. png 포맷
의 경우 이미지가 손실될 수 있다. 세 번째 매개변수 out은 압축된 데이터를 쓰기 위한 OutputStream
객체로 여기서는 실제로 저장될 파일에 쓰여진다.

05 [AndroidManifest.xml]에 [android.permission.WRITE_EXTERNAL_STORAGE]
권한 추가
애플리케이션에서 외부 저장소를 사용하려면 [AndroidManifest.xml]에 [android.
permission.WRITE_EXTERNAL_STORAGE] 권한을 추가해야 한다.

❶ [AndroidManifest.xml] 파일의 [Pemissions] 탭의 [Pemissions] 항목에 [Add..] 버
튼을 눌러 [Uses Permission] 항목을 추가한다.

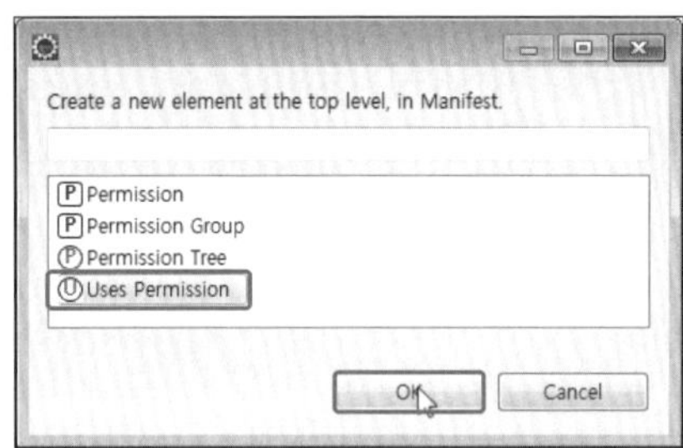

❷ [Uses Permission] 항목이 추가되면 [Name] 항목의 콤보상자에서 [android.
permission.WRITE_EXTERNAL_STORAGE] 항목을 선택해 권한을 추가한다.

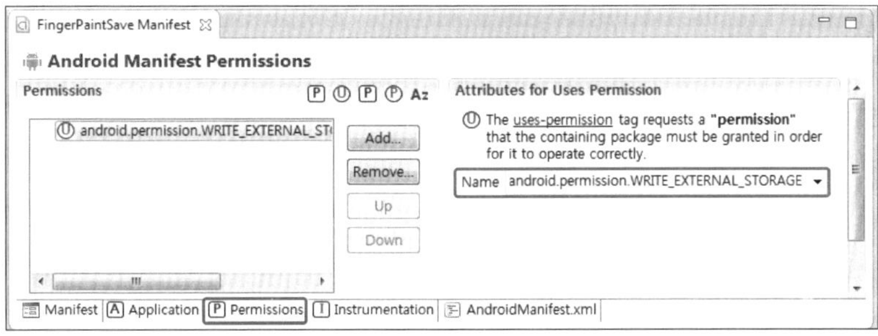

❸ 변경 사항이 적용될 수 있도록 [AndroidManifest.xml] 파일을 저장한다. 완성된 코드는 다음과 같다.

```xml
01  <?xml version="1.0" encoding="utf-8"?>
02  <manifest xmlns:android="http://schemas.android.com/apk/res/android"
03      package="work.test.fingerpainttest"
04      android:versionCode="1"
05      android:versionName="1.0" >
06
07      <uses-sdk
08          android:minSdkVersion="8"
09          android:targetSdkVersion="17" />
10  <uses-permission android:name="android.permission.WRITE_EXTERNAL_ STORAGE"/>
11
12      <application
13          android:allowBackup="true"
14          android:icon="@drawable/ic_launcher"
15          android:label="@string/app_name"
16          android:theme="@style/AppTheme" >
17          <activity
18           android:name="work.test.fingerpainttest.FingerPaintTestMainActivity"
19              android:label="@string/app_name" >
20              <intent-filter>
21                  <action android:name="android.intent.action.MAIN" />
22
23                  <category android:name="android.intent.category.LAUNCHER" />
24              </intent-filter>
25          </activity>
26      </application>
27
28  </manifest>
```

06 실행할 안드로이드 애플리케이션 프로젝트를 선택한 후 [Run As]-[Android Application]을 선택해 안드로이드 에뮬레이터로 실행한다.

❶ 애플리케이션이 실행되면 [menu] 버튼을 눌러 옵션 메뉴를 표시한다. 옵션 메뉴가 표시되면 원하는 이미지를 그린다.

❷ 이미지를 그린 후 [menu] 버튼을 눌러 옵션 메뉴 중 [저장] 메뉴 항목을 누르면 그린 이미지가 파일로 저장된다.

❸ 저장된 이미지는 [DDMS] 퍼스펙티브의 [mnt]-[sdcard]-[Pictures] 폴더에 [test.png] 파일로 생성된 것을 확인할 수 있다.

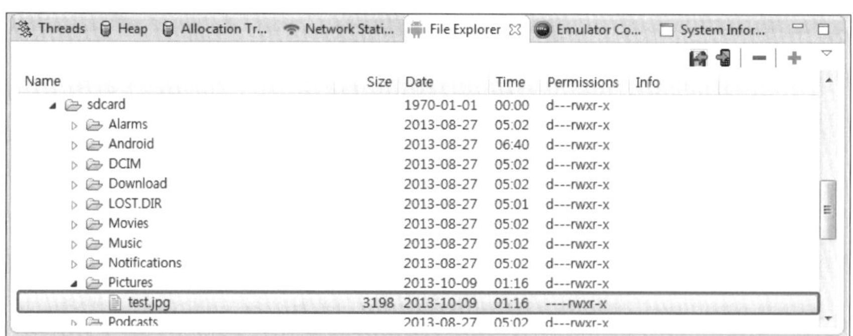

프레퍼런스(Preference)를 사용한 정보 유지

03.1 프레퍼런스의 개요

프레퍼런스(Shared Preferences)는 세션처럼 애플리케이션에서 정보를 유지하기 위해 사용하는 것이다. 하나의 애플리케이션에서 액티비티 간에 정보를 유지할 수 있으며 애플리케이션의 사용이 끝났더라도 정보는 저장되어 유지될 수도 있다.

프레퍼런스는 SharedPreferences 클래스를 사용해서 구현한다. SharedPreferences 클래스는 기본 데이터 타입(primitive data type)의 키와 값의 쌍으로 이루어진 형태로 정보를 저장하고 얻어내는 것을 제공한다. SharedPreferences 클래스는 boolean, float, int, long, 그리고 String 타입의 데이터를 사용할 수 있다.

애플리케이션에서 정보를 유지하기 위해 프레퍼런스를 사용할 때는 다음 두 가지를 반드시 알고 있어야 한다.

❶ 프레퍼런스를 저장하는 위치와 저장된 프레퍼런스를 읽어오는 위치

- 프레퍼런스를 저장하는 위치 – 액티비티의 onPause( ) 메소드 : 프레퍼런스에 정보를 저장할 때는 액티비티가 포그라운드(fore ground)에서 백그라운드(back ground)로 교체되는 지점인 onStop( ) 메소드에 기술되어야 한다.
- 저장된 프레퍼런스를 읽어오는 위치 – 액티비티의 onCreate( ) 메소드 : 저장된 프레퍼런스의 정보를 얻어내기 위해서는 액티비티의 생성 지점인 onCreate( ) 메소드에서 한다.

❷ 프레퍼런스를 사용하는 방법

■ SharedPreferences 객체 얻어내기

프레퍼런스에 정보를 저장하거나 저장된 정보를 얻어낼 때는 공통적으로 getShared Preferences( ) 메소드 또는 getPreferences( ) 메소드를 써서 한다.

- getPreferences( ) 메소드 : 액티비티 내에서 오직 한 개의 프레퍼런스 파일만 필요한 경우에 사용하면, 이 경우 이름은 정의하지 않는다.

- getSharedPreferences( ) 메소드 : 액티비티 내에서 여러 개의 프레퍼런스 파일이 필요할 경우 이 메소드를 사용하며, 프레퍼런스에 이름을 부여해 프레퍼런스 파일을 식별한다. 일반적으로 이 메소드를 사용해 프레퍼런스 객체를 얻어낸다.

> **예** SharedPreferences prefs
>   = getSharedPreferences("userPrefs", MODE_PRIVATE);

getSharedPreferences( ) 메소드를 사용해 프레퍼런스 객체를 얻어낼 때는 프레퍼런스의 이름을 지정하는 매개변수와 오퍼레이팅 모드(operating mode)를 지정하는 매개변수가 필요하다. 여기서는 프레퍼런스의 이름이 userPrefs이고 오퍼레이팅 모드가 MODE_PRIVATE이다. 프레퍼런스의 이름은 기존에 존재하지 않는 이름의 경우 새로 생성되고, 존재하는 경우 기존의 프레퍼런스를 얻어낸다. 오퍼레이팅 모드의 경우 다음과 같은 값들이 있다.

오퍼레이팅 모드	설명
MODE_PRIVATE 또는 0	기본 값으로 다른 애플리케이션에서 접근 불가
MODE_WORLD_READABLE 또는 1	다른 애플리케이션에서 읽기 허용
MODE_WORLD_WRITEABLE 또는 2	다른 애플리케이션에서 쓰기 허용
MODE_MULTI_PROCESS 또는 4	애플리케이션이 멀티프로세스를 가질 때 사용되는 것으로, 안드로이드 SDK 버전이 2.3 이상부터 사용할 수 있다.

▲ 오퍼레이팅 모드

■ 프레퍼런스에 정보를 저장하거나 얻어내기

- 프레퍼런스에 정보를 저장할 때는 다음과 같은 순서로 한다.

❶ SharedPreferences 클래스의 edit( ) 메소드를 호출해 SharedPreferences.Editor 객체를 얻어낸다. 이것은 SharedPreferences.Editor 객체가 프로퍼티를 사용해서 프레퍼런스에 정보를 저장할 수 있기 때문이다.

```
//SharedPreference 객체를 얻어냄
SharedPreferences prefs
    = getSharedPreferences("UserPrefs", MODE_PRIVATE);
//SharedPreferences.Editor 객체를 얻어냄
SharedPreferences.Editor prefsEditor = prefs.edit( );
```

❷ SharedPreferences.Editor 클래스의 putBoolean( ) 또는 putString( )과 같은 putXxx(key, value) 메소드를 사용해 key와 value의 쌍으로 정보를 저장한다. 이때 key가 프로퍼티의 이름이고 value가 프로퍼티의 값이 된다.

```
//id 변수의 값을 "id" 프로퍼티의 값으로 지정
prefsEditor.putString("id", id);
```

❸ 추가 또는 변경된 프로퍼티를 commit( ) 메소드를 사용해 프레퍼런스에 한 번에 반영시킨다.

```
//추가 또는 변경된 프로퍼티를 반영시킴
prefsEditor.commit( );
```

• 저장된 정보를 얻어낼 때는 다음과 같이 한다.

정보를 저장할 때와 같이 SharedPreferences 클래스의 edit( ) 메소드를 호출해 SharedPreferences.Editor 객체를 얻어낸 후 getBoolean( ) 또는 getString( )과 같은 getXxx(key,defValue) 메소드를 사용해서 한다. 이때 Xxx는 저장된 프레퍼런스의 정보 데이터 타입으로, int 타입일 경우 getInt( ) 메소드를, String 타입일 경우 getString( ) 메소드를 사용한다. key는 저장된 프로퍼티의 이름이고, defValue는 해당 프레퍼런스의 key가 존재하지 않을 경우 리턴되는 값이다.

```
//프로퍼티의 이름이 id인 프로퍼티의 값을 리턴하며,
//만일 해당 프로퍼티명이 없으면 " "(공백) 값을 리턴한다.
String id = pref.getString("id","");
```

따라서 애플리케이션의 정보를 프레퍼런스에 내용을 저장하거나 저장된 정보를 얻어낼 때는 다음 예와 같이 onPause( ) 메소드와 onCreate( ) 메소드에 기술한다.

```java
public class CalendarActivity extends Activity {
    static final int DAY_VIEW_MODE = 0;
    static final int WEEK_VIEW_MODE = 1;

    //프레퍼런스의 파일명 지정
    static final String PREFS_NAME = "CalendarPrefs";
    private SharedPreferences prefs; //프리퍼런스 객체를 저장할 변수 선언
    private int currentViewMode;

    //저장된 프레퍼런스의 정보를 읽어옴
    protected void onCreate(Bundle savedInstanceState) {
```

```java
        super.onCreate(savedInstanceState);
        … 생략 …
        //SharedPreferences 객체를 얻어냄
        SharedPreferences prefs = getSharedPreferences(PREFS_NAME,0);
        //저장된 정보를 읽어옴
        currentViewMode = prefs.getInt("view_mode", DAY_VIEW_MODE);
    }


    //프레퍼런스에 정보를 저장함
    protected void onPause( ) {
        super.onPause( );

        SharedPreferences.Editor editor = prefs.edit( );
        editor.putInt("view_mode", currentViewMode);//정보 저장
        editor.commit( );
    }
}
```

프레퍼런스 파일은 [data]–[data] 폴더 내의 [패키지명]–[shared_prefs] 폴더 내에 [프레퍼런스명.xml]로 저장된다.

03.2   프레퍼런스(Preference)를 사용한 예제

세션처럼 애플리케이션 내의 액티비티 간의 정보를 유지할 때 프레퍼런스를 사용하는 것은 사실 액티비티를 여러 개 갖고 있어야 제대로 구현할 수 있다. 액티비티를 추가하는 것은 "8장 안드로이드 애플리케이션 컴포넌트"에서 학습한다. 여기서는 하나의 액티비티가 불려왔을 때 기존에 저장된 정보가 있는가를 판단하는 단순한 예제를 작성하고, 8장에서 액티비티 추가를 배우면 로그인을 해서 세션을 유지하는 프레퍼런스를 작성해 본다.

Exercise   프레퍼런스에 정보를 쓰고 얻어내기 – [Shared Preference Test] 애플리케이션

이 예제는 아이디와 비밀번호를 입력한 후 [로그인] 버튼을 누르면 프레퍼런스에 정보가 저장되고, 이 애플리케이션을 나갔다가 다시 실행 시에 기존의 프레퍼런스의 정보가 표시되는 예제이다. 프레퍼런스 파일 UserPrefs는 [data]–[data]–[work.test.sharedpreferencetest]–[shared_prefs] 폴더 내에 [UserPrefs.xml]로 저장된다.

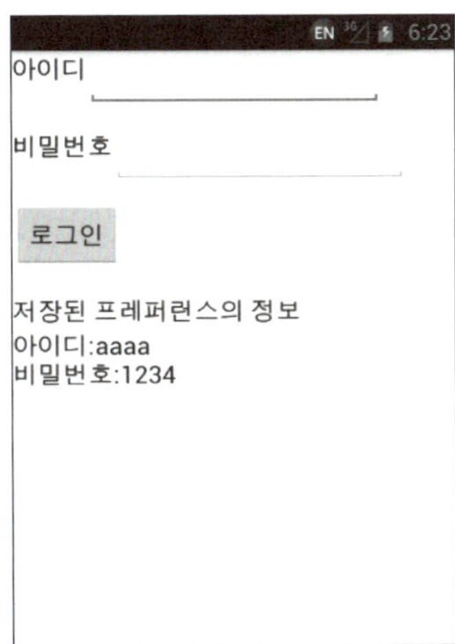

▲ SharedPreferenceTest 애플리케이션 실행 결과

주요 파일	파일명 ([SharedPreferenceTest] 애플리케이션)	하는 일
리소스 파일 (문자열, 이미지 등)	문자열 리소스 파일명 : strings.xml 위치 : [프로젝트]–[res]–[values]	• idStr, passStr, loginStr, resultStr 문자열 정의
레이아웃 리소스 파일	activity_shared_preference_test _main.xml 위치 : [프로젝트]–[res]–[layout]	• 4개의 TextView위젯, 2개의 EditText 위젯 및 1개의 Button 위젯 배치 • strings.xml에서 정의한 idStr, passStr, loginStr, resultStr 문자열 참조
로직 클래스	액티비티 클래스 파일 파일명 : SharedPreferenceTest MainActivity.java 위치 : [프로젝트]–[src]–[패키지명]	• activity_shared_preference_test_ main.xml을 화면의 내용으로 표시 • 정보를 입력 후 [로그인] 버튼을 누르면 프레퍼런스에 정보 저장
매니페스트 파일	AndroidManifest.xml 위치 : [프로젝트]	• 이 애플리케이션에서는 내용 수정 안 함

▲ [SharedPreferenceTest] 애플리케이션의 주요 파일

01 SharedPreferenceTest 안드로이드 애플리케이션 프로젝트 생성

❶ [Project Explorer] 뷰에서 [New]–[Project] 메뉴를 선택해 [Android Application Project]를 생성한다.

❷ [New Android Application] 창이 표시되면 다음과 같이 입력 및 선택한 후 [Next] 버튼을 클릭한다. 그 외의 값은 기본 값을 그대로 사용해 생성한다.

항목	입력 및 선택 값
Application Name	SharedPreferenceTest 입력
Project Name	SharedPreferenceTest 자동 입력됨
Package Name	wwork.test.sharedpreferencetest 입력
Minimum Required SDK	API 8 : Android 2.2 (Froyo) 기본 값 사용
Target SDK	API 18 : Android 4.3 기본 값 사용 기본 값이 아닐 경우 선택
Compile With	API 18 : Android 4.3 기본 값 사용

❸ [Next] 버튼을 누르다가 액티비티명 변경 화면이 표시되면 [Activity Name]을 "SharedPreferenceTestMainActivity"로 변경한 후 [Finish] 버튼을 클릭한다.

02 [res]-[values]-[strings.xml] 파일에 문자열을 추가한 후 저장한다.

```
01  <?xml version="1.0" encoding="utf-8"?>
02  <resources>
03
04      <string name="app_name">SharedPreferenceTest</string>
05      <string name="hello_world">Hello world!</string>
06      <string name="menu_settings">Settings</string>
07      <string name="idStr">아이디</string>
08      <string name="passStr">비밀번호</string>
09      <string name="loginStr">로그인</string>
10      <string name="resultStr">저장된 프레퍼런스의 정보</string>
11
12  </resources>
```

03 [res]-[layout]-[activity_shared_preference_test_main.xml] 파일을 열어 레이아웃을 디자인한 후 저장한다.

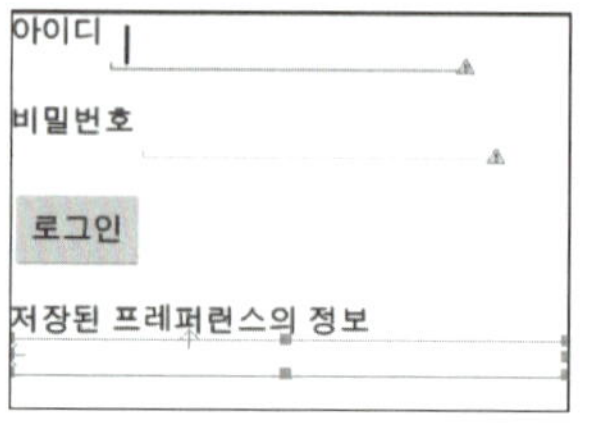

▲ [Outline] 뷰의 구조   ▲ [Graphical Layout]의 화면

완성된 [activity_shared_preference_test_main.xml]은 다음과 같다.

```xml
01  <RelativeLayout xmlns:android="http://schemas.android.com/apk/res/android"
02    xmlns:tools="http://schemas.android.com/tools"
03    android:layout_width="match_parent"
04    android:layout_height="match_parent"
05    tools:context=".SharedPreferenceTestMainActivity" >
06
07    <TextView
08      android:id="@+id/idLabel"
09      android:layout_width="wrap_content"
10      android:layout_height="wrap_content"
11      android:layout_alignParentLeft="true"
12      android:layout_alignParentTop="true"
13      android:text="@string/idStr"
14      android:textAppearance="?android:attr/textAppearanceMedium" />
15
16    <EditText
17      android:id="@+id/id"
18      android:layout_width="wrap_content"
19      android:layout_height="wrap_content"
20      android:layout_alignParentTop="true"
21      android:layout_toRightOf="@+id/idLabel"
22      android:ems="10" >
23
24      <requestFocus />
25    </EditText>
26
27    <TextView
28      android:id="@+id/passLabel"
29      android:layout_width="wrap_content"
30      android:layout_height="wrap_content"
31      android:layout_alignParentLeft="true"
32      android:layout_below="@+id/id"
33      android:layout_marginTop="16dp"
34      android:text="@string/passStr"
35      android:textAppearance="?android:attr/textAppearanceMedium" />
36
37    <EditText
38      android:id="@+id/pass"
39      android:layout_width="wrap_content"
```

```xml
40        android:layout_height="wrap_content"
41        android:layout_alignTop="@+id/passLabel"
42        android:layout_toRightOf="@+id/passLabel"
43        android:ems="10"
44        android:inputType="textPassword" />
45
46    <Button
47        android:id="@+id/loginBtn"
48        android:layout_width="wrap_content"
49        android:layout_height="wrap_content"
50        android:layout_alignParentLeft="true"
51        android:layout_below="@+id/pass"
52        android:layout_marginTop="22dp"
53        android:text="@string/loginStr" />
54
55    <TextView
56        android:id="@+id/resultLabel"
57        android:layout_width="wrap_content"
58        android:layout_height="wrap_content"
59        android:layout_alignParentLeft="true"
60        android:layout_below="@+id/loginBtn"
61        android:layout_marginTop="18dp"
62        android:text="@string/resultStr"
63        android:textAppearance="?android:attr/textAppearanceMedium" />
64
65    <TextView
66        android:id="@+id/resultText"
67        android:layout_width="fill_parent"
68        android:layout_height="wrap_content"
69        android:layout_alignParentLeft="true"
70        android:layout_below="@+id/resultLabel"
71        android:textAppearance="?android:attr/textAppearanceMedium" />
72
73 </RelativeLayout>
```

04 [SharedPreferenceTest]-[src]-[work.test.sharedpreferencetest] 내에 있는
[SharedPreferenceTestMainActivity] 액티비티의 내용을 추가한 후 저장한다.

```java
01    package work.test.sharedpreferencetest;
02
03    import android.app.Activity;
04    import android.content.SharedPreferences;
05    import android.os.Bundle;
06    import android.view.Menu;
07    import android.view.View;
08    import android.view.Window;
09    import android.widget.Button;
10    import android.widget.EditText;
11    import android.widget.TextView;
12    import android.widget.Toast;
13
14    public class SharedPreferenceTestMainActivity extends Activity {
15
16        static final String PREFS_NAME = "UserPrefs";//프레퍼런스명
17      private SharedPreferences prefs;
18      //프레퍼런스의 정보 저장 변수
19      private String id="";
20      private String pass="";
21      //위젯의 정보 저장 변수
22      private EditText idEdit;
23      private EditText passEdit;
24      private Button login;
25      private TextView result;
26
27      @Override
28      protected void onCreate(Bundle savedInstanceState) {
29          super.onCreate(savedInstanceState);
30          requestWindowFeature(Window.FEATURE_NO_TITLE);
31          setContentView(R.layout.activity_shared_preference_test_main);
32
33          //SharedPreferences 객체를 얻어냄
34          prefs = getSharedPreferences(PREFS_NAME,MODE_PRIVATE);
35
36          //프레퍼런스에 저장된 정보를 읽어옴
37          id = prefs.getString("id","");
38          pass = prefs.getString("pass","");
39
40          result = (TextView)findViewById(R.id.resultText);
```

```java
41
42      //프레퍼런스에 정보가 저장되어 있는가를 체크
43      if(id.equals(" "))
44          result.setText("저장된 정보가 없음");
45      else
46          result.setText("아이디:"+id+"\n"+"비밀번호:"+pass);
47
48      //아이디와 비밀번호의 객체를 얻어냄
49      idEdit = (EditText)findViewById(R.id.id);
50      passEdit = (EditText)findViewById(R.id.pass);
51
52      //[로그인] 버튼의 정보를 얻어낸 후 리스너 등록
53      login = (Button)findViewById(R.id.loginBtn);
54      login.setOnClickListener(new View.OnClickListener( ) {
55
56          @Override
57          //[로그인] 버튼을 누르면 프레퍼런스에 정보가 저장됨
58          public void onClick(View v) {
59              // TODO Auto-generated method stub
60              //입력한 아이디와 비밀번호를 얻어냄
61              String inputId = idEdit.getText( ).toString( );
62              String inputPass = passEdit.getText( ).toString( );
63
64              //프레퍼런스에 정보를 추가함
65              SharedPreferences.Editor editor  = prefs.edit( );
66              editor.putString("id", inputId);//정보저장
67              editor.putString("pass", inputPass);//정보저장
68              editor.commit( );
69
70              //프레퍼런스에 저장한 후 정보를 표시
71              Toast.makeText(SharedPreferenceTestMainActivity.this,
72                      "프레퍼런스에 정보가 저장되었습니다.",
73                      Toast.LENGTH_SHORT).show( );
74              result.setText("아이디:" + inputId + "\n"
75                      + "비밀번호:" + inputPass);
76          }
77      });
78  }
79
80  @Override
```

```
81      public boolean onCreateOptionsMenu(Menu menu) {
82      // Inflate the menu; this adds items to the action bar if it is present.
83        getMenuInflater( ).inflate(
84            R.menu.activity_shared_preference_test_main,menu);
85        return true;
86      }
87
88   }
```


16   static final String PREFS_NAME = "UserPrefs";은 프레퍼런스명 UserPrefs을 상수 PREFS_NAME에 저장한다.

34~38   SharedPreferences 객체를 얻어내서 프레퍼런스에 저장된 정보를 읽어온다.

34   prefs = getSharedPreferences(PREFS_NAME,MODE_PRIVATE);은 지정한 프레퍼런스 이름에 해당하는 프레퍼런스를 생성한다. 이때 MODE_PRIVATE을 사용했기 때문에 이 프레퍼런스는 현재의 애플리케이션에서만 사용가능하며, 다른 애플리케이션에서는 접근할 수 없다.

43~46   프레퍼런스에 정보가 저장되어 있으면 44라인을, 그렇지 않으며 46라인을 실행한다.

53~77   [로그인] 버튼의 정보를 얻어내, 리스너를 등록했다. [로그인] 버튼을 클릭하면 58라인의 onClick(View v) 메소드가 실행된다.

58~76   onClick(View v) 메소드는 [로그인] 버튼을 누르면 프레퍼런스에 정보가 저장되는 작업을 처리한다.

61~62   EditText에 입력된 아이디와 비밀번호를 얻어낸다.

65   SharedPreferences.Editor editor = prefs.edit( );은 34라인에서 생성된 SharedPreferences 객체에서 edit( ) 메소드를 사용해 SharedPreferences.Editor 객체를 얻어낸다.

66   editor.putString("id", inputId);은 id 프로퍼티명과 해당 프로퍼티의 값으로 inputId 변수 값을 사용해, 키와 값의 쌍으로 정보를 저장한다.

67   editor.putString("pass", inputPass);도 pass 프로퍼티명과 해당 프로퍼티의 값으로 inputPass 변수 값을 사용해 키와 값의 쌍으로 정보를 저장한다.

68   editor.commit( );은 프로퍼티를 추가한 것을 반영한 부분이다.

71~75   프레퍼런스를 저장한 후 토스트 메시지를 표시하고 TextView에 정보를 표시한다.

05 안드로이드 애플리케이션 프로젝트를 선택한 후 [Run As]-[Android Application] 메뉴를 선택해 안드로이드 에뮬레이터로 실행한다.

❶ 애플리케이션을 맨 처음 실행 시 프레퍼런스의 정보가 한 번도 저장된 적이 없으므로 "저장된 정보가 없음"으로 표시된다. 이때 아이디와 비밀번호를 입력한 후 [로그인] 버튼을 누르면 프레퍼런스 정보가 저장된다.

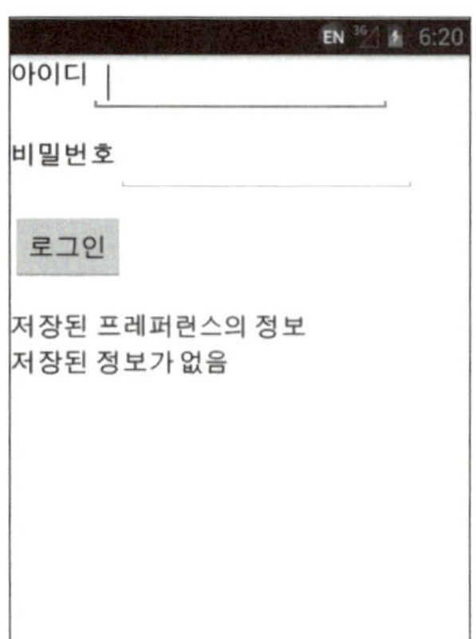
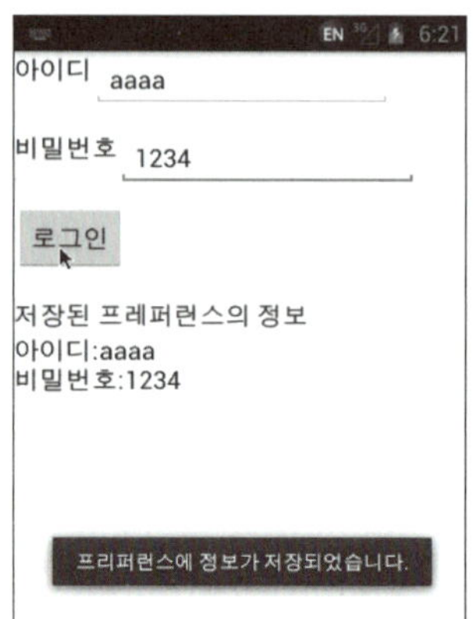

❷ 프레퍼런스에 정보가 저장된 후, 애플리케이션이 중단 후 다시 실행되면 프레퍼런스의 정보를 읽어와 화면에 표시한다.

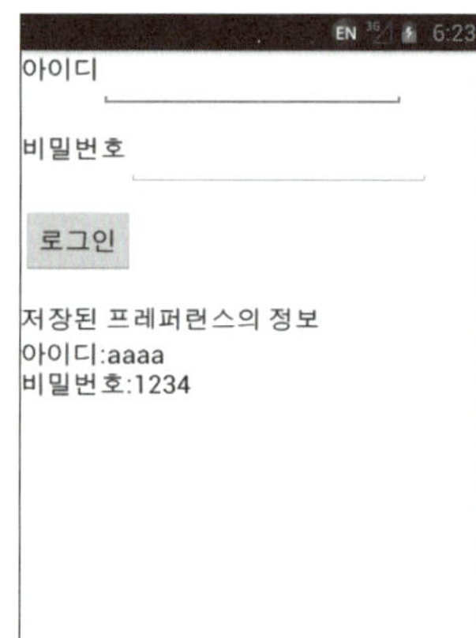

❸ 생성된 프레퍼런스 파일 [UserPrefs.xml]은 [DDMS] 퍼스펙티브의 [File Explorer] 뷰의 [data]-[data]-[work.test.sharedpreferencetest]-[shared_prefs] 폴더에서 확인한다.

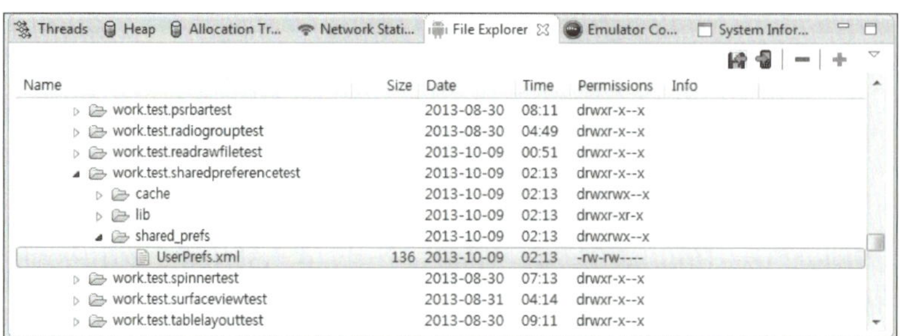

내장 데이터베이스 SQLite의 사용

04.1 SQLite의 개요

안드로이드에서는 자체적으로 내장된 SQLite 데이터베이스를 제공한다. SQLite는 2006년 리처드 힙 박사가 발표한 것으로, 가볍고 운영체제나 외부 라이브러리에 독립적인 DBMS(Database Management System, 데이터베이스 관리 시스템)이다. 가볍고 독립적이라는 기능 때문에 모바일 기기 등에 탑재되기 적합한 구조를 갖고 있다. 더 자세한 내용은 「http://www.sqlite.org/」에서 확인할 수 있다.

데이터베이스를 잘 사용하려면 기본적으로 데이터베이스나 테이블을 생성/수정/제거 및 레코드를 추가/수정/제거, 그리고 트랜잭션 및 권한을 지정하는 구문들을 알고 있어야 한다. 대부분의 DBMS(데이터베이스를 관리하는 프로그램, 오라클, DB2, SQLite 등)에서는 약간의 차이는 있으나 대부분 이들을 제공한다. SQLite에서도 이들을 제공하며 제공되는 SQL문은 「http://www.sqlite.org/lang.html」에서 확인할 수 있다. 안드로이드 애플리케이션에서 데이터베이스와 연동을 하기 위해 알고 있어야 하는 기본적인 SQL문은 다음과 같다.

	SQL문	설명
테이블 작업	CREATE TABLE	테이블 생성
	ALTER TABLE	테이블 구조 변경
	DROP TABLE	테이블 제거
레코드 작업	INSERT	레코드 추가, 구문의 실행 성공 시 성공한 행의 수를 반환
	UPDATE	레코드 수정, 구문의 실행 성공 시 성공한 행의 수를 반환
	DELETE	레코드 삭제, 구문의 실행 성공 시 성공한 행의 수를 반환
	SELECT	레코드 검색, 구문의 실행 성공 시 검색된 레코드 셋을 반환

▲ SQLite의 쿼리문

또한 테이블 작업을 수행하기 위해서는 필드의 데이터 타입을 알고 있어야 하는데, SQLite에서 제공하는 데이터 타입은 다음과 같다. 자세한 사항은 「http://www.sqlite.org/datatype3.html」에서 확인할 수 있다.

데이터 타입	설명
NULL	데이터 값으로 NULL 값을 가진다.
INTEGER	데이터의 값으로 부호 있는 정수를 가지며, 필드의 크기는 저장되는 숫자의 크기에 따라 1,2,3,4,6,8 바이트로 저장된다.
REAL	데이터 값으로 실수를 가지며, 필드의 크기는 8바이트로 저장된다.
TEXT	데이터 값으로 문자열을 가지며, 데이터베이스 인코딩(UTF-8, UTF-16BE 또는 UTF-16LE)을 사용해 저장한다.
BLOB	데이터 값으로 blob(DBMS의 단일 엔티티로 저장된 이진 데이터 모임)을 가진다.

▲ SQLite에서 제공하는 데이터 타입

SQLite에서는 true 또는 false 값을 갖는 불리언 타입(boolean type)은 따로 제공되지 않고 정수 타입으로 1 또는 0으로 저장된다. 또한 날짜와 시간 타입도 제공되지 않으며 날짜와 시간을 내장된 날짜/시간함수를 사용해 TEXT, REAL 또는 INTEGER 값으로 저장한다.

날짜/시간 표시 타입	설명
TEXT	ISO8601에 따라 문자열로 "YYYY-MM-DD HH:MM:SS.SSS"과 같은 형식으로 기술한다.
REAL	율리우스력을 사용해 B.C. 4714년 11월 24일 정오를 기준으로 경과한 날짜의 수로 기술한다.
INTEGER	Unix 시간 시스템을 사용해 1970년 1월 1일을 0시 0분 0초를 기준으로 경과한 초의 수로 기술한다.

▲ SQLiteSQLite의 날짜/시간 표시 타입

04.2 안드로이드 애플리케이션에서 내장된 SQLite 사용

안드로이드에 내장된 SQLite는 대용량의 처리를 하지 못하나, 애플리케이션 내의 자바 클래스에서 데이터베이스에 이름을 지정해 언제든지 데이터베이스를 생성할 수 있고 접근할 수 있다. 그러나 애플리케이션의 밖에서는 SQLite 데이터베이스에 접근할 수 없다.

SQLite에서 새로운 데이터베이스를 생성할 때는 SQLiteOpenHelper 클래스를 상속받는 서브 헬퍼 클래스를 작성해서 한다.

```
//SQLiteOpenHelper 클래스를 상속받는
//서버 헬퍼 클래스인 UserOpenHelper 클래스 생성
public class UserOpenHelper extends SQLiteOpenHelper {
```

새 데이터베이스의 생성은 헬퍼 클래스의 생성자에서 한다.

```
public UserOpenHelper(Context context) {//생성자
    //데이터베이스 생성
    super(context, DATABASE_NAME, null, DB_VERSION);

}
```

이 생성자는 데이터베이스를 생성, 열기, 그리고 관리하기 위해 헬퍼 클래스의 객체를 생성하는데 실제의 생성은 슈퍼 클래스인 SQLiteOpenHelper 클래스의 생성자에서 처리한다. 이때 슈퍼 클래스의 생성자로 생성/열기/사용하기 위한 데이터베이스의 콘텍스트인 context, 데이터베이스 파일명 DATABASE_NAME, SQLiteDatabase.CursorFactory 객체의 레퍼런스명 또는 이것을 사용하지 않을 경우 null, 데이터베이스의 버전 값(시작 값은 1부터)이 넘겨진다.

테이블의 생성은 onCreate( ) 메소드에서 하는데, 이 메소드는 데이터베이스가 생성되는 최초에 한 번만 호출된다. 테이블의 생성은 execSQL( ) 메소드의 매개변수로 테이블을 생성하는 쿼리문을 갖고 한다.

```
public void onCreate(SQLiteDatabase db) {
    db.execSQL(QUERY);
}
```

데이터베이스 버전의 업그레이드가 있을 경우기존 테이블을 재생성하지 않으면 업그레이드가 반영되지 않는다. 따라서 버전이 업그레이드되면 자동으로 처리할 수 있도록 onUpgrade( ) 메소드에 이것을 기술해야 한다.

```
public void onUpgrade(SQLiteDatabase db, int oldVersion, int newVersion) {
    //기존 테이블 제거
    db.execSQL("drop table if exists " + DATABASE_NAME);
    //새로 테이블을 생성하기 위해 onCreate( ) 메소드 호출
    onCreate(db);
}
```

또한 데이터베이스가 열릴 때 호출되는 onOpen(SQLiteDatabase db) 메소드도 있다.

SQLiteOpenHelper 클래스를 상속받는 서브 클래스를 생성하는 예시는 다음과 같다.

```java
public class UserOpenHelper extends SQLiteOpenHelper {
    private static final String DATABASE_NAME = "user.db";
    private static final int DB_VERSION = 1;
    private static final String USER_TABLE_NAME = "user";
    private static final String QUERY =
            "CREATE TABLE " + USER_TABLE_NAME +
            " (ID TEXT, PASS TEXT);";

    public UserOpenHelper(Context context) {//DB 생성
        super(context, DATABASE_NAME, null, DB_VERSION);
    }


    @Override
    public void onCreate(SQLiteDatabase db) {//테이블 생성
        db.execSQL(QUERY);
    }


    @Override
    //버전 업그레이드 시 처리
    public void onUpgrade(SQLiteDatabase db, int oldVersion, int newVersion) {
        db.execSQL("drop table if exists " + DATABASE_NAME);
        onCreate(db);
    }
}
```

이렇게 SQLiteOpenHelper 클래스를 구현한 헬퍼 클래스를 정의한 후에는, 이 구현한 헬퍼 클래스의 객체를 생성해 데이터베이스와 연동할 수 있다. 데이터베이스를 연동할 때 읽기 전용으로 열 것인지, 읽고 쓰기가 가능한 형태로 할 것인지를 결정해야 한다. 읽기 전용으로 열 때는 getReadableDatabase( ) 메소드를 사용하며, 리턴 타입은 SQLiteDatabase타입이다.

다음은 헬퍼 클래스의 객체를 생성해 데이터베이스를 읽기 전용으로 여는 예시이다.

```
//1. 헬퍼 클래스의 UserOpenHelper 클래스의 객체 생성
UserOpenHelper dbHelper = new UserOpenHelper(this);

//2. getReadableDatabase( ) 메소드를 사용해 DB를 읽기전용으로 엶
SQLiteDatabase db = dbHelper.getReadableDatabase( );
```

읽고 쓰기가 가능한 형태로 데이터베이스를 열 때는 getWritableDatabase( ) 메소드를 사용하며, 데이터베이스를 읽기 전용으로 여는 예시는 다음과 같다.

```
//1. 헬퍼 클래스의 UserOpenHelper 클래스의 객체 생성
UserOpenHelper dbHelper = new UserOpenHelper(this);

//2. 읽고 쓰기가 가능한 형태로 DB를 엶
SQLiteDatabase db = dbHelper.getWritableDatabase( );
```

데이터베이스를 열고나면, SQLite의 SQL문을 사용해 레코드 작업 등을 수행할 수 있다. insert문을 사용해 레코드를 추가할 때는 insert( ) 메소드를 사용한다.

```
//3. SQLiteDatabase 클래스의  insert( ) 메소드를 사용해서 레코드 추가
db.insert(table,“ ”,values);
```

insert문을 처리하는 insert(String table, String nullColumnHack, ContentValues values) 메소드에는 3개의 매개변수가 필요한데, 첫 번째 매개변수 table은 작업 대상 테이블의 이름이다. 두 번째 매개변수는 필드명의 이름과 값이 비어 있는 경우의 레코드의 추가 여부를 결정한다. 이 값은 기본적으로 null 또는 “”로 설정하며, null일 경우 nullColumnHack 매개변수는 값이 비어있는 경우에 NULL을 삽입하는 nullable 열 이름의 이름을 제공한다. 세 번째 매개변수 values는 추가할 레코드 필드에 대응되는 필드명과 값을 쌍으로 가진 ContentValues 클래스의 객체이다.

ContentValues 클래스를 사용해 insert문에 사용하려면 객체를 생성한 후 put( ) 메소드를 사용해 필드명과 필드값을 키와 값의 쌍으로 저장한다.

```
ContentValues values = ContentValues; //ContentValues 클래스의 객체 생성
values.put(“id”, id); //id 필드에 id 변수의 값을 지정
values.put(“pass”,pass); //passwd 필드에 passwd 변수의 값을 지정
```

update문을 사용해 레코드를 수정할 때는 update( ) 메소드를 사용한다.

```
//3. SQLiteDatabase 클래스의  update( ) 메소드를 사용해서 레코드 수정
db.update(table,values,“ ”,null);
```

update문을 처리하는 update(String table, ContentValues values, String whereClause, String[ ] whereArgs) 메소드는 4개의 매개변수를 갖고 있다. 첫 번째 매개변수 테이블명, 두 번째 매개변수는 수정할 필드와 값을 가진 ContentValues 클래스 객체로 update문에서의 사용은 insert문과 같다. 세 번째와 네 번째 매개변수는 update문을 수행할 때 조건을 기술하는 where문에 대한 것으로, 모든 레코드를 대상으로 한 경우에는 null을 사용한다.

delete문을 사용해 레코드를 삭제할 때는 delete( ) 메소드를 사용한다.

```
//3. SQLiteDatabase 클래스의 delete( ) 메소드를 사용해서 레코드 삭제
db.delete(table,values,“ ”,null);
```

delete문을 처리하는 delete(String table, String whereClause, String[ ] whereArgs) 메소드는 3개의 매개 변수를 갖고 있다. 첫 번째 매개변수는 테이블명이고, 두 번째와 세 번째는 조건을 기술하는 where문이다. 이 where문 부분을 기술하지 않으면 모든 레코드를 삭제한다.

select문을 사용해 레코드를 검색할 때는 query( ) 메소드를 사용한다. select문은 성공 시 검색의 결과인 레코드셋을 반환한다. 따라서 query( ) 메소드를 사용해 레코드를 검색하면 레코드셋을 Cursor 객체 타입으로 반환하며, 이 객체 내의 레코드에 접근해 필드의 값을 읽어 내야 한다.

```
//3. SQLiteDatabase 클래스의  query( ) 메소드를 사용해서 레코드 검색
Cursor c = db.select(false,table,columns, selection, null,null,null,null,null);
```

select문을 처리하는 query(boolean distinct, String table, String[ ] columns, String selection, String[ ] selectionArgs, String groupBy, String having, String orderBy, String limit) 메소드는 모두 3가지가 있으며 여기서는 설명을 위해 매개변수가 가장 많은 것을 선택했다. 첫 번째 매개변수 distinct는 검색 결과인 레코드 셋에 중복 레코드를 허용할지 여부를 지정하는 것으로 false인 경우엔 허용하고, true인 경우에는 중복을 허용하지 않는다. 두 번째 매개변수는 테이블명이고, 세 번째 매개변수는 필드명을 갖는 배열명을 지정한다. 배열은 String 타입으로 String columns = {“id”, “pass”, “name”}; 과 같은 형태로 기술할 수 있다. 네 번째 매개변수 selection은 select문에 조건이 필요한 경우 “id=

'abcd'"와 같이 String 형태로 기술한다. 다섯 번째 매개변수는 검색 결과 레코드셋에 추가할 내용을 기술하는 것으로, 없으면 ""을 쓴다. 여섯 번째와 일곱 번째는 그룹화를 지정하는 것으로, 없으면 ""을 기술한다. 여덟 번째는 레코드들 간의 순서를 지정하는 것으로, 지정하지 않으려면 ""을 쓴다. 아홉 번째는 검색결과 레코드셋의 수를 제한하는 것으로, 수를 제한하지 않으려면 ""을 쓴다. ""대신 null을 써도 된다.

SQLite에서 쿼리문인 select는 언제나 레코드셋인 Cursor 객체를 반환한다. 이 Cursor 객체는 데이터베이스 쿼리로부터의 결과를 탐색할 수 있는 방법을 제공해 레코드와 필드(컬럼)들을 읽을 수 있다.

```
//3. query( ) 메소드 수행의 결과로 Cursor 객체를 리턴한다.
Cursor c = db.select(false,table,columns, selection, null,null,null,null,null);

//4. 작업할 레코드로 레코드 이동
c.moveToNext( );

//5. 지정한 필드의 값을 얻어냄
String id = c.getString(0);
```

레코드셋인 Cursor 객체에서 값을 가진 필드에 접근하려면 해당 레코드로 이동해야 한다. 레코드를 이동하는 메소드에는 현재 레코드에서 지정한 값만큼 떨어진 레코드로 이동하는 move(int offset), 레코드셋의 가장 처음 레코드로 이동하는 moveToFirst( ), 가장 마지막 레코드로 이동하는 moveToLast( ), 현재 레코드의 다음 레코드로 이동하는 moveToNext( ), 이전으로 이동하는 moveToPrevious( ), 레코드셋상의 절대 위치로 이동하는 moveToPosition(int position) 등이 있다.

04.3　SQLite를 사용한 예제

Exercise SQLite를 사용해 데이터베이스와 연동하는 예제 – [SQLiteTest] 애플리케이션

이 예제는 아이디와 비밀번호를 입력한 후 [로그인] 버튼을 누르면 데이터베이스에 저장된 정보와 입력한 내용을 비교해 같으면 세션 유지를 위해 LoginPrefs 프레퍼런스에서 정보를 저장하는 예제이다. SharedPreferenceTest 프로젝트를 복사한 후 수정한 것이어서 데이터베이스 파일 [user.db]는 [data]-[data]-[work.test.sharedpreferencetest]-[databases] 폴더 내에 저장된다.

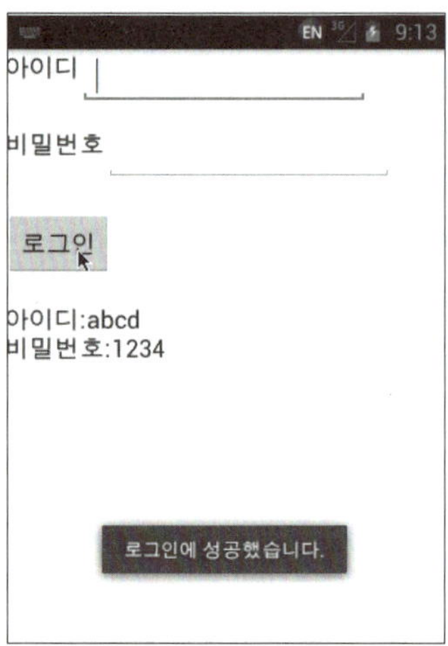

▲ SQLiteTest 애플리케이션 실행 결과

주요 파일	파일명 ([SQLiteTest] 애플리케이션)	하는 일
리소스 파일 (문자열, 이미지 등)	문자열 리소스 파일명 : strings.xml 위치 : [프로젝트]–[res]–[values]	• 기존 파일에서 app_name 문자열 변경 • resultStr 문자열 추가 정의
레이아웃 리소스 파일	activity_shared_preference_test_main.xml 위치 : [프로젝트]–[res]–[layout]	• 4개의 TextView 위젯, 2개의 EditText 위젯 및 1개의 Button 위젯 배치 • strings.xml에서 정의한 idStr, passStr, loginStr, resultStr 문자열 참조
로직 클래스	액티비티 클래스 파일 파일명 : SharedPreferenceTestMainActivity.java 위치 : [프로젝트]–[src]–[패키지명]	• activity_shared_preference_test_main.xml을 화면의 내용으로 표시 • 정보를 입력하고 [로그인] 버튼을 누르면 DB와 비교한 후, 같으면 프레퍼런스에 정보저장
매니페스트 파일	AndroidManifest.xml 위치 : [프로젝트]	• 이 애플리케이션에서는 내용 수정 안 함

▲ [SQLiteTest] 애플리케이션의 주요 파일

01 [Project Explorer] 뷰에서 [SharedPreferenceTest] 프로젝트를 복사한 후 복사본의 이름을 "SQLiteTest"로 변경한다.

02 [res]–[values]–[strings.xml] 파일의 app_name과 resultStr 문자열을 수정한 후 저장한다.

```xml
01  <?xml version="1.0" encoding="utf-8"?>
02  <resources>
03
04      <string name="app_name"></string>
05      <string name="hello_world">Hello world!</string>
06      <string name="menu_settings">Settings</string>
07      <string name="idStr">아이디</string>
08      <string name="passStr">비밀번호</string>
09      <string name="loginStr">로그인</string>
10      <string name="resultStr">저장된 DB의 정보</string>
11
12  </resources>
```

03 [SQLiteTest]-[src]-[work.test.sharedpreferencetest] 내에 있는 [Shared PreferenceTestMainActivity] 액티비티의 내용을 변경 및 추가한 후 저장한다.

```java
01  package work.test.sharedpreferencetest;
02
03  import android.app.Activity;
04  import android.content.ContentValues;
05  import android.content.Context;
06  import android.content.SharedPreferences;
07  import android.database.Cursor;
08  import android.database.sqlite.SQLiteDatabase;
09  import android.database.sqlite.SQLiteOpenHelper;
10  import android.os.Bundle;
11  import android.view.Menu;
12  import android.view.View;
13  import android.view.Window;
14  import android.widget.Button;
15  import android.widget.EditText;
16  import android.widget.TextView;
17  import android.widget.Toast;
18
19  public class SharedPreferenceTestMainActivity extends Activity {
20
21      static final String PREFS_NAME = "LoginPrefs"; //프레퍼런스명
22
23      //위젯의 정보 저장 변수
```

```java
24        private EditText idEdit;
25        private EditText passEdit;
26        private Button login;
27        private TextView result;
28
29        //DB작업관련 정보- DB명, DB버전, 테이블명
30        private static final String DATABASE_NAME = "user.db";
31        private static final int DATABASE_VERSION = 1;
32        private static final String USER_TABLE_NAME = "user";
33
34        //SQL문을 수행하는 메소드의 사용을 위한 db 레퍼런스 변수
35        private SQLiteDatabase db;
36
37        @Override
38        protected void onCreate(Bundle savedInstanceState) {
39            super.onCreate(savedInstanceState);
40            requestWindowFeature(Window.FEATURE_NO_TITLE);
41            setContentView(R.layout.activity_shared_preference_test_main);
42
43            //헬퍼 객체 생성
44            UserHelper userHelper = new UserHelper(this);
45            //데이터베이스를 읽고/쓰기가 가능한 형태로 엶
46            db = userHelper.getWritableDatabase( );
47
48            preProcess( ); //레코드 추가 메소드 호출
49
50            //아이디와 비밀번호의 객체를 얻어냄
51            idEdit = (EditText)findViewById(R.id.id);
52            passEdit = (EditText)findViewById(R.id.pass);
53
54            //결과 표시
55            result = (TextView)findViewById(R.id.resultLabel);
56
57            //[로그인] 버튼의 정보를 얻어낸 후 리스너 등록
58            login = (Button)findViewById(R.id.loginBtn);
59            login.setOnClickListener(new View.OnClickListener( ) {
60
61                @Override
62                //[로그인] 버튼을 누르면 프레퍼런스에 정보가 저장됨
63                public void onClick(View v) {
```

```java
64              // TODO Auto-generated method stub
65
66              //입력한 아이디와 비밀번호를 얻어냄
67              String inputId = idEdit.getText( ).toString( );
68              String inputPass = passEdit.getText( ).toString( );
69
70              //데이터베이스에 저장된 아이디와 비밀번호를 dbData 배열에 저장
71              String dbData[ ] = selectProcess(inputId);
72
73              //사용자가 입력한 아이디, 비밀번호와 DB에 저장된 것이 같은가를 비교
74              if(inputId.equals(dbData[0])
75                      && inputPass.equals(dbData[1])) {
76                  //같으면 로그인에 성공
77                  //세션 유지를 위한 프레퍼런스에 정보를 추가함
78                  SharedPreferences prefs =
79                      getSharedPreferences(PREFS_NAME,MODE_PRIVATE);
80                  SharedPreferences.Editor editor  = prefs.edit( );
81                  editor.putString("id", inputId);//정보저장
82                  editor.putString("pass", inputPass);//정보저장
83                  editor.commit( );
84
85                  //로그인에 성공 후 정보를 표시
86                  Toast.makeText(SharedPreferenceTestMainActivity.this,
87                      "로그인에 성공했습니다.", Toast.LENGTH_SHORT).show( );
88                  result.setText("아이디:" + inputId + "\n"
89                      + "비밀번호:" + inputPass);
90                  clearFields( );
91              }else{//같지 않으면 로그인 실패
92                  result.setText("아이디 또는 비밀번호가 맞지 않습니다.");
93                  clearFields( );
94              }
95          }
96      });
97  }
98
99  //아이디와 비밀번호를 DB에 임의로 저장
100 public void preProcess( ){
101     //원래는 회원 가입 후에 해야 함, 액티비티를 추가해서 구성
102     //여기서는 연습용으로 아이디와 비밀번호를 임의로 지정함
103     ContentValues values = new ContentValues( );
```

```java
104        values.put("id", "abcd");
105        values.put("pass", "1234");
106        //테이블에 레코드 추가
107        db.insert(USER_TABLE_NAME, "", values);
108    }
109
110    //DB에서 아이디와 비밀번호를 얻어냄
111    public String[ ] selectProcess(String inputId){
112        String rString[ ] = new String[2];
113        String columns[ ]={"id","pass"};
114        String selection = "id = '" + inputId + "'";
115
116        //지정한 아이디에 대한 레코드를 Cursor 객체로 얻어냄
117        Cursor c = db.query(USER_TABLE_NAME,
118            columns, selection,null, null, null,null);
119
120        //해당 아이디가 있으면 c.getCount( )의 값이 1
121        if(c.getCount( ) > 0){
122            c.moveToFirst( ); //정보가 저장된 레코드로 이동
123            //아이디와 비밀번호를 얻어내 rString 배열에 저장
124            rString[0] = c.getString(0);
125            rString[1] = c.getString(1);
126        }
127
128        return rString;
129    }
130
131    //입력 필드 클리어
132    public void clearFields( ){
133        idEdit.setText(" ");
134        passEdit.setText(" ");
135        idEdit.requestFocus( );
136    }
137
138    //SQLiteOpenHelper를 구현하는 헬퍼 클래스를 생성
139    private static class UserHelper extends SQLiteOpenHelper {
140
141        //생성자에서 DB 생성
142        public UserHelper(Context context) {
143            super(context, DATABASE_NAME, null, DATABASE_VERSION);
144        }
```

```java
145
146        @Override
147        //테이블 생성
148        public void onCreate(SQLiteDatabase db) {
149            String query = "CREATE TABLE " + USER_TABLE_NAME +
150                            " (ID TEXT,  PASS TEXT);";
151            db.execSQL(query);
152        }
153
154        @Override
155        //SQLite의 버전이 업그레이드시의 처리
156        public void onUpgrade(SQLiteDatabase db,
157                        int oldVersion, int newVersion) {
158            db.execSQL("DROP TABLE IF EXISTS " + USER_TABLE_NAME);
159            onCreate(db);
160        }
161    }
162
163    @Override
164    public boolean onCreateOptionsMenu(Menu menu) {
165    // Inflate the menu; this adds items to the action bar if it is present.
166       getMenuInflater( ).inflate(
167                R.menu.activity_shared_preference_test_main,menu);
168       return true;
169    }
170
171  }
```


이 소스코드는 크게 두 부분으로 나뉘어져 있는데, 액티비티의 19~136, 164~171라인은 액티비티의 생성과 생성된 데이터베이스의 테이블에 접근해 레코드를 추가하고, 검색한다. 두 번째 부분은 139~161라인으로 데이터베이스와 테이블을 생성한다.

30~32　　DB 작업 관련 정보를 저장하는 것으로 DB명, DB버전, 테이블명을 지정했다.

44~46　　헬퍼 객체를 생성해서 데이터베이스를 읽고/쓰기가 가능한 형태로 연다.

48　　prePocess( ); 은 레코드를 추가하는 prePocess( ) 메소드를 호출한다.

63~96　　[로그인] 버튼을 누르면 프레퍼런스에 정보가 저장되고 입력한 아이디에 해당되는 레코드를 얻어낸다.

70　　데이터베이스에 저장된 아이디와 비밀번호를 dbData 배열에 저장한다.

71　　　String dbData[ ] = selectProcess(inputId);에서 selectProcess(inputId)은 입력한 아이디 inputId를 갖고 selectProcess( ) 메소드를 호출한다. 해당 레코드가 있으면 데이터베이스에 저장된 아이디와 비밀번호를 dbData 배열에 저장해 리턴한다. 없으면 공백이 리턴된다.

100~108　　　preProcess( ) 메소드는 지정한 아이디와 비밀번호를 미리 데이터베이스 테이블에 저장한다. 여기서는 회원가입이 생략되어 있어서 임의의 아이디와 비밀번호를 직접 테이블에 저장했다.

103~105　　　테이블에 레코드를 추가하기 위해 ContentValues 객체를 생성해 프로퍼티에 이름과 값을 세팅했다.

107　　　db.insert(USER_TABLE_NAME, "　", values);은 테이블에 레코드를 추가한다. 이때 레코드의 정보는 ContentValues 객체가 가지고 있다.

111~129　　　selectProcess(String inputId) 메소드는 DB의 테이블에 저장된 아이디와 비밀번호를 얻어내, String 타입의 배열에 저장한다. 그리고 이 메소드를 호출한 곳으로 String 타입의 배열을 리턴한다.

117~118　　　Cursor c = db.query(USER_TABLE_NAME, columns, selection,null, null, null,null);은 지정한 아이디에 대한 레코드를 Cursor 객체로 얻어낸다.

121~126　　　121라인의 c.getCount( )의 값은 해당 아이디가 있으면 1값을, 그렇지 않으면 0값을 리턴한다. 이것을 if문에서 사용해 해당 아이디가 있으면 122~125라인을 수행해 정보가 저장된 레코드로 이동해 아이디와 비밀번호를 얻어내 String 타입의 배열에 저장한다.

132~136　　　clearFields( ) 메소드는 아이디와 비밀번호를 입력하는 EditText를 공백으로 클리어해 새로운 값을 입력하기 편하도록 하는 부분이다.

139~161　　　SQLiteOpenHelper를 구현하는 UserHelper 헬퍼 클래스를 정의한 부분이다. 여기서는 데이터베이스와 테이블을 생성하고, 데이터베이스 버전 업그레이드에 대한 처리를 지정한다.

142~144　　　생성자로 DATABASE_NAM가 가진 값을 데이터베이스명으로 한 데이터베이스를 생성한다. 이때 DATABASE_VERSION은 데이터베이스 버전으로 기본적으로 1값으로 지정한다.

148~152　　　onCreate(SQLiteDatabase db) 메소드에서 USER_TABLE_NAME 변수가 가진 값을 테이블명으로 지정해 테이블을 생성한다.

156~160　　　onUpgrade(SQLiteDatabase db, int oldVersion, int newVersion) 메소드는 SQLite의 버전이 업그레이드되었을 때의 처리를 한다. 데이터베이스가 업그레이드될 때 기존의 테이블이 존재하면 업그레이드가 제대로 되지 않는다. 따라서 158라인과 같이 기존의 테이블이 존재하면 제거한 후 159라인에서 onCreate(db) 메소드를 호출해 테이블을 새로 생성해야 한다.

04 [Run As]-[Android Application]을 선택해 안드로이드 에뮬레이터로 실행한다. 애플리케이션이 생성되면 데이터베이스와 테이블이 생성되고 테이블에 레코드가 추가된다. 이후 아이디와 비밀번호를 입력한 후 [로그인] 버튼을 누르면 DB에 저장된

레코드 값과 비교해 같으면 프레퍼런스를 생성한 후 정보를 저장한다. 실패하면 프
레퍼런스를 생성하지 않는다.

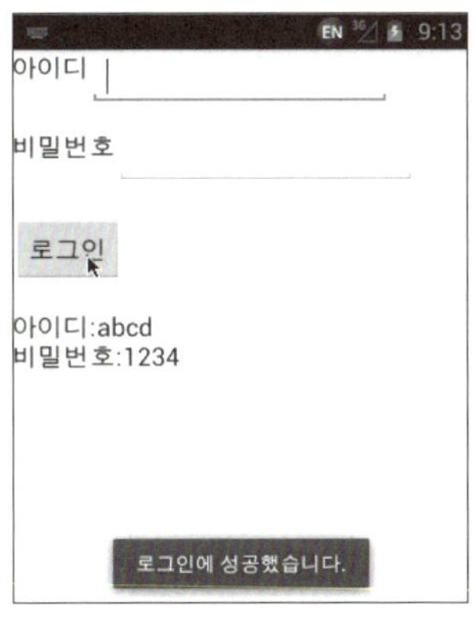

▲ 로그인 성공 시

▲ 로그인 실패 시

생성된 데이터베이스 [user.db]는 [DDMS] 퍼스팩티브의 [File Explorer] 뷰의
[data]–[data]–[work.test.sharedpreferencetest]–[databases] 폴더에서 확인할
수 있다.

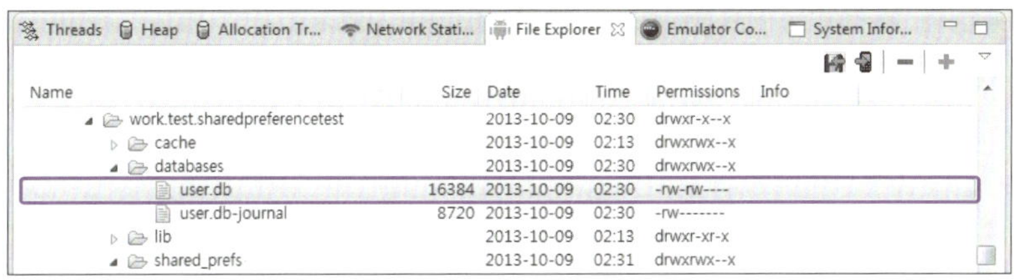

원래 로그인에 성공하면 메인화면으로 돌아와야 하나, 아직 액티비티 추가를 배우지 않
아 이 부분은 구현하지 않았다. "8장 안드로이드 에플리케이션 컴포넌트"를 학습하면서 이
부분을 수정한다.

04.4 외부에서 생성된 SQLite 데이터베이스를 안드로이드 애플리케이션 내로 가져오는 방법

외부에서 Sqlite DB를 작성할 경우 [SQLite Database Browser]를 사용해서 한다.
[SQLite Database Browser]는 무료로 [sqlitebrowser_200_b1_win.zip] 파일을
「http://code.google.com/p/droidexplorer/downloads/list」 또는 「http://sourceforge.
net/projects/sqlitebrowser/?source=director」에서 다운로드 받아 압축을 풀어 사용한다.
Oracle, MSSQL, Mysql 등을 사용해본 사용자의 경우 손쉽게 사용할 수 있고 사용도 쉽다.

01 [SQLite Database Browser] 다운로드 및 실행

❶ 「http://code.google.com/p/droidexplorer/downloads/list」에서 [sqlitebrowser_
200_b1_win.zip] 항목의 다운로드 버튼을 눌러 [sqlitebrowser_200_b1_win.zip] 파
일을 다운로드 받는다.

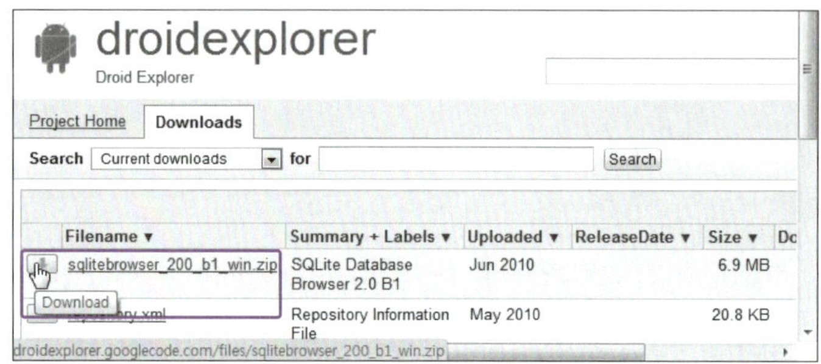

▲ [SQLite Database Browser] 다운로드 및 실행 1

❷ 다운로드 받은 [sqlitebrowser_200_b1_win.zip] 파일의
압축을 해제한 후 [SQLite Database Browser 2.0
b1.exe] 파일을 더블클릭해 SQLite Database Browser
를 실행한다.

▲ [SQLite Database Browser]
다운로드 및 실행 2

02 [SQLite Database Browser]에서 DB 생성

❶ [SQLite Database Browser] 창에서 [File]-[New Database] 메뉴를 사용해 새로운
테이블을 생성한다.

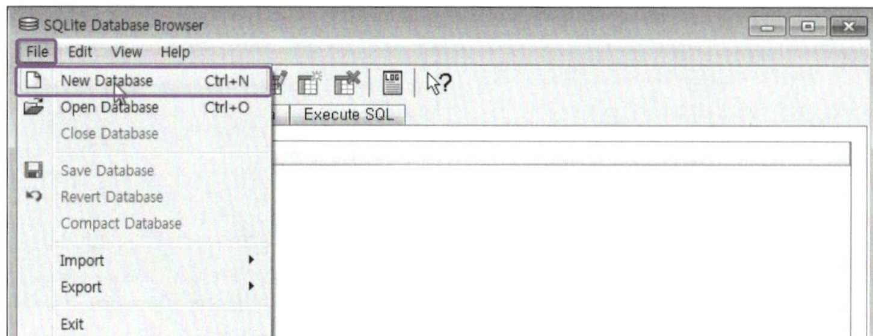

▲ [SQLite Database Browser]에서 DB 생성 1

❷ DB를 저장할 적절한 위치를 지정한 후 [파일 이름] 항목에 "test.db"를 입력한 후 [저장] 버튼을 클릭한다.

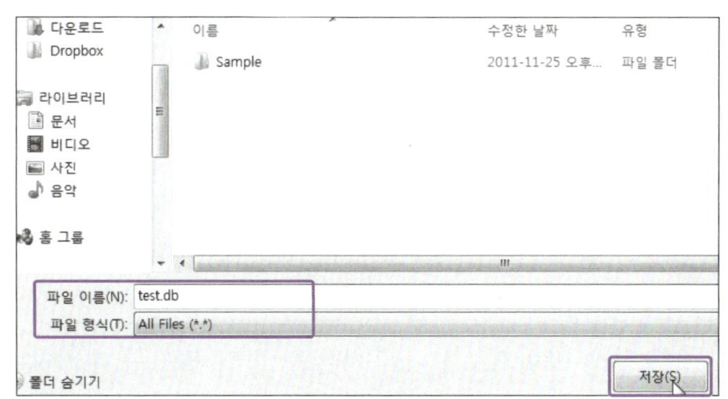

▲ [SQLite Database Browser]에서 DB 생성 2

참고로 기존에 다른 DBMS 등에서 작성한 DB 또는 테이블을 가져올 경우 [File]–[Import] 메뉴를 사용한다.

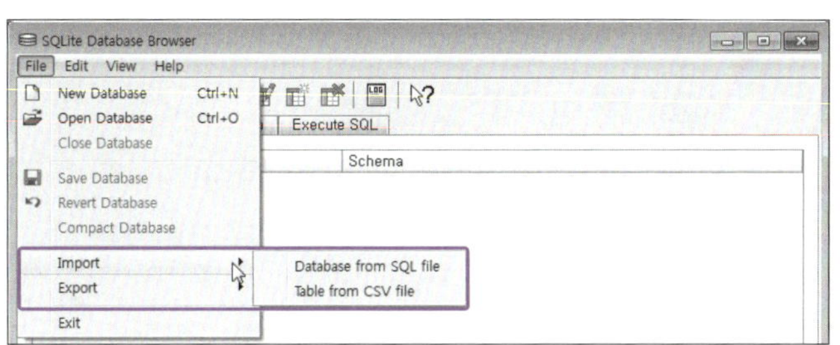

▲ 다른 DBMS 등에서 작성한 DB 또는 테이블을 가져올 경우

❸ [test.db]가 생성되면 바로 테이블을 생성하는 화면이 표시된다. [Create Table] 창에서 [Table name] 항목에 테이블명으로 "test"를 입력한 후 [Add] 버튼을 클릭한다.

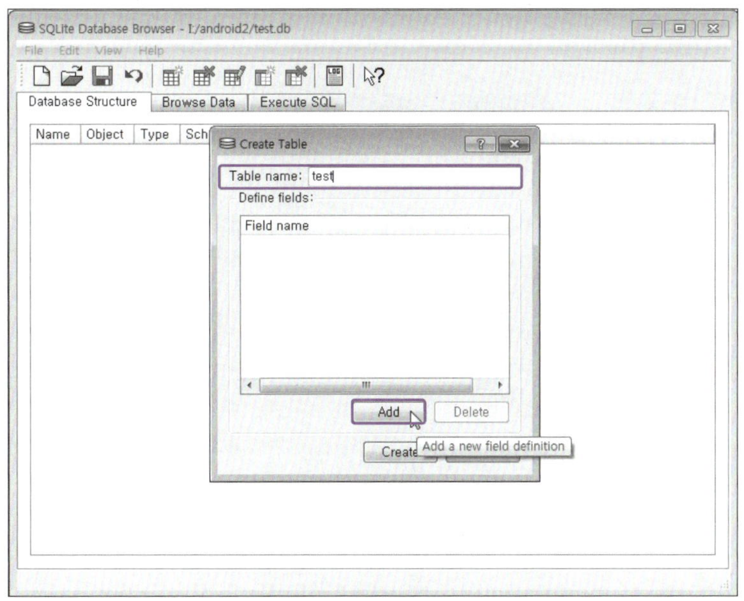

▲ [SQLite Database Browser]에서 테이블 생성 및 레코드 추가 1

❹ 테이블의 필드명과 타입을 지정하는 [Add database field] 창이 표시되면 [Field name] 항목에 id를 입력하고 [Field type] 항목에 [INTEGER PRIMARY KEY]를 선택한 후 [Create] 버튼을 클릭한다.

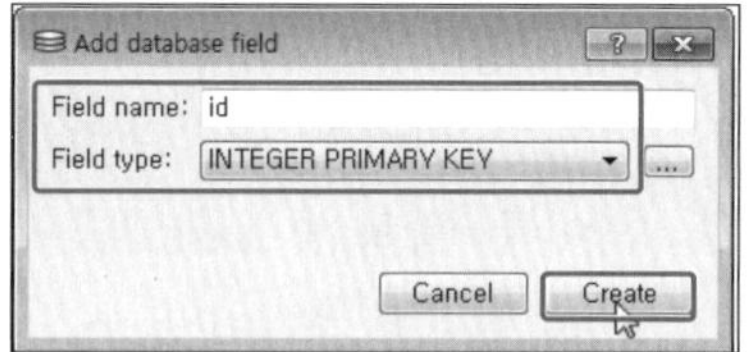

▲ [SQLite Database Browser]에서 테이블 생성 및 레코드 추가2

❺ 같은 방법으로 [Add] 버튼을 눌러 필드를 추가해 [Field name]에 "name"를 입력, [Field type] 항목에 [Text]를 선택한 후 [Create] 버튼을 클릭한다.

❻ 필요한 필드를 모두 추가한 후 [Create] 버튼을 눌러 test 테이블을 생성한다.

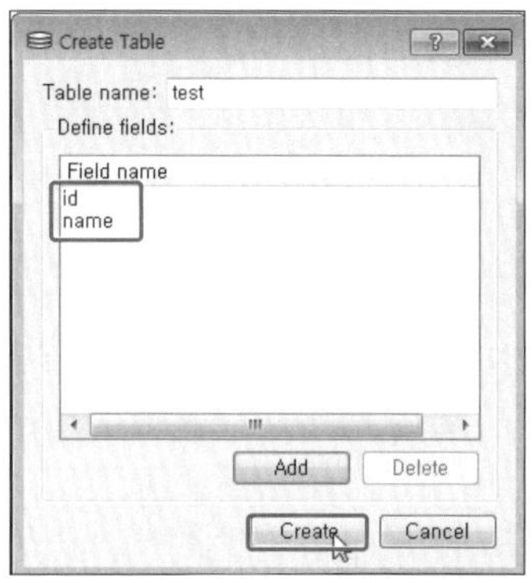

▲ [SQLite Database Browser]에서 테이블 생성 3

❼ 완성된 테이블은 다음과 같다.

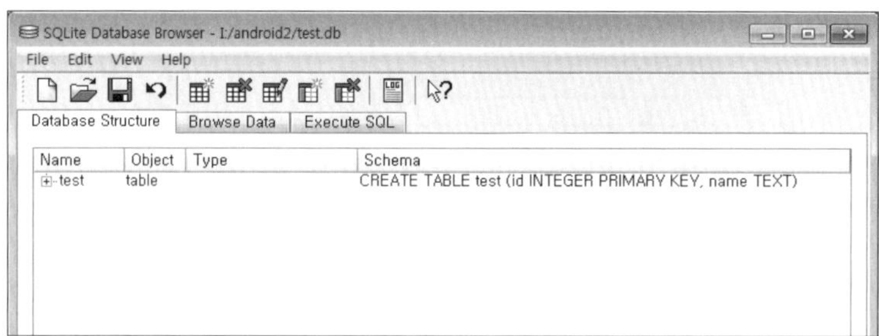

▲ [SQLite Database Browser]에서 테이블 생성 4

03 [SQLite Database Browser]에서 테이블에 레코드 추가

❶ [Database Structure] 탭에서 [test] 테이블을 선택한 후, [Browse Data] 탭의 [New Record] 버튼을 클릭한다.

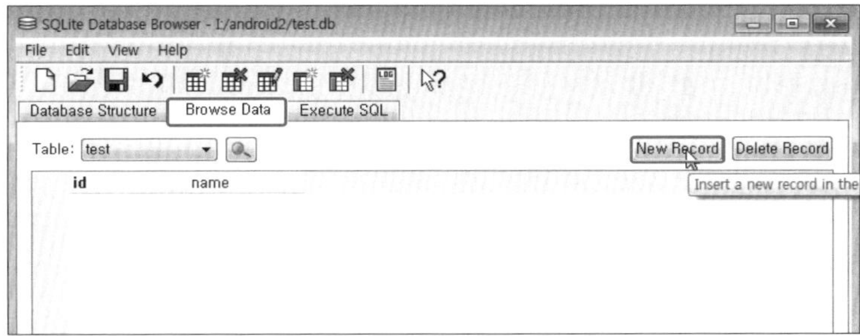

▲ [SQLite Database Browser]에서 테이블에 레코드 추가 1

❷ [SQLite Database Browser]에서 필드에 데이터를 삽입하거나 수정할 경우 해당 레코드의 필드를 더블클릭한 후 데이터를 입력 또는 수정하고 [Apply Change] 버튼을 클릭한다.

여기서는 이름을 입력할 레코드의 필드를 더블클릭한다. [Edit database cell] 창이 표시되면 데이터를 입력한 후 [Apply Change] 버튼을 클릭한다.

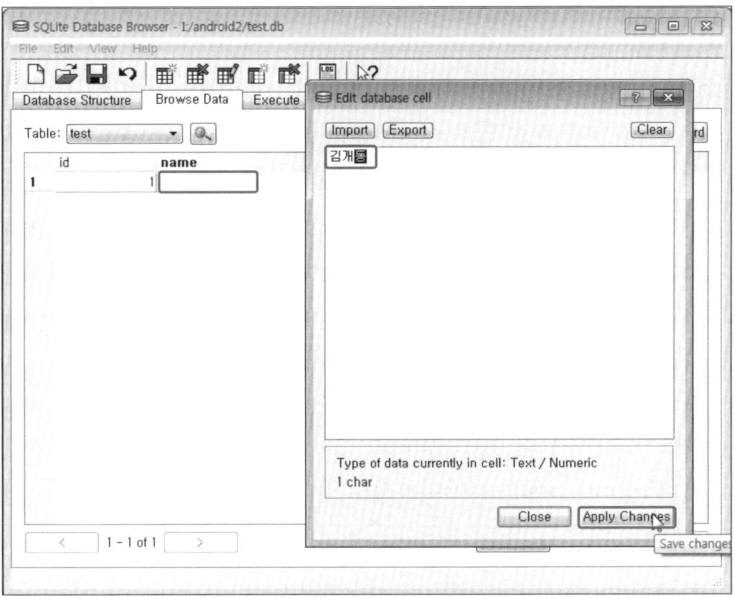

▲ [SQLite Database Browser]에서 테이블에 레코드 추가 2

❸ 레코드가 추가된 것을 확인할 수 있다. 계속해서 새로운 레코드를 추가할 경우 [New Record] 버튼을 눌러서 한다.

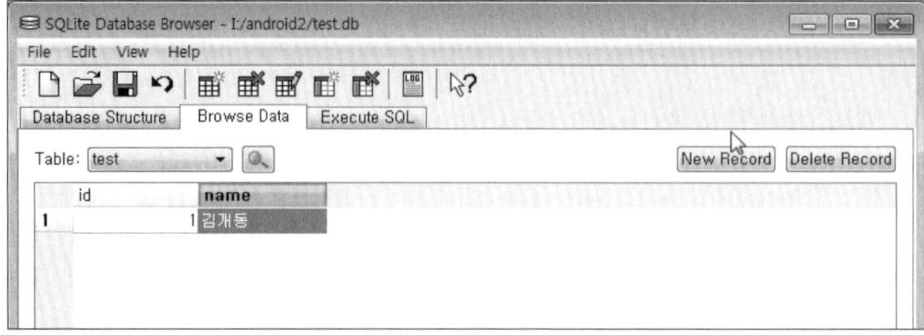

▲ [SQLite Database Browser]에서 테이블에 레코드 추가 3

❹ 필요한 레코드를 모두 입력해 테이블을 완성한 후 저장한다.

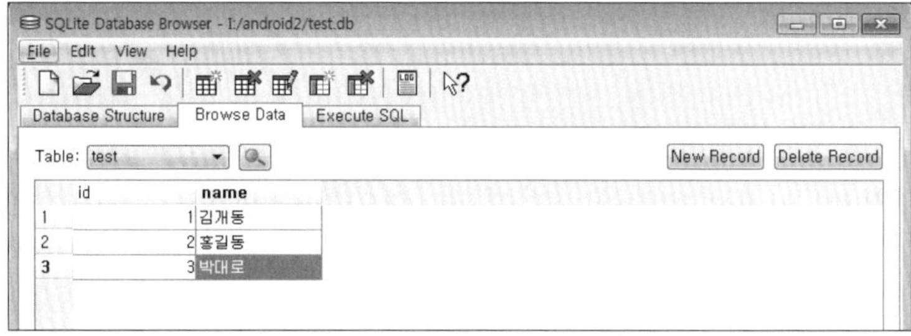

▲ [SQLite Database Browser]에서 테이블에 레코드 추가 4

이렇게 만들어진 데이터베이스를 직접 [DDMS] 퍼스팩티브의 [File Explorer] 뷰의 [data]-[data]-[패키지명]-[databases] 폴더에서 넣게 되면 보안상 좋지 않다. PC에서 작성된 DB는 다른 애플리케이션이 임의로 접근할 수 없기 때문에 보안을 강하게 설정할 필요가 없다. 그러나 안드로이드 애플리케이션의 경우 임의의 애플리케이션이 접근해 주요 정보를 가져갈 수 있기 때문에 파일이나 DB 등의 보안이 PC용보다 강하게 설정된다.

아래의 그림에서 ①은 PC에서 [SQLite Database Browser] 프로그램에서 생성한 DB [test.db]를 🖳(Push a file onto device) 아이콘을 사용해 직접 넣은 것이고, ②[user.db]는 안드로이드 애플리케이션 내에서 직접 생성한 DB이다.

▲ 생성된 장소에 따른 DB의 권한 차이

권한이 설정된 [Permission] 항목을 보면 [test.db]는 −rw−rw−rw− 이고, [user.db]는 −rw−rw−−−− 이다. 이것은 리눅스에서 파일 또는 디렉터리(폴더)에 주는 권한으로, 보는 법은 다음과 같다

파일/디렉터리	소유자	소유자가 속한 그룹	그 외의 사용자
−	rw−	rw−	rw−
d : 디렉터리 − : 파일	r : 읽는 권한 w : 쓸 수 있는 권한(수정권한) x : 실행권한 해당 권한이 없는 곳은 −로 표시, 즉 rw−는 읽고 쓸 수는 있으나 실행할 권한이 없는 것으로 DB는 exe 파일처럼 실행시키는 것이 아니므로 이 권한은 원래 −이다.		

그러면 [test.db]는 −rw−rw−rw− 이므로 이 DB의 작성자, 작성자가 속한 그룹 및 그 외의 사용자 누구나가 읽고 쓸 수 있는 권한이 있다는 것이다. 반면 [user.db]는 −rw−rw−−−− 로 DB의 작성자 및 작성자가 속한 그룹만 읽고 쓸 수 있는 권한이 있으나 그 외의 사용자를 이 DB에 접근해서 임의로 내용을 읽어 정보를 빼내거나 내용을 변조할 수 없다.

따라서 [test.db]도 [user.db]와 같은 권한을 주어 내용을 안전하게 보호하기 위해서는 [test.db]를 읽어 들여 안드로이드 애플리케이션에서 재생성해야 한다. 아쉽게도 PC에서 작성한 sqlite DB는 권한을 주거나 변경하는 기능이 없어 이런 방법을 사용할 수밖에 없다.

PC에서 작성한 sqlite DB를 읽어 들여 안드로이드 애플리케이션에서 재생성하려면, 먼저 PC에서 생성한 DB를 안드로이드 프로젝트의 [assets] 폴더에 넣은 후 이를 읽어 재생성하는 코드를 다음과 같이 기술하면 된다.

```java
public class ExternalDBActivity extends Activity {

    private static final String DB_DIR    = //DB가 저장될 위치
            "/data/data/work.test.externaldb/databases/";
    private SQLiteDatabase db;
    private ProductDBHelper mHelper;

    public void onCreate(Bundle savedInstanceState) {
        super.onCreate(savedInstanceState);

        setContentView(R.layout.main);
```

```java
File folder = new File(DB_DIR); //DB가 저장될 폴더 생성
        if(folder.exists( )) { //폴더가 존재할 경우
        } else {//존재하지 않을 경우
            folder.mkdirs( ); //폴더 생성
}


        //[assets]에 저장된 DB를 읽어오기 위해 AssetManager 객체 생성
AssetManager assetManager = getResources( ).getAssets( );

//DB 재생성 작업 수행
        File outfile = new File(ROOT_DIR+"test.db"); //test.db 파일 생성

//DB 재생성에서 원본을 읽고 생성되는 생성본에 쓰기 위한 입출력 스트림 생성
        InputStream input = null;
        FileOutputStream output = null;
        long filesize = 0;  //파일의 읽기 가능 여부 판단을 위해

try {
    //[assets]에 저장된 DB를 읽기 위해 입력 스트림 생성
        input  = assetManager.open("test.db", AssetManager.ACCESS_BUFFER);
        filesize = input.available( );

    if (outfile.length( ) <= 0) { //생성본 파일의 내용이 비어 있으면 수행
            byte[ ] tempdata = new byte[(int) filesize];
            input.read(tempdata); //파일을 읽어 tempdata에 저장

            //생성본 test.db 파일을 실제로 생성해서 tempdata의 내용을 읽어
    ///생성본 test.db 파일에 씀
    outfile.createNewFile( );
            output  = new FileOutputStream(outfile);
            output.write(tempdata);

    //입출력 스트림 리소스 해제
    input.close( );
            output.close( );
        }
} catch (Exception e) { }

//DB 헬퍼 생성 및 사용 준비
        //레코드 처리
    …생략…
}
}
```

Exercise PC에서 생성한 SQLite DB를 안드로이드 애플리케이션에서 재생성
　　　　　　 – [ExternalDB] 애플리케이션

[SQLite Database Browser] 프로그램에서 생성한 데이터베이스 [test.db]를 [data]–
[data]–[패키지명]–[databases] 폴더를 생성해 저장하는 예제이다.

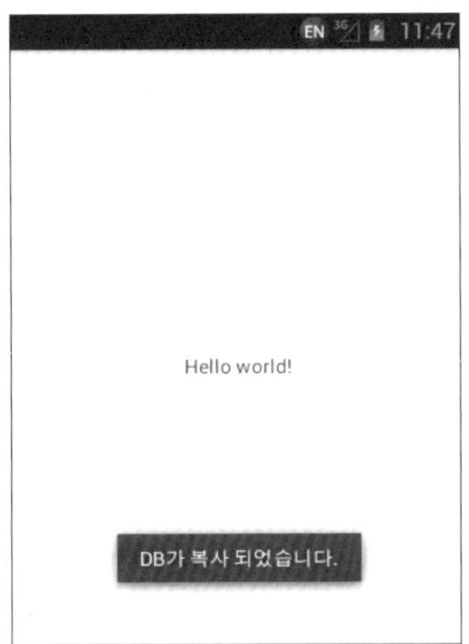

▲ ExternalDB 애플리케이션 실행 결과

주요 파일	파일명 ([ExternalDB] 애플리케이션)	하는 일
리소스 파일 (문자열, 이미지 등)	문자열 리소스 파일명 : strings.xml 위치 : [프로젝트]–[res]–[values]	• 이 애플리케이션에서는 사용 안 함
	DB 파일 파일명 : test.db 위치 : [프로젝트]–[assets]	• [assets] 폴더에 DB 파일을 배치
레이아웃 리소스 파일	activity_external_dbmain.xml 위치 : [프로젝트]–[res]–[layout]	• 이 애플리케이션에서는 사용 안 함
로직 클래스	액티비티 클래스 파일 파일명 : ExternalDBMainActivity .java 위치 : [프로젝트]–[src]–[패키지명]	• activity_external_dbmain.xml을 　화면의 내용으로 표시 • 애플리케이션이 실행되면 [assets] 　폴더에 있는 DB 파일을 읽어 재생성
매니페스트 파일	AndroidManifest.xml 위치 : [프로젝트]	• 이 애플리케이션에서는 내용 수정 　안 함

▲ [ExternalDB] 애플리케이션의 주요 파일

01 ExternalDB 안드로이드 애플리케이션 프로젝트 생성

❶ [Project Explorer] 뷰에서 [New]–[Project] 메뉴를 선택해 [Android Application Project]를 생성한다.

❷ [New Android Application] 창이 표시되면 다음과 같이 입력 및 선택한 후 [Next] 버튼을 클릭한다. 그 외의 값은 기본 값을 그대로 사용해 생성한다.

항목	입력 및 선택 값
Application Name	ExternalDB 입력
Project Name	ExternalDB 자동 입력됨
Package Name	work.test.externaldb 입력
Minimum Required SDK	API 8 : Android 2.2 (Froyo) 기본 값 사용
Target SDK	API 18 : Android 4.3 기본 값 사용 기본 값이 아닐 경우 선택
Compile With	API 18 : Android 4.3 기본 값 사용

❸ [Next] 버튼을 누르다가 액티비티명 변경 화면이 표시되면 [Activity Name]을 "ExternalDBMainActivity"로 변경한 후 [Finish] 버튼을 클릭한다.

02 [assets] 폴더에 [test.db]파일을 import한다.

❶ [ExternalDB]–[assets] 폴더를 선택한 후 마우스 오른쪽 버튼을 눌러 표시되는 메뉴에서 [import] 메뉴를 선택한다.

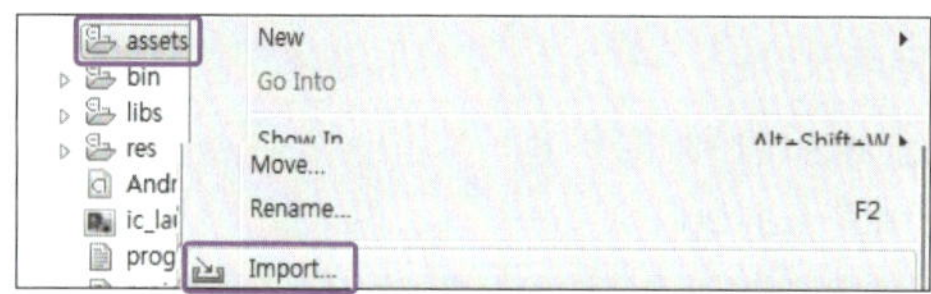

❷ [General]–[File System]을 선택한 후 [Next] 버튼을 클릭한다.

❸ [Browse] 버튼을 눌러 가져올 [test.db]가 있는 폴더를 선택해 [test.db]가 표시되면 선택한 후 [Finish] 버튼을 클릭한다. 제공되는 [test.db]를 사용하려면 부록CD의 [source]–[ExternalDB]–[res]–[asset] 폴더 안에 있다.

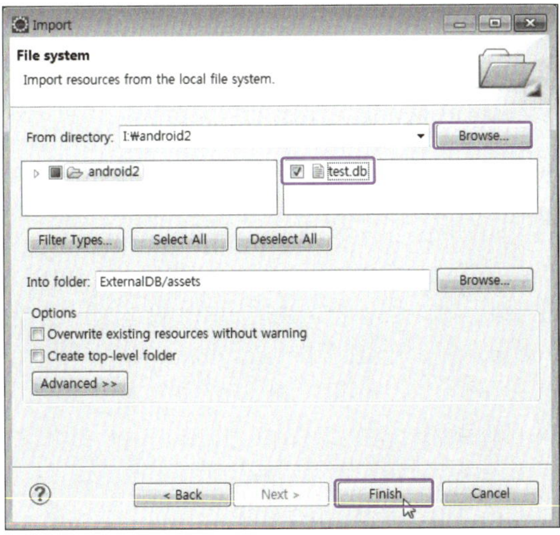

❹ [assets] 폴더에 다음과 같이 [test.db]가 있는 것을 확인할 수 있다.

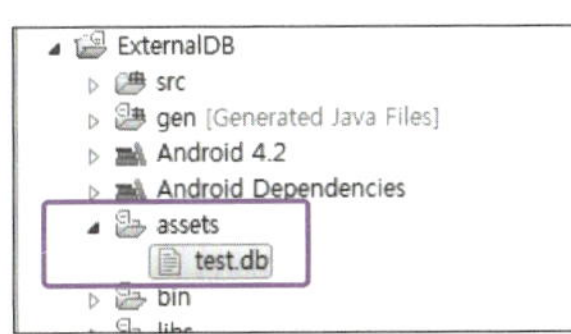

03 [ExternalDB]–[src]–[work.test.externaldb] 내에 있는 [ExternalDBMainActivity] 액티비티의 내용을 추가한 후 저장한다.

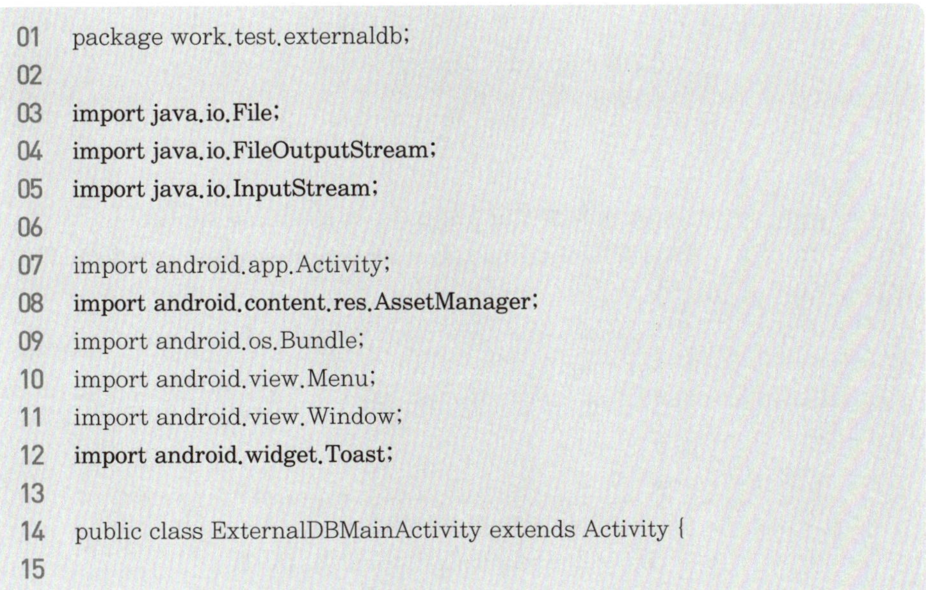

```java
01    package work.test.externaldb;
02
03    import java.io.File;
04    import java.io.FileOutputStream;
05    import java.io.InputStream;
06
07    import android.app.Activity;
08    import android.content.res.AssetManager;
09    import android.os.Bundle;
10    import android.view.Menu;
11    import android.view.Window;
12    import android.widget.Toast;
13
14    public class ExternalDBMainActivity extends Activity {
15
```

```java
16    private static final String DB_DIR = //DB 저장 위치
17                        "/data/data/work.test.externaldb/databases/";
18    private static final String DB_NAME = "test.db";//DB명
19
20    @Override
21    protected void onCreate(Bundle savedInstanceState) {
22        super.onCreate(savedInstanceState);
23        requestWindowFeature(Window.FEATURE_NO_TITLE);
24        setContentView(R.layout.activity_external_dbmain);
25
26        copyDB( ); //DB 복사 메소드 호출
27
28        Toast.makeText(this, "DB가 복사되었습니다.",
29                    Toast.LENGTH_SHORT).show( );
30    }
31
32    //assets에 import된 test.db를
33    // /data/data/work.test.externaldb/databases/에 복사
34    public void copyDB( ) {
35        InputStream input = null;
36        FileOutputStream output = null;
37        long filesize = 0;
38
39        // 표준 DB 저장 폴더 /data/data/work.test.externaldb/databases/를 생성
40        File folder = new File(DB_DIR);
41
42        if(!folder.exists( )) {//DB 저장 폴더가 존재하지 않으면 생성
43            folder.mkdirs( );
44        }
45
46        //assets에 저장된 리소스를 읽어오기 위해 AssetManager 객체 생성
47        AssetManager assetManager = getResources( ).getAssets( );
48
49        // /data/data/work.test.externaldb/databases/위치에
50        // test.db 파일 생성
51        File outfile = new File(DB_DIR + DB_NAME);
52
53        try {
54            //지정한 test.db 파일을 읽기 위해 연다.
55            input = assetManager.open(DB_NAME,
```

```java
56                                              AssetManager.ACCESS_BUFFER);
57              filesize = input.available( ); //파일의 크기를 얻어냄
58
59              //파일에 내용이 있으면 읽어서 임시 저장소 tempdata에 저장한 후
60              //생성된  test.db 파일에 읽은 내용을 넣는다.
61              if (outfile.length( ) <= 0) {
62                  byte[ ] tempdata = new byte[(int) filesize];
63                  input.read(tempdata);
64
65                  outfile.createNewFile( ); //실제로 test.db 파일 생성
66                  //출력 스트림을 생성해 파일에 내용을 쓴다.
67                  output = new FileOutputStream(outfile);
68                  output.write(tempdata);
69              }
70          }catch (Exception e) {
71            try{
72                  input.close( );
73                  output.close( );
74            }catch(Exception e2){ }
75          }
76      }
77
78      @Override
79      public boolean onCreateOptionsMenu(Menu menu) {
80        // Inflate the menu; this adds items to the action bar if it is present.
81          getMenuInflater( ).inflate(R.menu.activity_external_dbmain, menu);
82          return true;
83      }
84
85  }
```


16~17   private static final String DB_DIR = "/data/data/work.test.externaldb/ databases/"; 은 DB의 저장 위치로 현재 애플리케이션의 내부 저장소를 지정했다.

18   private static final String DB_NAME = "test.db";은 복사할 DB명을 지정했다.

26   copyDB( );는 DB를 복사하는 메소드 copyDB( )를 호출한다.

34~76   copyDB( ) 메소드는 assets에 import된 test.db를 data/data/work.test. externaldb/databases/ 위치에 복사한다.

40　　File folder = new File(DB_DIR);은 표준 DB 저장 폴더인 /data/data/work.test.externaldb/ databases/를 생성하기 위해 지정했다. 이 폴더는 DB를 생성할 때만 만들어지기 때문에, 여기서는 직접 생성하기 위해 필요하다.

42~44　　40라인의 DB 저장 폴더가 존재하지 않으면 생성하고, 그렇지 않으면 기존에 생성된 폴더를 그대로 사용한다.

47　　AssetManager assetManager = getResources( ).getAssets( );은 assets에 저장된 리소스를 읽어오기 위해 AssetManager 객체 생성한다.

51　　File outfile = new File(DB_DIR + DB_NAME);은 빈 test.db 파일을 /data/data/work.test. externaldb/databases/위치에 생성한다.

55~56　　input = assetManager.open(DB_NAME, AssetManager.ACCESS_BUFFER);은 [assets] 폴더에 저장된 [test.db] 파일을 읽기 위해 여는 부분이다.

57　　filesize = input.available( );은 [test.db] 파일의 크기를 얻어낸다.

61~69　　파일에 내용이 있으면(61라인) 읽어서 임시 저장소 tempdata에 저장(62라인)한 후 생성된 [test.db] 파일에 읽은 내용을 넣는다(65~68라인).

04 [Run As]-[Android Application]을 선택해 안드로이드 에뮬레이터로 실행한다.

05 위와 같이 결과 표시되면 생성된 DB 파일 [test.db]를 [DDMS] 퍼스팩티브의 [File Explorer] 뷰의 [data]-[data]-[work.test.externaldb]-[databases] 폴더에서 확인한다.

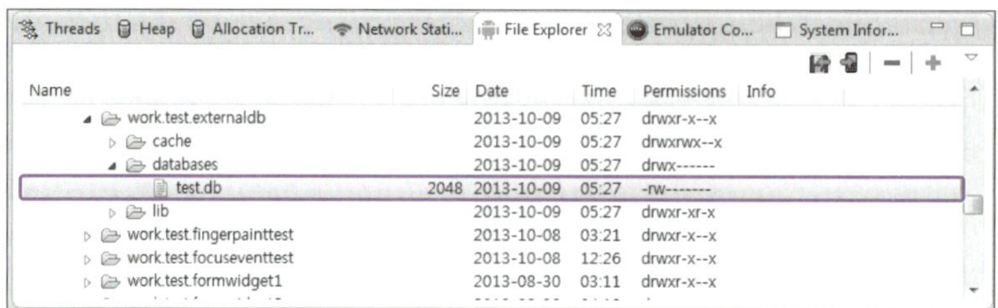

Name	Size	Date	Time	Permissions	Info
▲ 🗁 work.test.externaldb		2013-10-09	05:27	drwxr-x--x	
▷ 🗁 cache		2013-10-09	05:27	drwxrwx--x	
▲ 🗁 databases		2013-10-09	05:27	drwx------	
📄 test.db	2048	2013-10-09	05:27	-rw-------	
▷ 🗁 lib		2013-10-09	05:27	drwxr-xr-x	
▷ 🗁 work.test.fingerpainttest		2013-10-08	03:21	drwxr-x--x	
▷ 🗁 work.test.focuseventtest		2013-10-08	12:26	drwxr-x--x	
▷ 🗁 work.test.formwidget1		2013-08-30	03:11	drwxr-x--x	

JSON 파일과 XML 파일에서 데이터 추출

05.1 JSON(JavaScript Object Notation)의 개요

JSON(JavaScript Object Notation)은 저중량(lightweight) 데이터 교환 형식으로 사용자가 읽고 쓰기 쉬운 형식으로 이루어져 있다. 또한 컴퓨터 시스템이 파싱하고 생성하기 쉽게 되어 있다. JSON은 자바스크립트를 기반으로 만들어졌으나 완벽하게 특정 언어에 독립적인 텍스트 형식을 가지고 있고 우리에게 친근한 C, C++, C#, Java, JavaScript, Perl, Python과 유사한 규정(표기법)을 따른다.

JSON 형식의 파일은 이름/값의 쌍(pair)으로 이루어진 데이터의 집합과 순서가 있는 값들의 목록이라는 두 가지 구조를 사용해 만들 수 있다.

- 이름/값의 쌍(pair)으로 이루어진 데이터의 집합 : 이것은 여러 프로그래밍 언어에서 객체(object), 레코드(record), 스트럭트(struct), 딕셔너리(dictionary), 해시테이블(hash table), 리스트(keyed list) 또는 배열(associative) 등으로 사용된다.
- 순서가 있는 값들의 목록 : 이것은 대부분의 프로그래밍 언어에서 배열(array), 벡터(vector), 리스트(list) 또는 시퀀스(sequence)로 사용된다.

JSON이 이러한 데이터 구조를 가지고 있기 때문에 이기종 간의 데이터 교환에 사용하면 좋다. 또한 JSON은 자바스크립트를 기반으로 만들어졌기 때문에 대부분의 웹 브라우저에서도 사용될 수 있다.

JSON 객체는 순서가 없는 이름/값의 쌍(pair)으로 이루어져 있다. 이 객체는 {(left brace)로 시작해서 }(right brace)로 끝난다. 객체의 멤버는 이름 다음에는 :(colon)이 표시되고 값을 기술한다. 각각의 이름과 값의 쌍은 ,(comma)로 구분해서 기술한다. 이름은 문자열로 이루어지기 때문에 " " 안에 넣어 표시한다.

```
문법   {
           "name1" : value1 ,
           "name1" : value2,
           ....
       }
```

```
예   var objectName = {
       "id" : id ,
        "passwd" : passwd
       }
```

JSON 배열은 순서가 있는 값들의 집합이다. 이 배열은 [(left bracket)으로 시작해서](right bracket)으로 끝난다. 각각의 값들은 ,(comma)를 사용해서 구분한다.

```
문법   [value1, value2,...]
```

```
예   var arrayName = [id, passwd]
```

value의 값으로는 " "로 둘러싸서 표현된 문자열, 숫자, true , false , null, 또는 객체와 배열도 된다.

아래의 XML을 JSON으로 표현하면 다음과 같다.

XML로 표현

```
〈subject〉
    〈codeNumber〉j101〈/codeNumber〉
    〈titleName〉JAVA〈/titleName〉
    〈roomNumber〉801〈/roomNumber〉
〈/subject〉
```

JSON으로 표현

```
var subject = {
    "codeNumber" : j101,
    "titleName" : JAVA,
    "roomNumber" : 801
}
```

위에서 보는 것과 같이 JSON이 훨씬 간단하고, 파일의 용량도 더 작다. 파일의 크기가 작기 때문에 네트워크에서 더 빨리 전송되어 시스템의 성능이 좋아진다.

JSON에 대한 상세한 사항은 「http://www.json.org」 사이트를 참조한다.

앞의 설명은 기본적으로 JavaScript에서의 사용을 기준으로 한 것이다. 만일 특정언어에 상관없이 데이터가 저장된 JSON 형식 파일을 참조하기 위해 생성하거나 혹은 생성된 파일을 읽기 위해서는 JSON 파일의 기본 구조를 이해하는 것이 좋다. JSON 파일은 기본적으로 다음과 같은 형식으로 이루어진다.

```
문법    {
        객체(컬렉션)명:[
          {객체 항목1},
          {객체 항목2},
           ....
          ]
        }
```

위의 JSON 파일 문법에서 객체(컬렉션)명은 안에 나열될 각각의 객체 항목의 대표 이름이다. 이 컬렉션 내의 객체 항목들은 배열의 원소와 같은 형태로 접근해 처리한다. 객체지향에서 컬렉션으로 제공되는 객체들은 배열과 같은 형태로 접근해 처리할 수 있다.　배열로 접근할 때는 객체(컬렉션)명[원소번호]와 같은 형태로 각 객체 원소에 접근할 수 있다. 즉, {객체 항목1}은 객체명[0]과 같은 형태로 {객체 항목2}는 객체명[1]과 같은 형태로 접근할 수 있다.

다음은 위의 문법을 토대로 작성한 JSON 파일의 예시이다. JSON 파일의 확장자는 아무거나 사용해도 상관없으며, 일반적으로 txt를 많이 사용한다. JSON 파일에서 데이터 추출은 자바기반인 안드로이드 애플리케이션에서 사용하는 방법으로 설명했다.

```
예   json_test.txt
    {
    "curriculum":[
      {"codeNumber" : "j101", "titleName" : "JAVA", "roomNumber" : "801"},
      {"codeNumber" : "j103", "titleName" : "JSP", "roomNumber" : "503"},
      {"codeNumber" : "a019", "titleName" : "Ajax", "roomNumber" : "505"},
      {"codeNumber" : "c001", "titleName" : "C", "roomNumber" : "402"},
      {"codeNumber" : "c002", "titleName" : "C++", "roomNumber" : "403"}
    ]
    }
```

위의 예시 [json_test.txt] 파일에서 curriculum는 안에 나열된 객체들을 대표하는 이름으로, 객체는 { }당 1개가 된다. 즉, 위의 예시에서는 5개의 객체가 대표이름 curriculum으로 모여 있는 것이다. 이때 첫 번째 객체 {"codeNumber" : "j101", "titleName" : "JAVA", "roomNumber" : "801"} 은 curriculum[0]으로 표현될 수 있다.

객체 내의 데이터 값 "j101", "JAVA", "801"을 얻어낼 때는 curriculum[0].getXxx("데이터이름")과 같은 형식으로 사용한다. 이때 데이터 이름은 "codeNumber", "titleName", "roomNumber"이고, getXxx( ) 메소드의 Xxx는 데이터 값의 타입이다. 즉, 데이터 값의 타입이 문자열이면 getString( )과 같은 형태로 사용한다.

따라서 안드로이드 애플리케이션에서 데이터 이름 "codeNumber"의 값 "j101"을 얻어 내기 위해서는 다음과 같은 순서가 필요하다.

❶ JSON 파일을 읽기 위해 입력 스트림을 사용한다.

```
BufferedReader in = new BufferedReader(new InputStreamReader(
        getResources( ).openRawResource(R.raw.json_test)));
```

getResources( ).openRawResource(R.raw.json_test) 메소드를 사용하면 [res]-[raw] 폴더에 있는 [json_test.txt] 파일을 한 글자씩 읽을 수 있는 InputStream 객체가 리턴된다. 그런데 한글이 깨진다는 문제점이 발생한다. 따라서 한글이 깨지지 않는 Reader 객체로 변신을 시키기 위해 new InputStreamReader(getResources( ).open RawResource(R.raw. json_test))를 사용했다. 한글 문제는 처리했으나 한 번에 한 글자씩만 읽어와 전체적으로 성능이 떨어지는 문제점은 개선되지 않았다. 따라서 한 번에 한 줄씩 읽어오기 위해 BufferedReader 객체를 생성해 사용한 것이다.

❷ 입력 스트림의 read( ) 메소드 계열을 사용해 파일을 읽어 특정 문자열에 저장한다.

```
while((str = in.readLine( )) != null) //파일 끝까지 한 줄씩 읽음
    datas += str; //읽은 내용을 datas 문자열에 누적(모음)
```

파일의 내용을 끝까지 한 줄씩 읽기 위해서는 먼저 while(읽은내용 != null)와 같은 형식의 while문을 사용해 파일을 끝까지 읽은 경우 while문을 빠져나가게 해야 한다. 이때 읽은 내용은 str = in.readLine( )과 같이 구현하는데, in.readLine( ) 메소드가 파일의 내용을 한 줄씩 읽는 메소드이고, 이 읽은 내용은 String 타입이다. 이 읽은 내용을 임시적으로 String 타입의 변수 str에 저장해 str != null의 조건식을 구현하여 while문을 제어한다. 단, read( ) 메소드 계열을 IOException을 유발하기 때문에 try-catch문 안에 기술해야 한다.

```
try{
    BufferedReader in = new BufferedReader(new InputStreamReader(
            getResources( ).openRawResource(R.raw.json_test))); //❶
```

```
        while((str = in.readLine( )) != null)  //❷
            datas += str;
    }catch(IOException ioe){
        ioe.printStackTrace( );
    }
```

❸ 파일의 내용을 갖는 특정 문자열을 JSONObject 객체로 생성한다. 단, JSONObject
객체 생성의 생성자가 JSONException을 유발하기 때문에 try-catch문 안에 기술해
야 한다.

```
try {
    JSONObject jObject = new JSONObject(datas);  //❸
} catch (JSONException e) {
    e.printStackTrace( );
}
```

datas에는 읽어온 [json_test.txt] 파일 내용이 문자열로 저장되어 있다.

❹ 이 생성된 JSONObject 객체에서 객체 항목을 배열의 원소로 인식하기 위한 JSONArray
객체를 생성한다. 그런데 JSONArray 객체 생성의 생성자 역시 JSONException을 유발
하기 때문에 try-catch문을 기술한다.

```
try {
    JSONObject jObject = new JSONObject(datas);  //❸
    JSONArray jArray = jObject.getJSONArray("curriculum");  //❹
} catch (JSONException e) {
    e.printStackTrace( );
}
```

❺ for문을 사용해 JSONArray 객체에 배열의 원소로 저장된 각 JSONObject 객체를
getJSONObject( ) 메소드를 사용해서 얻어낸다.

```
try {
    JSONObject jObject = new JSONObject(datas);  //❸
    JSONArray jArray = jObject.getJSONArray("curriculum");  //❹

    for(int i = 0; i < jArray.length( ); i++){  //❺
        resultStr +=  jArray.getJSONObject(i).getString("codeNumber") + " , " ;
        //… 생략 …
    }
} catch (JSONException e) {
    e.printStackTrace( );
}
```

getJSONObject(int index) 메소드의 매개변수 index를 사용해 각 객체에 접근한다. 이
얻어낸 JSONObject객체.getString("codeNumber") 메소드를 사용해 codeNumber이
름에 해당하는 값을 얻어낸다. getJSONObject( ) 메소드가 JSONObject 객체를 리턴
해서, JSONException을 유발한다. 따라서 try-catch문 안에 기술해야 한다.

Exercise 안드로이드 애플리케이션에서 JSON 형식 파일 데이터 추출
　　　 – [GetJSONDateTest] 애플리케이션

이 예제는 [res]-[raw] 폴더에 있는 [json_test.txt]의 JSON 형식 파일에서 데이터를 추
출하는 예제이다.

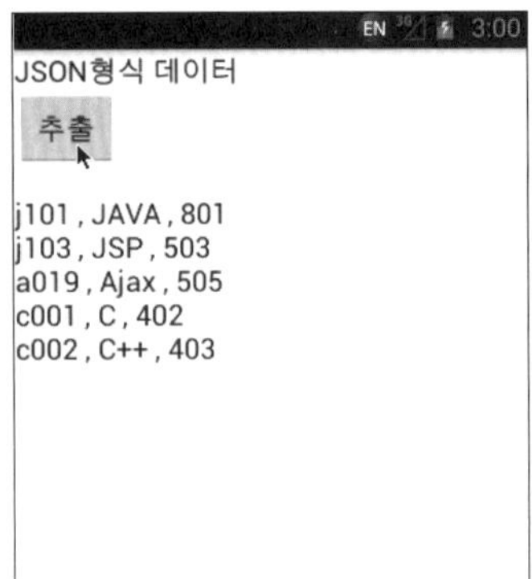

◀ GetJSONDataTest 애플리케이션 실행 결과

주요 파일	파일명 ([GetJSONDataTest] 애플리케이션)	하는 일
리소스 파일 (문자열, 이미지 등)	문자열 리소스 파일명 : strings.xml 위치 : [프로젝트]-[res]-[values]	• titleStr, getStr 문자열 정의
	JSON 파일 파일명 : json_test.txt 위치 : [프로젝트]-[res]-[raw]	• 2개의 TextView 위젯과 1개의 Button 위젯 배치 • strings.xml에서 정의한 titleStr, getStr 문자열 참조
레이아웃 리소스 파일	activity_get_jsondata_test_main.xml 위치 : [프로젝트]-[res]-[layout]	• 이 애플리케이션에서는 사용 안 함
로직 클래스	액티비티 클래스 파일 파일명 : GetJSONDataTestMain Activity.java 위치 : [프로젝트]-[src]-[패키지명]	• activity_get_jsondata_test_main .xml을 화면의 내용으로 표시 • [추출] 버튼을 누르면, JSON 파일의 내용 표시
매니페스트 파일	AndroidManifest.xml 위치 : [프로젝트]	• 이 애플리케이션에서는 내용 수정 안 함

▲ [ExternalDB] 애플리케이션의 주요 파일

01 GetJSONDataTest 안드로이드 애플리케이션 프로젝트 생성

❶ [Project Explorer] 뷰에서 [New]–[Project] 메뉴를 선택해 [Android Application Project]를 작성한다. [New Android Application] 창이 표시되면 다음과 같이 입력 및 선택을 한 후 [Next] 버튼을 클릭한다.

항목	입력 및 선택 값
Application Name	GetJSONDataTest 입력
Project Name	GetJSONDataTest 자동 입력됨
Package Name	work.test.getjsondatatest 입력
Minimum Required SDK	API 8 : Android 2.2 (Froyo) 기본 값 사용
Target SDK	API 18 : Android 4.3 기본 값 사용 기본 값이 아닐 경우 선택
Compile With	API 18 : Android 4.3 기본 값 사용

❷ [Next] 버튼을 누르다가 액티비티명 변경 화면이 표시되면 [Activity Name]을 "GetJSONDataTestMainActivity"로 변경한 후 [Finish] 버튼을 클릭한다.

02 [res]–[raw] 폴더에 [json_test.txt] 파일 가져오기

[res] 폴더에 [raw] 폴더를 생성한다. 생성된 [res]–[raw]를 선택한 후 [import]–[General]–[File System] 메뉴를 선택해 [json_test.txt] 파일을 가져온다. 이 파일은 부록CD의 [source]–[GetJSONDataTest]–[res]–[raw] 폴더 안에 있다.

[json_test.txt] 파일의 내용은 다음과 같다.

```
01  {
02  "curriculum":[
03      {"codeNumber" : "j101", "titleName" : "JAVA", "roomNumber" : "801"},
04      {"codeNumber" : "j103", "titleName" : "JSP", "roomNumber" : "503"},
05      {"codeNumber" : "a019", "titleName" : "Ajax", "roomNumber" : "505"},
06      {"codeNumber" : "c001", "titleName" : "C", "roomNumber" : "402"},
07      {"codeNumber" : "c002", "titleName" : "C++", "roomNumber" : "403"}
08  ]
09  }
```

03 [res]−[values]−[strings.xml] 파일에 문자열 추가 및 변경을 한 후 저장한다.

```xml
01  <?xml version="1.0" encoding="utf-8"?>
02  <resources>
03
04      <string name="app_name">GetJSONDataTest</string>
05      <string name="hello_world">Hello world!</string>
06      <string name="menu_settings">Settings</string>
07      <string name="titleStr">JSON 형식 데이터</string>
08      <string name="getStr">추출</string>
09
10  </resources>
```

04 [res]−[layout]−[activity_get_jsondata_test_main.xml] 파일을 열어 XML 레이아웃을 수정한 후 저장한다. 완성된 내용은 다음과 같다.

```xml
01  <RelativeLayout xmlns:android="http://schemas.android.com/apk/res/android"
02      xmlns:tools="http://schemas.android.com/tools"
03      android:layout_width="match_parent"
04      android:layout_height="match_parent"
05      tools:context=".GetJSONDataTestMainActivity" >
06
07      <TextView
08          android:id="@+id/titleLabel"
09          android:layout_width="wrap_content"
10          android:layout_height="wrap_content"
11          android:layout_alignParentLeft="true"
12          android:layout_alignParentTop="true"
13          android:text="@string/titleStr"
14          android:textAppearance="?android:attr/textAppearanceMedium" />
15
16      <Button
17          android:id="@+id/getBtn"
18          android:layout_width="wrap_content"
19          android:layout_height="wrap_content"
20          android:layout_alignParentLeft="true"
21          android:layout_below="@+id/titleLabel"
22          android:text="@string/getStr" />
23
24      <TextView
```

```xml
25            android:id="@+id/result"
26            android:layout_width="fill_parent"
27            android:layout_height="wrap_content"
28            android:layout_alignParentLeft="true"
29            android:layout_below="@+id/getBtn"
30            android:layout_marginTop="16dp"
31            android:textAppearance="?android:attr/textAppearanceMedium" />
32
33    </RelativeLayout>
```

05 [src]-[work.test.getjsondatatest] 패키지에 있는 [GetJSONDataTestMain Activity] 액티비티를 수정해서 내용을 완성한다.

```java
01    package work.test.getjsondatatest;
02
03    import java.io.BufferedReader;
04    import java.io.IOException;
05    import java.io.InputStreamReader;
06
07    import org.json.JSONArray;
08    import org.json.JSONException;
09    import org.json.JSONObject;
10
11    import android.app.Activity;
12    import android.os.Bundle;
13    import android.view.Menu;
14    import android.view.View;
15    import android.view.Window;
16    import android.widget.Button;
17    import android.widget.TextView;
18
19    public class GetJSONDataTestMainActivity extends Activity {
20
21        private String datas="";
22
23        @Override
24        protected void onCreate(Bundle savedInstanceState) {
25            super.onCreate(savedInstanceState);
26            requestWindowFeature(Window.FEATURE_NO_TITLE);
```

```java
27          setContentView(R.layout.activity_get_jsondata_test_main);
28
29          //[추출] 버튼을 정보를 얻어내 이벤트 리스너 등록
30          Button getData = (Button)findViewById(R.id.getBtn);
31          getData.setOnClickListener(new View.OnClickListener( ) {
32
33              @Override
34              public void onClick(View v) {//[추출] 버튼 클릭
35                  // TODO Auto-generated method stub
36                  readJSON( ); //파일을 읽어오는 메소드 호출
37                  getDataProcess( ); //JSON 형식 추출 메소드 호출
38              }
39          });
40      }
41
42      //입력 스트림을 사용해 파일을 읽어와 변수에 저장하는  메소드
43      public void readJSON( ){
44          BufferedReader in = null;
45          String str = “ ”;
46
47          try{
48              //res/raw 폴더에 있는 json_test.txt 파일을 읽어오는 입력 스트림 객체 생성
49              in = new BufferedReader( new InputStreamReader(
50                  getResources( ).openRawResource(R.raw.json_test)));
51
52              //파일의 내용을 줄 단위로 읽어 datas 변수에 저장
53              while((str = in.readLine( )) != null)
54                  datas += str;
55
56          }catch(IOException ioe){
57              ioe.printStackTrace( );
58          }finally{
59              try{
60                  in.close( );
61              }catch(IOException ioe2){ }
62          }
63
64      }
65
66      //파일의 내용이 저장된 변수에 JSON 형식의 데이터를 추출해 화면에 표시하는 메소드
```

```java
67   public void getDataProcess( ){
68       String resultStr = "";
69
70       try {
71           //datas 변수의 내용을 가지고 JSONObject 객체 생성
72           JSONObject jObject = new JSONObject(datas);
73           //jObject에 저장된 JSONObject 객체에서
74           //대표 객체명 curriculum을 사용해 JSONArray 객체 생성
75           JSONArray jArray = jObject.getJSONArray("curriculum");
76
77           //JSONArray 객체 jArray에서 객체를 하나씩 꺼내 처리하는 작업을 반복
78           for(int i = 0; i < jArray.length( ); i++){
79               //jArray.getJSONObject(i)은 JSONObject 객체 리턴
80               //리턴된 JSONObject객체.getString("데이터이름")을 사용해 값을 얻어냄
81               resultStr +=
82                   jArray.getJSONObject(i).getString("codeNumber") + ", ";
83               resultStr +=
84                   jArray.getJSONObject(i).getString("titleName") + ", ";
85               resultStr +=
86                   jArray.getJSONObject(i).getString("roomNumber") + "\n";
87           }
88
89       } catch (JSONException e) {
90           e.printStackTrace( );
91       }
92
93       //화면에 얻어낸 JSON 데이터의 값을 표시
94       TextView resultView = (TextView)findViewById(R.id.result);
95       resultView.setText(resultStr);
96   }
97
98   @Override
99   public boolean onCreateOptionsMenu(Menu menu) {
100      getMenuInflater( ).inflate(
101          R.menu.activity_get_jsondata_test_main, menu);
102      return true;
103  }
104
105 }
```

안드로이드 애플리케이션 프로젝트를 선택한 후 [Run As]-[Android Application]
메뉴를 선택해 안드로이드 에뮬레이터로 실행한다.

05.3 XML(eXtensible Markup Language)의 개요

XML(eXtensible Markup Language)은 문서의 구조를 표현시 사용하는 것으로 XML
파일에서 데이터를 얻어내려면 XML 문서 객체 모델(Document Object Model: DOM) 구
조를 이해해야 한다. XML에서는 문서를 트리구조로 인식해 처리하는 DOM을 사용해서
데이터를 얻어낸다.

다음은 HTML 문서 예시이다.

```
<html>
  <head>
    <title>test</title>
  </head>
  <body>
    <h1>title...</h1>
    <p>content...</p>
  </body>
</html>
```

이 HTML 문서를 DOM 구조로 표현하면 다음과 같다.

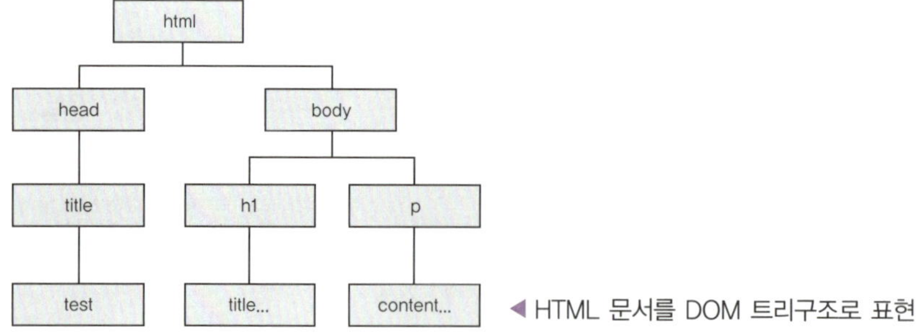

◀ HTML 문서를 DOM 트리구조로 표현

위의 문서 구조에서 head, body 등은 html 엘리먼트의 자식으로 표현되고 h1, p는 body 엘리먼트의 자식이다. 또한 title..., content...과 같은 태그의 내용 즉, <h1>title...</h1>에서 title...은 h1 엘리먼트의 내용으로 Text 엘리먼트로 취급되어 자식으로 표현될 수 있다. 엘리먼트의 프로퍼티도 객체로 표현된다.

05.4 XML 형식의 문서에서 데이터 추출

안드로이드 애플리케이션에서 XML 형식의 문서를 참조하기 위해 생성하거나 혹은 생성된 파일을 읽기 위해서는 XML 파일의 기본 구조를 이해해야 한다.

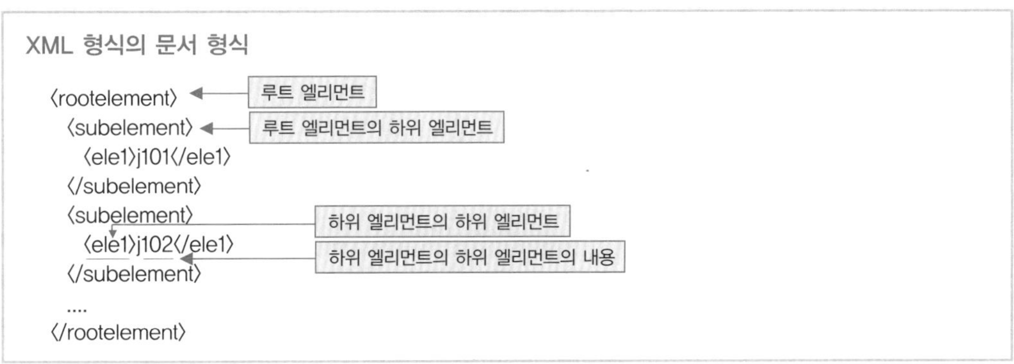

XML 문서에는 반드시 1개의 루트 엘리먼트(<rootelement>)가 존재하며 이 루트 엘리먼트 안에는 복수 개의 서브 엘리먼트(<subelement>)가 존재한다. 또한 이 서브 엘리먼트내에는 다시 서브 엘리먼트(<ele1>)들이 존재한다. 이 서브 엘리먼트(<ele1>)는 다시 서브 엘리먼트를 갖거나 내용을 가질 수 있다. j101이 <ele1> 서브 엘리먼트의 내용이 된다. 엘리먼트의 내용은 텍스트 엘리먼트 또는 텍스트로 지칭된다.

<ele1>j101</ele1>

다시 하나의 엘리먼트(태그)의 구조를 상세히 설명하기 위해 다음의 예를 살펴보자.

여기서 <ele1>는 시작 엘리먼트이고 </ele1>는 종료 엘리먼트이다. 그리고 j101은 이 태그의 내용인 텍스트이다. 이 내용이 우리가 얻어내야 할 데이터이다.

이번에는 실제 XML 문서를 가지고 데이터를 얻어내는 방법을 살펴보자.

예 xml_test.xml

```xml
<?xml version="1.0" encoding="utf-8"?>
<curriculum>
  <subject>
    <codeNumber>j101</codeNumber>

<titleName>JAVA</titleName>

<roomNumber>801</roomNumber>
  </subject>
  <subject>
    <codeNumber>j103</codeNumber>

<titleName>JSP</titleName>

<roomNumber>503</roomNumber>
  </subject>
</curriculum>
```

XML 문서에서 엘리먼트의 내용에 해당하는 데이터인 j101을 얻어내기 위해서는 다음과 같은 순서가 필요하다.

❶ XML 파일을 읽기 위해 입력 스트림을 사용한다.

```java
InputStream in = getResources( ).openRawResource(R.raw.xml_test); //❶
```

getResources( ).openRawResource(R.raw.xml_test) 메소드를 사용하면 [res]- [raw] 폴더에 있는 [xml_test.xml] 파일을 한 글자씩 읽을 수 있는 InputStream 객체가 리턴된다. XML 파일의 인코딩을 뒤에서 지정하며, 행 단위로 읽는 것이 아니라 태그 단위로 읽기 때문에 기본 형태로 파일을 읽어들인다.

❷ XML 문서를 엘리먼트 단위로 읽어들이기 위해 XmlPullParser 객체를 생성한다.

```java
XmlPullParser xmlParser = Xml.newPullParser( ); //❷
```

XmlPullParser 객체는 Xml.newPullParser( ) 메소드 또는 XmlPullParserFactory. newPullParser( ) 메소드를 사용해서 생성하며, 둘 중 어떤 것을 사용해도 된다.

❸ XmlPullParser 클래스가 제공하는 setInput( ) 메소드를 사용해 파서를 처리하기 위해 입력 스트림으로 설정한다. 단, setInput( ) 메소드가 XmlPullParserException을 유발하기 때문에 try-catch문 안에 기술해야 한다.

```
InputStream in = getResources( ).openRawResource(R.raw.xml_test); //❶

XmlPullParser xmlParser = Xml.newPullParser( ); //❷

try {
    xmlParser.setInput(in,"utf-8"); //❸
} catch (Exception e) {
    e.printStackTrace( );
}
```

XmlPullParser 클래스가 제공하는 setInput(InputStream inputStream, String inputEncoding) 메소드는 XML 문서를 파싱하는 파서를 입력 스트림으로 설정한다. 이때 첫 번째 매개변수에 실제로 읽을 입력 스트림 객체가 지정된다. 여기서는 [xml_test.xml] 파일을 읽어들인다. 두 번째 매개변수는 읽어들일 파일의 인코딩을 지정하는 것으로 한글을 깨지지 않게 읽어들이려면 "utf-8"로 지정한다.

❹ XmlPullParser 클래스의 getEventType( ) 메소드를 사용해 태그(엘리먼트)가 시작 태그인지 종료 태그인지 등의 정보를 얻어낸다. 그런데 getEventType( ) 메소드 역시 XmlPullParserException을 유발하기 때문에 try-catch문 안에 기술해야 한다.

```
try {
    xmlParser.setInput(in,"utf-8"); //❸
    int eventType = xmlParser.getEventType( ); //❹
} catch (Exception e) {
    e.printStackTrace( );
}
```

xmlParser.getEventType( ) 메소드는 문서의 시작인 경우 START_DOCUMENT를, 문서의 끝인 경우 END_DOCUMENT를 리턴한다. 그리고 ⟨subject⟩와 같은 시작 태그인 경우 START_TAG를, ⟨/subject⟩와 같은 종료 태그인 경우 END_TAG를 리턴한다. 또한 ⟨codeNumber⟩j101⟨/codeNumber⟩에서 j101과 같은 내용은 TEXT를 리턴한다.

❺ while문을 사용해 문서의 끝까지 데이터를 추출하는 구문을 사용한다.

❻ XmlPullParser 클래스의 next( ) 메소드는 다음의 이벤트 엘리먼트, 즉 태그를 얻어 낸다. next( ) 메소드는 XmlPullParserException과 IOException을 유발한다.

```java
try {
    xmlParser.setInput(in,"utf-8"); //❸
    int eventType = xmlParser.getEventType( ); //❹

    while (eventType != XmlPullParser.END_DOCUMENT) { //❺

        if(eventType == XmlPullParser.START_TAG) {
            String tagName = xmlParser.getName( );
            //작업처리
        }if(eventType == XmlPullParser.END_TAG) {
            String tagName = xmlParser.getName( );
            //작업처리
        }else if(eventType == XmlPullParser.TEXT) {
            //… 생략 …
            resultStr +=  xmlParser.getText( ) + " , ";
            //… 생략 …
        }

        eventType = xmlParser.next( ); //❻
    }
} catch (Exception e) {
    e.printStackTrace( );
}
```

얻어낸 이벤트 엘리먼트가 XmlPullParser.START_TAG 또는 XmlPullParser.END_TAG의 경우 이들은 name만을 갖는다. 즉, getName( ) 메소드를 사용해서 태그명을 얻어낸다. 그리고 이벤트 엘리먼트가 XmlPullParser.TEXT인 경우 name은 존재하지 않고 값만 존재한다. 즉, getText( ) 메소드를 사용해 내용 값만 얻어낸다. 즉 <codeNumber>j101</codeNumber>에서 시작/종료 태그인 <codeNumber>와 </codeNumber>은 getName( ) 메소드를 사용해 태크명인 codeNumber를 얻어낼 수 있고, 태그의 내용인 j101은 getText( ) 메소드를 사용해서 얻어낸다.

또한 다음 이벤트 엘리먼트를 얻어내 처리하기 위해 xmlParser.next( ) 메소드를 사용해 처리하다가 문서의 끝(XmlPullParser.END_DOCUMENT)을 만나면 while문을 빠져나온다.

Exercise 안드로이드 애플리케이션에서 XML 형식 파일 데이터 추출
― [GetxMLDataTest] 애플리케이션

이 예제는 [res]-[raw] 폴더에 있는 [xml_test.xml XML]의 형식 파일에서 데이터를 추출하는 예제이다.

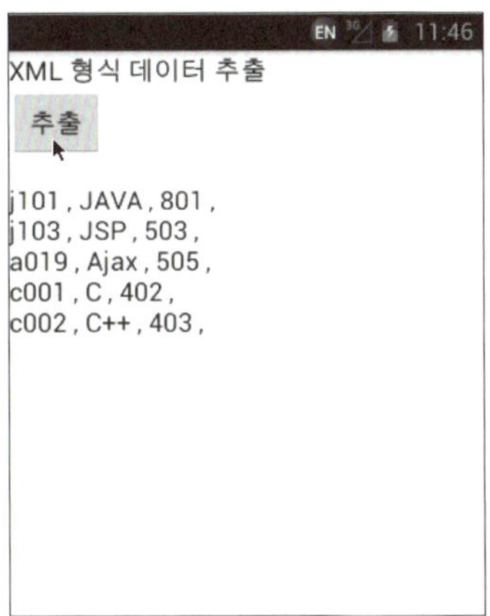

▲ GetXMLDataTest 애플리케이션 실행 결과

주요 파일	파일명 ([GetJSONDataTest] 애플리케이션)	하는 일
리소스 파일 (문자열, 이미지 등)	문자열 리소스 파일명 : strings.xml 위치 : [프로젝트]–[res]–[values] XML 파일 파일명 : xml_test.xml 위치 : [프로젝트]–[res]–[raw]	• titleStr, getStr 문자열 정의 • [raw] 폴더에 XML 파일을 배치
레이아웃 리소스 파일	activity_get_xmldata_test_main. xml 위치 : [프로젝트]–[res]–[layout]	• 2개의 TextView 위젯과 1개의 Button 위젯 배치 • strings.xml에서 정의한 titleStr, getStr 문자열 참조
로직 클래스	액티비티 클래스 파일 파일명 : GetXMLDataTestMain Activity.java 위치 : [프로젝트]–[src]–[패키지명]	• activity_get_xmldata_test_main. xml을 화면의 내용으로 표시 • [추출] 버튼을 누르면, XML 파일의 내용 표시
매니페스트 파일	AndroidManifest.xml 위치 : [프로젝트]	• 이 애플리케이션에서는 내용 수정 안 함

▲ [GetJSONDataTest] 애플리케이션의 주요 파일

01 GetXMLDataTest 안드로이드 애플리케이션 프로젝트 생성

❶ [Project Explorer] 뷰에서 [New]– [Project] 메뉴를 선택해 [Android Application Project]를 작성한다. [New Android Application] 창이 표시되면 다음과 같이 입력 및 선택한 후 [Next] 버튼을 클릭한다.

항목	입력 및 선택 값
Application Name	GetXMLDataTest 입력
Project Name	GetXMLDataTest 자동 입력됨
Package Name	work.test.getxmldatatest 입력
Minimum Required SDK	API 8 : Android 2.2 (Froyo) 기본 값 사용
Target SDK	API 18 : Android 4.3 기본 값 사용 기본 값이 아닐 경우 선택
Compile With	API 18 : Android 4.3 기본 값 사용

❷ [Next] 버튼을 누르다가 액티비티명 변경 화면이 표시되면 [Activity Name]을 "GetXMLDataTestMainActivity"로 변경한 후 [Finish] 버튼을 클릭한다.

02 [res]-[raw] 폴더에 xml_test.xml 파일 가져오기

[res] 폴더에 [raw] 폴더를 생성한다. 생성된 [res]-[raw]를 선택한 후 [import]-[General]-[File System] 메뉴를 선택해 [xml_test.xml] 파일을 가져온다. 이 파일은 부록CD의 [source]-[GetJSONDataTest]-[res]-[raw] 폴더 안에 있다.

[xml_test.xml] 파일의 내용은 다음과 같다.

```xml
01    <?xml version="1.0" encoding="utf-8"?>
02    <curriculum>
03      <subject>
04        <codeNumber>j101</codeNumber>
05        <titleName>JAVA</titleName>
06        <roomNumber>801</roomNumber>
07      </subject>
08      <subject>
09        <codeNumber>j103</codeNumber>
10        <titleName>JSP</titleName>
11        <roomNumber>503</roomNumber>
12      </subject>
13      <subject>
14        <codeNumber>a019</codeNumber>
15        <titleName>Ajax</titleName>
16        <roomNumber>505</roomNumber>
17      </subject>
```

```
18    <subject>
19     <codeNumber>c001</codeNumber>
20     <titleName>C</titleName>
21     <roomNumber>402</roomNumber>
22    </subject>
23     <subject>
24     <codeNumber>c002</codeNumber>
25     <titleName>C++</titleName>
26     <roomNumber>403</roomNumber>
27    </subject>
28   </curriculum>
```

03 [res]-[values]-[strings.xml] 파일에 문자열 추가 및 변경한 후 저장한다.

```
01   <?xml version="1.0" encoding="utf-8"?>
02   <resources>
03
04     <string name="app_name">GetXMLDataTest</string>
05     <string name="hello_world">Hello world!</string>
06     <string name="menu_settings">Settings</string>
07     <string name="titleStr">XML 형식 데이터 추출</string>
08     <string name="getStr">추출</string>
09
10   </resources>
```

04 [res]-[layout]-[activity_get_xmldata_test_main.xml] 파일을 열어 XML 레이아웃을 수정한 후 저장한다. 완성된 내용은 다음과 같다.

```
01   <RelativeLayout xmlns:android="http://schemas.android.com/apk/res/android"
02     xmlns:tools="http://schemas.android.com/tools"
03     android:layout_width="match_parent"
04     android:layout_height="match_parent"
05     tools:context=".GetXMLDataTestMainActivity" >
06
07     <TextView
08       android:id="@+id/titleLabel"
09       android:layout_width="wrap_content"
10       android:layout_height="wrap_content"
```

```xml
11          android:layout_alignParentLeft="true"
12          android:layout_alignParentTop="true"
13          android:text="@string/titleStr"
14          android:textAppearance="?android:attr/textAppearanceMedium" />
15
16      <Button
17          android:id="@+id/getBtn"
18          android:layout_width="wrap_content"
19          android:layout_height="wrap_content"
20          android:layout_alignParentLeft="true"
21          android:layout_below="@+id/titleLabel"
22          android:text="@string/getStr" />
23
24      <TextView
25          android:id="@+id/result"
26          android:layout_width="fill_parent"
27          android:layout_height="wrap_content"
28          android:layout_alignParentLeft="true"
29          android:layout_below="@+id/getBtn"
30          android:layout_marginTop="16dp"
31          android:textAppearance="?android:attr/textAppearanceMedium" />
32
33  </RelativeLayout>
```

05 [src]-[work.test.getxmldatatest] 패키지에 있는 [GetXMLDataTestMainActivity] 액티비티를 수정해서 내용을 완성한다.

```java
01  package work.test.getxmldatatest;
02
03  import java.io.InputStream;
04
05  import org.xmlpull.v1.XmlPullParser;
06
07  import android.app.Activity;
08  import android.os.Bundle;
09  import android.util.Xml;
10  import android.view.Menu;
11  import android.view.View;
12  import android.view.Window;
```

```java
13    import android.widget.Button;
14    import android.widget.TextView;
15
16    public class GetXMLDataTestMainActivity extends Activity {
17
18
19        @Override
20        protected void onCreate(Bundle savedInstanceState) {
21            super.onCreate(savedInstanceState);
22            requestWindowFeature(Window.FEATURE_NO_TITLE);
23            setContentView(R.layout.activity_get_xmldata_test_main);
24
25            Button getData = (Button)findViewById(R.id.getBtn);
26            getData.setOnClickListener(new View.OnClickListener( ) {
27
28                @Override
29                public void onClick(View v) {
30
31                    xmlParsing( ); //XML 문서에서 데이터를 추출하는 메소드 호출
32                }
33            });
34
35        }
36
37    //XML 문서에서 태그 단위로 읽어 데이터를 추출하는 메소드
38    public void xmlParsing( ){
39        // res/raw 폴더에 있는 xml_test.xml 파일을 읽기 위해 입력 스트림을 얻어냄
40        InputStream in =
41                getResources( ).openRawResource(R.raw.xml_test);
42
43        //Xml.newPullParser( )을 사용해 XmlPullParser 객체 생성
44        XmlPullParser xmlParser = Xml.newPullParser( );
45
46        String resultStr = " "; //결과 문자열
47        //내용을 갖는 태그를 구분하기 위해 사용
48        boolean trigger = false;
49
50        try {
51            //파서를 입력 스트림으로 설정한다. 이때 인코딩은 utf-8로 지정
52            xmlParser.setInput(in, "utf-8");
```

```java
53
54          //이벤트 엘리먼트를 얻어내 eventType 변수에 저장
55          int eventType = xmlParser.getEventType( );
56
57          //문서의 끝을 만날 때까지 반복 수행한다.
58          while (eventType != XmlPullParser.END_DOCUMENT) {
59              //이벤트 엘리먼트가 시작 태그이면
60              if(eventType == XmlPullParser.START_TAG) {
61                  //태그명을 얻어내고, 태그명이 내용을 갖는 태그인 경우
62                  //내용을 얻어내기 위해 trigger 변수의 값을 true로 지정
63                  String tagName = xmlParser.getName( );
64                  if(tagName.equals("codeNumber")
65                          || tagName.equals("titleName")
66                          || tagName.equals("roomNumber"))
67                      trigger = true;
68              }if(eventType == XmlPullParser.END_TAG) {
69                  //이벤트 엘리먼트가 종료 태그이면 태그명을 얻어내고,
70                  //얻어낸 태그명이 subject이면 결과 문자열에 줄 바꿈 문자열 추가
71                  String tagName = xmlParser.getName( );
72                  if(tagName.equals("subject"))
73                      resultStr += "\n";
74              }else if(eventType == XmlPullParser.TEXT) {
75                  //내용을 갖는 엘리먼트의 내용이면
76                  //내용을 얻어내 결과 문자열에 추가
77                  if(trigger){
78                      resultStr +=  xmlParser.getText( ) + ", ";
79                      trigger = false;
80                  }
81              }
82              //다음 이벤트 엘리먼트를 얻어냄
83              eventType = xmlParser.next( );
84          }
85      } catch (Exception e) {
86          //발생하는 XmlPullParserException, IOException 둘 다 처리
87          e.printStackTrace( );
88      }
89
90      //추출할 XML 문서의 데이터를 화면에 표시한다.
91      TextView resultView = (TextView)findViewById(R.id.result);
92      resultView.setText(resultStr);
```

```
93      }
94
95
96      @Override
97      public boolean onCreateOptionsMenu(Menu menu) {
98          getMenuInflater( ).inflate(
99              R.menu.activity_get_xmldata_test_main, menu);
100         return true;
101     }
102
103 }
```

06 안드로이드 애플리케이션 프로젝트를 선택한 후 [Run As]–[Android Application] 메뉴를 선택해 안드로이드 에뮬레이터로 실행한다.

Tip 공공 데이터 포털의 활용

국가 공유 자원 포털사이트(https://www.data.go.kr)에서 제공하는 OPEN API를 사용해 다양한 애플리케이션을 작성할 수 있다. 이곳에서는 OPEN API뿐만 아니라, DATA 항목을 통해 애플리케이션 데이터, 논문 등도 제공한다.

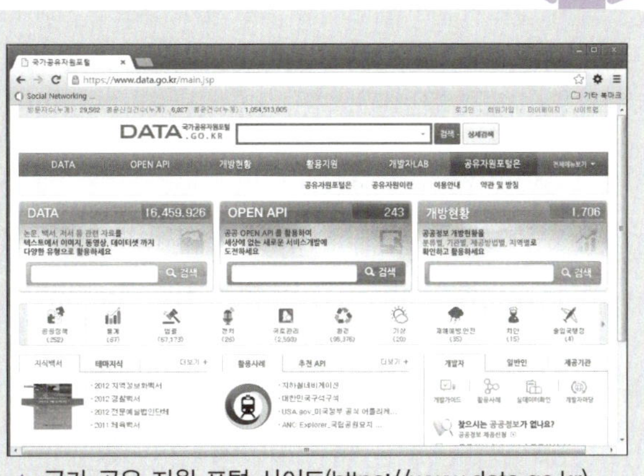

▲ 국가 공유 자원 포털 사이트(https://www.data.go.kr)

01 개요

- 안드로이드에서 제공하는 데이터 저장 기법에는 프레퍼런스, 내부/외부 저장소를 사용한 파일, SQLite 데이터베이스, 네트워크를 사용한 웹상에서의 데이터 저장 방법이 있다.

02 내부 저장소(Internal Storage)와 외부 저장소(External Storage)의 사용

- 자바기반의 JSP, 안드로이드의 자바시스템에서 파일을 읽어 들이거나 파일을 내보낼 때는 반드시 입출력 스트림(input/output stream)을 사용해야한다.
- 입출력 스트림을 사용하려면 반드시 [java.io] 패키지 내의 클래스를 임포트(import) 받아야한다.
- 입력 스트림을 사용해 파일을 읽어들일 때는 FileInputStream 클래스를 사용하거나 openFileInput( ) 메소드를 사용해 입력 스트림을 객체로 얻어낼 수 있다.
- 출력 스트림을 사용해 파일을 내보낼 때는 FileOutputStream 클래스를 사용하거나 openFileOutput( ) 메소드를 사용해 출력 스트림을 객체로 얻어낼 수 있다.
- 하나의 애플리케이션에서만 개별적으로 사용되는 데이터를 내부 저장소에 저장한다. 이 개별적으로 사용되는 데이터는 다른 애플리케이션에서는 접근하지 못하며 해당 애플리케이션이 제거되면 이 데이터들도 같이 삭제된다.
- 외부 저장소는 주로 SD 카드를 지칭하며, 컴퓨터상의 파일을 전송할 수 있는 USB 대용량 저장소(USB mass storage)로, 사용 가능한 외부 저장소는 다른 애플리케이션에서 접근 가능한 수정할 목적의 파일들을 저장한다.

03 프레퍼런스(Preference)를 사용한 정보 유지

- 프레퍼런스는 세션처럼 애플리케이션에서 정보를 유지하기 위해 사용하는 것이다.
- 하나의 애플리케이션에서 액티비티간에 정보를 유지할 수 있으며 애플리케이션의 사용이 끝났더라도 정보는 저장되어 유지될 수도 있다.
- 프레퍼런스는 SharedPreferences 클래스를 사용하여 구현하며, SharedPreferences 클래스는 기본 데이터 타입의 키와 값의 쌍으로 이루어진 형태로 정보를 저장하고 얻어내는 것을 제공한다.

04 내장 데이터베이스 SQLite의 사용

- 안드로이드에서는 자체적으로 내장된 SQLite 데이터베이스를 제공한다.

- SQLite는 가볍고 독립적인 기능 때문에 모바일 기기 등에 탑재되기 적합한 구조를 갖고 있다.
- SQLite에서 새로운 데이터베이스를 생성할 때는 SQLiteOpenHelper 클래스를 상속받는 서 브 헬퍼 클래스를 작성해서 한다.
- 새 데이터베이스의 생성은 헬퍼 클래스의 생성자에서 한다.
- 테이블의 생성은 onCreate( ) 메소드에서 하는데, 이 메소드는 데이터베이스가 생성되는 최 소 한 번만 호출된다.
- 데이터베이스 버전의 업그레이드가 있을 경우 기존 테이블을 재생성하지 하지 않으면 업그레 이드되지 않는다.
- 읽기 전용으로 열 때는 getReadableDatabase( ) 메소드를 사용하며, 읽고 쓰기가 가능한 형 태로 데이터베이스를 열 때는 getWritableDatabase( ) 메소드를 사용한다.

05 JSON 파일과 XML 파일에서 데이터 추출

- JSON(JavaScript Object Notation)은 저중량(lightweight) 데이터 교환 형식으로, 파일은 이름/값의 쌍(pair)으로 이루어진 데이터의 집합과 순서가 있는 값들의 목록이라는 두 가지 구조를 사용해 만들 수 있다.
- JSON 객체는 순서가 없는 이름/값의 쌍(pair)으로 이루어져 있다. 이 객체는 {(left brace)로 시작해서 }(right brace)로 끝난다. 객체의 멤버는 이름 다음에는 :(colon)이 표시되고 값을 기술한다.
- XML은 문서의 구조 표현 시 사용하는 것으로, 문서를 트리 구조로 인식해 처리하는 DOM을 사용해서 데이터를 얻어낸다.

Chapter

8

안드로이드 애플리케이션 컴포넌트

여기서는 안드로이드에서 기본 제공되는 내장형 액티비티와 사용자가 필요에 의해 추가한 액티비티 간의 화면 전환 시 필요한 인텐트, 백그라운드에서 작업을 하는 서비스와 백그라운드 작업을 알리는 노티피케이션, 수신만을 하는 브로드캐스트 리시버, 그리고 애플리케이션 간에 데이터를 공유할 수 있도록 해주는 컨텐트 프로바이더 등에 대해 알아본다. 또한 안드로이드 폰의 대문인 홈 화면에 설치하는 앱 위젯에 대해서도 학습한다.

안드로이드 애플리케이션 컴포넌트(Component)의 개요

애플리케이션 컴포넌트(Component)는 안드로이드 애플리케이션을 생성할 수 있도록 제공되는 구성 요소(building block)이다. 안드로이드 애플리케이션은 대부분의 애플리케이션과는 달리 애플리케이션의 사용 시, 단일 진입점(예를 들어 main( ) 메소드, 모델2의 컨트롤러 등)을 갖지 않는다. 즉, 각각의 컴포넌트가 다른 진입점을 통해 애플리케이션에 들어갈 수 있다. 이렇게 진입점은 다르나 각각의 컴포넌트는 그들 나름대로의 역할을 갖고 있다.

안드로이드 애플리케이션은 4개의 핵심 컴포넌트를 가지고 있으며 이들은 각각의 목적에 따라 제공된다. 또한 이들 컴포넌트의 객체를 생성하고 제거하는 라이프 사이클의 구조도 다르다. 이들 컴포넌트는 객체를 생성해서 필요할 때 수행하는 구조를 갖고 있다. 이들에 대한 간략한 설명은 다음과 같다.

■ 액티비티(Activity)

액티비티는 android.app.Activity 클래스를 상속받아 생성하며 사용자 인터페이스를 위한 하나의 화면을 제공 한다. 즉, 화면 하나당 액티비티가 하나이다. 예를 들어 이메일 시스템에서, 메일의 목록을 보여주는 화면에 대한 액티비티와 목록 클릭 시 메일의 내용을 보여주는 화면을 표시한 액티비티가 따로 필요하다. 또한 액티비티에서 다른 애플리케이션을 실행할 수 있는데, 예를 들어 이메일 애플리케이션의 메일의 내용을 읽는 액티비티에서 첨부된 이미지를 보려고 할 때 이미지를 표시하는 별도의 애플리케이션이 실행되어 표시된다.

액티비티는 화면에 표시만 하는 역할을 하는 것으로 화면의 내용은 뷰(View)가 갖는다. 따라서 뷰를 액티비티에 얹어 하나의 화면이 만들어지는 것이다.

■ 서비스(Service)

서비스는 android.app.Service 클래스를 상속받아 생성하며, 백그라운드(background)

에서 동작되는 애플리케이션을 만들 때 사용되는 독립적으로 실행하는 것을 목적으로 한 컴포넌트이다. 백그라운드로 작업해야 하는 것들은 원격처리(remote processes)를 해야 하는 작업 또는 네트워크에서 파일을 다운로드 받거나 음악을 재생하는 등의 오랜 시간이 걸리는 작업과 같이 액티비티에서 처리하기 어려운 작업들이 해당된다.

서비스는 백그라운드에서 작업의 수행을 표시하기 위해 단말기의 알림 영역을 사용하는 데, 이를 위해 노티피케이션 매니저(notification manager)를 사용한다.

■ 브로드캐스트 리시버(Broadcast receiver)

브로드캐스트 리시버는 android.content.BroadcastReceiver 클래스를 상속받아 생성하며, 오직 수신만하는 컴포넌트로 브로드캐스트 공지(announcement)에 반응한다. 많은 브로드캐스트(방송)들이 시스템과 관련 있다. 예를 들어 화면이 꺼졌을 때 공지를 브로드캐스트하며 배터리의 잔량 부족 또는 화면의 이미지를 캡처할 때도 그렇다. 또한 애플리케이션은 브로드캐스트를 어떤 데이터가 단말기로 다운로드 되고 사용될 수 있는가를 다른 애플리케이션이 알게 할 수 있도록 초기화할 수 있다.

브로드캐스트 리시버는 사용자 인터페이스에 표시하지 않고, 브로드캐스트 이벤트가 발생하면 사용자에게 알리기 위해 상태바(status bar)에 알림(notification)을 표시한다. 일반적으로 브로드캐스트 리시버는 단지 다른 컴포넌트를 위한 "gateway(게이트웨이)"로 사용되고 있는데, 이것은 작업량을 최소화하기 위한 것이다. 예를 들어 이벤트상의 어떤 작업을 수행하기 위해 서비스를 초기화하는 것 등이 해당된다.

■ 콘텐트 프로바이더(Content provider)

콘텐트 프로바이더는 android.content.ContentProvider 클래스를 상속받아 생성하며 애플리케이션 데이터의 공유를 관리한다. 일반적인 애플리케이션과 같이 안드로이드에서도 저장되어야 할 데이터는 파일, SQLite 데이터베이스 또는 웹상에 저장되며 콘텐트 프로바이더를 사용해 애플리케이션 간에 이들을 공유할 수 있다. 예를 들어 안드로이드 시스템은 사용자의 연락처 정보를 콘텐트 프로바이더로 제공한다. 이렇게 제공된 연락처 정보는 전화를 거는 애플리케이션, 메시지를 보내는 애플리케이션 등 연락처가 필요한 여러 애플리케이션에서 공유된다.

또한 콘텐트 프로바이더는 다른 애플리케이션과 공유되지 않는 개인적인 데이터를 읽고 쓰는데도 유용하다. 예를 들어 메모장 애플리케이션은 노트를 저장하는데, 콘텐트 프로바이더를 사용한다.

안드로이드 시스템 디자인의 이런 독특한 면은 어떠한 애플리케이션이라도 다른 애플리케이션의 컴포넌트를 실행할 수 있게 한다. 예를 들어 카메라로 사진을 촬영하는 부분이 필요하다면 카메라를 동작시키는 애플리케이션을 새로 작성하기 보다는 기존에 있는 애플리케이션을 사용해서 할 수 있다. 이런 작업을 위해 링크를 포함시키는 작업 등은 필요 없으며, 그냥 카메라 애플리케이션을 실행시키면 되고 카메라로 사진을 찍는 작업이 끝나면 원래의 애플리케이션으로 복귀한다.

시스템이 컴포넌트를 실행시키면, 애플리케이션을 위한 프로세스를 실행시키고 컴포넌트에 필요한 클래스의 객체를 생성한다. 예를 들어 어떤 애플리케이션에서 사진을 촬영하기 위해 카메라 애플리케이션의 액티비티를 실행시키면 카메라 애플리케이션의 프로세스에서 액티비티가 실행된다. 즉, 안드로이드 애플리케이션은 다른 기존의 애플리케이션과 다르게 main( ) 메소드와 같은 단일 진입점 없이도 어디서든지 실행시킬 수 있다.

이런 특성은 시스템 각각의 애플리케이션을 분리된 프로세스로 실행시키고, 이에 따른 애플리케이션에 접근하기 위해 제한된 접근 권한이 필요하다. 애플리케이션은 다른 애플리케이션에서 컴포넌트를 직접적으로 활성화시키지 못한다. 안드로이드에서는 다른 애플리케이션의 컴포넌트를 실행시키기 위해 시스템으로 특정 컴포넌트를 실행시키기 위한 인텐트(intent)가 정의된 메시지를 넘겨줘야 한다. 그러면 시스템은 지정한 컴포넌트를 실행시킨다. 즉, 다른 컴포넌트의 호출시 인텐트가 필요하며 인텐트의 사용법은 뒤에서 학습한다.

안드로이드 컴포넌트들은 객체가 생성되어 제거될 때까지의 라이프사이클(lifecycle)을 가지고 있다. 객체들은 때로는 활성화 혹은 비활성화되며, 액티비티의 경우 사용자에게 '보임(visible)' 혹은 '안보임(invisible)' 의 상태로 표현된다.

액티비티와 인텐트

02.1 액티비티의 개요와 라이프사이클

(1) 액티비티의 개요

액티비티(activity)는 사용자에게 사용자 인터페이스(UI:user interface)를 제공하거나, 사용자로부터의 이벤트에 응답하거나 사용자와 애플리케이션 간의 수행되는 상호통신을 중개하는 역할을 한다.

"액티비티는 하나의 화면을 표현한다."라고 할 수 있다. 액티비티는 일종의 폼(혹은 프레임)과 같은 역할을 하는 것으로, 기본적으로 하나의 액티비티는 하나의 화면에 대응된다. 안드로이드 애플리케이션은 1개 이상의 액티비티로 구성되어 있으며, 여러 개의 화면으로 구성된 일반적인 애플리케이션은 이러한 여러 화면을 액티비티로 구현한다.

사실 액티비티 하나만을 가지고서는 사용자가 아직 화면을 볼 수 없다. 실제로 보이고 조작하는 것이 가능한 화면의 내용은 뷰가 갖고 있기 때문이다. 사용자 인터페이스(UI)를 제공하기 위해서는 화면의 레이아웃이나, 화면을 구성하는 사용자 인터페이스(UI)의 컴포넌트인 위젯(widget)을 액티비티상에서 설계할 필요가 있다. 키의 조작, 화면의 터치, 버튼의 클릭 등의 화면에 대응하는 사용자의 동작은 위젯(widget)에서 액티비티로 전달되고, 액티비티는 사용자의 동작을 실현하기 위해 필요한 처리를 수행해서 사용자의 요구를 수행한다.

앞의 예제들에서 사용한 public void onClick(View v) 메소드는 버튼 등을 클릭하는 동작에 의해 실행된다. 이벤트가 지정된 버튼을 클릭하면 클릭한 이벤트에 반응해서 이벤트를 처리하는 onClick( ) 메소드가 자동 실행된다.

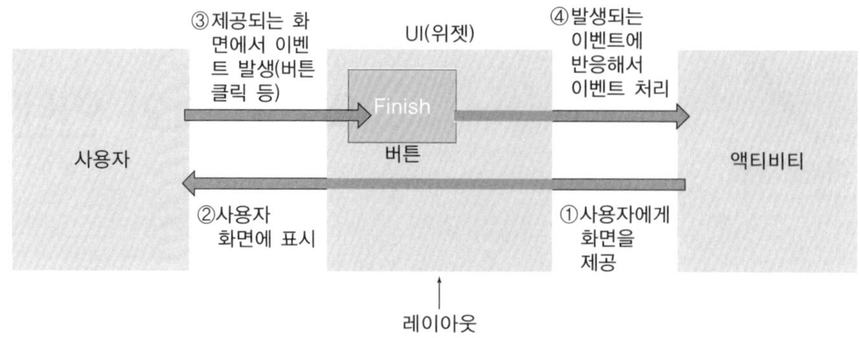

▲ [그림-1] 안드로이드 애플리케이션에서 액티비티의 역할

위의 [그림-1]과 같이 액티비티는 사용자에게 사용자 인터페이스를 제공하고, 사용자는 제공되는 사용자 인터페이스에서 컴포넌트의 클릭 등의 이벤트를 발생시키면 그에 대응되어 액티비티는 발생한 이벤트를 처리한다.

(2) 액티비티의 라이프사이클(Activity Lifecycle)

액티비티는 기본적으로 다음과 같은 3가지 상태를 가지고 있다.

■ 액티비티의 활성화(active) 또는 실행(running) 상태

액티비티는 화면상의 포그라운드(foreground, 전면)에 있을 때(현재의 작업에서 액티비티 스택의 가장 위에 있는 상태), 활성화(active) 또는 실행(running) 상태가 된다. 이것은 사용자의 동작에 의해 포커스를 받은 액티비티이다.

■ 액티비티의 일시중단(paused) 상태

포커스를 받고 있는 액티비티가 사용자에게는 아직 보이지만 포커스를 잃었을 때, 이 액티비티는 일시중단(paused) 상태가 된다. 이것은 다른 액티비티가 현재의 액티비티 위에 놓인 상태로 현재의 액티비티가 투명하게 되었거나 전체화면으로 표시되지 않는 상태이다. 이 일시 중단된 액티비티들은 현재 활성화된 액티비티를 통해서 볼 수 있다. 일시 중단된 액티비티 아직 완전히 살아 있으나(alive), 메모리가 부족한 상황에서는 시스템에 의해 죽여질 수 있다(killed).

■ 액티비티의 중지(stopped) 상태

다른 액티비티에 의해 완전히 보이지 않는 상태가 되었을 때, 이 액티비티는 중지(stopped) 상태가 된다. 이 중지 상태가 된 액티비티는 모든 상태들과 멤버 정보(프로퍼티 및 메소드 정보)를 유지하고 있으나 이 액티비티의 화면은 더 이상 사용자에게는 보이지 않고, 메모리가 필요할 때는 언제든지 시스템에 의해 죽여질 수 있는 상태가 된다. 액티비티가 일시중단(paused) 혹은 중지(stopped) 상태일 경우 시스템은 finish( ) 메소드를 호출하거나, 프로세스를 죽이는 것에 의해 이것을 메모리에서 제거할 수 있다. 또한 이 일시중단 혹은 중지 상태의 액티비티는 사용자에 의해 다시 화면에 표시되었을 때 일시중단 혹은 중지되기 이전 상태로 복귀할 수 있도록 재시작된다(restart).

액티비티는 상태가 변할 때마다, 다음의 메소드들을 호출해서 변경된 상태를 알리는데, 아래에 기술한 7개의 메소드들은 액티비티의 라이프 사이클 전반에 걸쳐 사용된다. 이들 메소드의 접근 제어자(access modifier)는 protected 이다.

- void onCreate(Bundle savedInstanceState) : 액티비티가 생성되었을 때 호출

- void onStart( ) : 액티비티가 실행되었을 때 호출

- void onRestart( ) : 액티비티가 재실행되었을 때 호출(stop된 액티비티를 다시 실행)

- void onResume( ) : 액티비티가 재실행되었을 때 호출(pause된 액티비티를 다시 실행)

- void onPause( ) : 액티비티가 일시중단되었을 때 호출

- void onStop( ) : 액티비티가 중지되었을 때 호출

- void onDestroy( ) : 액티비티가 제거되었을 때 호출

이들 메소드들은 액티비티의 상태가 변했을 때 적절한 작업을 수행할 수 있도록 오버라이딩(overriding, 메소드의 재정의)할 수 있다. onCreate( ) 메소드는 객체가 처음으로 생성되었을 때 초기설정을 하기 위해 필요한 것으로, 반드시 모든 액티비티가 구현해야 하는 메소드이다. 또한 onPause( ) 메소드는 데이터 변경을 할 때와 활성화 액티비티를 중단시킬 준비를 할 때 필요한 것으로 대부분 구현한다. 이들 7개의 메소드가 라이프사이클의 어느 부분에서 호출되어 실행되는지 살펴보자.

액티비티의 라이프사이클은 다시 3개의 중첩된 루프구조로 표시할 수 있으며, 다음과 같다.

다음 [그림-2]의 구조도에서 색이 칠해진 타원은 액티비티의 상태(major state)를 표시한다. 사각형은 액티비티의 상태가 변했을 때 동작을 수행하기 위해 구현되는 콜백(callback) 메소드들을 표시한다.

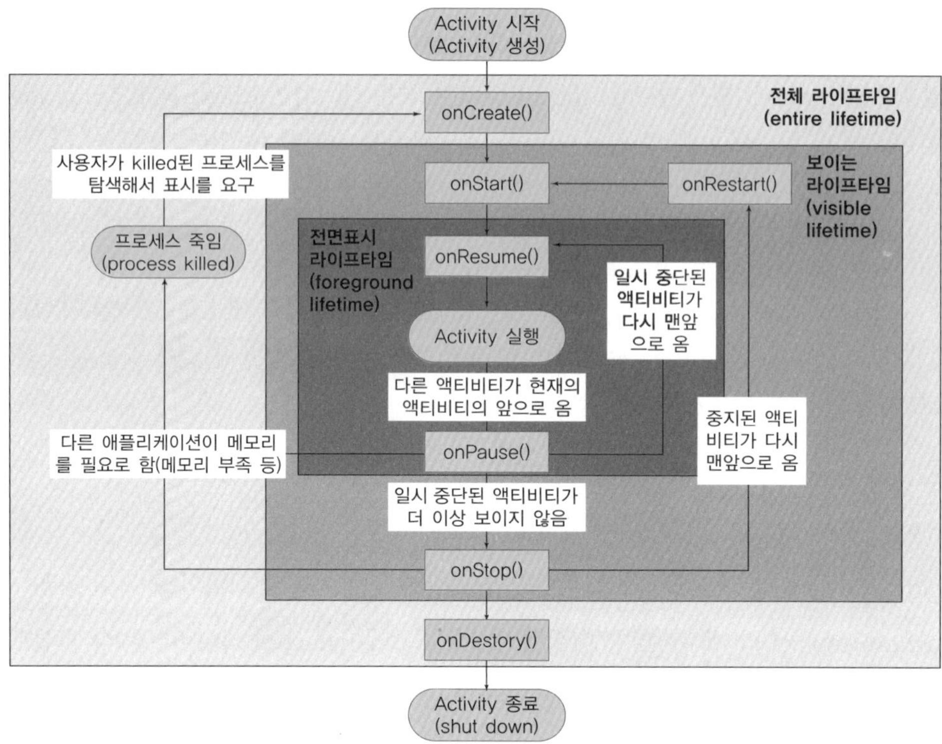

▲ [그림-2] 액티비티의 라이프사이클 구조도

■ 전체 라이프타임(entire lifetime)

한 액티비티의 전체 라이프타임(entire lifetime)은 onCreate( ) 메소드가 처음으로 호출되는 순간부터 onDestroy( ) 메소드가 호출되는 순간까지의 발생되는 모든 동작을 포함한다. 액티비티는 onCreate( ) 메소드에서 "global" 상태의 초기설정을 수행하고, onDestroy( ) 메소드에서 남아 있는 모든 리소스(resource, 자원)를 해제한다. 예를 들어 네트워크로부터 백그라운드에서 데이터를 다운로드 받는 쓰레드 실행(thread running) 상태에서 onCreate( ) 메소드는 쓰레드를 생성하고 onDestroy( ) 메소드는 쓰레드를 중단한다.

■ 보이는 라이프타임(visible lifetime)

한 액티비티의 보이는 라이프타임(visible lifetime)은 onStart( ) 메소드가 호출되는 순간부터 onStop( ) 메소드가 호출되는 순간까지의 발생되는 모든 동작을 포함한다. 비록 포그라운드(foreground)에 표시되지 않고 사용자와 상호작용하지 않더라도, 이 라이프타임 동안 사용자는 액티비티를 화면에서 볼 수 있다. onStart( ) 메소드와 onStop( ) 메소드의 동작 범위에서 액티비티를 화면에 표시하기 위한 리소스(resource)를 유지할 수 있다. 예를 들어 사용자 인터페이스(UI)에 큰 영향을 미치는 변경 등을 감시하기 위해, onStart( ) 메소드에서 브로드캐스트 리시버(BroadcastReceiver)를 등록할 수 있으며, 사용자가 더 이상 화면에 표시되는 것을 볼 수 없을 때 onStop( )에서 등록을 해제할 수 있다. 또한 onStart( ) 메소드와 onStop( ) 메소드는 사용자에게 액티비티가 보이거나 보이지 않게 되거나 하는 상황에 의해 그때그때 호출되어 라이프타임동안 여러 번 호출될 수 있다.

■ 전면표시 라이프타임(foreground lifetime)

한 액티비티의 전면표시 라이프타임(foreground lifetime)은 onResume( ) 메소드가 호출되는 순간부터 onPause( ) 메소드가 호출되는 순간까지의 발생되는 모든 동작을 포함한다. 이 라이프 타임동안 액티비티는 화면상에서 모든 액티비티들의 가장 앞(전면)에 위치하고 사용자와 상호작용을 한다. 액티비티는 재실행과 일시중단 사이에서 자주 상태가 변경될 수 있다. 예를 들어 onPause( ) 메소드는 단말기가 대기상태(sleep)가 되거나 새로운 액티비티가 시작되는 경우 호출되며, onResume( ) 메소드는 액티비티의 수행결과 혹은 새로운 인텐트(intent)가 전달되는 경우 호출된다. 그러므로 onResume( ) 메소드와 onPause( ) 메소드에 코딩할 때는 간결하게(시스템에 부하를 주지 않게) 하는 것이 좋다.

메소드명	설명	다음에 수행될 수 있는 메소드
onCreate( )	액티비티가 처음 생성되었을 때 호출되는 메소드로, 항상 다음에는 onStart( ) 메소드가 호출된다. 세션을 유지하는 애플리케이션의 경우, 여기서 저장된 프레퍼런스를 읽어 세션을 유지한다.	onStart( )
onRestart( )	액티비티가 중단된 후 다시 시작할 때 호출되는 메소드로, 항상 onStart( ) 메소드를 다음에 호출한다.	onStart( )
onStart( )	액티비티가 사용자에게 보이기 전에 호출되는 메소드로, 액티비티를 전면에 보이게 할 경우에는 onResume( ) 메소드가 다음에 호출된다. 만일 액티비티가 숨겨지게 된다면 onStop( ) 메소드가 호출된다.	onResume( ) or onStop( )
onResume( )	액티비티가 사용자와 상호작용하기 직전에 호출되는 메소드로, 이 때 액티비티의 스택의 가장 위에 위치한다. 항상 onPause( ) 메소드의 다음에 수행된다.	onPause( )
onPause( )	시스템이 다른 액티비티를 실행시킬 때 호출되는 메소드로, 끊임 없이 반복되는 데이터를 저장하지 않고 변경, 동영상의 중단하기 위해 주로 사용된다. 액티비티가 다시 전면에 표시된다면 onResume( ) 메소드를 호출하고, 사용자에 의해 보이지 않게 된다면 onStop( ) 메소드가 다음에 호출된다. 세션을 유지하는 애플리케이션의 경우, 여기서 프레퍼런스의 값을 할당 또는 변경한다.	onResume( ) or onStop( )

| onStop( ) | 사용자에 의해 해당 액티비티가 더이상 보이지 않게 되면 호출된다. 이 중단된 액티비티는 제거(destroy)될 수 있으며, 다른 액티비티에 의해 재실행될 수도 있다.
사용자와의 상호작용에 의해 액티비티가 재시작될 경우 onRestart( ) 메소드가 실행되며, 액티비티가 제거될 경우에는 onDestroy( ) 메소드가 호출된다. | onRestart( )
or
onDestroy( ) |
| onDestroy( ) | 액티비티가 제거되기 직전에 호출되는 메소드로 액티비티가 받는 마지막 호출이다. finish( ) 메소드가 호출되거나 메모리의 가용스페이스를 늘리기 위해 시스템이 일시적으로 제거시 호출된다. | 없음
(nothing) |

▲ 라이프 타임의 7개의 콜백 메소드

액티비티, 서비스, 브로드캐스트 리시버, 컨텐트 프로바이더를 추가할 경우 추가된 컴포넌트를 [AndroidManifest.xml] 파일의 [Application] 탭의 [Application Nodes] 부분에 기술해야 한다.

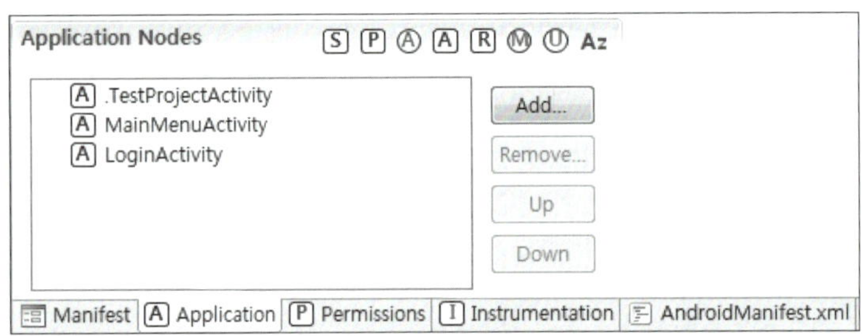

다만 안드로이드가 제공하는 내장된 액티비티, 서비스, 브로드캐스트 리시버, 컨텐트 프로바이더 등을 호출할 때는 [AndroidManifest.xml] 파일에 호출할 액티비티를 추가하지 않아도 된다.

02.2 인텐트(Intent)

액티비티, 서비스, 브로드캐스트 리시버는 인텐트(intent)라 불리는 비동기 메시지에 의해서 활성화된다. 하나의 인텐트는 하나의 인텐트 객체이며, 호출해야 할 컴포넌트 객체를 메시지로 가지고 있다. 인텐트는 액티비티나 서비스에서 이미지가 표시되거나 텍스트를 수정과 같은 요청 등을 전달할 수 있으며, 브로드캐스트 리시버는 카메라 버튼 등이 눌리는 것을 인텐트를 사용해서 공지할 수 있다. 송신되는 인텐트는 시스템이 적절한 곳에 적절한 시간에 전송한다.

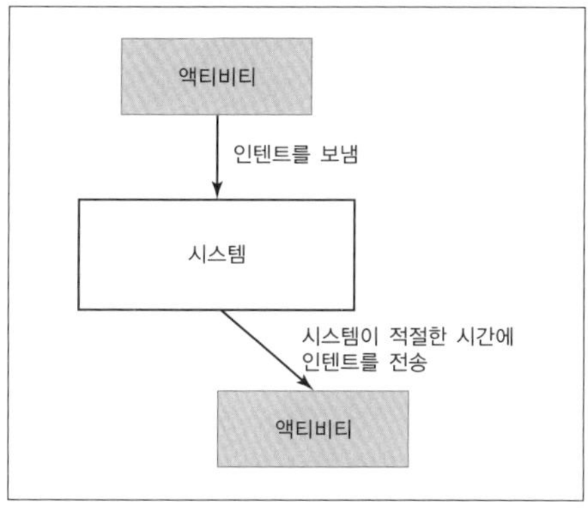

▲ 안드로이드 애플리케이션에서 인텐트의 역할

인텐트의 주요 기능은 컴포넌트 실행(Activating Component)이며 인텐트는 실행시킬 컴포넌트가 같은 애플리케이션이건 아니건 상관없이 개개의 컴포넌트와 런타임상에 바인드(bind, 대응)된다. 즉, 하나의 애플리케이션 내에서도, 다른 액티비티로 화면을 교체할 때도 인텐트가 필요하다.

인텐트는 android.content.Intent 클래스의 객체를 생성해서 사용한다. 객체를 생성시에는 호출할 컴포넌트를 매개변수로 기술하는데 명시적(explicit) 또는 암묵적(implicit) 인텐트인지에 따라 다르다. 사용자가 정의한 컴포넌트(액티비티 등)를 호출 시에는 명시적 인텐트가 사용되고, 내장된 액티비티 등을 호출시에는 암묵적 인텐트가 사용된다.

예 **명시적 인텐트 사용(사용자 정의 액티비티 호출)**

```
//this는 컨텍스트로 현재 액티비티의 레퍼런스
//work.test.ThatActivity.class가 호출될 사용자 정의 액티비티
Intent intent = new Intent(this, work.test.ThatActivity.class);
```

예 **암묵적 인텐트 사용(내장 액티비티 호출)**

```
//android.intent.action.View는 웹 브라우저, 지도 또는 전화번호부 등의 내장 액티비티 호출 시
  사용하는 액션
//웹 브라우저에 표시할 웹 페이지
Intent intent = new Intent("android.intent.action.View",
                Uri.parse("http://www.google.com/"));
```

인텐트를 사용해 액티비티의 화면을 교체할 때는 startActivity( ) 또는 startActivityForResult( ) 메소드를 호출하는데, 이들 메소드의 매개변수로 인텐트 객체를 사용한다. startActivityForResult( ) 메소드는 실행시킨 액티비티로부터 결과 값을 리턴받을 때 사용한다.

```
//intent – 인텐트 객체
//REQUEST_TEXT – 원래 액티비티로 복귀 시 액티비티 인식 코드
startActivity(intent);
startActivityForResult(intent, REQUEST_TEXT);
```

인텐트를 사용해 서비스를 호출할 때는 startService( ) 메소드를 사용한다. 이때 매개변수로 인텐트 객체를 사용한다.

```
//work.test.ThatService.class가 호출될 사용자 정의 서비스
Intent intent = new Intent(this, work.test.ThatService.class);
startService(intent);
```

인텐트를 사용해 브로드캐스트 리시버를 호출할 때는 sendBroadcast( ) 메소드를 사용하며, 이 메소드의 매개변수로 인텐트 객체를 사용한다.

```
//work.test.broadcasttest.VIEW는 AndroidManifest.xml에 등록한 인텐트 필터명
Intent intent = new Intent("work.test.broadcasttest.VIEW");
sendBroadcast(intent);
```

브로드캐스트 리시버처럼 인텐트 필터가 필요한 경우 [AndroidManifest.xml]에 호출되는 브로드캐스트를 추가한 후 인텐트 필터도 추가한다.

Exercise 내장된 액티비티를 호출하는 예제 – [BuiltInActivityTest] 애플리케이션

이 예제는 안드로이드가 제공하는 지도, 웹 브라우저, 통화 등의 내장된 액티비티를 호출한다. 구글 지도가 표시되므로 [Target Name]이 "Google APIs (Google Inc.)"를 갖는 에뮬레이터에 애플리케이션을 실행한다.

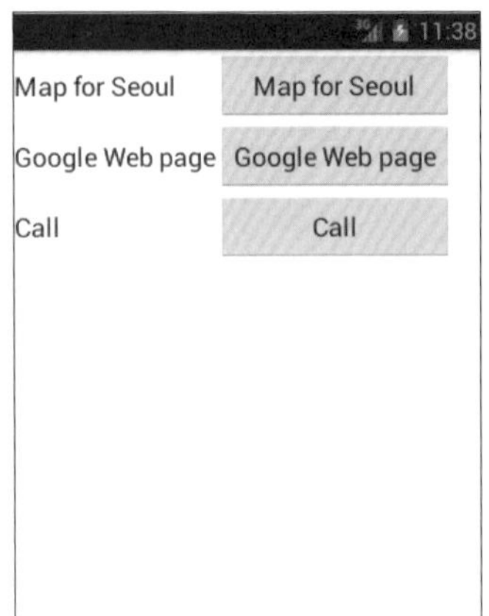

▲ BuiltInActivityTest 애플리케이션 실행 결과

주요 파일	파일명 ([BuiltInActivityTest] 애플리케이션)	하는 일
리소스 파일 (문자열, 이미지 등)	문자열 리소스 파일명 : strings.xml 위치 : [프로젝트]–[res]–[values]	• geoStr, webtStr, callStr 문자열 정의
레이아웃 리소스 파일	activity_built_in_activity_test_main.xml 위치 : [프로젝트]–[res]–[layout]	• 1개의 TableLayout과 3개의 Table Row, 3개의 TextView 위젯과 3개의 Button 위젯 배치 • strings.xml에서 정의한 geoStr, webtStr, callStr 문자열 참조
로직 클래스	액티비티 클래스 파일 파일명 : BuiltInActivityTestMainActivity.java 위치 : [프로젝트]–[src]–[패키지명]	• activity_built_in_activity_test_main.xml을 화면의 내용으로 표시 • 각 버튼을 누르면 해당 내용을 갖는 내장 액티비티가 표시
매니페스트 파일	AndroidManifest.xml 위치 : [프로젝트]	• android.permission.CALL_PHONE 권한 추가

▲ [BuiltInActivityTest] 애플리케이션의 주요 파일

01 BuiltInActivityTest 안드로이드 애플리케이션 프로젝트 생성

❶ [Project Explorer] 뷰에서 [New]–[Project] 메뉴를 선택해 [Android Application Project]를 생성한다.

❷ [New Android Application] 창이 표시되면 다음과 같이 입력 및 선택한 후 [Next] 버튼을 클릭한다. 그 외의 값은 기본 값을 그대로 사용해 생성한다.

항목	입력 및 선택 값
Application Name	BuiltInActivityTest 입력
Project Name	BuiltInActivityTest 자동 입력됨
Package Name	work.test.builtinactivitytest 입력
Minimum Required SDK	API 8 : Android 2.2 (Froyo) 기본 값 사용
Target SDK	API 18 : Android 4.3 기본 값 사용 기본 값이 아닐 경우 선택
Compile With	API 18 : Android 4.3 기본 값 사용

❸ [Next] 버튼을 누르다가 액티비티명 변경 화면이 표시되면 [Activity Name]을 "BuiltInActivityTestMainActivity"로 변경한 후 [Finish] 버튼을 클릭한다.

02 [res]-[values]-[strings.xml] 파일에 문자열을 추가한 후 저장한다.

```
01    <?xml version="1.0" encoding="utf-8"?>
02    <resources>
03
04        <string name="app_name">BuiltInActivityTest</string>
05        <string name="hello_world">Hello world!</string>
06        <string name="menu_settings">Settings</string>
07        <string name="geoStr">Map for Seoul</string>
08        <string name="webStr">Google Web page</string>
09        <string name="callStr">Call</string>
10
11    </resources>
```

03 [res]-[layout]-[activity_built_in_activity_test_main.xml] 파일을 열어 레이아웃을 디자인한 후 저장한다.

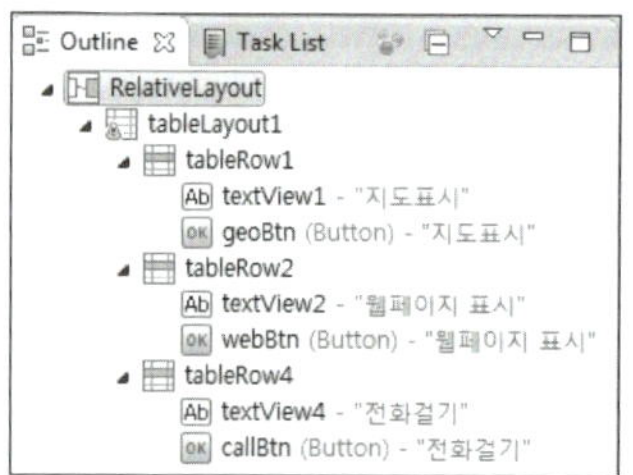

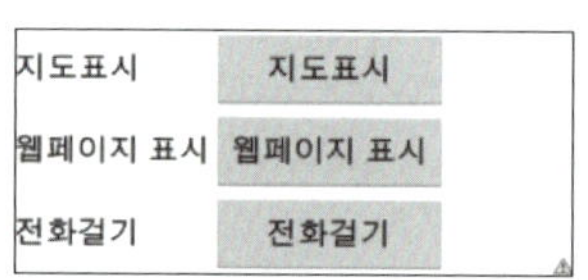

▲ [Outline] 뷰의 구조   ▲ [Graphical Layout]의 화면

완성된 [aivity_built_in_activity_test_main.xml] 파일은 다음과 같다.

```
01    <RelativeLayout xmlns:android="http://schemas.android.com/apk/res/android"
02        xmlns:tools="http://schemas.android.com/tools"
03        android:layout_width="match_parent"
04        android:layout_height="match_parent"
05        tools:context=".BuiltInActivityTestMainActivity" >
06
07        <TableLayout
08            android:id="@+id/tableLayout1"
```

```
09        android:layout_width="match_parent"
10        android:layout_height="wrap_content" >
11
12    <TableRow
13        android:id="@+id/tableRow1"
14        android:layout_width="wrap_content"
15        android:layout_height="wrap_content" >
16
17
18        <TextView
19            android:id="@+id/textView1"
20            android:layout_width="wrap_content"
21            android:layout_height="wrap_content"
22            android:text="@string/geoStr"
23            android:textAppearance="?android:attr/textAppearanceMedium" />
24
25        <Button
26            android:id="@+id/geoBtn"
27            android:layout_width="wrap_content"
28            android:layout_height="wrap_content"
29            android:text="@string/geoStr" />
30
31    </TableRow>
32
33    <TableRow
34        android:id="@+id/tableRow2"
35        android:layout_width="wrap_content"
36        android:layout_height="wrap_content" >
37
38        <TextView
39            android:id="@+id/textView2"
40            android:layout_width="wrap_content"
41            android:layout_height="wrap_content"
42            android:text="@string/webStr"
43            android:textAppearance="?android:attr/textAppearanceMedium" />
44
45        <Button
46            android:id="@+id/webBtn"
47            android:layout_width="wrap_content"
48            android:layout_height="wrap_content"
```

```xml
49          android:text="@string/webStr" />
50
51      </TableRow>
52
53      <TableRow
54          android:id="@+id/tableRow4"
55          android:layout_width="wrap_content"
56          android:layout_height="wrap_content" >
57
58          <TextView
59              android:id="@+id/textView4"
60              android:layout_width="wrap_content"
61              android:layout_height="wrap_content"
62              android:text="@string/callStr"
63              android:textAppearance="?android:attr/textAppearanceMedium" />
64
65          <Button
66              android:id="@+id/callBtn"
67              android:layout_width="wrap_content"
68              android:layout_height="wrap_content"
69              android:text="@string/callStr" />
70
71      </TableRow>
72
73  </TableLayout>
74
75 </RelativeLayout>
```

04 [BuiltInActivityTest]-[src]-[work.test.builtinactivitytest] 내에 있는 [BuiltIn ActivityTestMainActivity] 액티비티의 내용을 추가한 후 저장한다.

```java
01  package work.test.builtinactivitytest;
02
03  import android.app.Activity;
04  import android.content.Intent;
05  import android.net.Uri;
06  import android.os.Bundle;
07  import android.view.Menu;
08  import android.view.View;
```

```java
09  import android.view.View.OnClickListener;
10  import android.view.Window;
11  import android.widget.Button;
12
13  public class BuiltInActivityTestMainActivity extends Activity
14              implements OnClickListener{
15
16      //activity_built_in_activity_test_main.xml에서 정의한 버튼 리소스
17      private int[ ] names={R.id.geoBtn, R.id.webBtn, R.id.callBtn};
18      private Button[ ] buttons;
19
20      @Override
21      protected void onCreate(Bundle savedInstanceState) {
22          super.onCreate(savedInstanceState);
23          requestWindowFeature(Window.FEATURE_NO_TITLE);
24          setContentView(R.layout.activity_built_in_activity_test_main);
25
26          buttons = new Button[names.length];
27          //activity_built_in_activity_test_main.xm에서
28          //정의한 버튼의 정보를 가져와 클릭 이벤트를 등록
29          for(int i=0 ; i<buttons.length; i++){
30              buttons[i] = (Button)findViewById(names[i]);
31              buttons[i].setOnClickListener(this);
32          }
33      }
34
35      @Override
36      public void onClick(View v) {
37          // TODO Auto-generated method stub
38          Intent it = null;
39          //내장 액티비티의 액션을 배열로 지정
40          String[ ] actions={"android.intent.action.VIEW",
41                      "android.intent.action.VIEW",
42                      "android.intent.action.CALL"};
43          //내장 액티비티가 동작하는데 필요한 url을 배열로 지정
44          String[ ] uris={"geo:0,0?q=Seoul","http://www.google.com/",
45                      "tel:010-1111-0000"};
46
47          //각 버튼이 원하는 내장 액티비티를 호출하도록 인텐트를 설정
48          for(int i=0; i<names.length; i++){
49              if(v==buttons[i]){
```

```java
50                  it = new Intent(actions[i], Uri.parse(uris[i]));
51              }
52          }
53
54          startActivity(it); //내장 액티비티 호출
55      }
56
57      @Override
58      public boolean onCreateOptionsMenu(Menu menu) {
59          //Inflate the menu; this adds items to the action bar if it is present.
60          getMenuInflater( ).inflate(R.menu.activity_built_in_activity_test_main,
61                          menu);
62          return true;
63      }
64  }
```


17　　private int[ ] names={R.id.geoBtn, R.id.webBtn, R.id.callBtn};은 activity_built_in_ activity_test_main.xml에서 정의한 버튼의 리소스로, for문을 사용해 처리하기 위해 배열로 처리했다.

18　　private Button[ ] buttons;은 [Map for seoul], [google Web Page], [Call] 버튼을 저장하는 배열을 선언했다.

26　　buttons = new Button[names.length];은 3개의 Button 객체를 저장하는 배열의 메모리를 할당 받는 부분이다. 배열을 선언한 후 메모리를 할당 받아야 사용할 수 있다.

29~32　　for문은 activity_built_in_activity_test_main.xm에서 정의한 버튼의 정보를 가져와 클릭 이벤트를 등록하는 부분이다.

36~55　　[Map for seoul], [google Web Page], [Call] 버튼 중 하나를 클릭하면 자동으로 실행되는 메소드로, 각각 지도표시, 웹사이트 표시, 전화걸기 작업을 수행한다.

38　　Intent it = null;은 Intent 객체를 저장할 레퍼런스 변수 it를 선언한 문장으로, 초기 값을 null로 지정했다. 이 변수는 지역 변수로 사용하기 전에 초기화해야 하며, 레퍼런스 변수의 경우 null로 초기화한다.

40~42　　for문을 사용해서 처리하기 위해 내장 액티비티의 액션을 배열로 지정했다.

44~45　　for문을 사용해서 처리하기 위해 내장 액티비티가 동작하는데 필요한 uri를 배열로 지정했다.

48~52　　40~42라인의 내장 액티비티의 액션을 저장한 배열 actions와 44~45라인의 uri을 저장한 배열 uris를 갖고 50라인에서 Intent 객체를 생성한다. 이때 3개의 각각 다른 액션에 대한 Intent를 생성하기 위해 for문을 사용해서 처리했다.

54   startActivity(it);에서 it는 Intent 객체로 이 객체가 지정한 액션과 uri에 해당하는 내장 액티비티를 호출한다. 즉, [Map for seoul] 버튼을 누르면 지도 표시 내장 액티비티가, [google Web Page] 버튼을 누르면 웹 페이지 표시 내장 액티비티가 표시되고, [Call] 버튼을 누르면 전화 걸기 내장 액티비티가 표시된다.

05 [AndroidManifest.xml]에 [android.permission.CALL_PHONE] 권한 추가
애플리케이션에서 전화걸기 기능을 사용하려면 [AndroidManifest.xml]에 [android.permission.CALL_PHONE] 권한을 추가해야 한다.

❶ [AndroidManifest.xml] 파일의 [Pemissions] 탭의 [Pemissions] 항목에 [Add..] 버튼을 눌러 [Uses Permission] 항목을 추가한다.

❷ [Uses Permission] 항목이 추가되면 [Name] 항목의 콤보상자에서[android.permission.CALL_PHONE] 항목을 선택해 권한을 추가한다.

❸ 변경 사항이 적용될 수 있도록 [AndroidManifest.xml] 파일을 저장한다. 완성된 코드는 다음과 같다.

```
01   <?xml version="1.0" encoding="utf-8"?>
02   <manifest xmlns:android="http://schemas.android.com/apk/res/android"
03       package="work.test.builtinactivitytest"
04       android:versionCode="1"
05       android:versionName="1.0" >
06
07       <uses-sdk
08           android:minSdkVersion="8"
09           android:targetSdkVersion="16" />
10   <uses-permission android:name="android.permission.CALL_PHONE"/>
11
12       <application
13           android:allowBackup="true"
14           android:icon="@drawable/ic_launcher"
15           android:label="@string/app_name"
16           android:theme="@style/AppTheme" >
17           <activity
18   android:name = "work.test.builtinactivitytest.BuiltInActivityTestMainActivity"
19               android:label="@string/app_name" >
20               <intent-filter>
21                   <action android:name="android.intent.action.MAIN" />
```

```
22
23                    <category android:name="android.intent.category.LAUNCHER" />
24            </intent-filter>
25         </activity>
26      </application>
27
28   </manifest>
```

06 [Run As]-[Android Application]을 선택해 안드로이드 에뮬레이터로 실행한다. 이 때 구글 지도가 표시되므로 [Target]이 Google APIs (Google Inc.)를 갖는 에뮬레이터를 실행해서 한다.

❶ Google APIs (Google Inc.)에 해당하는 에뮬레이터가 없는 경우 생성한다.

안드로이드 SDK의 개발 버전에 따라 에뮬레이터에 지도를 표시하는 부분이 에러가 나는 경우가 종종 있다. 최신 버전이나 그 아래 버전에서 지도 표시가 에러가 나는 경우 안전하게 안드로이드 2.3.3 버전인 Google APIs (Google Inc.) − API Level 10을 사용하는 것이 좋다.

필자의 경우 Google APIs (Google Inc.) − API Level 16에서 지도 표시에 에러가 발생해 API Level 17 버전을 사용했다. 참고로 API Level 17, 18 버전은 한글이 전혀 표시되지 않는다.

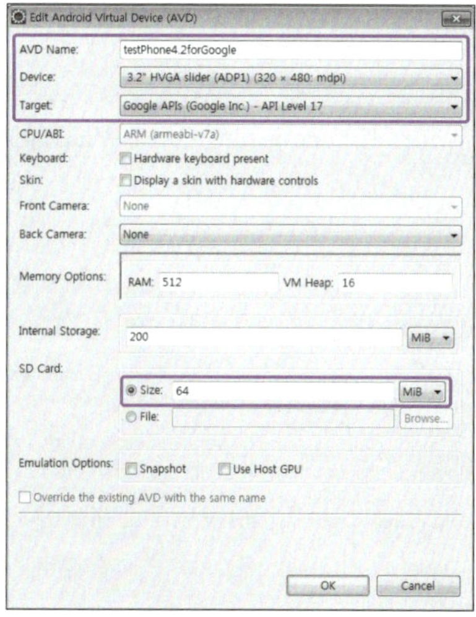

▲ Google APIs (Google Inc.) − API Level 17을 사용한 에뮬레이터 작성

❷ 애플리케이션의 내용이 표시되면 [지도표시] 버튼을 누르면 구글 지도가, [웹페이지 표시] 버튼을 누르면 웹 브라우저가 호출되고 해당 URL의 페이지가 표시된다. 또한 [전화걸기] 버튼을 누르면 통화 애플리케이션이 실행되고 [End] 버튼을 눌러 통화를 중단하면 통화, 통화목록, 주소록 등이 갖는 화면이 표시된다.

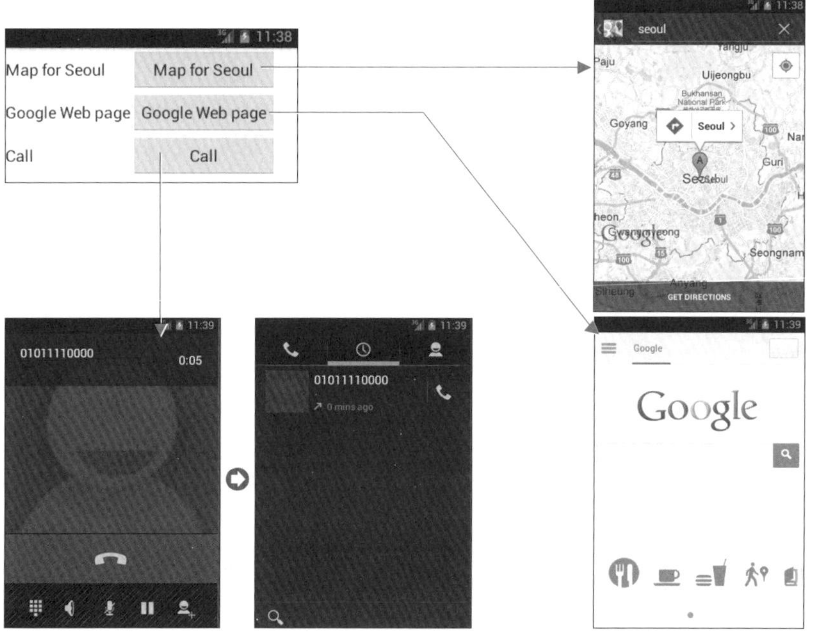

지금까지 암묵적인 인텐트를 사용한 내장 액티비티를 호출하는 예제를 학습했다. 이번에는 명시적 인텐트를 사용해 사용자가 정의한 액티비티를 호출하는 예제에 대해 살펴본다.

Exercise 사용자가 정의한 액티비티를 호출 – [ActivityTest] 애플리케이션

이 예제는 메인화면에서 다른 화면으로 이동하는 것으로 4개의 화면을 제공한다. 4개의 화면이 사용되므로 4개의 액티비티가 필요한 예제이다.

〈ActivityTest 애플리케이션 실행 결과〉

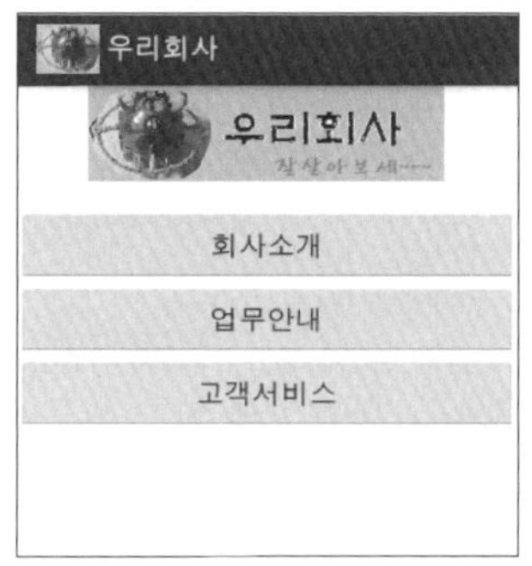

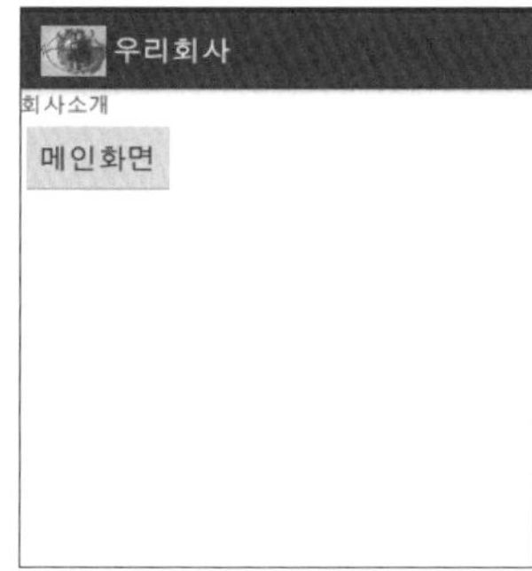

▲ ActivityTestMainActivity　　　▲ IntroActivity

▲ AnnActivity

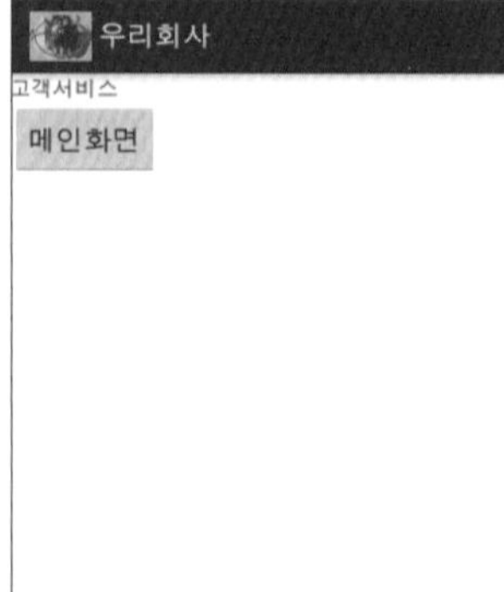

▲ CustomActivity

주요 파일	파일명 ([ActivityTest] 애플리케이션)	하는 일
리소스 파일 (문자열, 이미지 등)	문자열 리소스 파일명 : strings.xml 위치 : [프로젝트]–[res]–[values] 이미지 리소스 파일명 : urilogo.png, uri_title_image.png 위치 : [프로젝트]–[res]–[drawable–mdpi]	• app_name 문자열 변경 • introStr, annStr, customStr, mainStr 문자열 정의 • 이미지 리소스를 [res]–[drawable–mdpi] 폴더에 복사
레이아웃 리소스 파일	activity_activity_test_main.xml 위치 : [프로젝트]–[res]–[layout]	• 1개의 ImageView 위젯과 3개의 Button 위젯 배치 • strings.xml에서 정의한 introStr, annStr, customStr, mainStr 문자열 참조
	intro.xml 위치 : [프로젝트]–[res]–[layout]	• 1개의 TextView위젯과 1개의 Button위젯 배치 • strings.xml 에서 정의한 introStr, mainStr 문자열 참조
	ann.xml 위치 : [프로젝트]–[res]–[layout]	• 1개의 TextView 위젯과 1개의 Button 위젯 배치 • strings.xml에서 정의한 annStr, mainStr 문자열 참조
	custom.xml 위치 : [프로젝트]–[res]–[layout]	• 1개의 TextView 위젯과 1개의 Button 위젯 배치 • strings.xml 에서 정의한 customStr, mainStr 문자열 참조

	메인 액티비티 클래스 파일 파일명: ActivityTestMainActivity.java 위치 : [프로젝트]–[src]–[패키지명]	• activity_activity_test_main.xml을 화면의 내용으로 표시 • 각 버튼을 누르면 버튼에 해당하는 액티비티가 표시
로직 클래스	액티비티 클래스 파일 파일명: IntroActivity.java 위치 : [프로젝트]–[src]–[패키지명]	• intro.xml을 화면의 내용으로 표시 • [메인으로] 버튼을 누르면 메인 액티비티가 표시
	액티비티 클래스 파일 파일명 : AnnActivity.java 위치 : [프로젝트]–[src]–[패키지명]	• ann.xml을 화면의 내용으로 표시 • [메인으로] 버튼을 누르면 메인 액티비티가 표시
	액티비티 클래스 파일 파일명 : CustomActivity.java 위치 : [프로젝트]–[src]–[패키지명]	• custom.xml을 화면의 내용으로 표시 • [메인으로] 버튼을 누르면 메인 액티비티가 표시
매니페스트 파일	AndroidManifest.xml 위치 : [프로젝트]	• IntroActivity, AnnActivity, CustomActivity 추가

▲ [ActivityTest] 애플리케이션의 주요 파일

01 ActivityTest 안드로이드 애플리케이션 프로젝트 생성

❶ [Project Explorer] 뷰에서 [New]–[Project] 메뉴를 선택해 [Android Application Project]를 생성한다.

❷ [New Android Application] 창이 표시되면 다음과 같이 입력 및 선택한 후 [Next] 버튼을 클릭한다. 그 외의 값은 기본 값을 그대로 사용해 생성한다.

항목	입력 및 선택 값
Application Name	ActivityTest 입력
Project Name	ActivityTest 자동 입력됨
Package Name	work.test.activitytest 입력
Minimum Required SDK	API 8 : Android 2.2 (Froyo) 기본 값 사용
Target SDK	API 18 : Android 4.3 기본 값 사용 기본 값이 아닐 경우 선택
Compile With	API 18 : Android 4.3 기본 값 사용

❸ [Next] 버튼을 누르다가 액티비티명 변경 화면이 표시되면 [Activity Name]을 "ActivityTestMainActivity"로 변경한 후 [Finish] 버튼을 클릭한다.

02 이 예제에서 사용한 이미지를 현재의 프로젝트 내로 가져오기

[res]-[drawable-mdpi]를 선택한 후 [General]-[File System] 메뉴를 선택해
[urilogo.png, uri_title_image.png] 파일을 복사한다. 제공되는 이미지는 부록CD
의 [source]-[ActivityTest]-[res]-[drawable-mdpi] 폴더 안에 있다.

03 문자열 리소스 [res]-[values]-[strings.xml] 파일에 문자열 추가 및 변경을 한 후 저
장한다.

```xml
01  <?xml version="1.0" encoding="utf-8"?>
02  <resources>
03
04      <string name="app_name">우리회사</string>
05      <string name="hello_world">Hello world!</string>
06      <string name="menu_settings">Settings</string>
07      <string name="introStr">회사소개</string>
08      <string name="annStr">업무안내</string>
09      <string name="customStr">고객서비스</string>
10      <string name="mainStr">메인화면</string>
11
12  </resources>
```

04 XML 레이아웃 리소스를 디자인한 후 저장한다.

1 [res]-[layout]-[activity_activity_test_main.xml] 파일을 열어 XML 레이아웃을 디
자인한 후 저장한다.

완성된 [activity_activity_test_main.xml] 파일은 다음과 같다.

```xml
01  <RelativeLayout xmlns:android="http://schemas.android.com/apk/res/android"
02      xmlns:tools="http://schemas.android.com/tools"
03      android:layout_width="match_parent"
04      android:layout_height="match_parent"
05      tools:context=".ActivityTestMainActivity" >
06
07      <ImageView
08          android:id="@+id/imageView1"
09          android:layout_width="wrap_content"
10          android:layout_height="wrap_content"
11          android:layout_alignParentTop="true"
12          android:layout_centerHorizontal="true"
```

```xml
13          android:src="@drawable/uri_title_image" />
14
15      <Button
16          android:id="@+id/introBtn"
17          android:layout_width="fill_parent"
18          android:layout_height="wrap_content"
19          android:layout_alignParentLeft="true"
20          android:layout_below="@+id/imageView1"
21          android:layout_marginTop="17dp"
22          android:text="@string/introStr" />
23
24      <Button
25          android:id="@+id/customBtn"
26          android:layout_width="fill_parent"
27          android:layout_height="wrap_content"
28          android:layout_alignParentLeft="true"
29          android:layout_below="@+id/annBtn"
30          android:text="@string/customStr" />
31
32      <Button
33          android:id="@+id/annBtn"
34          android:layout_width="fill_parent"
35          android:layout_height="wrap_content"
36          android:layout_alignParentLeft="true"
37          android:layout_below="@+id/introBtn"
38          android:text="@string/annStr" />
39
40  </RelativeLayout>
```

2 레이아웃 리소스 [intro.xml] 파일을 추가한다.

❶ [res]–[layout]을 선택한 후 마우스 오른쪽 버튼을 눌러 [New]–[Other] 메뉴를 선택한다.

❷ [New] 창에서 [Android]–[Android XML Layout File] 메뉴를 선택한 후 [Next] 버튼을 클릭한다.

❸ [File] 항목에 "intro.xml"을 입력한 후 [Next] 버튼을 클릭한다.

❹ [Choose Configuration Folder] 창에서 XML Layout 파일의 저장 위치를 확인한 후 [Finish] 버튼을 클릭한다.

❺ 생성된 [intro.xml] 파일의 내용을 완성한 후 저장한다.

```
01    <?xml version="1.0" encoding="utf-8"?>
02    <LinearLayout xmlns:android="http://schemas.android.com/apk/res/android"
03        android:layout_width="match_parent"
04        android:layout_height="match_parent"
05        android:orientation="vertical" >
06
07        <TextView
08            android:id="@+id/textView1"
09            android:layout_width="wrap_content"
10            android:layout_height="wrap_content"
11            android:text="@string/introStr" />
12
13        <Button
14            android:id="@+id/mainBtn"
15            android:layout_width="wrap_content"
16            android:layout_height="wrap_content"
17            android:text="@string/mainStr" />
18
19    </LinearLayout>
```

❸ 레이아웃 리소스 [ann.xml] 파일을 추가한 후 완성한다.

❶ [res]-[layout]을 선택한 후 마우스 오른쪽 버튼을 눌러 [New]-[Other] 메뉴를 선택
한다. 그 다음에 표시되는 [New] 창에서 [Android]-[Android XML Layout File]
메뉴를 선택한 후 [Next] 버튼을 클릭한다.

❷ [File] 항목에 "ann.xml"을 입력한 후 [Finish] 버튼을 클릭한다.
완성된 [ann.xml]의 내용은 다음과 같다.

```
01    <?xml version="1.0" encoding="utf-8"?>
02    <LinearLayout xmlns:android="http://schemas.android.com/apk/res/android"
03        android:layout_width="match_parent"
04        android:layout_height="match_parent"
05        android:orientation="vertical" >
06
07        <TextView
08            android:id="@+id/textView1"
09            android:layout_width="wrap_content"
```

```
10          android:layout_height="wrap_content"
11          android:text="@string/annStr" />
12
13      <Button
14          android:id="@+id/mainBtn"
15          android:layout_width="wrap_content"
16          android:layout_height="wrap_content"
17          android:text="@string/mainStr" />
18
19  </LinearLayout>
```

④ 레이아웃 리소스 [custom.xml] 파일을 추가한 후 완성한다.

❶ [res]-[layout]을 선택한 후 마우스 오른쪽 버튼을 눌러 [New]-[Other] 메뉴를 선택한다. 그 다음에 표시되는 [New] 창에서 [Android]-[Android XML Layout File] 메뉴를 선택한 후 [Next] 버튼을 클릭한다.

❷ [File] 항목에 "custom.xml"을 입력한 후 [Finish] 버튼을 클릭한다.
완성된 [custom.xml]의 내용은 다음과 같다.

```
01  <?xml version="1.0" encoding="utf-8"?>
02  <LinearLayout xmlns:android="http://schemas.android.com/apk/res/android"
03      android:layout_width="match_parent"
04      android:layout_height="match_parent"
05      android:orientation="vertical" >
06
07      <TextView
08          android:id="@+id/textView1"
09          android:layout_width="wrap_content"
10          android:layout_height="wrap_content"
11          android:text="@string/customStr" />
12
13      <Button
14          android:id="@+id/mainBtn"
15          android:layout_width="wrap_content"
16          android:layout_height="wrap_content"
17          android:text="@string/mainStr" />
18
19  </LinearLayout>
```

05 [src]-[work.test.activitytest] 내에 있는 액티비티들을 생성 및 수정해서 내용을 완성한다.

1 [IntroActivity] 액티비티를 [New]-[Class] 메뉴를 사용해서 생성한다.

❶ [work.test.activitytest] 패키지를 선택한 후 마우스 오른쪽 버튼을 눌러, [New]-[Class] 메뉴를 클릭한다. [New Class] 창의 [Name] 항목에 "IntroActivity"를 입력하고 [Superclass] 항목에 "android.app.Activity"를 입력한 후 [Finish] 버튼을 클릭한다.

❷ [IntroActivity]가 생성되면 내용을 입력해 완성한다.

```
01    package work.test.activitytest;
02
03    import android.app.Activity;
04    import android.content.Intent;
05    import android.os.Bundle;
06    import android.view.View;
07    import android.widget.Button;
08
09    public class IntroActivity extends Activity {
10
11        public void onCreate(Bundle savedInstanceState) {
12            super.onCreate(savedInstanceState);
13            setContentView(R.layout.intro);
14
15            //[메인으로] 버튼의 정보를 얻어내 이벤트 리스너 등록
16            Button main = (Button)findViewById(R.id.mainBtn);
17            main.setOnClickListener(new View.OnClickListener( ) {
18
19                @Override
20                public void onClick(View v) {//[메인으로] 버튼 클릭
21                    // TODO Auto-generated method stub
22                    //메인 화면으로 돌아가기 위해 인텐트를 설정
23                    Intent it  = new Intent(IntroActivity.this,
24                                    ActivityTestMainActivity.class);
25                    startActivity(it);
26                }
27            });
28        }
29
30    }
```

13   setContentView(R.layout.intro);은 액티비티의 내용으로 intro.xml 레이아웃 리소스를 지정했다.

16~27   [메인으로] 버튼의 정보를 얻어내 이벤트 리스너에 등록한다. [메인으로] 버튼을 클릭하면, 메인 화면을 갖는 [ActivityTestMainActivity] 액티비티로 화면이 이동된다.

23   Intent it = new Intent(IntroActivity.this, ActivityTestMainActivity.class);은 메인 화면으로 돌아가기 위해 인텐트 객체를 생성했다. 이때 첫 번째 매개변수에는 컨텍스트로 현재 액티비티를 지정하고, 두 번째 매개변수에 이동할 액티비티를 클래스 형태로 지정한다.

25   startActivity(it);은 인텐트 객체에 지정한 액티비티를 호출한다.

❷ [AnnActivity] 액티비티를 [New]–[Class] 메뉴를 사용해서 생성한다.

❶ [work.test.activitytest] 패키지를 선택한 후 마우스 오른쪽 버튼을 눌러, [New]–[Class] 메뉴를 클릭한다. [New Class] 창의 [Name] 항목에 "AnnActivity"를 입력하고 [Superclass] 항목에 "android.app.Activity"를 입력한 후 [Finish] 버튼을 클릭한다.

❷ [AnnActivity]가 생성되면 내용을 입력해 완성한다.

```
01    package work.test.activitytest;
02
03    import android.app.Activity;
04    import android.content.Intent;
05    import android.os.Bundle;
06    import android.view.View;
07    import android.widget.Button;
08
09    public class AnnActivity extends Activity {
10
11        public void onCreate(Bundle savedInstanceState) {
12            super.onCreate(savedInstanceState);
13            setContentView(R.layout.ann);
14
15            //[메인으로] 버튼의 정보를 얻어내 이벤트 리스너 등록
16            Button main = (Button)findViewById(R.id.mainBtn);
17            main.setOnClickListener(new View.OnClickListener( ) {
```

```
18
19              @Override
20              public void onClick(View v) {//[메인으로] 버튼 클릭
21                   // TODO Auto-generated method stub
22                   //메인 화면으로 돌아가기 위해 인텐트를 설정
23                   Intent it  = new Intent(AnnActivity.this,
24                               ActivityTestMainActivity.class);
25                   startActivity(it);
26              }
27         });
28     }
29
30 }
```

③ [CustomActivity] 액티비티를 [New]-[Class] 메뉴를 사용해서 생성한다.

❶ [work.test.activitytest] 패키지를 선택한 후 마우스 오른쪽 버튼을 눌러, [New]-[Class] 메뉴를 클릭한다. [New Class] 창의 [New]-[Class] 메뉴를 클릭한 후 [Name] 항목에 "CustomActivity"를 입력하고 [Superclass] 항목에 "android.app. Activity"를 입력한 후 [Finish] 버튼을 클릭한다.

❷ [CustomActivity]가 생성되면 내용을 입력해 완성한다.

```
01    package work.test.activitytest;
02
03    import android.app.Activity;
04    import android.content.Intent;
05    import android.os.Bundle;
06    import android.view.View;
07    import android.widget.Button;
08
09    public class CustomActivity extends Activity {
10
11        public void onCreate(Bundle savedInstanceState) {
12            super.onCreate(savedInstanceState);
13            setContentView(R.layout.custom);
14
15            //[메인으로] 버튼의 정보를 얻어내 이벤트 리스너 등록
```

```
16          Button main = (Button)findViewById(R.id.mainBtn);
17          main.setOnClickListener(new View.OnClickListener( ) {
18
19              @Override
20              public void onClick(View v) {//[메인으로] 버튼 클릭
21                  // TODO Auto-generated method stub
22                  //메인 화면으로 돌아가기 위해 인텐트를 설정
23                  Intent it  = new Intent(CustomActivity.this,
24                          ActivityTestMainActivity.class);
25                  startActivity(it);
26              }
27          });
28      }
29
30  }
```

④ [ActivityTestMainActivity] 액티비티의 내용을 수정한 후 저장한다.

```
01  package work.test.activitytest;
02
03  import android.app.Activity;
04  import android.content.Intent;
05  import android.os.Bundle;
06  import android.view.Menu;
07  import android.view.View;
08  import android.view.View.OnClickListener;
09  import android.widget.Button;
10
11  public class ActivityTestMainActivity extends Activity
12          implements OnClickListener{
13
14      private int[ ] btnR = {R.id.introBtn, R.id.annBtn, R.id.customBtn};
15
16      private Button[ ] buttons;
17
18      @Override
19      protected void onCreate(Bundle savedInstanceState) {
20          super.onCreate(savedInstanceState);
```

```java
21          setContentView(R.layout.activity_activity_test_main);
22
23          buttons = new Button[btnR.length];
24
25          for(int i = 0; i < btnR.length; i++){
26              buttons[i] = (Button)findViewById(btnR[i]);
27              buttons[i].setOnClickListener(this);
28          }
29      }
30
31      @Override
32      public void onClick(View v) {
33          // TODO Auto-generated method stub
34          Intent it = null;
35
36          //누른 버튼에 따라 해당하는 액티비티를 실행하도록 인텐트를 지정한다.
37          if(v == buttons[0])
38              it = new Intent(this,
39                      work.test.activitytest.IntroActivity.class);
40          else if(v == buttons[1])
41              it = new Intent(this,
42                      work.test.activitytest.AnnActivity.class);
43          else if(v == buttons[2])
44              it = new Intent(this,
45                      work.test.activitytest.CustomActivity.class);
46
47          startActivity(it); //지정한 액티비티 호출
48      }
49
50      @Override
51      public boolean onCreateOptionsMenu(Menu menu) {
52          // Inflate the menu; this adds items to the action bar if it is present.
53          getMenuInflater( ).inflate(
54                      R.menu.activity_activity_test_main, menu);
55          return true;
56      }
57
58 }
```

14   private int[ ] btnR = {R.id.introBtn, R.id.annBtn, R.id.customBtn};은 [회사소개], [업무안내], [고객서비스] 버튼의 리소스를 배열로 저장했다.

23~28   activity_activity_test_main.xml에 정의된 [회사소개], [업무안내], [고객서비스] 버튼의 정보를 얻어내, buttons 배열에 저장한 후 이벤트 리소스를 등록한다.

32~48   onClick(View v) 메소드는 누른 버튼에 따라 해당 액티비티로 이동하도록 37~45라인에서 Intent 객체를 생성한다.

38~39, 41~42, 44~45   Intent 객체를 생성하는데 it = new Intent(this, work.test.activitytest.IntroActivity.class);에서 두 번째 매개변수에 「패키지명.호출되는객체명」과 같이 작성했다. 만일 호출하는 this에 해당하는 액티비티와 호출되는 객체가 같은 클래스에 있으면 패키지명을 생략할 수 있다. 여기서는 같은 패키지에 있기 때문에 it = new Intent(this, IntroActivity.class);과 같이 작성해도 된다.

06 추가한 3개의 액티비티를 [AndroidManifest.xml] 파일에 추가한다.

❶ [ActivityTest] 프로젝트 내에 있는 [AndroidManifest.xml] 파일을 더블클릭해서 연 후 [Application] 탭을 선택한다. [Application] 탭의 내용이 표시되면 [Application Node] 항목에서 액티비티를 추가하기 위해 [Add...] 버튼을 클릭한다.

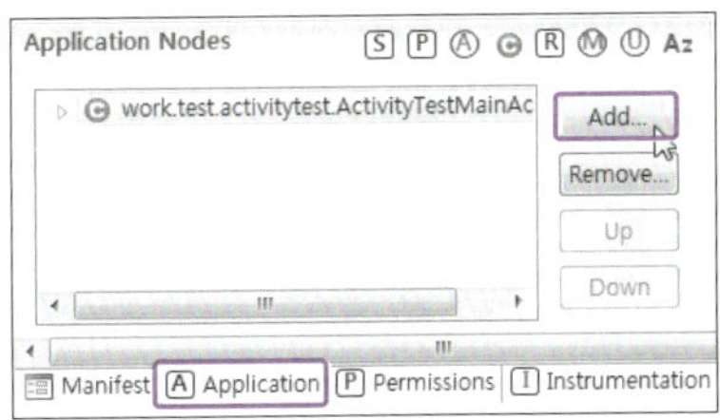

❷ 컴포넌트를 추가하는 창이 표시되면 [Activity] 항목을 선택한 후 [OK] 버튼을 클릭한다.

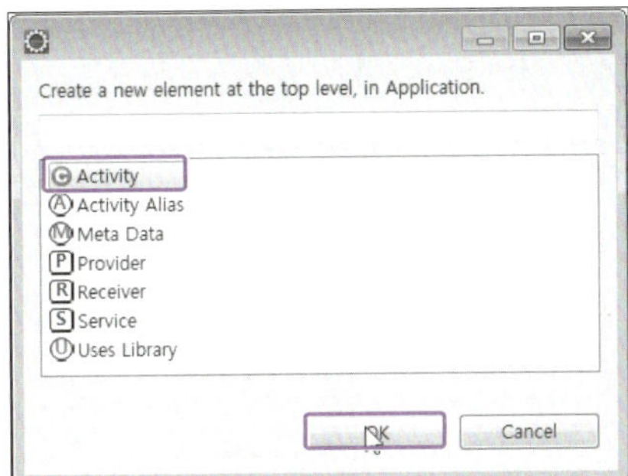

❸ 액티비티가 추가되면 추가되는 액티비티의 이름을 [Attributes for Activity] 항목 안에 있는 [Name] 항목의 [Browse] 버튼을 눌러 선택한다.

❹ 액티비티의 이름을 선택하는 창이 표시된 후 조금 후에 선택 가능한 액티비티명이 표시된다. 원하는 액티비티 이름을 선택한 후 [OK] 버튼을 클릭한다.

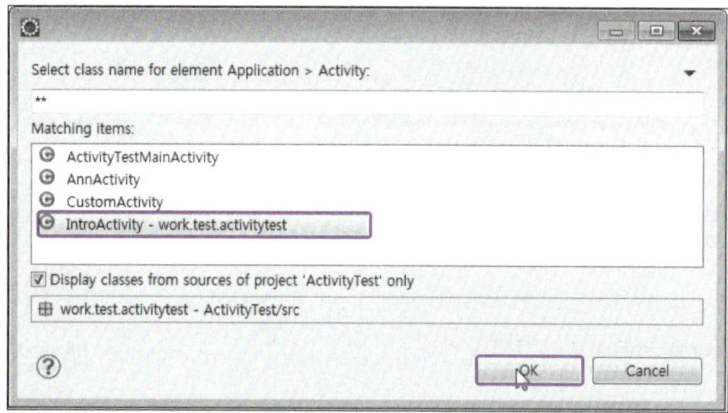

❺ [Name] 항목에 선택한 이름이 표시된 것을 확인할 수 있다.

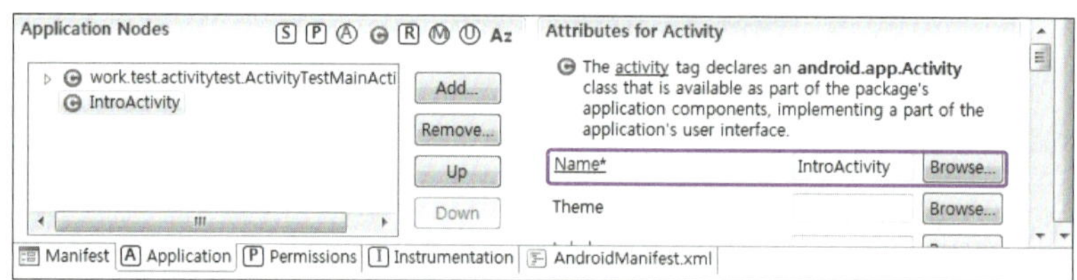

❻ 같은 방법으로 나머지 2개의 액티비티도 [Add] 버튼을 눌러 추가한다. 모두 추가한 후에는 변경 내용을 저장하며, 완성한 내용은 아래와 같다.

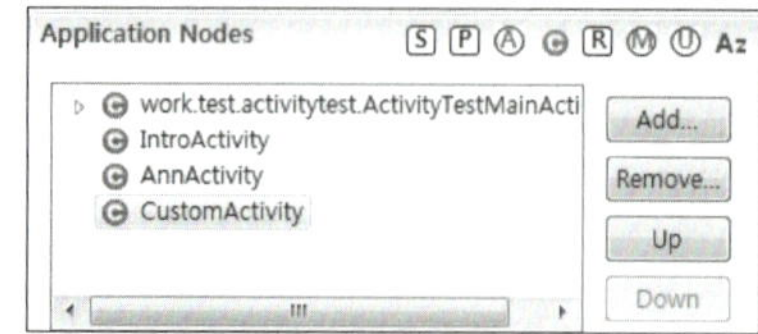

[AndroidManifest.xml] 탭을 누르면 완성된 소스코드를 확인할 수 있다. 진하게 표시된 부분이 추가된 액티비티들과 변경사항이다.

```xml
01  <?xml version="1.0" encoding="utf-8"?>
02  <manifest xmlns:android="http://schemas.android.com/apk/res/android"
03    package="work.test.activitytest"
04    android:versionCode="1"
05    android:versionName="1.0" >
06
07    <uses-sdk
08        android:minSdkVersion="8"
09        android:targetSdkVersion="17" />
10
11    <application
12        android:allowBackup="true"
13        android:icon="@drawable/urilogo"
14        android:label="@string/app_name"
15        android:theme="@style/AppTheme" >
16        <activity
17            android:name="work.test.activitytest.ActivityTestMainActivity"
18            android:label="@string/app_name" >
19            <intent-filter>
20                <action android:name="android.intent.action.MAIN" />
21
22                <category android:name="android.intent.category.LAUNCHER" />
23            </intent-filter>
24        </activity>
25        <activity android:name="IntroActivity"></activity>
26        <activity android:name="AnnActivity"></activity>
27        <activity android:name="CustomActivity"></activity>
28
29    </application>
30
31  </manifest>
```

소스코드 설명

25~27   추가한 액티비티를 기술한 부분으로, 액티비티는 <activity> 태그에 기술한다. 액티비티 하나당 <activity> 태그가 하나 매핑된다.

07 실행할 안드로이드 애플리케이션 프로젝트를 선택한 후 [Run As]–[Android Application]을 선택해 안드로이드 에뮬레이터로 실행한다.

[회사소개] 버튼을 클릭하면 [회사소개] 화면이 표시되고, [업무안내] 버튼을 클릭하면 [업무안내] 화면이, [고객서비스] 버튼을 클릭하면 [고객서비스] 화면이 표시된다. [회사소개], [업무안내], [고객서비스] 화면에서 [메인화면] 버튼을 클릭하면 메인 화면으로 이동한다.

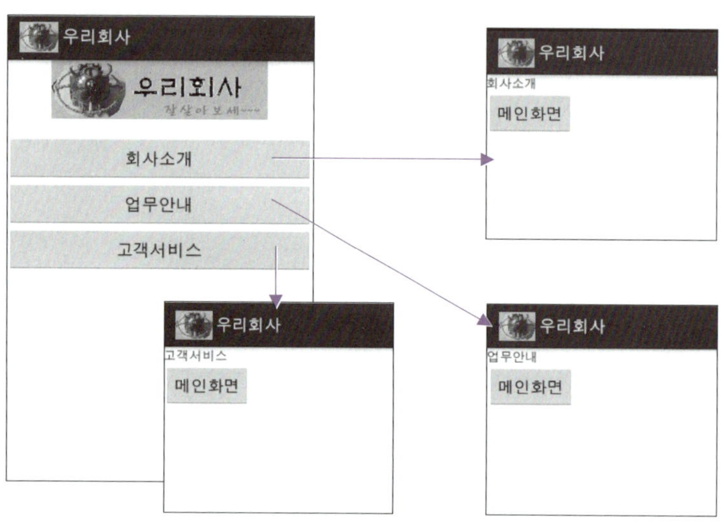

02.3 액티비티 간의 정보 전달

액티비티 간에 값을 전달하는 방법에는 앞에서 학습한 프레퍼런스를 사용하는 방법과 인텐트에 파라미터 값을 지정해 전달하는 방법이 있다. 또한, 호출된 액티비티를 실행 후 결과 값을 리턴받아 처리하는 방법이 있다. 각각 작성하는 애플리케이션에 따라 적절한 방법을 골라 사용하거나 혼합해서 사용한다.

(1) 인텐트에 파라미터 값을 지정해 값을 전달하는 방법

프레퍼런스는 액티비티 간에 세션을 유지할 때 사용하는 것이고, 인텐트에 파라미터 값을 지정하는 것은 호출해서 실행시킬 액티비티의 실행에 필요한 값을 전달할 경우에 사용한다. 이들은 경우에 따라 각각 따로 사용할 수도 있고 같이 사용할 수도 있다. 프레퍼런스의 사용법은 "7장 안드로이드의 데이터 저장 기법"의 "section 03. 프레퍼런스(Preference)를 사용한 정보유지"를 참고한다.

인텐트에 파라미터를 지정할 때는, putExtra( ) 메소드를 사용해서 한다. putExtra(key, value) 메소드는 키(key)와 값(value)의 쌍으로 이루어진 매개변수를 가지며, 사용 방법은 다음과 같다. 이 메소드는 Intent 클래스가 제공하는 메소드이다.

```
Intent it = new Intent(this, TestA.class); //Intent 객체 생성
it.putExtra("sts", "1"); //파라미터 sts = "1" 값을 인텐트에 저장
```

putExtra( ) 메소드는 Intent 객체를 생성한 후, 「객체의 레퍼런스명.putExtra(String key, Object value)」와 같은 형태로 사용한다. 이때 putExtra(String key, value) 메소드의 첫 번째 매개변수 key의 타입은 String이고, 두 번째 매개변수는 객체 타입, 기본 데이터 타입(byte, short, int, float, double, char), 배열 타입이 모두 올 수 있다.

인텐트를 사용해 파라미터를 호출되는 액티비티로 전달하면 이 호출되는 액티비티에서는 getIntent( ).getExtras( ) 메소드를 사용해 Bundle 객체를 얻어낸다.

Activity 클래스의 getIntent( ) 메소드는 Intent 객체를 리턴한다.

Intent getIntent( )
실행되고 있는 해당 액티비티에서 Intent 객체를 얻어내 리턴한다.

Intent 클래스의 getExtras( ) 메소드는 파라미터 값을 얻어낼 수 있는 Bundle 객체를 리턴한다.

Bundle getExtras( )
Intent 객체로부터 파라미터들의 정보를 얻어내 Bundle 객체로 리턴한다.

이 리턴받은 Bundle 객체로부터 getXxx(String key) 메소드를 사용해 파라미터의 값을 얻어낸다. 이때 Xxx는 데이터의 타입으로 저장된 데이터의 값(value)이 String 타입이면 getString(String key), int 타입이면 getint(String key)를 사용한다. 파라미터의 변수명 역할을 하는 key는 반드시 String 타입의 문자열로 기술한다.

```
Bundle params = getIntent( ).getExtras( ); // Bundle 객체를 얻어냄

//sts 파라미터에 저장된 문자열 값을 얻어냄, sts = "1"일 경우 "1" 값을 얻어냄
String status = params.getString("sts");
```

이 예제는 메인화면에서 날짜를 입력한 후 [확인] 버튼을 클릭 시 결과 값을 보여주는 화면으로 이동하는 예제이다. 이때 입력한 값은 putExtra( ) 메소드를 사용해 결과 값을 보여주는 액티비티로 전달한다.

〈UseParameter 애플리케이션 실행 결과〉

▲ UseParameterMainActivity   ▲ ResultActivity

주요 파일	파일명 ([UseParameter] 애플리케이션)	하는 일
리소스 파일 (문자열, 이미지 등)	문자열 리소스 파일명: strings.xml 위치 : [프로젝트]–[res]–[values]	• dateStr, btnStr, resultStr 문자열 정의
레이아웃 리소스 파일	activity_use_parameter_main.xml 위치 : [프로젝트]–[res]–[layout]	• 1개의 TextView 위젯, 1개의 EditText 위젯 및 Button 위젯 배치 • strings.xml 에서 정의한 dateStr, btnStr 문자열 참조
	result.xml 위치 : [프로젝트]–[res]–[layout]	• 2개의 TextView 위젯 배치 • strings.xml에서 정의한 resultStr 문자열 참조
로직 클래스	메인 액티비티 클래스 파일 파일명 : UseParameterMain Activity.java 위치 : [프로젝트]–[src]–[패키지명]	• activity_use_parameter_main.xml 을 화면의 내용으로 표시 • [확인] 버튼을 누르면 ResultActivity 액티비티로 정보를 보냄
	액티비티 클래스 파일 파일명 : ResultActivity.java 위치 : [프로젝트]–[src]–[패키지명]	• result.xml을 화면의 내용으로 표시 • UseParameterMainActivity 액티비티에서 넘겨받은 정보 표시
매니페스트 파일	AndroidManifest.xml 위치 : [프로젝트]	• 이 애플리케이션에서는 내용 수정 안 함

▲ [UseParameter] 애플리케이션의 주요 파일

01 UseParameter 안드로이드 애플리케이션 프로젝트 생성

❶ [Project Explorer] 뷰에서 [New]-[Project] 메뉴를 선택해 [Android Application Project]를 생성한다.

❷ [New Android Application] 창이 표시되면 다음과 같이 입력 및 선택한 후 [Next] 버튼을 클릭한다. 그 외의 값은 기본 값을 그대로 사용해 생성한다.

항목	입력 및 선택 값
Application Name	UseParameter 입력
Project Name	UseParameter 자동 입력됨
Package Name	work.test.useprameter 입력
Minimum Required SDK	API 8 : Android 2.2 (Froyo) 기본 값 사용
Target SDK	API 18 : Android 4.3 기본 값 사용 기본 값이 아닐 경우 선택
Compile With	API 18 : Android 4.3 기본 값 사용

❸ [Next] 버튼을 누르다가 액티비티명 변경 화면이 표시되면 [Activity Name]을 "Use ParameterMainActivity"로 변경한 후 [Finish] 버튼을 클릭한다.

02 [res]-[values]-[strings.xml] 파일에 문자열 추가 및 변경한 후 저장한다.

```
01    <resources>
02
03        <string name="app_name">UseParameter</string>
04        <string name="hello_world">Hello world!</string>
05        <string name="menu_settings">Settings</string>
06        <string name="title_activity_use_parameter">UseParameterActivity</string>
07        <string name="dateStr">날짜입력</string>
08        <string name="btnStr">확인</string>
09        <string name="resultStr">결과</string>
10
11    </resources>
```

03 XML 레이아웃을 디자인한 후 저장한다.

1 **[activity_use_parameter_main.xml] 파일을 수정한 후 저장한다.**

[res]−[layout]−[activity_use_parameter_main.xml] 파일을 열어 수정한 후 저장
한다. 완성된 내용은 다음과 같다.

```xml
01  <RelativeLayout xmlns:android="http://schemas.android.com/apk/res/android"
02      xmlns:tools="http://schemas.android.com/tools"
03      android:layout_width="match_parent"
04      android:layout_height="match_parent"
05      tools:context=".UseParameterMainActivity" >
06
07      <TextView
08          android:id="@+id/textView1"
09          android:layout_width="wrap_content"
10          android:layout_height="wrap_content"
11          android:layout_alignParentLeft="true"
12          android:layout_alignParentTop="true"
13          android:text="@string/dateStr"
14          android:textAppearance="?android:attr/textAppearanceMedium" />
15
16      <EditText
17          android:id="@+id/dateValue"
18          android:layout_width="wrap_content"
19          android:layout_height="wrap_content"
20          android:layout_alignParentLeft="true"
21          android:layout_below="@+id/textView1"
22          android:layout_marginTop="14dp"
23          android:ems="10" />
24
25      <Button
26          android:id="@+id/proBtn"
27          android:layout_width="wrap_content"
28          android:layout_height="wrap_content"
29          android:layout_alignParentRight="true"
30          android:layout_alignTop="@+id/dateValue"
31          android:text="@string/btnStr" />
32
33  </RelativeLayout>
```

2️⃣ **[result.xml] 파일을 추가한 후 완성한다.**

❶ [res]–[layout]을 선택해 마우스 오른쪽 버튼을 눌러 [New]–[Other] 메뉴를 클릭한 후 [Android]–[Android XML Layout File] 메뉴를 선택하고 [Next] 버튼을 클릭한다.

❷ [File] 항목에 "result.xml"을 입력한 후 [Finish] 버튼을 클릭한다.

❸ 추가된 [result.xml] 파일의 내용을 완성한 후 저장한다.

```xml
01  <?xml version="1.0" encoding="utf-8"?>
02  <LinearLayout xmlns:android="http://schemas.android.com/apk/res/android"
03      android:layout_width="match_parent"
04      android:layout_height="match_parent"
05      android:orientation="vertical" >
06
07      <TextView
08          android:id="@+id/textView1"
09          android:layout_width="wrap_content"
10          android:layout_height="wrap_content"
11          android:text="@string/resultStr"
12          android:textAppearance="?android:attr/textAppearanceMedium" />
13
14      <TextView
15          android:id="@+id/resultData"
16          android:layout_width="fill_parent"
17          android:layout_height="wrap_content"
18          android:textAppearance="?android:attr/textAppearanceMedium" />
19
20  </LinearLayout>
```

04 [work.test.useprameter] 패키지에 있는 액티비티들을 생성 및 수정해서 내용을 완성한다.

1️⃣ **[ResultActivity] 액티비티를 [New]–[Class] 메뉴를 사용해서 생성한다.**

❶ [work.test.useparameter] 패키지를 선택한 후 마우스 오른쪽 버튼을 눌러 [New]–[Class] 메뉴를 클릭한다. [New Class] 창의 [Name] 항목에 "ResultActivity"를 입력하고 [Superclass] 항목에 "android.app.Activity"를 입력한 후 [Finish] 버튼을 클릭한다.

❷ [ResultActivity]가 생성되면 내용을 입력해 완성한다.

```java
01    package work.test.useparameter;
02
03    import android.app.Activity;
04    import android.os.Bundle;
05    import android.view.Window;
06    import android.widget.TextView;
07
08    public class ResultActivity extends Activity {
09
10        public void onCreate(Bundle savedInstanceState) {
11            super.onCreate(savedInstanceState);
12            requestWindowFeature(Window.FEATURE_NO_TITLE);
13            setContentView(R.layout.result);//result.xml
14
15            //이 액티비티를 호출시 넘겨준 파라미터를 얻어내서 화면에 표시
16            Bundle params = getIntent( ).getExtras( );
17            String paramData = params.getString("data");
18
19            TextView view  = (TextView)findViewById(R.id.resultData);
20            view.setText("파라메터 값 : "+ paramData);
21        }
22
23    }
```

소스코드 설명

13   setContentView(R.layout.result);은 액티비티의 내용으로 result.xml 파일을 지정했다.

16   Bundle params = getIntent( ).getExtras( );에서 getIntent( ).getExtras( )은 이 액티비티를 호출하는데 사용한 Intent 객체에서 getExtras( ) 메소드를 사용해 Bundle 객체를 얻어내 params변수에 저장한다.

17   String paramData = params.getString("data");은 Bundle 객체 params에서 파라미터명이 data인 파라미터 값을 얻어내 paramData 변수에 저장한다.

19~20   얻어낸 파라미터 값을 표시하기 위해 TextView를 사용했다.

2 [UseParameterActivity] 액티비티의 내용을 수정한 후 저장한다.

```java
01   package work.test.useparameter;
02
03   import android.app.Activity;
04   import android.content.Intent;
05   import android.os.Bundle;
06   import android.view.Menu;
07   import android.view.View;
08   import android.view.Window;
09   import android.widget.Button;
10   import android.widget.EditText;
11
12   public class UseParameterMainActivity extends Activity {
13
14       EditText dateVal;
15
16       @Override
17       protected void onCreate(Bundle savedInstanceState) {
18           super.onCreate(savedInstanceState);
19           requestWindowFeature(Window.FEATURE_NO_TITLE);
20           setContentView(R.layout.activity_use_parameter_main);
21
22           //날짜를 입력한 EditText의 정보를 얻어냄
23           dateVal = (EditText)findViewById(R.id.dateValue);
24
25           //[확인] 버튼의 정보를 얻어내서 이벤트 리스너를 등록
26           Button proBtn = (Button)findViewById(R.id.proBtn);
27           proBtn.setOnClickListener(new View.OnClickListener( ) {
28
29               @Override
30               public void onClick(View v) {
31                   //날짜를 입력한 EditText에서 입력한 값을 얻어냄
32                   String dateValue =dateVal.getText( ).toString( );
33
34                   //호출될 액티비티를 갖고 인텐트 객체를 생성
35                   Intent it =
36                       new Intent(UseParameterMainActivity.this,
37                           work.test.useparameter.ResultActivity.class);
38                   //호출될 액티비티에 넘겨줄 파라미터를 지정
```

```java
39                    it.putExtra("data", dateValue);
40
41                    startActivity(it); //액티비티 호출
42                    finish( ); //현재 액티비티를 종료
43                }
44        });
45    }
46
47    @Override
48    public boolean onCreateOptionsMenu(Menu menu) {
49        // Inflate the menu; this adds items to the action bar if it is present.
50        getMenuInflater( ).inflate(
51            R.menu.activity_use_parameter_main, menu);
52        return true;
53    }
54
55 }
```


23　　dateVal = (EditText)findViewById(R.id.dateValue);은 날짜를 입력한 EditText의 정보를 얻어내 dateVal에 저장한다. 32라인 String dateValue = dateVal.getText( ).toString( );에서 EditText에 입력된 값을 얻어내 dataValue 변수에 저장한다.

26~44　　[확인] 버튼의 정보를 얻어내서 이벤트 리스너를 등록한다. [확인] 버튼을 클릭하면, 30~43라인의 onClick(View v) 메소드가 실행되어 [ResultActivity] 액티비티가 호출된다.

35~37　　Intent it = new Intent(UseParameterMainActivity.this,ResultActivity.class);은 호출될 [ResultActivity] 액티비티 클래스를 갖고 Intent 객체를 생성한다.

39　　it.putExtra("data", dateValue);은 호출될 액티비티에 넘겨줄 파라미터를 지정하는 부분으로, 첫 번째 매개변수 "data"는 파라미터명이고, 두 번째 매개변수 dateValue는 파라미터의 값이다. 파라미터명을 String 타입으로 지정해야 하기 때문에 파라미터명 "data"와 같이 큰 따옴표를 사용한다.

05 추가한 1개의 액티비티를 [AndroidManifest.xml] 파일에 추가한다.

❶ [UseParameter] 프로젝트 내에 있는 [AndroidManifest.xml] 파일을 더블클릭해서 연 후 [Application] 탭을 선택한다.

❷ [Application] 탭의 내용이 표시되면 [Application Node] 항목에서 액티비티를 추가하기 위해 [Add...] 버튼을 클릭해서 추가한 후 변경사항을 저장해 파일을 완성한다.

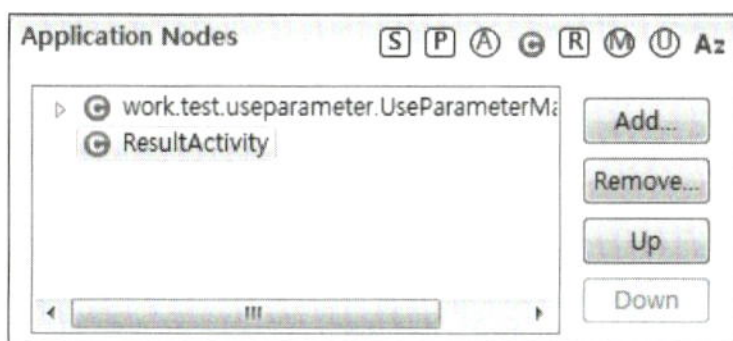

❸ [AndroidManifest.xml] 탭을 누르면 완성된 소스코드를 확인할 수 있다. 진하게 표시된 부분이 추가된 액티비티이다.

```
01  <?xml version="1.0" encoding="utf-8"?>
02  <manifest xmlns:android="http://schemas.android.com/apk/res/android"
03      package="work.test.useparameter"
04      android:versionCode="1"
05      android:versionName="1.0" >
06
07      <uses-sdk
08          android:minSdkVersion="8"
09          android:targetSdkVersion="17" />
10
11      <application
12          android:allowBackup="true"
13          android:icon="@drawable/ic_launcher"
14          android:label="@string/app_name"
15          android:theme="@style/AppTheme" >
16          <activity
17              android:name="work.test.useparameter.UseParameterMainActivity"
18              android:label="@string/app_name" >
19              <intent-filter>
20                  <action android:name="android.intent.action.MAIN" />
21
22                  <category android:name="android.intent.category.LAUNCHER" />
23              </intent-filter>
24          </activity>
25          <activity android:name="ResultActivity"></activity>
26      </application>
27
28  </manifest>
```

06 실행할 안드로이드 애플리케이션 프로젝트를 선택한 후 [Run As]-[Android Application] 메뉴를 선택해 안드로이드 에뮬레이터로 실행한다.

날짜를 입력한 후 [확인] 버튼을 클릭하면 입력한 값을 [ResultActivity] 액티비티로 넘겨줘서 화면에 표시한다.

(2) 결과 값을 리턴하는 액티비티를 처리하는 방법

startActivity(인텐트객체) 메소드를 사용해 지정한 액티비티를 호출한다는 것을 앞에서 학습했다. 이 메소드는 단지 지정한 액티비티만을 호출할 뿐이다. 만일 호출되는 액티비티가 어떤 작업을 처리한 후 결과 값을 반환해 호출한 쪽으로 알려줘야 할 경우 프레퍼런스를 사용할 수도 있다. 그러나 세션을 유지하지 않고 단지 처리 결과만을 리턴할 경우에는 액티비티를 호출할 때 startActivityForResult( ) 메소드를 사용한다.

startActivityForResult(Intent, int) 메소드는 호출되는 액티비티의 실행 결과 값을 리턴 받아야 하는 경우 액티비티 호출에 사용되는 메소드이다. startActivityForResult(Intent, int) 메소드에서 첫 번째 매개변수는 인텐트 객체이고, 두 번째 매개변수는 호출한 액티비티를 인식하기 위한 식별 값, 즉 요청 코드(request code) 값이다. 호출된 액티비티가 어떤 처리를 수행한 후 결과를 호출한 액티비티로 반환할 경우 어느 액티비티로 결과 값을 보내야 하는지를 알려주기 위한 것이다. 즉, 식별 값을 갖고 결과를 반환해야 하는 액티비티를 인식한다.

```
static final int REQUEST_VALUE = 0; //현재(호출하는) 액티비티의 식별 값
Intent it  = new Intent(this, TestA.class); //Intent 객체 생성
//지정한 TestA 액티비티를 식별 값 REQUEST_VALUE를 보내서 호출
startActivityForResult(it, REQUEST_VALUE);
```

이렇게 호출된 액티비티가 결과 값을 반환하면 이 값은 onActivity( ) 메소드가 받아서 처리한다. onActivity(int, int, Intent) 메소드의 첫 번째 매개변수는 요청 코드 값으로 호출한 액티비티가 보낸 값인지를 체크해 원하는 액티비티에서 온 응답인지를 식별한다.

두 번째 매개변수는 결과 코드로 정상적인 응답인지를 RESULT_OK 값을 사용해 체크한다. 즉, 이 두 값은 원하는 액티비티에서의 제대로 된 응답인지를 체크할 때 사용한다. 세 번째 매개변수는 Intent 객체로 응답결과에 따라 다시 액티비티를 호출하는 경우에 사용한다.

```java
public class ActivityTest extends Activity {
    … 생략 …

    static final int REQUEST_VALUE = 0; //액티비티 식별 값

    … 생략 …
    public boolean onKeyDown(int keyCode, KeyEvent event) {
        if (keyCode == KeyEvent.KEYCODE_DPAD_CENTER) {
            // DPAD의 가운데 버튼을 누르면, 액티비티 호출
            Intent it = new Intent(this, TestA.class);
            startActivityForResult(it, REQUEST_VALUE);
            return true;
        }
        return false;
    }

    //응답받은 결과 처리
    protected void onActivityResult(int requestCode, int resultCode,
        Intent data) {

        if (requestCode == REQUEST_VALUE) {
            if (resultCode == RESULT_OK) {
                //요청코드가 REQUEST_VALUE이고
                //결과코드가 정상적인 응답 RESULT_OK이면
                //해당하는 작업 처리
            }
        }
    }
}
```

호출되는 액티비티가 사용자 정의 액티비티인 경우 호출한 액티비티로 복귀하기 위해 setResult( ) 메소드를 코드의 마지막 부분에 기술한다. 정상적인 처리 값인 RESULT_OK를 리턴할 수 있도록 액티비티의 마지막에 setResult(RESULT_OK);과 같이 기술해 호출한 액티비티로 복귀한다. 그러면 호출한 액티비티의 onActivityResult( ) 메소드가 자동으로 이를 감지해 복귀 후의 작업을 처리한다.

이 예제는 메인화면에서 [공구선택] 버튼을 클릭 시 공구를 선택하는 화면으로 이동한다. 원하는 공구를 체크해 [선택완료] 버튼을 클릭하면 원래의 메인화면으로 복귀해 선택한 항목으로 표시하는 예제이다. 이때 메인화면으로 복귀하기 위해 startActivityForResult( ) 메소드를 사용하고 결과 값을 전송하기 위해 프레퍼런스를 사용했다. 프레퍼런스는 세션의 유지뿐만 아니라 정보를 전송할 때도 사용한다.

〈UseReturnResult 애플리케이션 실행 결과〉

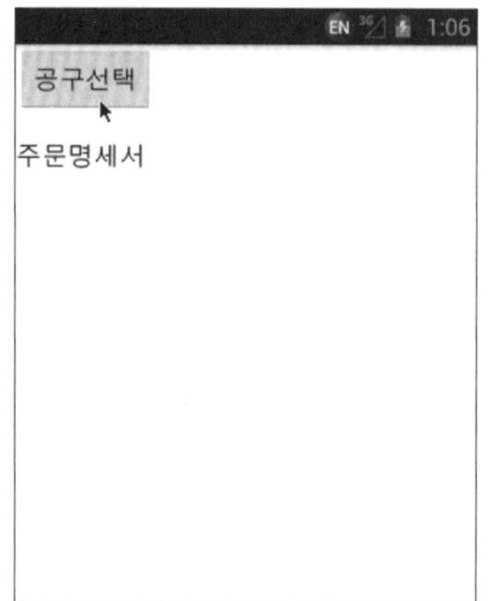

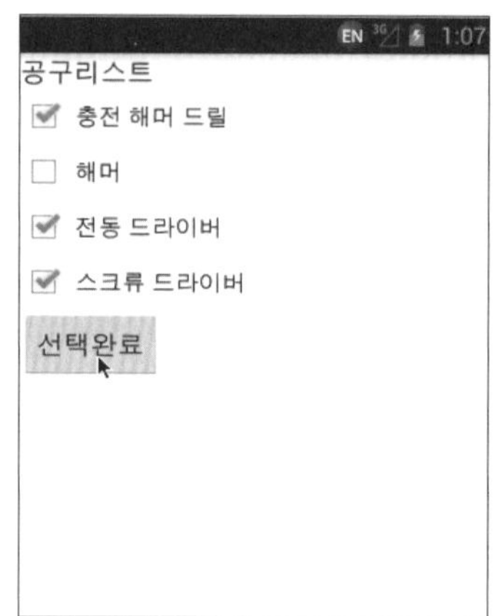

| ▲ UseReturnResultMainActivity | ▲ SelectToolActivity |

주요 파일	파일명 ([UseReturnResult] 애플리케이션)	하는 일
리소스 파일 (문자열, 이미지 등)	문자열 리소스 파일명 : strings.xml 위치 : [프로젝트]–[res]–[values]	• proStr, displayStr, toolList, selectStr, tool1, tool2, tool3, tool4 문자열 정의
레이아웃 리소스 파일	activity_use_return_result_main.xml 위치 : [프로젝트]–[res]–[layout]	• 1개의 TextView 위젯, 1개의 Button 위젯 배치 • strings.xml에서 정의한 proStr, displayStr 문자열 참조
	select_tool.xml 위치 : [프로젝트]–[res]–[layout]	• 1개의 TextView 위젯, 4개의 CheckBox 위젯 및 1개의 Button 위젯 배치 • strings.xml에서 정의한 toolList, selectStr, tool1, tool2, tool3, tool4 문자열 참조

	메인 액티비티 클래스 파일 파일명 : UseReturnResultMain Activity.java 위치 : [프로젝트]–[src]–[패키지명]	• activity_use_return_result_main. xml을 화면의 내용으로 표시 • [공구선택] 버튼을 누르면 SelectTool Activity 액티비티 표시
로직 클래스	액티비티 클래스 파일 파일명 : SelectToolActivity.java 위치 : [프로젝트]–[src]–[패키지명]	• select_tool.xml을 화면의 내용으로 표시 • 항목을 선택 후 [선택완료] 버튼을 누르면 선택한 결과를 UseReturn ResultMain Activity로 보냄
매니페스트 파일	AndroidManifest.xml 위치 : [프로젝트]	• 이 애플리케이션에서는 내용 수정 안 함

▲ [UseReturnResult] 애플리케이션의 주요 파일

01 UseReturnResult 안드로이드 애플리케이션 프로젝트 생성

❶ [Project Explorer] 뷰에서 [New]–[Project] 메뉴를 선택해 [Android Application Project]를 생성한다.

❷ [New Android Application] 창이 표시되면 다음과 같이 입력 및 선택한 후 [Next] 버튼을 클릭한다. 그 외의 값은 기본 값을 그대로 사용해 생성한다.

항목	입력 및 선택 값
Application Name	UseReturnResult 입력
Project Name	UseReturnResult 자동 입력됨
Package Name	work.test.usereturnresult 입력
Minimum Required SDK	API 8 : Android 2.2 (Froyo) 기본 값 사용
Target SDK	API 18 : Android 4.3 기본 값 사용 기본 값이 아닐 경우 선택
Compile With	API 18 : Android 4.3 기본 값 사용

❸ [Next] 버튼을 누르다가 액티비티명 변경 화면이 표시되면 [Activity Name]을 "UseReturnResultMainActivity"로 변경한 후 [Finish] 버튼을 클릭한다.

02 [res]–[values]–[strings.xml] 파일에 문자열 추가 및 변경한 후 저장한다.

```
01    <?xml version="1.0" encoding="utf-8"?>
02    <resources>
03
```

```
04        <string name="app_name">UseReturnResult</string>
05        <string name="hello_world">Hello world!</string>
06        <string name="menu_settings">Settings</string>
07        <string name="proStr">공구선택</string>
08        <string name="diaplayStr">주문명세서</string>
09        <string name="toolList">공구리스트</string>
10        <string name="selectStr">선택완료</string>
11        <string name="tool1">충전 해머 드릴</string>
12        <string name="tool2">해머</string>
13        <string name="tool3">전동 드라이버</string>
14        <string name="tool4">스크류 드라이버</string>
15
16    </resources>
```

03 XML 레이아웃 리소스를 추가 및 변경을 한 후 저장한다.

1 [activity_use_return_result_main.xml]을 디자인한 후 저장한다.

[res]−[layout]−[activity_use_return_result_main.xml] 파일을 열어 레이아웃을 수정한 후 저장한다. 완성된 [activity_use_return_result_main.xml]은 다음과 같다.

```
01    <RelativeLayout xmlns:android="http://schemas.android.com/apk/res/android"
02        xmlns:tools="http://schemas.android.com/tools"
03        android:layout_width="match_parent"
04        android:layout_height="match_parent"
05        tools:context=".UseReturnResultMainActivity" >
06
07        <Button
08            android:id="@+id/proBtn"
09            android:layout_width="wrap_content"
10            android:layout_height="wrap_content"
11            android:layout_alignParentLeft="true"
12            android:layout_alignParentTop="true"
13            android:text="@string/proStr" />
14
15        <TextView
16            android:id="@+id/textView1"
17            android:layout_width="wrap_content"
18            android:layout_height="wrap_content"
19            android:layout_alignParentLeft="true"
20            android:layout_below="@+id/proBtn"
```

```
21        android:layout_marginTop="16dp"
22        android:text="@string/diaplayStr"
23        android:textAppearance="?android:attr/textAppearanceMedium" />
24
25    <TextView
26        android:id="@+id/display"
27        android:layout_width="fill_parent"
28        android:layout_height="wrap_content"
29        android:layout_alignParentLeft="true"
30        android:layout_below="@+id/textView1"
31        android:textAppearance="?android:attr/textAppearanceMedium" />
32
33 </RelativeLayout>
```

2 [select_tool.xml] 파일을 추가한 후 완성한다.

❶ [res]-[layout]을 선택해 마우스 오른쪽 버튼을 눌러 [New]-[Other] 메뉴를 클릭한 후 [Android]-[Android XML Layout File] 메뉴를 선택하고 [Next] 버튼을 클릭한다.

❷ [File] 항목에 "select_tool.xml"을 입력한 후 [Finish] 버튼을 클릭한다.

❸ 추가된 [select_tool.xml] 파일의 내용을 완성한 후 저장한다.

```
01 <?xml version="1.0" encoding="utf-8"?>
02 <LinearLayout xmlns:android="http://schemas.android.com/apk/res/android"
03    android:layout_width="match_parent"
04    android:layout_height="match_parent"
05    android:orientation="vertical" >
06
07    <TextView
08        android:id="@+id/textView1"
09        android:layout_width="wrap_content"
10        android:layout_height="wrap_content"
11        android:text="@string/toolList"
12        android:textAppearance="?android:attr/textAppearanceMedium" />
13
14    <CheckBox
15        android:id="@+id/t1"
16        android:layout_width="match_parent"
17        android:layout_height="wrap_content"
18        android:text="@string/tool1" />
```

```xml
19
20      <CheckBox
21          android:id="@+id/t2"
22          android:layout_width="match_parent"
23          android:layout_height="wrap_content"
24          android:text="@string/tool2" />
25
26      <CheckBox
27          android:id="@+id/t3"
28          android:layout_width="match_parent"
29          android:layout_height="wrap_content"
30          android:text="@string/tool3" />
31
32      <CheckBox
33          android:id="@+id/t4"
34          android:layout_width="match_parent"
35          android:layout_height="wrap_content"
36          android:text="@string/tool4" />
37
38      <Button
39          android:id="@+id/selectBtn"
40          android:layout_width="wrap_content"
41          android:layout_height="wrap_content"
42          android:text="@string/selectStr" />
43
44  </LinearLayout>
```

04 [work.test.usereturnresult]에 있는 액티비티들을 생성 및 수정해서 내용을 완성한다.

1 [SelectToolActivity] 액티비티를 [New]–[Class] 메뉴를 사용해서 생성한다.

❶ [work.test.usereturnresult] 패키지를 선택한 후 마우스 오른쪽 버튼을 눌러 [New]–[Class] 메뉴를 클릭한다. [New Class] 창의 [Name] 항목에 "SelectToolActivity"를 입력하고 [Superclass] 항목에 "android.app.Activity"를 입력한 후 [Finish] 버튼을 클릭한다.

❷ [SelectToolActivity]가 생성되면 내용을 입력해 완성한다.

```java
01  package work.test.usereturnresult;
02
03  import android.app.Activity;
04  import android.content.SharedPreferences;
```

```java
05    import android.os.Bundle;
06    import android.view.View;
07    import android.view.Window;
08    import android.view.View.OnClickListener;
09    import android.widget.Button;
10    import android.widget.CheckBox;
11
12    public class SelectToolActivity extends Activity
13            implements OnClickListener{
14
15    static final String PREFS_NAME = "UserPrefs";//프레퍼런스명
16
17        CheckBox[ ] cb; //4개의 CheckBox 객체를 저장
18        Button send;
19
20        int[ ] cbList = {R.id.t1,R.id.t2,R.id.t3,R.id.t4};
21        String selectData = " ";
22
23        public void onCreate(Bundle savedInstanceState) {
24            super.onCreate(savedInstanceState);
25            requestWindowFeature(Window.FEATURE_NO_TITLE);
26            setContentView(R.layout.select_tool);
27
28            //[선택완료] 버튼의 정보를 얻어내 리스너를 등록
29            send = (Button)findViewById(R.id.selectBtn);
30            send.setOnClickListener(this);
31        }
32
33        @Override
34        public void onClick(View v) {
35            // TODO Auto-generated method stub
36            if(v == send){//이벤트가 발생한 곳이 [선택완료] 버튼이면 수행
37                //체크박스의 체크 여부를 확인하기 위해
38                //4개의 체크박스를 모두 확인
39                cb = new CheckBox[cbList.length];
40                for(int i=0; i<cbList.length; i++){
41                    cb[i] = (CheckBox)findViewById(cbList[i]);
42                    if(cb[i].isChecked( ))//체크박스가 체크되어 있으면
43                        //체크박스의 레이블을 얻어내서 selectData 문자열에 누적
44                        selectData +=
```

```
45                        cb[i].getText( ).toString( ) + "\n";
46                   }
47
48              //간단한 정보를 호출한 액티비티로 보내기 위해 프레퍼런스 사용
49              SharedPreferences prefs =
50                        getSharedPreferences(PREFS_NAME,MODE_PRIVATE);
51              SharedPreferences.Editor editor  = prefs.edit( );
52              editor.putString("resultData", selectData);//정보저장
53              editor.commit( );
54
55              //호출한 액티비티로 복귀
56              setResult(RESULT_OK);
57              finish( );//현재의 액티비티는 종료
58          }
59      }
60
61  }
```


36~46   클릭 이벤트가 발생한 위치가 [선택완료] 버튼이면, 4개의 체크박스에서 체크된 것을 얻어낸다. 체크박스는 개별적으로 인식이 되기 때문에 체크박스가 4개면 4개 모두를, 10개면 10개 모두를 확인해야 한다. 이 처리를 위해 일반적으로 for문을 사용한다. 이 예제에서도 40라인의 for문이 체크박스의 개수만큼 각각 체크가 되어있는가를 42라인과 같이 isChecked( ) 메소드를 사용해서 한다. 만일 체크되어 있으면 44~45라인과 같이 체크박스의 레이블을 얻어내서 selectData 문자열에 누적한다.

49~53   이 액티비티에서 발생한 간단한 정보를 호출한 액티비티로 보내기 위해 프레퍼런스를 사용하는 부분이다.

56   setResult(RESULT_OK);은 이 액티비티를 호출한 [UseReturnResultMainActivity] 액티비티로 복귀하는 메소드이다. 이때 정상적인 응답이라는 RESULT_OK를 매개변수로 사용해서 한다. 이 문장이 실행되면 프로그램의 제어가 [UseReturnResultMainActivity] 액티비티의 49라인 protected void onActivityResult(int requestCode,int resultCode, Intent data) 메소드로 이동한다.

2 [UseReturnResultMainActivity] 액티비티의 내용을 추가한 후 저장한다.

```
01  package work.test.usereturnresult;
02
03  import android.app.Activity;
04  import android.content.Intent;
05  import android.content.SharedPreferences;
```

```java
06    import android.os.Bundle;
07    import android.view.Menu;
08    import android.view.View;
09    import android.view.View.OnClickListener;
10    import android.view.Window;
11    import android.widget.Button;
12    import android.widget.TextView;
13
14    public class UseReturnResultMainActivity extends Activity
15            implements OnClickListener{
16
17        static final int REQUEST_VALUE = 0; //요청코드 설정
18        static final String PREFS_NAME = "UserPrefs";//프레퍼런스명
19
20        Button process;
21        TextView result;
22
23        @Override
24        protected void onCreate(Bundle savedInstanceState) {
25            super.onCreate(savedInstanceState);
26            requestWindowFeature(Window.FEATURE_NO_TITLE);
27            setContentView(R.layout.activity_use_return_result_main);
28
29            //[공구선택] 버튼의 정보를 얻어내 리스너를 등록
30            process = (Button)findViewById(R.id.proBtn);
31            process.setOnClickListener(this);
32        }
33
34        @Override
35        public void onClick(View v) {
36            // TODO Auto-generated method stub
37            if(v == process){
38                //이벤트가 발생한 곳이 [공구선택] 버튼이면 수행
39                Intent it = new Intent(this, SelectToolActivity.class);
40                //응답결과를 받기 위해 요청코드를 갖는 startActivityForResult( ) 메소드 사용
41                startActivityForResult(it, REQUEST_VALUE);
42            }
43        }
44
45        //호출된 액티비티에서 setResult( ) 메소드가 호출되면 자동으로 실행
46        protected void onActivityResult(int requestCode,
```

```java
47                                        int resultCode, Intent data){
48            if (requestCode == REQUEST_VALUE) {
49              if (resultCode == RESULT_OK) {
50                  //요청코드가 REQUEST_VALUE이고
51                  //결과코드가 정상적인 응답 RESULT_OK이면 작업수행
52
53                  //SharedPreferences 객체를 얻어냄
54                  SharedPreferences prefs
55                    = getSharedPreferences(PREFS_NAME,MODE_PRIVATE);
56
57                  //프레퍼런스에 저장된 정보를 읽어 결과를 텍스트뷰에 표시
58                  String resultData
59                    = prefs.getString("resultData", "");
60                  result = (TextView)findViewById(R.id.display);
61                  result.setText(resultData);
62              }
63            }
64        }
65
66      @Override
67      public boolean onCreateOptionsMenu(Menu menu) {
68          // Inflate the menu; this adds items to the action bar if it is present.
69          getMenuInflater( ).inflate(
70              R.menu.activity_use_return_result_main, menu);
71          return true;
72      }
73  }
```


17   static final int REQUEST_VALUE = 0;은 호출하는 액티비티를 식별하기 위한 요청코드를 설정하는 부분이다.

30~31   [공구선택] 버튼의 정보를 얻어내 리스너를 등록한다. 이때 [공구선택] 버튼을 누르면 35 라인의 onClick(View v) 메소드가 실행된다.

35~43   onClick(View v) 메소드는 [공구선택] 버튼을 누르면 39라인에서 이동할 액티비티를 갖고 Intent 객체를 생성한다. 그 후 41라인의 startActivityForResult(it, REQUEST_VALUE); 메소드를 사용해 해당 액티비티를 호출한다. 이때 실행 결과를 응답받기 위해 Intent 객체 it, 응답코드 REQUEST_VALUE 을 매개변수로 사용해 startActivityForResult(it, REQUEST_VALUE) 메소드를 호출한다.

46~64   onActivityResult(int requestCode, int resultCode, Intent data) 메소드는 호출된 액티비티 [SelectToolActivity]에서 setResult( ) 메소드가 호출되면, 자동으로 실행된다. 48~49라인의

if문은 요청코드가 REQUEST_VALUE이고 결과코드가 정상적인 응답인 RESULT_OK이면, 53~61라인이 실행된다.

54~61 　　정상적인 응답일 때만 실행되는 것으로 [SelectToolActivity] 액티비티와 공유하는 프레퍼런스의 객체를 얻어낸다. 이 프레퍼런스 객체로부터 resultData 프로퍼티에 저장된 값을 얻어내 화면에 표시한다.

05 추가된 1개의 액티비티를 [AndroidManifest.xml] 파일에 추가한다.

❶ [UseReturnResult] 프로젝트 내에 있는 [AndroidManifest.xml] 파일을 더블클릭해서 연 후 [Application] 탭을 선택한다. [Application] 탭의 내용이 표시되면 [Application Node] 항목에서 [Add...] 버튼을 클릭해서 SelectToolActivity를 추가한다. 추가 후 변경 사항을 저장해 파일을 완성한다.

❷ [AndroidManifest.xml] 탭을 누르면 완성된 소스코드를 확인할 수 있다. 진하게 표시된 부분이 추가된 액티비티이다.

```xml
01  <?xml version="1.0" encoding="utf-8"?>
02  <manifest xmlns:android="http://schemas.android.com/apk/res/android"
03      package="work.test.usereturnresult"
04      android:versionCode="1"
05      android:versionName="1.0" >
06
07      <uses-sdk
08          android:minSdkVersion="8"
09          android:targetSdkVersion="17" />
10
11      <application
12          android:allowBackup="true"
13          android:icon="@drawable/ic_launcher"
14          android:label="@string/app_name"
15          android:theme="@style/AppTheme" >
16          <activity
17      android:name="work.test.usereturnresult.UseReturnResultMainActivity"
18              android:label="@string/app_name" >
19              <intent-filter>
20                  <action android:name="android.intent.action.MAIN" />
21
22                  <category android:name="android.intent.category.LAUNCHER" />
23              </intent-filter>
```

```
24        </activity>
25        <activity android:name="SelectToolActivity"></activity>
26     </application>
27
28  </manifest>
```

06 실행할 안드로이드 애플리케이션 프로젝트를 선택한 후 [Run As]-[Android Application] 메뉴를 선택해 안드로이드 에뮬레이터로 실행한다.

[공구선택] 버튼을 클릭하면 공구를 선택하는 [SelectToolActivity] 액티비티 화면으로 이동한다. 여기서 원하는 공구를 체크해 [선택완료] 버튼을 클릭하면 원래의 메인 화면으로 복귀해 선택한 항목을 메인화면인 [UseReturnResultActivity]에 표시한다.

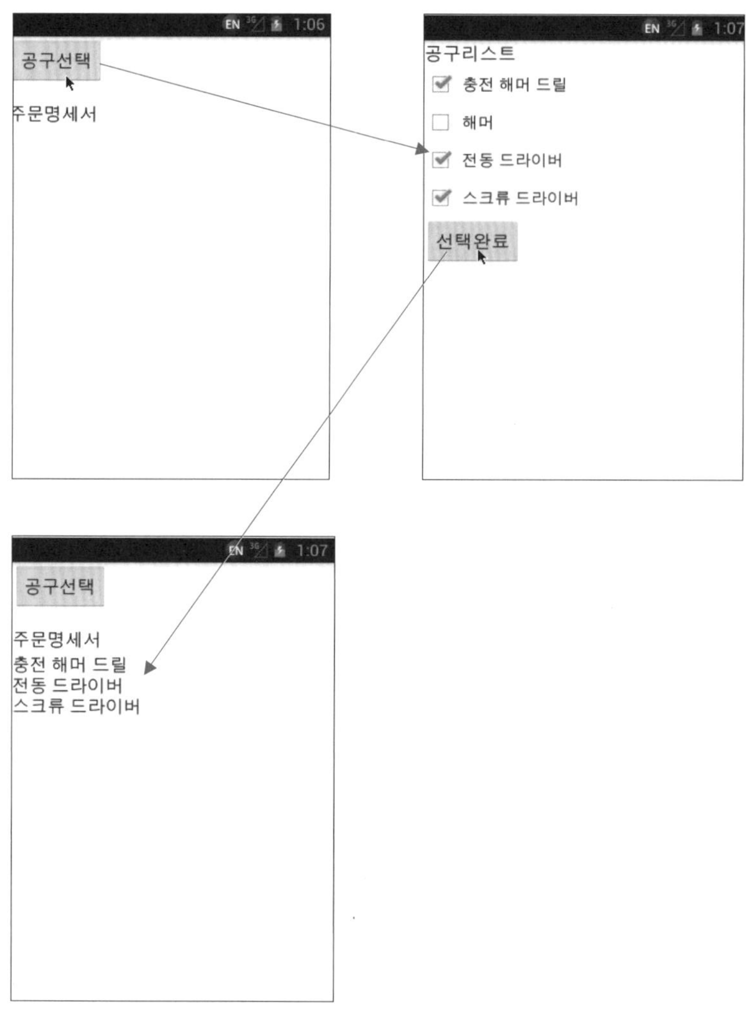

03

서비스와 노티피케이션

Android Programming

03.1 서비스의 개요와 라이프사이클

(1) 서비스의 개요

서비스(Services)는 여러 가지 처리를 화면에 대응시키고 독립적으로 실행하는 것을 목적으로 한 컴포넌트이다. 네트워크에서 파일을 다운로드 받거나 음악을 재생하는, 오랜 시간이 걸리는 작업과 같이 액티비티에서 처리하기 어려운 작업은 서비스에서 한다. 액티비티는 오랜 시간이 걸리는 작업 중에 다른 작업을 수행하는 것을 화면을 이동하면서 처리를 계속할 수 없다. 그렇다고 이런 작업을 무한히 화면에 표시하면서 작업을 기다리는 것도 문제이다. 따라서 이런 다운로드나 음악 재생과 같이 시간은 오래 걸리면서 화면에 표시하지 않고 다른 작업들과 독립적으로 동작되는 컴포넌트가 필요한 것이다. 그것이 서비스이다.

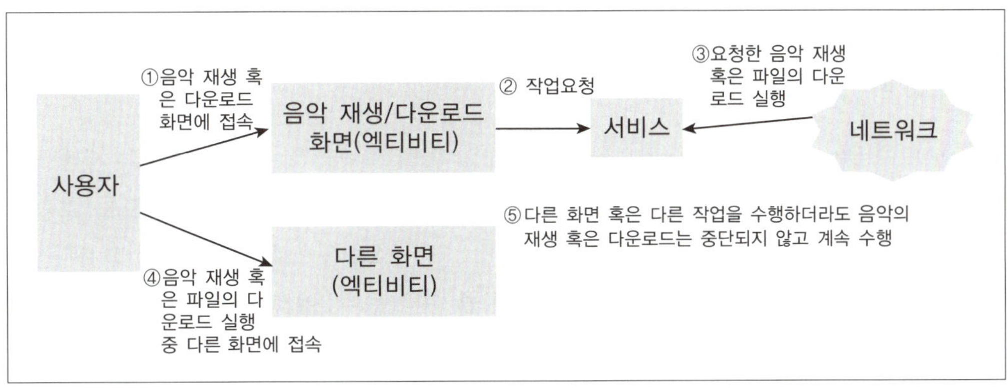

▲ 안드로이드 애플리케이션에서 서비스의 역할

서비스는 애플리케이션에서는 보이지 않고 숨어서 작업(백그라운드 작업)을 처리하는 것으로 주로 애플리케이션을 업데이트하는 것과 같이 업데이트 후 알림(notification)을 통해 결과만을 통보한다.

서비스는 액티비티와 같이 쓰레드로 동작되나, 별도의 프로세스로 동작될 수도 있다. 별도의 프로세스로 동작하면 여러 애플리케이션에서 같은 서비스를 공유할 수 있고, 개발자가 서비스를 작성하는 것도 가능하다. 안드로이드는 몇 개의 표준 서비스를 제공하고 있으며 애플리케이션에서 이들 서비스를 사용할 수 있다. 제공되는 대표적인 서비스로 센서(sensor), 위치정보(location) 등이 있다.

(2) 서비스의 라이프사이클

모든 서비스는 Service 클래스를 상속받아 생성하며, 이 생성된 서비스는 두 가지 방식으로 사용될 수 있다.

■ 서비스 방식

■ startService( ) 메소드를 사용해서 서비스 시작

서비스는 어떤 서비스가 정지하거나 자기 자신 서비스가 정지할 때까지 시작할 수 있고 실행될 수 있다. 이 모드에서 서비스는 Context.startService( ) 메소드를 호출함으로써 시작되고 Context.stopService( ) 메소드를 호출함으로써 중단될 수 있다. 또한 Service.stopSelf( ) 메소드 또는 Service.stopSelfResult( ) 메소드를 호출해서 자기 자신 서비스를 중단시킬 수 있다. 대상 서비스가 startService( ) 메소드에 의해 여러번 호출되어도 단 한번의 stopService( ) 메소드 호출로 대상 서비스를 중단시킨다.

■ bindService( ) 메소드를 사용해서 서비스 시작

서비스를 정의(define)하고 내보내는(export) 등의 작업은 계획에 따른 인터페이스를 사용해서 운영될 수 있다.

이 모드에서는 클라이언트들은 Service 객체를 위해 커넥션을 설정하고 다른 서비스를 호출하기 위해서 커넥션을 사용한다. 커넥션은 Context.bindService( ) 메소드를 호출함으로써 설정되고, Context.unbindService( ) 메소드를 호출함으로써 커넥션을 닫는다. 다수의 클라이언트들은 같은 서비스에 대응(bind)될 수 있는데, 이것은 그 서비스가 아직 실행되지 않았다면, bindService( ) 메소드가 선택적으로 실행할 수 있기 때문이다.

이 두 가지 모드는 완전히 분리되어 있는 것은 아니다. startService( ) 메소드를 사용해서 시작시킴으로써 서비스를 대응시킬 수 있다. 예를 들어 백 그라운드 음악 서비스는 음악을 연주하는 것을 인식하는 Intent 객체와 함께 startService( ) 메소드를 호출함으로써 시작될 수 있다. 사용자가 플레이어를 제어하는 것 또는 현재의 음악에 대한 정보를 가져올 때, 액티비티는 bindService( ) 메소드를 호출해서 서비스를 위해 커넥션을 설정한다. 이런 경우 마지막 대응(binding)이 닫히기 전까지 stopService( ) 메소드는 실제로 서비스를 중단시키지 않는다.

❷ 라이프사이클 메소드

액티비티와 마찬가지로 서비스도 각 상태의 변화를 감지하는 라이프사이클 메소드를 가지고 있으며, 이들을 구현해서 사용할 수 있다. 서비스의 라이플사이클 메소드는 아래와 같이 단지 3개밖에 없고 이들의 접근 제어자는 public이다.

- void onCreate( ) : 서비스 생성
- void onStart(Intent intent) : 서비스 시작
- void onDestroy( ) : 서비스 제거

❸ 라이프타임

서비스의 라이프타임은 두 개의 중첩된 루프 구조를 이루고 있다.

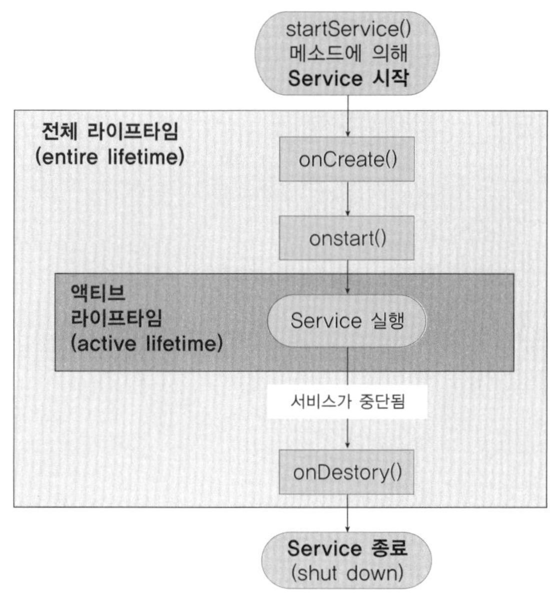

▲ 서비스의 라이프사이클 구조도 – startService( ) 메소드에 의해 서비스 시작

▦ 전체 라이프타임(entire lifetime)

서비스의 전체 라이프타임(entire lifetime)은 onCreate( ) 메소드가 처음으로 호출되는 순간부터 onDestroy( ) 메소드가 호출되는 순간까지의 발생되는 모든 동작을 포함된다. 액

티비티와 같이 서비스도 onCreate( ) 메소드에서 초기설정을 하고, onDestroy( ) 메소드에
서 점유하고 있는 자원을 해제한다. 예를 들어 음악 재생 서비스는 onCreate( ) 메소드에서
음악을 재생할 수 있는 쓰레드를 생성할 수 있고 onDestroy( ) 메소드에서 쓰레드를 중단
시킬 수 있다.

■ 액티브 라이프타임(active lifetime)

서비스의 액티브 라이프타임은 onStart( ) 메소드를 호출하는 순간 시작된다. onStart( )
메소드는 startService( )로부터 넘겨진 인텐트 객체를 다룬다. 음악 재생 서비스는 인텐트
가 음악을 연주하도록 호출하고 음악 재생을 한다.

Context.startService( ) 메소드 혹은 Context.bindService( ) 메소드에서 서비스가 시
작하던지 간에 onCreate( ) 메소드와 onDestroy( ) 메소드는 모든 서비스에서 호출된다.
다만 onStart( ) 메소드는 startService( ) 메소드에 의해 시작되는 서비스로만 호출된다.

❹ 추가 콜백 메소드

하나의 서비스가 다른 서비스들이 이 서비스에 대응(bind)하는 것을 허용하기 위해서 다
음과 같은 추가적인 콜백 메소드를 제공한다.

- IBinder onBind(Intent intent) : bind 함
- boolean onUnbind(Intent intent) : bind 중단
- void onRebind(Intent intent) : bind 다시함

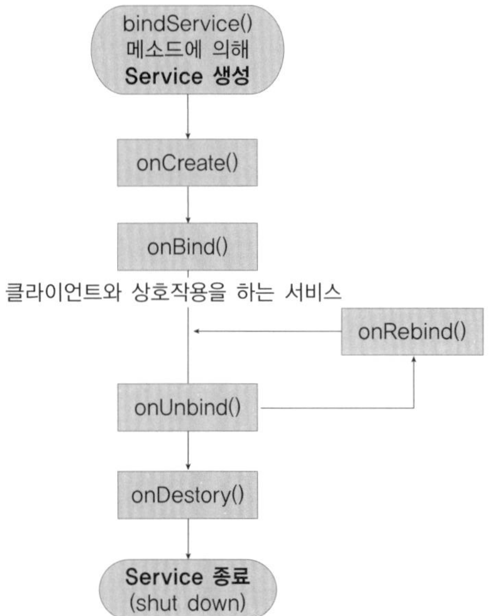

▲ 서비스의 라이프사이클 구조도 – bindService( ) 메소드에 의해 서비스 시작

onBind( ) 메소드는 bindService( ) 메소드로부터 인텐트 객체를 전달받고 onUnbind( ) 메소드는 unbindService( ) 메소드로부터 인텐트를 전달받는다. 서비스가 바인딩(binding)을 허용하면 onBind( ) 메소드는 클라이언트가 서비스와 상호작용을 하기 위해 사용하는 통신채널(communications channel)을 리턴한다. 새로운 클라이언트가 서비스에 연결될 경우 onUnbind( ) 메소드는 onRebind( ) 메소드의 호출을 요청할 수 있다.

03.2 서비스의 실행과 노티피케이션

(1) 서비스 실행

서비스도 액티비티와 같이 [AndroidManifest.xml] 파일에 추가된 모든 Service 객체들을 명시해야 한다. 서비스를 명시하기 위해서는 〈application〉 엘리먼트의 하위 엘리먼트로 〈service〉 엘리먼트를 기술해서 한다. 또한 서비스의 이름은 android:name 프로퍼티의 값으로 기술한다.

```
〈manifest ... 〉
  ...
  〈application ... 〉
    ...
    〈service android:name="TestService" /〉
  〈/application〉
〈/manifest〉
```

서비스를 호출하는 방법도 액티비티를 호출하는 방법과 같다. 컨텍스트와 실행할 서비스 클래스를 매개변수로 사용해서 Intent 객체를 생성한 후 startService( ) 메소드를 호출해서 한다.

```
Intent it = new Intent(this, TestService.class); //인텐트 객체 생성
startService(it); //서비스 호출
```

(2) 포그라운드 서비스와 노티피케이션

서비스는 기본적으로 백그라운드에서 작업을 수행하지만 포그라운드(Fore ground)에 표시해서 시스템의 메모리가 부족할 경우 강제로 해당 작업을 중단시킬 수 있어야 한다. 이때 포그라운드에 표시하는 포그라운드 서비스는 반드시 상태바(status bar)에 노티피케이션(알림:notification)으로 제공되어야 한다.

노티피케이션은 백라이트 점멸, 장치 진동, 사운드 재생 등의 다양한 방법으로 사용자의 주의를 끌 수 있다. 알림(notification)은 사용자가 메시지를 받으면 열 수 있도록 일반적으로 상태바에 아이콘으로 표시된다.

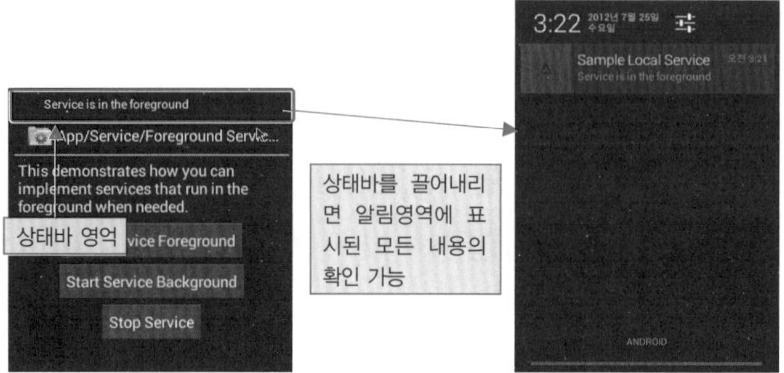

예를 들어 음악을 재생할 경우 포그라운드에서 실행되도록 설정된 서비스를 사용해서 음악을 재생한다. 상태바 내의 노티피케이션은 현재 재생되는 음악을 감지하고, 사용자가 음악 재생 애플리케이션과 상호 동작할 수 있도록 액티비티를 실행시키는 작업도 수행한다.

서비스가 포그라운드에서 실행되기 위해서는 PendingIntent 객체를 사용해서 한다. 다음의 예시는 Notification 객체를 생성해 상태바에 노티피케이션을 표시하는 것이다.

```java
Notification notification //노티피케이션 생성
    = new Notification(R.drawable.icon, getText(R.string.ticker_text),
                System.currentTimeMillis( ));

Intent it = new Intent(this, TestActivity.class); //인텐트 객체 생성

//PendingIntent 객체 생성
PendingIntent plt = PendingIntent.getActivity(this, 0, it, 0);
notification.setLatestEventInfo(this, getText(R.string.notification_title),
                    getText(R.string.notification_message), plt);
NotificationManager nManager = (NotificationManager)


getSystemService(Context.NOTIFICATION_SERVICE);
nManager.notify(NOFITICATION_ID, notification);
```

먼저 노티피케이션의 내용인 Notification(int,CharSequence,long) 객체를 생성하기 위해서는 표시할 아이콘, 표시할 내용, 현재 시간의 정보가 필요하다.

```java
Notification notification
    = new Notification(R.drawable.icon, getText(R.string.ticker_text),
                System.currentTimeMillis( ));
```

위의 예에서 R.drawable.icon은 표시할 아이콘으로 사용할 이미지 파일명을 리소스형식으로 기술한다. getText(R.string.ticker_text)은 표시할 내용으로 [strings.xml]에 정의한 ticker_text의 내용을 얻어내서 사용한다. System.currentTimeMillis( )는 현재의 날짜와 시간을 1/1000초 단위로 얻어내는 것으로 long 타입으로 표시된다.

만일 안드로이드 애플리케이션을 안드로이드 2.2 버전이 탑재된 단말기에서 서비스를 할 경우 반드시 new Notification( )과 같은 방법으로 Notification 객체를 생성해서 한다. 개발버전인 안드로이드 4.1(젤리빈) 이상의 버전에서 작성할 경우 아래와 같이 이 방법이 폐기되었다고(deprecated) 표시되더라도 무시한다. 믿기지 않겠지만 아직도 많은 안드로이드 폰들이 안드로이드 2.2와 2.3을 사용하고 있고 실제로 폐기된 방법을 사용하더라도 최신 버전까지 문제없이 실행된다.

```
50        Notification notification =
51            new Notification(R.drawable.cloudicon, ticker,
52            System.currentTimeMillis());
```

권장하는 new Notification.Builder( )로 Notification 객체를 생성하는 방식은 안드로이드 버전이 3.0 이상에서부터 사용할 수 있기 때문이다. 경고 표시가 다소 위협적이어서 당황할 수 있겠지만, 실행에는 문제가 없다.

안드로이드 애플리케이션의 서비스 버전을 3.0 이상부터로 할 경우에는 권장하는 형식인 new Notification.Builder( )로 Notification 객체를 생성한다. 생성 시간은 자동으로 현재의 시간이 할당된다.

```
Notification noti = new Notification.Builder(this)
        .setContentTitle(title)
        .setSmallIcon(R.drawable.new_mail)
        .build( );
```

서비스를 호출한 액티비티 클래스를 갖고 Intent 객체를 생성해 PendingIntent 객체의 매개변수로 사용한다.

```
Intent it = new Intent(this, TestActivity.class);
PendingIntent plt = PendingIntent.getActivity(this, 0, it, 0);
```

위의 예시에서 TestActivity.class는 서비스를 실행시킨 액티비티이다. 이 액티비티가 표시된 화면에서 상태바의 포그라운드 서비스를 알려야 하고 알림영역에 표시되는 알림 메시지를 클릭 시 서비스를 중단할 액티비티로 이동해야 하기 때문에 필요하다. Pending Intent 객체는 인텐트와 인텐트가 수행할 동작을 기술하기 위해 사용되며, PendingIntent. getActivity(Context, int, Intent, int) 메소드를 사용해 객체를 생성한다.

Notification클래스의 setLatestEventInfo( ) 메소드는 상태바를 끌어내려 상태바의 영역이 화면의 전체에 표시될 때, 그 상태바의 영역에 표시할 내용을 기술한다.

```
notification.setLatestEventInfo(this, getText(R.string.notification_title),
                    getText(R.string.notification_message), plt);
```

setLatestEventInfo(Context, CharSequence, CharSequence, PendingIntent) 메소드의 첫 번째 매개변수는 컨텍스트 객체를 기술하고, 두 번째 매개변수는 표시할 제목, 그리고 세 번째 매개변수는 표시할 내용이다. 마지막 네 번째 매개변수는 PendingIntent 객체를 기술한다.

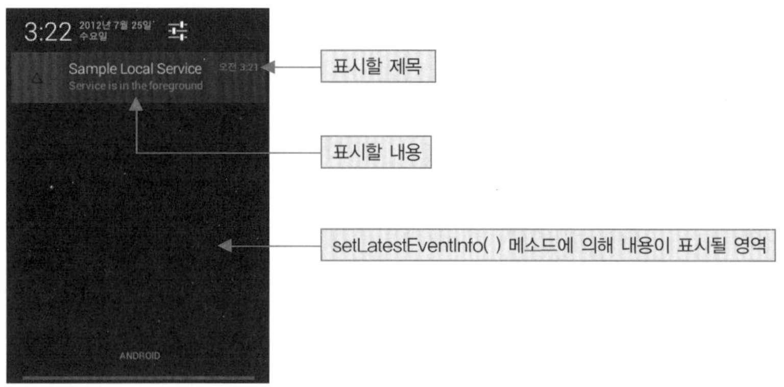

Notification 클래스의 setLatestEventInfo( ) 메소드도 폐기되었다고(deprecated) 표시되더라도 무시한다.

```
57          notification.setLatestEventInfo(this, title, message, pIt);
58
```

안드로이드 애플리케이션의 서비스 버전을 3.0 이상부터 할 경우에는 권장하는 형식 new Notification.Builder( )로 Notification 객체를 생성할 때 addAction(int, CharSequence, PendingIntent)을 추가해서 지정한다.

마지막으로 NotificationManager 객체는 알림영역을 사용하고 노티피케이션(알림)을 공지하기 위해 사용한다.

```
NotificationManager nManager = (NotificationManager)
                    getSystemService(Context.NOTIFICATION_SERVICE);
nManager.notify(NOFITICATION_ID, notification);
```

notify(int, Notification) 메소드가 알림을 공지하기 위해 사용하는 것으로 첫 번째 매개 변수는 알림을 식별할 수 있는 값을 지정하고, 두 번째 매개변수에는 Notification 객체를 지정한다.

Exercise 음악을 재생하는 서비스 작성 – [ServiceTest] 애플리케이션

이 예제는 메인화면에서 [음악 재생 시작] 버튼 클릭 시 상태바에 알림을 공지하고 백그 라운드 작업으로 음악이 재생된다. [음악 재생 중단] 버튼은 음악 재생이 중단되고 알림의 공지가 제거된다.

〈ServiceTest 애플리케이션 실행 결과〉

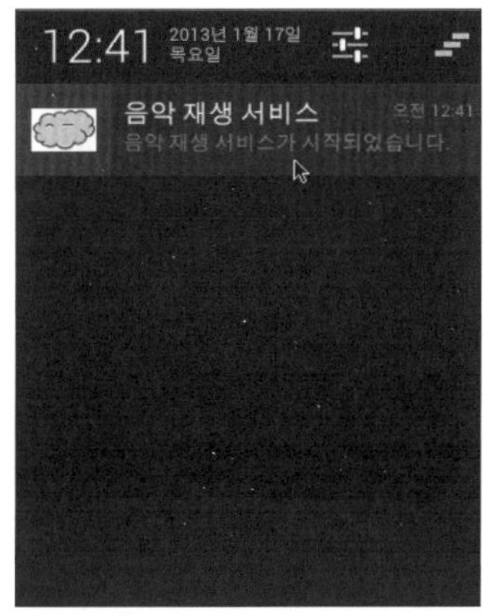

▲ ServiceTestActivity

주요 파일	파일명 ([ServiceTest] 애플리케이션)	하는 일
리소스 파일 (문자열, 이미지 등)	문자열 리소스 파일명 : strings.xml 위치 : [프로젝트]–[res]–[values]	• startStr, stopStr, ticker, title, message 문자열 정의
	오디오 리소스 파일명 : fim.mp3 위치 : [프로젝트]–[res]–[raw]	• 오디오 리소스를 [res]–[raw] 폴더에 복사
	이미지 리소스 파일명 : cloudicon.png 위치 : [프로젝트]–[res]–[drawable–mdpi]	• 이미지 리소스를 [res]–[drawable–mdpi] 폴더에 복사
레이아웃 리소스 파일	activity_service_test_main.xml 위치 : [프로젝트]–[res]–[layout]	• 2개의 Button 위젯 배치 • strings.xml에서 정의한 startStr, stopStr 문자열 참조

로직 클래스	메인 액티비티 클래스 파일 파일명 : ServiceTestMainActivity.java 위치 : [프로젝트]–[src]–[패키지명]	• activity_use_return_result_main.xml을 화면의 내용으로 표시 • [음악재생 시작] 버튼을 누르면 ServiceTestService 서비스를 호출해서 음악을 재생, [음악재생 중단] 버튼을 누르면 ServiceTestService 서비스를 호출해서 음악 재생을 중단
	서비스 클래스 파일 파일명 : ServiceTestService.java 위치 : [프로젝트]–[src]–[패키지명]	• 노티피케이션 매니저를 사용해 서비스의 상황을 표시
매니페스트 파일	AndroidManifest.xml 위치 : [프로젝트]	• 이 애플리케이션에서는 내용 수정 안 함

▲ [ServiceTest] 애플리케이션의 주요 파일

01 ServiceTest 안드로이드 애플리케이션 프로젝트 생성

❶ [Project Explorer] 뷰에 [New]–[Project] 메뉴를 선택해 [Android Application Project]를 생성한다. [New Android Application] 창이 표시되면 다음과 같이 입력 및 선택을 한 후 [Next] 버튼을 클릭한다. 그 외의 값은 기본 값을 그대로 사용해 생성한다.

항목	입력 및 선택 값
Application name	ServiceTest 입력
Project name	ServiceTest 기본값 사용
Package name	work.test.servicetest 입력
Minimum Required SDK	API 8 : Android 2.2 (Froyo) 기본값 사용
Target SDK	API 18 : Android 4.3 기본값 사용 기본 값이 아닐 경우 선택
Compile With	API 18 : Android 4.3 기본값 사용

❷ [Next] 버튼을 누르다가 액티비티명 변경 화면이 표시되면 [Activity Name]을 "ServiceTestMainActivity"로 변경한 후 [Finish] 버튼을 클릭한다.

02 [res] 폴더의 하위 폴더로 [raw] 폴더를 생성한 후 [fim.mp3]를 복사한다. 제공되는
음악 파일은 부록CD의 [source]-[ServiceTest]-[res]-[raw] 폴더 안에 있다.

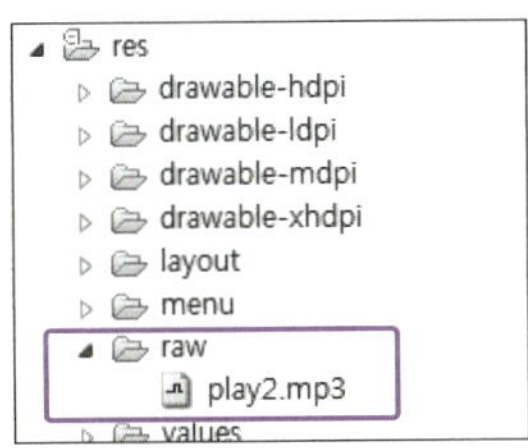

03 [res]-[drawable-mdpi]에 [cloudicon.png] 파일을 복사한다. 제공되는 이미지 파일
은 부록CD의 [source]-[ServiceTest]-[res]-[drawable-mdpi] 폴더 안에 있다.

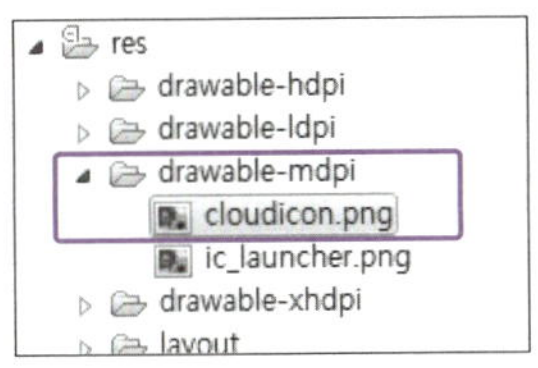

04 [res]-[values]-[strings.xml] 파일에 문자열 추가 및 변경한 후 저장한다.

```
01  <?xml version="1.0" encoding="utf-8"?>
02  <resources>
03
04      <string name="app_name">ServiceTest</string>
05      <string name="hello_world">Hello world!</string>
06      <string name="menu_settings">Settings</string>
07      <string name="startStr">음악 재생 시작</string>
08      <string name="stopStr">음악 재생 중단</string>
09      <string name="ticker">음악이 재생됩니다.</string>
10      <string name="title">음악 재생 서비스</string>
11      <string name="message">음악 재생 서비스가 시작되었습니다.</string>
12
13  </resources>
```

05 [res]–[layout]–[activity_service_test_main.xml] 파일을 열어 변경한 후 저장한다.
완성된 내용은 다음과 같다.

```
01    <RelativeLayout xmlns:android="http://schemas.android.com/apk/res/android"
02        xmlns:tools="http://schemas.android.com/tools"
03        android:layout_width="match_parent"
04        android:layout_height="match_parent"
05        tools:context=".ServiceTestMainActivity" >
06
07        <Button
08            android:id="@+id/startBtn"
09            android:layout_width="wrap_content"
10            android:layout_height="wrap_content"
11            android:layout_alignParentLeft="true"
12            android:layout_alignParentTop="true"
13            android:text="@string/startStr" />
14
15        <Button
16            android:id="@+id/stopBtn"
17            android:layout_width="wrap_content"
18            android:layout_height="wrap_content"
19            android:layout_alignParentLeft="true"
20            android:layout_below="@+id/startBtn"
21            android:text="@string/stopStr" />
22
23    </RelativeLayout>
```

06 [work.test.servicetest] 패키지에 있는 액티비티와 서비스를 생성 및 수정해서 내용
을 완성한다.

1 [ServiceTestService] 서비스를 [New]–[Class] 메뉴를 사용해서 생성한다.

❶ [work.test.servicetest] 패키지를 선택한 후 마우스 오른쪽 버튼을 눌러 [New]–
[Class] 메뉴를 클릭한다. [New Class] 창의 [Name] 항목에 "ServiceTestService"
를 입력하고 [Superclass] 항목에 "android.app.Service"를 입력한 후 [Finish] 버
튼을 클릭한다.

❷ [ServiceTestService]가 생성되면 내용을 완성한 후 저장한다.

```java
01   package work.test.servicetest;
02
03   import android.app.Notification;
04   import android.app.NotificationManager;
05   import android.app.PendingIntent;
06   import android.app.Service;
07   import android.content.Context;
08   import android.content.Intent;
09   import android.media.MediaPlayer;
10   import android.os.IBinder;
11   import android.widget.Toast;
12
13   public class ServiceTestService extends Service {
14
15       //알림을 공지하고 알림영역을 사용하기 위해 필요
16       private NotificationManager nManager;
17       //음악을 재생하기 위해 MediaPlayer 객체가 필요
18       private MediaPlayer mPlayer;
19       //노티피케이션(알림) 식별자
20       private int NOFITICATION_ID = 0;
21
22       public void onCreate( ){
23           //NotificationManager 객체를 Service 객체로부터 얻어냄
24           nManager = (NotificationManager)
25           getSystemService(Context.NOTIFICATION_SERVICE);
26
27           try{//prepare( ) 메소드가 예외를 유발
28               // res\raw 폴더 내에 있는 play2.mp3 파일을 재생하기 위한
29               //MediaPlayer 객체 생성
30               mPlayer = MediaPlayer.create(this, R.raw.play2);
31               mPlayer.prepare( ); //음악 재생 준비
32           }catch(Exception e){ }
33       }
34
35       //서비스가 시작될 때 호출
36       public void onStart(Intent intent, int startId ){
37           //상태바에 알림을 표시하는 메소드를 호출
38           showNotification( );
39
40           try{//start( ) 메소드가 예외를 유발
```

```java
41              //음악 재생 시작
42              mPlayer.start( );
43          }catch(Exception e){ }
44      }
45
46      //서비스가 중단될 때 호출
47      public void onDestroy( ){
48          //알림 공지를 취소
49          nManager.cancel(NOFITICATION_ID);
50          mPlayer.stop( );//음악 재생 중단
51          mPlayer.release( );//음악 재생을 해제
52          mPlayer= null;//리소스 반환
53
54          //음악 재생이 중단되었다는 것을 표시
55          Toast.makeText(this, R.string.stopStr,
56                          Toast.LENGTH_SHORT).show( );
57      }
58
59      //상태바에 알림을 표시해 알림을 공지
60      private void showNotification( ){
61          //상태바에 표시되는 메시지로 반드시 CharSequence 타입만 됨
62          CharSequence ticker = getText(R.string.ticker);
63          //상태바를 끌어내렸을 때 알림영역에 표시되는 알림의 제목
64          CharSequence title = getText(R.string.title);
65          //상태바를 끌어내렸을 때 알림영역에 표시되는 알림의 내용
66          CharSequence message = getText(R.string.message);
67
68          //Notification 객체 생성
69          Notification notification =
70              new Notification(R.drawable.cloudicon, //표시할 아이콘
71                  ticker, //상태바에 표시되는 메시지
72                  System.currentTimeMillis( )); //생성 시간(현재 날짜와 시간)
73
74              //서비스가 표시되는 액티비티와 서비스를 중단하는 액티비티로 이동 시 필요
75          PendingIntent pIt = PendingIntent.getActivity(this, 0,
76              new Intent(this, ServiceTestMainActivity.class), 0);
77
78          //알림영역에 표시되는 내용으로 기존의 내용의 가장 마지막에 표시됨
79          //이 메시지를 클릭하면 서비스를 실행/중단시키는 액티비티로 이동
80          notification.setLatestEventInfo(this,
```

```java
81                      title, //알림영역의 메시지 제목
82                      message, //알림영역에 표시되는 메시지의 내용
83                      pIt); //PendingIntent 객체
84
85          //기존에 상태바에 표시되고 있는 알림을 취소
86          nManager.cancel(NOFITICATION_ID);
87          //상태바에 알림을 공지
88          nManager.notify(NOFITICATION_ID, notification);
89      }
90
91      @Override
92      public IBinder onBind(Intent arg0) {
93          // TODO Auto-generated method stub
94          return null;
95      }
96
97  }
```


20　　private int NOFITICATION_ID = 0;은 알림을 식별할 유일한 값을 지정하기 위해 상수를 사용해서 했다.

22~33　　onCreate( ) 메소드는 서비스 생성시 자동으로 실행된다. 여기에는 알림 관리자를 얻어내는 것과 음악 재생 준비 작업을 기술한다.

24~25　　nManager = (NotificationManager)getSystemService(Context.NOTIFICATION_SERVICE);은 Service 객체로부터 NotificationManager 객체를 얻어 낸다. 이때 NotificationManager (노티피케이션 매니저 : 알림 관리자)는 알림을 공지하고 알림영역을 사용하기 위해 필요하다.

27~32　　try-catch 구문은 31라인의 prepare( ) 메소드가 예외를 유발하기 때문에 기술했으며, 30~31라인에서 음악을 재생하기 위해 MediaPlayer 객체를 생성하고 음악 재생 준비를 한다. 이때 재생되는 음악은 [res]-[raw] 폴더 내에 있는 [play2.mp3] 파일이다.

36~44　　onStart(Intent intent, int startId) 메소드는 서비스가 시작될 때 자동으로 호출된다.

38　　showNotification( );은 상태바에 알림을 표시하는 메소드를 호출하는 것으로, 이것을 실행하면 프로그램의 제어가 60라인으로 이동한다.

40~44　　MediaPlayer 객체의 start( ) 메소드를 사용해 음악의 재생을 시작하는 부분이다. 이때 start( ) 메소드가 예외를 발생시키기 때문에 try-catch문을 사용했다.

47~57　　onDestroy( ) 메소드는 서비스가 중단될 때 자동 호출된다. 여기서는 알림 공지를 취소하고 음악의 재생을 중단한다. 그리고 음악 재생이 중단되었다는 것을 토스트 메시지를 사용해 화면에 표시한다.

| 60~89 | showNotification( ) 메소드는 상태바에 알림을 표시해 알림을 공지하는 작업을 수행한다. |

62~66   상태바에 표시되는 메시지, 알림영역(상태바를 끌어내렸을 때 표시되는 영역)에 표시되는
알림 제목, 알림영역에 표시되는 알림의 내용 등을 지정하는 부분이다.

69~72   알림인 Notification 객체를 생성한다. 이때 표시할 아이콘, 상태바에 표시되는 메시지,
알림의 생성 시간 등을 매개변수로 지정한다.

```
69              Notification notification =
70                  new Notification(R.drawable.cloudicon, //표시할 아이콘
71                      ticker, //상태바에 표시되는 메시지
72                      System.currentTimeMillis( )); //생성 시간(현재 날짜와 시간)
```

75~76   서비스가 표시되고, 중단하는 액티비티인 [ServiceTestMainActivit] 액티비티로 이동할
때 필요하다.

80~83   알림영역에 표시되는 내용을 Notification 객체의 setLatestEventInfo( ) 메소드를 사용
해서 했다. 이때 이 내용은 알림영역에서 기존의 알림 메시지들 중 가장 마지막에 표시되며, 이 메시
지를 클릭하면 서비스를 실행/중단시키는 액티비티로 이동한다.

```
80    notification.setLatestEventInfo(this,
81    title, //알림영역의 메시지 제목
82    message, //알림영역에 표시되는 메시지의 내용
83    pIt); //PendingIntent 객체
```

86   nManager.cancel(NOFITICATION_ID);은 새로운 알림을 상태바에 표시하기 위해 상태바에
표시되고 있는 기존의 알림을 취소한다.

88   nManager.notify(NOFITICATION_ID, notification);은 상태바에 알림을 공지하기 위해
notify( ) 메소드를 사용했다.

2 [ServiceTestMainActivity] 액티비티의 내용을 추가한 후 저장한다.

```
01    package work.test.servicetest;
02
03    import android.app.Activity;
04    import android.content.Intent;
05    import android.os.Bundle;
06    import android.view.Menu;
07    import android.view.View;
08    import android.view.View.OnClickListener;
```

```java
09   import android.view.Window;
10   import android.widget.Button;
11
12   public class ServiceTestMainActivity extends Activity
13           implements OnClickListener{
14
15       Button[ ] btns;
16       int[ ] btnLables = {R.id.startBtn, R.id.stopBtn};
17
18       @Override
19       protected void onCreate(Bundle savedInstanceState) {
20           super.onCreate(savedInstanceState);
21           requestWindowFeature(Window.FEATURE_NO_TITLE);
22           setContentView(R.layout.activity_service_test_main);
23
24           btns = new Button[btnLables.length];
25
26           //버튼의 정보를 얻어내 리스너 등록
27           for(int i=0; i < btnLables.length; i++){
28               btns[i] = (Button)findViewById(btnLables[i]);
29               btns[i].setOnClickListener(this);
30           }
31       }
32
33       @Override
34       public void onClick(View v) {
35           // TODO Auto-generated method stub
36
37           //서비스를 호출하는 인텐트 객체를 생성
38           Intent it = new Intent(this, ServiceTestService.class);
39
40           if(v == btns[0])//[음악 재생 시작] 버튼 클릭 시
41               startService(it); //서비스 시작
42           else if(v == btns[1])//[음악 재생 중단] 버튼 클릭 시
43               stopService(it); //서비스를 중단
44       }
45
46       @Override
47       public boolean onCreateOptionsMenu(Menu menu) {
48           // Inflate the menu; this adds items to the action bar if it is present.
```

```
49              getMenuInflater( ).inflate(R.menu.activity_service_test_main, menu);
50              return true;
51          }
52      }
```


24~29　　[음악 재생 시작], [음악 재생 중단] 버튼의 정보를 얻어내어 이벤트 리스너를 등록하는
부분으로, 버튼은 누르면 프로그램 제어가 34라인으로 이동한다.

34~44　　onClick(View v) 메소드의 영역으로, [음악 재생 시작] 버튼을 누르면 40~41이 라인이
수행되어 음악 재생 서비스가 시작된다. [음악 재생 중단] 버튼을 클릭하면 42~43라인이 실행되어
음악 재생 서비스가 중단된다.

38　　Intent it = new Intent(this, ServiceTestService.class);은 Intent 객체를 생성하는 것으로,
서비스를 호출하기 위해서도 인텐트 객체가 필요하다.

07 추가한 1개의 서비스를 [AndroidManifest.xml] 파일에 추가한다.

❶ [ServiceTest] 프로젝트에 있는 [AndroidManifest.xml] 파일을 더블클릭해서 연 후
[Application] 탭을 선택한다. [Application] 탭의 내용이 표시되면 [Application
Node] 항목에서 [Add...] 버튼을 클릭해서 [Service] 항목을 추가한다.

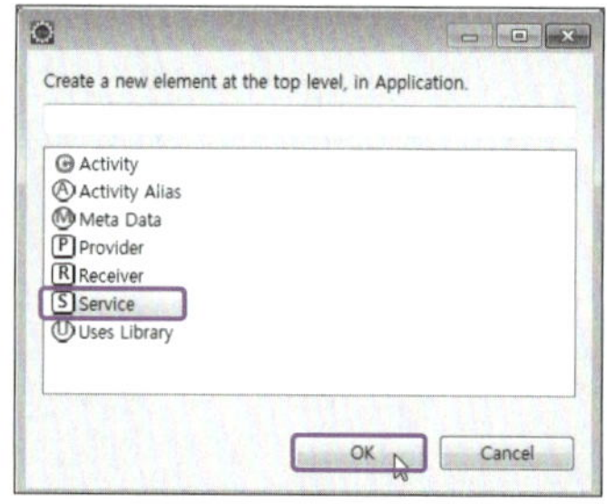

❷ [Name] 프로퍼티 값으로 ServiceTestService를 선택한 후 변경사항을 저장해 파일
을 완성한다.

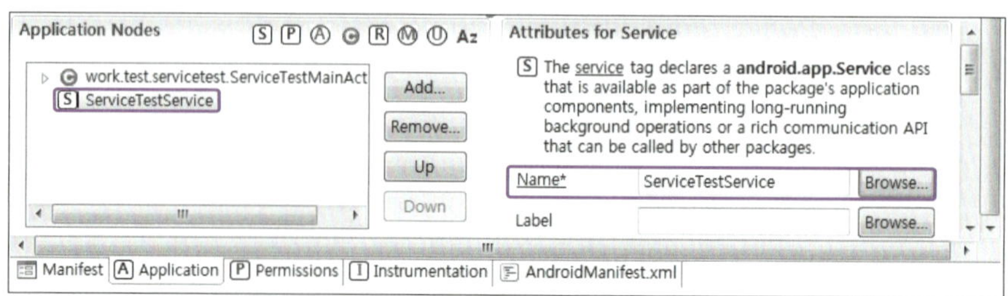

❸ [AndroidManifest.xml] 탭을 누르면 완성된 소스코드를 확인할 수 있다. 진하게 표
시된 부분이 추가된 서비스이다.

```xml
01  <?xml version="1.0" encoding="utf-8"?>
02  <manifest xmlns:android="http://schemas.android.com/apk/res/android"
03      package="work.test.servicetest"
04      android:versionCode="1"
05      android:versionName="1.0" >
06
07      <uses-sdk
08          android:minSdkVersion="8"
09          android:targetSdkVersion="17" />
10
11      <application
12          android:allowBackup="true"
13          android:icon="@drawable/ic_launcher"
14          android:label="@string/app_name"
15          android:theme="@style/AppTheme" >
16          <activity
17              android:name="work.test.servicetest.ServiceTestMainActivity"
18              android:label="@string/app_name" >
19              <intent-filter>
20                  <action android:name="android.intent.action.MAIN" />
21
22                  <category android:name="android.intent.category.LAUNCHER" />
23              </intent-filter>
24          </activity>
25          <service android:name="ServiceTestService"></service>
26      </application>
27
28  </manifest>
```

08 실행할 안드로이드 애플리케이션 프로젝트를 선택한 후 [Run As]-[Android
Application]을 선택해 안드로이드 에뮬레이터로 실행한다.

❶ [음악 재생 시작] 버튼을 클릭하면 음악이 재생되며 알림이 공지된다.

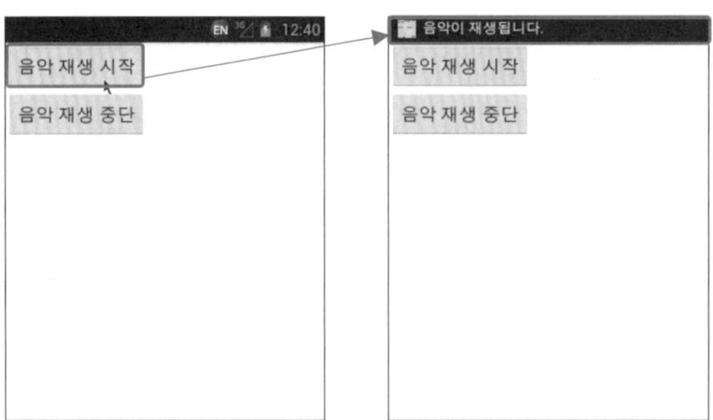

▲ 음악 재생 시작

❷ 음악이 재생되는 중간에는 재생 중이라는 표시로 아이콘만 표시된다. 이때 상태바를 끌어내려 알림영역을 확장하면 알림영역에 메시지가 표시된다.

▲ 음악 재생 중   ▲ 알림영역의 확장

❸ 재생 중인 음악을 중단할 때는 확장된 알림영역에서 메시지를 클릭해 서비스를 시작한 액티비티로 이동해서 서비스를 중단한다.

▲ 확장된 알림영역   ▲ [음악 재생 중단] 버튼을 클릭해 음악 재생 중단

위의 예제는 완전히 완성된 것은 아니다. 음악이 끝나면 자동으로 감지해서 서비스를 중단시키는 부분은 구현하지 않았다. 쓰레드를 사용해서 이 문제를 해결해 보는 것도 공부가 되니, 해결 방법에 대해서는 각자 구현해 보는 것을 권장한다.

브로드캐스트 리시버(broadcast receiver)는 오직 수신만하는 컴포넌트로 브로드캐스트 공지(announcement)에 반응한다. 브로드캐스트들은 타임존(timezone)의 변경, 배터리의 잔여량 부족(low), 사진의 촬영 및 언어 변경과 같은 시스템 코드로부터 주로 발생한다. 또한 애플리케이션은 브로드캐스트를 사용하여 어떤 데이터가 단말기로 다운로드되고 사용되는 것을 다른 애플리케이션이 알게 할 수 있도록 초기화할 수 있다.

애플리케이션은 중요하다고 판단되는 어떤 공지(announcement)에 응답하기 위한 브로드캐스트 리시버의 번호를 가질 수 있다. 모든 브로드캐스트 리시버들은 BroadcastReceiver 클래스로부터 상속받아 작성된다. 브로드캐스트 리시버는 사용자 인터페이스에 표시되지 않는다. 즉, 화면을 갖지 않고 브로드캐스트 리시버를 호출한 액티비티에 받은 메시지 등을 표시한다. 브로드캐스트 리시버는 받은 정보를 응답받기 위한 액티비티를 실행시키거나 사용자에게 메시지를 표시하기 위해 NotificationManager를 사용하는 액티비티를 실행시킬 뿐이다.

브로드캐스트 리시버는 단하나의 콜백 메소드만 갖는다.

- void onReceive(Context, Intent) : 메시지가 리시버로 도착하면 자동으로 실행되어 메시지를 Intent 객체와 연결된 객체(액티비티 등)에 넘겨 준다.

■ 브로드캐스트 리시버 실행

브로드캐스트 리시버도 액티비티, 서비스와 같이 [AndroidManifest.xml] 파일에 추가된 모든 브로드캐스트 리시버들을 명시해야 한다. 브로드캐스트 리시버를 명시하기 위해서는 <application> 엘리먼트의 하위 엘리먼트로 <receiver> 엘리먼트를 기술해서 한다. 브로드캐스트 리시버의 이름은 android:name 프로퍼티의 값으로 기술한다.

```
<manifest ... >
  ...
  <application ... >
    ...
    <receiver android:name="TestBroadcastReceiver.class" />
  </application>
</manifest>
```

브로드캐스트 리시버를 호출하는 방법도 액티비티를 호출하는 방법과 같다. 콘텍스트와 호출한 BroadcastReceiver 클래스를 매개변수로 사용해서 Intent 객체를 생성한 후 sendBroadcast( ) 메소드를 호출해서 한다.

```
Intent it = new Intent(this, TestBroadcastReceiver);
sendBroadcast(it);
```

Exercise 메시지를 받아 표시하는 브로드캐스트 리시버 – [BroadcastReceiverTest] 애플리케이션

이 예제는 메인화면에서 [브로드캐스트 리시버 실행] 버튼을 클릭 시 브로드캐스트 리시버가 메시지를 수신해 메인화면을 제공한 액티비티에 정보를 수신했음을 알리는 메시지를 표시한다.

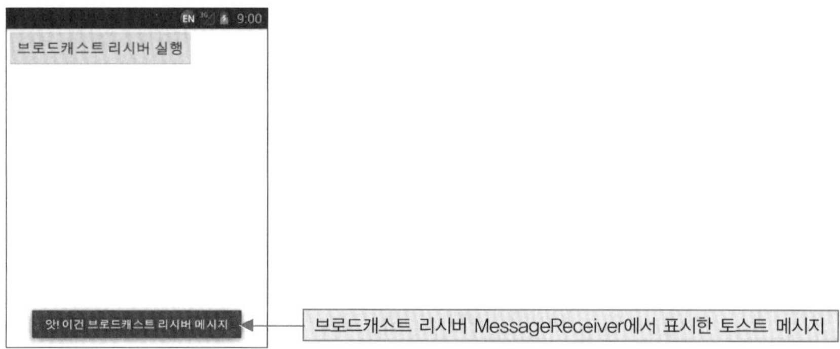

▲ BroadcastReceiverTest 애플리케이션 실행 결과

주요 파일	파일명 ([BroadcastReceiverTest] 애플리케이션)	하는 일
리소스 파일 (문자열, 이미지 등)	문자열 리소스 파일명 : strings.xml 위치 : [프로젝트]–[res]–[values]	• receiverStr, message 문자열 정의
레이아웃 리소스 파일	activity_broadcast_receiver_test_main.xml 위치 : [프로젝트]–[res]–[layout]	• 1개의 Button 위젯 배치 • strings.xml에서 정의한 receiverStr 문자열 참조
로직 클래스	메인 액티비티 클래스 파일 파일명 : BroadcastReceiverTestMainActivity.java 위치 : [프로젝트]–[src]–[패키지명]	• activity_broadcast_receiver_test_main.xml을 화면의 내용으로 표시 • [브로드캐스트 리시버] 버튼을 누르면 MessageReceiver 브로드캐스트 리시버를 호출해 실행
	브로드캐스트 리시버 클래스 파일 파일명 : MessageReceiver.java 위치 : [프로젝트]–[src]–[패키지명]	• 실행 결과를 호출한 액티비티에 표시

매니페스트 파일	AndroidManifest.xml 위치 : [프로젝트]	• MessageReceiver 추가

▲ [BroadcastReceiverTest] 애플리케이션의 주요 파일

01 BroadcastReceiverTest 안드로이드 애플리케이션 프로젝트 생성

❶ [Project Explorer] 뷰에서 [New]– [Project] 메뉴를 선택해 [Android Application Project]를 작성한다. [New Android Application] 창이 표시되면 다음과 같이 입력 및 선택한 후 [Next] 버튼을 클릭한다.

항목	입력 및 선택 값
Application Name	BroadcastReceiverTest 입력
Project Name	BroadcastReceiverTest 자동 입력됨
Package Name	work.test.broadcastreceivertest 입력
Minimum Required SDK	API 8 : Android 2.2 (Froyo) 기본 값 사용
Target SDK	API 18 : Android 4.3 기본 값 사용 기본 값이 아닐 경우 선택
Compile With	API 18 : Android 4.3 기본 값 사용

❷ [Next] 버튼을 누르다가 액티비티명 변경 화면이 표시되면 [Activity Name]을 "BroadcastReceiverTestMainActivity"로 변경한 후 [Finish] 버튼을 클릭한다.

02 [res]–[values]–[strings.xml] 파일에 문자열 추가 및 변경한 후 저장한다.

```
01    <?xml version="1.0" encoding="utf-8"?>
02    <resources>
03
04        <string name="app_name">BroadcastReceiverTest</string>
05        <string name="hello_world">Hello world!</string>
06        <string name="menu_settings">Settings</string>
07        <string name="receiveStr">브로드캐스트 리시버 실행</string>
08        <string name="message">앗! 이건 브로드캐스트 리시버 메시지</string>
09
10    </resources>
```

03 [activity_broadcast_receiver_test_main.xml] 레이아웃 리소스를 수정한 후 저장한다.

[res]–[layout]–[activity_broadcast_receiver_test_main.xml] 파일을 열어 XML 레이아웃을 수정한 후 저장한다. 완성된 내용은 다음과 같다.

```xml
01   <RelativeLayout xmlns:android="http://schemas.android.com/apk/res/android"
02     xmlns:tools="http://schemas.android.com/tools"
03     android:layout_width="match_parent"
04     android:layout_height="match_parent"
05     tools:context=".BroadcastReceiverTestMainActivity" >
06
07     <Button
08       android:id="@+id/receiveBtn"
09       android:layout_width="wrap_content"
10       android:layout_height="wrap_content"
11       android:layout_alignParentLeft="true"
12       android:layout_alignParentTop="true"
13       android:text="@string/receiveStr" />
14
15   </RelativeLayout>
```

04 [work.test.broadcastreceivertest] 패키지에 있는 액티비티 및 브로드캐스트 리시버를 생성 및 수정해서 내용을 완성한다.

1 [MessageReceiver] 브로드캐스트 리시버를 [New]–[Class] 메뉴를 사용해서 생성한다.

❶ [src]–[work.test.broadcastreceivertest] 패키지를 선택한 후 마우스 오른쪽 버튼을 눌러 [New]–[Class] 메뉴를 클릭한다. [New Class] 창의 [Name] 항목에 "MessageReceiver"를 입력하고 [Superclass] 항목에 "android.content.BroadcastReceiver"를 입력한 후 [Finish] 버튼을 클릭한다.

❷ [MessageReceiver]가 생성되면 내용을 입력해 완성한다.

```java
01   package work.test.broadcastreceivertest;
02
03   import android.content.BroadcastReceiver;
04   import android.content.Context;
05   import android.content.Intent;
```

```
06    import android.widget.Toast;
07
08    public class MessageReceiver extends BroadcastReceiver {
09
10        @Override
11        //액티비티가 보낸 인텐트를 수신
12        public void onReceive(Context context, Intent intent) {
13            // TODO Auto-generated method stub
14
15            //메시지를 토스트를 사용해서 표시
16            //브로캐스트 리시버는 뷰(화면)가 없으므로 액티비티에 내용을 표시
17            Toast.makeText(context,
18                    R.string.message, Toast.LENGTH_SHORT).show( );
19        }
20
21    }
```


12~19   onReceive(Context context, Intent intent) 메소드는 액티비티가 보낸 인텐트를 자동으로 수신한다. 여기서는 액티비티가 보낸 인텐트를 수신하면 17~18라인의 토스트 메시지가 화면에 표시된다. 브로캐스트 리시버는 뷰(화면)가 없으므로 메시지를 보내온 액티비티인 [BroadcastReceiverTestMainActivity]에 메시지 내용을 표시한다.

2 [BroadcastReceiverTestMainActivity] 액티비티의 내용을 추가한 후 저장한다.

```
01    package work.test.broadcastreceivertest;
02
03    import android.app.Activity;
04    import android.content.Intent;
05    import android.os.Bundle;
06    import android.view.Menu;
07    import android.view.View;
08    import android.view.View.OnClickListener;
09    import android.view.Window;
10    import android.widget.Button;
11
12    public class BroadcastReceiverTestMainActivity extends Activity
13            implements OnClickListener{
```

```java
14
15      Button receive;
16
17      @Override
18      protected void onCreate(Bundle savedInstanceState) {
19          super.onCreate(savedInstanceState);
20          requestWindowFeature(Window.FEATURE_NO_TITLE);
21          setContentView(
22              R.layout.activity_broadcast_receiver_test_main);
23
24          //[브로드캐스트 리시버 실행] 버튼을 정보를 얻어내 리스너 등록
25          receive = (Button)findViewById(R.id.receiveBtn);
26          receive.setOnClickListener(this);
27      }
28
29      @Override
30      public void onClick(View v) {
31          // TODO Auto-generated method stub
32
33          if(v == receive){
34              //[브로드캐스트 리시버 실행] 버튼을 눌러 발생한 이벤트의 경우 수행
35              Intent it = new Intent(this, MessageReceiver.class);
36              sendBroadcast(it); //브로드캐스트 리시버 호출
37          }
38      }
39
40      @Override
41      public boolean onCreateOptionsMenu(Menu menu) {
42       // Inflate the menu; this adds items to the action bar if it is present.
43          getMenuInflater( ).inflate(
44              R.menu.activity_broadcast_receiver_test_main, menu);
45          return true;
46      }
47
48  }
```


25~26   [브로드캐스트 리시버 실행] 버튼을 정보를 얻어내 이벤트 리스너를 등록한다. [브로드캐스트 리시버 실행] 버튼을 누르면, 30라인의 onClick(View v) 메소드가 실행된다.

30~38 onClick(View v) 메소드는 [브로드캐스트 리시버 실행] 버튼을 누르면 자동 실행된다. 이벤트가 발생한 컴포넌트가 Button 객체 receive이면 35~36라인이 실행된다.

35 Intent it = new Intent(this, MessageReceiver.class);은 브로드캐스트 리시버를 호출하기 위한 Intent 객체를 생성한다.

36 sendBroadcast(it);은 Intent 객체 it을 매개변수로 갖고 브로드캐스트 리시버를 호출한다.

05 추가된 1개의 브로드캐스트 리시버를 [AndroidManifest.xml] 파일에 추가한다.

❶ [BroadcastReceiverTest] 프로젝트에 있는 [AndroidManifest.xml] 파일을 더블클릭해서 연 후 [Application] 탭을 선택한다. [Application] 탭의 내용이 표시되면 [Application Node] 항목에서 [Add...] 버튼을 클릭해서 [Receiver] 항목을 추가한다.

❷ [Name] 프로퍼티 값으로 [MessageReceiver]를 선택한 후 변경사항을 저장해 파일을 완성한다.

❸ [AndroidManifest.xml] 탭을 누르면 완성된 소스코드를 확인할 수 있다. 진하게 표시된 부분이 추가된 리시버이다.

```xml
01  <?xml version="1.0" encoding="utf-8"?>
02  <manifest xmlns:android="http://schemas.android.com/apk/res/android"
03      package="work.test.broadcastreceivertest"
04      android:versionCode="1"
05      android:versionName="1.0" >
06
07      <uses-sdk
08          android:minSdkVersion="8"
09          android:targetSdkVersion="17" />
10
11      <application
12          android:allowBackup="true"
13          android:icon="@drawable/ic_launcher"
14          android:label="@string/app_name"
15          android:theme="@style/AppTheme" >
16          <activity
17              android:name = "work.test.broadcastreceivertest.Broadcast
                  ReceiverTest MainActivity"
18              android:label="@string/app_name">
19              <intent-filter>
```

```
20              <action android:name="android.intent.action.MAIN" />
21
22              <category android:name="android.intent.category.LAUNCHER" />
23         </intent-filter>
24      </activity>
25      <receiver android:name="MessageReceiver"></receiver>
26   </application>
27
28 </manifest>
```

06 안드로이드 애플리케이션 프로젝트를 선택한 후 [Run As]–[Android Application] 메뉴를 선택해 안드로이드 에뮬레이터로 실행한다.

[브로드캐스트 리시버 실행] 버튼을 클릭하면 브로드캐스트 리시버가 정보를 수신했다는 것을 간단한 토스트를 통해 표시한다.

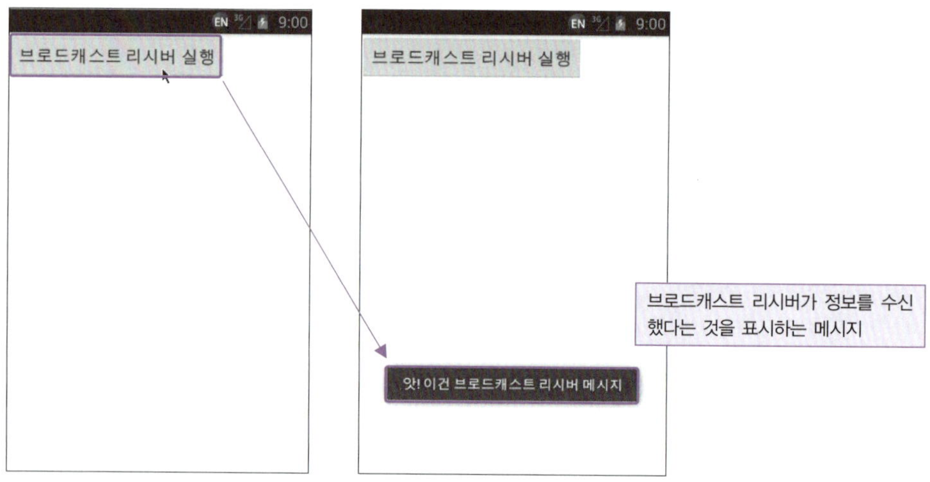

콘텐트 프로바이더(content provider)는 데이터에 접근하는 것을 관리하는 것으로, 애플리케이션 간에 데이터를 공유할 수 있도록 해준다. 콘텐트 프로바이더는 애플리케이션의 데이터를 다른 애플리케이션이 접속해 사용할 수 있도록 제공되는 표준 인터페이스로써, 데이터를 캡슐화하고 정의된 데이터 보안을 위한 방법을 제공한다.

일반적인 애플리케이션과 마찬가지로 안드로이드에서도 기억되어야 할 데이터는 파일 또는 SQLite 데이터베이스에 저장하는데, 콘텐트 프로바이더는 이들 데이터를 애플리케이션에서 공유할 수 있도록 한다.

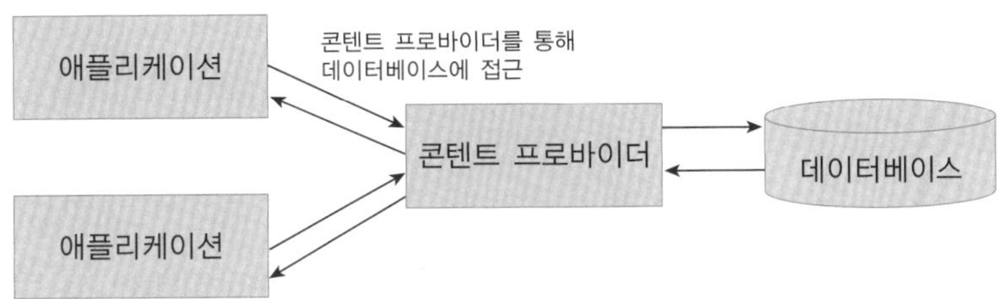

▲ 안드로이드 애플리케이션에서 콘텐트 프로바이더의 역할

콘텐트 프로바이더는 ContentProvider 클래스로부터 상속받아서 작성한다. 콘텐트 프로바이더는 다른 애플리케이션에서 불법적으로 단말기 내의 데이터를 가져갈 수 있기 때문에 신중히 사용해야 한다. 여기서는 안드로이드 시스템이 제공하는 주소록을 가져오는 콘텐트 프로바이더를 예제를 통해 학습한다.

Exercise 시스템이 제공하는 주소록 콘텐트 프로바이더 사용
　　　　 - [ContentProviderTest] 애플리케이션

이 예제는 메인화면에서 [주소록 표시] 버튼을 클릭하면 시스템이 제공하는 주소록 콘텐트 프로바이더를 사용해 주소록을 표시한다.

〈ContentProviderTest 애플리케이션 실행 결과〉

▲ ContentProviderMainActivity

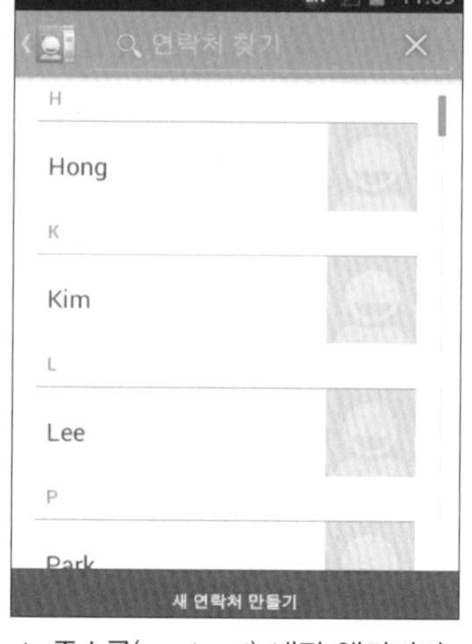

▲ 주소록(contract) 내장 액티비티

주요 파일	파일명 ([ContentProviderTest] 애플리케이션)	하는 일
리소스 파일 (문자열, 이미지 등)	문자열 리소스 파일명 : strings.xml 위치 : [프로젝트]–[res]–[values]	• contactStr, labelStr 문자열 정의
레이아웃 리소스 파일	activity_content_provider_test.xml 위치 : [프로젝트]–[res]–[layout]	• 1개의 TextView 위젯과 1개의 Button 위젯 배치 • strings.xml에서 정의한 contactStr, labelStr 문자열 참조
로직 클래스	메인 액티비티 클래스 파일 파일명 : ContentProviderTestMainActivity.java 위치 : [프로젝트]–[src]–[패키지명]	• activity_content_provider_test.xml을 화면의 내용으로 표시 • [주소록 표시] 버튼을 누르면 콘텐트 프로바이더에 의해 내장 주소록을 호출해 표시
매니페스트 파일	AndroidManifest.xml 위치 : [프로젝트]	• android.permission.READ_CONTACTS와 android.permission.WRITE_CONTACTS 권한 추가

▲ [ContentProviderTest] 애플리케이션의 주요 파일

01 사전 준비 작업 – 에뮬레이터의 [피플(people)] 앱 즉, 주소록에 사람들을 등록한다. [피플]에 아무도 없으면 주소록을 표시했을 때 빈 화면이 표시된다.

❶ [People] 또는 [피플] 앱을 클릭한다. 맨 처음에 주소가 하나도 없으면 [새 연락처 만들기]를 클릭해 시작한다.

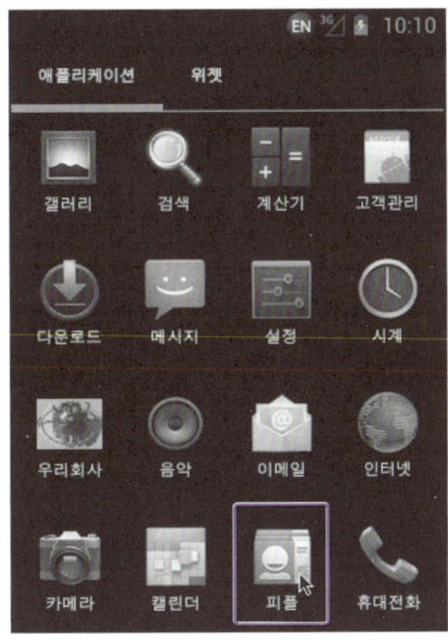

▲ [피플] 앱

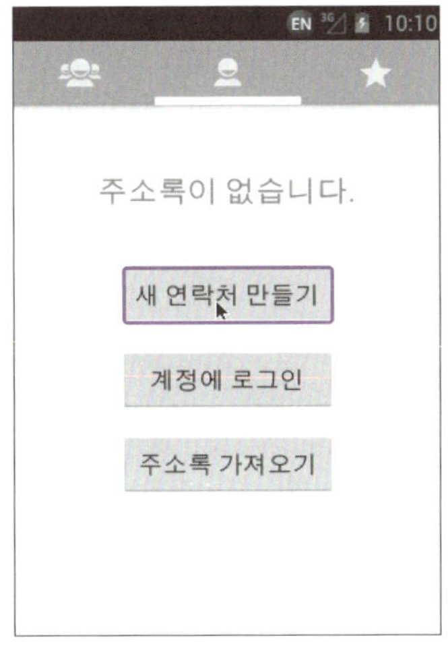

▲ 주소록을 처음 사용하는 경우

❷ 주소록의 주소 추가는 [연락처 추가] 버튼을 클릭해서 한다. 주소를 모두 입력한 후 [완료] 버튼을 눌러 추가한다.

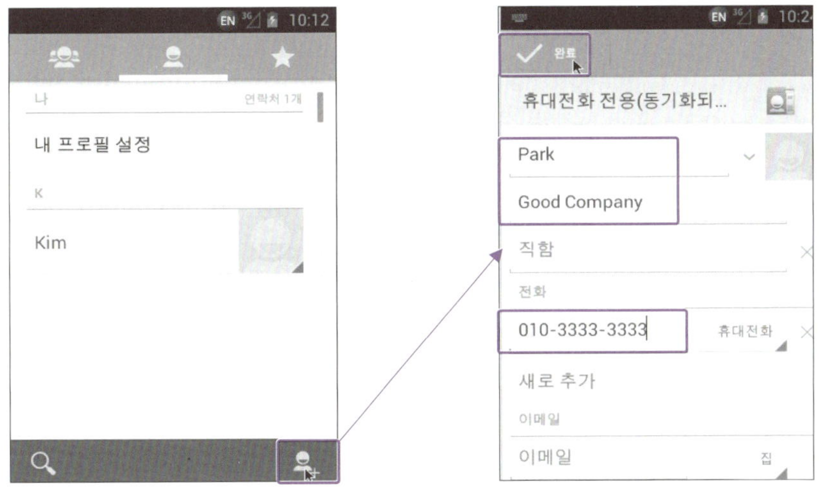

02 ContentProviderTest 안드로이드 애플리케이션 프로젝트 생성

❶ [Project Explorer] 뷰에서 [New]- [Project] 메뉴를 선택해 [Android Application Project]를 작성한다. [New Android Application] 창이 표시되면 다음과 같이 입력 후 [Next] 버튼을 누른다.

항목	입력 및 선택 값
Application Name	ContentProviderTest 입력
Project Name	ContentProviderTest 자동 입력됨
Package Name	work.test.contentcrovidertest 입력
Minimum Required SDK	API 8 : Android 2.2 (Froyo) 기본 값 사용
Target SDK	API 18 : Android 4.3 기본 값 사용 기본 값이 아닐 경우 선택
Compile With	API 18 : Android 4.3 기본 값 사용

❷ [Next] 버튼을 누르다가 액티비티명 변경 화면이 표시되면 [Activity Name]을 "ContentProviderTestMainActivity"로 변경한 후 [Finish] 버튼을 클릭한다

03 [res]-[values]-[strings.xml] 파일에 문자열 추가 및 변경을 한 후 저장한다.

```xml
01  <?xml version="1.0" encoding="utf-8"?>
02  <resources>
03
04      <string name="app_name">ContentProviderTest</string>
05      <string name="hello_world">Hello world!</string>
06      <string name="menu_settings">Settings</string>
07      <string name="contactStr">주소록 표시</string>
08      <string name="labelStr">콘텐트 프로바이더 사용</string>
09
10  </resources>
```

04 [res]-[layout]-[activity_content_provider_test.xml] 파일을 열어 수정한 후 저장한다. 완성된 내용은 다음과 같다.

```xml
01  <RelativeLayout xmlns:android="http://schemas.android.com/apk/res/android"
02      xmlns:tools="http://schemas.android.com/tools"
03      android:layout_width="match_parent"
04      android:layout_height="match_parent"
```

```
05        tools:context=".ContentProviderTestMainActivity" >
06
07        <TextView
08          android:id="@+id/textView1"
09          android:layout_width="wrap_content"
10          android:layout_height="wrap_content"
11          android:layout_alignParentLeft="true"
12          android:layout_alignParentTop="true"
13          android:layout_marginTop="22dp"
14          android:text="@string/labelStr"
15          android:textAppearance="?android:attr/textAppearanceMedium" />
16
17        <Button
18          android:id="@+id/contactBtn"
19          android:layout_width="wrap_content"
20          android:layout_height="wrap_content"
21          android:layout_alignParentLeft="true"
22          android:layout_below="@+id/textView1"
23          android:text="@string/contactStr" />
24
25    </RelativeLayout>
```

05 [src]-[work.test.contentcrovidertest]에 있는 [ContentProviderTestMain Activity] 액티비티 내용을 추가한 후 저장한다.

```java
01    package work.test.contentprovidertest;
02
03    import android.app.Activity;
04    import android.content.Intent;
05    import android.os.Bundle;
06    import android.provider.ContactsContract;
07    import android.view.Menu;
08    import android.view.View;
09    import android.view.View.OnClickListener;
10    import android.view.Window;
11    import android.widget.Button;
12
13    public class ContentProviderTestMainActivity extends Activity
14            implements OnClickListener{
15
```

```java
16      private Button contact;
17
18      @Override
19      protected void onCreate(Bundle savedInstanceState) {
20          super.onCreate(savedInstanceState);
21          requestWindowFeature(Window.FEATURE_NO_TITLE);
22          setContentView(
23                  R.layout.activity_content_provider_test_main);
24
25          //[주소록 표시] 버튼을 정보를 얻어내 리스너 등록
26          contact = (Button)findViewById(R.id.contactBtn);
27          contact.setOnClickListener(this);
28      }
29
30      @Override
31      public void onClick(View v) {
32          // TODO Auto-generated method stub
33
34          if(v == contact){
35              //[주소록 표시] 버튼을 클릭하면 수행
36
37              //내장 액티비티 주소록을 호출하기 위해
38              //인텐트는 주소록의 내용을 가져오는 액션을 사용
39              Intent it = new Intent(Intent.ACTION_GET_CONTENT);
40              //주소록의 목록을 제공하는 타입으로 표시됨
41              it.setType(
42                  ContactsContract.Contacts.CONTENT_ITEM_TYPE);
43              startActivity(it);
44          }
45
46      }
47
48      @Override
49      public boolean onCreateOptionsMenu(Menu menu) {
50          // Inflate the menu; this adds items to the action bar if it is present.
51          getMenuInflater().inflate(
52              R.menu.activity_content_provider_test_main, menu);
53          return true;
54      }
55
56  }
```

26~27   [주소록 표시] 버튼을 정보를 얻어내 이벤트 리스너를 등록한다. 이 버튼을 클릭하면 31 라인의 onClick(View v) 메소드가 수행된다.

31~44   onClick(View v) 메소드로 [주소록 표시] 버튼을 누르면 실행된다.

39   Intent it = new Intent(Intent.ACTION_GET_CONTENT);은 내장 액티비티 중 주소록을 호출하기 위한 형식이다. 이때 Intent.ACTION_GET_CONTENT는 주소록의 내용을 가져오는 액션이다.

41~42   it.setType(ContactsContract.Contacts.CONTENT_ITEM_TYPE);은 주소록을 표시할 때, 목록을 제공하는 타입으로 한다는 설정이다.

06 주소록(Contact)를 읽고 쓰는 두 개의 권한 [android.permission.READ_CONTACTS] 와 [android.permission.WRITE_CONTACTS]를 [AndroidManifest.xml] 파일에 추가한다.

❶ [ContentProviderTest] 프로젝트 내에 있는 [AndroidManifest.xml] 파일을 더블 클릭해서 연 후 권한을 설정하기 위해 [Permission] 탭을 선택한다.

❷ [Permission] 탭의 내용이 표시되면 [Permissions] 항목에서 [Add...] 버튼을 클릭한다.

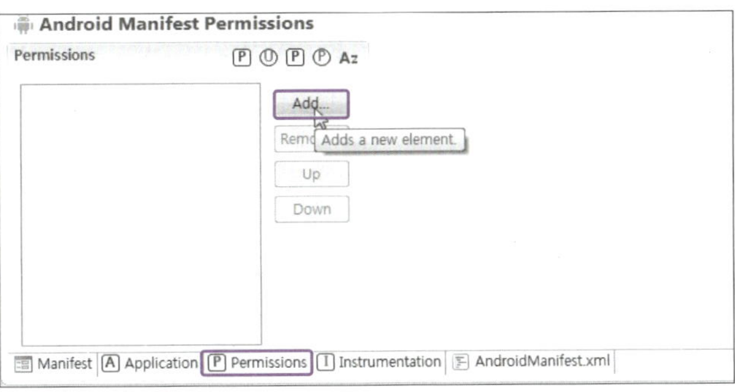

❸ 퍼미션(권한)의 타입을 선택하는 대화상자가 표시되면 [Uses Permission] 항목을 선택한 후 [OK] 버튼을 클릭한다.

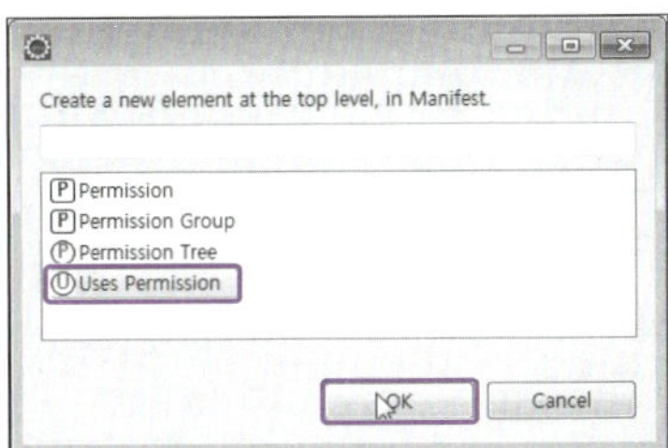

❹ 먼저 주소록(Contact)의 읽는 퍼미션을 설정하기 위해 [Name] 항목의 콤보상자를 눌러 표시되는 목록에 [android.permission.READ_CONTACTS]를 선택한다.

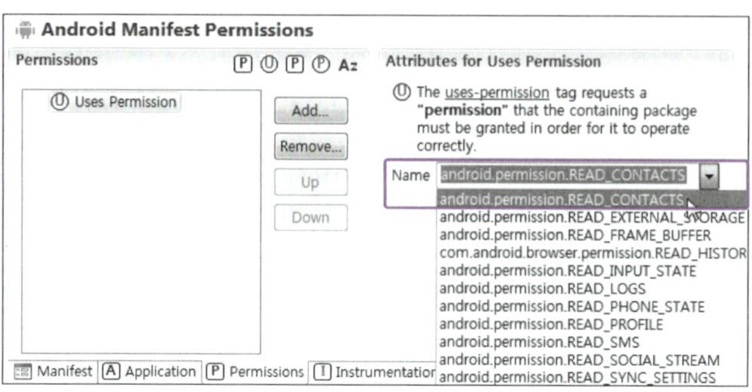

❺ 주소록(Contact)에 쓰는 퍼미션을 추가하기 위해 [Add...] 버튼을 눌러 [Uses Permission] 항목을 선택한 후 [Name] 항목의 콤보상자를 눌러 표시되는 목록에 [android.permission.WRITE_CONTACTS]를 선택한다.

❻ 퍼미션을 모두 추가한 후 저장 버튼을 눌러 완성한다.

❼ [AndroidManifest.xml] 탭을 누르면 완성된 소스코드를 확인할 수 있다. 진하게 표시된 부분이 추가된 권한이다.

```xml
01  <?xml version="1.0" encoding="utf-8"?>
02  <manifest xmlns:android="http://schemas.android.com/apk/res/android"
03      package="work.test.contentprovidertest"
04      android:versionCode="1"
05      android:versionName="1.0" >
06
07      <uses-sdk
08          android:minSdkVersion="8"
09          android:targetSdkVersion="17" />
10      <uses-permission android:name="android.permission.READ_CONTACTS"/>
11      <uses-permission android:name="android.permission.WRITE_CONTACTS"/>
12
13      <application
14          android:allowBackup="true"
15          android:icon="@drawable/ic_launcher"
16          android:label="@string/app_name"
17          android:theme="@style/AppTheme" >
18          <activity
```

```
19              android:name="work.test.contentprovidertest.ContentProvider
         TestMainActivity"
20              android:label="@string/app_name" ⟩
21              ⟨intent-filter⟩
22                  ⟨action android:name="android.intent.action.MAIN" /⟩
23
24                  ⟨category android:name="android.intent.category.LAUNCHER" /⟩
25              ⟨/intent-filter⟩
26          ⟨/activity⟩
27      ⟨/application⟩
28
29  ⟨/manifest⟩
```

07 안드로이드 애플리케이션 프로젝트를 선택한 후 [Run As]-[Android Application] 메뉴를 선택해 안드로이드 에뮬레이터로 실행한다.

[주소록 표시] 버튼을 클릭하면 시스템이 제공하는 콘텐트 프로바이더에 의해 주소록이 표시된다.

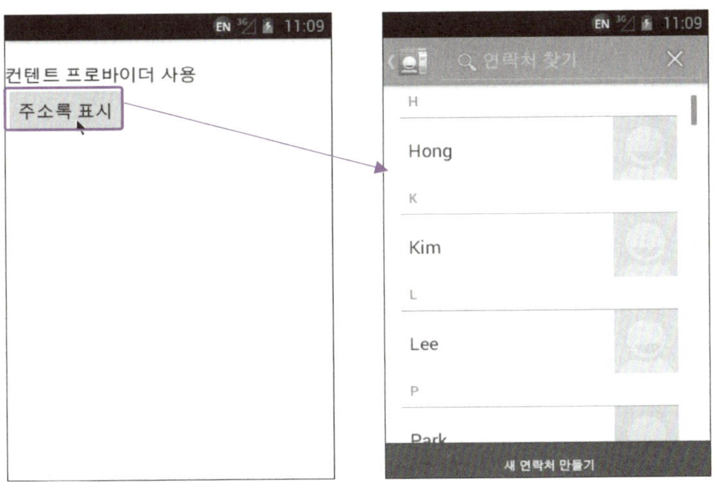

앱 위젯(App Widget)

앱 위젯(App Widget)은 [홈] 화면에 설치되어 독립적으로 사용되는 위젯으로 주기적으로 업데이트가 가능한 작은 애플리케이션 뷰이다.

이 뷰는 사용자 인터페이스 내에서 위젯으로써 표시되고 앱 위젯 프로바이더(App Widget provider)를 사용해 홈 화면에 게시할 수 있다. 하나의 애플리케이션은 앱 위젯 호스트(App Widget host)에 의해 호출되는 여러 형태의 앱 위젯을 가질 수 있다.

▲ [Evernote] 애플리케이션이 제공하는 위젯들

앱 위젯은 설치할 [홈] 화면을 길게 누르면 [위젯] 항목들이 표시된다. 이때 항목 중 하나를 선택하면 위젯이 설치된다. 여러 타입의 위젯을 제공하는 경우 이들 중 설치할 위젯을 선택하면 [홈] 화면에 표시된다.

에뮬레이터에서도 [홈] 화면을 길게 누르면 앱 위젯이 설치된다. 그러나 에뮬레이터 버전이 안드로이드 4.0 이상인 경우에는 애플리케이션이 설치된 메인화면에서 [위젯] 탭을 선택해서 설치한다.

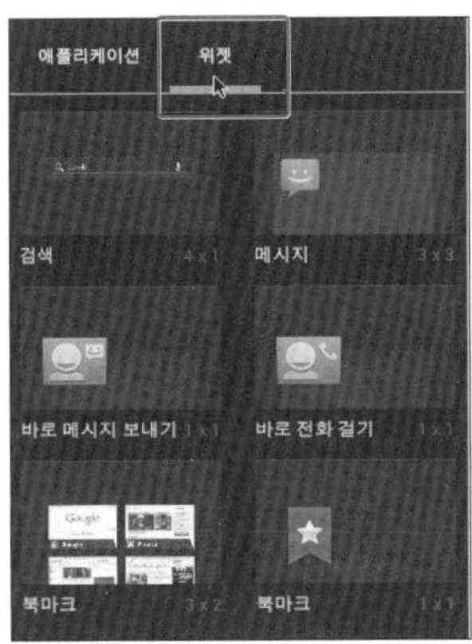

▲ 에뮬레이터 버전이 안드로이드 4.0 이상인 경우의 위젯 설치

■ 앱 위젯 작성 방법

앱 위젯은 앱 위젯 프로바이더(App Widget provider) 클래스인 AppWidgetProvider를 상속받아 생성하는데, 방법은 다음과 같다.

❶ AppWidgetProviderInfo 객체 정의

먼저 AppWidgetProviderInfo 리소스 객체를 정의해야 하는데, 이 객체는 앱 위젯
의 메타데이터(metadata)를 기술하는 것으로 XML 파일에 〈appwidget-provider〉
태그를 사용해서 정의한다. AppWidgetProviderInfo 리소스를 정의한 XML 파일은
[res]-[xml] 폴더 안에 저장한다.

```
AppWidgetProviderInfo 객체를 정의한 appwidgetproviderinfo.xml

<appwidget-provider xmlns:android="http://schemas.android.com/apk/res/android"
    메타데이터 기술>
</appwidget-provider>
```

메타데이터에는 앱 위젯의 레이아웃 및 크기, 업데이트 빈도 등을 기술한다.

• 앱 위젯의 레이아웃 : 앱 위젯에 표시되는 실제 화면(뷰)으로 [res]-[layout] 폴더 안
  에 XML 레이아웃 파일로 작성한다. 이 레이아웃은 android:initialLayout 프로퍼
  티의 값으로 지정해 표시한다.

```
android:initialLayout="@layout/appwidgetlayout"
```

• 앱 위젯의 크기 : [홈] 화면에 표시되는 앱 위젯의 가로/세로 크기를 android:min
  Width android:minHeight 프로퍼티을 사용해서 기술한다. 크기의 값은 ((셀의
  수×74)-2)를 사용하며 단위는 dp를 쓴다. 여기서 셀의 수는 [홈] 화면을 4×4의
  크기(행×열)로 나누어 표시한 것이다. 즉, 가로 및 세로 셀의 수는 1~4 사이의 값
  을 갖는다.

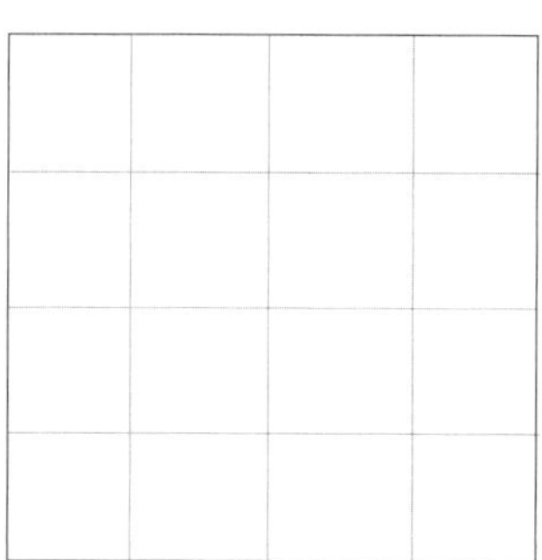

▲ [홈] 화면을 4 x 4로 분할

▲ 위젯의 크기 예시

예를 들어 1×4 크기로 위젯을 지정할 경우, 가로는 (4×74) − 2=294, 세로는 (1× 74) − 2 = 72가 된다. 가로, 세로는 값인 294dp, 72dp와 같은 형식으로 기술한다.

```
android:minWidth="294dp"
android:minHeight="72dp"
```

- 업데이트 빈도 : 업데이트 빈도는 앱 위젯의 업데이트 시간 간격으로 밀리세컨드 (milisecond, 1/1000초) 단위로 표시한다. 이 값은 android:updatePeriodMillis 프로퍼티에 기술한다. 예를 들어 5분마다 업데이트를 할 경우 5×60×1000의 값 인 300000 값을 android:updatePeriodMillis 프로퍼티에 지정한다.

```
android:updatePeriodMillis="300000"
```

AppWidgetProviderInfo 리소스를 정의한 XML 파일을 구현한 예시는 다음과 같다.

```
AppWidgetProviderInfo 객체를 정의한 appwidgetproviderinfo.xml

<appwidget-provider xmlns:android="http://schemas.android.com/apk/res/android"
    android:initialLayout="@layout/appwidgetlayout"
    android:minWidth="294dp"
    android:minHeight="72dp"
    android:updatePeriodMillis="300000">
</appwidget-provider>
```

❷ AppWidgetProvider 클래스를 상속받아 앱 위젯 프로바이더(App Widget provider) 클래스 생성

브로드캐스트 리시버 클래스인 BroadcastReceiver를 상속받은 하위 클래스 AppWidget Provider는 앱 위젯 브로드캐스트들을 수신하기 위한 편리한 클래스로, 단지 앱 위젯과 연관된 브로드캐스트 이벤트만을 수신한다. 앱 위젯 프로바이더 클래스를 생성할 때는 AppWidgetProvider 클래스를 상속받아서 한다.

```
public class AppWidgetTest extends AppWidgetProvider { }
```

앱 위젯이 업데이트(updated), 삭제(deleted), 사용 가능/불가능(enabled/disabled) 등의 이벤트를 발생하면, AppWidgetProvider 클래스는 이를 수신해 해당하는 이벤 트 처리 메소드를 호출한다. 필요한 메소드를 재정의해 사용하면 된다.

- onUpdate (Context context, AppWidgetManager appWidgetManager, int[ ] appWidgetIds) : AppWidgetProviderInfo 객체에 기술된 android:update PeriodMillis 의 프로퍼티 값으로 지정된 시간 간격마다 이 메소드를 호출해 앱 위젯

을 업데이트한다. 첫 번째 매개변수에는 context를, 두 번째 매개변수에는 AppWidgetManager 클래스의 객체를 기술하고, 세 번째 매개변수에는 앱 위젯 아이디가 int[ ] 배열 타입으로 기술된다. 이 메소드는 자주 사용된다.

- onDeleted(Context context, int[ ] appWidgetIds) : 앱 위젯 객체가 제거될 때마다 호출된다.

- onEnabled(Context context) : 앱 위젯이 처음 생성될 때 호출된다.

- onDisabled(Context) : 앱 위젯의 마지막 객체가 제거될 때 자동 호출된다.

- onReceive(Context, Intent) : 브로드캐스트를 위해 사용하는 메소드이나 일반적으로 재 정의하지 않는다. AppWidgetProvider 객체가 생성되면 자동으로 재정의되기 때문에 프로그램 코드로 기술할 필요가 없다.

앱 위젯을 업데이트하는 onUpdate( ) 메소드를 사용한 앱 위젯 프로바이더 예시는 다음과 같다.

```java
public class AppWidgetTest extends AppWidgetProvider {
    public void onUpdate(Context context, AppWidgetManager appWidgetManager,
    int[ ] appWidgetIds) {
        Intent it = new Intent(context, AppWidgetProcessService.class);
        context.startService(it);
    }
}
```

❸ 앱 위젯을 사용한다는 것을 알리기 위해 [AndroidManifest.xml] 파일에 〈receiver〉 엘리먼트를 기술한다.

```xml
<receiver android:name="AppWidgetTest" >
    <intent-filter>
        <action android:name="android.appwidget.action.APPWIDGET_UPDATE" />
    </intent-filter>
    <meta-data android:name="android.appwidget.provider"
            android:resource="@xml/appwidgetproviderinfo" />
</receiver>
```

- 〈receiver〉 엘리먼트의 android:name 프로퍼티의 값으로 AppWidgetProvider 클래스를 상속받아 구현한 앱 위젯 프로바이더 클래스명을 기술한다.

- 〈intent-filter〉 엘리먼트에는 〈action〉 엘리먼트를 포함해 앱 위젯의 수신을 받는 동작을 android:name 프로퍼티을 사용해서 기술한다. "android.appwidget.action. APPWIDGET_ UPDATE"는 앱 위젯이 업데이트 이벤트만을 수신하도록 지정한다.

- 〈meta-data〉 엘리먼트는 AppWidgetProviderInfo 리소스의 메타데이터 이름과 파일명을 기술한다. android:name 프로퍼티은 메타데이터의 이름을 기술한 것으로 android. appwidget.provider을 프로퍼티 값으로 사용한다. android:resource는 리소스의 파일명과 위치를 기술한다. 만일 프로퍼티 값이 "@xml/appwidgetprovider info"이면, 리소스 파일은 [appwidgetproviderinfo.xml]로 [res]-[xml] 폴더 내에 위치한다.

Exercise 앱 위젯 작성 – [AppWidgetTest] 애플리케이션

이 예제는 앱 위젯에서 [속담한마디] 버튼을 클릭하면 앱 위젯의 내용이 변경된다. 앱 위젯 프로바이더는 AppWidgetProvider 클래스를 상속받아 내용의 업데이트 작업을 처리하고, 업데이트될 내용은 Service 클래스를 사용해 서비스 생성해서 0~3 사이의 난수를 발생시켜 처리한다.

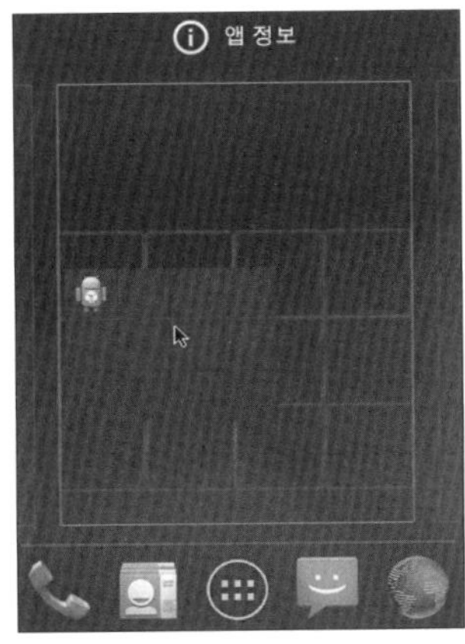

▲ AppWidgetTest 애플리케이션의 실행 결과

주요 파일	파일명 ([AppWidgetTest] 애플리케이션)	하는 일
리소스 파일 (문자열, 이미지 등)	문자열 리소스 파일명 : strings.xml 위치 : [프로젝트]-[res]-[values]	• proverb1, proverb2, proverb3, proverb4, mean1, mean2, mean3, mean4, btnStr 문자열 정의
	AppWidgetProviderInfo 리소스 파일명 : appwidgetinfo.xml 위치 : [프로젝트]-[res]-[xml]	• [xml] 폴더에 작성
레이아웃 리소스 파일	activity_app_widget_test_main.xml 위치 : [프로젝트]-[res]-[layout]	• 2개의 TextView 위젯과 1개의 Button 위젯 배치 • strings.xml에서 정의한 proverb1, mean1, btnStr 문자열 참조

로직 클래스	메인 액티비티 클래스 파일 파일명 : AppWidgetTestMain Activity.java 위치 : [프로젝트]–[src]–[패키지명]	• 앱 위젯 업데이트 부분을 처리하기 위해 AppWidgetProcessService 서비스 호출
	서비스 클래스 파일 파일명 : AppWidgetProcess Service.java 위치 : [프로젝트]–[src]–[패키지명]	• 앱 위젯의 이벤트 처리와 업데이트 되는 내용을 결정
매니페스트 파일	AndroidManifest.xml 위치 : [프로젝트]	• <receiver> 추가 • AppWidgetProcessService 추가

▲ [AppWidgetTest] 애플리케이션의 주요 파일

01 AppWidgetTest 안드로이드 애플리케이션 프로젝트 생성

❶ [Project Explorer] 뷰에서 [New]–[Project] 메뉴를 선택해 [Android Application Project]를 작성한다. [New Android Application] 창이 표시되면 다음과 같이 입력 및 선택한 후 [Next] 버튼을 클릭한다.

항목	입력 및 선택 값
Application Name	AppWidgetTest 입력
Project Name	AppWidgetTest 자동 입력됨
Package Name	work.test.appwidgettest 입력
Minimum Required SDK	API 8 : Android 2.2 (Froyo) 기본 값 사용
Target SDK	API 18 : Android 4.3 기본 값 사용 기본 값이 아닐 경우 선택
Compile With	API 18 : Android 4.3 기본 값 사용

❷ [Next] 버튼을 누르다가 액티비티명 변경 화면이 표시되면 [Activity Name]을 "AppWidgetTestMainActivity"로 변경한 후 [Finish] 버튼을 클릭한다.

02 [res]–[values]–[strings.xml] 파일의 내용을 변경한 후 저장한다.

```
01   <?xml version="1.0" encoding="utf-8"?>
02   <resources>
03
04       <string name="app_name">AppWidgetTest</string>
05       <string name="hello_world">Hello world!</string>
06       <string name="menu_settings">Settings</string>
```

```
07    <string name="proverb1">No house without a mouse.</string>
08    <string name="proverb2">Pride will have fall.</string>
09    <string name="proverb3">Office changes manners.</string>
10    <string name="proverb4">Empty vessels make the most sound.</string>
11    <string name="mean1">쥐 없는 집은 없다.</string>
12    <string name="mean2">자만은 추락을 갖는다.</string>
13    <string name="mean3">사무실은 예절을 바꾼다.</string>
14    <string name="mean4">빈 수레가 요란하다.</string>
15    <string name="btnStr">속담한마디</string>
16
17  </resources>
```

03 [res] 폴더의 하위 폴더로 [xml] 폴더를 생성한 후 AppWidgetProviderInfo 리소스
파일 작성

❶ [AppWidgetTest] 프로젝트의 [res] 폴더를 선택한 후 [New]-[Folder] 메뉴를 선택한다.

❷ [New Folder] 대화상자가 표시되면 폴더 이름으로 "xml"을 입력한 후 [Finish] 버튼
을 클릭한다.

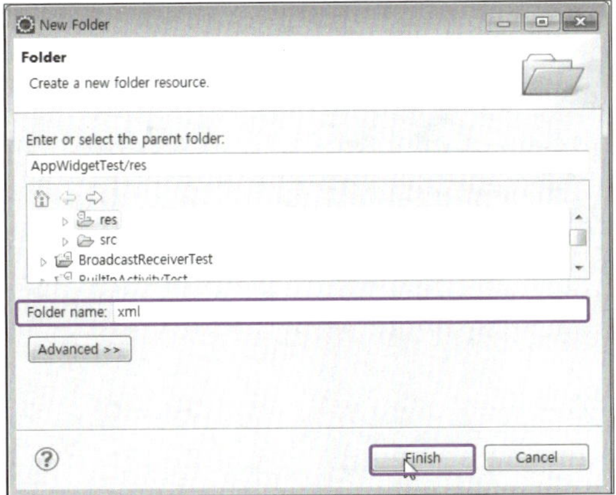

❸ [res] 폴더의 하위 폴더로 [xml] 폴더가 생성된 것을 확인할 수 있다.

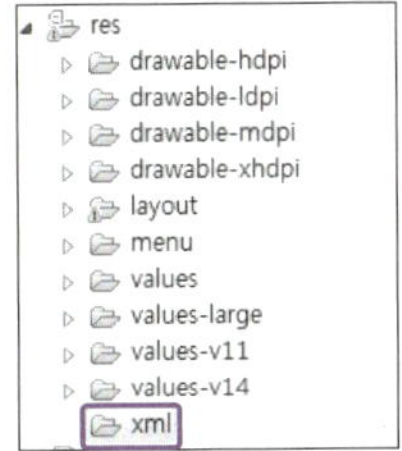

❹ 생성된 [xml] 폴더를 선택한 후 [New]-[Other] 메뉴를 선택한다. [New] 창이 표시
되면 [Android]-[Android XML File]을 선택한 후 [Next] 버튼을 클릭한다.

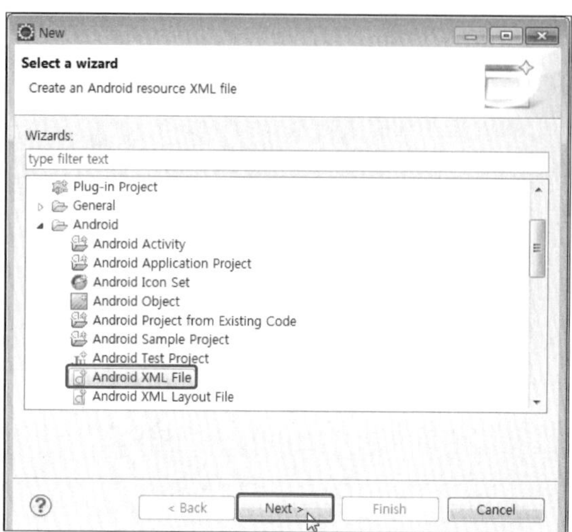

❺ [New Android XML File] 창이 표시되면, [Resource Type] 항목에 [AppWidget
Provider]를 선택하고 [File] 항목에 "appwidgetinfo.xml"을 입력한 후 [Finish] 버
튼을 클릭한다.

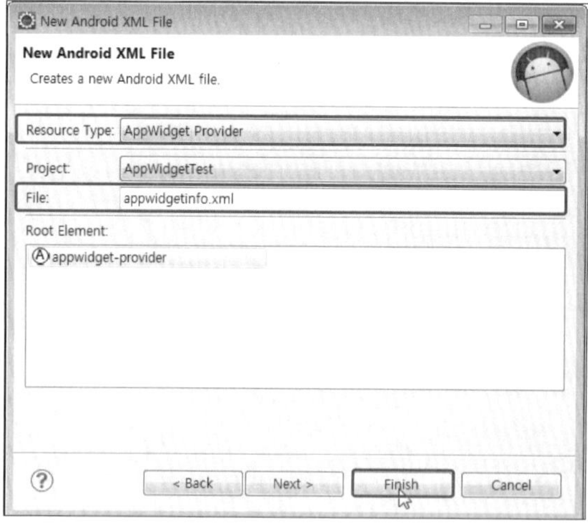

❻ [appwidgetinfo.xml]이 생성되면 추가할 내용을 입력해서 코드를 완성한 후 저장한다.

```
01    <?xml version="1.0" encoding="utf-8"?>
02    <appwidget-provider
03        xmlns:android="http://schemas.android.com/apk/res/android"
```

```
04        android:updatePeriodMillis="0"
05        android:initialLayout="@layout/activity_app_widget_test_main"
06        android:minWidth="294dp"
07        android:minHeight="146dp" >
08
09    </appwidget-provider>
```


4　android:updatePeriodMillis="0"은 업데이트가 즉시 일어난다는 의미이다. 즉, [속담한마디] 버튼을 클릭하면, 바로 앱 위젯의 내용이 변경돼야 하기 때문에 android:updatePeriodMillis 프로퍼티의 값을 "0"으로 지정한다.

04 [res]-[layout]-[activity_app_widget_test_main.xml] 파일의 내용을 변경 후 저장한다. 완성된 내용은 다음과 같다.

```
01    <RelativeLayout xmlns:android="http://schemas.android.com/apk/res/android"
02        xmlns:tools="http://schemas.android.com/tools"
03        android:layout_width="match_parent"
04        android:layout_height="match_parent"
05        tools:context=".AppWidgetTestMainActivity" >
06
07        <TextView
08            android:id="@+id/proverbStr"
09            android:layout_width="fill_parent"
10            android:layout_height="wrap_content"
11            android:layout_alignParentLeft="true"
12            android:layout_alignParentTop="true"
13            android:text="@string/proverb1" />
14
15        <TextView
16            android:id="@+id/meanStr"
17            android:layout_width="fill_parent"
18            android:layout_height="wrap_content"
19            android:layout_alignParentLeft="true"
20            android:layout_below="@+id/proverbStr"
21            android:text="@string/mean1" />
22
23        <Button
24            android:id="@+id/display"
```

```
25            style="?android:attr/buttonStyleSmall"
26            android:layout_width="wrap_content"
27            android:layout_height="wrap_content"
28            android:layout_alignParentLeft="true"
29            android:layout_below="@+id/meanStr"
30            android:text="@string/btnStr" />
31
32    </RelativeLayout>
```

05 [src]-[work.test.appwidgettest]에 있는 앱 위젯 프로바이더와 서비스를 생성 및 수정해서 내용을 완성한다.

1 [AppWidgetProcessService] 서비스를 추가한다.

❶ [work.test.appwidgettest] 패키지를 선택한 후 [New]-[Class] 메뉴를 선택해 서비스를 추가한다. [Name] 항목에 "AppWidgetProcessService"를 입력하고 [Superclass] 항목에 "android.app.Service"를 입력한 후 [Finish] 버튼을 클릭한다.

❷ [AppWidgetProcessService]의 내용을 추가한 후 저장한다. 이 서비스는 앱 위젯의 이벤트 처리와 업데이트되는 내용을 결정한다.

```
01    package work.test.appwidgettest;
02
03    import android.app.PendingIntent;
04    import android.app.Service;
05    import android.appwidget.AppWidgetManager;
06    import android.content.ComponentName;
07    import android.content.Intent;
08    import android.os.IBinder;
09    import android.widget.RemoteViews;
10
11    public class AppWidgetProcessService extends Service {
12
13        //서비스에서는 이벤트를 처리하기 위해  ACTION_CLICK 상수를 선언
14        private static final String ACTION_CLICK =
15                    "work.test.appwidgettest.DISPLAY_CLICK";
16        //속담의 내용
17        int[ ] proverbs={R.string.proverb1, R.string.proverb2,
```

```java
18                              R.string.proverb3,R.string.proverb4};
19      //속담의 뜻
20      int[ ] means={R.string.mean1, R.string.mean2,
21                          R.string.mean3,R.string.mean4};
22
23      //서비스가 시작되면 자동 실행
24      public void onStart(Intent intent, int startId){
25          //onStart( ) 메소드가 폐기되어도 실행에는 문제가 없음
26          super.onStart(intent, startId);
27
28          //앱 위젯에서 이벤트를 처리하려면 RemoteViews 객체를 생성해서 함
29          RemoteViews rView = new RemoteViews(getPackageName( ),
30                          R.layout.activity_app_widget_test_main);
31
32          //인텐트를 생성해 상수로 지정한 action의 값을 세팅
33          Intent it = new Intent( );
34          it.setAction(ACTION_CLICK);
35
36          //[속담한마디] 버튼을 클릭한 것을 수신하기 위해 PendingIntent의 객체를 생성
37          PendingIntent pIt = PendingIntent.getService(this, 0, it, 0);
38          //PendingIntent에서 제공하는 [속담한마디] 버튼에 클릭 리스너를 등록
39          rView.setOnClickPendingIntent(R.id.display,pIt);
40
41          if(ACTION_CLICK.equals(it.getAction( ))){
42              //[속담한마디] 버튼을 클릭한 경우 수행됨
43
44              //0~3 사이의 정수 난수를 발생시킴
45              int randomValue = (int)(Math.random( ) * 4);
46              //선택된 속담과 의미를 앱 위젯의 텍스트뷰의 내용으로 설정
47              CharSequence proverb = getString(proverbs[randomValue]);
48              CharSequence mean = getString(means[randomValue]);
49              rView.setTextViewText(R.id.proverbStr, proverb);
50              rView.setTextViewText(R.id.meanStr, mean);
51          }
52
53          //AppWidgetManager 객체와 ComponentName 객체를 생성해
54          //[AppWidgetTestMainActivity] 앱 위젯 프로바이더에
55          //앱 위젯의 정보가 변경되었음을 알림
56          AppWidgetManager awManager =
57                          AppWidgetManager.getInstance(this);
```

```
58          ComponentName info =
59              new ComponentName("work.test.appwidgettest",
60              "work.test.appwidgettest.AppWidgetTestMainActivity");
61          awManager.updateAppWidget(info, rView);
62
63      }
64
65      @Override
66      public IBinder onBind(Intent arg0) {
67          // TODO Auto-generated method stub
68          return null;
69      }
70
71  }
```

소스코드 설명

14~15

```
14      private static final String ACTION_CLICK =
15              "work.test.appwidgettest.DISPLAY_CLICK";
```

ACTION_CLICK이라는 상수를 선언해 앱 위젯인 [속담한마디] 버튼을 클릭해 발생한 클릭 이벤트임을 식별하기 위해 사용한다. Service 클래스에서 Button display = (Button)findViewById(R.id.display); 를 사용해 레이아웃에 정의된 버튼의 정보를 가져올 수 없다.

다만 29~30라인과 같이 RemoteViews 객체를 생성 시, 매개변수로 [속담한마디] 버튼이 정의되어 있는 [R.layout.activity_app_widget_test_ main.xml] 파일을 사용해 위젯들을 인식시킨다.

```
29      RemoteViews rView = new RemoteViews(getPackageName( ),
30              R.layout.activity_app_widget_test_main);
```

33~37 [속담한마디] 버튼을 클릭한 것을 수신하기 위해 37라인과 같이 PendingIntent의 객체를 생성한다. 이때 매개변수 it는 Intent 객체로 33라인에서 생성한 것으로 34라인에서 it 객체에 setAction(ACTION_CLICK) 메소드를 사용해 클릭 이벤트를 식별하도록 했다.

39 [속담한마디] 버튼에 클릭 리스너를 등록한다. 직접적으로 setOnClickListener( ) 메소드를 사용해서 클릭리스너를 등록할 수 없기 때문에, 같은 기능을 하는 setOnClickPendingIntent(R.id.display, pIt) 메소드를 사용해서 클릭 리스너를 등록했다.

56~61 AppWidgetManager 객체와 ComponentName 객체를 생성해 [AppWidgetTest MainActivity] 앱 위젯 프로바이더에 앱 위젯의 정보가 변경되었음을 알리는 부분으로, 61라인의 AppWidgetManager 클래스의 updateAppWidget(info, rView) 메소드를 사용해 [AppWidgetTest MainActivity] 앱 위젯 프로바이더의 update( ) 메소드를 호출한다.

2 [AppWidgetTestMainActivity] 앱 위젯 프로바이더의 내용을 추가한 후 저장한다. [AppWidgetTestMainActivity] 앱 위젯 프로바이더는 [AppWidgetProvider] 클래스를 상속받아 앱 위젯의 업데이트 부분의 처리를 담당한다.

```java
01    package work.test.appwidgettest;
02
03    import android.appwidget.AppWidgetManager;
04    import android.appwidget.AppWidgetProvider;
05    import android.content.Context;
06    import android.content.Intent;
07
08    public class AppWidgetTestMainActivity extends AppWidgetProvider {
09
10        //앱 위젯의 내용이 업데이트시 호출
11        public void onUpdate(Context context,
12                AppWidgetManager appWidgetManager,
13                int[ ] appWidgetIds) {
14
15            //실제 작업을 처리하는 서비스를 호출하기 위해 인텐트를 작성하고 서비스 호출
16            Intent it = new Intent(context,
17                    AppWidgetProcessService.class);
18            context.startService(it);
19        }
20    }
```

소스코드 설명

11~19   onUpdate(Context context, AppWidgetManager appWidgetManager, int[ ] appWidgetIds) 메소드는 앱위젯의 내용이 업데이트시 자동으로 호출된다. 즉, AppWidgetProcessService 클래스의 61라인 awManager.updateAppWidget(info, rView); 메소드를 통해 호출한다.

16~18   앱 위젯의 내용을 변경하는 등의 작업을 처리하는 서비스를 호출하기 위해 인텐트를 작성하고 서비스를 호출한다.

06   [AndroidManifest.xml] 파일을 열어 기존의 〈Activity〉 엘리먼트를 제거한 후, 앱 위젯 프로바이더를 위한 〈receiver〉 엘리먼트를 추가한다. 〈Service〉 엘리먼트도 추가한다. 직접 코딩할 것을 권장한다. 20라인의 android:name 프로퍼티의 값인 "android.appwidget.provider"가 목록에 표시되지 않아서 직접 입력해야 한다.

```xml
01  <?xml version="1.0" encoding="utf-8"?>
02  <manifest xmlns:android="http://schemas.android.com/apk/res/android"
03      package="work.test.appwidgettest"
04      android:versionCode="1"
05      android:versionName="1.0" >
06
07      <uses-sdk
08          android:minSdkVersion="8"
09          android:targetSdkVersion="17" />
10
11      <application
12          android:allowBackup="true"
13          android:icon="@drawable/ic_launcher"
14          android:label="@string/app_name"
15          android:theme="@style/AppTheme" >
16          <receiver android:name="AppWidgetTestMainActivity">
17            <intent-filter>
18            <action android:name = "android.appwidget.action.APPWIDGET_
                UPDATE" />
19            </intent-filter>
20            <meta-data android:name="android.appwidget.provider"
21              android:resource="@xml/appwidgetinfo" />
22
23          </receiver>
24
25          <service android:name="AppWidgetProcessService">
26            <intent-filter>
27            <action android:name = "work.test.appwidgettest.DISPLAY_CLICK"/>
28            </intent-filter>
29          </service>
30      </application>
31
32  </manifest>
```

07 안드로이드 애플리케이션 프로젝트를 선택한 후 [Run As]-[Android Application]
메뉴를 선택해 안드로이드 에뮬레이터로 실행한다.

❶ [Console] 뷰에서 [AppWidgetTest] 앱의 로딩 및 설치가 끝나면 'Done!'이 표시된다.
이것을 확인한 후 에뮬레이터에서 앱 위젯을 [홈] 화면에 설치해야 한다.

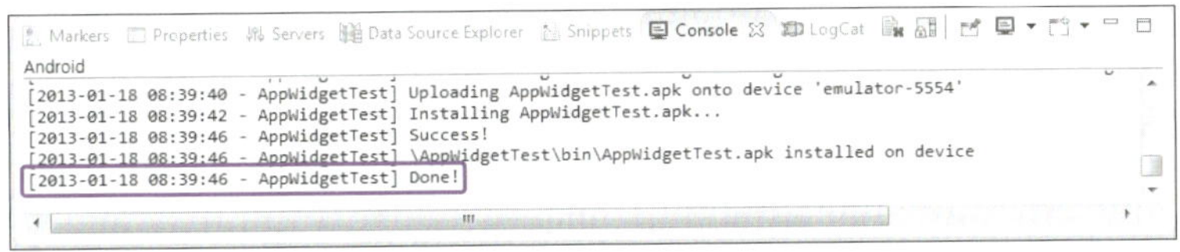

❷ 애플리케이션이 설치된 메인 화
면으로 이동하는 버튼을 누른
다. 애플리케이션이 설치된 화
면이 표시되면 상단의 [위젯] 탭
을 눌러 앱 위젯을 설치할 수 있
는 화면으로 이동한다.

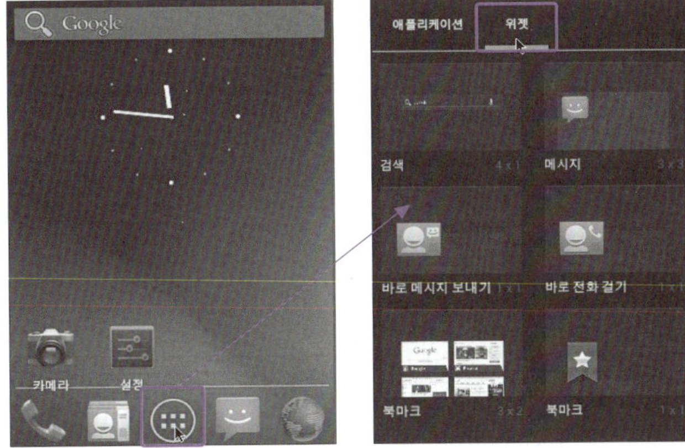

❸ 마우스를 오른쪽에서 왼쪽으로
드래그 앤 드롭해 [위젯] 화면에
서 [AppWidgetTest]를 찾는다.
설치할 위젯을 길게 누르면 오른
쪽 그림이 표시되는데, 계속 마
우스 버튼을 누르고 있는 상태에
서 [홈] 화면에 설치할 공간이 있
는 화면으로 이동해 마우스 왼쪽
버튼을 놓으면 된다.

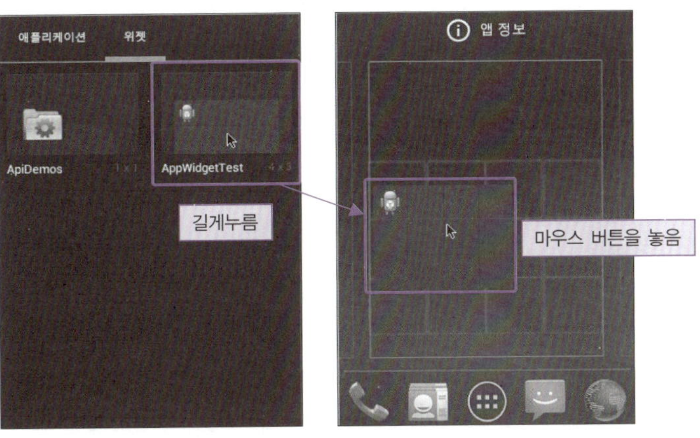

❹ 앱 위젯이 설치된 상태에서 [속
담한마디] 버튼을 클릭할 때마다
임의의 속담과 뜻이 표시된다.

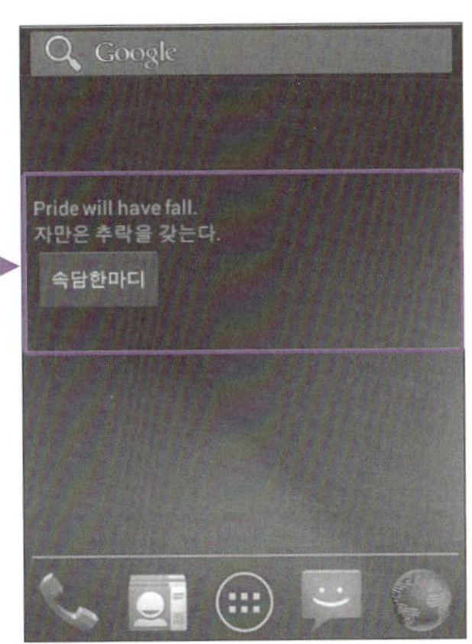

01 안드로이드 애플리케이션 컴포넌트(Component)의 개요

- 액티비티는 android.app.Activity 클래스를 상속받아 생성하며, 사용자 인터페이스를 위한 하나의 화면을 제공한다.
- 서비스는 android.app.Service 클래스를 상속받아 생성하며, 백그라운드(background)에서 동작되는 애플리케이션을 만들 때 사용한다.
- 브로드캐스트 리시버는 android.content.BroadcastReceiver 클래스를 상속받아 생성하며, 오직 수신만하는 컴포넌트로 브로드캐스트 공지(announcement)에 반응한다.
- 콘텐트 프로바이더는 android.content.ContentProvider 클래스를 상속받아 생성하며, 애플리케이션 데이터의 공유를 관리한다.

02 액티비티와 인텐트

- 액티비티는 액티비티가 화면의 포그라운드에 있는 액티비티의 활성화(active) 또는 실행(running) 상태, 액티비티가 포커스를 잃은 액티비티의 일시 중단(paused) 상태, 액티비티의 화면이 보이지 않는 액티비티의 중지(stopped) 상태인 세 가지 상태를 갖고있다.
- 액티비티, 서비스, 브로드캐스트 리시버는 인텐트(intent)라 불리는 비동기 메시지에 의해서 활성화된다
- 인텐트는 android.content.Intent 클래스의 객체를 생성해서 사용한다. 객체를 생성 시에는 호출할 컴포넌트를 매개변수로 기술하는데 명시적 또는 암묵적 인텐트인지에 따라 다르다. 사용자가 정의한 컴포넌트(액티비티 등)를 호출 시에는 명시적 인텐트가 사용되고, 내장된 액티비티 등을 호출 시에는 암묵적 인텐트가 사용된다.
- 인텐트를 사용해 액티비티의 화면을 교체할 때는 startActivity( ) 또는 startActivityForResult( ) 메소드를 사용한다.
- 인텐트를 사용해 서비스를 호출할 때는 startService( ) 메소드를 사용한다.
- 인텐트를 사용해 브로드캐스트 리시버를 호출할 때는 sendBroadcast( ) 메소드를 사용한다.
- 액티비티간에 값을 전달하는 방법에는 프레퍼런스를 사용하는 방법과 인텐트에 파라미터 값을 지정해 전달하는 방법이 있다.

03 서비스와 노티피케이션

- 서비스(Services)는 여러 가지의 처리를 화면에 대응시키고 독립적으로 실행하는 것을 목적으로 한 컴포넌트이다. 네트워크에서 파일을 다운로드 받거나 음악을 재생하는 등 오랜 시간이 걸리는 작업과 같이 액티비티에서 처리하기 어려운 작업은 서비스에서 한다.

- 노티피케이션은 백라이트 점멸, 장치 진동, 사운드를 재생 등의 다양한 방법으로 사용자의 주의를 끌 수 있다. 알림(notification)은 사용자가 메시지를 받으면 열 수 있도록 일반적으로 상태바에 아이콘으로 표시된다.

04 브로드캐스트 리시버

- 브로드캐스트 리시버(broadcast receiver)는 오직 수신만하는 컴포넌트로 브로드캐스트 공지(announcement)에 반응한다. 브로드캐스트들은 타임존(timezone)의 변경, 배터리의 잔여량 부족(low), 사진의 촬영 및 언어 변경과 같은 시스템 코드로부터 주로 발생한다.
- 브로드캐스트 리시버들은 BroadcastReceiver 클래스로부터 상속받아 작성된다. 브로드캐스트 리시버는 사용자 인터페이스에 표시되지 않는다. 즉, 화면을 갖지 않고 브로드캐스트 리시버를 호출한 액티비티에 받은 메시지 등을 표시한다.

05 콘텐트 프로바이더(Content Provider)

- 콘텐트 프로바이더(content provider)는 데이터에 접근하는 것을 관리하는 것으로, 애플리케이션간에 데이터를 공유할 수 있도록 해준다.
- 콘텐트 프로바이더는 ContentProvider 클래스로부터 상속받아서 작성한다.
- 콘텐트 프로바이더는 다른 애플리케이션에서 불법적으로 단말기 내의 데이터를 가져갈 수 있기 때문에 신중히 사용해야 한다.

06 앱 위젯(App Widget)

- 앱 위젯(App Widget)은 [홈] 화면에 설치되어 독립적으로 사용되는 위젯으로 주기적으로 업데이트가 가능한 작은 애플리케이션 뷰이다.
- 앱 위젯은 앱 위젯 프로바이더(App Widget provider) 클래스인 AppWidgetProvider를 상속받아 생성한다. 작성하는 순서는 다음과 같다.

> ■ 서버
> ① AppWidgetProviderInfo 객체 정의
> ② AppWidgetProvider 클래스를 상속받아 앱 위젯 프로바이더(App Widget provider) 클래스 생성
> ③ 앱 위젯을 사용한다는 것을 알리기 위해 AndroidManifest.xml파일에 <receiver> 엘리먼트를 기술

9

멀티미디어

문장이나 이미지로만 이루어진 화면보다는 소리나 동영상이 포함된 화면이 원하는 바를 잘 표현하는 경우가 있다. 여기서는 이러한 멀티미디어 데이터를 안드로이드 애플리케이션에 포함시키는 것을 학습한다. 또한 사람의 음성을 인식하거나 문장을 읽어주는 애플리케이션을 작성해 앱의 접근성을 높이는 방법에 대해서도 살펴본다.

오디오 재생

안드로이드 멀티미디어 프레임워크(android multimedia framework)는 다양한 타입의 미디어를 사용할 수 있는 기능이 포함되어 있어, 오디오, 비디오, 및 이미지 파일을 쉽게 애플리케이션에 통합할 수 있다. 애플리케이션의 리소스 안에 저장된 오디오, 비디오파일 뿐만 아니라 파일 시스템상에 독립된 파일 및 네트워크를 사용한 데이터스트리밍으로도 재생 가능하다.

애플리케이션의 리소스 안에 오디오 파일을 저장해 애플리케이션에서 재생할 경우 보통 [res]-[raw] 폴더 안에 오디오 파일을 위치시킨다. 안드로이드에서 사용할 수 있는 오디오 파일의 형식은 AAC(3gp, .mp4), MP3(.mp3), FLAC(.flac : Android 3.1+), MIDI(.mid,), Vorbis(.ogg, .mkv : Android 4.0+), PCM/WAVE(.wav) 등이며, 자세한 사항은 「http://developer.android.com/guide/appendix/media-formats.html」를 참조한다.

MediaPlayer의 주요 메소드

public static MediaPlayer create(Context context, int resid)
주어진 리소스ID로 MediaPlayer 객체를 생성한다.

public static MediaPlayer create(Context context, Uri uri)
주어진 uri로 MediaPlayer 객체를 생성한다.

public boolean isPlaying( )
음악이 재생중인지 여부를 확인하는 것으로 재생중이면 true를, 그렇지 않으면 false를 리턴한다.

public void pause( )
음악 재생을 일시 중단한다.

public void prepare( )
음악을 재생할 준비를 한다.

public void setAnchorView(View view)
컨트롤 뷰를 위한 앵커로써 동작되는 뷰를 지정한다.

public void start( )
음악의 재생을 시작한다.

public void stop( )
음악의 재생을 끝낸다.

또한 오디오를 재생할 경우 일반적으로 MediaPlayer 클래스의 객체를 생성해서 하며,
이 클래스를 사용해 오디오를 재생하는 방법은 다음과 같다.

❶ 오디오 리소스를 프로젝트에 추가하는 경우 프로젝트를 생성한 후 프로젝트의 [res]-
[raw] 폴더 안에 오디오 파일을 가져온다.

❷ 액티비티 등에서 이 오디오 파일을 재생할 수 있도록 MediaPlayer 클래스의 객체를
생성해 사용한다.

• 로컬 로 리소스(local raw resource)를 사용하는 경우 : 프로젝트 내로 가져오기 한 경우

```
MediaPlayer mPlayer = MediaPlayer.create(context, R.raw.t1);
mPlayer.start( );
```

[res]-[raw] 폴더 안에 있는 [t1.mp3] 파일을 재생할 수 있도록 MediaPlayer 클래스의
객체 mplayer를 생성한다. 그 후 start( ) 메소드를 사용해 지정한 음악을 재생한다.

• 내부 URI를 사용한 경우 : 프로젝트 외부의 저장소에 저장된 경우

```
//sdcard에 있는 공용 폴더 [Music] 폴더 내의 a.mp3를 재생할 경우
String path= "/mnt/sdcard/Music/a.mp3";
MediaPlayer mPlayer = new MediaPlayer( );
mPlayer.setDataSource(path);//재생할 파일 지정
mPlayer.prepare( ); //재생이 실행이 준비됨
mPlayer.start( );//오디오 재생
```

MediaPlayer 클래스의 객체를 생성한 후 외부 파일의 경로 path를 사용해 재생할
오디오를 지정한다. prepare( ) 메소드를 사용해 오디오 재생의 준비를 한 후 start( )
메소드를 사용해 재생한다.

• 외부 URI를 사용한 경우 : 스트리밍을 사용하는 경우(네트워크 사용)

```
String url = "http://........."; // 인터넷 주소
MediaPlayer mPlayer = new MediaPlayer( );
mPlayer.setDataSource(url);//재생할 파일 지정
mPlayer.prepare( ); //재생 실행이 준비됨
mPlayer.start( ); //오디오 재생
```

http가 포함된 인터넷 주소가 지정한 위치의 파일을 재생한다.

❸ 네트워크를 사용한 외부 URI를 사용해 재생하는 경우에는 [AndroidManifest.xml]
파일에 인터넷의 사용 권한을 추가한다.

```
〈uses-permission android:name="android.permission.INTERNET" /〉
```

서비스를 사용해서 오디오를 재생하는 애플리케이션은 8장에서 이미 학습했다. 여기서는 그 예제를 좀 더 발전시켜 작성해 본다.

Exercise 오디오 파일 재생 – [AudioTest] 애플리케이션

이 예제는 외장 메모리인 sdcard 내에 있는 공용 음악 폴더인 [Music]에 접근해, 이 폴더 내의 모든 음악 파일을 목록으로 생성한 후 해당 목록의 [재생] 버튼을 클릭하면 음악이 재생된다. 음악이 재생되는 상황처리는 서비스를 사용했다. [중단] 버튼을 클릭하면 음악의 재생이 중단된다. 서비스에서 노티피케이션 매니저의 사용은 "8장의 section 03. 서비스와 노티피케이션"을 참조한다. 실제 단말기에서 테스트를 할 경우 기종에 따라 sdcard가 없거나 [Musics] 공용 폴더가 없는 경우도 있으니, 이점을 유의한다.

▲ AudioTest 애플리케이션 실행 결과

주요 파일	파일명 ([AudioTest] 애플리케이션)	하는 일
리소스 파일 (문자열, 이미지 등)	문자열 리소스 파일명 : strings.xml 위치 : [프로젝트]–[res]–[values]	• playStr, stopStr, statusOn, ticker, title, message 문자열 정의
	이미지 리소스 파일명 : micon.png 위치 : [프로젝트]–[res]–[drawable–mdpi]	• 이미지 리소스를 [res]–[drawable–mdpi] 폴더에 복사
레이아웃 리소스 파일	위치 : [프로젝트]–[res]–[layout]	• 이 애플리케이션에서는 사용 안 함
로직 클래스	메인 액티비티 클래스 파일 파일명 : AudioTestMainActivity.java 위치 : [프로젝트]–[src]–[패키지명]	• [Music] 폴더 내의 음악의 수만큼 재생], [중단] 버튼 생성 • [재생], [중단] 버튼을 누를 때 마다 AudioTestService 서비스를 호출해서 음악 재생/중단

로직 클래스	서비스 클래스 파일 파일명 : AudioTestService.java 위치 : [프로젝트]–[src]–[패키지명]	• 음악/재생 중단하는 서비스
매니페스트 파일	AndroidManifest.xml 위치 : [프로젝트]	• AudioTestService 추가 • android.permission.READ_EXTER NAL_STORAGE 권한 추가

▲ [AudioTest] 애플리케이션의 주요 파일

01 선행 작업 : sdcard의 공용 폴더인 [Music]에 음악 파일이 없는 경우 음악 파일을 넣어둔다.

❶ 안드로이드 에뮬레이터를 실행시키지 않았으면 시킨 후 [File Explorer] 뷰에서 [mnt]–[sdcard]–[Music] 폴더를 선택하고 [Push a file onto the device] 아이콘을 클릭한다.

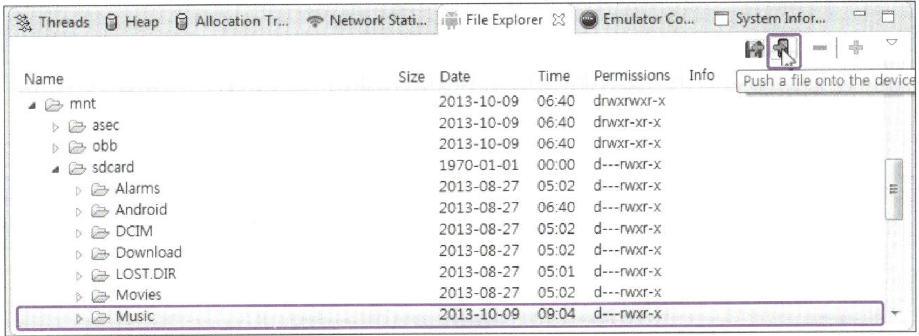

❷ 음악 파일이 있는 위치로 이동한 후 에뮬레이터로 추가할 음악을 선택하고 [열기] 버튼을 클릭한다. 제공되는 음악 파일은 부록 CD의 [music] 폴더 내에 있다.

❸ [Music] 공용 폴더에 음악이 추가된 것을 확인할 수 있다. [Music] 공용 폴더는 실제 안드로이드폰에서 기본적으로 음악이 저장되는 위치이다.

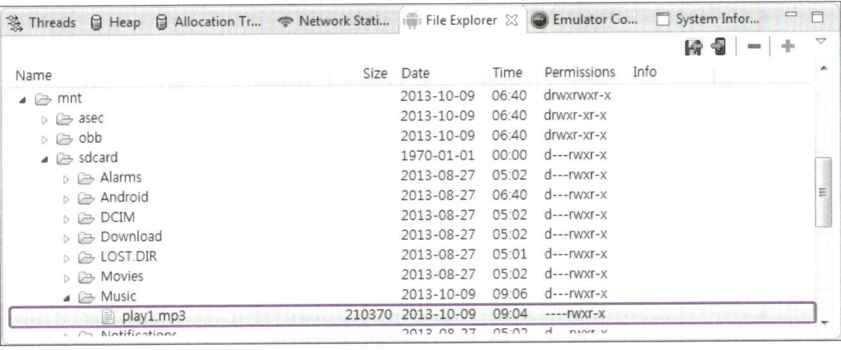

❹ 같은 방법으로 음악 파일을 추가해 [Music] 폴더에 적당한 수의 파일을 넣는다.

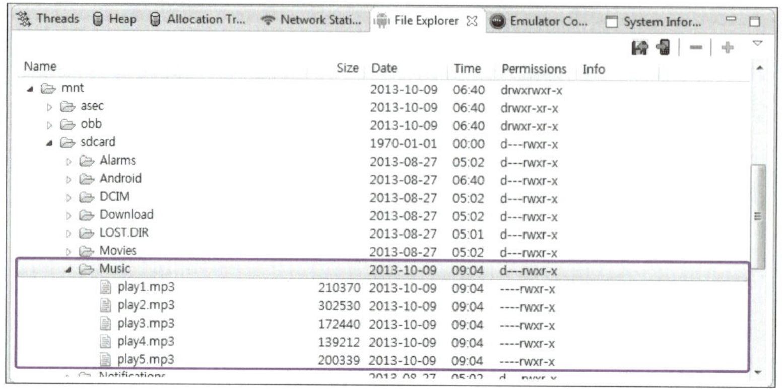

 AudioTest 안드로이드 애플리케이션 프로젝트 생성

❶ [Project Explorer] 뷰에서 [New]-[Project] 메뉴를 선택해 [Android Application Project]를 작성한다. [New Android Application] 창이 표시되면 다음과 같이 입력 및 선택한 후 [Next] 버튼을 클릭한다.

항목	입력 및 선택 값
Application Name	AudioTest 입력
Project Name	AudioTest 자동 입력됨
Package Name	work.test.audiotest 입력
Minimum Required SDK	API 8 : Android 2.2 (Froyo) 기본 값 사용
Target SDK	API 18 : Android 4.3 기본 값 사용 기본 값이 아닐 경우 선택
Compile With	API 18 : Android 4.3 기본 값 사용

❷ [Next] 버튼을 누르다가 액티비티명 변경 화면이 표시되면 [Activity Name]을 "AudioTestMainActivity"로 변경한 후 [Finish] 버튼을 클릭한다.

03 [micon.png] 이미지 파일을 현재의 프로젝트 내로 가져오기
[res]-[drawable-mdpi] 폴더에 [micon.png] 파일을 복사한다. 제공되는 이미지는
[source]-[AudioTest]-[res]-[drawable-mdpi] 폴더 안에 있다.

04 [res]-[values]-[strings.xml] 파일에 문자열 추가 및 변경을 한 후 저장한다.

```xml
01  <?xml version="1.0" encoding="utf-8"?>
02  <resources>
03
04      <string name="app_name">AudioTest</string>
05      <string name="hello_world">Hello world!</string>
06      <string name="menu_settings">Settings</string>
07      <string name="playStr">재생</string>
08      <string name="stopStr">중단</string>
09      <string name="statusOn">재생중</string>
10      <string name="ticker">음악이 재생됩니다.</string>
11      <string name="title">음악 재생 서비스</string>
12      <string name="message">음악 재생 서비스가 시작되었습니다.</string>
13
14  </resources>
```

05 [src]-[work.test.audiotest] 내에 있는 액티비티와 서비스를 생성 및 수정해서 내용을 완성한다.

1 [AudioTestService] 서비스를 추가한다.

❶ [work.test.audiotest] 패키지를 선택한 후 [New]-[Class] 메뉴를 선택해 서비스를 추가한다. [Name] 항목에 "AudioTestService"를 입력하고 [Superclass] 항목에 "android.app.Service"를 입력한 후 [Finish] 버튼을 클릭한다.

❷ [AudioTestService]의 내용을 추가한 후 저장한다. 다음 코드에 대한 설명은 "8장의 section 03. 서비스와 노티피케이션"에서 했기 때문에 생략한다.

```java
01  package work.test.audiotest;
02
03  import android.app.Notification;
04  import android.app.NotificationManager;
05  import android.app.PendingIntent;
06  import android.app.Service;
07  import android.content.Context;
08  import android.content.Intent;
09  import android.media.MediaPlayer;
10  import android.os.Bundle;
11  import android.os.IBinder;
12  import android.widget.Toast;
```

```java
13
14  public class AudioTestService extends Service {
15
16      //알림을 공지하고 알림영역을 사용하기 위해 필요
17      private NotificationManager nManager;
18      //음악을 재생하기위해 MediaPlayer 객체가 필요
19      private MediaPlayer mPlayer;
20      //노티피케이션(알림) 식별자
21      private int NOFITICATION_ID = 0;
22      //공용 폴더 [Music]의 경로
23      private String PATH = "/mnt/sdcard/Music";
24
25      public void onCreate( ){ //서비스가 생성될 때 호출
26          //NotificationManager 객체를 Service 객체로부터 얻어냄
27          nManager = (NotificationManager)
28                  getSystemService(Context.NOTIFICATION_SERVICE);
29      }
30
31      //서비스가 시작될 때 호출
32      public void onStart(Intent intent, int startId ){
33          //상태바에 알림을 표시하는 메소드를 호출
34          showNotification( );
35          //인텐트 객체로부터 파라메터 title의 값을 얻어냄
36          Bundle bundle = intent.getExtras( );
37          String title = bundle.getString("title");
38
39          //음악 파일명을 포함한 경로 설정
40          String musicFile = PATH + "/"  +title;
41          try{
42              //MediaPlayer 객체 생성
43              mPlayer = new MediaPlayer( );
44              //생성된 객체에 재생할 음악 파일을 지정
45              mPlayer.setDataSource(musicFile);
46              mPlayer.prepare( ); //음악 재생 준비
47              mPlayer.start( ); //음악 재생
48          }catch(Exception e){ }
49      }
50
51      //서비스가 중단될 때 호출
52      public void onDestroy( ){
```

```java
53          //알림 공지를 취소
54          nManager.cancel(NOFITICATION_ID);
55          mPlayer.stop( );//음악 재생 중단
56          mPlayer.release( );//음악 재생을 해제
57          mPlayer= null;//리소스 반환
58
59          //음악 재생이 중단되었다는 것을 표시
60          Toast.makeText(this, R.string.stopStr,
61                            Toast.LENGTH_SHORT).show( );
62      }
63
64  //상태바에 알림을 표시해 알림을 공지
65  private void showNotification( ){
66          //상태바에 표시되는 메시지로 반드시 CharSequence 타입만 됨
67          CharSequence ticker = getText(R.string.ticker);
68          //상태바를 끌어내렸을 때 알림영역에 표시되는 알림의 제목
69          CharSequence title = getText(R.string.title);
70          //상태바를 끌어내렸을 때 알림영역에 표시되는 알림의 내용
71          CharSequence message = getText(R.string.message);
72
73          //Notification 객체 생성
74          Notification notification =
75              new Notification(R.drawable.micon, //표시할 아이콘
76                  ticker, //상태바에 표시되는 메시지
77                  System.currentTimeMillis( )); //생성 시간(현재 날짜와 시간)
78
79          //서비스가 표시되는 액티비티와 서비스를 중단하는 액티비티로 이동시 필요
80          PendingIntent pIt = PendingIntent.getActivity(this, 0,
81              new Intent(this, AudioTestMainActivity.class), 0);
82
83          //알림영역에 표시되는 내용으로 기존의 내용의 가장 마지막에 표시됨
84          //이 메시지를 클릭하면 서비스를 실행/중단시키는 액티비티로 이동
85          notification.setLatestEventInfo(this,
86                          title, //알림영역의 메시지 제목
87                          message, //알림영역에 표시되는 메시지의 내용
88                          pIt); //PendingIntent 객체
89
90          //기존의 상태바에 표시되고 있는 알림을 취소
91          nManager.cancel(NOFITICATION_ID);
92          //상태바에 알림을 공지
```

```
93              nManager.notify(NOFITICATION_ID, notification);
94      }
95
96      @Override
97      public IBinder onBind(Intent intent) {
98          // TODO Auto-generated method stub
99          return null;
100     }
101
102 }
```

2 [AudioTestMainActivity] 액티비티의 내용을 추가한 후 저장한다.

```
01  package work.test.audiotest;
02
03  import java.io.File;
04
05  import android.app.Activity;
06  import android.content.Intent;
07  import android.os.Bundle;
08  import android.os.Environment;
09  import android.view.Menu;
10  import android.view.View;
11  import android.view.View.OnClickListener;
12  import android.view.Window;
13  import android.widget.Button;
14  import android.widget.TableLayout;
15  import android.widget.TableRow;
16  import android.widget.TextView;
17  import android.widget.Toast;
18
19  public class AudioTestMainActivity extends Activity
20          implements OnClickListener{
21
22      //sdcard 내에 위치한 Music 폴더의 정보 저장
23      private File path;
24      //Music 폴더 내의 모든 파일명을 저장
25      private String[ ] fileList;
26      //음악 파일의 이름과 [재생], [중단], 재생 상태의 표시에 사용
```

```java
27      private TableRow[ ] tr;
28      private TextView[ ] title;
29      private TextView[ ] result;
30      private Button[ ] plays;
31      private Button[ ] stops;
32      //음악 파일명을 저장
33      private String[ ] name;
34
35      @Override
36      protected void onCreate(Bundle savedInstanceState) {
37          super.onCreate(savedInstanceState);
38          requestWindowFeature(Window.FEATURE_NO_TITLE);
39
40          //화면에 표시하는 뷰로 TableLayout을 사용
41          TableLayout layout  = new TableLayout(this);
42          setContentView(layout);
43
44          //  /mnt/sdcard/Music 공용 폴더에 접근
45          path = Environment.getExternalStoragePublicDirectory(
46                  Environment.DIRECTORY_MUSIC);
47
48          if(path.exists( )){//[Music] 공용 폴더가 존재할 경우
49            if( path.canRead( ) ){
50                //[Music] 공용 폴더의 목록을 읽을 수 있을 경우
51                //공용 폴더의 파일 목록을 String[] 배열 타입으로 얻어냄
52                fileList = path.list( );
53
54                //하나의 목록을 TableRow에 저장
55                tr = new TableRow[fileList.length];
56                //음악 파일명 표시
57                title = new TextView[fileList.length];
58                //음악 재생 중 등의 상태표시
59                result = new TextView[fileList.length];
60                //[재생] 버튼
61                plays = new Button[fileList.length];
62                //[중단] 버튼
63                stops = new Button[fileList.length];
64                //음악 파일명 저장
65                name  = new String[fileList.length];
66
```

```java
67          //음악 파일의 개수만큼 반복 수행
68          for(int i = 0; i < fileList.length; i++){
69              tr[i] = new TableRow(this);
70

71              //파일 리스트의 값을 사용해 File 객체를 생성한 후
72              //파일명을 얻어냄
73              File file = new File(fileList[i]);
74              name[i] = file.getName( );
75

76              //파일명을 텍스트뷰에 표시
77              title[i] = new TextView(this);
78              title[i].setText(name[i]);
79              //텍스트뷰를 TableRow에 추가
80              tr[i].addView(title[i]);
81

82              //[재생] 버튼을 생성한 후 리스너 등록
83              plays[i] = new Button(this);
84              plays[i].setText(R.string.playStr);
85              //0~fileList.length 사이의 id 값 지정
86              plays[i].setId(i);
87              plays[i].setOnClickListener(this);
88              //버튼을 TableRow에 추가
89              tr[i].addView(plays[i]);
90

91              //[중단] 버튼을 생성한 후 리스너 등록
92              stops[i] = new Button(this);
93              stops[i].setText(R.string.stopStr);
94              //fileList.length~(fileList.length*2)-1사이의 id지정
95              stops[i].setId(i + fileList.length);
96              stops[i].setOnClickListener(this);
97              //버튼을 TableRow에 추가
98              tr[i].addView(stops[i]);
99

100             //음악 재생 상태를 표시하는 텍스트뷰를 생성
101             result[i] = new TextView(this);
102             //텍스트뷰를 TableRow에 추가
103             tr[i].addView(result[i]);
104

105             //TableLayout에 TableRow 추가
106             layout.addView(tr[i]);
```

```java
107                    }
108                }else{
109                    Toast.makeText(this,
110                      "폴더를 읽을 수  없음", Toast.LENGTH_LONG).show( );
111                }
112            }else{
113                Toast.makeText(this,
114                  "폴더가 존재하지 않음", Toast.LENGTH_LONG).show( );
115            }
116        }
117
118    //[재생] 또는 [중단] 버튼을 클릭 시 자동실행
119    @Override
120    public void onClick(View v) {
121        // TODO Auto-generated method stub
122
123        // TODO Auto-generated method stub
124        // 이벤트가 발생한 버튼으로 부터 id를 얻어냄
125        int id = v.getId( );
126
127        //음악을 재생하는 AudioTestService 클래스를 갖고 Intent 객체 생성
128        Intent it = new Intent(this, AudioTestService.class);
129
130        //이벤트가 발생한 버튼의 id 값이 0~fileList.length-1 사이면 [재생] 버튼이 클릭됨
131        if(id >=0 && id < fileList.length){
132            //재생되는 음악 목록에 "재생중" 문자열 표시
133            result[id].setText(R.string.statusOn);
134            //인텐트에 파라미터 추가
135            it.putExtra("title", name[id]);
136            startService(it);//서비스 실행
137        }else if(id >=fileList.length && id <= (fileList.length*2)-1){
138            //이벤트가 발생한 버튼의 id 값이
139            //fileList.length~(fileList.length*2)-1 사이면
140            //[중단] 버튼이 클릭됨
141            result[id-fileList.length].setText("");
142            stopService(it);//서비스 중단
143        }
144
145    }
146
```

```
147        @Override
148        public boolean onCreateOptionsMenu(Menu menu) {
149            // Inflate the menu; this adds items to the action bar if it is present.
150            getMenuInflater( ).inflate(
151                R.menu.activity_audio_test_main, menu);
152            return true;
153        }
154   }
```


45~46 /mnt/sdcard/Music 공용 폴더에 접근하는 경로를 지정한다.

48~116 [Music] 공용 폴더가 존재할 경우 49~111라인을 수행하고, 그렇지 않은 경우 112~115 라인이 수행된다. [Music] 공용 폴더의 목록을 읽을 수 있을 경우 49~107라인이 실행되고, 그렇지 않은 경우 108~111라인이 실행된다. [Music] 공용 폴더의 목록을 읽을 수 있는 경우 52라인에서 fileList = path.list( );을 사용해서 공용 폴더의 파일 목록을 String[ ] 배열 타입으로 얻어낸다.

54~107 하나의 목록을 TableRow에 저장하기 위해 TableRow 객체를 생성한 후 음악 파일명을 표시하는 TextView, [재생], [중단] 버튼을 저장하는 Button 객체를 추가한다. 그리고 각 버튼에 이벤트 리스너를 등록한다.

120~145 onClick(View v) 메소드는 [재생] 또는 [중단] 버튼을 클릭 시 자동으로 실행되어 서비스를 호출한다.

06 [AudioTestService] 서비스를 [AndroidManifest.xml] 파일에 추가한다.

❶ [AudioTest] 프로젝트 내에 있는 [AndroidManifest.xml] 파일을 더블클릭해서 연 후 [Application] 탭을 선택한다.

❷ [Application] 탭의 내용이 표시되면 [Application Node] 항목에서 [Add...] 버튼을 클릭해서 [Service] 항목을 추가한 후 [Name] 프로퍼티 값으로 [AudioTestService]를 선택하고 변경사항을 저장한다.

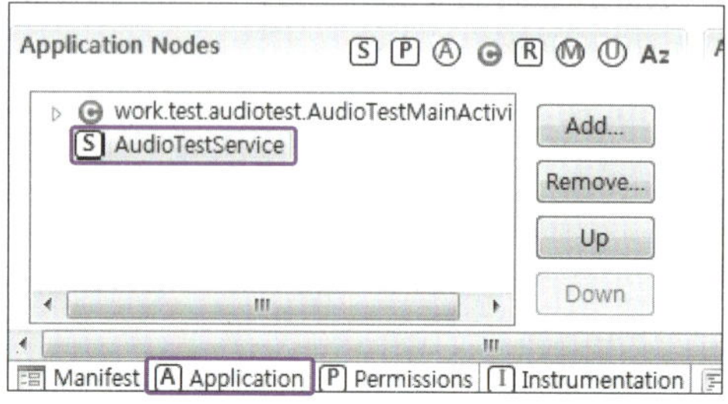

07 외부 저장소인 sdcard를 읽는 권한 [android.permission.READ_EXTERNAL_
STORAGE]를 [AndroidManifest.xml] 파일에 추가한다.

❶ [AndroidManifest.xml] 파일의 [Permission] 탭의 [Permissions] 항목에서 [Add…]
버튼을 클릭해 [Uses Permission] 항목을 선택한 후 [OK] 버튼을 클릭한다.

❷ sdcard를 읽는 권한 [android.permission.READ_EXTERNAL_STORAGE]을
[Name] 항목의 콤보상자를 눌러 선택한 후 변경사항을 저장한다.

완성된 [AndroidManifest.xml] 파일의 코드는 다음과 같다.

```xml
01  <?xml version="1.0" encoding="utf-8"?>
02  <manifest xmlns:android="http://schemas.android.com/apk/res/android"
03      package="work.test.audiotest"
04      android:versionCode="1"
05      android:versionName="1.0" >
06
07      <uses-sdk
08          android:minSdkVersion="8"
09          android:targetSdkVersion="17" />
10  <uses-permission android:name="android.permission.READ_EXTERNAL_
    STORAGE"/>
11
12      <application
13          android:allowBackup="true"
14          android:icon="@drawable/ic_launcher"
15          android:label="@string/app_name"
16          android:theme="@style/AppTheme" >
17          <activity
18              android:name="work.test.audiotest.AudioTestMainActivity"
19              android:label="@string/app_name" >
20              <intent-filter>
21                  <action android:name="android.intent.action.MAIN" />
22
23                  <category android:name="android.intent.category.LAUNCHER" />
24              </intent-filter>
25          </activity>
26          <service android:name="AudioTestService"></service>
27      </application>
28
29  </manifest>
```

 [Run As]-[Android Application]을 선택해 안드로이드 에뮬레이터로 실행한다.

❶ [재생] 버튼을 클릭하면 음악이 재생되고 알림영역에 음악 재생의 알림이 표시되고
재생목록에 "재생중" 문자열이 표시된다.

❷ 음악이 재생되는 중간에 [중단] 버튼을 클릭하면 음악이 중단되고 "중단" 메시지가
표시된다.

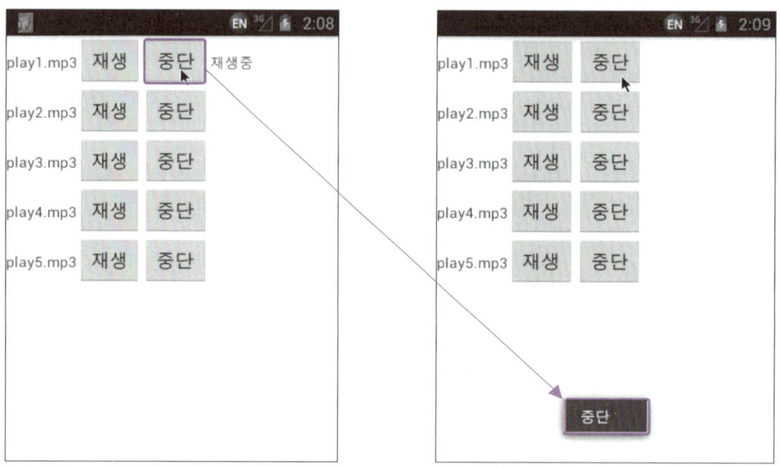

애플리케이션의 리소스 안에 비디오 파일을 저장해 애플리케이션에서 재생할 경우, 오디오 파일과 마찬가지로 일반적으로 [res]-[raw] 폴더 안에 import한다. 안드로이드에서 사용할 수 있는 비디오 파일의 형식은 H.263(.3gp, .mp4), VP8(.webm, .mkv : Android 4.0+)등이며 자세한 사항은 「http://developer.android.com/guide/appendix/media-formats.html」를 참조한다.

MediaPlayer를 사용해서 비디오를 재생할 수 있으나 미디어 컨트롤러(Media Controller)를 사용할 수 있는 VideoView 클래스를 더 많이 사용한다. 비디오를 재생하는 방법은 다음과 같다.

```
//1. VideoView 객체 생성
VideoView mVideo = (VideoView) findViewById(R.id.video1);

//2. 미디어 제어기 지정
mVideo.setMediaController(new MediaController(this));
```

VideoView 클래스의 객체를 생성한 후 MediaController를 사용해 미디어 컨트롤러를 생성한다. 생성된 MediaController 객체를 setMediaController( ) 메소드를 사용해 생성한 VideoView 객체에 부착한다. 그러면 비디오 재생 시 일시 중단 등의 제어 버튼을 사용할 수 있다.

VideoView의 주요 메소드는 다음과 같다.

VideoView의 주요 메소드

void pause( )
재생을 일시 중지한다.

void resume( )
재생이 일시중지된 동영상을 다시 재생한다.

void seekTo(int msec)
지정한 위치를 찾는다.

void setVideoPath(String path)
재생할 동영상의 경로를 지정한다.

void setVideoURI(Uri uri)
재생할 동영상의 경로를 uri로 지정한다.

void start( )
동영상의 재생을 시작한다.

void stopPlayback( )
동영상의 재생을 중단한다.

▲ VideoView의 주요한 메소드

MediaController의 주요 메소드는 다음과 같다.

MediaController의 주요 메소드

void hide( )
화면상에서 컨트롤러를 제거한다.

boolean onTouchEvent(MotionEvent event)
화면을 터치하는 이벤트 발생 시 처리할 내용을 기술한다.

boolean onTrackballEvent(MotionEvent ev)
트랙볼 동작에 대한 이벤트 발생 시 처리할 내용을 기술한다.

void setAnchorView(View view)
컨트롤 뷰를 위한 앵커로써 동작되는 뷰를 지정한다.

void show( )
화면상에 컨트롤러를 표시한다.

▲ MediaController의 주요 메소드

만일 내부 또는 외부 URI를 사용해 재생하는 경우에는 setVideoPath(path) 메소드 또는 setVideoURI(uri) 메소드를 사용해서 경로(path)를 지정한다.

다음 예시는 재생할 동영상 파일이 같은 애플리케이션 내의 [res]-[raw] 폴더에 위치한 경우에 대한 것이다.

```
VideoView mVideo = (VideoView) findViewById(R.id.video1); //객체 생성
mVideo.setMediaController(new MediaController(this)); //미디어 제어기 지정
//동영상 파일이 같은 애플리케이션 안에 있는 경우의 uri 경로
String sUri = "android.resource://work.test.videotest/";
Uri uri = Uri.parse(sUri + R.raw.t); //[res]-[raw] 폴더 내의 t.mp4
mVideo.setVideoURI(uri); //재생할 동영상의 uri 경로가 지정
mVideo.start( ); //비디오 재생 시작
```

동영상 파일이 같은 애플리케이션 안에 있는 경우 파일의 uri는 "android.resource://" 로 시작되며 "work.test.videotest"은 프로젝트의 패키지명으로 그 다음에 이어서 기술한 다. 동영상 파일을 프로젝트 내에 삽입할 경우 [res]-[raw] 폴더에 위치시키기 때문에 예를 들어, [t.mp4] 파일을 재생할 경우 [R.raw.t]와 같은 형태로 사용한다.

외부 저장소인 sdcard 내에 있는 동영상을 저장하는 공용 폴더 [Movies] 안에 있는 동영 상을 재생할 수 있다. 그런 경우 다음과 같이 코딩하며 [AndroidManifest.xml] 파일에 [android. permission.READ_EXTERNAL_STORAGE] 권한을 추가한다.

```
VideoView mVideo = (VideoView) findViewById(R.id.video1); //객체 생성
mVideo.setMediaController(new MediaController(this)); //미디어 제어기 지정
//sdcard 안에 있는 공용 폴더 [Movies]의 경로
String path = "/mnt/sdcard/Movies/";
String videoFile = path + "t.mp4"
mVideo.setVideoPath(videoFile); //재생할 동영상의 경로가 지정
mVideo.start( ); //비디오 재생 시작
```

또한 네트워크를 사용한 외부 URI를 사용해 재생하는 경우에는 [AndroidManifest.xml] 에 인터넷의 사용권한인 [android. permission.INTERNET]을 추가한다.

```
<uses-permission android:name="android.permission.INTERNET" />
```

Exercise 동영상 파일 재생 - [VideoTest] 애플리케이션

이 예제는 메인화면의 [동영상 재생] 버튼을 클릭하면 동영상이 재생되는 화면으로 이동 한다. 재생되는 동영상의 화면을 터치하면 컨트롤러가 표시되고 [메인으로] 버튼을 클릭하 면 메인화면으로 복귀한다. 만일 동영상 재생화면에서 동영상이 움직이지 않고 멈춰 있는 화면만 표시되는 경우가 있는데, 이것은 에뮬레이터의 버전에따라 영상이 매끄럽게 표시되 지 않아서 그렇다. 이런 경우 다른 버전의 에뮬레이터를 사용하거나 실제 단말기로 테스트 하면 제대로 화면이 표시된다.

▲ VideoTestMainActivity 액티비티　　　▲ VideoViewActivity 액티비티

주요 파일	파일명 ([VideoTest] 애플리케이션)	하는 일
리소스 파일 (문자열, 이미지 등)	문자열 리소스 파일명 : strings.xml 위치 : [프로젝트]–[res]–[values]	• playStr, mainStr 문자열 정의
	동영상 리소스 파일명 : villain.mp4 위치 : [프로젝트]–[res]–[raw]	• 동영상 리소스를 [res]–[raw] 폴더 에 복사
레이아웃 리소스 파일	activity_video_test_main.xml 위치 : [프로젝트]–[res]–[layout]	• 1개의 Button 위젯 배치 • strings.xml에서 정의한 playStr 문자열 참조
	video_view.xml 위치 : [프로젝트]–[res]–[layout]	• 1개의 Button 위젯과 VideoView 위젯 배치 • strings.xml에서 정의한 mainStr 문자열 참조
로직 클래스	메인 액티비티 클래스 파일 파일명 : VideoTestMainActivity. java 위치 : [프로젝트]–[src]–[패키지명]	• activity_video_test_main.xml을 화 면의 내용으로 표시 • [동영상 재생] 버튼을 누르면 Video ViewActivity 액티비티 호출
	액티비티 클래스 파일 파일명 : VideoViewActivity.java 위치 : [프로젝트]–[src]–[패키지명]	• video_view.xml을 화면의 내용으로 표시 • 비디오 재생
매니페스트 파일	AndroidManifest.xml 위치 : [프로젝트]	• VideoViewActivity 추가

▲ [VideoTest] 애플리케이션의 주요 파일

01 VideoTest 안드로이드 애플리케이션 프로젝트 생성

❶ [Project Explorer] 뷰에서 [New]–[Project] 메뉴를 선택해 [Android Application Project]를 작성한다. [New Android Application] 창이 표시되면 다음과 같이 입력 및 선택 후 [Next] 버튼을 클릭한다.

항목	입력 및 선택 값
Application Name	VideoTest 입력
Project Name	VideoTest 자동 입력됨
Package Name	work.test.videotest입력
Minimum Required SDK	API 8 : Android 2.2 (Froyo) 기본 값 사용
Target SDK	API 18 : Android 4.3 기본 값 사용 기본 값이 아닐 경우 선택
Compile With	API 18 : Android 4.3 기본 값 사용

❷ [Next] 버튼을 누르다가 액티비티명 변경 화면이 표시되면 [Activity Name]을 "VideoTestMainActivity"로 변경한 후 [Finish] 버튼을 클릭한다.

02 [res] 폴더의 하위 폴더로 [raw] 폴더 생성한 후 [villain.mp4]를 복사한다. 제공되는 파일은 부록CD의 [source]–[VideoTest]–[res]–[raw] 폴더 안에 있다.

03 [res]–[values]–[strings.xml] 파일에 문자열 추가 및 변경한 후 저장한다.

```
01    <?xml version="1.0" encoding="utf-8"?>
02    <resources>
03
04        <string name="app_name">VideoTest</string>
05        <string name="hello_world">Hello world!</string>
06        <string name="menu_settings">Settings</string>
07        <string name="playStr">동영상 재생</string>
08        <string name="mainStr">메인으로</string>
09
10    </resources>
```

04 레이아웃 리소스를 추가 및 수정한 후 저장한다.

■1 [res]–[layout]–[activity_video_test_main.xml] 파일을 열어 XML 레이아웃을 수정한 후 저장한다. 완성된 내용은 다음과 같다.

```xml
01  <RelativeLayout xmlns:android="http://schemas.android.com/apk/res/android"
02    xmlns:tools="http://schemas.android.com/tools"
03    android:layout_width="match_parent"
04    android:layout_height="match_parent"
05    tools:context=".VideoTestMainActivity" >
06
07    <Button
08      android:id="@+id/playBtn"
09      android:layout_width="wrap_content"
10      android:layout_height="wrap_content"
11      android:layout_alignParentLeft="true"
12      android:layout_alignParentTop="true"
13      android:layout_marginLeft="14dp"
14      android:text="@string/playStr" />
15
16  </RelativeLayout>
```

■2 [res]–[layout] 폴더에 [video_view.xml] 파일을 추가한 후 완성한다.

❶ [res]–[layout]을 선택한 후 마우스 오른쪽 버튼을 눌러 [New]–[Other] 메뉴를 선택하여 표시되는 [New] 창에서 [Android]–[Android XML Layout File] 메뉴를 선택하고 [Next] 버튼을 클릭한다.

❷ [File] 항목에 "video_view.xml"을 입력한 후 [Finish] 버튼을 클릭한다. 완성된 내용은 다음과 같다.

```xml
01  <?xml version="1.0" encoding="utf-8"?>
02  <LinearLayout xmlns:android="http://schemas.android.com/apk/res/android"
03    android:layout_width="match_parent"
04    android:layout_height="match_parent"
05    android:orientation="vertical" >
06
07    <Button
08      android:id="@+id/mainBtn"
09      android:layout_width="wrap_content"
10      android:layout_height="wrap_content"
11      android:text="@string/mainStr" />
```

```
12
13      〈VideoView
14          android:id="@+id/vPlayer"
15          android:layout_width="match_parent"
16          android:layout_height="421dp" /〉
17
18  〈/LinearLayout〉
```

05 [work.test.videotest] 내에 있는 액티비티를 생성 및 수정해서 내용을 완성한다.

1 [VideoViewActivity] 액티비티를 추가한다.

❶ [work.test.videotest] 패키지를 선택한 후 [New]−[Class] 메뉴를 선택해 서비스를 추가한다. [Name] 항목에 "VideoViewActivity"를 입력하고 [Superclass] 항목에 "android.app.Activity"를 입력한 후 [Finish] 버튼을 클릭한다.

❷ [VideoViewActivity]의 내용을 추가한 후 저장한다.

```
01      package work.test.videotest;
02
03      import android.app.Activity;
04      import android.content.Intent;
05      import android.net.Uri;
06      import android.os.Bundle;
07      import android.view.View;
08      import android.view.Window;
09      import android.view.View.OnClickListener;
10      import android.widget.Button;
11      import android.widget.MediaController;
12      import android.widget.VideoView;
13
14      public class VideoViewActivity extends Activity
15              implements OnClickListener{
16
17          Button main;
18
19          public void onCreate(Bundle savedInstanceState) {
20              super.onCreate(savedInstanceState);
21              requestWindowFeature(Window.FEATURE_NO_TITLE);
22              setContentView(R.layout.video_view);
```

```java
23
24          //[메인으로] 버튼의 정보를 얻어내 리스너 등록
25          main = (Button)findViewById(R.id.mainBtn);
26          main.setOnClickListener(this);
27
28          //video_view.xml에서 정의한 VideoView의 객체를 얻어냄
29          // VideoView 객체는 비디오를 재생
30          VideoView player = (VideoView)findViewById(R.id.vPlayer);
31          //동영상의 재생을 제어하는 MediaController의 객체를 생성
32          MediaController mController = new MediaController(this);
33          //비디오를 재생시 미디어컨트롤이 가능하도록 설정
34          player.setMediaController(mController);
35
36          //동영상 파일의 uri를 설정하기 위해 Uri 객체 생성
37          Uri uri = Uri.parse("android.resource://" +
38                  getPackageName( ) + "/" + R.raw.villain);
39          //VideoView 객체에 재생할 동영상 파일을 지정
40          player.setVideoURI(uri);
41          player.start( ); //비디오 재생
42      }
43
44      @Override
45      public void onClick(View v) {
46          // TODO Auto-generated method stub
47
48          if(v == main){//메인 화면으로 이동
49              Intent it =
50                      new Intent(this, VideoTestMainActivity.class);
51              startActivity(it);
52              finish( );
53          }
54
55      }
56
57  }
```


25~26   [메인으로] 버튼의 정보를 얻어내 이벤트 리스너를 등록하는 부분이다.

30~34   video_view.xml에서 정의한 VideoView의 객체를 얻어 palyer에 저장한 후 동영상의 재생을 제어하는 MediaController 객체 mController를 생성한다. 이렇게 생성된 MediaController

객체는 34라인 player.setMediaController(mController);에서 VideoView 객체에 연결한다. 그러면 비디오를 재생 시 미디어 컨트롤이 가능해진다.

37~38   동영상 파일의 uri를 설정하기 위해 Uri 객체 생성하는 부분이다. 40라인에서 지정한 비디오를 재생할 수 있도록 VideoView 객체가 제공하는 setVideoURI(uri) 메소드를 사용했다. 이때 uri는 재생할 비디오의 경로를 포함한 파일명이다.

41   player.start( );은 비디오를 재생하기 위해 VideoView 객체가 제공하는 start( ) 메소드를 사용했다.

❷ [VideoTestMainActivity] 액티비티의 내용을 추가한 후 저장한다.

```java
01    package work.test.videotest;
02
03    import android.app.Activity;
04    import android.content.Intent;
05    import android.os.Bundle;
06    import android.view.Menu;
07    import android.view.View;
08    import android.view.View.OnClickListener;
09    import android.view.Window;
10    import android.widget.Button;
11
12    public class VideoTestMainActivity extends Activity
13            implements OnClickListener{
14
15        Button play;
16
17        @Override
18        protected void onCreate(Bundle savedInstanceState) {
19            super.onCreate(savedInstanceState);
20            requestWindowFeature(Window.FEATURE_NO_TITLE);
21            setContentView(R.layout.activity_video_test_main);
22
23            //[동영상 재생] 버튼의 정보를 얻어내 리스너 등록
24            play = (Button)findViewById(R.id.playBtn);
25            play.setOnClickListener(this);
26        }
27
28        @Override
29        public void onClick(View v) {
30            // TODO Auto-generated method stub
```

```java
31              if(v == play){
32                  //[동영상재생] 버튼을 클릭하면 동영상을 재생하는 화면으로 이동
33                  Intent it = new Intent(this, VideoViewActivity.class);
34                  startActivity(it);
35                  finish( );
36              }
37          }
38
39          @Override
40          public boolean onCreateOptionsMenu(Menu menu) {
41              // Inflate the menu; this adds items to the action bar if it is present.
42              getMenuInflater( ).inflate(R.menu.activity_video_test_main, menu);
43              return true;
44          }
45
46      }
```

소스코드 설명

24~25 [동영상 재생] 버튼의 정보를 얻어내 리스너를 등록한다. 이 버튼을 클릭 시 29라인의 onClick(View v) 메소드가 실행되도록 했다.

29~37 onClick(View v) 메소드는 [동영상재생] 버튼을 클릭하면 동영상을 재생하는 화면을 갖는 [VideoViewActivity] 액티비티로 이동 작업을 수행한다.

06 [VideoViewActivity] 액티비티를 [AndroidManifest.xml] 파일에 추가한다.

❶ [AudioTest] 프로젝트 내에 있는 [AndroidManifest.xml] 파일을 더블클릭해서 연 후 [Application] 탭을 선택한다.

❷ [Application] 탭의 내용이 표시되면 [Application Node] 항목에서 [Add...] 버튼을 클릭해서 [Activity] 항목을 추가한 후 [Name] 프로퍼티 값으로 [VideoViewActivity] 를 선택하고 변경사항을 저장한다.

완성된 [AndroidManifest.xml] 파일의 내용은 다음과 같다.

```xml
01  <?xml version="1.0" encoding="utf-8"?>
02  <manifest xmlns:android="http://schemas.android.com/apk/res/android"
03      package="work.test.videotest"
04      android:versionCode="1"
05      android:versionName="1.0" >
```

```xml
06
07    <uses-sdk
08        android:minSdkVersion="8"
09        android:targetSdkVersion="17" />
10
11    <application
12        android:allowBackup="true"
13        android:icon="@drawable/ic_launcher"
14        android:label="@string/app_name"
15        android:theme="@style/AppTheme" >
16        <activity
17            android:name="work.test.videotest.VideoTestMainActivity"
18            android:label="@string/app_name" >
19            <intent-filter>
20                <action android:name="android.intent.action.MAIN" />
21
22                <category android:name="android.intent.category.LAUNCHER" />
23            </intent-filter>
24        </activity>
25        <activity android:name="VideoViewActivity"></activity>
26    </application>
27
28 </manifest>
```

07 [Run As]–[Android Application]을 선택해 안드로이드 에뮬레이터로 실행한다.

[동영상 재생] 버튼을 클릭하면 동영상이 재생되는 화면으로 이동해 동영상이 표시된다. 재생되는 동영상 화면을 터치하면 미디어 컨트롤러가 표시된다. [메인으로] 버튼을 클릭하면 메인화면으로 복귀한다.

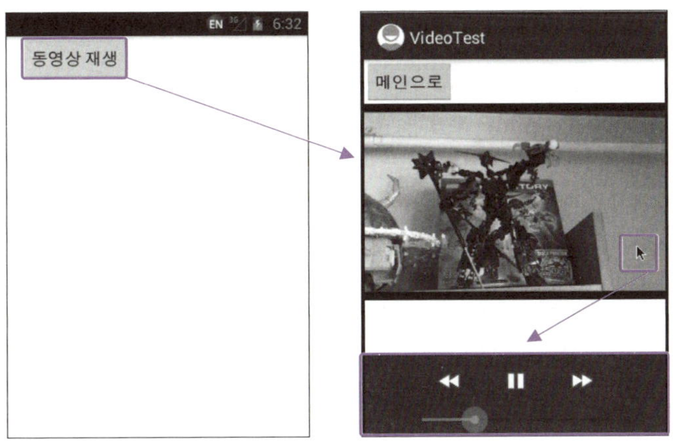

음성 인식(Speech Recognition)

음성 인식(speech recognition)은 사람이 하는 말을 기계가 인식을 할 수 있도록 해주는 기술로 대부분의 스마트폰에서 지원한다. 안드로이드에서 음성을 인식할 수 있는 애플리케이션을 작성하려면 제공되는 음성 인식 기능을 사용해서 할 수 있다. 내장된 음성 인식 기술은 내장 액티비티로 제공되어 RecognizerIntent 클래스의 상수를 사용한다.

RecognizerIntent 클래스는 실행되는 인텐트를 통해 음성 인식을 지원하는 것으로, 인텐트 객체 생성 시 RecognizerIntent 클래스의 ACTION_RECOGNIZE_SPEECH 상수를 매개변수로 해서 내장된 음성 인식 기술을 사용한다.

```
Intent it  = new Intent( //음성 인식 액티비티 호출을 위한 인텐트 생성
    RecognizerIntent.ACTION_RECOGNIZE_SPEECH );
```

위의 인텐트는 사용자가 말을 하면 음성 인식기를 통해 결과를 보내오는 액티비티를 실행한다. 음성 인식의 결과는 바로 반환되며 이 결과를 받기 위해 액티비티를 호출시에 반드시 startActivityForResult(Intent, int) 메소드를 사용해야 한다. 그리고 결과를 처리하기 위해 onActivityResult(int, int, Intent) 메소드도 필요하다.

```
Intent it  = new Intent( //음성 인식 액티비티 호출을 위한 인텐트 생성
    RecognizerIntent.ACTION_RECOGNIZE_SPEECH );

… 생략 …
startActivityForResult(it,REQUEST_VALUE);

… 생략 …

protected void onActivityResult(int requestCode,
                    int resultCode, Intent data){
    … 생략 …
}
```

또한 인텐트로 음성 인식 액티비티를 호출할 때 몇 가지 파라미터를 사용할 수 있다. EXTRA_LANGUAGE_MODEL은 ACTION_RECOGNIZE_SPEECH를 수행할 때 사용할 언어 모델을 음성 인식기에 통지하는 것으로 필수적으로 사용해야 한다. EXTRA_LANGUAGE_MODEL은 인텐트의 파라미터 값으로 LANGUAGE_MODEL_ FREE_ FORM과 LANGUAGE_MODEL_WEB_SEARCH 둘 중 하나를 갖는다. LANGUAGE_MODEL_ FREE_FORM은 자유 형식 음성 인식 기반의 언어 모델을 사용하고, ANGUAGE_MODEL_WEB_SEARCH는 웹 검색 기반의 언어 모델을 사용한다.

```
Intent it  = new Intent(
        RecognizerIntent.ACTION_RECOGNIZE_SPEECH );
it.putExtra(RecognizerIntent.EXTRA_LANGUAGE_MODEL,
        RecognizerIntent.LANGUAGE_MODEL_FREE_FORM); //언어모델 지정
```

위의 예시는 음성 인식을 사용하기 위한 인텐트를 생성 시 언어 모델을 LANGUAGE_ MODEL_FREE_FORM로 사용하도록 지정한 것이다.

그 밖에 선택적으로 사용할 수 있는 상수들은 다음과 같다.

- EXTRA_PROMPT : 음성 인식 기능을 사용할 때 음성 인식기에 말한 단어를 문자로 표시한다. 내가 말한 단어를 인식기가 인식하고 있는 단어로 표시한다. 인텐트의 파라미터로 지정 시에는 파라미터의 값으로 문자가 표시될 액티비티를 지정한다.
- EXTRA_LANGUAGE : BCP 47에 의해 정의된 IETF 언어태그로, 예를 들어 "en-US"과 같이 사용한다.
- EXTRA_MAX_RESULTS : 인식기에 의해 반환되는 결과의 최대 개수를 제한한다.
- EXTRA_RESULTS_PENDINGINTENT : 결과값을 PendingIntent를 반환받아 처리 시 사용한다.
- EXTRA_RESULTS_PENDINGINTENT_BUNDLE : 인텐트의 포워딩을 제공하기 위해 사용한다.
- EXTRA_RESULTS : 반환된 결과 값을 얻어내 사용한다. 결과값은 Intent 클래스의 getStringArrayListExtra(String name) 또는 getStringExtra(String name)를 사용해서 얻어낸다. getStringExtra(String name)는 값을 얻어낼 때 예외가 발생할 수 있으므로 가급적이면 getStringArrayListExtra(String name) 메소드를 사용한다.

Exercise 단말기에서 실행 : 음성 인식 예제 – [SpeechRecognitionTest] 애플리케이션

이 예제는 메인화면의 [음성 인식 실행] 버튼을 클릭하면 내장된 음성 인식 시스템이 실행된다. 이때 음성 인식기에 말을 하면 음성을 인식해 메인화면에 인식된 음성을 글자로 변환해 표시해준다. 이 예제는 에뮬레이터가 아닌 실제 단말기에서 해야 결과가 제대로 나온다.

<SpeechRecognitionTest 애플리케이션의 실행 결과>

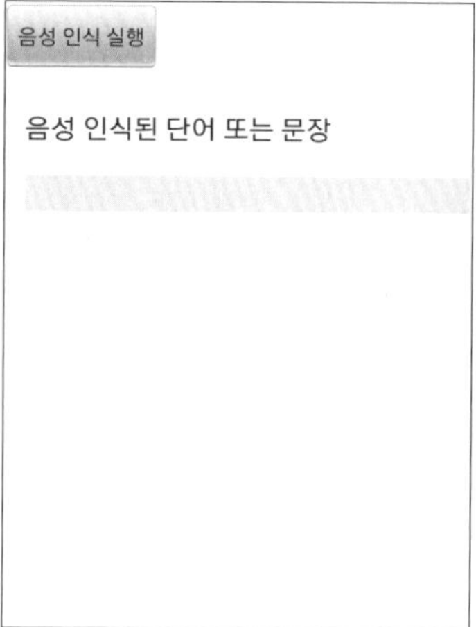

▲ SpeechRecognitionTestMain
Activity 액티비티

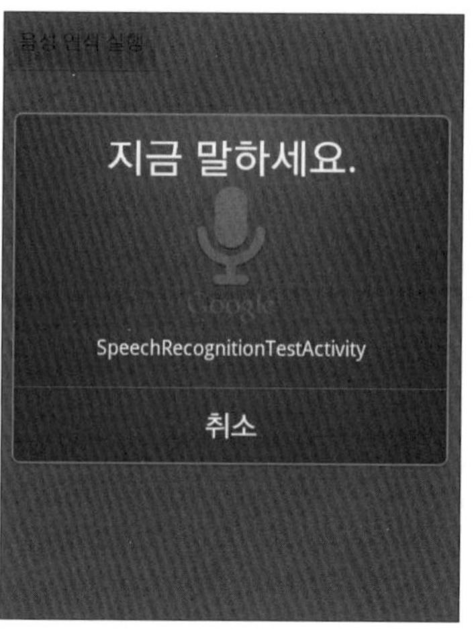

▲ 내장된 음성 인식 시스템

주요 파일	파일명 ([SpeechRecognitionTest] 애플리케이션)	하는 일
리소스 파일 (문자열, 이미지 등)	문자열 리소스 파일명 : strings.xml 위치 : [프로젝트]–[res]–[values]	• speechStr, resultStr 문자열 정의
	색상 리소스 파일명 : colors.xml 위치 : [프로젝트]–[res]–[values]	• textview_c 색상 정의
레이아웃 리소스 파일	activity_speech_recognition_te st.xml 위치 : [프로젝트]–[res]–[layout]	• 1개의 Button 위젯과 2개의 TextView 위젯 배치 • strings.xml 에서 정의한 speechStr, resultStr 문자열과 colors.xml에서 정의한 textview_c 색상 참조
로직 클래스	메인 액티비티 클래스 파일 파일명 : SpeechRecognitionTest MainActivity.java 위치 : [프로젝트]–[src]–[패키지명]	• activity_speech_recognition_test .xml을 화면의 내용으로 표시 • [음성인식 실행] 버튼을 눌러 내장 된 음성인식 액티비티 호출
매니페스트 파일	AndroidManifest.xml 위치 : [프로젝트]	• 이 애플리케이션에서는 사용 변경 안 함

▲ [SpeechRecognitionTest] 애플리케이션의 주요파일

01 SpeechRecognitionTest 안드로이드 애플리케이션 프로젝트 생성

❶ [Project Explorer] 뷰에서 [New]–[Project] 메뉴를 선택해 [Android Application Project]를 작성한다. [New Android Application] 창이 표시되면 다음과 같이 입력 및 선택한 후 [Next] 버튼을 클릭한다.

항목	입력 및 선택 값
Application Name	SpeechRecognitionTest 입력
Project Name	SpeechRecognitionTest 자동 입력됨
Package Name	work.test.speechrecognitiontest 입력
Minimum Required SDK	API 8 : Android 2.2 (Froyo) 기본 값 사용
Target SDK	API 18 : Android 4.3 기본 값 사용 기본 값이 아닐 경우 선택
Compile With	API 18 : Android 4.3 기본 값 사용

❷ [Next] 버튼을 누르다가 액티비티명 변경 화면이 표시되면 [Activity Name]을 "SpeechRecognitionTestMainActivity"로 변경한 후 [Finish] 버튼을 클릭한다.

02 [res]–[values]에서 [New]–[Other] 메뉴를 선택한 후 [Android]–[Android XML File] 메뉴를 사용해 [colors.xml] 파일을 생성한다. 내용을 추가한 후 저장한다.

```xml
01  <?xml version="1.0" encoding="utf-8"?>
02  <resources>
03    <color name="textview_c">#170000FF</color>
04  </resources>
```

03 [res]–[values]–[strings.xml] 파일에 문자열 추가 및 변경한 후 저장한다.

```xml
01  <?xml version="1.0" encoding="utf-8"?>
02  <resources>
03
04    <string name="app_name">SpeechRecognitionTest</string>
05    <string name="hello_world">Hello world!</string>
06    <string name="menu_settings">Settings</string>
07    <string name="speechStr">음성 인식 실행</string>
08    <string name="resultStr">음성 인식된 단어 또는 문장</string>
09
10  </resources>
```

04 [res]-[layout]-[activity_speech_recognition_test.xml] 파일을 열어 내용을 수정한 후 저장한다. 완성된 내용은 다음과 같다.

```xml
01  <RelativeLayout xmlns:android="http://schemas.android.com/apk/res/android"
02      xmlns:tools="http://schemas.android.com/tools"
03      android:layout_width="match_parent"
04      android:layout_height="match_parent"
05      tools:context=".SpeechRecognitionTestMainActivity" >
06
07      <Button
08          android:id="@+id/speechBtn"
09          android:layout_width="wrap_content"
10          android:layout_height="wrap_content"
11          android:layout_alignParentLeft="true"
12          android:layout_alignParentTop="true"
13          android:text="@string/speechStr" />
14
15      <TextView
16          android:id="@+id/textView1"
17          android:layout_width="wrap_content"
18          android:layout_height="wrap_content"
19          android:layout_alignParentLeft="true"
20          android:layout_below="@+id/speechBtn"
21          android:layout_marginLeft="16dp"
22          android:layout_marginTop="24dp"
23          android:text="@string/resultStr"
24          android:textAppearance="?android:attr/textAppearanceMedium" />
25
26      <TextView
27          android:id="@+id/resultText"
28          android:layout_width="match_parent"
29          android:layout_height="wrap_content"
30          android:layout_alignLeft="@+id/textView1"
31          android:layout_below="@+id/textView1"
32          android:layout_marginTop="21dp"
33          android:background="@color/textview_c"
34          android:textAppearance="?android:attr/textAppearanceMedium" />
35
36  </RelativeLayout>
```

05 [src]-[speechrecognitiontest] 내에 있는 [SpeechRecognitionTestMainActivity] 액티비티의 내용을 추가한 후 저장한다.

```java
01  package work.test.speechrecognitiontest;
02
03  import java.util.ArrayList;
04  import android.app.Activity;
05  import android.content.Intent;
06  import android.os.Bundle;
07  import android.speech.RecognizerIntent;
08  import android.view.Menu;
09  import android.view.View;
10  import android.view.View.OnClickListener;
11  import android.view.Window;
12  import android.widget.Button;
13  import android.widget.TextView;
14
15  public class SpeechRecognitionTestMainActivity extends Activity
16          implements OnClickListener{
17
18      //액티비티 구별을 위한 요청코드 값
19      private static int REQUEST_VALUE = 0;
20      private Button process;
21
22      @Override
23      protected void onCreate(Bundle savedInstanceState) {
24          super.onCreate(savedInstanceState);
25          requestWindowFeature(Window.FEATURE_NO_TITLE);
26          setContentView(
27              R.layout.activity_speech_recognition_test_main);
28
29          //[음성 인식 실행] 버튼의 정보를 얻어내 리스너를 등록
30          process = (Button)findViewById(R.id.speechBtn);
31          process.setOnClickListener(this);
32      }
33
34      @Override
35      public void onClick(View v) {
36          // TODO Auto-generated method stub
37
38          if(v == process){//[음성 인식 버튼] 클릭
```

```java
39        //내장된 음성 인식 기능을 사용하기 위해 인텐트 객체 생성
40        Intent it = new Intent(
41                RecognizerIntent.ACTION_RECOGNIZE_SPEECH);
42        //언어 모델을 파라메터로 지정 – 필수 값으로 생략 불가능
43        it.putExtra(RecognizerIntent.EXTRA_LANGUAGE_MODEL,
44                RecognizerIntent.LANGUAGE_MODEL_FREE_FORM);
45        //음성 인식 후 결과를 문자로 얻어내기 위해 추가
46        it.putExtra(RecognizerIntent.EXTRA_PROMPT,
47                "SpeechRecognitionTestMainActivity");
48        //음성 인식 기능을 호출시에는 반드시 결과 값을 반환하는
49        //형식의 액티비티를 호출
50        startActivityForResult(it, REQUEST_VALUE);
51      }
52    }
53
54    //음성 인식 결과 값 처리
55    protected void onActivityResult(int requestCode,
56              int resultCode, Intent data){
57      if (requestCode == REQUEST_VALUE) {
58        if (resultCode == RESULT_OK) {
59          //화면에 표시할 결과 문자열
60          String resultStr = "";
61          //음성 인식의 결과를 ArrayList 객체로 얻어냄
62          ArrayList<String> resultList =
63              data.getStringArrayListExtra(
64              RecognizerIntent.EXTRA_RESULTS);
65
66          //ArrayList 객체에서 글자로 반환된 값을 얻어내서
67          //결과 문자열을 생성
68          for(int i=0; i < resultList.size() ; i++)
69              resultStr += resultList.get(i) + " ";
70
71          //화면에 결과 표시
72          TextView display =
73              (TextView)findViewById(R.id.resultText);
74          display.setText(resultStr);
75        }
76      }
77    }
78
```

```
79    @Override
80    public boolean onCreateOptionsMenu(Menu menu) {
81        // Inflate the menu; this adds items to the action bar if it is present.
82        getMenuInflater( ).inflate(
83            R.menu.activity_speech_recognition_test_main, menu);
84        return true;
85    }
86
87 }
```

소스코드 설명

62~64   음성 인식의 결과를 ArrayList 객체로 얻어낸다.

64   RecognizerIntent.EXTRA_RESULTS은 음성 인식 액티비티를 실행한 후 결과 값을 반환해 처리할 경우에 사용한다. 이때 결과 값은 65라인과 같이 Intent 클래스의 getStringArrayListExtra( ) 메소드를 사용해서 얻어낸다. 이 음성 인식의 결과 값은 하나 이상일 수 있으므로 ArrayList 객체로 얻어내서 처리한다. 즉, 62~64라인을 통해서 음성 인식의 결과가 단어 또는 문장의 형태로 여러 개가 반환되어진다. 기계의 입장에서 정확도를 높이기 위해 비슷한 단어는 모두 반환하기 때문이다.

06 [Run As]-[Android Application]을 선택해 안드로이드 단말기로 실행한다. 에뮬레이터로 실행하면 에러가 발생한다. 반드시 단말기에서 실행한다.

[음성 인식 실행] 버튼을 클릭하면 음성 인식 시스템이 동작되고, 말을 하면 분석해서 글자로 변환해 표시한다.

만일 에뮬레이터로 실행할 경우, [음성 인식 실행] 버튼을 클릭하면 에러가 발생하고 앱이 중단된다. 이유는 에뮬레이터에는 음성을 인식하는 기능이 탑재되어 있지 않기 때문이다.

텍스트 투 스피치
(Text to Speech)

안드로이드에는 문장을 말로써 읽어주는 텍스트 투 스피치(Text to Speech)라는 기능을 제공한다. 텍스트 투 스피치는 TextToSpeech 클래스의 객체를 생성해서 사용하고, 이 기능을 더 이상 사용하지 않을 때는 shutdown( ) 메소드를 사용한다. 아쉽게도 이 기능은 아직까지는 영어만 지원한다.

텍스트 투 스피치 기능은 처음에 한 번 초기화한 후에 사용할 수 있다. 초기화는 Text ToSpeech.OnInitListener 인터페이스의 onInit(int) 메소드를 오버라이딩해서 한다. onInit( ) 메소드는 TextToSpeech 객체를 생성 시 자동으로 호출되며 객체의 생성에 성공하면 int 타입의 매개변수로 TextToSpeech.SUCCESS 상수 값이 리턴된다. 실패하면 TextToSpeech.ERROR가 리턴된다.

```java
public class TextToSpeechTest extends Activity
            implements TextToSpeech.OnInitListener {
  … 생략 …

  //객체 생성 시 onInit( ) 메소드 자동 호출
  TextToSpeech mSpeech = new TextToSpeech(this, this);

  … 생략 …

  public void onInit(int status){ //자동 호출
    //텍스트 투 스피치 객체의 생성에 성공하면
    //TextToSpeech.SUCCESS 상수 값이 status 변수 값으로 넘겨진다.
    //텍스트 투 스피치 기능 초기화
  } … 생략 …
}
```

텍스트 투 스피치는 TextToSpeech 클래스의 객체를 생성한 후 언어, 음성의 속도 등을 설정한 후 speak( ) 메소드를 사용해서 문장으로 음성으로 읽어준다. 읽어주는 것을 중단할 때는 stop( ) 메소드를 사용한다.

다음은 텍스트 투 스피치 객체를 생성한 후 언어와 읽어주는 속도를 지정한 예이다.

```
TextToSpeech mSpeech = new TextToSpeech(this, this); //객체 생성
Locale locale = Locale.ENGLISH;
mSpeech.setLanguage(locale); //읽어줄 언어 설정
mSpeech.setSpeechRate(1.0f); //읽어줄 속도 지정
mSpeech.speak("test",TextToSpeech.QUEUE_FLUSH, null); //읽어주는 것을 수행
```

TextToSpeech 객체를 생성할 때는 TextToSpeech(Context, TextToSpeech. OnInitListener) 생성자를 사용하는데, TextToSpeech.OnInitListener가 같은 클래스에 있는 경우 new TextToSpeech(this, this);와 같이 쓴다. Locale.ENGLISH은 음성으로 읽어주는 언어를 영어로 로케일을 지정한 것으로 setLanguage(Locale) 메소드를 사용해서 설정한다. setSpeechRate(1.0f)은 읽어주는 속도를 지정한 것으로 1.0f(float 타입)이면 보통 속도로, 0.5f이면 보통 속도보다 반 정도 느리게 읽어주며, 2.0f이면 두 배 빠른 속도로 읽어준다. speak(String, int, HashMap) 메소드는 실제로 읽어주는 기능을 수행하며 첫 번째 매개변수에는 읽어줄 문장을 지정한다. 두 번째 매개변수에는 대기행렬 전략을 기술하는 것으로 여기서는 TextToSpeech.QUEUE_FLUSH를 사용했으며, 세 번째 매개변수에는 보통 null 값을 기술한다.

Exercise 텍스트 투 스피치 예제 – [TextToSpeechTest] 애플리케이션

이 예제는 에디트 텍스트에 내용을 입력한 후 [읽어주기] 버튼을 클릭하면 내장된 텍스트 투 스피치 기능이 문장을 읽어준다. 이 예제는 안드로이드 에뮬레이터로 실행해도 된다. 그러나 읽어주는 기능은 영어로만 가능하다는 점을 유의한다.

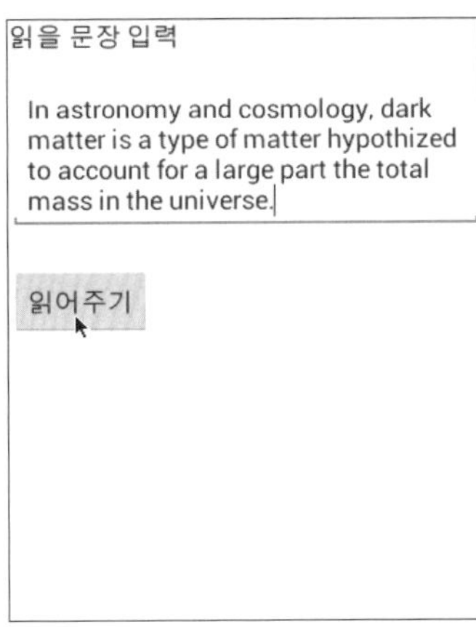

▲ TextToSpeechTest 애플리케이션 실행 결과

주요 파일	파일명 ([TextToSpeechTest] 애플리케이션)	하는 일
리소스 파일 (문자열, 이미지 등)	문자열 리소스 파일명 : strings.xml 위치 : [프로젝트]–[res]–[values]	• displayStr, speechStr 문자열 정의
레이아웃 리소스 파일	activity_text_to_speech_test.xml 위치 : [프로젝트]–[res]–[layout]	• 1개의 TextView 위젯, 1개의 EditText 위젯 및 1개의 Button 위젯 배치 • strings.xml에서 정의한 displayStr, speechStr 문자열 참조
로직 클래스	메인 액티비티 클래스 파일 파일명 : TextToSpeechTest Activity.java 위치 : [프로젝트]–[src]–[패키지명]	• activity_text_to_speech_test.xml 을 화면의 내용으로 표시 • 내용을 입력 후 [읽어주기] 버튼을 눌러 텍스트 투 스피치 기능 실행
매니페스트 파일	AndroidManifest.xml 위치 : [프로젝트]	• 이 애플리케이션에서는 사용 변경 안 함

▲ [TextToSpeechTest] 애플리케이션의 주요 파일

01 TextToSpeechTest 안드로이드 애플리케이션 프로젝트 생성

❶ [Project Explorer] 뷰에서 [New]–[Project] 메뉴를 선택해 [Android Application Project]를 작성한다. [New Android Application] 창이 표시되면 다음과 같이 입력 및 선택한 후 [Next] 버튼을 클릭한다.

항목	입력 및 선택 값
Application Name	TextToSpeechTest 입력
Project Name	TextToSpeechTest 자동 입력됨
Package Name	work.test.speechrecognitiontest 입력
Minimum Required SDK	API 8 : Android 2.2 (Froyo) 기본 값 사용
Target SDK	API 18 : Android 4.3 기본 값 사용 기본 값이 아닐 경우 선택
Compile With	API 18 : Android 4.3 기본 값 사용

❷ [Next] 버튼을 누르다가 액티비티명 변경 화면이 표시되면 [Activity Name]을 "TextToSpeechTestMainActivity"로 변경한 후 [Finish] 버튼을 클릭한다.

02 [res]–[values]–[strings.xml] 파일에 문자열 추가 및 변경한 후 저장한다.

```xml
01  <?xml version="1.0" encoding="utf-8"?>
02  <resources>
03
04      <string name="app_name">TextToSpeechTest</string>
05      <string name="hello_world">Hello world!</string>
06      <string name="menu_settings">Settings</string>
07      <string name="displayStr">읽을 문장 입력</string>
08      <string name="speechStr">읽어주기</string>
09
10  </resources>
```

03 [res]–[layout]–[activity_text_to_speech_test.xml] 파일을 열어 수정한 후 저장한다. 완성된 내용은 다음과 같다.

```xml
01  <RelativeLayout xmlns:android="http://schemas.android.com/apk/res/android"
02      xmlns:tools="http://schemas.android.com/tools"
03      android:layout_width="match_parent"
04      android:layout_height="match_parent"
05      tools:context=".TextToSpeechTestMainActivity" >
06
07      <TextView
08          android:id="@+id/textView1"
09          android:layout_width="wrap_content"
10          android:layout_height="wrap_content"
11          android:text="@string/displayStr"
12          android:textAppearance="?android:attr/textAppearanceMedium" />
13
14      <EditText
15          android:id="@+id/speechText"
16          android:layout_width="match_parent"
17          android:layout_height="wrap_content"
18          android:layout_alignParentLeft="true"
19          android:layout_below="@+id/textView1"
20          android:layout_marginTop="18dp"
21          android:ems="10"
22          android:inputType="textMultiLine" />
23
24      <Button
```

```
25            android:id="@+id/speechBtn"
26            android:layout_width="wrap_content"
27            android:layout_height="wrap_content"
28            android:layout_alignParentLeft="true"
29            android:layout_below="@+id/speechText"
30            android:layout_marginTop="26dp"
31            android:text="@string/speechStr" />
32
33    </RelativeLayout>
```

04 [src]-[work.test.texttospeechtest]에 있는 [TextToSpeechTestActivity] 액티비티
의 내용을 추가한 후 저장한다.

```
01    package work.test.texttospeechtest;
02
03    import java.util.Locale;
04
05    import android.app.Activity;
06    import android.os.Bundle;
07    import android.speech.tts.TextToSpeech;
08    import android.view.Menu;
09    import android.view.View;
10    import android.view.View.OnClickListener;
11    import android.view.Window;
12    import android.widget.Button;
13    import android.widget.EditText;
14    import android.widget.Toast;
15
16    public class TextToSpeechTestMainActivity extends Activity
17        implements OnClickListener, TextToSpeech.OnInitListener{
18
19        private Button process;
20        private EditText target;
21        //TextToSpeech 객체를 저장할 레퍼런스 변수
22        private TextToSpeech mSpeech;
23
24        @Override
25        protected void onCreate(Bundle savedInstanceState) {
26            super.onCreate(savedInstanceState);
27            requestWindowFeature(Window.FEATURE_NO_TITLE);
```

```java
28              setContentView(
29                  R.layout.activity_text_to_speech_test_main);
30
31              //읽을 문장을 입력하는 EditText의 정보를 얻어냄
32              target  = (EditText)findViewById(R.id.speechText);
33
34              //[읽어주기] 버튼의 정보를 얻어내서 리스너 등록
35              process = (Button)findViewById(R.id.speechBtn);
36              process.setOnClickListener(this);
37
38              //TextToSpeech 객체 생성
39              mSpeech = new TextToSpeech(this, this);
40          }
41
42      //TextToSpeech 객체가 생성되면 자동으로 호출되는 메소드
43      @Override
44      public void onInit(int status) {
45              // TODO Auto-generated method stub
46
47              //TextToSpeech 객체의 생성에 성공하면
48              if(status == TextToSpeech.SUCCESS){
49                  //읽어줄 언어를 지정
50                  Locale locale = Locale.ENGLISH;
51                  //지정한 언어가 사용가능하면 0 값이 반환됨
52                  if(mSpeech.isLanguageAvailable(locale) == 0)
53                          mSpeech.setLanguage(locale);//해당 언어 지정
54                  else //지정한 언어를 지원하지 않는 경우
55                          Toast.makeText(this, "지정한 언어 지원 안 함",
56                                  Toast.LENGTH_SHORT).show( );
57          }else if(status == TextToSpeech.ERROR){
58                  //객체의 생성에 실패 시
59                  Toast.makeText(this, "TextToSpeech객체 생성 실패",
60                                  Toast.LENGTH_SHORT).show( );
61          }
62
63      }
64
65      //[읽어주기] 버튼을 클릭 시 자동 실행
66      @Override
67      public void onClick(View v) {
68              // TODO Auto-generated method stub
69
```

```
70            if( v == process){//[읽어주기] 버튼 클릭
71                //읽을 문장을 설정
72                String setence = target.getText( ).toString( );
73                //읽어주는 속도를 보통 값으로 지정
74                mSpeech.setSpeechRate(1.0f);
75
76                //읽을 문장이 있으면 문장을 읽음
77                if(setence.length( ) > 0)
78                    mSpeech.speak(setence, TextToSpeech.QUEUE_FLUSH, null);
79            }
80        }
81
82        //이 액티비티가 제거될 때 자동으로 호출되는 메소드
83        public void onDestroy( ){
84            //TextToSpeech 기능을 더 이상 사용하지 않음
85            if(mSpeech != null)
86                mSpeech.shutdown( );
87        }
88
89        @Override
90        public boolean onCreateOptionsMenu(Menu menu) {
91            // Inflate the menu; this adds items to the action bar if it is present.
92            getMenuInflater( ).inflate(
93                R.menu.activity_text_to_speech_test_main, menu);
94            return true;
95        }
96
97    }
```

05 [Run As]-[Android Application]을 선택해 안드로이드 에뮬레이터를 실행한다.

단어 또는 문장을 입력한 후 [읽어주기] 버튼을 클릭하면 텍스트 투 스피치 기능이 문장을 음성으로 읽어준다.

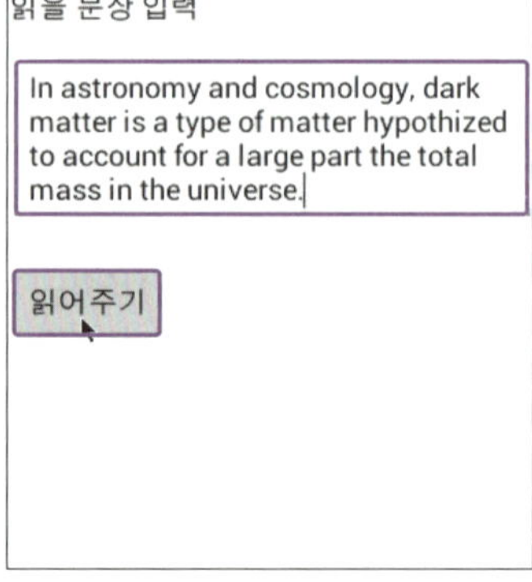

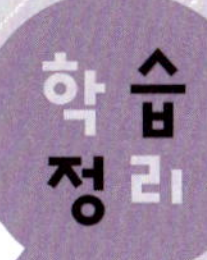

01 오디오 재생

- 오디오를 재생할 경우 일반적으로 MediaPlayer 클래스의 객체를 생성해서 한다. 재생하는 방법은 다음과 같다.

  > ① 오디오 리소스를 프로젝트에 추가하는 경우, 프로젝트를 생성한 후 프로젝트의 [res]-[raw] 폴더 안에 오디오 파일을 가져온다.
  > ② 액티비티 등에서 이 오디오 파일을 재생할 수 있도록 MediaPlayer 클래스의 객체를 생성하여 사용한다.
  > ③ 네트워크를 사용한 외부 URI를 사용해 재생하는 경우에는 AndroidManifest.xml 파일에 인터넷의 사용권한을 추가한다.

02 동영상 재생

- 미디어 컨트롤러(Media Controller)를 사용할 수 있는 VideoView 클래스를 사용해서 동영상을 재생한다. 비디오를 재생하는 방법은 다음과 같다.

```
//1. VideoView 객체 생성
VideoView mVideo = (VideoView) findViewById(R.id.video1);

//2.미디어 제어기 지정
mVideo.setMediaController(new MediaController(this));
```

- 애플리케이션의 리소스안에 비디오 파일을 저장해 애플리케이션에서 재생할 경우 오디오 파일과 마찬가지로 일반적으로 [res]-[raw] 폴더 안에 import한다.

03 음성 인식(Speech Recognition)

- 음성 인식(speech recognition)은 사람이 하는 말을 기계가 인식을 할 수 있도록 해주는 기술로 대부분의 스마트폰에서 지원한다.
- 안드로이드에서 음성을 인식할 수 있는 애플리케이션을 작성하려면 제공되는 음성 인식 기능을 사용한다.
- 내장된 음성 인식 기술은 내장 액티비티로 제공되어 RecognizerIntent 클래스의 상수를 사용해 음성 인식 기술을 호출하여 사용한다.

04 텍스트 투 스피치(Text to Speech)

- 안드로이드에는 문장을 말로써 읽어주는 텍스트 투 스피치(Text to Speech)라는 기능을 제공한다.
- 텍스트 투 스피치는 TextToSpeech 클래스의 객체를 생성해서 사용하고, 이 기능을 더 이상 사용하지 않을 때는 shutdown( ) 메소드를 사용한다.

10

통신과 위치 정보

안드로이드에서 제공하는 HTTP 통신을 사용한 데이터 송수신 및 Socket을 사용한 방법을 학습한다. 그리고 GPS를 기반의 위치 정보를 사용하는 방법에 대해서도 살펴본다.

HTTP 통신

HTTP(HyperText Transfer Protocol)은 인터넷에서 주로 사용하는 통신 규약으로, 가장 많이 사용되는 것이라 할 수 있으며, 안드로이드에서도 HTTP를 사용한 데이터 송수신을 지원한다. 안드로이드에서는 두 개의 HTTP 클라이언트를 지원하는데, 하나는 Http URLConnection이고 다른 하나는 Apache HTTP Client이다. 이들 모두 HTTPS (Hypertext Transfer Protocol over Secure Socket Layer : 보안이 강화된 HTTP 버전), 업로드/다운로드 스트리밍, 변경 가능한 타임아웃, IPv6, 그리고 커넥션 풀을 지원한다.

HTTP 통신을 사용하는 애플리케이션을 작성하기 위해서는 주로 HttpURLConnection 클래스를 사용한다. HttpURLConnection 클래스는 대부분의 애플리케이션을 작성하기 좋으며 경량의 HTTP 클라이언트이다.

HttpURLConnection클래스의 주요 메소드는 다음과 같다.

HttpURLConnection 클래스의 주요 메소드

public abstract void disconnect( )
커넥션 리소스를 해제한다.

public void setRequestMethod(String method)
HTTP 서버에 보내기위한 요청 명령어를 설정한다. 기본값은 get이다.

슈퍼클래스인 URLConnection 클래스의 주요 메소드

public abstract void connect( )
커넥션을 설정한다.

public InputStream getInputStream( )
커넥션 객체로부터 데이터를 읽어들이기 위한 InputStream 객체를 얻어낸다.

public OutputStream getOutputStream( )
커넥션 객체로부터 데이터를 내보내기 위한 OutputStream 객체를 얻어낸다.

HttpURLConnection 클래스를 사용한 HTTP 통신을 사용하는 방법은 다음과 같다.

❶ **HttpURLConnection 객체 생성** : HttpURLConnection 객체는 URL 클래스의 open Connection( ) 메소드를 사용해서 얻어낸다.

```
String path = "http://www.android.com";
URL url = new URL(path); //URL 객체 생성
//URL 객체의 openConnection( ) 메소드를 사용해 HttpURLConnection 객체를 얻어냄
HttpURLConnection connection
        = (HttpURLConnection) url.openConnection( );
```

URL 클래스의 주요 메소드는 다음과 같다.

URL 클래스의 주요 메소드
public String getFile( ) URL상의 파일명을 얻어낸다.
public String getPath( ) URL의 경로를 얻어낸다.
public URLConnection openConnection( ) URL로부터 통신을 위한 URLConnection 객체를 얻어낸다.
public final InputStream openStream( ) openConnection( ).getInputStream(types)와 같은 InputStream 객체를 얻어낸다.
public URI toURI( ) URL로부터 URI 객체를 얻어낸다.

❷ **HTTP 요청 방식 지정 및 HTTP 통신 연결** : HttpURLConnection 객체를 얻어낸 후에는 필요한 경우 setRequestMethod(String) 메소드를 사용해 HTTP 요청 방식(get, post 등)을 지정하고 connect( ) 메소드를 사용해 HTTP 통신을 연결한다. setRequest Method( ) 메소드를 생략할 경우 HTTP의 요청 방식은 기본적으로 get 방식이므로 get으로 지정된다.

```
connection.setRequestMethod("get"); //get 방식의 경우 생략 가능
connection.connect( ); //주어진 url로 통신을 연결한다. 경우에 따라 생략 가능
```

❸ **입력 스트림을 사용한 데이터 주고받기** : HTTP 통신을 연결되면 연결된 커넥션 객체로부터 입출력 스트림을 얻어내서 데이터를 주고받을 수 있다. 입력 스트림은 HttpURLConnection 객체로부터 getInputStream( ) 메소드를 사용해서, 출력 스트림은 getOutputStream( ) 메소드를 사용해서 얻어낸다.

```
InputStream in = connection.getInputStream( ); //입력 스트림을 얻어냄
int x = in.read( ); //입력 스트림으로부터 실제의 데이터를 읽음

OutputStream out = connection.getOutputStream( );//출력 스트림을 얻어냄
out.write( ); //출력 스트림으로 실제의 데이터를 씀(출력)
```

❹ **커넥션 해제** : 더 이상 HTTP 통신을 사용하지 않거나 재사용하기 위해 커넥션 리소스를 해제할 때는 HttpURLConnection 객체의 disconnect( ) 메소드를 사용해서 한다.

```
connection.disconnect( );//커넥션 리소스를 해제
```

❺ **AndroidManifest.xml에 인터넷의 사용권한 추가** : 네트워크를 사용하기 때문에 [AndroidManifest.xml]에 인터넷의 사용권한인 android.permission.INTERNET 을 추가해야 한다.

```
<uses-permission android:name= "android.permission.INTERNET" />
```

Exercise HTTP 통신을 사용한 예제 – [HttpTest] 애플리케이션

이 예제는 EditText에 내용을 입력한 후 [읽어주기] 버튼을 클릭하면 내장된 텍스트 투 스피치 기능이 문장을 읽어준다. 이 예제는 안드로이드 에뮬레이터로 실행해도 된다. 그러나 읽어주는 기능은 영어로만 가능하다는 점을 유의한다.

주의 이 예제를 실행하면 경우에 따라 android.os.NetworkOnMainThreadException이 발생할 수 있다. Android 2.3.3 이상의 Target SDK를 사용 시에는 StrictMode를 사용해야 예외가 발생하지 않는다. Minimum Required SDK에 2.2를 기술해서도 android.os.NetworkOnMainThreadException이 발생하는 경우에는 Minimum Required SDK에 2.3.3으로 지정한 후 액티비티의 onCreate( ) 메소드에서 StrictMode를 사용한다.

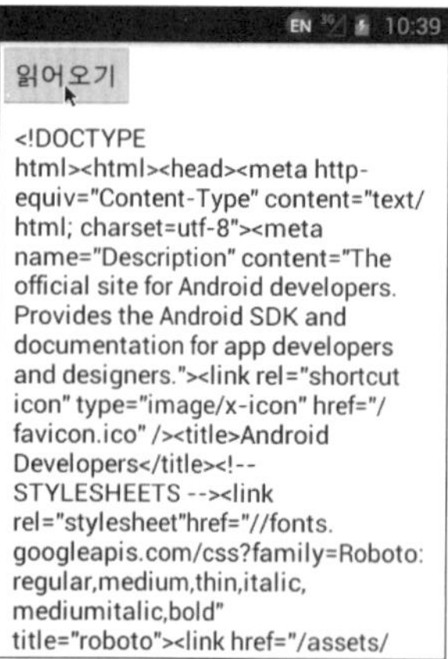

▲ HttpTest 애플리케이션 실행 결과

주요 파일	파일명 ([HttpTest] 애플리케이션)	하는 일
리소스 파일 (문자열, 이미지 등)	문자열 리소스 파일명 : strings.xml 위치 : [프로젝트]–[res]–[values]	• readStr 문자열 정의
레이아웃 리소스 파일	activity_http_test_main.xml 위치 : [프로젝트]–[res]–[layout]	• 1개의 TextView 위젯, 1개의 EditText 위젯 배치 • strings.xml에서 정의한 readStr 문자열 참조
로직 클래스	메인 액티비티 클래스 파일 파일명 : HttpTestMainActivity .java 위치 : [프로젝트]–[src]–[패키지명]	• activity_http_test_main.xml을 화면의 내용으로 표시 • [읽어오기] 버튼을 눌러 웹페이지 소스 표시
매니페스트 파일	AndroidManifest.xml 위치 : [프로젝트]	• android.permission.INTERNET 권한 추가

▲ [HttpTest] 애플리케이션의 주요 파일

01 HttpTest 안드로이드 애플리케이션 프로젝트 생성

❶ [Project Explorer] 뷰에서 [New]–[Project] 메뉴를 선택해 [Android Application Project]를 작성한다. [New Android Application] 창이 표시되면 다음과 같이 입력 및 선택을 한 후 [Next] 버튼을 클릭한다.

항목	입력 및 선택 값
Application Name	HttpTest 입력
Project Name	HttpTest 자동 입력됨
Package Name	work.test.httptest 입력
Minimum Required SDK	API 10 : Android 2.3.3 으로 지정
Target SDK	API 18 : Android 4.3 기본 값 사용 기본 값이 아닐 경우 선택
Compile With	API 18 : Android 4.3 기본 값 사용

❷ [Next] 버튼을 누르다가 액티비티명 변경 화면이 표시되면 [Activity Name]을 "HttpTestMainActivity"로 변경한 후 [Finish] 버튼을 클릭한다.

02 [res]–[values]–[strings.xml] 파일에 문자열 추가 및 변경한 후 저장한다.

```xml
01  <?xml version="1.0" encoding="utf-8"?>
02  <resources>
03
04      <string name="app_name">HttpTest</string>
05      <string name="hello_world">Hello world!</string>
06      <string name="menu_settings">Settings</string>
07      <string name="readStr">읽어오기</string>
08
09  </resources>
```

03 [res]–[layout]–[activity_http_test_main.xml] 파일을 열어 XML 레이아웃을 디자인한 후 저장한다. 완성된 내용은 다음과 같다.

```xml
01  <RelativeLayout xmlns:android="http://schemas.android.com/apk/res/android"
02      xmlns:tools="http://schemas.android.com/tools"
03      android:layout_width="match_parent"
04      android:layout_height="match_parent"
05      tools:context=".HttpTestMainActivity" >
06
07      <Button
08          android:id="@+id/readBtn"
09          android:layout_width="wrap_content"
10          android:layout_height="wrap_content"
11          android:layout_alignParentLeft="true"
12          android:layout_alignParentTop="true"
13          android:text="@string/readStr" />
14
15      <EditText
16          android:id="@+id/result"
17          android:layout_width="match_parent"
18          android:layout_height="wrap_content"
19          android:layout_alignParentLeft="true"
20          android:layout_below="@+id/readBtn"
21          android:ems="10"
22          android:inputType="textMultiLine" >
23
24          <requestFocus />
25      </EditText>
26
27  </RelativeLayout>
```

04 [src]–[work.test.httptest]에 있는 [HttpTestMainActivity] 액티비티의 내용을 추가한 후 저장한다.

```java
01  package work.test.httptest;
02
03  import java.io.BufferedReader;
04  import java.io.InputStreamReader;
05  import java.net.HttpURLConnection;
06  import java.net.URL;
07
08  import android.app.Activity;
09  import android.os.Bundle;
10  import android.os.StrictMode;
11  import android.view.Menu;
12  import android.view.View;
13  import android.view.Window;
14  import android.widget.Button;
15  import android.widget.EditText;
16
17  public class HttpTestMainActivity extends Activity {
18
19      @Override
20      protected void onCreate(Bundle savedInstanceState) {
21          super.onCreate(savedInstanceState);
22          requestWindowFeature(Window.FEATURE_NO_TITLE);
23          setContentView(R.layout.activity_http_test_main);
24
25          //StrictMode의 모든 규약을 허용한 후 적용
26          StrictMode.ThreadPolicy policy =
27              new StrictMode.ThreadPolicy.Builder( ).permitAll( ).build( );
28          StrictMode.setThreadPolicy(policy);
29
30          //[읽어오기] 버튼의 정보를 얻어내서 리스너 등록
31          Button readBtn = (Button)findViewById(R.id.readBtn);
32          readBtn.setOnClickListener(new View.OnClickListener( ) {
33
34              //[읽어오기] 버튼을 클릭하면 자동 실행
35              @Override
36              public void onClick(View v) {
37                  //읽어올 페이지 지정
38                  String path = "http://developer.android.com";
39                  URL url = null;
```

```java
40          HttpURLConnection con = null;
41          BufferedReader in = null;
42          String resultStr = "";
43
44          //읽어온 페이지의 내용을 표시하기 위한 EditText의 정보를 얻어냄
45          EditText result =
46              (EditText)findViewById(R.id.result);
47
48          try{
49              //URL 객체 생성
50              url = new URL(path);
51
52              //HttpURLConnection 객체를 얻어냄
53              con = (HttpURLConnection)url.openConnection( );
54
55              //입력 스트림을 얻어냄
56              in = new BufferedReader(
57                      new InputStreamReader(
58                          con.getInputStream( )));
59
60              String str;
61
62              //입력 스트림을 사용해서 웹 페이지의 내용을 읽어옴
63              while((str = in.readLine( ))!= null){
64                  resultStr += str;
65              }
66
67              //읽어온 내용을 EditText를 사용해 화면에 표시
68              result.setText(resultStr);
69
70          }catch(Exception e){
71
72          }finally{
73              try{
74                  if(in != null)in.close( );
75                  if(con != null)con.disconnect( );
76              }catch(Exception e){ }
77          }
78
79      }
80  });
```

```
81        }
82
83        @Override
84    public boolean onCreateOptionsMenu(Menu menu) {
85        // Inflate the menu; this adds items to the action bar if it is present.
86        getMenuInflater( ).inflate(
87            R.menu.activity_http_test_main, menu);
88        return true;
89    }
90
91  }
```


26~28 안드로이드 2.3.3 버전부터 사용해야 할 쓰레드의 정책과 관련한 StrictMode를 지정하는 부분이다. 네트워크 사용에서 발생한 것이지만 모든 규약을 허용하는 정책을 설정했다.

```
26    StrictMode.ThreadPolicy policy =
27        new StrictMode.ThreadPolicy.Builder( ).permitAll( ).build( );
28    StrictMode.setThreadPolicy(policy);
```

규약에는 detect disk writes(디스크 쓰기 작업), detect disk reads(디스크 읽기 작업), detect network usage(네트워크 사용) 등이 있으며, 이런 규약을 위반했을 때의 표시할 방법 등을 지정한다. 디스크 쓰기 작업, 디스크 읽기 작업, 네트워크 사용 작업과 같이, 메인 쓰레드에서 언제 끝날지 모르는 작업을 대기한다는 것은 사실 문제가 있다. 즉, 상황에 따라 언제 끝날지 모르는 작업 등을 위해 무한정 대기 상태에 놓이지 않게 쓰레드 정책을 설정하는 것이다. 나름 합리적인 것이나, 잘 실행되던 프로젝트들이 갑자기 실행되지 않아 당황하게 된다.

자세한 사용법은 「http://android-developers.blogspot.kr/2010/12/new-gingerbread-api-strictmode.html」 사이트를 참조한다.

31~32 참조하는 [읽어오기] 버튼을 누르면 프로그램 제어가 36라인의 onClick(View v) 메소드로 이동한다. 그러면 48~65라인을 수행해 HttpURLConnection 객체를 사용해, 입력 스트림을 얻어내 지정한 페이지를 읽어 화면에 표시한다.

05 인터넷을 사용하는 권한인 [android.permission.INTERNET]를 [AndroidManifest.xml] 파일에 추가한다.

❶ [AndroidManifest.xml] 파일의 [Permission] 탭의 [Permissions] 항목에서 [Add...] 버튼을 클릭해 [Uses Permission] 항목을 선택한 후 [OK] 버튼을 클릭한다. 인터넷을 사용하는 권한인 [android.permission.INTERNET]에서 [Name] 항목의 콤보상자를 눌러 선택한 후 변경 사항을 저장한다. 완성된 내용은 다음과 같다.

```xml
01  <?xml version="1.0" encoding="utf-8"?>
02  <manifest xmlns:android="http://schemas.android.com/apk/res/android"
03      package="work.test.httptest"
04      android:versionCode="1"
05      android:versionName="1.0" >
06
07      <uses-sdk
08          android:minSdkVersion="10"
09          android:targetSdkVersion="17" />
10      <uses-permission android:name="android.permission.INTERNET"/>
11
12      <application
13          android:allowBackup="true"
14          android:icon="@drawable/ic_launcher"
15          android:label="@string/app_name"
16          android:theme="@style/AppTheme" >
17          <activity
18              android:name="work.test.httptest.HttpTestMainActivity"
19              android:label="@string/app_name" >
20              <intent-filter>
21                  <action android:name="android.intent.action.MAIN" />
22
23                  <category android:name="android.intent.category.LAUNCHER" />
24              </intent-filter>
25          </activity>
26      </application>
27
28  </manifest>
```

06 [Run As]-[Android Application]을 선택해 안드로이드 에뮬레이터를 실행한다.

[읽어오기] 버튼을 클릭하면 「http://www.android.com」의 페이지가 읽혀 화면에 표시된다.

소켓(Socket) 통신

Android Programming

Socket(소켓)이란 네트워크상의 동기화를 설정하는 것으로 스트림 소켓의 프로토콜은 TCP(Transmission Control Protocol)를 사용하며, TCP는 전송되는 데이터들의 도착 여부를 보증한다. 안드로이드도 자바 기반이므로 기존의 자바에서 네트워크 프로그램을 작성하는 것과 같은 방식으로 프로그래밍한다. 작성 과정은 다음과 같다.

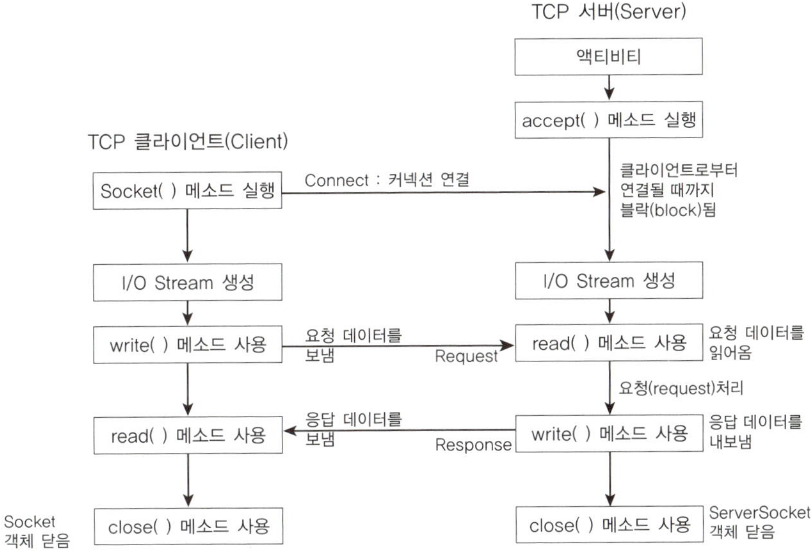

▲ 네트워크 프로그램의 작성 절차

■ 안드로이드에서 소켓 프로그램의 작성 절차

❶ 서버

• 1단계 : ServerSocket 객체를 생성한다.

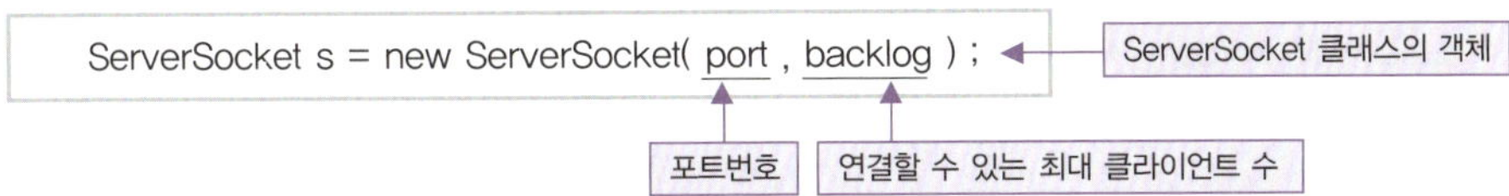

ServerSocket 객체를 생성시 사용하는 매개변수인 port는 클라이언트와 동기화를 확립할 포트(port)번호, backlog는 서버로 요청할 수 있는 최대 클라이언트의 수이다. 클라이언트가 지정된 포트를 통해 서버와 접속하면 다음 클라이언트가 다시 접속을 할 수 있게 하기 위해서 연결된 서버와 클라이언트는 다른 포트로 이동을 해서 지정된 포트를 비워준다.

- 2단계 : ServerSocket이 확립되면 서버는 클라이언트의 접속을 무한정 기다린다 (block).

```
Socket client = server.accept( ) ;
```


server.accept( ) 메소드를 사용해 클라이언트의 접속을 감지한다. 이 메소드는 블락 (block)되어 있다가 클라이언트가 접속하면 Socket 객체를 반환한다. 각 클라이언트의 연결마다 Socket 객체를 반환, 즉 클라이언트 당 1개씩 생성된다. 이 Socket 객체가 서버와 클라이언트 간의 통신을 담당한다.

- 3단계 : 서버가 클라이언트와 통신할 수 있도록 OutputStream과 InputStream 객체를 얻어낸다.

```
InputStream in = client.getInputStream( ) ;
OutputStream out = client.getOutputStream( ) ;
```


Socket 객체로부터 getInputStream( ) 메소드와 getOutputStream( ) 메소드를 사용해서 InputStream 객체와 OutputStream 객체를 얻어낸다. 이것을 사용해 서버와 클라이언트가 정보를 주고받는다.

- 4단계 : 서버와 클라이언트가 InputStream과 OutputStream을 통해 서로 데이터를 주고받는 과정이다. 단, 안드로이드에서는 한글이 깨질 수 있기 때문에 byte[ ] 배열과 "utf-8"을 사용해서 처리한다.

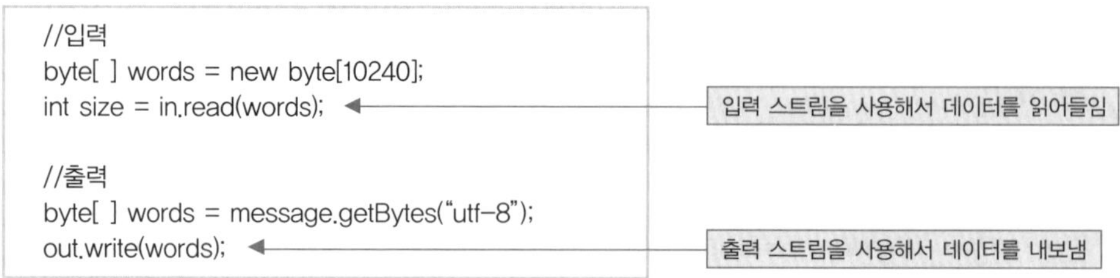

입력 스트림의 read( ) 메소드를 사용해 데이터를 읽어들이고 출력 스트림의 write( ) 메소드를 사용해 데이터를 내보낸다. 이렇게 메시지를 주고받는 과정을 무한히 반복한다.

- 5단계 : 서버와 클라이언트의 통신을 중단하는 것으로 close( ) 메소드를 사용해 종료한다.

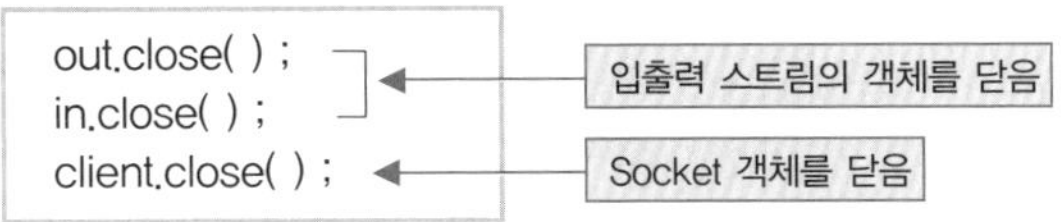

InputStream 객체와 OutputStream 객체를 닫고 서버와 클라이언트의 통신을 담당하는 Socket 객체를 close( ) 메소드를 사용해서 닫는다.

❷ 클라이언트

- 1단계 : Socket 객체를 생성한다.
  Socket 클래스가 제공하는 생성자는 서버의 IP주소와 동기화할 포트번호를 갖고 있는 타입이 가장 많이 사용된다.

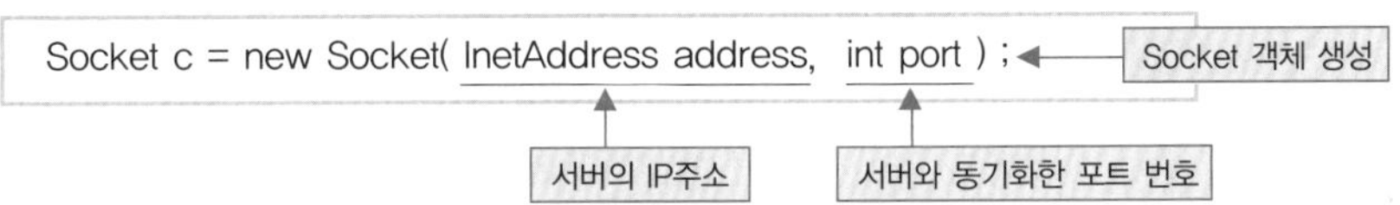

- 2단계 : 클라이언트가 서버와 통신할 수 있도록 OutputStream과 InputStream 객체를 얻어낸다.

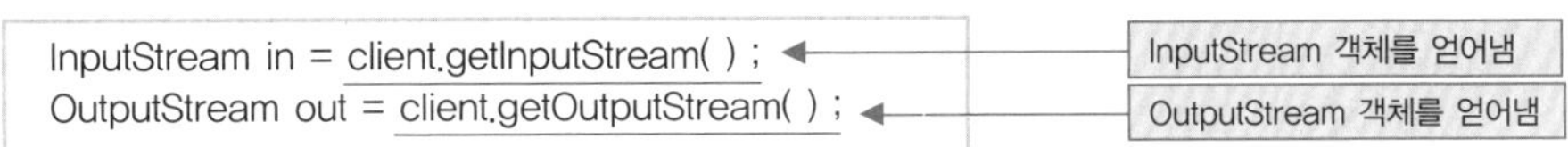

- 3단계 : 클라이언트와 서버가 InputStream과 OutputStream을 통해 서로 데이터를 주고받는 과정이다. 단, 안드로이드에서는 한글이 깨질 수 있기 때문에 byte[ ] 배열과 "utf-8"을 사용해서 처리한다.

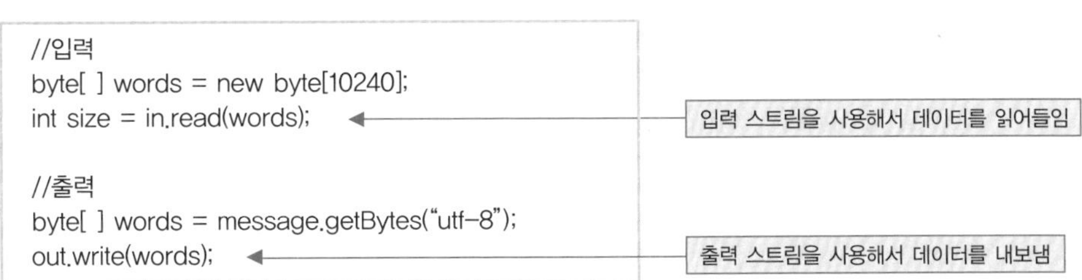

입력 스트림의 read( ) 메소드를 사용해 데이터를 읽어 들이고, 출력 스트림의 write( ) 메소드를 사용해 데이터를 내보낸다. 이렇게 메시지를 주고받는 과정을 무한히 반복한다.

• 4단계 : 클라이언트와 서버가 통신을 중단하는 것으로 close( ) 메소드를 사용해 종료한다.

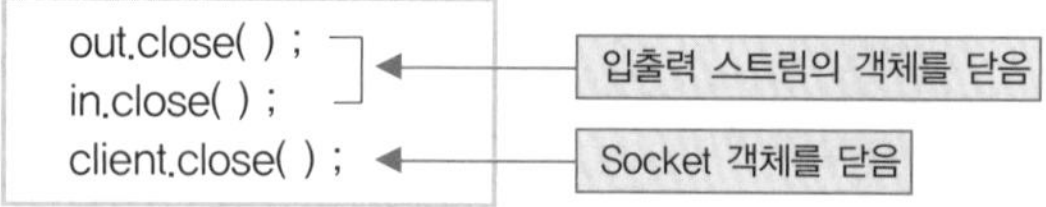

Exercise Socket을 사용한 메시지 주고받기 – [SocketTest] 애플리케이션

이 예제는 Socket을 사용해 사용자간의 메시지를 주고받는 것으로, 여기서 사용자는 에뮬레이터 또는 단말기가 된다. 따라서 이 예제를 제대로 테스트 하려면 반드시 에뮬레이터를 2개 이상 로딩한 후 한다.

▲ emulator–5554에 SocketTest 애플리케이션 실행 결과

▲ emulator–5556에 SocketTest 애플리케이션 실행 결과

주요 파일	파일명 ([SocketTest] 애플리케이션)	하는 일
리소스 파일 (문자열, 이미지 등)	문자열 리소스 파일명 : strings.xml 위치 : [프로젝트]–[res]–[values]	• titleStr, idStr, loginStr, sendStr 문자열 정의
	이미지 리소스 파일명 : molla2.png, molla2logo.png 위치 : [프로젝트]–[res]–[drawable–mdpi]	• 이미지 리소스를 [res]–[drawable–mdpi] 폴더에 복사

레이아웃 리소스 파일	activity_socket_test_main.xml 위치 : [프로젝트]–[res]–[layout]	• 2개의 TextView 위젯, 1개의 EditText 위젯, 1개의 Button 위젯 및 ImageView 위젯 배치 • strings.xml에서 정의한 titleStr, idStr, loginStr 문자열 참조
	chat.xml 위치 : [프로젝트]–[res]–[layout]	• 2개의 TextView 위젯, 1개의 EditText 위젯 및 1개의 Button 위젯 배치 • strings.xml에서 정의한 sendStr 문자열 참조
로직 클래스	메인 액티비티 클래스 파일 파일명 : SocketTestMainActivity.java 위치 : [프로젝트]–[src]–[패키지명]	• activity_socket_test_main.xml을 화면의 내용으로 표시 • 아이디를 입력한 후 [로그인]버튼을 눌러 ChatActivity 액티비티 호출
	액티비티 클래스 파일 파일명 : ChatActivity.java 위치 : [프로젝트]–[src]–[패키지명]	• chat.xml을 화면의 내용으로 표시 • 내용을 입력한 후 [보내기] 버튼을 눌러 채팅 수행
매니페스트 파일	AndroidManifest.xml 위치 : [프로젝트]	• ChatActivity 추가

▲ [SocketTest] 애플리케이션의 주요 파일

■ 이 예제를 위한 기본 설명

여러 사용자 간에 데이터 주고받기는 일종의 채팅프로그램으로, 이 프로그램은 여러 개의 소켓 연결을 처리할 수 있는 다중 쓰레드 서버 방식을 사용해야 한다. 클라이언트(사용자)로부터 보내진 메시지를 연결된 모든 클라이언트에 보내게 된다. 따라서 서버쪽에는 최소 두 개의 클래스를 가지고 있어야 하는데, 하나는 서버 역할을 하는 메인 클래스로, 클라이언트로부터 연결을 받아들이고 이것을 다른 하나인 쓰레드 핸들러 클래스에 넘겨준다. 쓰레드 핸들러 클래스는 메시지가 발생하는 것을 기다리고 메시지를 받아서 모든 클라이언트에게 보낸다. 쓰레드 핸들러 클래스의 객체는 클라이언트 당 1개씩 생성해 각각의 클라이언트가 보낸 메시지를 중계한다.

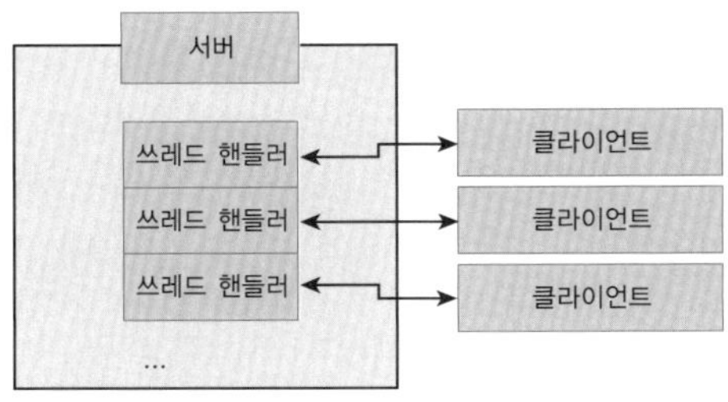

▲ 메시지 주고받기

이렇게 여러 사용자 간에 메시지를 주고받기 위한 프로그램은 기본적으로 3개의 부분이
필요하다.

- **서버 클래스** : 클라이언트 간에 데이터 주고받기 프로그램의 서버로, 서버쪽의 메인 클래스
이다. 클라이언트로부터의 연결을 받고 쓰레드 핸들러 객체를 생성하는 일에만 관여한다.
- **쓰레드 핸들러 클래스** : 서버로 들어온 클라이언트와의 연결을 개별적으로 처리하는 역할
을 한다. 클라이언트가 접속할 때마다 1개의 쓰레드를 만들어서 돌리기 때문에 블로킹
I/O 문제를 해결해 준다. 이미 연결된 클라이언트와 데이터를 주고받는 일을 맡는 쪽은
쓰레드 핸들러이다.

> **Tip**
>
> 블록킹 I/O 문제는 서버가 한 클라이언트와만 메시지를 주고받을 수 있기 때문에 서버가 하나의 클라이
> 언트와 메시지를 주고받으면 다른 클라이언트들은 블락되는 것으로 다중 쓰레드를 사용하면 이 문제가 해
> 결된다.

- **클라이언트 GUI 클래스** : 기본적으로 사용자 인터페이스, 사용자 입력 처리, 그리고 서버로
부터 오는 메시지의 수신 처리를 한다. 안드로이드에서는 액티비티를 사용해 구현한다.

01 ChatServer 프로젝트 가져오기

이 프로젝트는 자바프로젝트로 메시지 주고받기 부분의 서버를 구현한 것이다. 제공
되는 프로젝트는 부록CD의 [source] 폴더 안에 있다.

❶ [Project Explorer] 뷰에서 마우스 오른쪽 버튼을 눌러 [Import]-[[General]-
[Existing Project into Workspace] 메뉴를 선택한다.

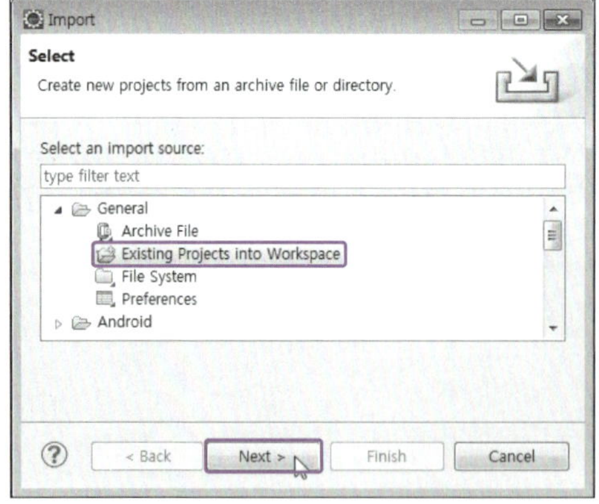

▲ 워크스페이스 내로 프로젝트 가져오기 1

❷ [Select root directory]에는 가져오기할 프로젝트가 있는 상위 폴더가 오며, 만일 가져오기할 프로젝트가 압축되어 있는 경우에는 [Select archive file] 항목을 선택한다. [Projects] 항목에서 가져오기 할 [ChatServer] 프로젝트를 선택한다. 가져오기 할 프로젝트를 복사하기 형태로 가져오기 위해 [Copy projects into workspace] 항목을 선택한 후 [Finish] 버튼을 클릭한다.

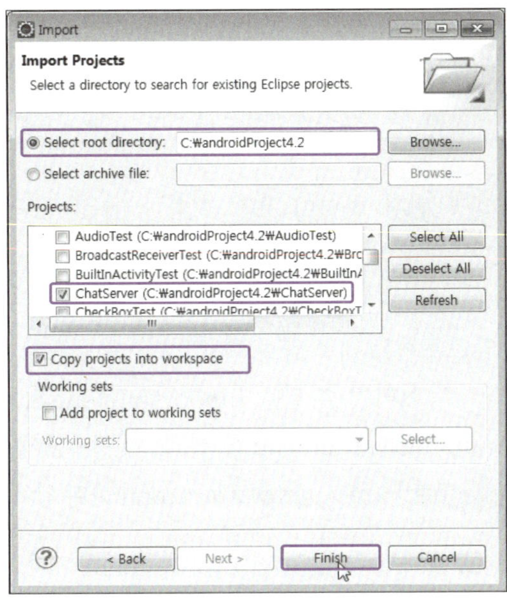

▲ 워크스페이스 내로 프로젝트 가져오기 2

❸ [ChatServer] 자바 프로젝트가 워크스페이스에 가져오기 된 것을 확인할 수 있다.

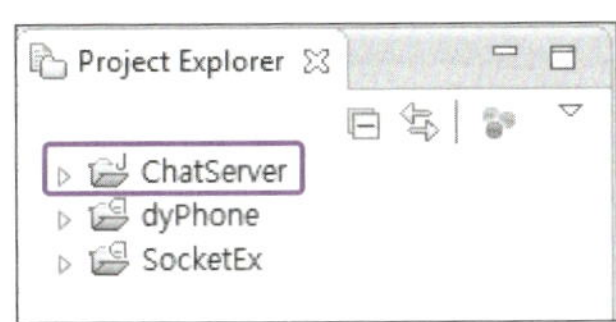

▲ 워크스페이스 내로 프로젝트 가져오기 3

02 SocketTest 안드로이드 애플리케이션 프로젝트 생성

❶ [Project Explorer] 뷰에서 [New]-[Project] 메뉴를 선택해 [Android Application Project]를 작성한다. [New Android Application] 창이 표시되면 다음과 같이 입력 및 선택을 한 후 [Next] 버튼을 클릭한다.

항목	입력 및 선택 값
Application Name	SocketTest 입력
Project Name	SocketTest 자동 입력됨
Package Name	work.test.sockettest 입력
Minimum Required SDK	API 8 : Android 2.2 (Froyo) 기본 값 사용
Target SDK	API 18 : Android 4.3 기본 값 사용 기본 값이 아닐 경우 선택
Compile With	API 18 : Android 4.3 기본 값 사용

❷ [Next] 버튼을 누르다가 액티비티명 변경 화면이 표시되면 [Activity Name]을 "SocketTestMainActivity"로 변경한 후 [Finish] 버튼을 클릭한다.

03 이 예제에서 사용한 이미지를 현재의 프로젝트 내로 가져오기

[res]-[drawable-mdpi]를 선택한 후 이미지 파일을 [import]-[General]-[File System] 메뉴를 선택해 [molla2.png], [molla2logo.png]을 복사한다. 제공되는 이미지 파일은 부록CD의 [source]-[SocketTest]-[res]-[drawable-mdpi] 폴더 안에 있다.

04 [res]-[values]-[strings.xml] 파일에 문자열 추가 및 변경을 한 후 저장한다.

```
01  <?xml version="1.0" encoding="utf-8"?>
02  <resources>
03
04      <string name="app_name">SocketTest</string>
05      <string name="hello_world">Hello world!</string>
06      <string name="menu_settings">Settings</string>
07      <string name="titleStr">MOLLA Chat Service</string>
08      <string name="idStr">아이디</string>
09      <string name="loginStr">로그인</string>
10      <string name="sendStr">보내기</string>
11
12  </resources>
```

05 레이아웃 리소스를 수정한 후 저장한다.

❶ [res]-[layout]-[activity_socket_test_main.xml] 파일을 열어 XML 레이아웃을 수정한 후 저장한다. 완성된 내용은 다음과 같다.

```xml
01  <RelativeLayout xmlns:android="http://schemas.android.com/apk/res/android"
02      xmlns:tools="http://schemas.android.com/tools"
03      android:layout_width="match_parent"
04      android:layout_height="match_parent"
05      tools:context=".SocketTestMainActivity" >
06
07      <TextView
08          android:id="@+id/textView1"
09          android:layout_width="wrap_content"
10          android:layout_height="wrap_content"
11          android:layout_alignParentLeft="true"
12          android:layout_alignParentTop="true"
13          android:layout_centerHorizontal="false"
14          android:text="@string/titleStr"
15          android:textAppearance="?android:attr/textAppearanceLarge" />
16
17      <TextView
18          android:id="@+id/textView2"
19          android:layout_width="wrap_content"
20          android:layout_height="wrap_content"
21          android:layout_alignParentLeft="true"
22          android:layout_below="@+id/textView1"
23          android:layout_marginTop="16dp"
24          android:text="@string/idStr"
25          android:textAppearance="?android:attr/textAppearanceMedium" />
26
27      <EditText
28          android:id="@+id/id"
29          android:layout_width="wrap_content"
30          android:layout_height="wrap_content"
31          android:layout_alignTop="@+id/textView2"
32          android:layout_toRightOf="@+id/textView2"
33          android:ems="10" >
34
35          <requestFocus />
36      </EditText>
37
38      <Button
39          android:id="@+id/login"
40          style="?android:attr/buttonStyleSmall"
41          android:layout_width="wrap_content"
```

```
42        android:layout_height="wrap_content"
43        android:layout_alignBottom="@+id/id"
44        android:layout_alignParentRight="true"
45        android:text="@string/loginStr" />
46
47    <ImageView
48        android:id="@+id/imageView1"
49        android:layout_width="wrap_content"
50        android:layout_height="wrap_content"
51        android:layout_alignParentLeft="true"
52        android:layout_below="@+id/id"
53        android:layout_marginTop="29dp"
54        android:src="@drawable/molla2" />
55
56 </RelativeLayout>
```

❷ [res]-[layout]-[chat.xml] 파일을 생성한 후 저장한다. 완성된 내용은 다음과 같다.

```
01 <?xml version="1.0" encoding="utf-8"?>
02 <RelativeLayout xmlns:android="http://schemas.android.com/apk/res/android"
03     android:layout_width="match_parent"
04     android:layout_height="match_parent" >
05
06     <TextView
07         android:id="@+id/idDisplay"
08         android:layout_width="wrap_content"
09         android:layout_height="wrap_content"
10         android:layout_alignParentLeft="true"
11         android:layout_alignParentTop="true"
12         android:text="@string/idStr" />
13
14     <TextView
15         android:id="@+id/content"
16         android:layout_width="fill_parent"
17         android:layout_height="wrap_content"
18         android:layout_alignParentLeft="true"
19         android:layout_below="@+id/idDisplay"
20         android:layout_marginTop="16dp"
21         android:textAppearance="?android:attr/textAppearanceMedium" />
22
```

```xml
23        <EditText
24          android:id="@+id/message"
25          android:layout_width="wrap_content"
26          android:layout_height="wrap_content"
27          android:layout_alignParentBottom="true"
28          android:layout_alignParentLeft="true"
29          android:layout_toLeftOf="@+id/send"
30          android:ems="10"
31          android:inputType="textMultiLine" >
32
33          <requestFocus />
34        </EditText>
35
36        <Button
37          android:id="@+id/send"
38          style="?android:attr/buttonStyleSmall"
39          android:layout_width="wrap_content"
40          android:layout_height="wrap_content"
41          android:layout_alignParentBottom="true"
42          android:layout_alignParentRight="true"
43          android:text="@string/sendStr" />
44
45    </RelativeLayout>
```

06 [work.test.sockettest] 패키지에 있는 액티비티를 생성 및 수정해서 내용을 완성한다.

① [ChatActivity] 액티비티를 [New]-[Class] 메뉴를 사용해서 생성한다.

❶ [src]-[work.test.sockettest] 패키지를 선택한 후 마우스 오른쪽 버튼을 눌러[New]-[Class] 메뉴를 클릭한다. [New Class] 창의 [Name] 항목에 "ChatActivity"를 입력하고 [Superclass] 항목에 "import android.app.Activity"를 입력한 후 [Finish] 버튼을 클릭한다.

❷ [ChatActivity]가 생성되면 내용을 입력해 완성한다.

```java
01    package work.test.sockettest;
02
03
04    import java.io.IOException;
05    import java.io.InputStream;
```

```java
06    import java.io.OutputStream;
07    import java.net.Socket;
08    import android.app.Activity;
09    import android.os.Bundle;
10    import android.os.Handler;
11    import android.os.StrictMode;
12    import android.view.View;
13    import android.view.View.OnClickListener;
14    import android.view.Window;
15    import android.widget.Button;
16    import android.widget.EditText;
17    import android.widget.TextView;
18
19
20    public class ChatActivity extends Activity
21            implements Runnable, OnClickListener{
22
23        private static final String IP="192.168.0.1"; //서버 IP로 변경할 것
24        private Socket s; //Socket 객체
25        private InputStream input; //입력 스트림
26        private OutputStream output; //출력 스트림
27        private Thread handler; //ChatHandler와 메시지를 주고 받기 위한 쓰레드
28
29        //위젯들
30        private TextView content;
31        private EditText message;
32        private Button sendMsg;
33
34        private String id ;//사용자가 입력한 아이디
35
36        //서버에서 메시지를 받는 작업을 별도로 수행하는 핸들러
37        private final Handler h = new Handler( );
38
39        @Override
40        protected void onCreate(Bundle savedInstanceState) {
41            super.onCreate(savedInstanceState);
42            requestWindowFeature(Window.FEATURE_NO_TITLE);
43            setContentView(R.layout.chat);
44
45            //StrictMode의 모든 규약을 허용 후 적용 – 네트워크 사용 때문에 기술
46            StrictMode.ThreadPolicy policy =
```

```java
47            new StrictMode.ThreadPolicy.Builder( ).permitAll( ).build( );
48            StrictMode.setThreadPolicy(policy);
49
50        //[SocketTestMainActivity] 액티비티가 넘겨준
51        //idx 파라메터의 값을 얻어냄
52        Bundle bundle = getIntent( ).getExtras( );
53        id = bundle.getString("idx");
54
55        //TextView에 아이디를 표시함
56        TextView idDisplay = (TextView) findViewById(R.id.idDisplay);
57        idDisplay.setText("아이디:" + id);
58
59        //위젯들을 참조하기 위해 얻어냄
60        content = (TextView) findViewById(R.id.content);
61        message = (EditText) findViewById(R.id.message);
62        sendMsg = (Button) findViewById(R.id.send);
63        sendMsg.setOnClickListener(this);//리스너 등록
64    }
65
66    //액티비티가 생성 후 바로 자동 실행되는 메소드로
67    //서버와 메시지를 주고 받기 위해 Thread 객체 생성
68    public void onStart( ){
69        super.onStart( );
70        handler = new Thread(this);// Thread 객체 생성
71        //쓰레드 실행, 자동으로 run( ) 메소드 호출
72        handler.start ( );
73    }
74
75    //쓰레드를 생성해 실행하면 자동으로 실행되는 메소드
76    //Socket 객체를 생성하고, 입출력 스트림을 얻어냄
77    @Override
78    public void run( ) {
79        try {
80            displayText("접속중");
81            //서버의 IP주소, port 번호를 가지고 소켓 객체 생성
82            s = new Socket (IP, 5000);//클라이언트 1단계
83            //입출력 스트림 얻어냄 – 클라이언트 2단계
84            input = s.getInputStream( );
85            output = s.getOutputStream( );
86            execute( ); //execute( ) 메소드 호출
87        } catch (IOException ex) {
```

```java
88              displayText("통신 실패");
89          }
90      }
91
92      //서버로부터 받은 메시지를 처리
93      public void execute( ){
94          int size;
95          byte[ ] words = new byte[10240];
96          String msg;
97          try{
98              while(true){//무한히 메시지를 처리 - 클라이언트 3단계
99                      //서버로부터 받은 메시지를 얻어냄
100                     size = input.read(words);
101                     if(size <= 0) continue;
102
103                     //메시지에 내용이 있으면 문자열 객체를 생성
104                     msg = new String(words,0,size,"utf-8");
105                     displayText(msg);//displayText( ) 메소드 호출
106             }
107         }catch(Exception e){
108             displayText("메시지 전송 실패");
109         }finally{//메시지 받는 것이 중단될 때 수행
110             stop ( );
111         }
112
113     }
114
115     //화면에 메시지 표시
116     public void displayText(final String msg){
117         h.post(new Runnable( ){//받는 메시지 처리를 위해
118
119             @Override
120             public void run( ) {//화면에 메시지 표시
121                 // TODO Auto-generated method stub
122                 content.setText(content.getText( ) + "\n"+ msg + "\n");
123             }
124
125         });
126     }
127
128     //서버와의 연결을 중단시 사용하는 메소드
```

```java
129    public void stop ( ) {
130        if (handler != null) {
131            try {
132                if(output != null) {
133                    //리소스 해제 - 클라이언트 4단계
134                    input.close( );
135                    output.close( );
136                }
137            }catch (IOException ioe) {
138                ioe.printStackTrace( );
139            }
140        }
141        //사용자 쓰레드 제거
142        handler = null;
143    }
144
145    //액티비티가 백그라운드로 이동하면 자동 실행
146    public void onStop( ){
147        super.onStop( );
148        try{
149            //리소스 해제 - 클라이언트 4단계
150            s.close( );
151            s = null;
152        }catch(Exception e){ }
153
154    }
155
156    //메시지를 서버로 보내는 부분을 담당
157    @Override
158    public void onClick(View v) {
159        // TODO Auto-generated method stub
160        if(v == sendMsg){//[보내기] 버튼을 클릭한 경우
161            try{
162                //입력한 메시지를 얻어내서 byte[ ] 타입으로 변환
163                String msgData = id +“ : ”+
164                            message.getText( ).toString( );
165                byte[ ] words = msgData.getBytes(“utf-8”);
166                //입력한 메시지 보냄 - 클라이언트 3단계
167                output.write(words);
168                output.flush( );
169
```

```
170                  //다음 입력을 위해 메시지 입력상자 클리어
171                  message.setText(" ");
172                  message.requestFocus( );
173              }catch(Exception e){ }
174          }
175      }
176
177 }
```


메시지를 서버로 보낼 때는 158라인의 onClick( ) 메소드가 사용되며, 서버로부터 메시지 받을 때는
93라인의 execute( ) 메소드가 사용된다. 또한 화면에 메시지를 표시하기 위해 execute( ) 메소드
내에서 116라인의 displayText( ) 메소드를 호출한다.

2 [SocketTestMainActivity] 액티비티의 내용을 추가한 후 저장한다.

```
01   package work.test.sockettest;
02
03   import android.app.Activity;
04   import android.content.Intent;
05   import android.os.Bundle;
06   import android.view.Menu;
07   import android.view.View;
08   import android.view.Window;
09   import android.widget.Button;
10   import android.widget.EditText;
11
12   public class SocketTestMainActivity extends Activity {
13
14       @Override
15       protected void onCreate(Bundle savedInstanceState) {
16           super.onCreate(savedInstanceState);
17           requestWindowFeature(Window.FEATURE_NO_TITLE);
18           setContentView(R.layout.activity_socket_test_main);
19
20           //[로그인] 버튼의 정보를 얻어내 이벤트 리스너 등록
21           Button loginPro = (Button)findViewById(R.id.login);
22           loginPro.setOnClickListener(new View.OnClickListener( ) {
23
24               @Override
25               public void onClick(View v) {
```

```java
26                    // 입력한 아이디를 얻어냄
27                    EditText idValue = (EditText)findViewById(R.id.id);
28                    String idText = idValue.getText( ).toString( );
29
30                    //입력한 아이디가 없으면 수행됨
31                    if(idText.length( ) <= 0)
32                        idText = "molla";
33
34                    //Intent 객체 생성
35                    Intent it = new Intent(
36                        SocketTestMainActivity.this, ChatActivity.class);
37                    //호출되는 액티비티로 보낼 파라미터 지정
38                    it.putExtra("idx", idText);
39
40                    //[ChatActivity] 액티비티 호출
41                    startActivity(it);
42
43                    finish( );
44                }
45            });
46        }
47
48        @Override
49        public boolean onCreateOptionsMenu(Menu menu) {
50            getMenuInflater( ).inflate(
51                    R.menu.activity_socket_test_main, menu);
52            return true;
53        }
54
55    }
```

소스코드 설명

[로그인] 버튼을 클릭하면 프로그램 제어가 25라인의 onClick( ) 메소드로 이동해 35~41라인에서 ChatActivity 액티비티를 호출한다.

07 추가된 1개의 액티비티를 [AndroidManifest.xml] 파일에 추가한다.

❶ [SocketTest] 프로젝트에 있는 [AndroidManifest.xml] 파일을 더블클릭해서 연 후 [Application] 탭을 선택한다. [Application] 탭의 내용이 표시되면 [Application Node] 항목에서 [Add...] 버튼을 클릭해서 [Activity] 항목을 추가한다.

❷ [Name] 프로퍼티 값으로 [ChatActivity]를 선택한 후 변경사항을 저장해 파일을 완성한다. [AndroidManifest.xml] 탭을 누르면 완성된 소스코드를 확인할 수 있다. android:icon 프로퍼티의 이미지도 변경한다.

```xml
01  <?xml version="1.0" encoding="utf-8"?>
02  <manifest xmlns:android="http://schemas.android.com/apk/res/android"
03      package="work.test.sockettest"
04      android:versionCode="1"
05      android:versionName="1.0" >
06
07      <uses-sdk
08          android:minSdkVersion="10"
09          android:targetSdkVersion="17" />
10      <uses-permission android:name="android.permission.INTERNET"/>
11
12      <application
13          android:allowBackup="true"
14          android:icon="@drawable/molla2logo"
15          android:label="@string/app_name"
16          android:theme="@style/AppTheme" >
17          <activity
18              android:name="work.test.sockettest.SocketTestMainActivity"
19              android:label="@string/app_name" >
20              <intent-filter>
21                  <action android:name="android.intent.action.MAIN" />
22
23                  <category android:name="android.intent.category.LAUNCHER" />
24              </intent-filter>
25          </activity>
26          <activity android:name="ChatActivity"></activity>
27      </application>
28
29  </manifest>
```

08 메시지 주고받기 서버인 [ChatServer] 프로젝트를 실행한다.

❶ [ChatServer] 프로젝트의 [src]-[work.test] 폴더에 있는 [ChatServer]를 선택한 후 오른쪽 마우스 버튼을 눌러 [Run As]-[Java Project] 메뉴를 선택한다.

❷ 다음과 같이 서버가 실행되어 메시지를 주고 받을 준비가 된다.

09 안드로이드 애플리케이션 프로젝트를 선택한 후 [Run As]–[Android Application]
메뉴를 선택해 안드로이드 에뮬레이터로 실행한다.

❶ [SocketTest] 애플리케이션이 실행되면 아이디를 입력한 후 [로그인] 버튼을 클릭한
다. 그러면 화면이 메시지를 주고받는 부분으로 전환된다.

▲ emulator–5554에서 실행된 [SocketTest] 애플리케이션

❷ 에뮬레이터를 하나 더 실행한 후 [SocketTest] 애플리케이션을 실행한다. 마찬가지
로 아이디를 입력한 후 [로그인] 버튼을 클릭한다. 그러면 화면이 메시지를 주고받는
부분으로 전환된다. 이때 먼저 실행된 emulator–5554에 실행된 애플리케이션에도
새로운 사용자의 입장을 알려주는 메시지를 표시한다.

▲ emulator–5556에서 실　　　　▲ emulator–5554에서 실행된 애플리케이션에 메시지가 표시됨
　 행된 [SocketTest] 애플
　 리케이션

❸ 메시지를 입력한 후 [보내기] 버튼을 클릭하면, 다른 사용자의 화면과 자신의 화면에
도 입력한 내용이 반영된다.

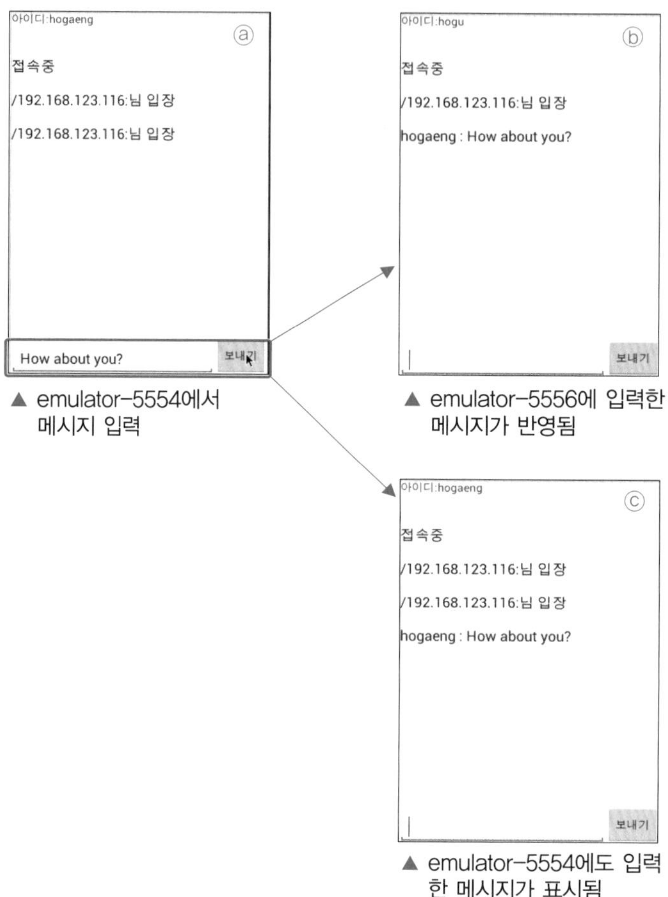

▲ emulator-5554에서
　메시지 입력

▲ emulator-5556에 입력한
　메시지가 반영됨

▲ emulator-5554에도 입력
　한 메시지가 표시됨

❹ 서버에도 주고 받는 메시지가 표시된다. [Console] 뷰에서 확인할 수 있다.

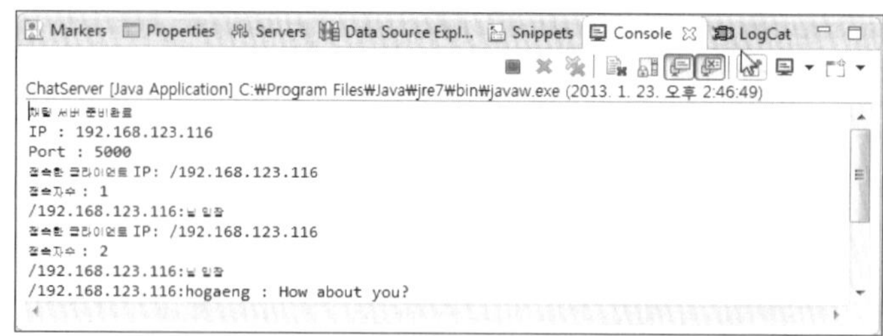

▲ emulator-5554에도 입력한 메시지가 표시됨

❺ 이때 emulator-5556을 닫으면 emulator-5554에 퇴장했음을 알리는 메시지가 표시된다. 또한 [Console] 뷰의 서버에도 표시된다.

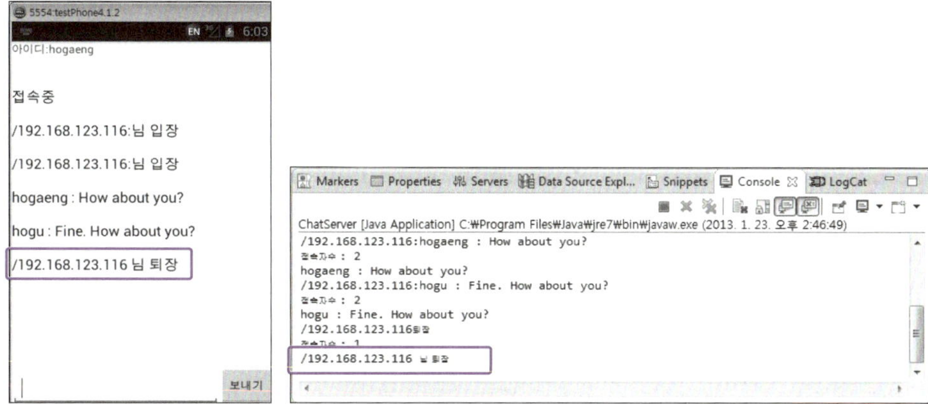

▲ emulator-5554에 emulator -5556이 퇴장했음을 표시함

▲ [Console] 뷰의 서버에도 퇴장을 표시함

❻ 마지막으로 남은 emulator-5554도 닫으면 [Console] 뷰의 서버에 퇴장을 알리며 접속자 수가 '0'이라는 것이 표시된다.

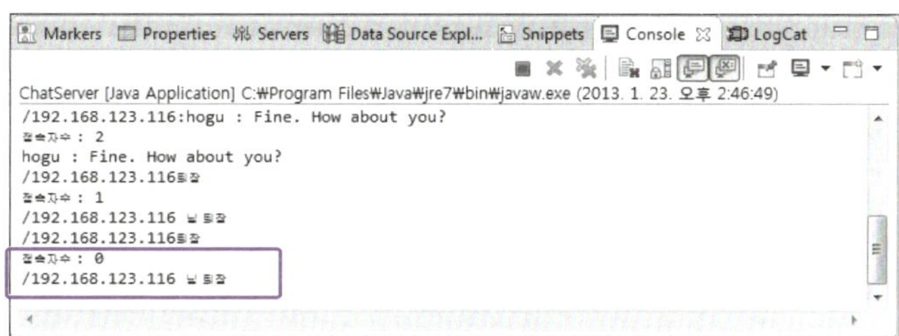

▲ [Console] 뷰의 서버에도 퇴장을 표시함

❼ 메시지 주고받는 프로그램을 끝내려면 마지막으로 [Console] 뷰의 서버에서 [Terminate] 버튼을 누른다.

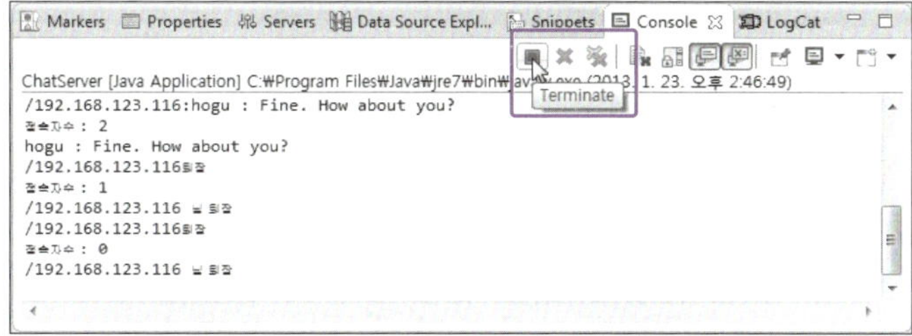

▲ [Console] 뷰의 서버를 끝냄

위치 정보 – 네이버 오픈 API 사용

구글 지도 API를 사용해 위치 정보를 사용하는 방법이 안드로이드 개발자들에게는 일반적인 사항이다. 그러나 구글 지도 API는 우리나라에서 제약이 많아 다음 지도나 네이버 지도에 비해 정확도가 떨어진다. 또한 지도의 API 키를 받는 사이트와 방법 등이 버전에 따라 따르고, 매뉴얼도 영어로 되어 있어 신 버전을 사용해 애플리케이션을 개발할 때 애로 사항이 많다. 실제로 우리나라에서는 지도 앱을 구글 지도보다는 다음 지도나 네이버 지도를 많이 사용하기 때문에, 여기서는 네이버 지도를 사용해 애플리케이션을 개발한다.

네이버 지도 API는 「http://developer.naver.com/wiki/pages/MapAPI」에서 API 키를 발급 받고 사용법을 볼 수 있다. 다음 지도 API를 사용해서 개발할 경우, http://dna.daum.net/apis/maps 에서 키의 발급과 사용법을 확인할 수 있다. 구글 지도 API의 경우 매번 사이트의 주소가 바뀌는데 2013년 10월을 기준으로 키 발급과 사용법은 「https://developers.google.com/maps/documentation/android/start#installing_the_google_maps_android_v2_api」에서 확인한다.

03.1   네이버 지도 API 키 발급 및 지도 표시

지도 API를 사용해 애플리케이션을 개발할 경우 다음, 네이버, 구글등에 관계없이 반드시 지도 API 키를 각 사이트에서 발급받은 후 각 사이트에서 제공하는 방법과 절차에 따라 애플리케이션을 개발해야 한다. 각 사이트에서 API키를 발급 받기 위해서는 해당 사이트의 계정이 필요하다. 다음은 다음 메일 계정이, 네이버는 네이버 메일 계정이 필요하다. 마찬가지로 구글의 경우 지메일 계정이 필요하다.

이 책에서는 네이버 지도를 사용해서 개발하는데, 네이버 지도 라이브러리를 사용하기 위한 필수 요소는 다음과 같다.

- 네이버 지도 API 키 발급

- 네이버 지도 라이브러리인 nmaps.jar을 생성한 프로젝트에 추가

- 애플리케이션을 코딩해서 완성

- AndroidManifest.xml 파일에 인터넷을 사용할 수 있는 "android.permission.INTERNET"
  권한 추가

❶ 네이버 지도 API 키 발급

Exercise 네이버 지도 API 키 발급받기

01 먼저 네이버 지도 API 키를 발급 받기 위해 네이버 개발자 센터 「http://developer.naver
.com/wiki/pages/OpenAPI」 사이트에 접속한 후 네이버 계정으로 로그인한다.

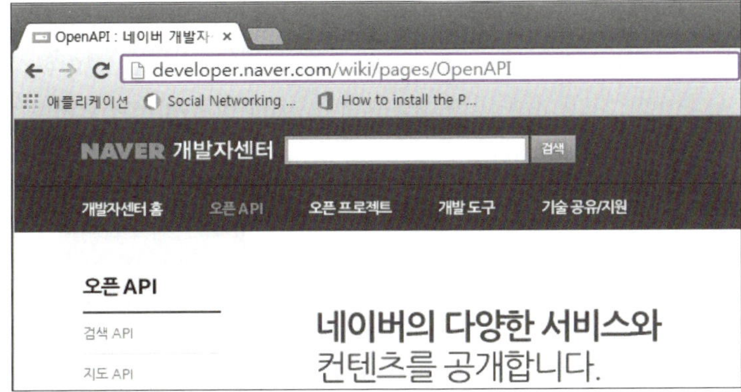

▲ 네이버 지도 API 키 발급 받기 1

02 오픈 API 항목의 왼쪽 메뉴에서 [지도 API]를 클릭한 후 [키 발급/관리] 버튼을 클릭한다.

▲ 네이버 지도 API 키 발급 받기 2

03 [키 발급/관리] 화면에서 [지도 API] 항목의 [키추가] 버튼을 클릭한다.

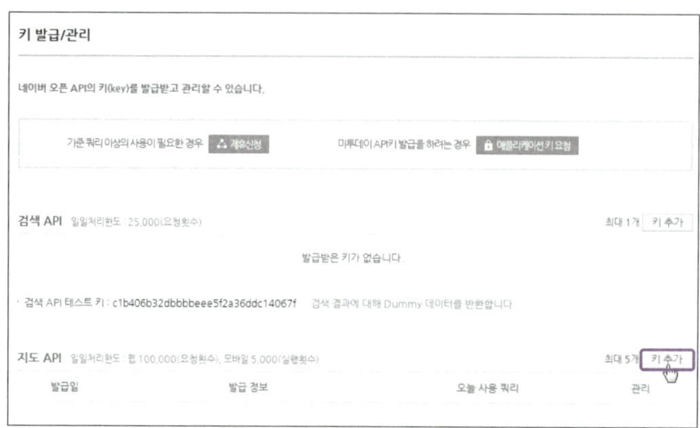

▲ 네이버 지도 API 키 발급 받기 3

04 [지도 API 키 발급] 화면에서 지도API [사용 환경]항목에서 [안드로이드]를 선택한
후 [Package Name] 항목에 "work.test.maps"와 같이 패키지 명을 입력한다. 보안
절차에 내용을 입력한 후 이용약관 아래에 있는 [해당 약관의 내용을 숙지하였으며,
이에 동의합니다.] 항목을 선택하고 [키 발급] 버튼을 클릭한다.

▲ 네이버 지도 API 키 발급 받기 4

05 발급된 키가 [지도 API] 항목에 표시된다.

▲ 네이버 지도 API 키 발급 받기 5

❷ 프로젝트 생성 후 네이버 지도 라이브러리 추가

Exercise 프로젝트 생성 후 네이버 지도 라이브러리 추가하기 – [MapTest] 애플리케이션

01 지도 라이브러리 [nmaps.jar]를 포함한 샘플 프로젝트를 다운로드하기 위해 「http://developer.naver.com/wiki/pages/Tutorial_Andriod」 사이트로 이동한다. 여기서 [2. 안드로이드용 네이버지도 라이브러리(nmaps.jsr : 샘플 프로젝트에 포함)] 버튼을 클릭해 NMapViewerLib_android_v2.0.8_OpenLib.zip 파일을 다운로드한다.

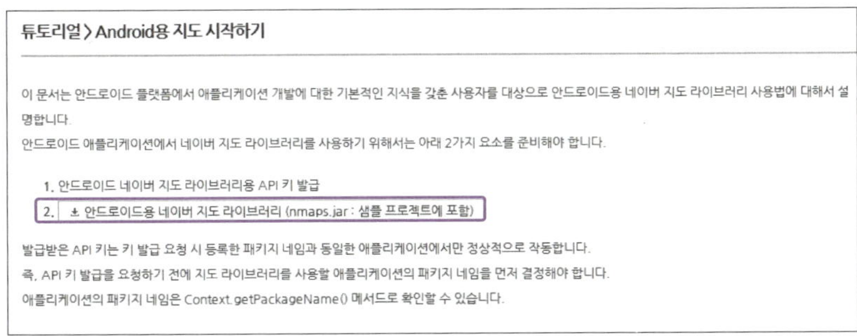

▲ 네이버 지도 라이브러리 다운로드

02 안드로이드 프로젝트로 [nmaps.jar] 파일을 가져오기 해서 다운로드한 [NMapViewer Lib_android_v2.0.8_OpenLib.zip] 파일의 압축을 해제한다.

03 [Project Explorer] 뷰에서 마우스 오른쪽 버튼을 눌러 [Import]-[Android]-[Existing Android Code Into Workspace] 메뉴를 선택한 후 [Next] 버튼을 클릭한다.

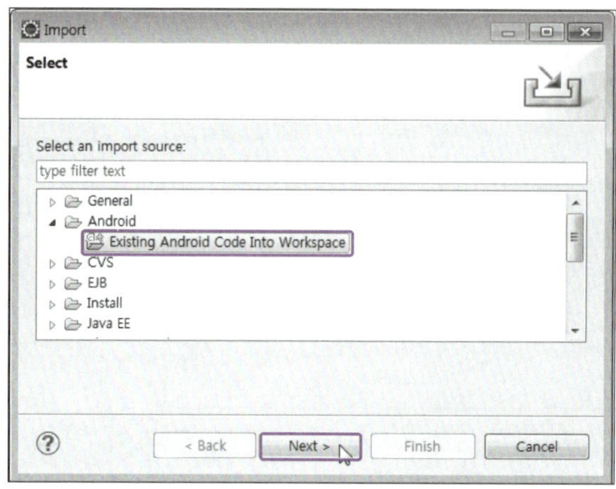

▲ 샘플 프로젝트 가져오기 1

이 예제에서 [Existing Android Code Into Workspace] 메뉴를 사용한 이유는 프로젝트를 라이브러리로 사용할 경우도 있기 때문에 이런 방법이 있다는 것을 보여주기 위해서이다.

04 [Root Directory] 항목에 프로젝트의 상위 폴더인 압축 해제된 프로젝트가 속한 폴더를 지정한 후 [Projects] 항목에 가져오기할 프로젝트명 [NMapViewer]를 선택한다. [Copy projects into workspace] 항목에 체크한 후 [Finish] 버튼을 클릭한다.

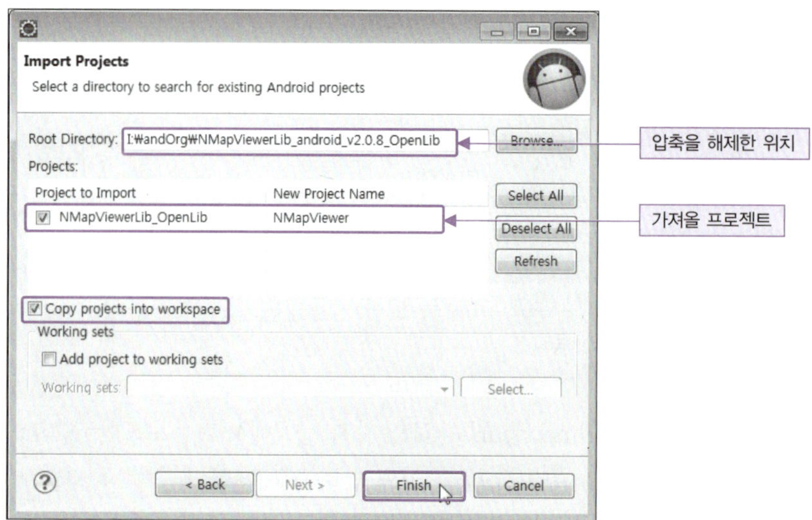

▲ 샘플 프로젝트 가져오기 2

05 [NMapViewer] 프로젝트가 가져오기 된 것을 확인할 수 있다.

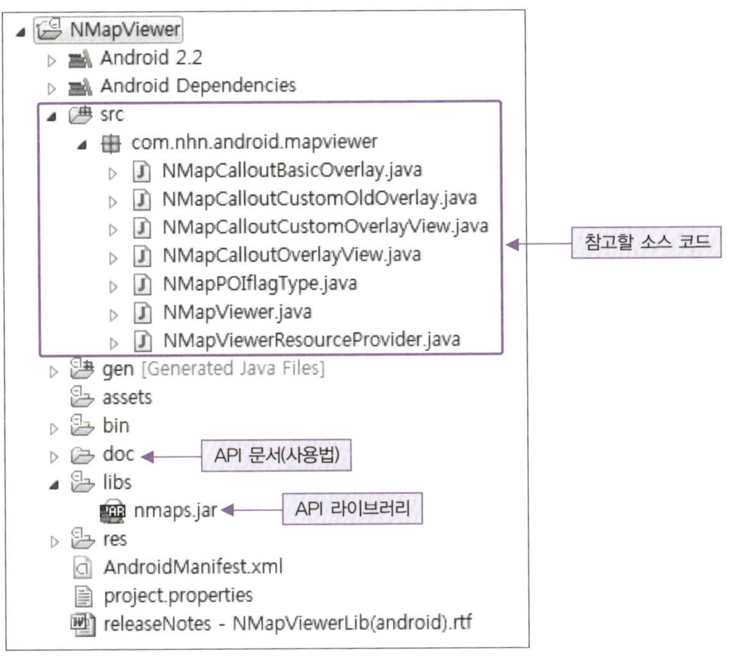

▲ 샘플 프로젝트 가져오기 3

06 [Project Explorer] 뷰에서 [New]- [Project] 메뉴를 선택해 [Android Application Project]를 작성한다. [New Android Application] 창이 표시되면 다음과 같이 입력 및 선택을 한 후 [Next] 버튼을 클릭한다. 이때 [Package name] 항목에는 네이버 지도 API 키를 발급받을 때 입력한 패키지명을 입력한다.

항목	입력 및 선택 값
Application name	MapTest 입력
Project name	MapTest 자동 입력됨
Package name	work.test.maps 입력
Minimum Required SDK	API 8 : Android 2.2 (Froyo) 기본값 사용
Target SDK	API 18 : Android 4.3 기본값 사용 기본 값이 아닐 경우 선택
Compile With	API 18 : Android 4.3 기본값 사용

07 [[Next] 버튼을 누르다가 액티비티명 변경 화면이 표시되면 [Activity Name]을 [MapTestMainActivity]로 변경한 후 [Finish] 버튼을 클릭한다.

08 프로젝트가 생성되면 [MapTest] 프로젝트의 [libs] 폴더를 선택한 후 NMap ViewerLib_android_v2.0.8_OpenLib.zip의 압축을 해제한 폴더에서 [NMap ViewerLib_OpenLib]-[libs] 폴더 내의 [nmaps.jar] 파일을 [MapTest]-[libs] 폴더로 복사한다. [libs] 폴더에 [nmaps.jar] 파일이 import된 것을 확인할 수 있다.

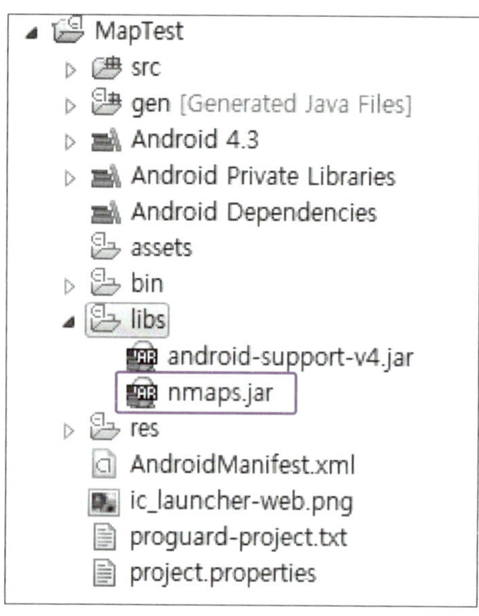

▲ [nmaps.jar] 파일 직접 import

❸ 지도 애플리케이션을 코딩해서 완성

네이버 지도 API의 클래스 및 메소드에 대한 자세한 설명은 「http://developer.naver.com/wiki/pages/Android」를 참조한다.

네이버 지도 API를 사용한 애플리케이션을 작성하기 위해서는 NMapActivity 클래스를 상속받은 Activity 클래스를 생성해야 한다. 이때 NMapActivity 클래스는 [nmaps.jar]라이브러리 내의 com.nhn.android.maps 패키지에서 제공한다. 따라서 NMapActivity 클래스를 사용하려면 com.nhn.android.maps 패키지를 import해야 한다.

```
import com.nhn.android.maps.NMapActivity;

//1. NMapActivity 상속받는 액티비티 생성
public class MapTestMainActivity extends NMapActivity { }
```

NMapActivity 클래스는 지도 데이터를 관리하는 것으로, 네이버 지도를 표시하려면, 이 클래스를 상속받아 액티비티를 생성해야 한다.

또한 이 NMapActivity 클래스를 상속받은 액티비티 클래스의 onCreate( ) 메소드에서 액티비티의 내용이 될 NMapView 객체를 생성해야 한다. 따라서 onCreate( ) 메소드에서 지도를 화면에 표시하는 뷰인 NMapView 위젯 객체를 생성한 후 setContentView( ) 메소드를 사용해서 표시한다. 이 NMapView 객체는 액티비티가 표시할 내용인 지도로, 지도가 제대로 표시되기 위해서는 NMapView 위젯 객체를 생성한 후 setApiKey(API_KEY) 메소드를 사용해서 NMapView 위젯 객체에 API 키를 설정해야 한다.

```
protected void onCreate(Bundle savedInstanceState) {
    … 생략 …

    NMapView mMapView = new NMapView(this); //2. NMapView 위젯 객체

    mMapView.setApiKey(API_KEY); //3. NMapView 위젯 객체에 API 키를 설정

    setContentView(mMapView); //4. 액티비티의 내용으로 NMapView 위젯 객체 지정

    … 생략 … }
```

NMapView 클래스는 안드로이드 ViewGroup 클래스를 상속받은 클래스로, 지도를 화면에 표시한다. 이 클래스가 관리하는 지도 데이터에는 지도 이미지와 지도 위에 표시되는 오버레이가 있다. 또한 지도에서 발생하는 이벤트 등도 지정한다.

NMapView 클래스의 setApiKey(API_KEY) 메소드는 오픈 지도 라이브러리 사용을 위해 등록한 API 키를 설정한다. 정상적으로 등록된 키를 지정하지 않는 경우에는 onMap InitHandler( ) 콜백 메소드로 에러가 전달된다.

이벤트 지정이 필요한 경우 다음과 같이 지정할 수 있다.

```
//지도의 상태 변화를 감지
mMapView.setOnMapStateChangeListener(onMapViewStateChangeListener);
//지도에 터치 이벤트를 등록
mMapView.setOnMapViewTouchEventListener(onMapViewTouchEventListener);
```

또한 지도의 확대/축소, 중앙위치 지정에 필요한 NMapController 객체를 생성해 표시할 수 있다.

```
//지도의 확대/축소, 중앙위치 지정에 필요한 NMapController 객체 생성
NMapController mMapController    = mMapView.getMapController( );

//지도의 중앙에 표시할 경도, 위도 및 지도의 확대 수준을 지정
mMapController.setMapCenter(
        new NGeoPoint(127.02776670455932, 37.49833772583931), 11);

//지도의 줌 컨트롤을 지도에 부착
mMapView.setBuiltInZoomControls(true, null);
```

지도의 확대 축소와 관련된 NMapController 객체를 생성한 후 표시되는 지도의 중앙 위치를 NGeoPoint 클래스의 객체를 생성해서 지정할 수 있다. NGeoPoint 클래스는 지도 상의 경도와 위도의 좌표를 표시하는 클래스로, 클래스의 생성자를 NGeoPoint(127. 02776670455932, 37.49833772583931)과 같이 쓸 수 있다.

이때 첫 번째 매개변수는 경도이고 두 번째 매개변수는 위도이다. 이렇게 NGeoPoint 클래스를 사용해 지정한 경도와 위도는 NMapController 클래스의 setMapCenter(NGeo Point point, int level) 메소드를 사용해서 지도의 중심 좌표와 확대 수준을 표시할 수 있다. 첫 번째 매개변수 point는 NGeoPoint 클래스의 객체로 경도와 위도 값을 지정한다. 두 번째 매개변수 level은 지도의 확대 수준을 표시하는 것으로 지도를 얼마나 세밀한 곳까지 표시할지를 결정한다. 클수록 지도가 확대되어 표시된다.

NMapView 클래스의 setBuiltInZoomControls(boolean on, NMapView.Layout Params lp) 메소드는 내장된 줌 컨트롤의 활성화 여부를 설정하는 것으로 첫 번째 매개변수 on의 값이 true이면 활성화된다. 두 번째 매개변수는 내장된 줌 컨트롤의 위치를 지정하는 것으로 null로 지정하면 기본 위치에 줌 컨트롤이 표시된다.

Exercise 지도 애플리케이션을 코딩해서 완성하기

이 예제는 네이버 지도 API를 사용해서 지도를 표시하는 애플리케이션을 작성한다.

▲ MapTest 애플리케이션 실행 결과

01 앞에서 작성한 [MapTest]-[src]-[work.test.maps] 폴더에 있는 [MapTestMain Activity]를 열어 내용을 수정한 후 저장한다.

```
01    package work.test.maps;
02
03    import android.os.Bundle;
04    import android.view.Menu;
05    import android.view.Window;
06
07    import com.nhn.android.maps.NMapActivity;
08    import com.nhn.android.maps.NMapController;
09    import com.nhn.android.maps.NMapView;
10    import com.nhn.android.maps.maplib.NGeoPoint;
11
12    public class MapTestMainActivity extends NMapActivity {
13        //API 키를 지정
14        private static final String API_KEY ="자신의 API 키"; //꼭 수정할 것!
15
16        @Override
17        protected void onCreate(Bundle savedInstanceState) {
18            super.onCreate(savedInstanceState);
19            requestWindowFeature(Window.FEATURE_NO_TITLE);
20
21            //지도를 표시하는 NMapView 객체 생성
```

```java
22          NMapView mMapView = new NMapView(this);
23          //NMapView 객체에 API 키 지정
24          mMapView.setApiKey(API_KEY);
25          //액티비티의 내용으로 NMapView 객체를 지정
26          setContentView(mMapView);
27
28          //MapView를 클릭 이벤트에 반응할지 여부를 지정
29          mMapView.setClickable(true);
30
31          //지도의 확대/축소, 중앙위치 지정에 필요한 NMapController 객체 생성
32          NMapController mMapController
33                              = mMapView.getMapController( );
34          //지도의 중앙에 표시할 경도, 위도 및 지도의 확대 수준을 지정
35          mMapController.setMapCenter(
36              new NGeoPoint(127.02776670455932, 37.49833772583931), 11);
37          //지도의 줌 컨트롤을 지도에 부착
38          mMapView.setBuiltInZoomControls(true, null);
39      }
40
41      @Override
42      public boolean onCreateOptionsMenu(Menu menu) {
43          getMenuInflater( ).inflate(
44                          R.menu.activity_map_test_main, menu);
45          return true;
46      }
47
48  }
```


1   package work.test.maps;은 패키지를 지정하는 것으로, 네이버 지도 API 사이트에서 키를 발급받을 때 설정한 패키지명을 기술해야 한다. 이 패키지명이 맞지 않으면 작성한 애플리케이션이 동작되지 않는다.

7~10   import문의 클래스들은 [nmap.jar] 파일에서 제공하는 라이브러리로 네이버 지도를 표시하기 위해 사용된다.

12   public class MapTestMainActivity extends NMapActivity { 은 네이버 지도 API를 사용한 액티비티는 지도를 표시하기 위해 NMapActivity로부터 상속받아 생성한다.

14   private static final String API_KEY ="자신의 API 키";은 네이버 지도 API 사이트에서 발급받은 자신의 API 키를 설정하는 상수이다.

22   NMapView mMapView = new NMapView(this);은 액티비티에 지도를 표시하기 위해 NMapView 클래스의 객체를 생성한다.

24   mMapView.setApiKey(API_KEY);은 오픈 지도 라이브러리 사용을 위해 등록한 API 키를 설정한다.

26   setContentView(mMapView);은 생성한 지도의 내용인 NMapView 객체를 액티비티의 내용으로 표시해 지도 화면을 제공한다.

29   mMapView.setClickable(true);은 View 클래스가 제공하는 setClickable( ) 메소드로 MapView를 클릭 이벤트에 반응할지 여부를 지정하는 것이다.

32~33   NMapController mMapController = mMapView.getMapController( );은 지도의 확대/축소, 중앙 위치 지정에 필요한 NMapController 객체를 생성한다.

35   mMapController.setMapCenter(new NGeoPoint(127.02776670455932, 37.49833772583931), 11);에서 setMapCenter( ) 메소드는 NMapController 클래스가 제공하는 것으로, 지도에서 중앙에 표시할 지점과 확대 수준을 설정한다. 중앙에 표시할 지점은 NGeoPoint(경도, 위도) 객체를 생성해서 한다. 지도에서 표시할 수 있는 확대 수준은 1~14 사이이며 값이 클수록 크게 확대한 것이다. 여기서 지정한 경도 27.02776670455932와 위도37.49833772583931은 강남역 근처의 경도와 위도이다.

38   mMapView.setBuiltInZoomControls(true, null);은 NMapView 객체의 내장된 줌 컨트롤의 활성화 여부를 설정하는 것으로, 여기서는 true로 표시해서 화면에 표시된다. 또한 null 값을 사용해서 기본 위치에 표시된다.

02 인터넷을 사용하는 권한인 [android.permission.INTERNET]를 [Android Manifest.xml] 파일에 추가한다.

❶ [AndroidManifest.xml] 파일의 [Permission] 탭의 [Permissions] 항목에서 [Add...] 버튼을 클릭해 [Uses Permission] 항목을 선택한 후 [OK] 버튼을 클릭한다. 인터넷을 사용하는 권한인 [android.permission.INTERNET]에서 [Name] 항목의 콤보상자를 눌러 선택한 후 변경사항을 저장한다.

❷ 추가로 GPS 연결을 허용하는 android.permission.ACCESS_FINE_LOCATION과 WiFi 등에 의한 위치 검색을 허용하는 [android.permission.ACCESS_COARSE_LOCATION] 권한도 추가한다. 이 권한은 단말기에서 직접 실행할 경우 유용하므로 일단 지정해 둔다. 완성된 내용은 다음과 같다.

```xml
01  <?xml version="1.0" encoding="utf-8"?>
02  <manifest xmlns:android="http://schemas.android.com/apk/res/android"
03      package="work.test.maps"
04      android:versionCode="1"
05      android:versionName="1.0" >
06
07      <uses-sdk
08          android:minSdkVersion="8"
09          android:targetSdkVersion="17" />
10      <uses-permission android:name="android.permission.INTERNET"/>
11      <uses-permission android:name="android.permission.ACCESS_FINE_
        LOCATION"/>
12  <uses-permission android:name="android.permission.ACCESS_COARSE_
    LOCATION"/>
13
14      <application
15          android:allowBackup="true"
16          android:icon="@drawable/ic_launcher"
17          android:label="@string/app_name"
18          android:theme="@style/AppTheme" >
19          <activity
20              android:name="work.test.maps.MapTestMainActivity"
21              android:label="@string/app_name" >
22              <intent-filter>
23                  <action android:name="android.intent.action.MAIN" />
24
25                  <category android:name="android.intent.category.LAUNCHER" />
26              </intent-filter>
27          </activity>
28      </application>
29
30  </manifest>
```

03 안드로이드 애플리케이션 프로젝트를 선택한 후 [Run As]-[Android Application] 메뉴를 선택해 안드로이드 에뮬레이터로 실행한다.

지도가 표시된다. 아래의 지도는 경도, 위도를 지정해서 강남역 근처를 표시했다.

03.2 지도에 오버레이 표시

네이버 지도에서 지도의 특정 지점을 표시하는 오버레이(overlay)를 사용하려면 NMap OverlayManager 클래스의 객체를 생성해서 해야 한다. 이 클래스는 지도상에 표시되는 오버레이 객체를 관리하는데 사용되며 네이버 지도 API 라이브러리의 com.nhn.android. mapviewer.overlay 패키지내에 있다.

NMapOverlayManager 클래스의 객체를 생성하려면 지도를 표시하는 NMapView 객체와 오버레이에 이미지 리소스를 제공하는 NMapViewerResourceProvider 객체의 레퍼런스가 필요하다.

```java
mport com.nhn.android.mapviewer.overlay.NMapPOIdataOverlay;

public class MapTestMainActivity extends NMapActivity{
    //… 생략 …
    NMapView mMapView = new NMapView(this); //NMapView 객체 생성
    //… 생략 …

    //NMapViewerResourceProvider 객체 생성
    NMapViewerResourceProvider mMapViewerRP =
            new NMapViewerResourceProvider(this);

    //NMapOverlayManager 객체 생성
    NMapOverlayManager nMapOM =
        new NMapOverlayManager(this, mMapView, mMapViewerRP);

    //… 생략 …
```

NMapView 클래스에 대한 설명은 앞에서 했으므로 생략한다. NMapViewerResource Provider 클래스는 오버레이에 이미지 리소스를 제공하는 것으로 객체 생성 시 현재 액티비티의 컨텍스트를 매개변수로 사용한다. 이 객체는 오버레이를 관리하는 클래스인 NMapOverlayManager의 객체를 생성할 때 필요하다.

NMapOverlayManager 클래스는 지도상에 표시되는 오버레이 객체를 관리하는 데 사용되는 것으로, 객체 생성시 new NMapOverlayManager(this, mMapView, mMapViewerRP)과 같이 3개의 매개변수가 필요하다. 첫 번째 매개변수는 액티비티의 컨텍스트로 여기서는 this를 사용했다. 두 번째 매개변수는 지도를 표시하는 NMapView 클래스의 객체이고, 세 번째 매개변수는 오버레이에 이미지 리소스를 제공하는 NMapViewer Resource Provider 클래스의 객체이다.

NMapOverlayManager 객체가 생성되면 오버레이 아이콘을 설정하고 여러 오버레이 아이템을 등록할 수 있는 NMapPOIdata 클래스의 객체를 생성한다.

```
int markerId = NMapPOIflagType.PIN; //pin 아이콘 지정

//여러 오버레이 아이템을 등록하는 NMapPOIdata 객체 생성
NMapPOIdata poiData = new NMapPOIdata(1, mMapViewerRP);
poiData.beginPOIdata(1); //아이템 등록 시작
poiData.addPOIitem(127.02749848365783, 37.4979206392515,
                    "강남역", markerId, 0); //아이템을 등록
poiData.endPOIdata( );//오버레이 아이템의 등록 종료
```

int markerId = NMapPOIflagType.PIN;에서 NMapPOIflagType 클래스는 네이버 지도 API에서 제공하는 샘플 프로젝트(NMapViewer)에서 제공하는 것으로 지도상의 핀 (pin) 아이콘의 리소스를 제공한다. NMapPOIflagType.PIN으로 지정한 이미지 리소스를 사용하기 위해, 리소스 값을 markerId 변수에 저장했다. 이 이미지(◉)는 마찬가지로 샘플 프로젝트에서 제공한다.

NMapPOIdata 클래스는 여러 오버레이를 하나의 객체인 NMapPOIdataOverlay 클래스에서 관리하기 위해 오버레이들을 등록해 두는 클래스이다. NMapPOIdata 클래스의 객체를 생성할 때는 new NMapPOIdata(1, mMapViewerRP)과 같이 사용하며 생성 시 두 개의 매개변수가 필요하다. 첫 번째 매개변수는 등록할 오버레이의 수로, 여기서는 하나만 등록할 것이기 때문에 1을 지정했다. 두 번째 매개변수 mMapViewerRP은 NMapOverlay Manager 클래스의 객체이다.

NMapPOIdata 클래스의 객체를 생성한 후에는 오버레이 아이템을 등록하는데, NMap POIdata 클래스의 등록 시작을 알리는 beginPOIdata(int val) 메소드와 등록의 끝을 알리는 endPOIdata( ) 메소드 사이에 기술한다. 등록의 시작을 알리는 beginPOIdata(int val) 메소드는 매개변수로 등록할 오버레이의 개수를 갖는다. 오버레이 아이템의 등록은 NMapPOIdata 클래스의 poiData.addPOIitem(127.02749848365783, 37.4979206392515, "강남역", markerId, 0) 메소드를 사용해서 한다. 첫 번째 매개변수는 위도, 두 번째 매개변수는 경도, 세 번째 매개변수 "강남역"은 타이틀로 핀 아이콘을 클릭하면 표시된다. 네 번째 매개변수는 핀 아이콘, 다섯 번째 매개변수는 id 값이다.

마지막으로 여러 오버레이를 하나의 객체로 관리하는 NMapPOIdataOverlay 객체를 생성한다.

```
// NMapPOIdataOverlay 객체 생성
NMapPOIdataOverlay poiDataOverlay =
                nMapOM.createPOIdataOverlay(poiData, null);

//모든 오버레이가 화면에 표시되도록 지도의 중심과 확대 정도를 변경
poiDataOverlay.showAllPOIdata(0);
```

NMapPOIdataOverlay 클래스는 여러 오버레이 아이템을 효과적으로 관리하기 위해 사용하는 것으로 객체 생성 시 NMapOverlayManager 클래스의 createPOIdataOverlay( ) 메소드를 사용한다. 여기서는 nMapOM.createPOIdataOverlay(poiData, null)과 같이 사용했다. 첫 번째 매개변수는 여러 오버레이 아이템이 등록된 NMapPOIdata 클래스의 객체이고, 두 번째 매개변수는 기본 마커를 지정하는 것으로 일반적으로 null을 사용한다.

NMapPOIdataOverlay 클래스의 showAllPOIdata(int zoomLevel) 메소드는 지도상의 오버레이가 모두 화면에 표시되도록 지도의 확대 정도와 지도 중심을 변경하는 메소드이다. 이때 showAllPOIdata(0)과 같이 매개변수인 zoomLevel을 0으로 지정하면 지도의 확대 정도와 지도 중심 모두를 변경한다. 만일 0 이외의 값을 지정하면 지도의 중심만 변경한다.

이 예제는 네이버 지도상에 특정 위치를 표시하기 위해, 오버레이를 사용하는 예제이다.

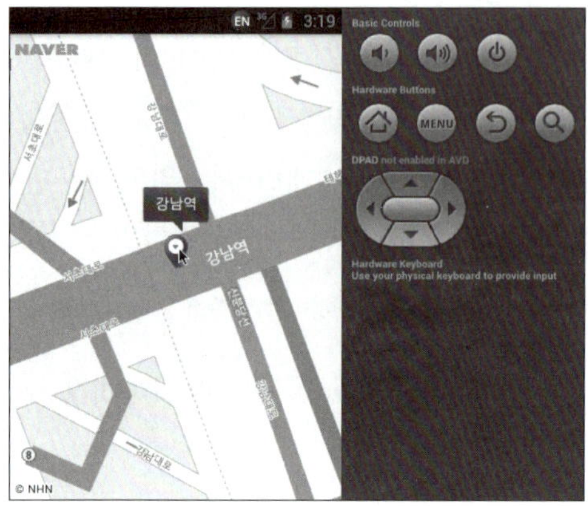

▲ MapOverlayTest 애플리케이션 실행 결과

01 [Mapest] 프로젝트를 복사한 후 복사본의 이름을 "MapOverlayTest"로 변경한다.

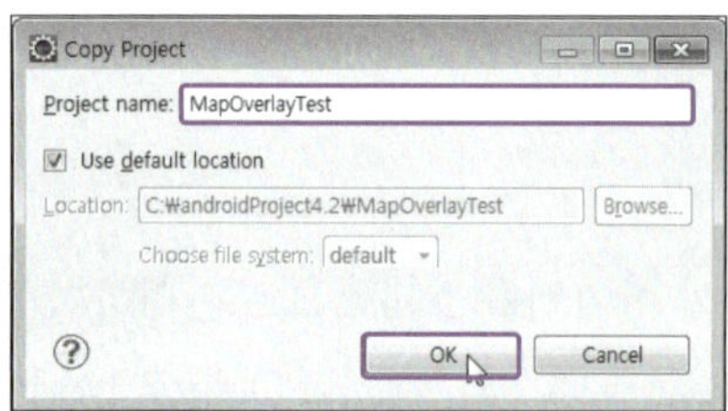

02 샘플 프로젝트(NMapViewer)에서 제공한 이미지를 이 프로젝트 내로 가져오기
이 프로젝트의 [res]-[drawable-mdpi]와 [res]-[drawable-hdpi] 폴더에
[NMapViewer]-[res]의 [drawable-mdpi]와 [drawable-hdpi] 폴더 내의 이미지를
복사해서 붙여넣기 한다.

03 [res]-[values]-[strings.xml] 파일을 수정한 후 저장한다.

```xml
01    <?xml version="1.0" encoding="utf-8"?>
02    <resources>
03
04      <string name="app_name">MapOverlayTest</string>
05      <string name="hello_world">Hello world!</string>
06      <string name="menu_settings">Settings</string>
07      <string name="str_done">도착</string>
08
09    </resources>
```

추가한 문자열 str_done은 참조할 클래스인 NMapViewerResourceProvider에서
사용하는 문자열로, 여기에서는 사용하지 않으나, 생성하지 않으면 에러가 발생하기
때문에 일단 선언해 둔다,

04 샘플 프로젝트(NMapViewer)에서 제공하는 참조 클래스 가져오기

[NMapViewer]-[src]-[com.nhn.android.mapviewer] 패키지에 있는 [NMap
CalloutCustomOldOverlay.java], [NMapPOIflagType.java, NMapViewerResource
Provider.java] 파일을 복사해서 [MapOverlayTest]-[src]-[work.test.maps] 패키지
에 붙여넣기 한다.

05 [MapOverlayTest]-[src]-[work.test.maps] 내에 있는 [MapTestMainActivity] 클
래스의 내용을 변경한 후 저장한다.

```
01    package work.test.maps;
02
03    import android.os.Bundle;
04    import android.view.Menu;
05    import android.view.Window;
06    import com.nhn.android.maps.NMapActivity;
07    import com.nhn.android.maps.NMapController;
08    import com.nhn.android.maps.NMapView;
09    import com.nhn.android.maps.maplib.NGeoPoint;
10    import com.nhn.android.maps.overlay.NMapPOIdata;
11    import com.nhn.android.mapviewer.overlay.NMapOverlayManager;
12    import com.nhn.android.mapviewer.overlay.NMapPOIdataOverlay;
13
14    public class MapTestMainActivity extends NMapActivity{
15        //API 키를 지정
16        private static final String API_KEY ="자신의 API 키"; //꼭 수정 할 것!
17        //오버레이 객체에 이미지 리소스 제공
18        private NMapViewerResourceProvider mMapViewerRP;
19        private NMapOverlayManager nMapOM; //오버레이 객체 관리
20
21        @Override
22        protected void onCreate(Bundle savedInstanceState) {
23            super.onCreate(savedInstanceState);
24            requestWindowFeature(Window.FEATURE_NO_TITLE);
25
26            //지도를 표시하는 NMapView 객체 생성
```

```java
27    NMapView mMapView = new NMapView(this);
28    //NMapView 객체에 API 키 지정
29    mMapView.setApiKey(API_KEY);
30    //액티비티의 내용으로 NMapView 객체를 지정
31    setContentView(mMapView);
32
33    //MapView를 클릭 이벤트에 반응시킬지 여부를 지정
34    mMapView.setClickable(true);
35
36    //지도의 확대/축소, 중앙위치 지정에 필요한 NMapController 객체 생성
37    NMapController mMapController
38                           = mMapView.getMapController( );
39    //지도의 중앙에 표시할 경도,위도 및 지도의 확대 수준을 지정
40    mMapController.setMapCenter(
41        new NGeoPoint(127.02776670455932, 37.49833772583931), 11);
42    //지도의 줌 컨트롤을 지도에 부착
43    mMapView.setBuiltInZoomControls(true, null);
44
45
46    //여기서부터는 오버레이 표시를 위한 부분
47    //오버레이 객체에 이미지 리소스를 제공하는 NMapViewerResourceProvider 객체 생성
48    mMapViewerRP = new NMapViewerResourceProvider(this);
49    //지도상에 표시되는 오버레이 객체를 관리하는 NMapOverlayManager 클래스의 객체 생성
50    nMapOM = new NMapOverlayManager(this, mMapView, mMapViewerRP);
51
52    int markerId = NMapPOIflagType.PIN; //pin 아이콘 지정
53
54    //여러 오버레이 아이템을 하나의  오버레이 객체에서 관리하기 위해 NMapPOIdata 객체 생성
55    NMapPOIdata poiData = new NMapPOIdata(1, mMapViewerRP);
56    poiData.beginPOIdata(1); //오버레이 아이템의 수를 지정해서 아이템 등록 시작
57    //오버레이 아이템의 수만큼 addPOIitem( ) 메소드를 사용해서 오버레이 아이템을 등록
58    poiData.addPOIitem(127.02749848365783, 37.4979206392515,
59                            "강남역", markerId, 0);
60    poiData.endPOIdata( );//오버레이 아이템의 등록을 종료
61
62    //여러 오버레이 아이템이 등록된 NMapPOIdata 객체를 갖고, 하나의 NMapPOIdataOverlay 객체 생성
63    NMapPOIdataOverlay poiDataOverlay =
64                nMapOM.createPOIdataOverlay(poiData, null);
65    //모든 오버레이가 화면에 표시되도록 지도의 중심과 확대 정도를 변경
66    poiDataOverlay.showAllPOIdata(0);
```

```
67          }
68
69          @Override
70          public boolean onCreateOptionsMenu(Menu menu) {
71              getMenuInflater( ).inflate(
72                              R.menu.activity_map_test_main, menu);
73              return true;
74          }
75
76      }
```

06 실행할 안드로이드 애플리케이션 프로젝트를 선택한 후 [Run As]-[Android Application]을 선택해 안드로이드 에뮬레이터로 실행한다.

애플리케이션이 실행된 후 핀 아이콘을 클릭하면 핀의 타이틀이 표시된다.

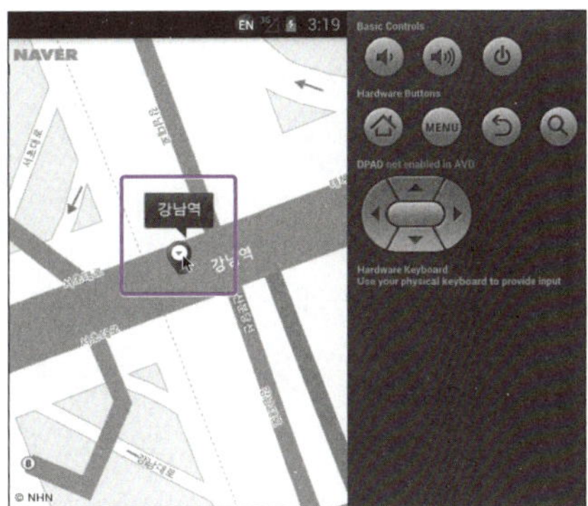

03.3 지도에 경로 표시

네이버 지도에 경로를 표시하려면 마찬가지로 NMapOverlayManager 클래스의 객체를 생성해서 한다. NMapOverlayManager 객체를 생성한 후 createPathDataOverlay( ) 메소드를 사용해 NMapPathDataOverlay 객체를 생성한다. NMapPathDataOverlay 객체를 여러 경로를 하나의 객체로 효율적으로 관리하기 위해서 사용한다. 이때 createPathData Overlay(pathData) 메소드의 매개 변수인 pathData는 NMapPathData 클래스의 객체로 여러 경로를 저장할 수 있다.

```java
// … 생략 …
//NMapOverlayManager 객체 생성
NMapOverlayManager nMapOM = new NMapOverlayManager(this, mMapView, mMapViewerRP);

// … 생략 …
//NMapPathData 객체 생성
NMapPathData pathData = new NMapPathData(4);

pathData.initPathData( ); //경로 추가 시작
pathData.addPathPoint(127.02749848365783, //출발지 좌표
    37.4979206392515, NMapPathLineStyle.TYPE_SOLID);
pathData.addPathPoint(127.03095316886902, //첫 번째 분기점
                        37.499163380173385, 0);
pathData.addPathPoint(127.02995002269745, //도착지 직전의 분기점
                37.50149559155334, NMapPathLineStyle.TYPE_DASH);
pathData.addPathPoint(127.03025579452514, //도착지 좌표
                        37.501989261992605, 0);
pathData.endPathData( ); //경로 추가 종료
//NMapPathDataOverlay 객체 생성
NMapPathDataOverlay pathDataOverlay =
nMapOM.createPathDataOverlay(pathData);

//모든 경로가 화면 내에 모두 표시되도록 지도의 중심과 확대 정도를 변경
pathDataOverlay.showAllPathData(0);
```

NMapOverlayManager 객체에 대한 설명은 앞에서 했으므로 생략한다.

NMapPathData 클래스는 여러 경로를 저장할 수 있는 것으로, 객체 생성 시 new NMap
PathData(4)와 같이 생성자에 「시작 좌표+분기점의 수+끝 좌표」를 더한 값을 매개변수로
사용한다. 즉, 경로를 잇기 위해 필요한 점의 좌표를 지정하는 것으로 여기서는 '4'를 지정
했다. 그러면 경로를 추가하는 addPathPoint( ) 메소드가 모두 4번 기술된다.

경로를 추가하기 위해서는 NMapPathData 클래스의 경로의 추가를 시작하는
initPathData( ) 메소드와 경로 추가 종료를 표시하는 endPathData( ) 메소드 사이에 add
PathPoint( ) 메소드를 기술한다. addPathPoint( ) 메소드는 맨 처음 선을 그릴 때 path
Data.addPathPoint(경도, 위도, 그려지는 선의 타입)과 같이 출발점의 경도와 위도 및 그려
지는 선의 타입을 기술한다. 선의 타입으로 NMapPathLineStyle.TYPE_SOLID를 지정하
면 실선이 표시된다. 선의 타입을 바꾸지 않는 한 이후에 기술되는 addPathPoint( ) 메소드
에서는 같은 선을 사용해서 경로를 그린다. 분기점은 pathData.addPathPoint(경도, 위도,
0)과 같이 표기하며 경도, 위도는 분기점의 좌표이고 마지막 매개변수의 값이 0이면 중간
경로 또는 경로 점의 끝을 의미한다.

마지막 경로의 경우 하이라이트를 주기 위해 마지막 분기점부터 도착지까지의 선의 타입을 NMapPathLineStyle.TYPE_DASH를 사용해서 점선으로 표기한다.

경로의 추가가 끝나면 여러 경로를 하나의 객체로 관리하는 NMapPathDataOverlay 객체를 생성한다. 이 객체는 NMapOverlayManager 클래스의 createPathDataOverlay( ) 메소드를 사용해서 생성한다. NMapPathDataOverlay 객체 생성 시 createPathDataOverlay (pathData) 메소드에서 매개변수로 NMapPathData 객체를 갖고 생성한다.

마지막으로 생성된 경로가 한 화면에 모두 보이도록 지도의 중심과 확대 정도를 맞추기 위해 NMapPathDataOverlay 클래스의 showAllPathData(0) 메소드를 사용해서 지정한다.

Exercise 지도에 출발지와 도착지를 연결하는 경로 표시하기 – [MapDathTest] 애플리케이션

이 예제는 지정한 출발지부터 도착지까지 경로를 표시한다.

▲ MapPathTest 애플리케이션 실행 결과

01 [MapOverlayTest] 프로젝트를 복사한 후 복사본의 이름을 "MapPathTest"로 변경한다.

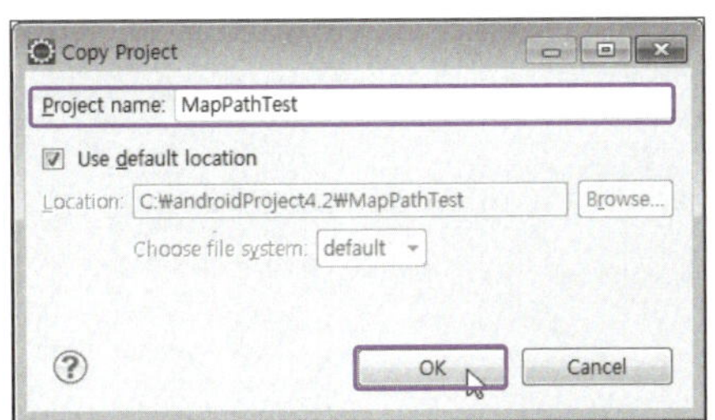

02 [res]–[values]–[strings.xml] 파일을 수정한 후 저장한다.

```xml
01    <?xml version="1.0" encoding="utf-8"?>
02    <resources>
03
04        <string name="app_name">MapPathTest</string>
05        <string name="hello_world">Hello world!</string>
06        <string name="menu_settings">Settings</string>
07        <string name="str_done">도착</string>
08
09    </resources>
```

03 [MapPathTest]–[src]–[work.test.maps] 내에 있는 [MapTestMainActivity] 클래스의 내용을 변경한 후 저장한다.

```java
01    package work.test.maps;
02
03    import android.os.Bundle;
04    import android.view.Menu;
05    import android.view.Window;
06
07    import com.nhn.android.maps.NMapActivity;
08    import com.nhn.android.maps.NMapController;
09    import com.nhn.android.maps.NMapView;
10    import com.nhn.android.maps.maplib.NGeoPoint;
11    import com.nhn.android.maps.overlay.NMapPOIdata;
12    import com.nhn.android.maps.overlay.NMapPathData;
13    import com.nhn.android.maps.overlay.NMapPathLineStyle;
14    import com.nhn.android.mapviewer.overlay.NMapOverlayManager;
15    import com.nhn.android.mapviewer.overlay.NMapPOIdataOverlay;
16    import com.nhn.android.mapviewer.overlay.NMapPathDataOverlay;
17
18    public class MapTestMainActivity extends NMapActivity{
19        //API 키를 지정
20        private static final String API_KEY ="자신의API 키"; //꼭 수정 할 것!
21        //오버레이 객체에 이미지 리소스 제공
22        private NMapViewerResourceProvider mMapViewerRP;
23        private NMapOverlayManager nMapOM; //오버레이 객체 관리
24
25        @Override
```

```java
26    protected void onCreate(Bundle savedInstanceState) {
27        super.onCreate(savedInstanceState);
28        requestWindowFeature(Window.FEATURE_NO_TITLE);
29
30        //지도를 표시하는 NMapView 객체 생성
31        NMapView mMapView = new NMapView(this);
32        //NMapView 객체에 API 키 지정
33        mMapView.setApiKey(API_KEY);
34        //액티비티의 내용으로 NMapView 객체를 지정
35        setContentView(mMapView);
36
37        //MapView를 클릭 이벤트에 반응시킬지 여부를 지정
38        mMapView.setClickable(true);
39
40        //지도의 확대/축소, 중앙위치 지정에 필요한 NMapController 객체 생성
41        NMapController mMapController
42                            = mMapView.getMapController( );
43        //지도의 중앙에 표시할 경도,위도 및 지도의 확대 수준을 지정
44        mMapController.setMapCenter(
45            new NGeoPoint(127.02776670455932, 37.49833772583931), 11);
46        //지도의 줌 컨트롤을 지도에 부착
47        mMapView.setBuiltInZoomControls(true, null);
48
49
50        //여기서부터는 오버레이 표시를 위한 부분
51        //오버레이 객체에 이미지 리소스를 제공하는 NMapViewerResourceProvider 객체 생성
52        mMapViewerRP = new NMapViewerResourceProvider(this);
53        //지도상에 표시되는 오버레이 객체를 관리하는 NMapOverlayManager 클래스의 객체 생성
54        nMapOM = new NMapOverlayManager(this, mMapView, mMap
          ViewerRP);
55
56        int markerId = NMapPOIflagType.PIN; //pin아이콘 지정
57
58        //여러 오버레이 아이템을 하나의 오버레이 객체에서 관리하기 위해 NMapPOIdata 객체 생성
59        NMapPOIdata poiData = new NMapPOIdata(2, mMapViewerRP);
60        poiData.beginPOIdata(2); //오버레이 아이템의 수를 지정해서 아이템 등록 시작
61        //오버레이 아이템의 수만큼 addPOIitem( ) 메소드를 사용해서 오버레이 아이템을 등록
62        poiData.addPOIitem(127.02749848365783, 37.4979206392515,
63                            "출발지", markerId, 0);
64        poiData.addPOIitem(127.03025579452514, 37.501989261992605,
65                            "도착지", markerId, 0);
```

```java
66          poiData.endPOIdata( );//오버레이 아이템의 등록을 종료
67
68          //여러 오버레이 아이템이 등록된 NMapPOIdata 객체를 갖고, 하나의 NMapPOIdataOverlay 객체 생성
69          NMapPOIdataOverlay poiDataOverlay =
70                      nMapOM.createPOIdataOverlay(poiData, null);
71          //모든 오버레이가 화면에 표시되도록 지도의 중심과 확대 정도를 변경
72          poiDataOverlay.showAllPOIdata(0);
73
74
75          //여기서부터는 경로 표시
76          //출발지 부터 도착지까지의 경로를 저장하는 NMapPathData 객체 생성
77          NMapPathData pathData = new NMapPathData(4);
78
79          pathData.initPathData( ); //경로 추가 시작
80          //출발지부터 도착지까지의 분기점을 추가 - 여기서는 4개
81          pathData.addPathPoint(127.02749848365783, //출발지 좌표
82                      37.4979206392515, NMapPathLineStyle.TYPE_SOLID);
83          pathData.addPathPoint(127.03095316886902, //첫 번째 분기점
84                                  37.499163380173385, 0);
85          pathData.addPathPoint(127.02995002269745, //도착지 직전의 분기점
86                      37.50149559155334, NMapPathLineStyle.TYPE_DASH);
87          pathData.addPathPoint(127.03025579452514, //도착지 좌표
88                                  37.501989261992605, 0);
89          pathData.endPathData( ); //경로 추가 종료
90
91          //여러 경로를 하나의 객체로 관리하는 NMapPathDataOverlay 객체 생성
92          NMapPathDataOverlay pathDataOverlay =
93                      nMapOM.createPathDataOverlay(pathData);
94          //모든 경로가 화면 내에 모두 표시되도록 지도의 중심과 확대 정도를 변경
95          pathDataOverlay.showAllPathData(0);
96      }
97
98      @Override
99      public boolean onCreateOptionsMenu(Menu menu) {
100         getMenuInflater( ).inflate(
101                     R.menu.activity_map_test_main, menu);
102         return true;
103     }
104
105 }
```

04 실행할 안드로이드 애플리케이션 프로젝트를 선택한 후 [Run As]-[Android Application]을 선택해 안드로이드 에뮬레이터로 실행한다.

애플리케이션이 실행되면 출발지 강남역부터 도착지 국기원까지의 경로가 표시된다.

더 자세한 사항과 좀 더 많은 기능을 갖는 지도 애플리케이션을 작성하려면 샘플 프로젝트(NMapViewer)와 「http://developer.naver.com/wiki/pages/Android」을 참조한다.

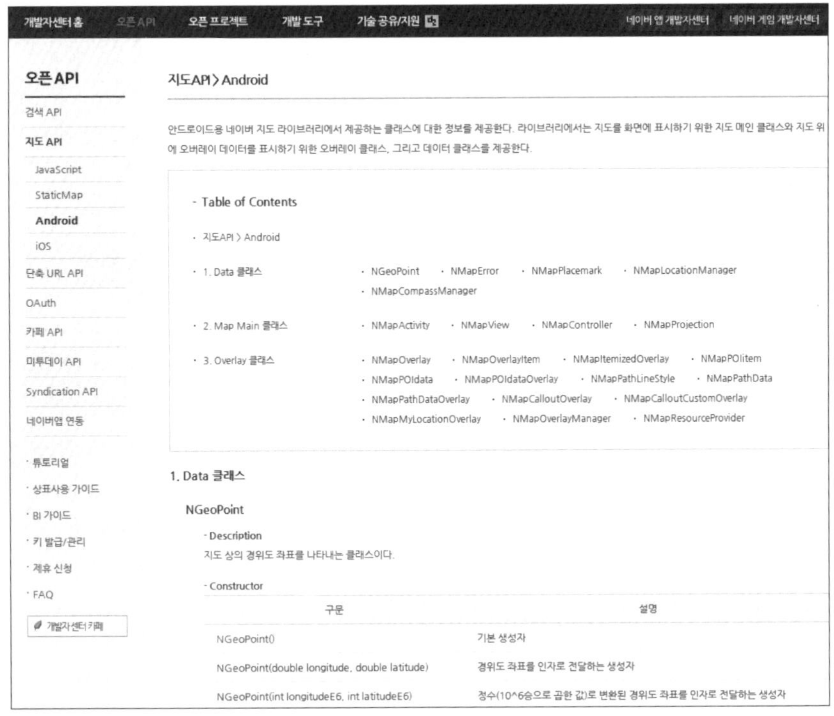

▲ 네이버 지도 API에서 제공하는 안드로이드용 지도 API 클래스 정보

01 HTTP 통신

- HTTP 통신을 사용하는 애플리케이션을 작성하기 위해서는 주로 HttpURLConnection 클래스를 사용한다. 안드로이드에서 HTTP 통신을 사용하는 방법은 다음과 같다.

> ① HttpURLConnection 객체 생성
> ② HTTP 요청 방식 지정 및 HTTP 통신 연결
> ③ 입력 스트림을 사용한 데이터 주고받기
> ④ 커넥션 해제
> ⑤ AndroidManifest.xml에 인터넷의 사용 권한 추가

02 소켓(Socket) 통신

- Socket(소켓)이란 네트워크상의 동기화를 설정하는 것으로 스트림 소켓의 프로토콜은 TCP(Transmission Control Protocol)을 사용하며 TCP는 전송되는 데이터들의 도착 여부를 보증한다.

- 안드로이드에서 소켓 프로그램의 작성 절차는 다음과 같다.

> **■ 서버**
> - 1단계 : ServerSocket 객체를 생성한다.
> - 2단계 : ServerSocket이 확립되면 서버는 클라이언트의 접속을 무한정 기다린다(block).
> - 3단계 : 서버가 클라이언트와 통신할 수 있도록 OutputStream과 InputStream 객체를 얻어낸다.
> - 4단계 : 서버와 클라이언트가 InputStream과 OutputStream을 통해 서로 데이터를 주고받는 과정이다.
> - 5단계 : 서버와 클라이언트의 통신을 중단하는 것으로 close( ) 메소드를 사용해 종료한다.
>
> **■ 클라이언트**
> - 1단계 : Socket 객체를 생성한다.
> - 2단계 : 클라이언트가 서버와 통신할 수 있도록 OutputStream과 InputStream 객체를 얻어낸다.
> - 3단계 : 클라이언트와 서버가 InputStream과 OutputStream을 통해 서로 데이터를 주고받는 과정이다.
> - 4단계 : 클라이언트와 서버가 통신을 중단하는 것으로 close( ) 메소드를 사용해 종료한다.

03 위치 정보 – 네이버 오픈 API 사용

- 네이버 지도 API는 「http://dev.naver.com/openapi/apis/map/android/example」에서 API키를 발급받고 사용법을 볼 수 있다.

- 다음 지도 API를 사용해서 개발할 경우 「http://dna.daum.net/apis/maps」에서 키의 발급 과 사용법을 확인할 수 있다.
- 구글 지도 API의 경우 매번 사이트의 주소가 바뀌는데 2013년 1월을 기준으로 키 발급과 사 용법은 「https://developers.google.com/maps/documentation/android/start#installing_the_google_maps_android_v2_api」에서 확인한다.
- 네이버 지도 라이브러리를 사용하기 위한 방법은 다음과 같다.

① 네이버 지도 API 키 발급
② 네이버 지도 라이브러리인 nmaps.jar을 생성한 프로젝트에 추가
③ 애플리케이션을 코딩해서 완성
④ AndroidManifest.xml 파일에 인터넷을 사용할 수 있는 "android.permission.INTERNET" 권한 추가

11

하드웨어 제어

이 장에서는 안드로이드폰에 내장된 센서와 카메라를 제어하는 방법을 학습하여 다양한 애플리케이션을 작성하는 방법을 배운다.

카메라(Camera) 제어

01.1 개요

안드로이드는 다양한 카메라와 가능한 기능을 지원한다. 즉, 애플리케이션을 사용해서 사진 및 비디오를 촬영하는 기능을 제공한다.

안드로이드 단말기상에서 실행되는 카메라 앱을 개발하려면 하드웨어의 기능을 사용하는 것에 다음 몇 가지 사항을 고려한다.

- 카메라가 내장된 안드로이드 단말기 : 카메라가 없는 안드로이드 단말기도 있을 수 있으니 고려함
- 저장된 사진이나 비디오만을 재생하는 앱을 개발 또는 사진이나 비디오를 촬영하는 앱을 개발할 것인지를 결정
- 내장 카메라 앱을 사용 또는 직접 카메라 앱을 개발할 것인지를 결정
- 촬영한 사진이나 비디오를 개발한 애플리케이션에서만 볼 것인지 아니면 공유해서 다른 애플리케이션에서 접근 가능하게 할 것인지를 결정 : 애플리케이션내의 내부 저장소 또는 공유되는 외장 메모리 중 선택해서 저장소로 사용

안드로이드 단말기의 카메라를 사용하려면 해당 애플리케이션의 AndroidManifest.xml에 CAMERA 권한을 추가해야 한다. ⟨uses-feature⟩ 엘리먼트를 사용해서 하드웨어인 카메라 기능을 사용한다는 설정도 해두는 것이 좋다. 다음은 AndroidManifest.xml에 CAMERA 권한과 카메라 기능 및 자동 초점 기능을 사용한다는 것을 기술한 예시이다.

```
<uses-permission android:name="android.permission.CAMERA" />
<uses-feature android:name="android.hardware.camera" />
<uses-feature android:name="android.hardware.camera.autofocus" />
```

비디오를 촬영할 때는 다음과 같이 CAMERA 권한과 동영상 레코딩에 포함되는 RECORD_AUDIO 권한을 추가한다.

```
〈uses-permission android:name="android.permission.CAMERA"/〉
〈uses-permission android:name="android.permission.RECORD_AUDIO"/〉
```

또한 촬영한 사진 또는 비디오를 외부 저장소인 공용 폴더에 저장하려면 WRITE_EXTERNAL_STORAGE 권한도 추가해야 한다.

```
〈uses-permission android:name="android.permission.WRITE_EXTERNAL_STORAGE"/〉
```

01.2 사진 및 비디오 촬영 관련 클래스

안드로이드는 Camera API 또는 카메라 인텐트를 사용해서 사진과 비디오 촬영을 제공한다. 사진 및 비디오 촬영과 관련된 클래스는 다음과 같다.

■ Camera 클래스 : android.hardware.Camera

이 클래스는 안드로이드 단말기에 내장된 카메라를 제어하기 위한 기본 API로 사진이나 비디오 촬영 앱을 개발할 때 사용된다. Camera 클래스는 미리보기 화면의 시작과 중단, 사진 찍기 및 비디오 인코딩 프레임을 얻어내는 등의 사진 촬영 설정에 사용된다.

Camera 클래스의 주요 내부 클래스 및 메소드는 다음과 같다.

Camera 클래스의 주요 메소드

public final void autoFocus(Camera.AutoFocusCallback cb)
카메라의 초점이 맞춰졌을 때 실행되기 위한 콜백 함수를 등록하고 카메라가 자동 초점을 시작한다.

public final boolean enableShutterSound(boolean enabled)
사진을 찍을 때의 기본 셔터 사운드를 사용 또는 해제한다.

public static void getCameraInfo(int cameraId, Camera.CameraInfo cameraInfo)
지정한 카메라의 정보를 얻어낸다.

public static int getNumberOfCameras( )
안드로이드 단말기상의 사용 가능한 물리적인 카메라의 수를 얻어낸다.

public Camera.Parameters getParameters( )
카메라 서비스를 위한 현재의 설정값을 얻어낸다.

public final void lock( )
다른 프로세스가 카메라에 접근하지 못하도록 락을 설정한다.

public static Camera open( )
안드로이드 단말기의 첫 번째 카메라인 후방 카메라에 접근하는 Camera 객체를 생성한다.

public static Camera open(int cameraId)
지정한 하드웨어 카메라에 접근하는 Camera 객체를 생성한다. cameraId는 0~getNumberOfCameras
( )-1 사이의 값을 갖는다.

public final void release( )
카메라 객체를 자원을 반환하고 연결을 해제한다.

public void setParameters(Camera.Parameters params)
카메라 서비스를 위한 설정을 변경한다.

public final void setPreviewCallback(Camera.PreviewCallback cb)
카메라 스크린상에 미리보기 프레임이 표시되기 위해 콜백을 설정한다.

public final void startPreview( )
카메라 스크린상에 사진찍기를 위한 미리보기를 시작한다.

public final void stopPreview( )
사진찍기를 위한 미리보기를 중단한다.

public final void startSmoothZoom(int value)
요청값으로 줌을 한다.

public final void stopSmoothZoom( )
줌을 중단한다.

public final void takePicture(Camera.ShutterCallback shutter, Camera.PictureCallback
raw, Camera.PictureCallback jpeg)
사진을 찍는다.

public final void unlock( )
　다른 프로세스가 카메라에 접근하도록 락을 해제한다.

▲ Camera 클래스의 주요 메소드

　　Camera.PictureCallback 인터페이스는 Camera 클래스의 내부 클래스로 사진 촬영으
로부터 이미지 데이터를 얻어낼 때 사용한다. Camera.PictureCallback 인터페이스의 주
요 메소드는 다음과 같다.

Camera.PictureCallback 인터페이스의 주요 메소드

public abstract void onPictureTaken (byte[ ] data, Camera camera)
사진이 찍힌 후 이미지 데이터가 사용 가능해지면 호출된다. 데이터의 포맷은 Camera.Parameters의
설정에 따른다.

파라미터
data : 사진 데이터의 바이트 배열
camera : Camera 객체

▲ Camera.Picturecallback 인터페이스의 주요 메소드

❷ SurfaceView 클래스 : android.view.SurfaceView

이 클래스는 고속 이동 이미지나 카메라 미리보기를 구현하기 위한 뷰로 사용된다. 이 클래스의 이동 이미지를 표시하는 방법에 대한 자세한 설명은 "4장. 사용자 인터페이스"의 "section 07. Canvas를 사용한 도형 그리기"에서 "(3) 게임 등에서 사용하는 고속 이동 이미지 처리"를 참조한다.

❸ MediaRecorder 클래스 : android.media.MediaRecorder

이 클래스는 카메라를 사용해 비디오를 촬영하거나 오디오를 녹음하는 데 사용된다.

MediaRecorder 클래스의 주요 메소드는 다음과 같다.

MediaRecorder 클래스의 주요 메소드
public void prepare( ) 오디오 녹음 또는 비디오의 촬영 준비한다.
public void release( ) MediaRecorder 객체를 해제한다.
public void setAudioEncoder(int audio_encoder) 녹음에 사용할 오디오 인코더를 지정한다.
public void setAudioSource(int audio_source) 녹음에 사용할 오디오 소스를 지정한다.
public void setCamera(Camera c) 촬영에 사용할 카메라를 지정한다.
public void setLocation(float latitude, float longitude) 녹음 또는 촬영된 파일에 위도, 경도를 갖는 위치 데이터를 설정하고 저장한다.
public void setOutputFile(String path) 녹음 또는 촬영되는 파일의 경로를 지정한다.
public void setOutputFormat(int output_format) 녹음 또는 촬영되는 파일의 포맷을 지정한다.
public void setPreviewDisplay(Surface sv) 녹화된 비디오 파일의 미리보기를 보여줄 서피스를 지정한다.
public void setVideoEncoder(int video_encoder) 레코딩에 사용할 비디오 인코딩을 지정한다.
public void setVideoSize(int width, int height) 촬영되는 비디오의 가로, 세로 높이를 지정한다.
public void setVideoSource(int video_source) 레코딩에 사용한 비디오 소스를 지정한다. 일반적으로 카메라를 지정한다.
public void start( ) 녹음 또는 촬영을 시작한다.
public void stop( ) 녹음 또는 촬영을 중단한다.

▲ MediaRecorder 클래스의 주요 메소드

■4 카메라 인텐트(Intent 클래스의 카메라 관련 액션)

MediaStore.ACTION_IMAGE_CAPTURE 또는 MediaStore.ACTION_VIDEO_CAPTURE
인텐트 액션은 Camera 객체 없이 사진 또는 비디오를 촬영할 때 사용한다.

MediaStore.ACTION_IMAGE_CAPTURE를 Intent 객체의 액션으로 사용해 사진을 촬
영하는 예시는 다음과 같다.

```java
private static final int CAPTURE_IMAGE_ACTIVITY_REQUEST_CODE = 100;
private Uri fileUri;

public void onCreate(Bundle savedInstanceState) {
    super.onCreate(savedInstanceState);
    setContentView(R.layout.main);

    // 사진을 찍어 얻어내는 Intent 객체 생성
    Intent intent = new Intent(MediaStore.ACTION_IMAGE_CAPTURE);

    fileUri = getOutputMediaFileUri(MEDIA_TYPE_IMAGE); //이미지를 저장할 파일 생성
    intent.putExtra(MediaStore.EXTRA_OUTPUT, fileUri); // 이미지 파일 저장

    // 사진 촬영하는 Intent 객체 실행
    startActivityForResult(intent, CAPTURE_IMAGE_ACTIVITY_REQUEST_CODE);
}
```

MediaStore.ACTION_VIDEO_CAPTURE를 Intent 객체의 액션으로 사용해 비디오를
촬영하는 예시는 다음과 같다.

```java
private static final int CAPTURE_VIDEO_ACTIVITY_REQUEST_CODE = 200;
private Uri fileUri;

public void onCreate(Bundle savedInstanceState) {
    super.onCreate(savedInstanceState);
    setContentView(R.layout.main);

    //비디오를 촬영해 얻어내는 Intent 객체 생성
    Intent intent = new Intent(MediaStore.ACTION_VIDEO_CAPTURE);

    fileUri = getOutputMediaFileUri(MEDIA_TYPE_VIDEO); //비디오를 저장할 파일 생성
    intent.putExtra(MediaStore.EXTRA_OUTPUT, fileUri); //비디오 파일 저장

    intent.putExtra(MediaStore.EXTRA_VIDEO_QUALITY, 1); //비디오 파일의 화질을 지정

    // 비디오는 촬영하는 Intent 객체를 실행
    startActivityForResult(intent, CAPTURE_VIDEO_ACTIVITY_REQUEST_CODE);
}
```

 카메라를 사용한 사진 촬영

Camera 클래스를 사용해서 사진 촬영을 하는 애플리케이션을 작성하는 순서는 다음과 같다.

❶ open( ) 또는 open(int) 메소드를 사용해서 Camera 객체를 얻어낸다.

```
Camera  camera = Camera.open( ); //Camera 객체 생성
```

❷ setPreviewDisplay(SurfaceHolder) 메소드를 호출해 SurfaceHolder를 카메라 미리보기로 지정한다.

```
SurfaceHolder holder = getHolder( ); //서피스 생성
holder.addCallback(this); //이벤트 등록
camera.setPreviewDisplay(holder);
```

❸ startPreview( ) 메소드를 호출해 카메라 미리보기를 시작한다. 이 메소드는 반드시 사진을 촬영하기 전에 호출해야 한다.

```
camera.startPreview( );
```

❹ 사진을 찍기 위해 takePicture(Camera.ShutterCallback, Camera.PictureCallback, Camera.PictureCallback) 메소드를 호출한다.

```
camera.takePicture(null, null, picture);
```

❺ onPictureTaken(byte[ ], Camera) 메소드가 자동 호출되어 촬영한 사진을 저장

```
camera.takePicture(null, null, picture);//사진을 촬영
```

❻ 사진을 촬영 후에는 카메라 미리보기가 중단된다. 만일 사진을 계속해서 촬영하려면 startPreview( ) 메소드를 다시 호출해야 한다.

❼ 다른 애플리케이션에서 카메라 기능을 사용할 수 있도록 카메라 기능을 사용한 후에는 release( ) 메소드를 호출한다.

```
camera.release( );
```

이 예제는 안드로이드폰의 카메라를 사용해 사진을 촬영하는 예제로 촬영된 사진은 공용 폴더인 [Pictures] 폴더에 저장된다.

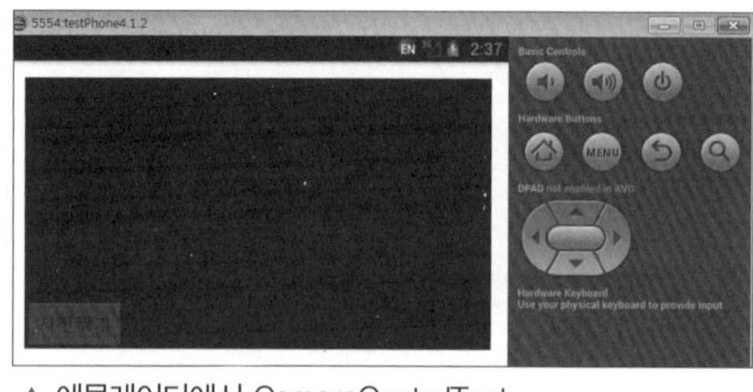

▲ 에뮬레이터에서 CameraControlTest 애플리케이션 실행 결과

▲ 안드로이드 단말기에서 CameraControlTest 애플리케이션 실행 결과

주요 파일	파일명 ([CameraControlTest] 애플리케이션)	하는 일
리소스 파일 (문자열, 이미지 등)	문자열 리소스 파일명 : strings.xml 위치 : [프로젝트]–[res]–[values]	• captureLabel 문자열 정의
레이아웃 리소스 파일	activity_camera_control_test_main.xml 위치 : [프로젝트]–[res]–[layout]	• 1개의 FrameLayout과 1개의 Button 위젯을 배치 • string.xml에서 정의한 captureLabel 문자열 참조
로직 클래스	뷰 클래스 파일 파일명 : CameraView.java 위치 : [프로젝트]–[src]–[패키지명]	• SurfaceView를 사용해서 카메라 미리보기를 구현
	액티비티 클래스 파일 파일명 : CameraControlTestMainActivity.java 위치 : [프로젝트]–[src]–[패키지명]	• activity_camera_control_test_main.xml을 화면의 내용으로 지정 • FrameLayout과 CameraView 클래스를 연동 • [사진찍기] 버튼을 누르면 사진이 촬영되고 사진 파일이 저장
매니페스트 파일	AndroidManifest.xml 위치 : [프로젝트]	• android.permission.CAMERA, android.permission.WRITE_EXTERNAL_STORAGE 권한추가 • CameraControlTestMainActivity 액티비티에 screenOrientation을 "landscape"로 지정

▲ CameraControlTest] 애플리케이션의 주요 파일

01 CameraControlTest 안드로이드 애플리케이션 프로젝트 생성

❶ [Project Explorer] 뷰에서 [New]-[Project] 메뉴를 선택해 [Android Application Project]를 생성한다.

❷ [New Android Application] 창이 표시되면 다음과 같이 입력 및 선택한 후 [Next] 버튼을 클릭한다. 그 외의 값은 기본 값을 그대로 사용해 생성한다.

항목	입력 및 선택 값
Application name	CameraControlTest 입력
Project name	CameraControlTest 자동 입력됨
Package name	work.test.cameracontroltest 입력
Minimum Required SDK	API 8 : Android 2.2 (Froyo) 기본값 사용
Target SDK	API 18 : Android 4.3 기본값 사용 기본 값이 아닐 경우 선택
Compile With	API 18 : Android 4.3 기본값 사용

❸ [Next] 버튼을 누르다가 액티비티 변경 화면이 표시되면 [Activity Name]을 [Camera ControlTestMainActivity]로 변경한 후 [Finish] 버튼을 클릭한다.

02 레이아웃 리소소 [activity_camera_control_test_main.xml] 파일의 내용을 수정한 후 저장한다.

```
01  <RelativeLayout xmlns:android="http://schemas.android.com/apk/res/android"
02      xmlns:tools="http://schemas.android.com/tools"
03      android:layout_width="match_parent"
04      android:layout_height="match_parent"
05      android:paddingBottom="@dimen/activity_vertical_margin"
06      android:paddingLeft="@dimen/activity_horizontal_margin"
07      android:paddingRight="@dimen/activity_horizontal_margin"
08      android:paddingTop="@dimen/activity_vertical_margin"
09      tools:context=".CameraControlTestMainActivity" >
10
11      <FrameLayout
12          android:id="@+id/cameraPreView"
13          android:layout_width="match_parent"
14          android:layout_height="match_parent"
```

```
15        android:layout_alignBottom="@+id/captureBtn"
16        android:layout_alignParentLeft="true"
17        android:layout_alignParentTop="true" 〉
18
19    〈/FrameLayout〉
20
21    〈Button
22        android:id="@+id/captureBtn"
23        android:layout_width="wrap_content"
24        android:layout_height="wrap_content"
25        android:layout_alignLeft="@+id/cameraPreView"
26        android:layout_alignParentBottom="true"
27        android:text="@string/captureLabel" /〉
28
29 〈/RelativeLayout〉
```


11	FrameLayout은 카메라의 미리보기로 사용될 뷰와 연동하기 위해 정의한 것이다.
21	Button 위젯을 카메라로 사진을 찍기 위한 [사진찍기] 버튼을 정의한 것이다.

03 [CameraControlTestMainActivity] 액티비티의 내용을 수정
[SurfaceViewTest]−[src]−[work.test.cameracontroltest] 내에 있는 [Camera
ControlTestMain Activity] 액티비티의 내용을 수정한 후 저장한다.

```
01   package work.test.cameracontroltest;
02
03   import java.io.File;
04   import java.io.FileOutputStream;
05
06   import android.hardware.Camera;
07   import android.hardware.Camera.PictureCallback;
08   import android.os.Bundle;
09   import android.os.Environment;
10   import android.app.Activity;
11   import android.util.Log;
12   import android.view.Menu;
13   import android.view.View;
14   import android.view.Window;
15   import android.widget.Button;
```

```java
16    import android.widget.FrameLayout;
17
18    public class CameraControlTestMainActivity extends Activity {
19
20      private Camera camera;
21       private CameraView preview;
22
23      @Override
24      protected void onCreate(Bundle savedInstanceState) {
25         super.onCreate(savedInstanceState);
26         requestWindowFeature(Window.FEATURE_NO_TITLE);
27         setContentView(R.layout.activity_camera_control_test_main);
28
29         camera = getCameraInstance( );//Camera 객체 얻어옴
30
31         //카메라 미리보기를 하는 CameraView 객체를 생성
32         preview = new CameraView(this, camera);
33
34         //FrameLayout을 미리보기 스크린으로 사용하기 위해 얻어냄
35         FrameLayout screen = (FrameLayout)findViewById(R.id.cameraPreView);
36         //CameraView 객체를 FrameLayout의 내용으로 넣어서
37         //FrameLayout을 카메라 미리보기 스크린으로 사용
38         screen.addView(preview);
39
40         //[사진찍기] 버튼에 클릭 이벤트를 등록
41         Button capture = (Button) findViewById(R.id.captureBtn);
42         capture.setOnClickListener(new View.OnClickListener( ) {
43
44          @Override
45          public void onClick(View v) {//[사진찍기] 버튼을 누르면 자동 실행
46                  // TODO Auto-generated method stub
47                  //사진을 촬영 – onPictureTaken( ) 메소드를 호출
48                  camera.takePicture(null, null, picture);
49          }
50         });
51      }
52
53      //Camera 객체를 생성하는 메소드
54      public static Camera getCameraInstance( ){
55         Camera c = null;
56         try {
```

```java
57          c = Camera.open( ); //Camera 객체 생성
58      }catch (Exception e){
59          //로그 기록
60              Log.d("","Error create Camera instance: " + e.getMessage( ));
61      }
62      return c;
63  }
64
65 //사진을 촬영한 후 이미지 데이터를 파일로 저장 하는 부분에 대한 이벤트 핸들러
66    private PictureCallback picture = new PictureCallback( ){
67
68      @Override
69      public void onPictureTaken(byte[ ] data, Camera camera) {//사진 촬영 시 자동 호출
70      // TODO Auto-generated method stub
71      FileOutputStream out = null;
72
73      //사진 파일의 저장 위치를 외장 메모리의 [Picture] 공용 폴더로 지정함
74      File path = Environment.getExternalStoragePublicDirectory(
75              Environment.DIRECTORY_PICTURES);
76      //파일명을 현재의 날짜와 시간에 따른 타임스탬프로 지정
77      String fileName = System.currentTimeMillis( )+".jpg";
78      File picture = new File(path, fileName);//파일 객체 생성
79
80      try {//지정한 파일명으로 이미지 파일을 씀 - 실제로 파일이 생성됨
81        out = new FileOutputStream(picture);
82        out.write(data);
83        out.close( );
84      } catch (Exception e) {
85        Log.d("", "Faild file access: " + e.getMessage( ));
86      }
87   }};
88
89    @Override
90    public boolean onCreateOptionsMenu(Menu menu) {
91    // Inflate the menu; this adds items to the action bar if it is present.
92      getMenuInflater( ).inflate(R.menu.camera_control_test_main, menu);
93      return true;
94    }
95
96 }
```

29 camera = getCameraInstance( );은 54~63라인에 있는 getCameraInstance( ) 메소드에서 생성한 Camera 객체를 얻어낸다. 이 객체는 카메라 미리보기를 하는 CameraView 객체 생성 시 사용된다.

32 preview = new CameraView(this, camera);은 카메라 미리보기를 하는 CameraView객체를 생성해 38라인 screen.addView(preview);에서 FrameLayout에 카메라 미리보기가 표시되도록 연결한다.

41~51 [사진찍기] 버튼을 누르면 사진이 촬영되도록 이벤트를 등록했다.

48 camera.takePicture(null, null, picture);은 사진을 촬영하는 메소드로 사진을 촬영하면 69라인의 onPictureTaken( ) 메소드가 자동으로 호출되어 촬영한 사진을 파일로 저장한다.

66~87 라인 사진을 촬영한 후 이미지 데이터를 파일로 저장 하는 부분에 대한 이벤트 핸들러를 기술했다.

74 File path = Environment.getExternalStoragePublicDirectory(Environment.DIRECTORY _PICTURES);은 촬영한 사진을 파일로 저장할 위치를 지정하는 부분으로 사진 파일의 저장 위치를 외장 메모리의 [Picture] 공용 폴더로 지정했다. 최근의 안드로이드 폰은 외장 메모리로 SD 카드가 없는 경우가 많아 내장된 메모리의 영역에 이 부분을 별도로 할당해서 처리해 준다.

77 String fileName = System.currentTimeMillis( )+".jpg";은 파일명을 현재의 날짜와 시간의 타임스탬프로 지정했다.

78 File picture = new File(path, fileName);은 파일 객체를 생성해서 이미지 데이터를 출력해 실제 사진 파일로 사용할 수 있도록 지정한다.

04 카메라 미리보기를 구현할 View 클래스를 추가 – CameraView 클래스

❶ 프로젝트의 [src]–[work.test.cameracontroltest] 패키지를 선택한 후 마우스 오른쪽 버튼을 눌러 [New]–[Class] 메뉴를 선택한다.

❷ [New Java Class] 대화상자가 표시되면 다음과 같이 입력 및 선택한 후 [Finish] 버튼을 클릭한다.

항목	입력 및 선택 값
Package	work.test.cameracontroltest 입력 확인 패키지가 없으면 직접 입력
Name	CameraView
Superclass	android.view.SurfaceView
Interfaces	[Interface]의 추가는 [Add...] 버튼을 눌러서 한다. android.view.SurfaceHolder.Callback 추가
Which method stubs would you like to create?	[Constructors form superclass] 항목과 [Inherited abstract methods] 항목에 체크

❸ 편집기 뷰에 표시된 [CameraView]의 내용을 수정한 후 저장한다.

```
01   package work.test.cameracontroltest;
02
03   import android.content.Context;
04   import android.hardware.Camera;
05   import android.util.Log;
06   import android.view.SurfaceHolder;
07   import android.view.SurfaceView;
08
09   public class CameraView extends SurfaceView
10           implements SurfaceHolder.Callback{
11
12     private SurfaceHolder holder;
13      private Camera camera;
14
15     public CameraView(Context context) {//생성자
16        super(context);
17        // TODO Auto-generated constructor stub
18     }
19
20     //CameraView클래스의 객체 생성 시 호출 – 서피스 생성 및 이벤트 등록
21     public CameraView(Context context, Camera camera) {//생성자
22        super(context);
23        // TODO Auto-generated constructor stub
24
25        this.camera = camera; //Camera 객체를 액티비티로부터 넘겨 받은
26
27        //SurfaceView의 기본적인 서피스에 접근하고 제어하기 위한 SurfaceHolder 객체
28        //생성 후 화면의 상태 변화를 처리하는 이벤트 등록
29        holder = getHolder( );
30        holder.addCallback(this);
31     }
32
33     @Override
34     //생성된 서피스에 포맷 또는 크기 등의 구조적인  변화가 발생했을 때 자동으로 호출
35     //계속 사진을 촬영할 수 있도록 지정
36     public void surfaceChanged(SurfaceHolder holder, int format, int width,
37             int height) {
38        // TODO Auto-generated method stub
```

```java
39
40      //서피스가 존재하지 않으면 이 메소드 끝냄
41      if (holder.getSurface( ) == null){
42         return;
43      }
44
45      try {
46         camera.stopPreview( ); //카메라 미리보기 중단
47      } catch (Exception e){
48        Log.d("", "Error stopping camera preview: " + e.getMessage( ));
49      }
50
51      try {
52         //카메라 미리보기 재시작- 사진을 추가로 촬영하기 위해
53         camera.setPreviewDisplay(holder);
54         camera.startPreview( );
55
56      } catch (Exception e){
57         Log.d("", "Error starting camera preview: " + e.getMessage( ));
58      }
59
60   }
61
62   @Override
63   //서피스 생성 시 호출 – 카메라 미리보기 시작
64   public void surfaceCreated(SurfaceHolder holder) {
65      // TODO Auto-generated method stub
66      try{
67      //카메라 미리보기 표시 장소로 SurfaceView를 지정
68      camera.setPreviewDisplay(holder);
69      camera.startPreview( );//카메라 미리보기 시작
70      }catch(Exception e){
71      Log.d("", "Error starting camera preview: " + e.getMessage( ));
72      }
73   }
74
75   @Override
76   //서피스 제거 시 호출 – 카메라 미리보기 끝냄 및 카메라 장비의 점유 해제
77   public void surfaceDestroyed(SurfaceHolder holder) {
78      //카메라 미리보기를 끝내기 위해 setPreviewCallback( ) 메소드에 null 지정
```

```
79      camera.setPreviewCallback(null);
80      camera.stopPreview( );//카메라 미리보기 끝냄
81      camera.release( );//카메라 장비 점유 해제
82      camera = null; //Camera 객체를 제거
83    }
84
85  }
```

소스코드 설명

21~31   CameraView(Context context, Camera camera) 생성자는 CameraView 클래스의 객체 생성 시 호출되는 것으로 여기서는 카메라 미리보기에 사용될 서피스 생성 및 미리보기 화면이 변경되는 것을 감지하기 위한 이벤트를 등록한다.

36~60   surfaceChanged(SurfaceHolder holder, int format, int width, int height) 메소드는 생성된 서피스에 포맷 또는 크기 등의 구조적인 변화가 발생했을 때 자동으로 호출되는 부분을 프로그래밍한다. 여기서는 카메라가 사진을 계속 촬영할 수 있도록 처리한다.

64~73   surfaceCreated(SurfaceHolder holder) 메소드는 서피스 생성 시 호출되는 것으로 여기서는 카메라 미리보기를 시작한다.

77~83   라인surfaceDestroyed(SurfaceHolder holder) 메소드는 서피스 제거 시 호출되는 것으로 카메라 미리보기를 끝내고 카메라 장비의 점유를 해제하는 코드를 기술한다.

05 AndroidManifest.xml 파일 수정

❶ [CameraControlTestMainActivity] 액티비티의 카메라가 가로로 촬영될 수 있도록 android:screenOrientation 속성의 값에 "landscape"을 지정한다.

❷ 카메라와 외부 저장소를 사용하는 권한인 [android.permission.CAMERA], [android.permission.WRITE_EXTERNAL_STORAGE]를 AndroidManifest.xml 파일에 추가한다.

```
01  <?xml version="1.0" encoding="utf-8"?>
02  <manifest xmlns:android="http://schemas.android.com/apk/res/android"
03     package="work.test.cameracontroltest"
04     android:versionCode="1"
05     android:versionName="1.0" >
06
07     <uses-sdk
08        android:minSdkVersion="8"
```

```xml
09          android:targetSdkVersion="18" />
10    <uses-permission android:name="android.permission.CAMERA"/>
11    <uses-permission android:name="android.permission.WRITE_EXTERNAL_
      STORAGE"/>
12
13    <application
14        android:allowBackup="true"
15        android:icon="@drawable/ic_launcher"
16        android:label="@string/app_name"
17        android:theme="@style/AppTheme" >
18        <activity
19            android:name = "work.test.cameracontroltest.CameraControlTest
            MainActivity"
20        android:label="@string/app_name" android:screenOrientation="landscape">
21            <intent-filter>
22                <action android:name="android.intent.action.MAIN" />
23
24                <category android:name="android.intent.category.LAUNCHER" />
25            </intent-filter>
26        </activity>
27    </application>
28
29 </manifest>
```

06 안드로이드 애플리케이션 실행

❶ 실행할 안드로이드 애플리케이션 프로젝트를 선택한 후 [Run As]–[Android Application]을 선택해 안드로이드 에뮬레이터 또는 단말기에서 실행한다.

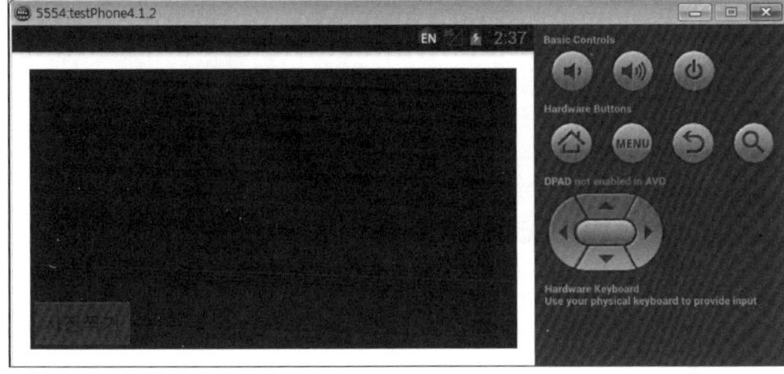

▲ 에뮬레이터에서 CameraControlTest 애플리케이션 실행 결과

❷ 에뮬레이터로 실행 시 제대로 실행되지 않기 때문에 안드로이드 단말기에서 실행한
다. [사진찍기] 버튼을 클릭하면 사진이 촬영되고 파일로 저장된다.

▲ 안드로이드 단말기에서 CameraControlTest 애플리케이션 실행 결과

❸ 저장된 파일은 단말기상에 [Pictures] 폴더에서 확인할 수 있다.

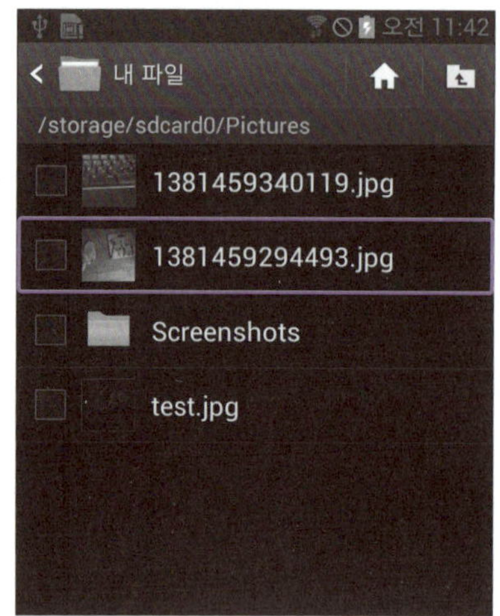

▲ 공용 폴더인 [Pictures] 폴더에 저장된 동영상 파일

01.4 카메라를 사용한 동영상 촬영

카메라를 사용해서 비디오를 촬영하려면 MediaRecorder 클래스가 카메라 장비에 접근
하여 촬영한다. 사진을 찍는 것과 비디오 촬영 애플리케이션을 프로그래밍하는 방법이 다
르며, 비디오 촬영 애플리케이션을 작성하는 방법은 다음과 같다.

❶ MediaRecorder 객체 생성

```
MediaRecorder recorder = new MediaRecorder( );
```

❷ setVideoSource( ) 메소드와 setAudioSource( ) 메소드를 사용해서 촬영에 필요한 비디오 소스 및 오디오 소스를 지정한다. 즉, 카메라 장비와 캠코더 장비에 접근한다.

```
recorder.setVideoSource(MediaRecorder.VideoSource.CAMERA); //카메라 장비
recorder.setAudioSource(MediaRecorder.AudioSource.CAMCORDER); //캠코더 장비
```

❸ 촬영된 파일의 형식을 지정하고 오디오와 비디오 인코딩을 지정한다.

```
recorder.setOutputFormat(MediaRecorder.OutputFormat.MPEG_4);//파일 형식 mp4
recorder.setVideoEncoder(MediaRecorder.VideoEncoder.DEFAULT);//비디오 인코딩 기본 값
recorder.setAudioEncoder(MediaRecorder.AudioEncoder.DEFAULT);//오디오 인코딩 기본 값
```

❹ 저장되는 파일을 설정한다.

```
file = File.createTempFile(fileName, ".mp4", path);
recorder.setOutputFile(file.getAbsolutePath( ));
```

❺ setPreviewDisplay( ) 메소드를 사용해서 미리보기를 설정한다.

```
recorder.setPreviewDisplay(holder.getSurface( ));
```

❻ prepare( ) 메소드를 호출해 MediaRecorder의 사용을 준비한다.

```
recorder.prepare( );
```

❼ start( ) 메소드를 호출해서 동영상 레코딩을 시작한다.

```
recorder.start( )
```

❽ stop( ) 메소드를 호출해 동영상 레코딩을 끝낸다.

```
recorder.stop( )
```

❾ MediaRecorder 객체의 설정값을 초기화하고 객체를 해제한다.

```
recorder.stop( );
recorder.release( );
```

이 예제는 안드로이드폰의 카메라를 사용해 사진을 촬영하는 예제로 촬영된 사진은 공용 폴더인 [Movies] 폴더에 저장된다.

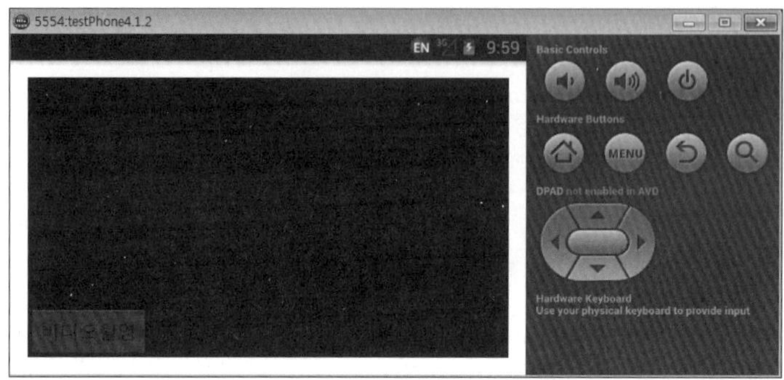

▲ 에뮬레이터에서 VideoControlTest 애플리케이션 실행 결과

▲ 안드로이드 단말기에서 CameraControlTest 애플리케이션 실행 결과

주요 파일	파일명 ([VideoControlTest] 애플리케이션)	하는 일
리소스 파일 (문자열, 이미지 등)	문자열 리소스 파일명 : strings.xml 위치 : [프로젝트]–[res]–[values]	• pictureLabel 문자열 정의
레이아웃 리소스 파일	activity_video_control_test_main.xml 위치 : [프로젝트]–[res]–[layout]	• 1개의 FrameLayout과 1개의 Button 위젯을 배치 • string.xml에서 정의한 pictureLabel 문자열 참조
로직 클래스	뷰 클래스 파일 파일명 : VideoCaptureView.java 위치 : [프로젝트]–[src]–[패키지명]	• SurfaceView를 사용해서 카메라 미리보기를 구현

| 로직 클래스 | 액티비티 클래스 파일
파일명 : VideoControlTestMain Activity.java
위치 : [프로젝트]−[src]−[패키지명] | • activity_video_control_test_main.xml을 화면의 내용으로 지정
• FrameLayout과 VideoCaptureView 클래스를 연동하고 MediaPlayer 객체를 생성
• [비디오촬영] 버튼을 누르면 비디오 촬영이 시작되고 [촬영중단] 버튼을 클릭하면 촬영이 중단됨 |
| 매니페스트 파일 | AndroidManifest.xml
위치 : [프로젝트] | • android.permission.CAMERA, android.permission.RECORD_AUDIO, android.permission.WRITE_EXTERNAL_STORAGE 권한 추가
• VideoControlTestMainActivity 액티비티에 screenOrientation을 "landscape"로 지정 |

▲ [VideoControlTest] 애플리케이션의 주요 파일

01 VideoControlTest 안드로이드 애플리케이션 프로젝트 생성

❶ [Project Explorer] 뷰에서 [New]−[Project] 메뉴를 선택해 [Android Application Project]를 생성한다.

❷ [New Android Application] 창이 표시되면 다음과 같이 입력 및 선택을 한 후 [Next] 버튼을 클릭한다. 그 외의 값은 기본 값을 그대로 사용해 생성한다.

항목	입력 및 선택 값
Application name	VideoControlTest 입력
Project name	VideoControlTest 자동 입력됨
Package name	work.test.videocontroltest 입력
Minimum Required SDK	API 8 : Android 2.2 (Froyo) 기본값 사용
Target SDK	API 18 : Android 4.3 기본값 사용 기본 값이 아닐 경우 선택
Compile With	API 18 : Android 4.3 기본값 사용

❸ [Next]버튼을 누르다가 액티비티 변경 화면이 표시되면 [Activity Name]을 [VideoControlTestMainActivit]로 변경한 후 [Finish] 버튼을 클릭한다.

```xml
01  <RelativeLayout xmlns:android="http://schemas.android.com/apk/res/android"
02    xmlns:tools="http://schemas.android.com/tools"
03    android:layout_width="match_parent"
04    android:layout_height="match_parent"
05    android:paddingBottom="@dimen/activity_vertical_margin"
06    android:paddingLeft="@dimen/activity_horizontal_margin"
07    android:paddingRight="@dimen/activity_horizontal_margin"
08    android:paddingTop="@dimen/activity_vertical_margin"
09    tools:context=".VideoControlTestMainActivity" >
10
11    <FrameLayout
12      android:id="@+id/videoPreView"
13      android:layout_width="match_parent"
14      android:layout_height="match_parent"
15      android:layout_alignParentLeft="true"
16      android:layout_alignParentTop="true" >
17
18    </FrameLayout>
19
20    <Button
21      android:id="@+id/captureBtn"
22      android:layout_width="wrap_content"
23      android:layout_height="wrap_content"
24      android:layout_alignLeft="@+id/videoPreView"
25      android:layout_alignParentBottom="true"
26      android:text="@string/pictureLabel" />
27
28  </RelativeLayout>
```

03 [VideoControlTestMainActivity] 액티비티의 내용 수정

[work.test.videocontroltest] 내에 있는 [VideoControlTestMainActivity] 액티비티의 내용을 수정한 후 저장한다.

```java
01  package work.test.videocontroltest;
02
03  import java.io.File;
04  import java.io.IOException;
05  import android.media.MediaRecorder;
06  import android.os.Bundle;
07  import android.os.Environment;
08  import android.app.Activity;
09  import android.view.Menu;
10  import android.view.View;
11  import android.view.Window;
12  import android.widget.Button;
13  import android.widget.FrameLayout;
14  import android.widget.TextView;
15
16  public class VideoControlTestMainActivity extends Activity {
17
18
19    private VideoCaptureView videoCapture;
20    private MediaRecorder recorder;
21    private boolean isRecording = false;
22
23    @Override
24    protected void onCreate(Bundle savedInstanceState) {
25      super.onCreate(savedInstanceState);
26      requestWindowFeature(Window.FEATURE_NO_TITLE);
27      setContentView(R.layout.activity_video_control_test_main);
28
29      //레코딩을 준비하는 메소드 호출
30      prepareVideoRecorder( );
31
32      videoCapture = new VideoCaptureView(this, recorder);
33
34      //FrameLayout을 미리보기 스크린으로 사용하기 위해 얻어냄
```

```java
35      FrameLayout screen = (FrameLayout)findViewById(R.id.videoPreView);
36      //CameraView 객체를 FrameLayout의 내용으로 넣어서
37      //FrameLayout을 카메라 미리보기 스크린으로 사용
38      screen.addView(videoCapture);
39
40      //[비디오촬영] 버튼에 이벤트를 등록
41      Button capture = (Button) findViewById(R.id.captureBtn);
42      capture.setOnClickListener(new View.OnClickListener( ) {
43
44      @Override
45      //[비디오촬영] 버튼 또는 [촬영중단] 버튼을 누르면 자동 실행
46      public void onClick(View v) {
47          // TODO Auto-generated method stub
48          //버튼의 레이블을 변경하기 위해 상위 클래스인 TextView로 형 변환
49          TextView b = (TextView)v;
50
51          if (isRecording) {//[촬영중단] 버튼을 누른 경우
52                  //촬영 중일 때 버튼을 누르면 레코딩이 중단
53                  recorder.stop( );  //레코딩 중단
54                  releaseMediaRecorder( ); //MediaRecorder 객체 해제
55
56                  //[비디오촬영] 버튼 사용 금지
57                  b.setText("비디오촬영");
58                  b.setEnabled(false);
59                  isRecording = false;
60          } else {//맨처음 [비디오촬영] 버튼을 누른 경우
61                  try {
62                      recorder.start( );//레코딩 시작
63                  } catch (IllegalStateException e) {
64                      // TODO Auto-generated catch block
65                      e.printStackTrace( );
66                  }
67
68                  //[비디오촬영] 버튼을 [촬영중단] 버튼으로 레이블 변경
69                  b.setText("촬영중단");
70                  isRecording = true;
71          }
72      }
```

```java
73        });
74    }
75
76    //MediaRecorder 객체를 생성하고 레코딩 준비를 끝냄
77    private void prepareVideoRecorder( ){
78
79        // MediaRecorder 객체 생성
80        recorder = new MediaRecorder( );
81
82        //비디오 촬영 시 카메라를 사용하고 동영상에 소리를 넣기 위해 캠코더 사용
83        recorder.setVideoSource(MediaRecorder.VideoSource.CAMERA);
84        recorder.setAudioSource(MediaRecorder.AudioSource.CAMCORDER);
85
86        //촬영된 파일의 형식을 mp4로 지정하고 오디오와 비디오 인코딩은 기본값을 사용
87        recorder.setOutputFormat(MediaRecorder.OutputFormat.MPEG_4);
88        recorder.setVideoEncoder(MediaRecorder.VideoEncoder.DEFAULT);
89        recorder.setAudioEncoder(MediaRecorder.AudioEncoder.DEFAULT);
90
91        //촬영된 동영상을 저장할 위치와 파일을 설정
92        File path = Environment.getExternalStoragePublicDirectory(
93            Environment.DIRECTORY_MOVIES); //저장 위치
94        //파일명을 현재의 날짜와 시간에 따른 타임스탬프로 지정
95        String fileName = “ ”+System.currentTimeMillis( );
96        File file = null;
97        try {
98    //동영상 파일이 mp4로 저장되도록 설정
99    file = File.createTempFile(fileName, “.mp4”, path);
100    //동영상을 지정한 파일명에 연결 – 실제로 동영상 파일이 생성됨
101    recorder.setOutputFile(file.getAbsolutePath( ));
102        } catch (IOException e1) {
103    // TODO Auto-generated catch block
104    e1.printStackTrace( );
105        }
106    }
107
108    //액티비티가 백그라운드로 이동하면 MediaRecorder 객체 해제
109    protected void onPause( ) {
110        super.onPause( );
```

```
111        releaseMediaRecorder( );
112    }
113
114    // MediaRecorder 객체 해제
115    private void releaseMediaRecorder( ){
116       if (recorder != null) {
117          recorder.reset( );  //MediaRecorder 객체의 설정값 클리어
118          recorder.release( ); //MediaRecorder 객체를 해제
119          recorder = null; //MediaRecorder 객체 제거
120       }
121    }
122
123    @Override
124    public boolean onCreateOptionsMenu(Menu menu) {
125       // Inflate the menu; this adds items to the action bar if it is present.
126       getMenuInflater( ).inflate(R.menu.video_control_test_main, menu);
127       return true;
128    }
129
130 }
```


11   prepareVideoRecorder( );은 비디오를 촬영하기 위한 설정하는 메소드를 호출한다.

77~106   prepareVideoRecorder( ) 메소드는 MediaRecorder 객체를 생성하고 레코딩 준비를 위한 비디오 및 오디오 소스를 설정하고 인코딩도 설정한다. 또한 촬영한 동영상을 파일로 저장하기 위한 설정을 한다.

04 카메라 미리보기를 구현할 View 클래스를 추가 – VideoCaptureView 클래스

❶ 프로젝트의 [src]–[work.test.videocontroltest] 패키지를 선택한 후 마우스 오른쪽 버튼을 눌러 [New]–[Class]메뉴를 선택한다.

❷ [New Java Class] 대화상자가 표시되면 다음과 같이 입력 및 선택한 후 [Finish] 버튼을 클릭한다.

항목	입력 및 선택 값
Package	work.test.videocontroltest 입력 확인. 패키지가 없으면 직접 입력
Name	VideoCaptureView
Superclass	android.view.SurfaceView
Interfaces	[Interface]의 추가는 [Add...] 버튼을 눌러서 한다. android.view.SurfaceHolder.Callback 추가
Which method stubs would you like to create?	[Constructors form superclass] 항목과 [Inherited abstract methods] 항목에 체크

❸ 편집기 뷰에 표시된 VideoCaptureView]의 내용을 수정한 후 저장한다.

```
01   package work.test.videocontroltest;
02
03   import java.io.IOException;
04   import android.content.Context;
05   import android.media.MediaRecorder;
06   import android.view.SurfaceHolder;
07   import android.view.SurfaceView;
08
09   public class VideoCaptureView extends SurfaceView
10        implements SurfaceHolder.Callback{
11
12      private SurfaceHolder holder;
13       private MediaRecorder recorder;
14
15      public VideoCaptureView(Context context) {
16         super(context);
17         // TODO Auto-generated constructor stub
18      }
19
20      public VideoCaptureView(Context context,  MediaRecorder recorder) {
21         super(context);
22         // TODO Auto-generated constructor stub
23
24         this.recorder = recorder;
25      //SurfaceView의 기본적인 서피스에 접근하고 제어하기 위한 SurfaceHolder 객체
```

```java
26      //생성 후 화면의 상태 변화를 처리하는 이벤트 등록
27      holder = getHolder( );
28      holder.addCallback(this);
29    }
30
31    @Override
32    public void surfaceChanged(SurfaceHolder holder, int format, int width,
33            int height) {
34      // TODO Auto-generated method stub
35
36    }
37
38    @Override
39    //서피스가 생성 시 레코딩 준비를 완료함
40    public void surfaceCreated(SurfaceHolder holder) {
41      // TODO Auto-generated method stub
42      //미리보기 화면 준비 완료
43      recorder.setPreviewDisplay(holder.getSurface( ));
44      try {
45      recorder.prepare( );//레코딩 준비 완료
46      } catch (IllegalStateException e) {
47      // TODO Auto-generated catch block
48      e.printStackTrace( );
49      } catch (IOException e) {
50      // TODO Auto-generated catch block
51      e.printStackTrace( );
52      }
53    }
54
55    @Override
56    //서피스가 제거 시 레코딩을 중단하고 MediaRecorder 객체 해제
57    public void surfaceDestroyed(SurfaceHolder holder) {
58      // TODO Auto-generated method stub
59      recorder.stop( );
60      recorder.release( );
61    }
62  }
```

05 AndroidManifest.xml 파일 수정

❶ [CVideoControlTestMainActivity] 액티비티의 카메라가 가로로 촬영될 수 있도록 android:screenOrientation 속성의 값에 "landscape"을 지정한다.

❷ 카메라, 동영상 촬영 시 소리도 녹음 및 외부 저장소를 사용하는 권한인 [android.permission.CAMERA], [android.permission.RECORD_AUDIO], [android.permission.WRITE_EXTERNAL_STORAGE]를 AndroidManifest.xml 파일에 추가한다.

```xml
01    <?xml version="1.0" encoding="utf-8"?>
02    <manifest xmlns:android="http://schemas.android.com/apk/res/android"
03        package="work.test.videocontroltest"
04        android:versionCode="1"
05        android:versionName="1.0" >
06
07        <uses-sdk
08            android:minSdkVersion="8"
09            android:targetSdkVersion="18" />
10        <uses-permission android:name="android.permission.CAMERA"/>
11        <uses-permission android:name="android.permission.WRITE_EXTERNAL_
          STORAGE"/>
12        <uses-permission android:name="android.permission.RECORD_AUDIO"/>
13
14        <application
15            android:allowBackup="true"
16            android:icon="@drawable/ic_launcher"
17            android:label="@string/app_name"
18            android:theme="@style/AppTheme" >
```

```
19        <activity
20            android:name ="work.test.videocontroltest.VideoControlTestMainActivity"
21        android:label="@string/app_name" android:screenOrientation="landscape">
22            <intent-filter>
23                <action android:name="android.intent.action.MAIN" />
24
25                <category android:name="android.intent.category.LAUNCHER" />
26            </intent-filter>
27        </activity>
28    </application>
29
30    </manifest>
```

06 안드로이드 애플리케이션 실행

❶ 실행할 안드로이드 애플리케이션 프로젝트를 선택한 후 [Run As]-[Android Application]을 선택 해 안드로이드 에뮬레이터 또는 단말기에서 실행한다.

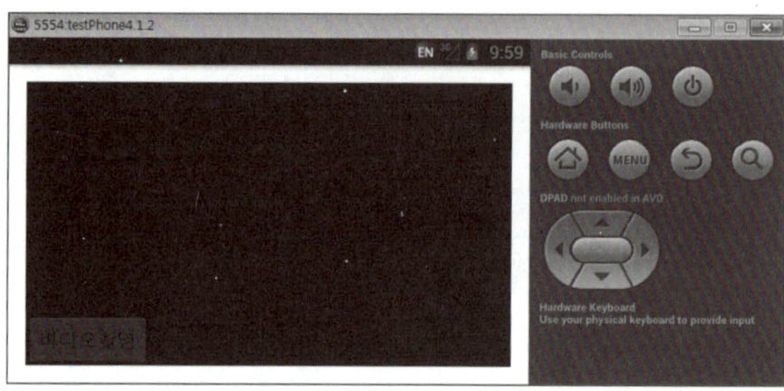

▲ 에뮬레이터에서 VideoControlTest 애플리케이션 실행 결과

❷ 에뮬레이터로 실행 시 제대로 실행되지 않기 때문에 안드로이드 단말기에서 실행한 후 [비디오 촬영] 버튼을 누른다.

▲ 안드로이드 단말기에서 VideoControlTest 애플리케이션 실행 결과

❸ 비디오 촬영이 시작된다.

▲ 비디오 촬영이 시작

❹ [촬영중단] 버튼을 클릭하면 동영상 촬영이 중단되고 파일로 저장된다.

▲ 비디오 촬영 중단

❺ 저장된 파일은 단말기상에 [Movies] 폴더에서 확인할 수 있다.

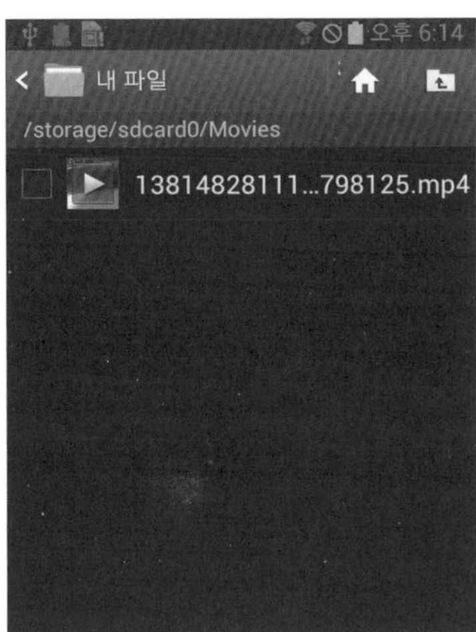

▲ 공용 폴더인 [Movies] 폴더에 저장된 동영상 파일

센서(Sensor) 제어

Android Programming

02.1 개요

대부분의 안드로이드 단말기에는 동작 감지 센서, 방향 센서 및 다양한 환경의 상태를 감지하는 센서가 내장되어 있다. 이 센서들은 높은 정밀도와 정확도를 갖는 데이터를 제공하며 3차원 단말기의 움직임 또는 위치 등 확인하는 작업에 유용하다. 예를 들어 게임 애플리케이션에서 단말기를 기울이거나 흔들거나 회전시키는 등의 동작을 갖게 하거나 단말기의 습도센서나 온도센서를 사용해서 날씨관련 애플리케이션 개발을 할 때 좋다.

■ 안드로이드에서는 제공하는 센서

안드로이드에서는 제공하는 센서는 크게 동작 센서(Motion sensor), 환경 센서(Environmental sensor), 위치 센서(Position sensor)의 3가지로 분류할 수 있다.

■ 모션 센서(Motion sensor)

이 센서는 가속력과 회전력을 3개의 축으로 측정한다. 가속도계(accelerometer), 중력 센서(gravity sensor), 자이로스코프(gyroscope, 평형 상태 측정), 회전 벡터 센서(rotational vector sensor)가 이 분류에 속한다.

센서 종류
가속도계(accelerometer)

센서	TYPE_ACCELEROMETER
타입	Hardware
설명	중력을 포함한 세 축(x,y,z)상에서 디바이스가 제공한 속력 변화량(m/s^2)에 따른 가속도를 측정 API 3부터 사용 가능
일반적인 사용 형태	흔들기, 기울이기 등의 동작 감지

중력 센서(gravity sensor)

센서	TYPE_GRAVITY
타입	Software or Hardware

설명	세 축(x,y,z)상에서 디바이스가 제공한 물리 가속도상에서 중력을 측정 API 9부터 사용 가능
일반적인 사용 형태	흔들기, 기울이기 등의 동작 감지

자이로스코프(gyroscope)	
센서	TYPE_GYROSCOPE
타입	HHardware
설명	매 회마다 세 축(x,y,z)에서 각 속도의 디바이스의 회전율을 측정 API 9 부터 사용 가능
일반적인 사용 형태	스핀, 턴 등의 회전 감지

회전 벡터 센서(rotational vector sensor)	
센서	TYPE_ROTATION_VECTOR
타입	Software or Hardware
설명	제공되는 디바이스의 회전 벡터의 세 요소에 의해 디바이스의 방향을 측정 API 9부터 사용 가능하며, TYPE_ORIENTATION 대신 사용
일반적인 사용 형태	동작 감지 및 회전 감지

■ 환경 센서(Environmental sensor)

이 센서는 대기 온도(ambient air temperature) 및 압력(pressure), 조도(illumination), 습도(humidity)와 같은 다양한 환경적인 요소를 측정한다. 기압계(barometer), 광도계(photometer), 온도계(thermometer)가 이 분류에 속한다.

센서 종류	
대기 온도계(ambient air temperature)	
센서	TYPE_AMBIENT_TEMPERATURE
타입	Hardware
설명	실내 섭씨온도를 측정 API 14부터 사용 가능
일반적인 사용 형태	대기 온도 모니터링
광도계(photometer)	
센서	TYPE_LIGHT
타입	Hardware
설명	환경광(주위의 모든 방향에서 오는 빛)을 럭스(lx) 단위로 측정 API 3부터 사용 가능
일반적인 사용 형태	화면 밝기를 제어

압력계(pressure)	
센서	TYPE_PRESSURE
타입	Hardware
설명	헥토파스칼(hPa) 또는 밀리바(mbar) 단위로 주위의 공기 압력을 측정 API 9 부터 사용 가능
일반적인 사용 형태	공기 압력의 변화를 모니터링
상대 습도계(humidity)	
센서	TYPE_RELATIVE_HUMIDITY
타입	Hardware
설명	퍼센트(%) 단위로 주위의 상대 습도를 측정한다. API 14부터 사용 가능
일반적인 사용 형태	이슬점, 절대 및 상대 습도를 모니터링
온도계(thermometer)	
센서	TYPE_TEMPERATURE
타입	Hardware
설명	섭씨 단위로 온도를 측정한다. 이 센서는 API Level 14에서 TYPE_AMBIENT_ TEMPERATURE로 대치되어 폐기됨
일반적인 사용 형태	온도를 모니터링

■ 위치 센서(Position sensor)

이 센서는 단말기의 물리적인 위치를 측정한다. 방향 센서(orientation sensor)와 자기계(magnetometer)가 이 분류에 속한다.

센서 종류	
자기계(magnetometer, 자기장)	
센서	TYPE_MAGNETIC_FIELD
타입	Hardware
설명	세 축(x,y,z)에서 마이크로테슬라(μT) 단위로 주위의 지구 자기장을 측정
일반적인 사용형태	나침반 생성
방향 센서(orientation sensor)	
센서	TYPE_ORIENTATION
타입	Software

설명	디바이스가 만드는 물리적 세 축(x,y,z)상에서 회전 정도를 측정 API 3부터 사용 가능하나 API Level 14에서는 폐기되어 TYPE_ROTATION _VECTOR를 사용
일반적인 사용 형태	디바이스 위치를 결정

🎛 센서 관련 클래스 및 인터페이스

안드로이드에서는 단말기상의 센서에 접근할 수 있는 클래스들과 인터페이스들을 제공하며, 이들은 android.hardware 패키지에 있다.

■ SensorManager

이 클래스는 센서 서비스의 객체를 생성하기 위해 사용한다.

```
SensorManager sm = (SensorManager)getSystemService(SENSOR_SERVICE);
```

여기서는 센서에 접근하고 목록화하는 메소드, 센서의 이벤트 리스너를 등록하고 해제하는 메소드 그리고 방향 정보를 얻어내는 메소드를 제공하며, 또한 정확한 센서 값의 전달, 데이터 습득률 설정 및 센서 눈금값 등도 제공한다. SensorManager 클래스의 주요 메소드는 다음과 같다.

SensorManager 클래스의 주요 메소드

public static float getAltitude(float p0, float p)
대기 압력과 해수면 압력으로 부터 측정한 고도를 계산한다.

public static void getAngleChange(float[ ] angleChange, float[ ] R, float[ ] prevR)
두 회전 행렬 사이의 각도 변화를 계산한다.

public Sensor getDefaultSensor(int type)
주어진 타입에 해당하는 기본 Sensor 객체를 얻어낸다.

public static float getInclination(float[ ] I)
지구 자기장 경사도을 계산한다.

public static float[ ] getOrientation(float[ ] R, float[ ] values)
디바이스의 방향을 계산한다.

public List〈Sensor〉 getSensorList(int type)
주어진 타입의 사용 가능한 센서 리스트를 얻어낸다.

public boolean registerListener(SensorEventListener listener, Sensor sensor, int rate)
주어진 센서를 위한 SensorEventListener를 등록한다.

```
public void unregisterListener(SensorEventListener listener, Sensor sensor)
```
등록된 센서의 리스너를 해제한다.

```
public void unregisterListener(SensorEventListener listener)
```
모든 센서의 리스너를 해제한다.

▲ SensorManager 클래스의 주요 메소드

■ Sensor

이 클래스는 지정한 센서의 객체를 생성하기 위해 사용되며 SensorManager 클래스의 getDefaultSensor( ) 메소드를 사용해서 얻어낸다.

```
SensorManager sm = (SensorManager)getSystemService(SENSOR_SERVICE);
Sensor acc = sm.getDefaultSensor(Sensor.TYPE_ACCELEROMETER);
```

센서의 역량을 결정하기 위한 메소드들이 제공된다. Sensor 클래스의 주요 메소드는 다음과 같다.

Sensor 클래스의 주요 메소드
public float getMaximumRange( ) 센서의 최대 범위를 얻어낸다.
public int getMinDelay( ) 최소 딜레이 값을 얻어낸다.
public String getName( ) 센서의 이름을 얻어낸다.
public float getPower( ) 센서를 사용하는 동안 소비된 전력을 밀리암페어(mA) 단위로 얻어낸다.
public float getResolution( ) 센서의 해상도를 얻어낸다.
public int getType( ) 센서의 일반적인 타입을 얻어낸다.
public String getVendor( ) 센서의 제조사를 얻어낸다.
public int getVersion( ) 센서 모듈의 버전을 얻어낸다.
public String toString( ) 해당 객체의 간단한 설명을 문자열로 얻어낸다.

▲ Sensor 클래스의 주요 메소드

■ SensorEvent

이 클래스는 센서 이벤트에 대한 정보를 제공하는 센서 이벤트 객체를 생성하기 위해 사용한다. 가공되지 않은 센서 데이터, 이벤트에 의해 생성된 센서의 타입, 데이터의 정확도 및 이벤트의 타임스탬프 등과 같은 정보를 제공한다. 이 클래스는 정보를 갖는 프로퍼티(멤버 필드)만을 제공한다.

SensorEvent 클래스의 프로퍼티
public int accuracy 이벤트의 정확도
public Sensor sensor 이벤트에의해 생성된 센서
public long timestamp 발생된 이벤트의 나노세컨드(1/10억 초)
public final float[ ] values 센서 타입에 따른 값 배열

▲ SensorEvent 클래스의 프로퍼티

■ SensorEventListener

이 인터페이스는 센서값이 변경되었을 때 SensorManager로부터 알림을 받기 위해 사용한다. 알림은 콜백 메소드를 사용해서 받으며 이 인터페이스의 콜백 메소드는 다음과 같다.

SensorEventListener 클래스의 주요 메소드
public abstract void onAccuracyChanged (Sensor sensor, int accuracy) 센서의 정확도(accuracy)가 변경되면 호출된다.
public abstract void onSensorChanged (SensorEvent event) 센서값이 변경되면 호출된다.

▲ SensorEventListener 클래스의 주요 메소드

02.2 센서를 사용한 애플리케이션 개발

안드로이드는 디바이스에 내장된 센서를 쉽게 사용할 수 있는 메소드를 제공하며 최대 범위, 해상도 및 필요한 전력 등의 각 센서가 가진 기능도 사용할 수 있는 메소드를 제공한다.

센서를 사용하여 프로그램을 작성하는 순서는 다음과 같다.

❶ 디바이스의 센서 확인

디바이스의 센서를 확인하기 위해서는 먼저 센서 서비스를 참조하는 것이 필요한데,
이것은 getSystemService(Context.SENSOR_SERVICE) 메소드를 사용해
SensorManger 클래스의 객체를 생성해서 한다.

```
//SensorManger 클래스 객체 sm 생성
SensorManager sm =
            (SensorManager) getSystemService(Context.SENSOR_SERVICE);
```

❷ 사용 가능한 센서 목록 얻어내기

생성된 SensorManger 클래스의 객체로부터 사용 가능한 센서의 목록을 get
SensorList( ) 메소드를 사용해서 얻어낸다. 모든 센서를 얻어낼 때는 Sensor.
TYPE_ALL 매개변수를 사용한다.

```
//사용 가능한 모든 센서 목록 sensorList 얻어냄
List<Sensor> sensorList = sm.getSensorList(Sensor.TYPE_ALL);
```

특정 센서 목록만 얻어낼 때는 TYPE_ALL 대신 TYPE_GYROSCOPE, TYPE_
LINEAR_ACCELERATION 또는 TYPE_GRAVITY과 같이 얻어내고자 하는 센서를
기술한다. 목록을 얻어내기 전에 if문을 써서 존재 여부를 판단한다.

```
//사용 가능한 중력 센서 목록 sensorList 얻어냄
if (sm.getDefaultSensor(Sensor.TYPE_GRAVITY) != null){//중력 센서가 있으면 수행
  List<Sensor> sensorList = sm.getSensorList(Sensor.TYPE_GRAVITY);
}
```

❸ 센서 목록으로부터 센서를 얻어내기

getDefaultSensor( ) 메소드 또는 센서 목록에서 사용하고자 하는 센서를 Sensor
객체로 생성한다. 이때 매개변수는 getDefaultSensor(Sensor.TYPE_MAGNETIC_
FIELD)와 같이 센서의 타입을 쓴다.

```
if (sm.getDefaultSensor(Sensor.TYPE_GRAVITY) != null){//중력 센서가 있으면 수행
  List<Sensor> sensorList = sm.getSensorList(Sensor.TYPE_GRAVITY);

  if(sensorList.size > 0){ //중력 센서 목록이 있으면 수행
      Sensor gravity = sensorList.get(0); //중력 센서를 얻어냄
  }
}
```

❹ 센서 이벤트 리스너 등록

센서에서 이벤트 발생 시 어떤 처리를 하려면 액티비티가 재시작(resume) 시 registerListener( ) 메소드를 사용해 리스너를 등록해야 한다. 또한 액티비티가 일시중지(pause) 또는 정지(stop)한 경우 unregisterListener( ) 메소드를 사용하여 리스너 등록를 해제한다.

```
protected void onResume( ) { //액티비티가 재시작 시 자동 실행
    super.onResume( );
    sm.registerListener(this, mLight, SensorManager.SENSOR_DELAY_NORMAL);
}
protected void onPause( ) { //액티비티가 일시 중지 시 자동 실행
    super.onPause( );
    sm.unregisterListener(this);
}
```

❺ 센서 이벤트 처리

센서의 정확도나 값의 변경에 따른 이벤트의 발생 시 처리하는 작업은 Sensor EventListener 인터페이스의 onAccuracyChanged( ) 메소드와 SensorChanged( ) 메소드에 기술한다. 이 메소드들은 센서의 종류에 따라 기술하는 값이 다르며, on Accuracy Changed( ) 메소드가 필요 없는 경우도 있다.

```
//센서의 값이 변경된 경우 자동 실행
public void onSensorChanged(SensorEvent event){
    //필요한 경우 코드 기술
}
//센서의 정확도가 변경된 경우 자동 실행
public final void onAccuracyChanged(Sensor sensor, int accuracy) {
    //필요한 경우 코드 기술
}
```

이 예제는 위치 센서인 중력 센서를 사용해 그래프를 그린다. 센서는 에뮬레이터에서는 테스트할 수 없으므로 단말기에서 실행한다.

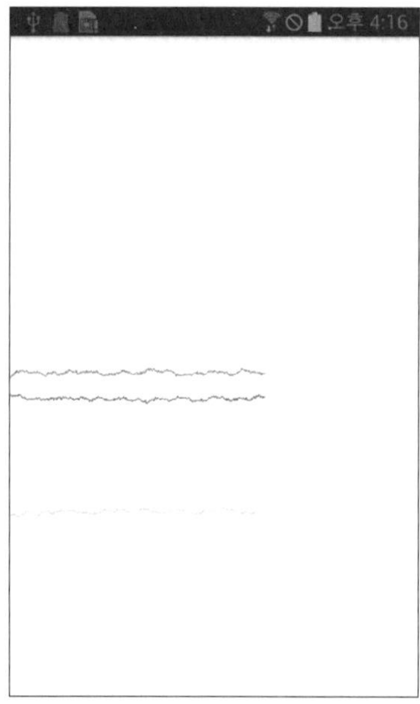

▲ 안드로이드 단말기에서 SensorrTest 애플리케이션 실행 결과

주요 파일	파일명 ([SQLiteTest] 애플리케이션)	하는 일
리소스 파일 (문자열, 이미지 등)	문자열 리소스 파일명 : strings.xml 위치 : [프로젝트]–[res]–[values]	• 이 애플리케이션에서는 사용 안 함
레이아웃 리소스 파일	activity_sensor_test_main.xml 위치 : [프로젝트]–[res]–[layout]	• 이 애플리케이션에서는 사용 안 함
로직 클래스	뷰 클래스 클래스명 : ScreenView 위치 : SensorTestMainActivity 클래의 내부 클래스	• 센서의 값에 변화에 따라 화면에 그 래프를 그린다.
	액티비티 클래스 파일 파일명 : SensorTestMainActivity. java 위치 : [프로젝트]–[src]–[패키지명]	• ScreenView 클래스를 화면의 내용 으로 지정 • 센서 이벤트를 등록
매니페스트 파일	AndroidManifest.xml 위치 : [프로젝트]	• 이 애플리케이션에서는 수정 안 함

▲ [SensorTest] 애플리케이션의 주요 파일

01 SensorTest 안드로이드 애플리케이션 프로젝트 생성

❶ [Project Explorer] 뷰에서 [New]-[Project] 메뉴를 선택해 [Android Application Project]를 생성한다.

❷ [New Android Application]창이 표시되면 다음과 같이 입력 및 선택 후 [Next] 버튼을 클릭한다. 그 외의 값은 기본 값을 그대로 사용해 생성한다.

항목	입력 및 선택 값
Application name	SensorTest 입력
Project name	SensorTest 자동 입력됨
Package name	work.test.sensortest 입력
Minimum Required SDK	API 8 : Android 2.2 기본값 사용
Target SDK	API 18 : Android 4.3 기본값 사용 기본 값이 아닐 경우 선택
Compile With	API 18 : Android 4.3 기본값 사용

❸ [Next] 버튼을 누르다가 액티비티 변경 화면이 표시되면 [Activity Name]을 [SensorTestMainActivity]로 변경한 후 [Finish] 버튼을 클릭한다.

02 [SensorTestMainActivity] 액티비티의 내용 수정
[work.test.sensortest] 내에 있는 [SensorTestMainActivity] 액티비티의 내용을 수정한 후 저장한다.

```
01    package work.test.sensortest;
02
03    import android.app.Activity;
04    import android.content.Context;
05    import android.graphics.Bitmap;
06    import android.graphics.Canvas;
07    import android.graphics.Color;
08    import android.graphics.Paint;
09    import android.graphics.Path;
10    import android.hardware.Sensor;
11    import android.hardware.SensorEvent;
```

```java
import android.hardware.SensorEventListener;
import android.hardware.SensorManager;
import android.os.Bundle;
import android.view.Menu;
import android.view.View;
import android.view.Window;

public class SensorTestMainActivity extends Activity {

    private SensorManager sm;
    private ScreenView sv;

    @Override
    protected void onCreate(Bundle savedInstanceState) {
        super.onCreate(savedInstanceState);
        requestWindowFeature(Window.FEATURE_NO_TITLE);

        //SensorManager 객체 얻어냄
        sm = (SensorManager) getSystemService(SENSOR_SERVICE);

        //화면에 그래프를 그리는 ScreenView 객체를 생성
        sv = new ScreenView(this);
        setContentView(sv);
    }

    @Override
    public boolean onCreateOptionsMenu(Menu menu) {
    // Inflate the menu; this adds items to the action bar if it is present.
        getMenuInflater().inflate(R.menu.sensor_test_main, menu);
        return true;
    }

    @Override
    //액티비티가 재시작 시 자동 실행
    protected void onResume(){
        super.onResume();

        //자기장 센서에 대한 이벤트리스너 등록
        sm.registerListener(sv,
            sm.getDefaultSensor(Sensor.TYPE_MAGNETIC_FIELD),
```

```java
52          SensorManager.SENSOR_DELAY_FASTEST);
53    }
54
55    @Override
56    //액티비티가 정지되면 자동 실행
57    protected void onStop( ){
58       super.onStop( );
59       sm.unregisterListener(sv);//이벤트리스너 해제
60    }
61
62    //센서의 값을 그래프로 표시
63    private class ScreenView extends View  implements SensorEventListener{
64         private Bitmap mBitmap;
65         private Paint mPaint = new Paint( );
66         private Canvas mCanvas = new Canvas( );
67         private Path mPath = new Path( );
68         //3개의 그래프선의 마지막값 저장
69         private float mLastValues[ ] = new float[3];
70         private float mLastX;
71         private float mScale ;
72         private float mYOffset;
73         private float mMaxX;
74         private float mSpeed = 1.0f;
75         private float mWidth;
76         private float mHeight;
77         //그래프 색상 지정
78         private int mGraphColors[ ] = {Color.RED,Color.BLUE,Color.GREEN};
79
80         public ScreenView(Context context) {
81       super(context);
82       // TODO Auto-generated constructor stub
83
84       mPaint.setFlags(Paint.ANTI_ALIAS_FLAG);
85         }
86
87         //뷰가 변경되면 자동으로 실행
88         protected void onSizeChanged(int w, int h, int oldw, int oldh) {
89            mBitmap = Bitmap.createBitmap(w, h, Bitmap.Config.RGB_565);
90            mCanvas.setBitmap(mBitmap);
91            mCanvas.drawColor(Color.WHITE);
```

```java
92              mYOffset = h*0.5f;
93              //SensorManager.MAGNETIC_FIELD_EARTH_MAX : 60
94              mScale = - (h*0.5f*(1.0f /
95                            (SensorManager.MAGNETIC_FIELD_EARTH_MAX)));
96              mWidth = w;
97              mHeight = h;
98
99              if (mWidth < mHeight) { //스마트 폰을 세로로 세운 경우
100                 mMaxX = w;
101             } else {//스마트 폰이 가로로 누운 경우
102                 mMaxX = w - 50;
103             }
104             mLastX = mMaxX;
105             super.onSizeChanged(w, h, oldw, oldh);
106         }
107
108     protected void onDraw(Canvas canvas) {//그래프를 그린다.
109       synchronized (this) {
110         if (mBitmap != null) {
111             Paint paint = mPaint;
112             Path path = mPath;
113
114             //그래프가 화면의 끝에 도달하면 다시 새로 그린다.
115             if (mLastX >= mMaxX) {
116                 mLastX = 0;
117                 Canvas cavas = mCanvas;
118                 paint.setColor(Color.BLACK);
119                 cavas.drawColor(Color.WHITE);
120             }
121             canvas.drawBitmap(mBitmap, 0, 0, null);
122
123             if (mWidth < mHeight) {//스마트폰 수직
124                 float w0 = mWidth*0.333333f;
125                 float w  = w0 - 32;
126                 float x = w0*0.5f;
127                 for (int i = 0 ; i < 3 ; i++) {
128                     //restore( )호출시 현재의 행렬을 저장
129                     canvas.save(Canvas.MATRIX_SAVE_FLAG);
130                     //좌표 이동
131                     canvas.translate(x, w*0.5f + 4.0f);
```

```
132                 canvas.save(Canvas.MATRIX_SAVE_FLAG);
133                 canvas.scale(w, w);
134                 canvas.restore( );
135                 canvas.scale(w-5, w-5);
136                 //선 그리기
137                 canvas.drawPath(path, paint);
138                 canvas.restore( );
139                 x += w0;
140             }
141         } else {//스마트폰 수평
142             float h0 = mHeight*0.333333f;
143             float h  = h0 - 32;
144             float y = h0*0.5f;
145             for (int i = 0 ; i < 3 ; i++) {
146                 canvas.save(Canvas.MATRIX_SAVE_FLAG);
147                 canvas.translate(mWidth - (h*0.5f + 4.0f), y);
148                 canvas.save(Canvas.MATRIX_SAVE_FLAG);
149                 canvas.scale(h, h);
150                 canvas.restore( );
151                 canvas.scale(h-5, h-5);
152                  canvas.drawPath(path, paint);
153                  canvas.restore( );
154                 y += h0;
155             }
156         }
157       }
158     }
159   }
160
161     @Override
162 //센서의 정확도가 변경되면 자동으로 실행
163 public void onAccuracyChanged(Sensor sensor, int accuracy) {}
164
165     @Override
166 //센서의 값이 변경되면 자동으로 실행
167 public void onSensorChanged(SensorEvent event) {
168 // TODO Auto-generated method stub
169 synchronized (this) {
170         if (mBitmap != null) {
171             Canvas canvas = mCanvas;
```

```
172                    Paint paint = mPaint;
173                    float deltaX = mSpeed;
174                    float newX = mLastX + deltaX;
175
176                    //중력 센서의 3개의 값을 그래프로 그린다.
177                    for (int i=0 ; i<3 ; i++) {
178                        float v = mYOffset + event.values[i] * mScale;
179                        paint.setColor(mGraphColors[i]);
180                        canvas.drawLine(mLastX, mLastValues[i], newX, v, paint);
181                        mLastValues[i] = v;
182                    }
183
184                    //센서가 자기장 센서이면 처리
185                    if (event.sensor.getType( ) == Sensor.TYPE_MAGNETIC_FIELD)
186                        mLastX += mSpeed;
187
188                    invalidate( ); //화면에 변경 사항을 적용
189                }
190            }
191        }
192    }
193 }
```

소스코드 설명

30   sm = (SensorManager) getSystemService(SENSOR_SERVICE);은 애플리케이션에서 안
드로이드 센서 시스템에 접근하기 위한 SensorManager 객체를 얻어낸다.

33   sv = new ScreenView(this); 은 화면에 자기장의 x,y,z의 세 개 값을 그래프로 그리는 Screen
View 클래스의 객체를 생성한다.

178   float v = mYOffset + event.values[i] * mScale;
에서 event.values[i]은 중력의 세 값으로 event.values[0]
은 x축의 중력, event.values[1]은 y축의 중력,
event.values[2]는 z축의 중력값을 갖고 있다. 179라인의
float v = mYOffset + event.values[i] * mScale;은 측정
시 마다의 변경값으로 이 값은 180라인의 canvas.drawLine
(mLastX, mLastValues[i], newX, v, paint);에서 선을 그릴

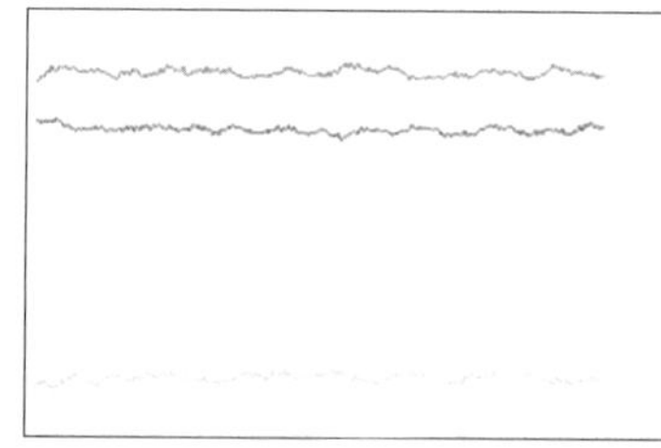

때 끝 좌표의 y좌표에 사용된다. 즉 선은 가로 방향의 위아래로 구불거리는 모양으로 표시된다

03 안드로이드 애플리케이션 실행

실행할 안드로이드 애플리케이션 프로젝트를 선택한 후 [Run As]-[Android Application]을 선택하여 단말기에서 실행한다. 단말기가 책상 위와 같은 평평한 곳에 있는지, 손으로 흔들며 실행하는지 또는 자성 물체 가까이 위치시킨 것에 따라 그래프가 다르게 표시된다.

▲ 책상 위에 뉘어 놓고 자성 물체가 없는
  상태에서 애플리케이션을 실행한 결과

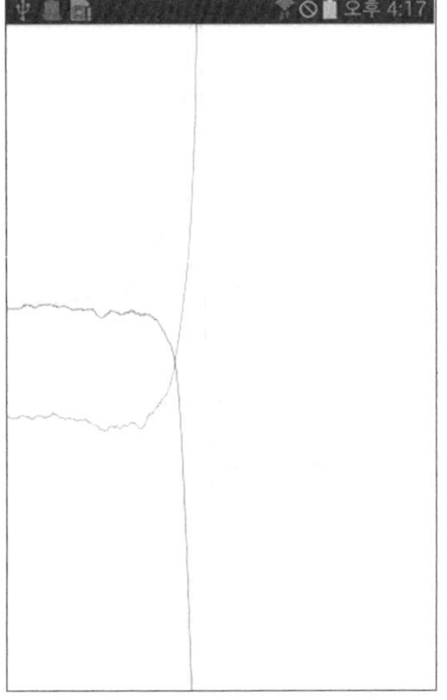

▲ 책상 위에 뉘어 놓고 자성 물체가 있는
  상태에서 애플리케이션을 실행한 결과

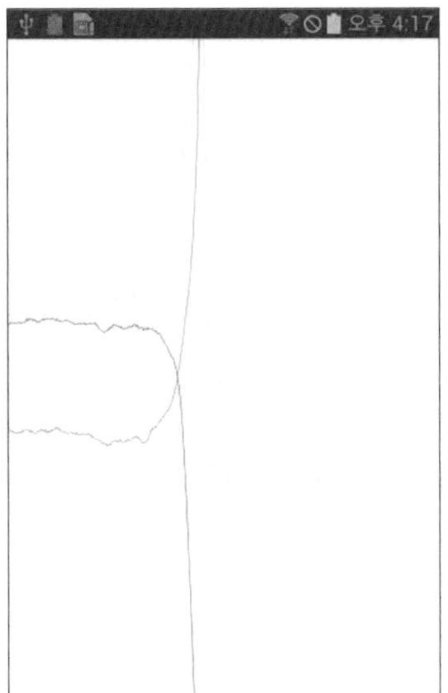

▲ 손으로 흔들면서 애플리케이션을 실행한 결과

01 카메라(Camera) 제어

• 카메라를 사용해 사진을 촬영할 때는 다음과 같은 순서로 애플리케이션을 작성한다.

① open( ) 또는 open(int) 메소드를 사용해서 Camera 객체를 얻어낸다.

```
Camera camera = Camera.open( ); //Camera 객체 생성
```

② setPreviewDisplay(SurfaceHolder) 메소드를 호출해 SurfaceHolder를 카메라 미리보기로 지정한다.

```
SurfaceHolder holder = getHolder( ); //서피스 생성
holder.addCallback(this); //이벤트 등록
camera.setPreviewDisplay(holder);
```

③ startPreview( ) 메소드를 호출해 카메라 미리보기를 시작한다. 이 메소드는 반드시 사진을 촬영하기 전에 호출해야 한다.

```
camera.startPreview( );
```

④ 사진을 찍기위해 takePicture(Camera.ShutterCallback, Camera.PictureCallback, Camera.PictureCallback) 메소드를 호출한다.

```
camera.takePicture(null, null, picture);
```

⑤ onPictureTaken(byte[ ], Camera) 메소드가 자동 호출되어 촬영한 사진을 저장한다.

```
camera.takePicture(null, null, picture);//사진을 촬영
```

⑥ 사진을 촬영 후에는 카메라 미리보기가 중단된다. 만일 사진을 계속해서 촬영하려면 startPreview( ) 메소드를 다시 호출해야 한다.

⑦ 다른 애플리케이션에서 카메라 기능을 사용할 수 있도록 카메라 기능을 사용한 후에는 release( ) 메소드를 호출한다.

```
camera.release( );
```

- 안드로이드 단말기의 카메라를 사용하려면 해당 애플리케이션의 AndroidManifest.xml에 CAMERA 권한을 추가해야 한다.

```
<uses-permission android:name="android.permission.CAMERA" />
<uses-feature android:name="android.hardware.camera" />
<uses-feature android:name="android.hardware.camera.autofocus" />
```

- 비디오를 촬영할 때는 다음과 같이 CAMERA 권한과 동영상 레코딩에 포함되는 RECORD_AUDIO 권한도 추가한다.

```
<uses-permission android:name="android.permission.CAMERA"/>
<uses-permission android:name="android.permission.RECORD_AUDIO"/>
```

- 촬영한 사진 또는 비디오를 외부 저장소인 공용 폴더에 저장하려면 WRITE_EXTERNAL_STORAGE 권한도 추가한다.

```
<uses-permission android:name="android.permission.WRITE_EXTERNAL_ STORAGE"/>
```

02 센서(Sensor) 제어

- 안드로이드에서는 제공하는 센서는 크게 동작 센서(motion sensor), 환경 센서(environmental sensor), 위치 센서(position sensor)이다.
- 모션 센서(motion sensor)에는 가속도계(accelerometer), 중력 센서(gravity sensor), 자이로스코프(gyroscope, 평형 상태 측정), 회전 벡터 센서(rotational vector sensor)가 있다.
- 환경 센서(environmental sensor)에는 대기 온도(ambient air temperature) 및 압력(pressure), 조도(illumination), 습도(humidity)와 같은 다양한 환경적인 요소를 측정한다. 기압계(barometer), 광도계(photometer), 온도계(thermometer)가 있다.
- 위치 센서(position sensor)에는 방향 센서(orientation sensor)와 자기계(magnetometer)가 있다.

Index

Index

은으기의

안드로이드 프로그래밍

발 행 일	초판 1쇄 발행 2014년 1월 6일
지 은 이	김은옥
발 행 인	신재석
발 행 처	(주)삼양미디어
주 소	서울시 마포구 양화로 6길 9-28
전 화	02) 335-3030
팩 스	02) 335-2070
등록번호	제 10-2285호
	Copyright ⓒ 2014. samyangmedia
홈페이지	www.samyang*M*.com
I S B N	978-89-5897-279-2(13000)
정 가	35,000원